Studies in Contemporary Capitalism

当代资本主义研究丛书

理解资本主义

竞争、统制与变革

（第三版）

Understanding Capitalism:

Competition, Command, and Change

(Third Edition)

塞缪尔·鲍尔斯（Samuel Bowles）
理查德·爱德华兹（Richard Edwards）/ 著
弗兰克·罗斯福（Frank Roosevelt）
孟捷　赵准　徐华 / 主译

中国人民大学出版社
·北京·

UNDERSTANDING CAPITALISM

COMPETITION, COMMAND, AND CHANGE

SAMUEL BOWLES

RICHARD EDWARDS

FRANK ROOSEVELT

THIRD EDITION

人之间的某些不平等的强大的能力。资本主义展示其适应能力的另一条途径是它应对金融和其他经济危机的能力，而马克思认为这些危机最有可能导致资本主义的灭亡。”结果，在第三版里我们看到的是一种理论上的混合：在一些涉及方法论原则的重大问题上，作者力图和新古典经济学划清界限，保留了一些马克思主义经济学的立场、方法和观点；与此同时，为了解释市场和竞争在协调经济中的作用，又在一些地方糅合进了新古典经济学的分析理路和概念。为了便于读者全面地了解这本书，下面就从四个方面对其在方法和内容上呈现出来的基本特点做一简略的评介。

一、一维经济学还是三维经济学

本书的一大特色是强调了政治经济学和经济学（也就是新古典经济学）之间的区别，态度鲜明地把自己划归政治经济学的分析传统。书中将政治经济学定义为“三维经济学”，即从竞争、统制和变革这三个维度来分析资本主义的理论。与此相对照的是，新古典经济学只重视分析经济生活里的一维，即竞争和交换，从而“把资本主义简单地看成一个市场体系”。书中写道：

> 根据经济学的三维分析法，我们知道，在整个经济领域中，正统经济学（中译者注：即新古典经济学）所重视的竞争和市场交换只是一个部分。当然，它是‘竞争、统制、变革’这三维的第一维，然而，其他两维也应该具备同等的重要性。

本书还强调了政治经济学的跨学科性质。作者指出，政治经济学这个术语在思想史上曾用来泛指所有的经济学，其研究领域也覆盖了当今社会科学中的大多数学科：不仅包括经济学，还包括人类学、社会学、心理学、政治学等。在 1900 年前后，“政治经济学”这个术语在西方经济学中才逐渐为“经济学”所替代，其研究领域也变得日益狭窄，基本上是围绕着市场兜圈子。关于政治学、心理学、历史学、社会学等诸多方面的探究则交付给了当时刚刚独立的其他各门社会科学。而这些社会科学恰好在这一时期才成为独立的学科，也并非偶然。在此，作者事实上坚持了马克思和恩格斯的一个观点：只有一门科学，即统一的历史科学。书中这样写道：

从政治经济学的观点来看，在社会科学的各个分支——历史学、政治学、经济学、人类学、心理学……之间所划分的界限是非常武断的。这些区隔将社会现实折成一个个的小方块，呈现为大学里的各个学科分野，可谓泾渭分明，但却模糊了经济运行的真相。

与“经济学”这一术语相比，我们更喜欢用先前的政治经济学的概念去描述我们的研究方法，因为除非把政治学、经济学、心理学和其他社会科学的规则综合到一起来研究现代社会的复杂性，否则一个人无法圆满地了解当代社会。描述政治经济学的另一种方法就是将之视为跨学科的。

为了进一步澄清政治经济学与经济学的区别，书中批判了新古典经济学的一系列基本理论假设。在这些假设中，首当其冲的是自利经济人假设。本书第三版为此新添了一整章来讨论这个问题，并利用了作者鲍尔斯在人类行为领域的研究成果。鲍尔斯及其合作者借鉴行为经济学的方法，在全球15个截然不同的社会进行了最后通牒游戏实验，结果发现这些不同社会中的人在行为和动机模式上存在着重大的差异。他们认为，这些差异的形成源自各个社会中不同的谋生方式。从这一研究中作者得出了如下结论：与自利经济人不同，人是合作的物种。书中就此写道：

我们的文化和我们的本性共同作用，使得智人成为我们这样的独具合作性的物种。我们具有合作性这个事实，意味着好人并不总是落在最后。说明好人为什么并不总是落在最后的推导过程表明，新古典经济学家有时候过高地评价了竞争作为进步的源泉的作用。合作也是必要的。

在经济人假设之外，新古典经济学还有另外两个基本假设，即完全契约假设和不存在规模报酬递增的假设。作者认为，这三个基本假设合在一起，使新古典经济学成为牛顿时代的机械主义世界观的典型写照：

新古典经济学的三个假设实际上反映了17世纪牛顿时代的世界观。依照这种世界观，任何社会和自然现象都可以看做是原子微粒的运动集合，而且这种运动是可以了解并预知的。因此，完全契约假设实际上是限制了个体对于运动全貌的了解，这样，他们就可以堂而皇之地假设交易行为严格遵照几条简单的法则。类似的，经济人假设则规定了社会中每一个体的行为准则。最后，假定“规模报酬递增不存在”消除了领先地位的作用，并抹去了一切偶然因素，他们进而可以认为，相互作用的个体的以往历史也就不能影响到他们当前的关系。新古典经济学得出的结论就是：经济被看做是一架平滑运行的机器，而非下述情况：人们之间的关系有时候是和谐的，而更多时候是矛盾甚至杂乱无章的，正如在资本主义经济中实际发生的那样。

要指出的是，本书虽然强调自己属于政治经济学的阵营，但并不拘泥于马克思主义政治经济学的观点，而是对各派不同的经济理论持兼容并包的态度。在第一篇讨论经济思想史的那一章，列举了六位在作者看来对政治经济学贡献尤著的代表性人物，他们是斯密、马克思、熊彼特、凯恩斯，以及科斯和森。名单上的最后两位是在第三版里新添的。作者对马克思给予了高度评价，认为他对古典经济学进行了彻底的重构，为本书提倡的三维经济学提供了一个原创的范例。对于科斯的入榜，国内的读者可能会稍感诧异。毕竟科斯的观点一直被视为鼓吹私有化的新自由主义的理论基础。本书作者则认为，科斯事实上是新古典经济学的批评者，他的观点被那些利用他的人有意或无意地误读了。科斯假设，在交易成本为零时，私人之间的讨价还价足以替代政府的调节；但他又认为，在现实中交易成本是正的，应该研究交易成本为正的现实世界。作者最后指出，以上六位思想家都未曾对各自提出的问题提供一个令人完全满意的回答，经济学家还将继续追寻新的答案，并随着资本主义的发展不断面临新的问题。

二、马克思主义分析传统对本书的影响

本书头两版中的马克思主义的色彩要比第三版更浓一些，但即便在第三版里，也坚持了许多马克思主义经济学的基本立场、方法和观点。在《资本论》中，马克思把资本主义生产方式和生产关系作为主要的分析对象，本书则以类似的方式把围绕着生产活动的组织而形成的经济制度作为重要的分析对象：

综观人类历史，人们用不同的方式组织生产活动。经济制度经历了原始社会、奴隶社会、自给自足的封建社会、资本主义社会和社会主义社会这几种形态。

这些制度的共同点——即使之成为一个经济制度的原因，就在于它们是每个社会中为了生存生产各种产品和服务所必需的劳动的组织方式。无论存在于哪种社会形态中，一个经济制度将决定生产什么、怎样

生产、由谁生产和怎样分配最终产品。

这里谈到的经济制度是根据特定的生产关系来定义的：

经济制度是人们之间的一个关系系统，它使劳动过程变成有组织的，从而使整个社会得以存续……而经济主体之间的社会关系——生产者和消费者、奴隶主和奴隶、封建主和农奴、雇佣者与被雇佣者、债务人和债权人——确定了经济制度的性质。

与此相关的另一个特点是，本书坚持了从古典学派到马克思的剩余分析传统，使用了剩余产品的概念，并以此为基础对经济制度进行阶级分析。

高度关注剩余产品对于政治经济学具有根本的重要性。这种高度关注是政治经济学区别于新古典经济学的主要方式之一。通过剩余产品这个透镜考察社会，使得政治经济学家能够看到经济制度那具有历史性的个性，并根据生产和控制剩余产品的方式将一个经济制度与另一个经济制度区别开来。我们是如何知道什么是‘资本主义’的？本书做出的回答是，它是一个具有产生和处置剩余产品的独特方式的经济制度。

借助于剩余产品的概念，本书定义了什么是阶级和阶级社会：没有剩余产品控制权的生产者是一个阶级，剩余产品的控制者是另一个阶级。所谓阶级社会是基于这样一种经济制度，其中绝大部分生产者没有或只有微不足道的剩余产品控制权。依据这个标准，资本主义是一个阶级社会，这个社会中的各种阶级冲突也就成为本书的分析主题。

一如马克思，作者概括了资本主义经济制度的三项特征。第一，大多数生产部门生产的是商品；第二，生产过程中所使用的资本品为私人占有；第三，生产商品所需的劳动时间是从劳动市场上购买的。资本家对剩余产品的控制，是以占有生产中使用的资本品即生产资料为主要基础的。对资本主义的一个简单定义如下："资本主义是这样一种特定的经济制度，雇主为了获取利润，利用其私人占有的资本品雇佣劳动以生产商品。"

大概受到以罗默为代表的"分析马克思主义"的影响，本书作者未采纳劳动价值论。尽管如此，书中仍然保留了剩余价值论的基本内容。在我们看来，书中所定义的利润事实上就相当于马克思的剩余价值概念。在马克思那里，剩余价值概念是为抽象掉资本内部的差别，分析资本和雇佣劳动之间的关系（所谓资本一般）而提出来的。马克思本人在概括《资本论》一书的优点时，曾经这样讲：研究剩余价值的一般形式，把它和地租、利润、利息等剩余价值的特殊形式区别开来，是相对于古典经济学的进步。[①] 在本书第二篇的第 10 章，利润被定义为剩余产品的货币价值，这其中既包含企业为自己留存的利润，也包含为股东支付的红利，为贷款者支付的利息，为土地、建筑所有者支付的租金，等等。这在方法论上和剩余价值概念有着共通之处。在此基础上，作者进一步分析了提高利润率为什么经常与工人的利益相矛盾："雇主怎样组织劳动场所以及他们与雇员的直接关系，通过劳动强度（e）、劳动效率（f）以及工资率（w）诸方面直接地影响着利润率……如果一个雇主能够增加 e 或 f，并降低 w，在其他要素保持不变时，其利润率将增加。"

在第二篇，作者还以大量篇幅讨论了资本主义企业内部围绕着控制和榨取劳动而展开的阶级冲突。资本控制劳动的主要形式包括简单控制、技术控制和科层控制。在每一个工作场所和企业里都存在着这些控制形式的不同组合，其目的旨在帮助雇主实现降低单位劳动成本的目标。值得一提的是，在资本主义劳动过程这个传统马克思主义经济学所擅长的领域，作者也表现出善于发展某些精巧的分析工具的特点。譬如，第 12 章就提出了一个劳动榨取曲线，描绘了在每个工资率水平工人所愿付出的劳动强度。

在讨论宏观经济学的第三篇，分析了资本主义经济固有的各种矛盾现象：一方面存在着大量闲置的生产能力和失业，另一方面群众的重大需求却得不到满足。作者把造成这些矛盾的原因归于资本主义生产的阶级性。这一阶级性指的是，在生产中使用的资本品是为资本家私人所有的，生产出来的产品也为资本家所拥有，工人完全不拥有他们生产出来的产品。决定资本主义经济未来发展进程的最重要因素——投资——也几乎全部掌控在私人手里。这种阶级性通过影响投资、积累和总供求而造成失业、通货膨胀和经济周期。

在历史唯物主义看来，资本主义经济中的种种矛盾意味着这一制度是发展生产力的历史的、暂时的形式。随着新生产力的获得，人们将或迟或早地改变既有的生产方式和生产关系。这些思想和冷战结束后流行的历史终结论是相对立的。在后者看来，历史将终结于资本主义和代议制民主。在全书的结论一章，作者从历史唯物主义的立场瞻望了资本主

---

① 《马克思、恩格斯〈资本论〉书信集》，225、250 页，北京：人民出版社，1976。

义的未来，指出了新的经济制度萌生的可能性：

在即将到来的几十年中，技术的变革、尤其是信息革命，以及人类对自然环境不断加速的影响，特别是全球变暖问题，将使我们面临人类历史上完全未曾有过的挑战。

在应对这些挑战的过程中，用新的方式组织经济的新制度可能会出现，它使我们能够利用现代技术以改善人类的福利。

不过，新的经济制度并非如同地球上的重力规律那样必定会实现。资本主义能否被超越，还和生活在这个制度里的各阶级的政治意愿息息相关。书中写道：

众所周知，今天全世界有很多人在资本主义制度下生活得很好。他们似乎不情愿冒着失去特权地位的风险去实验新的制度结构，这些新制度可能更适于应对信息经济的挑战，控制人类对自然环境的侵犯，以及缩小一国内部以及国家之间的贫富差距。如果既有的精英集团抵制这样的制度变革，那么，我们历史旅程的下一站或许就是一个被经济的非理性折磨的、被环境危机打击的，以及分裂成日益敌对的“所有者”和“一无所有者”的阵营的世界。

在作者看来，到底会出现什么结果“取决于我们如何去做”。但这里的“我们”究竟是谁？仅仅是既有的精英集团吗？马克思所诉诸的无产阶级还能扮演什么角色？社会各阶级能就一些重大的变革达成某种共识吗？这一切都还需要更为清晰的答案。

三、后冷战时代的政治经济学

冷战结束后，市场经济制度开始流行于全球大多数国家和地区，成了所谓“普适价值”。作为一本后冷战时代的政治经济学教科书，需要寻求对市场和竞争的协调作用的正面解释，而不能像传统马克思主义经济学那样，满足于资本主义经济的病理学分析。本书作者的这一思想倾向在第三版的章节调整上得到了反映。在第一版和第二版里，微观经济学篇是直接由“资本主义生产和利润”那一章开始的。而在第三版里，在“资本主义生产和利润”这一章之前，又新插进来两章，即第 8 章“供给和需求：市场是怎样运行的”，以及第 9 章“竞争和调节：看不见的手”。这两章讨论了市场经济是如何经由供求关系实现协调的，以及市场经济相对于中央计划经济的优越性。

本书沿袭了计划经济批评者的两个传统观点，一个涉及信息的维度，另一个涉及激励的维度。第一个维度的含义是，前苏联的中央决策者不可能获得足够的信息以制订出准确的计划。这是由哈耶克最初提出来的观点。第二个维度的含义则是，中央决策者缺乏足够的激励以制订出有利于大多数人的计划；而且，即使存在这样的计划，生产者和消费者也没有足够的激励去实现这一计划。

但细究起来，这种对于计划经济的批判，也可以反过来用在市场经济头上。关于外部性和市场失灵的理论就表明了这一点。新古典经济学的看不见的手原理假设，如果价格是适当的（即它能够衡量人类各方面关系的真正稀缺性），那么人的行为以及对他人的全部影响就会反映在产品或服务的价格中。但外部性的存在表明，价格经常是不适当的，并不能真正反映稀缺性，在企业的个别成本和社会成本之间会存在偏离。这样一来，个人追求自利的行为就不能带来对整个社会而言合意的结果，这就是市场失灵。因此，在理论上承认外部性便意味着，市场价格机制并不像哈耶克所说的，能自动地解决一个社会经济的协调所面临的信息问题。

另一方面，市场经济也存在着激励制度的严重缺陷，无论是在企业层面还是在宏观收入分配中都是如此。在企业内部，生产过程的阶级性带来了控制劳动这个传统难题。书中指出，雇主和工人之间缔结的合约是一份不完全合约，上面载明了工资，却无法预先规定工人的劳动付出。由于资本和劳动之间的对抗性关系，单纯依靠收入手段激励工人提供更多的劳动付出是不可能的，全部资本主义管理便受困于这个难题。就整个经济而言，本书第三篇分析的美国经济中的严重不平等，给人留下了难以磨灭的印象。根据书中的数据，美国最富有的1%纳税人的收入占所有美国人总收入的比率，曾由20世纪20年代末25%的最高点下降到20世纪70年代末的9%这个最低点，但自1980年里根当选为总统以来，这个比例则开始大幅攀升。此外，从1970年到2000年这三十年间，美国100个最富有CEO的收入相对于普通工人工资的倍数，从1970年的49：1，增长到1988年的373：1，到1998年则高达2 388：1。CEO被“过度激励”的现象，在此次金融和经济危机爆发后，成为困扰美国社会的严重政治问题。与此相对照的是，美国私有部门工人的实际工资率在1972年达到战后最高点后便开始下降，其2008年的水平比1972年下降了约10.6%，再现了马克思当年所说的工人阶级“绝对贫困化”的现象。这种不断加剧的经济不平等，是造成目前的经济危机的深层原因之一。

因此，从激励和信息这两个角度来论证市场经济优于计划经济，似乎不啻以五十步笑百步。要为市场和竞争的协调作用提供更有说服力的论据，还需在理论上另辟蹊径。这里，我们想稍费笔墨谈谈理论经济学的三个代表性范式对于市场经济的三种迥然不同的评价。这三个范式分别是新古典经济学、马克思主义经济学和演化经济学。①

自亚当·斯密以来，经济学所关注的首要问题，便是由无数行为者的分散决策所产生的经济活动能否产生某种秩序。斯密在这个问题上的结论（即他的“看不见的手”原理）被新古典经济学所继承，但为马克思主义经济学所批判。按照马克思主义经济学的观点，无数人的分散决策所带来的是“整个社会生产中的无政府状态”，这一特点不可能带来持久的秩序，反而造成经常的混乱和危机。这种看法在马克思和恩格斯那里形成后便不断被强化，到了第二国际某些理论家和斯大林那里，问题成为，资本主义经济将以某种方式不可避免地走向“崩溃”或“总危机”。迄今为止，在国内大学里通行的政治经济学教科书仍未能完全摆脱这种观点的影响。

根据现有的三种经济理论范式，市场经济中无数行为者的分散决策分别带来了三种结果。在传统马克思主义经济学看来，其结果是危机和崩溃；在新古典经济学看来，其结果则是趋向于静态均衡；演化经济学可谓居于前两者之间，提出了别具特色的“协调”论。著名演化经济学家弗里曼和卢桑对这里的协调概念做了如下解释：

> 协调概念解释了，为什么存在着非均衡过程，以及非均衡过程为什么会受到约束……为什么结构性的不稳定性持续地存在着，但又不会驱使整个系统朝向爆炸性毁灭。

另一方面，

> 存在着协调这一事实并不意味着就存在着和谐或均衡，不管均衡在意识形态的意义上指的是资本主义经济的一般特征，还是在其精确意义上指的是市场体系所具有的持久的动态稳定性特征。

---

① 以下的论述借用了笔者先前文章里的观点。参见孟捷：《危机与机遇：再论马克思主义经济学的创造性转化》，载《经济学动态》，2009（3）；《演化经济学与马克思主义》，载《经济学动态》，2006（1）。

也就是说，演化经济学既承认资本主义经济的内在矛盾和结构的不稳定性，反对任何均衡的理念（这一点针对的是新古典经济学），又认为这些矛盾和非均衡有可能受到约束，不至于立刻颠覆整个体系（这一点是针对马克思主义经济学的）。在我们看来，相对于前两种截然对立的范式，演化经济学所主张的协调论，应是更为可行的理论出路。

在演化经济学家眼里，实现上述协调的主要途径之一便是技术创新。冷战结束后，演化经济学家如 N. 罗森伯格和 R. 纳尔逊等人，提出应根据创新绩效来论证市场经济的相对优越性。由于他们的见解是在反思和批判熊彼特的基础上形成的，在此需要简单地介绍一下后者的观点。在早年的熊彼特看来，创新以及由此带来的动态是资本主义经济的根本特征，企业家则是创新职能的承担者。到了晚年，他又提出，创新的主体从个别企业家变成了资本主义大公司，这些大公司集中了创新所需的各种资源，并把创新变成了公司内的例行事物，也就是说，大公司可以对其创新进行预先的规划。在此基础上，他做出了下面这个惊人的推断：资本主义大公司的这个成就，也为中央计划机关代替它对创新进行规划奠定了基础，资本主义将因此长驱直入社会主义。针对熊彼特的上述思想，罗森伯格等人提出：资本主义大公司的创新并没有完全降低为例行的事物；由于不确定性的存在，创新在其本质上是不能由中央计划机关通过命令来规划的；以无数人的分散决策为特征的市场经济，恰恰是为各种思想的经济实验提供了制度条件，计划经济则不具备这样的条件。① 演化经济学关于国家创新体系的研究（譬如对前苏联和日本的国家创新体系所做的比较研究），也从实证上支持了这种观点。

本书第二篇的头两章（第 8 章和第 9 章）在讨论市场经济的优越性时没有借重演化经济学的上述观点，但在第一篇（如第 7 章）分析资本主义经济的第三维，即变革之维时，却浓墨重彩地分析了资本主义的根本特征之一是与积累相联系的永无止境的创新和变革。书中强调，和其他经济制度相比，资本主义经济制度使得剩余产品的使用方式发生了巨大变化；植根于资本主义经济中的竞争，迫使企业把大部分剩余产品用于投资而不是消费，那些不这样做的资本家面临着被竞争淘汰的危险；这些投资带来了不间断的技术创新，以及社会和政治领域的变革；资本主义是历史上第一个这样的制度，其精英阶层的成员必须将剩余用于投资才有可能保持他们的阶级地位。笔者记得熊彼特曾经对最后一点做过

① 可参见罗森伯格：《探寻黑箱》，北京，商务印书馆，2004。

如下形象的表达：资本主义的上流社会就像一个旅馆，住在里面的客人是不断变换的。而在其他制度中，精英们一般总能维持自己的地位。

书中还指出，资本主义的上述特点和下面两项制度条件的并存是联系在一起的，即私有财产的安全性和个人经济地位的不稳定性。私有财产权的安全性意味着，那些拥有资本品的人，会同时拥有生产出来的产品。在这种情况下，拥有工厂的雇主将拥有企业盈利时带来的剩余，没有人能拿走你得到的奖赏。经济地位的不稳定性则意味着，如果你失败了，就得蒙受损失。如果你无法以低成本生产出优质产品，你就不仅是一个拙劣的资本家，还是一个“前”资本家。因此，确保控制剩余的财产权，以及由竞争性市场带来的不稳定性，共同促进了投资与创新。

与积累和变革相联系的是动态竞争。书中比较了政治经济学和新古典经济学看待竞争的不同态度。在新古典经济学的教科书里，竞争是导向静态均衡的，在此均衡中所有企业都获得一致的收益率，各种资源也以一种最优方式得到配置。而政治经济学则认为，企业总是在寻求机会超越现有的竞争状态，将自己置于一个能获取更高利润的地位。在动态竞争中，没有一种状态是永恒的，因为有些企业一直在改变着竞争的必要条件。因此，均衡不应该在经济学中占据那么重要的位置：

> 由于竞争带来了无休止的变革，一个资本主义经济是变动不居的。即便碰巧形成了一次静态均衡（像那个碗里的大理石一样），由追逐利润的企业所进行的竞争性投资也会迅速打破均衡的形成条件。持久的均衡就像自行车停下来还要保持直立一样是不可想象的。因此，那种认为均衡会一直持续下去，直到某种外在力量将其颠覆的理念是误导性的：竞争本身将立刻使均衡不复存在。
>
> 在正统经济学看来，政治经济体系是静止不变的；而显然的，我们需要用动态的眼光去看待经济现实：它是一个不断变化的过程，而不是一团千年不变的经济行为。相比之下，新古典经济学是摄影，而三维经济学是电影。

然而，在笔者看来，本书以强有力的笔触描绘的这幅资本主义的变革图景，却在第二篇头两章里遭到了某种逻辑上的损害。本书作者没有接纳劳动价值论，也没有专辟一节讨论价值和价格理论，却不时地采用了竞争性市场下价格等于边际成本的观点：“对竞争性市场中供求相互作用的分析的一个重要结果是，当一个竞争性市场处于均衡时，产品的价格等于其边际成本。”在采纳这种观点的同时，也在某些地方接纳了新古典经济学的竞争概念，例如在书中某处说："竞争过程将推动实际价格和数量向均衡价格和数量移动。"而这种导向均衡的竞争，和作者强调的"动态竞争"是在概念上截然不同的，后者带来的不是静态均衡，而是"构成资本主义社会的特征的持续转变"。

难以理解的是，作者一方面旗帜鲜明地批评新古典经济学的竞争概念，另一方面却在这里采纳了它的观点，个中原因何在呢？一种可能的解释是，完全竞争和边际成本定价的观点，只是作者在论述过程中故意采取的一个假设，目的是为此后论述市场失灵做铺垫。在现实中，由于外部性、垄断、报酬递增的原因，价格并不等于边际成本，由此造成了市场失灵，经济也就不能实现资源的最优配置。在这个意义上，完全竞争和边际成本定价的观点在本书里所起的作用，就类似于熊彼特在《经济发展理论》里采用过的手法，即先假定有一种静态（循环流转），然后再引入创新，以得出资本主义发展的动态来。但熊彼特的这种方法并非什么成功的样板，反而带来了各种无法解决的理论上的矛盾，一直为人所诟病。

第 8 章和第 9 章给人的印象是，作者既想肯定市场和竞争在协调社会经济中的作用，又要指出其固有的缺陷。这个意图当然不坏，但所采用的论证手法是可咨议的。第 9 章以相当多的篇幅讨论了市场失灵的问题，而市场失灵这一提法，是以完全竞争及均衡等概念为参照提出来的。在完全竞争和一般均衡的前提下，新古典经济学提出了帕累托最优的概念，以证明市场在配置资源上的效率。因此，若无这一参照系，就无所谓市场失灵。而一旦接纳了市场失灵的概念，就等于默认了这个参照系，也就默认了完全竞争和一般均衡理论是对市场和竞争的协调作用的唯一正面的解释。在我们看来，对这一参照系是接纳还是拒斥，关涉到经济学和政治经济学之间的本质区别。一种把变革的维度纳于自身的三维经济学，理应断然拒绝这一参照系，转而寻求对市场和竞争的协调作用的新解释。以报酬递增而论，这个现象在书中被视为导致市场失灵的原因之一。可是，如果报酬递增或企业的平均成本下降的确是个普遍的现象，为什么一定要用它来解释市场失灵，而不是用来证明市场制度在促成变革和协调经济上面的正面作用和效率呢？后者恰恰是演化经济学所倡导的观点。在他们看来，市场经济的效率并非来自根据给定目的对给定资源进行配置的静态效率，而是来自于接纳各种创新和变革的能力以及由此形成的动态效率。演化经济学家梅特卡夫曾就此指出："市场制度的重要特征就在于它们促成了对新机遇的适应，同时创造了激励以诱发对现状的新挑战。市场制度在静态意义上是否有效率并不是问题。更重要的是，市场机制具有使经济体系向着更有效率的状态演化的能力。”[①] 笔者认为，如果我们能把演化经济学的这种见解和马克思主义有关资本积累内在矛盾的病理学分析结合在一起，就有可能达成对资本主义经济制度的较为全面的评价。而在本书中，虽然作者也强调动态竞争和创新驱使资本主义远离任何均衡，但在讨论市场和竞争的协调作用时却对新古典经济学做了过多的让步，其结果是在论述中产生了一些逻辑上的矛盾。例如，仍以报酬递增而论，书中出现了两种不同的处理方式，一方面将其作为市场失灵的原因来看待，另一方面，在第 11 章里，又把单位成本下降作为动态竞争的结果，而这种动态竞争，正如上文提到的，带来了作为资本主义之特征的持续变迁。

四、政治经济学的价值观

作为教材，本书的一个突出优点是以问题为导向，而不是一开篇就向初学者灌输理论模型。作者在解释书名时这样说，之所以最终定名为《理解资本主义》而非《理解经济学》，意在将学生的兴趣引向经济本身，而不是经济学模型。举例来说，在宏观经济学那一篇，开头两章首先分析了困扰着美国和全世界的各种严重的经济不平等，到该篇第 3 章才开始讨论总供给和总需求模型。此外，书中随处可见大量的案例、统计数据及图表，为读者把所学的知识和实际相对照提供了方便。大概正是因为有这些优点，一位美国书评者曾经这样评价本书：“不存在比本书更好的政治经济学，尤其是现实中的美国政治经济学的入门读物了。”[②]

不过，对于国内读者来说，充斥全书的美国案例肯定会让人产生距离感。在翻译本书的过程中，作者之一鲍尔斯也曾向译者表达过类似的顾虑，提出最好能有一本更贴近中国读者的案例集，以配合本书中文版的使用。这当然是一个很好的提议。但在这样一本案例还付之阙如的情况下，那些乐意采用本书作为教材的教师不妨这样做：让学生们自己去

① 参见多普菲主编：《演化经济学：纲领与范围》，140～141 页，北京，高等教育出版社，2004。译文略有修改。

② Frank Thompson，Book Review，*Review of Radical Political Economics*，2006，vol. 38，no. 3，p. 475.

搜罗一些来自实际生活的故事，作为书中每个案例栏的补充，并以此来考核学生的平时成绩。

和这种贴近现实的风格相适应的是，本书倡导经济学研究要为变革世界服务。作者鲜明地指出，经济学不仅讨论“是什么”的问题，而且要讨论“应该是什么”的问题；在实证的经济分析与规范的（或政策导向的）分析之间，不存在鲜明的界限。为此，书中专设了一章来讨论政治经济学里的价值体系。作者写道：

> 经济学不仅关注事实（是什么），而且关注价值体系（应该是什么）。经济学可以用来阐明价值体系及其在特定经济分析中的作用。本书所遵循的价值观是很简单的，即一个经济制度应该为社会的所有成员提供过上富裕生活的公平机会，而如果一个经济制度是有效率的、公平的、民主的，这个目标就越容易实现。

在西方经济学中，长期以来有一种教条，即认为公平和效率是互相冲突的。或者换一个具体的说法，生产率的快速增长要以收入的严重不平等为代价。这种思想也曾强烈地影响了我国理论界和决策界的某些人。例如，曾经流行一时的“效率优先，兼顾公平”的提法就反映了这种影响。可是，这种观点和世界经济中的许多现象并不相符。例如，书中提到，过去数十年间，日本、韩国和中国台湾是世界上收入分配最平等的国家和地区，但这些地方的生产率增长远远超过了南非、巴西这些收入分配最不平等的国家。这些现象促使人们对公平和效率之间的所谓矛盾产生了怀疑。此外，即使我们把注意力放在发达资本主义国家，也会发现公平和效率的矛盾在经验上并不成立。书中第 15 章提供了一幅图，比较了十个发达资本主义国家的情况，其横轴是居民收入分配的不平等程度（基尼系数），纵轴是 1950—2000 年劳动生产率的增长速度。从中我们看到，第一，几个北欧国家（挪威、丹麦和瑞典）以及比利时的收入分配最为公平，生产率的增长率也最高。第二，美国的不平等程度在这十个国家中是最高的，生产率的增速则位居倒数第二，仅仅高于加拿大。书中还提到，美国不仅是发达资本主义世界收入分配最不平等的国家，也是工作时间最长的国家（见图 20.1）。第三，法国、联邦德国、荷兰和英国属于上述两类国家之间的中间情况。该图表明，在发达资本主义国家，公平和效率的关系并没有出现整齐划一的模式；不同的市场经济体制，带来了公平和效率的关系的不同组合；北欧国家的市场经济模式普遍优于美国的模式。作者进而提出，一般而言，并非公平妨碍了效率，经济不平等才是妨碍效率的原因：

经济不平等是阻碍而非促进生产效率提高和生产率增长。不平等经常会滋生一些像罢工这样的冲突，并且会造成雇主与工人关系的恶化，以非生产的方式浪费产出和精力。在某些情况下，人们会干脆放弃双赢的机会，因为一片儿蛋糕都得不到比得到不公平的一小片感觉起来要好一些（回想一下第2章的“最后通牒游戏”）。种族和其他形式的歧视，以及其他方面的机会不平等，使许多人缺乏足够的教育，结果是对整个经济而言浪费了人才。当严重的财富不平等意味着大多数人缺乏独立创业所需的资金时，经济就丧失了管理和创新的能力，以及因劳有所获的激励而带来的好处。在这些情况下，不平等阻碍了进步。

在美国的新自由主义体制因2008年爆发的金融和经济危机遭到沉重打击之后，这些见解代表了未来发展的潮流。

在本书中文版即将付梓之际，全球金融和经济危机还未完全结束，资本主义的又一次大变革或自我调整的时代降临了。本书出版于2005年，不可能提供对于这次危机的直接分析，但作者对美国经济的诸多弊端和矛盾的揭露（尤其是宏观经济学那一篇对美国经济不平等的分析），在某种意义上昭示了这次危机。今天的资本主义不仅是冷战后的资本主义，还是危机后的资本主义。资本主义在冷战后的“凯旋”并没有使它摆脱马克思所揭示的那些基本矛盾，甚至还面临了新的矛盾（比如生态社会主义者奥康纳所称的资本主义的“第二重矛盾”，即资本积累和生态环境之间的矛盾）。冷战的结束和这次危机的爆发，是界定政治经济学当代视阈的两个最重要的维度，也是检验一切经济理论的试金石。政治经济学应该全面地回答由这两个维度派生的所有问题。只强调一个维度造成的变化而忘掉另一个维度，无助于从整体上理解当代资本主义。

危机爆发后，不仅是经济学家，甚至一些政治家也体会到，西方主流经济理论已经不再适应形势发展的需要。例如，澳大利亚总理陆克文就在2009年2月撰文，公开抨击新自由主义是造成此次危机的元凶。他提出：“要将国家的重要性以及社会民主主义政治经济学说发展为一个面向未来的、全面的理论框架”。[①] 从大的形势来看，经济学似乎已进入了一个通往某种新范式的过渡时期。一些重大的变化早在危机之前

---

① 陆克文：《全球金融危机》，澳大利亚《月刊》杂志，2009年2月4日，《参考消息》2009年2月10日转载。

就已露端倪。例如，在演化经济学家的批判性著作中，在斯蒂格利茨、克鲁格曼等诺奖得主的反正统思想中，都可以看到被新古典主义长期主宰的理论经济学版图悄然改变的迹象。作者身处西方经济学的中心国度，对此当有更为敏锐的感受。在本书的序言里我们就读到：

当然，经济学还是一个颇具争议的论题。但不再存在单一的居于统治地位的学派，而是有许多不同的理论，每一种都有自己的长处和缺点。上面提及的每一位诺贝尔奖获得者都曾尖锐地批评过新古典理论的某些方面（他们同时又相互支持）。不幸的是，对本科生的经济学教学已经远远落后于领先的经济学家们所广泛理解了的东西。正统的"新古典"模型还在被讲授，似乎这是该领域唯一的理论。基于这个原因，本书可能还将被视作一个"替代性的教材"，因为它关注了那些在标准的经济学教科书中被大量忽略的问题，以及与正统教科书有冲突甚至从未被后者提及的概念和思想。

本书大概是第一本译介到国内来的美国乃至西方世界的政治经济学教科书。这些年来，国内政治经济学界一直在谋求政治经济学教材和课程的重大改革，出版了一些具有尝试性的新教材，也亟须借鉴来自域外的新视角、新观点和新经验。在此意义上，本书中文版的面世可谓适逢其会。2009 年 4 月，中国政治经济学年会秘书处携手其他几家机构，在安徽大学新校区举办了第一届全国政治经济学教材和课程改革研讨会。当时，长达两年多的漫长而艰苦的翻译工作即将告竣。我们抱着试试看的心情将本书第一篇的译文打印稿带至会场，分发给约百位与会者，结果激起了大家的热烈回应和普遍好评。我们深信，您——认真的读者——一定也会体验到包括笔者在内的许多人在阅读本书时都曾有过的感受：那种智慧和希望的火花被一再点燃的欣悦之情。

孟捷 赵准 徐华

2010 年 1 月

翻译说明

本书由孟捷、赵准、徐华主译。参加本书初译工作的有：耿纪东（第 1 章、第 8 章、第 13 章）；嵇飞（第 2 章、第 4 章、第 5 章）；张爽（第 3 章、第 11 章）；骆桢（第 6 章）；梅咏春（第 7 章）；余健（第 9 章）；张婵（第 10 章）；毛颖达（第 12 章）；邵小明（第 14 章）；郑晓雪（第 16 章）；胡依梅（第 17 章）；崔杨杨和庄瑞峰（共同翻译第 15 章）；宋方涛（第 18 章）；铁铮和韩建伟（共同翻译第 19 章）；李静和庄瑞峰（共同翻译第 20 章）。李怡乐翻译了序言、鸣谢、经济信息来源和封底文字。徐华、孟捷译校了第一篇的译文；孟捷译校了第二篇的译文，并翻译了中文版序；赵准译校了第三篇以及结论章的译文。朱安东、王兰、蒋丹、胡安荣、顾晓波、冯丽君也不同程度地参与了一些译校工作。孟庆峰、邵小明参与了全书的制图工作。

2009 年 5 月

中文版序言

我谨代表我的合作者，内布拉斯加大学的理查德·C·爱德华兹和萨拉·劳伦斯学院的弗兰克·罗斯福，欢迎中国读者阅读我们的《理解资本主义：竞争、统制与变革》的这个译本。这个文本立足于我们在上述机构，以及在哈佛大学、马萨诸塞大学和锡那大学的教学经验。它反映了我们的信念，即经济学的初级课程应能使得有成就的学生得以理解那些在世界以及在学生及其家庭的生活当中起作用的主要经济力量。这就是我们为什么选择了《理解资本主义》而非《理解经济学》这个书名的原因。

我们的职业与现实世界的纠葛并不是新事物。对其创立者而言，政治经济学的主题便是国家和民众的财富；政治经济学不仅是学术的追求，而且是干预并改变世界运行的方式并借以提高人民福祉的基础。最初的经济学家，即重商主义者和重农主义者，是现代欧洲初期的专制统治者的顾问；而今日的宏观经济管理者、经济发展顾问以及中央计划经济的改革设计师，延续了这个参与现实世界的传统。经济学家对于制定政策和设立法规从来就不陌生。寄望于经济学能有助于纾解贫困并觅得使人民生活兴旺发达的条件，这是其最为鼓舞人心的召唤和最艰巨的挑战。

和许多人一样，我也因怀有同样的希望而为经济学所吸引。作为一名曾经在印度求学的学生和在尼日利亚任教的中学教员，我自然而然地来到这个领域，期待着经济学会解决全球贫困和不平等这些旷日持久的问题。在十一岁的时候，我曾留意到，在德里公立学校的同学中间，无论是在运动、学校功课还是任何其他方面，我是多么的平庸。自那时以来一个问题就缠绕着我：既然作为人我们在能力上如此相似，和美国人相比印度人却为何如此之贫穷？这种状况是怎么形成的？为此我进了研究生院，希望经济学可以对如下问题加以解释。譬如，为什么美国工人一个月内生产的东西和印度工人一年生产的一样多？为什么印度的人口因此而贫穷？我们现在知道，正统经济学的解释是失败的：按照所有合理的计算，资本一劳动比率的差异以及美国和印度的劳动力在受教育程度上的差异，只能解释生产率差异中的不到一半。看起来有可能的是，大部分差异来源于难以度量且较少为经济学家所研究的那些原因：即在历史经验、制度和习俗性行为中的差异。经济学家对于斯密将其选为他那部伟大著作的书名的国民财富，还没有一个好的解释。

理解一个资本主义经济的发展过程——以及为什么某些资本主义国家不发展——不仅需要经济学的标准分析工具，诸如市场竞争和总需求，而且需要产生于最近半个世纪的经济学研究的那些较新的工具和思想。其中有四个是最为重要的。

第一，经济学的心理学基础在最近二十年间业已被重新表述，并用于解释经验上确凿的事实，即人不仅是自私的，他们还往往慷慨大方，并乐于支持社会准则，即便在他们能够因破坏这些准则而获益时也是如此。

第二，在现代资本主义经济的大多数最重要的市场上（例如，劳动、信贷、信息和其他产品及服务市场），合约并没有涵盖对于缔约各方至关重要的一切；这即是说，合约是不完备的。成功的交易往往需要运用权力或遵奉社会规范，以作为对合约的弥补。

第三，历史、制度和社会传统深刻地影响着经济的运行，从而带来了许多种资本主义，而非单一的资本主义模式。譬如，在美国、日本和德国经济运行之间的反差上，可以发现这一点。或许，我们应该将本书称做《理解多种资本主义》。

第四，正如我们的中国读者当然了解的，理解资本主义意味着理解技术、社会生活、产权及其他制度乃至价值体系的前所未有的转变。均衡概念有时候是有用的，并在本书后续的内容中有所运用，但是，现代资本主义经济中的大多数重要的发展更适于作为非均衡的结果来解释。

就像资本主义经济那样，今日经济学是一个急剧变革的学科。对于水平更高的学生来说，微观经济学中的许多新发展，在我的《微观经济学：行为，制度和演化》一书（中文版已由中国人民大学出版社出版）中得到了表达。

1848年，英国哲学家兼经济学家约翰·斯图亚特·穆勒出版了《政治经济学原理》。这是经济学的第一部伟大的教科书；此书在直到半个世纪后为阿尔弗雷德·马歇尔的《经济学原理》所取代以前，是英语世界的主要指南。穆勒的读者在阅读时得到这样的担保："幸运的是，在价值规律（意指经济学理论）中已经没有什么要留待现在的作者或未来的作者来清理了；这一学科的理论是完备的。"当我在20世纪60年代研习经济学时，正值新古典范式的鼎盛期，一种类似的自满无处不在。本书则没有传达任何与之类似的保证。我们对资本主义的理解，就像资本主义本身那样，在根本上是变动不居的。有定论的东西为数不多，没有什么是完备的。

这是一个学习经济学的激动人心的年代。对于你来说尤其如此。这既是因为中国的经济变革格外迅速，也因为从中国得到的教训必将丰富和改变21世纪的经济学，就像英国和欧洲在19世纪和20世纪的教训所起的作用那样。我的合作者和我期望，《理解资本主义：竞争、统制与变革》将有助于你理解我们变革中的世界；并且，一如古典经济学家所希冀的，本书甚至会鼓励你加入到变革这一世界中去，以争取一个更为美好的世界。

塞缪尔·鲍尔斯
美国新墨西哥州圣菲研究所
意大利锡那大学

序 言

《理解资本主义：竞争、统制与变革》（以下简称《理解资本主义》）是一本经济学的入门教科书，它解释了资本主义是如何运行的，为什么其运转有时并不如我们所愿，以及在长期内它如何改变了自身的运行方式，也变革了我们周遭的世界。我们并不要求读者阅读此书前具备经济学的预备知识。

本书所采用的经济学的三维理论，其关注点没有局限于正统经济学教科书所强调的市场竞争，也包括统制的关系——在企业中、国家间和社会群体间权力的施展，还包含了对历史变革进程的关注。这里采用了多学科的方法，广泛使用了来自历史学、人类学以及其他行为科学和经济学中的大量案例。

将竞争、统制与变革这三个维度统一起来的核心思想是企业对利润的追逐。在这一核心概念下，我们分析了企业间的竞争，作为投资和技术变革的驱动力的对利润的追逐，以及追求利润作为所有者、工人、政府、雇主和消费者之间冲突的根源。

本书涵盖了供给与需求、市场竞争、不完全竞争、总需求、通胀、失业这些一般性的论题。同时，我们着重于资本主义经济非凡的活力与物质生产能力、人类行为的心理学基础以及亚当·斯密“看不见的手”的重要性、技术变革与新的信息经济时代、全球经济一体化及其对各国经济的影响、一国内部及国家间的不平等。同时我们还提供了对新古典经济学教义的批判性评价，对契约理论、行为经济学、制度经济学和信息经济学的最新研究的介绍。

我们将此书命名为《理解资本主义》（而不是《理解经济学》），借以强调我们的主题对象是实际的经济制度——而非经济学的概念和模型。基于此种考虑，经济学理论是与历史学、政治学、社会学和其他社会科学并列的一门知识，有助于我们去理解资本主义。

本书的结构

第一篇“政治经济学”介绍了经济学的三维理论，解释了它与其他理论的关系，发展了其基础性概念，同时概括了与资本主义经济生活相联系的一些有针对性的事实。

第二篇“微观经济学”发展了企业理论与市场理论，包含劳动市场在内，并利用熊彼特的动态垄断竞争模型分析了技术变革。更重要的是，这里发展了对利润和利润率的分析，以此提供了三维经济学的统一原则，并建立了微观与宏观经济学之间的联系。

第三篇“宏观经济学”所讨论的是整个经济的运行。为了给学习宏观经济学提供一个基础，我们考察了国家内部和国家之间的不平等，特别关注了全球范围内的不平衡发展。这里我们引入了总需求和总供给的概念，并解释了为什么失业似乎是资本主义劳动力市场上永恒的特征。这一篇以介绍通胀和政府在经济中的角色而结束。

第四篇，我们以一个充满挑战性的章节“资本主义的未来”画上全书的句号，并提出了这样的问题，即今天的制度是否足以解决未来的问题，包括环境恶化、全球不平等以及在新的以信息为基础的经济时代知识产权和激励的问题。

在微观经济学课程上使用本书的教师可指定学习第 1 至 14 章和第 20 章。作为宏观经济学教材，可以集中学习的是第 1 至 7 章，第 10 章，以及第 14 至 20 章。若仅有一个学期的课程，则可讲授第 1 至 10 章和第 20 章。若时间允许，且学生有兴趣的话，其他章节也可选择。

第三版中的变动

《理解资本主义》第三版是一本全新的书。数据和案例都已更新，还增添了全新的三章。我们还考虑了新千年最初几年的发展，包括全球的政治学和经济学以及经济思想的变革。

- 经过彻底修订和扩展的第 1 章展现了过去三百年间与资本主义相联系的革命性变迁的戏剧化图景。对全球变暖和其他环境问题都给予了极大的关注。
- 如我们的封面所暗示的，本书的视野更具有全球性，将更多的关注点置于在全球范围内起作用的经济动力。认识到如今美国是世界经济的一个部分这一事实，我们取消了出现在第二版副标题中的“在美国经济中”的字样。
- 以新添的一章强调了经济学的行为基础，表明正统理论假设的“经济人”的自私性忽略了更为社会性的动机的重要作用，并解释了个人喜好与价值如何随他们的经历而改变。
- 不平等——特别是其在美国的增长——是本书更为核心的关注点。新添的一章讨论了种族和性别间在收入与财富上日益加剧的不平等。我们还记录了经济上的成功（以及失败）由父母传给子女的途径。
- 这一版中特别强调了信息革命和广义的技术变革的重要性。在最后一章里我们追问信息在经济中日益增强的作用是否导致了资本主义经济制度自身变革的压力。

教学的帮助和补充

正文页边的专业术语的定义以及每幅图表的说明性文字，都有助于读者掌握经济学的基本语言和分析工具。书内的专栏提供了关于经济的补充事实，并提出了可作为课堂讨论出发点的话题。

本书开卷不久的“经济信息资源”，可以帮助读者找到来自官方和其他来源的经济信息，这些信息既有书面的也有网络上的。

三维经济学和新古典范式

当本书第一版于 1985 年出版之时，很多人将它视作一个“替代性的教材”，并以欢迎的态度将其作为在当时经济学中居于统治地位的理论——新古典范式——的对立面。从那时起，经济学在许多方面发生了显著的变化。本书的大量核心主题如今也为其他许多经济学家和社会科学家所关注。这些年来，经济学家们将关注点转移到贫困问题、伦理价值的重要性、经济行为的非自利动机、权力的使用、历史影响经济事件的方式以及经济如何塑造了作为个体和作为社会与文化中的人的我们的身份。在今天的世界，经济、科学、政治以及其他发展的快速节奏，迫使经济学家直面变革的问题。

自《理解资本主义》第一版问世以来，诺贝尔经济学奖被授予了许多激发过我们工作灵感的经济学家。他们是阿马蒂亚·森和罗纳德·科斯（他们的观点在第 4 章中被论述），还有乔治·阿克洛夫、约瑟夫·斯蒂格里茨、罗伯特·福格尔、道格拉斯·诺思、丹尼尔·卡纳曼、弗农·史密斯、约翰·纳什等人。

当然，经济学还是一个颇具争议的论题，不再存在单一的居于统治地位的学派，而是有许多不同的理论，每一种都有自己的长处和缺点。上面提及的每一位诺贝尔奖获得者都曾尖锐地批评过新古典理论的某些方面（他们同时又相互支持）。不幸的是，对本科生的经济学教学已经远远落后于领先的经济学家们所广泛理解了的东西。正统的“新古典”模型还在被教授，似乎这是该领域唯一的理论。基于这个原因，本书可能还将被视作一个“替代性的教材”，因为它关注了那些在标准的经济学教科书中被大量忽略的问题，以及与正统教科书有冲突甚至从未被后者提及的概念和思想。在第四章中，我们会解释我们的理论是如何与经济思想史相联系的。

塞缪尔·鲍尔斯，新墨西哥州圣菲市
理查德·爱德华兹，内布拉斯加州林肯市
弗兰克·罗斯福，纽约州纽约市

鸣　谢

《理解资本主义》呈现了过去三十五年间，我们在哈佛大学、马萨诸塞大学阿默斯特分校、沙拉·劳伦斯学院的入门经济学课程中，与为数众多、无法一一提及的同事们所采用的一种经济学教学方法，以及我们所探讨的经济。我们要向成千上万的学生们和许多助教表示特别的感谢，他们的批评、建议、热情、(有时是)冷淡指引了我们。

Jillian Porter 和 Jinx Roosevelt 负责全书的编辑，使我们的教材文笔出众。Arjun Jayadev 为大多数实证性图表提供了研究，并根据他利用该版草稿进行的课堂教学经验，为本书提供了大量的改进建议。对这三位亲密的合作者我们感激不尽。

许多同事曾在他们的课堂上采用过本书的早先版本——抑或阅读和使用了本版的草稿——并给予我们只有那些最杰出的教师和

研究者才能提出的友善的反馈和建议。为此，我们要向以下同行致以由衷的感谢和敬意：密歇根大学的 Frank Thompson；刘易斯-克拉克大学的 Martin Hart-Landsberg；加州大学圣克鲁斯分校的 Manuel Pastor；德保罗大学的 Mehrene Larudee；马萨诸塞大学阿默斯特分校的 Bob Pollin 和 David Kotz；洛约拉-玛丽蒙特大学的 Jim Devine；加州州立大学圣贝纳迪诺分校的 Eric Nilsson；田纳西大学查塔努加分校的 Fritz Efaw；罗林斯学院的 Eric Schutz；米德尔伯里学院的 Jeffrey Carpenter。他们详细的评论和建议使本书成为一本更优秀的著作。

我们同样感谢南佛罗里达大学的 Ed Ford 和圣菲私立学院的 Rachel Balkom，他们在课堂上使用过本书的某个版本，并向我们传达了学生们的反应和许多非常有用的意见。

我们要向以下为特定章节贡献了自己的专业知识的人员表达由衷的谢意：Dominique Alhéritière（联合国粮农署），Bob Allen（牛津大学），David Belkin（纽约市独立预算局），Lourdes Beneria（康奈尔大学），Mike Buckner（美国矿工联合会），Nancy Folbre（马萨诸塞大学阿默斯特分校），Victor Lippit（加州大学里弗赛德分校），Jamee Moudud（沙拉·劳伦斯学院），Gordon Pavy（美国劳联—产联），Michael Reich（加州大学伯克利分校），Peter Rosset（粮食与发展政策研究会），Juliet Schor（波士顿学院），Joe Von Fischer（普林斯顿大学），Jim Weeks（ATL 国际），Edward Wolff（纽约大学）。

Kate Boyd 扫描了本书第二版全文，使得作者们可以在先前的电子版本上进行本版的修订工作；圣菲研究所的 Bae Smith 帮助我们获取了很多有用的信息资源；该研究所的图书管理员们，特别是 Margaret Alexander和 Tim Taylor 提供了极为宝贵的协助；Scott Gillam 校对了全书，并在本书即将付梓之际提供了很多有益的建议。

还有许多人在我们工作的不同阶段提供了各类帮助。为此我们要特别感谢 Michael Arons，Allyce Bess，John Boettiger，Mark Brenner，Marcus Feldman，Christina Fong，Sarah Knutson，Bill Mayher，Jennifer McCharen，Richard Pollak，Kenneth Pomeranz，Nick Roosevelt，以及 Ray Seidelman。

最后，我们还要格外感谢使得本书得以出版的牛津大学出版社的专家们：Jeffrey House，向出版社推荐了我们的原稿（1998）；Kenneth MacLeod，是我们最想与之合作的编辑；Paul Donnelly，在长期的工作中始终信任我们；Terry Vaughn，在最后一年半中给了我们最多的支持，也是最有耐心的编辑；以及 Leslie Anglin，指导了本书的最后印制过程。

当然，作者对所有存留的错误承担责任。

塞缪尔·鲍尔斯，新墨西哥州圣菲市
理查德·爱德华兹，内布拉斯加州林肯市
弗兰克·罗斯福，纽约州纽约市

经济信息来源

本书所用的大量现实资料出自以下来源。这里所列出的许多信息资源提供了对数据更广泛的探讨，以及如何寻找更丰富信息的建议。这些信息大体上都可以从网络和图书馆获得。

经济咨询委员会：《总统经济报告》（*Economic Report of the President*）（华盛顿：美国政府印刷所，年刊，可由 http://www.whitehouse.gov/cea/pubs.html 获得；过刊可由 http://gpoaccess.gov/eop/download.html 获取）。

美国人口普查局：《美国统计摘要》（*Statistical Abstract of the United States*）（华盛顿：美国政府印刷所，年刊，当前版本可由 http://www.census.gov/statab/www 获得）。

美国人口普查局：《美国历史统计：从殖民时代到 1970 年》（*Historical Statistics of the United States：Colonial Times to 1970*）（华盛顿：美国政府印刷所，1975）。

联合国发展计划署：《人类发展报告》（*Human Development Report*）（纽约：牛津大学出版社，年刊，最新出版物可由 http://hdr.undp.org/reports/global/2003/）获得。

世界银行：《世界发展报告》（*World Development Report*）（纽约：牛津大学出版社，年刊，可由 http://econ.worldbank.org/wdr/获得）。

国际货币基金组织：《国际金融统计年鉴：2002 年》（*International Financial Statistics Yearbook：2002*）（华盛顿：国际货币基金组织，2002）。

经济合作与发展组织：《环境状况》（The State of the Environment）（巴黎：OECD，1991）。

经济政策研究会：《美国雇工现状》（*The State of Working America*）（伊萨卡，纽约：ILR 出版社，康奈尔大学出版社的副牌，半年刊，链接可见 http://movingideas.org/）。

世界观察研究所：《世界现状》（*The State of the World*）（华盛顿：世界观察研究所，年刊）。

同时，许多报纸和期刊提供了广泛的经济学和经济报告。其中信息量极为丰富的要数《华尔街日报》（*Wall Street Journal*）、《纽约时报》（*New York Times*）、《华盛顿邮报》（*Washington Post*）、《洛杉矶时报》（*Los Angeles Times*）、《金融时报》（*Financial Times*）、《挑战》（*Challenge*）、《美元和理性》（*Dollars and Sense*）、《经济学家》（*The Economist*）、《米尔肯研究院评论》（*Milken Institute Review*）、《美国展望》（*The American Prospect*）、《商业周刊》（*Business Week*）、《财富》（*Fortune*）、《福布斯》（*Forbes*）。

还可由以下位于华盛顿的政府机构和私人组织定期出版的大量极为细致、翔实的报告获取更多信息：国会预算办公室，美国商业部下属经济分析局，美国商业部下属人口普查局，美国劳工部下属劳工统计局，预算与政策重点研究中心，经济政策研究会，女性政策研究会，城市研究会。

位于阿默斯特的公众经济中心（www.populareconomics.org）为那些有意获取经济知识和想要掌握对当下政治经济事件进行应用经济分析

所必须技能的人，提供暑期的一周培训课程和一年中其他时间的周末培训课。

随着世界互联网的发展，有越来越多的网上经济信息资源。这里我们只选择性地列出了一些可获得此类信息的网站。因为一些网站寿命并不长久，所列的部分站点可能已经改变了网址或停止使用。

http://www.oecd.org

经济合作与发展组织提供来自 20 个成员国的统计机构的数据。它同时发展和提升了国际统计标准，并与其他国际机构协调统计活动。

http://www.worldbank.org/data/onlinedatabases/onlinedatabases.html

世界银行提供多种网上数据库，部分可免费获取，部分需按年订阅，包含 5 年内的 54 种指数的世界发展指数数据库可免费查阅。

http://www.imf.org/external/country/index.htm

国际货币基金组织提供了从阿富汗到津巴布韦的各国的具体数据。

http://www.helsinki.fi/webEc/webecc8d.html

位于芬兰赫尔辛基的巨型经济数据库，提供了美国和世界范围内的大量网络站点链接。

http://www.census.gov/econ/www/

美国商务部下属的人口普查局的网站，提供人口统计与经济数据。

http://www.bea.gov/

美国商务部下属的经济分析局的网站，提供美国从 GDP 到海外投资的大量经济数据。

http://www.bls.gov/

美国劳工部下属的劳工统计局的网站，可找到关于就业、失业、失业率的信息。

http://www.nber.org/data

（美国）国家经济研究局网站，时常被误认为政府官方机构的私人组织。提供个人层面的数据、产业数据、宏观经济数据（包括萧条期开始与结束时的数据）。

http://pwt.econ.upenn.edu/

由宾夕法尼亚大学编制的宾州世界数据表，提供了过去50年中大约100个国家的经济数据。

http://rfe.org/

由纽约州立大学奥斯威戈分校的Bill Goffe教授创建的“经济学资源”（Resources for Economics），会定期更新。该网站提供（如其名所示）1 487个（按97个章节和小节编排）几乎通往所有网络经济信息资源的链接。

http://www.economics.itsn.ac.uk/links/data_free.htm

该网站提供英国经济数据。

http://movingideas.org/

由《美国展望》杂志赞助的“电子政策网”网站。提供通往许多美国政策导向机构的链接，从“美国民主行动”到“Tompaine.com”。

http://www.economagic.com/

该网站提供100 000多份系列数据文件，都是来自美国政府、美联储、美国国内税务局和欧洲中央银行等此类机构的Excel文件和图表。

http://www.lib.umich.edu/govdocs/stats.html

设在密歇根大学的网站，有关于美国工商业、劳动、金融、物价与生活成本指数、联邦与各州财政、国外与国际经济学、外贸、国内生产总值、州总产出与市总产出的经济数据。

http://www.economy.com/dismal/toolkit_landing.asp（需订阅）

该网站提供每天、每周、每月和每季度的美国经济指数，包含各州、各大都会和邮编区的数据。提供176个国家的经济数据，以及美国50个州（包括华盛顿特区和波多黎各）、318个大都会由地理分区按表格汇总的经济信息。同时，该站点提供股票市场计算器和对各州及大都会陷入衰退的可能性预测。

http://utip.gov.utexas.edu/

设在得克萨斯大学的网站，提供关于经济不平等的数据。

http://www.econdata.net/

该网站提供美国人口统计、就业、职业、收入、产出、价格、经济资产、生活质量、工业部门的区域性数据和公司名录。使用了包括美国劳工统计局、经济分析局、人口普查局以及其他政府和私人的大量资源，以完善其数据。

http://www.csufresno.edu/economics/econ_EDL.htm

设在加州大学弗雷斯诺分校的网站，提供关于生产率、劳动力、收入分配、利润（“收入”）和其他一些变量的数据。

目　录

第一篇

政治经济学

第1章　资本主义震动了世界

在第二次世界大战后的四十多年里，德国处于分裂状态：民主德国是一个专政政权，而联邦德国是一个民主政权。两个德国的经济制度之间的差别和它们的政治制度之间的差别一样大。在民主德国，就像其他一切一样，经济也是由共产党管理的。关于谁应该生产什么、怎样生产、什么时候生产以及为谁生产等的决定都由政府做出，并且靠命令来执行。共产主义并不仅仅是一种政府形式，而且是一种基于中央集中决策的经济制度。相反，联邦德国拥有的是被称为资本主义的经济制度。联邦德国人可以为了获取利润、得到并保持一份体面的工作或者追求一种自己的生活方式，在既定条件下独立地做出自己的经济决策。 3

1989年10月，民主德国共产党总书记埃里希·昂纳克（Erich Honecker）隆重地庆祝了共产主义民主德国成立四十周年。他宣称民主德国的成立不仅是“历史的必然”而且是“德国人民历史的转折点”。人们集会和游行以庆祝这次周年纪念。但仅仅 12 天之后，昂纳克突然下台，因为支持民主的示威首先在民主德国的莱比锡爆发，随后扩展到整个国家。150 万德国人参加了 10 月的游行，而参加 11 月游行示威的人数则翻了一番。

昂纳克辞职后不到一个月，民主德国和联邦德国人聚集到柏林墙上跳舞，随后就把它拆除了。就在其隆重的四十周年国庆之后不到一年，民主德国就不存在了，它的领土与联邦德国合并，再次组成了一个德国。其后果是，前共产主义国家的公民从一种经济制度，共产主义，过
4 渡到另一种经济制度，资本主义。几乎是在同一时期，支持民主的示威者也推翻了他们在苏联、波兰、捷克斯洛伐克、匈牙利，以及事实上除了古巴、越南、老挝、朝鲜和中国以外的所有共产主义国家的统治者。示威者不仅拒绝共产主义专政，而且拒绝了对其经济的中央集权组织。他们都接受某种形式的资本主义经济制度。

和共产主义一样，其他经济制度也曾受到过资本主义的冲击。美国南方基于奴隶制的经济制度因为联邦政府军队在美国内战中的胜利和林肯对奴隶的解放而结束。由此，南方终止了奴隶制经济而进入资本主义。类似的，狩猎和采集的简单经济——大多数人类在地球上的大多数时间里都是以这种方式谋生——在世界的多数地方都被抛弃了，由其他经济制度取而代之。而且，在绝大多数地方，最终是由资本主义取代了它们。这一过程还在继续。资本主义在飞速发展，从它诞生之日起就是这样。

然而，资本主义还是新的，仅在过去五个世纪左右的时间——不到人类居住于地球的时间的百分之一——中推动世界历史的发展。但是，在这个相对短暂的时期里，与人类历史早期的任一阶段相比，这个世界都在更加迅速地、更加持续不断地、更加深刻地发生着变化。现在，这个世界变化的步伐更快了，因此，更大的转型极有可能会在我们生活的时代发生。

正如我们后面会详细描述的，**资本主义**是这样一种经济制度，在这种制度下，雇主以盈利为目的雇佣工人生产并出售产品和服务。无论资本主义出现在哪里，它都会使社会的每个方面都发生变化。它带来了科学和其他方面知识的空前发展、令人惊异的技术进步、以前无法想象的信息共享方式以及在世界多数地方的消费、健康和教育水平的不断提高。它还导致了权力结构的根本性变化和财富的重新分配，废除了奴隶

制和其他古老的奴役形式，并引起了家庭生活、观念和信仰的彻底变革。

因为我们一直生活在迅速的变化之中，我们认为这是正常的，甚至是自然的。但从历史的观点看，社会和物质世界迅速的、无情的变化绝不是人类社会的常态。先前的经济制度受到惯性的约束，根本不是靠各种变化所推动的。**资本主义时代**发端于公元 1500 年左右的欧洲。资本主义劳动的组织方式——雇主靠雇佣劳动来创造利润——首先出现在英格兰、荷兰、比利时和意大利的一些地区。这种新的组织生产方式即便在它首先出现的那些国家，最初也没有影响多少人。但随着它的扩散和强大，资本主义的变革力量也增强了。它将最终使整个世界出现革命性的变化。

资本主义的发展和与之相伴随的社会变化的发生时期，在不同的地区是不同的，而且其影响是非常不均衡的。在一些地方，资本主义的发展非常迅速，而在另外一些地方则非常缓慢。在世界上的一些地区，资本主义到现在才开始取代其他经济制度。

第二个千年开始时的欧洲

仅有几个民族，无边无际的空旷向西、向北和向东延伸得如此之广，笼罩了一 5
切：荒芜的土地、沼泽，以及蜿蜒的河流、荒野、树林和牧场，被火烧过只剩下遗迹的林地，以及放火者让人难以发现的播种。到处是这种由林地开垦出来的土地，由森林的边界处延伸而来，但仍处于半开垦状态；骨瘦如柴的牛拉着木质耕具在坚硬的土地上划出很浅的犁印……用石头、泥浆或者树枝建造的棚屋聚集在一起称为小村落，外面由一圈荆棘篱笆和一片草地所包围；稀疏分散的城镇，破败的街道，随意修补的防御工事，已经变为教堂或者防卫据点的罗马帝国时代的石头建筑。

这就是公元 1000 年的西方世界。无论是与拜占庭帝国相比，还是与科尔多瓦相比，它看起来都很落后、贫穷而且没有防御能力。在这个处于饥饿困扰之中的野蛮世界里，为数不多的人口在事实上已经显得太多了。人们几乎赤手空拳地劳作，艰苦地对付难以驾驭的自然和由于没有得到适当开垦而产出低下的土地。在那个时代，没有哪个农民在种下一粒小麦时期望能收获三粒以上——如果年景不是太差的话，这意味着能够在复活节吃到面包。

资料来源：Georges Duby，*The Age of the Cathedrals*（Chicago：University of Chicago Press，1981），p. 3.

为了更清楚地了解资本主义所带来的变化，我们简单看看资本主义时代到来之前欧洲人的生活是什么样子的。公元 1000 年，那里的人们寿命很短；他们几乎没接触过比最近的城镇更远的地方和人；他们主要依赖于自己生产的食物和其他东西过活，仅从当地市场上获得少数几种商品来补充他们的消费。

在人类历史的绝大部分时间里，人们的社会从他们的父母、祖父母甚至更早的祖先起就未曾改变多少。对于一代又一代的人，儿子们的谋生方式与其父亲相同，女儿们也追随她们妈妈的脚步。工具和器皿、传说和信仰就像它们在一个世纪、甚至一千年以前的样子由父母传给孩子。好的和坏的年景伴随气候变化而交替出现，但是持续的、迅速的和系统的变化直到资本主义出现才成为生活的常态。

在这个世界上，社会是由许多不同的方式组织起来的，但是由于人们的视野跳不出生活的小圈子，大多数人仅仅只是朦朦胧胧地意识到这种多样性。然而，自 15 世纪初开始，欧洲人开始到其他大陆探险并“发现”了他们所谓的“新大陆”。不久以后，往往由渴求那些传说中的财富的投资家所资助的商人和殖民者侵入了居住在今天的弗吉尼亚、秘
6 鲁、巴巴多斯、南非和印度的当地人的生活。资本主义降临欧洲时所释放的活力，很快就开始冲击世界的其他地方。

持久的技术革命

想知道资本主义和技术变迁的大迸发哪个出现在先是困难的。无论事实是什么，持续的、迅速的、影响深远的科学发现和技术创新基本上与资本主义同时出现，前两者已经成为现代生活的恒久特征。当然，正是这些发现和创新使得五个世纪以来显著的经济进步成为可能。

在 1500 年，产品几乎全部是由手工制作，仅使用简单的工具。动力机械就是推动磨坊主磨石的水轮。人们对于物质世界的了解还非常原始，生、死和收获的多与少，通常都需要借助巫术、迷信或者是上帝的意愿才能得到解释。

直到 1800 年，传统手工艺，那种代代相传的技能，在大多数生产过程中仍然很盛行。但是新时代给每一个领域都带来了新观念、新发现、新方法和新机械，使得旧的观念和工具被废弃。同样，新方法很快又为更新的方法所取代。技术变迁变革了生产，减少了生产大多数产品所需的时间。

劳动生产率方面最重要的增长发生在农业部门。随着生产相同或更多粮食所需要的人数的减少，更多的劳动力可以用于其他商品的生产，特别是用于制造业部门。因此，农业生产率的增长必须在工业革命发生之前实现。为了说明在资本主义时代农业产出的迅速增长，图 1.1 展示了两个世纪以来美国农业生产率的增长情况。

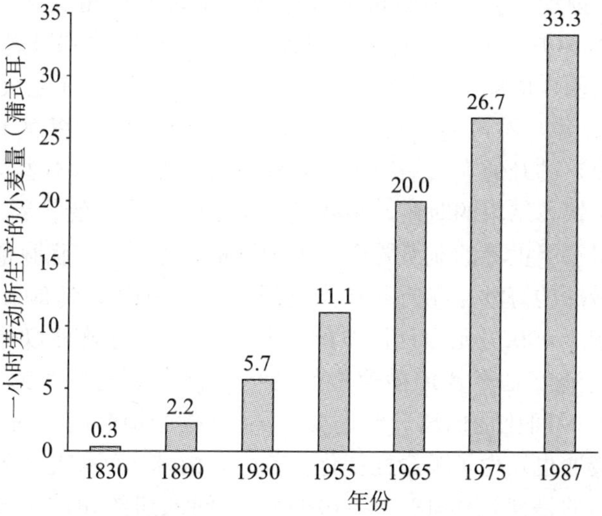

图 1.1　美国农业生产率的增长（1830—1987 年）

说明：图 1.1 展示了两个世纪以来美国农业（这里是以小麦生产为例）劳动生产率的提高。在 18 世纪，美国农民使用的是由马或牛拉的粗糙的木犁。他们用手播种，用锄头耕种，用镰刀收割，使用一种叫做连枷的手动工具从麦穗里收获麦粒。铁犁在 19 世纪初才被引进，但是直到 1830 年，在 5 英亩的农田上生产 100 蒲式耳小麦仍需要 300 小时的劳动。美国农民在 19 世纪中期开始使用化肥，他们也越来越多地使用工厂生产的农业机械。因此，在此后的一个世纪里美国的农业生产率得到了大幅提高。到 1987 年，在一个大规模的、高度机械化的美国农场中，在 3 英亩的土地上生产 100 蒲式耳小麦只需 3 小时的劳动，每小时的产出比 1830 年高出 100 多倍。

资料来源：U. S. Department of Agriculture，“A History of American Agriculture，1776—1990，” available at http://www. usda. gov/history2/text4. htm.

在过去的五个世纪中，交通运输的方法也得到了极大的改善。在 1500 年，人们把他们自己、他们的财产或者货物从一个地方运送到另外一个地方只能靠步行或者四轮木车。四轮木车由人力或者牲畜拉着走，人或者货物在陆上的活动非常艰辛、昂贵、缓慢，有时甚至还很危险。除了极少数非常富有的人，旅行到一个离家并不算太远的地方事实上也是不可能的，水上运输也是非常昂贵的，除了贵重而又很轻的物品如香料和丝绸外，运送其他货物是不合算的。

在江河和沿海地带的水运稍容易一些，但是船很小、速度很慢而且也不安全。与1 000年前罗马所能使用的技术相比，1500年的海运技术几乎没有什么进步。但是，在（之后的）一个世纪之内，海运得到了极
7 大的发展。航船开始定期横跨大西洋或者绕过好望角到达东印度。到1800年，快速帆船从中国到伦敦只需80天而从纽约到旧金山只需22天。横跨大西洋的航行成了常事。

到1900年，蒸汽动力取代了船帆，苏伊士运河（以及不久之后的巴拿马运河）的开通大大缩短了世界贸易的路程。在资本主义诞生后的第五个世纪快要结束的时候，装载量是哥伦布的轮船装载量的2 500倍的油轮，阻塞了世界的航海要道，由于体积太大了，它们只能进入那些最大的和最深的海港。在协和式飞机因为经济原因而在2003年停航之前，花得起9 000美元预订机票的人只需三个小时就可以从伦敦飞到纽约，飞行速度是声音传播速度的两倍，比在头上移动的太阳还快，以至于到达时间比他们离开时还要“早”（指当地时间——译者注）。

陆上交通也发生了革命性变化。首先，内陆运河的挖掘和开通——其中最著名的是建造于1817年到1825年间的纽约州的全长365英里（579公里）的伊利运河——以及运河上的驳船运输极大地降低了陆上
8 托运的成本。很快，铁路的出现提高了商品和人员运输的速度并减少了花费。在美国，横贯大陆的铁路完工于1867年。而到19世纪末，铁路穿过了世界上所有的工业地区，甚至穿越了加拿大落基山脉、东非高原、中国内陆、辽阔的俄罗斯大草原以及印度北部平原。然而，所有这些只是建立在汽车、卡车和高速公路基础上的20世纪陆路交通革命的一个前奏。当20世纪的主要创新，空中旅行和运输加入进来后，铁路在全球运输和旅行中的作用相对减弱了，尽管它在一些地区仍然是重要并有吸引力的。

与运输业的技术进步相当的是医药、农业和通信领域的同样重大的发展。卫生保健和农业生产力的改善使得本章后面将讨论到的人口爆炸和城市化成为可能。而且，通信革命对于全球化的过程也是至关重要的，这个问题在后面也会讨论到。

但是，某些武器的发展、有毒化学物质和生物制剂的发明和生产（对人类）却不是那么有益。今天，化学、生物和核子武器——有时被叫做大规模杀伤性武器——已经足够消灭这个世界上所有的人。无论是

在生产技术、运输、医药、农业、通信方面，还是在核子、化学、生物战争方面，技术变革的速度和渗透力都是史无前例的。

物质生活的丰富

过去五个世纪的技术变革伴随着人们消费水平的显著增长。在资本主义时代以前，由于绝大多数人是以耕种、放牧或者狩猎和采集为生，人类的生存条件随着气候、疫病和其他自然现象的变化而改善或者恶化。但是无论在何时何地，只要出现了资本主义，人们的收入和消费水平都会开始持续增长。尽管有时增长之后紧跟着下降，但长期而言人们的生活水平还是会不断提高，过去是这样，现在还是这样。图 1.2 展示的是资本主义在英国作为主导的经济制度于 19 世纪出现之后，伦敦一个部门的工人的实际工资迅速提高的情况。

英国是第一个资本主义国家，随后这种新的经济制度很快扩散到其他国家，提高了它所到之处的平均生活水平。例如，在美国，2002 年平均收入的购买力是 1789 年的 32 倍（美国通过宪法的那一年）。当然，这并不意味着今天美国人比 1789 年快乐 32 倍，但这意味着物质产品的空前增长。随着物质的丰裕，人们的饮食（现在人们更经常地吃肉食）和住房（房子造得更大了而且冬天室内温度也被提高了）方面也发生了变化。

英国经济为何起飞？竞争、煤炭还是殖民扩张？

在 18 世纪和 19 世纪，在欧洲（特别是英国）而不是在其他国家实现了经济起 10
飞，没有任何历史事件能像这样影响现代世界了。其结果是在欧洲和其他地区之间出现了差距，这一差距与欧洲的人口爆炸一起导致了以欧洲为中心的世界（见图 1.3 和图 1.4）。世界上的多数地方在经济上都落后于英国，并处于欧洲人和在美国的那些欧洲后裔的统治之下。

英国，普遍而言整个欧洲，乍看上去并没有什么特别的优势为经济领先提供条件。在“欧洲奇迹”产生之前，中国的科学知识在很多领域超越了欧洲，并在绝大多数领域能够与之抗衡。而且，欧洲领先的科学领域与推动工业革命的技术进步之间并没有多少联系。而像长江三角洲那样的中国发达的经济区域也并不比英国和欧洲的发达区域更贫穷。

9

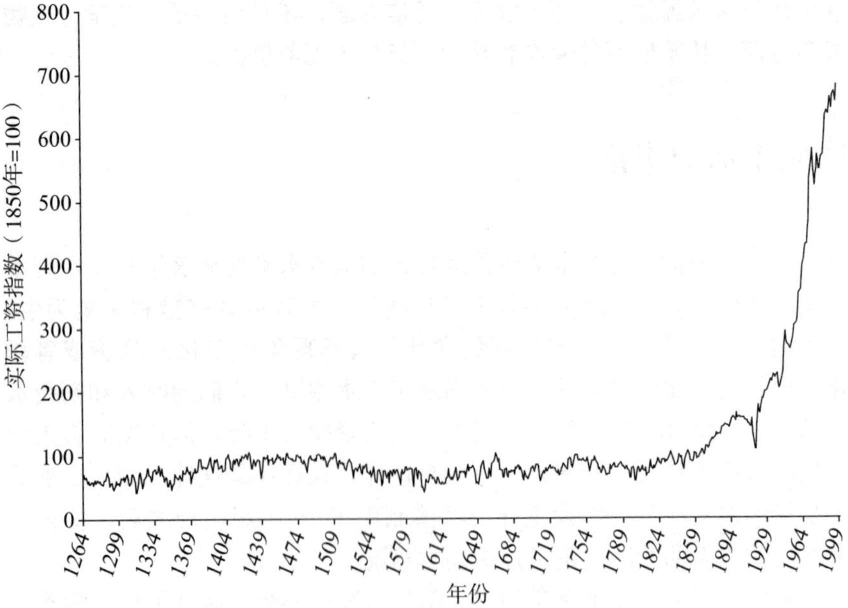

图 1.2　伦敦七个世纪以来的实际工资

说明：图 1.2 展示了 1264—1999 年间英国熟练的建筑工人的平均实际工资的变化情况。“实际”意味着它是修正了每年价格上升因素的货币工资。这样，实际工资就是特定年份中货币工资的真实购买力。这里的数据以指数的形式出现。它们表明每年的平均实际工资相对于其他某个年份的比率。在图 1.2 中，1850 年是基准年，其指数被设定为 100。因此，无论 1850 年的实际工资是多少，在这里都被记录为 100。其他年份的实际工资都表示为 1850 年水平的百分比。例如，如果某年的实际工资是 1850 年的两倍，那么就把它记录为 200；如果是 1850 年的一半，就记录为 50。虽然这些数据肯定有误差，但它们仍然告诉我们一个有趣的故事。在资本主义充分发展之前，实际工资并未持续增长。1800 年以前的实际工资波动往往是人口规模变化的结果。例如，1370 年之后实际工资的相对短暂的增长是因为劳动力的短缺，而后者是由于在 14 世纪从亚洲蔓延到欧洲的灾难性的腹股沟淋巴结炎瘟疫使得英国人口急剧减少所致。1300—1500 年期间的实际工资增长在 1500 年之后由于从美洲大量流入欧洲的黄金带来的价格迅速上涨被抵消了。因为 1500—1800 年间货币工资只能买到越来越少的产品，实际工资普遍下降了。然而，在 1800 年以后，特别是从 1900 年开始，不断增长的劳动生产率和部分工人更高的谈判能力使得他们的实际工资急剧增长，如本图中的熟练建筑工人。从 1800 年开始，建筑工人出现了供不应求的现象，雇主需要为了为数不多的工人而相互竞争。因为雇主为了吸引到公司所需的工人而不得不支付更高的工资，结果实际工资上升。

资料来源：Robert Allen，“Wages，Prices and Living Standards：The World Historical Perspective，” available at http://www. econ. ox. ac. uk/Members/robert. allen/WagesPrices. htm.

经济学家有时认为是英国的经济体制带来了这种差异。(他们认为，这是由于）英国人头脑中不存在政府干预，如价格和工资管制、官方垄断和财产充公等。但最近的历史研究表明，18 世纪个人的逐利行为在长三角比在英国或者欧洲其他地区受到的政府束缚要更少。科学领先、先前的富足或者一个自由放任的环境均不能解释资本主义在英国而不是在世界的其他角落首先产生，使得一些人开始考虑“统治世界”的因素。

长三角的主要问题是自然资源的匮乏。与英国不同，长三角没有丰富的煤炭和水力资源，而且它缺少与能够满足经济扩张对原材料的大量需求的内陆地区的联系。

相反，英国的军事力量在几个世纪的大陆战争中日见强大，从而保证它能够从新世界获得廉价的原材料，特别是在七年战争（1756—1763 年）中打败法国以后情况更是如此。从巴巴多斯、牙买加和英国在加勒比地区的其他殖民地流入的糖提供了迅速扩张的英国产业劳动力所需的十分之一以上的卡路里。弗吉尼亚和佐治亚州的奴隶种植园为曼彻斯特急速发展的纺织工厂提供原棉。英国所有的农业用地不能生产足够的英国工人消费的糖和制造衣物的纤维（以及来自牧羊场的羊毛）。如 *11*
果没有殖民地，经济扩张将使得棉、糖和其他原材料的价格上升。过高的原材料成本将会使利润下降，并导致英国的起飞过早搁浅。

在其经济起飞前夕，英国的优势并不是像现代的主流经济学家所想象的那些制度，如保护私人财产、有效竞争和有限政府。一位重要的历史学家提出了一个不同的观点：英国和其他欧洲国家的确有制度上的优势，彭慕兰（Kenneth Pomeranz）写道，“但是在 1800 年以前的世界中，它们似乎仅仅适用于战争、武装的远程贸易和殖民。”

资料来源：Kenneth Pomeranz，*The Great Divergence*：*China*，*Europe*，*and the Making of the Modern World Economy*（Princeton：Princeton University Press，2000）. The quote is from p. 166.

图 1.3 展示了欧洲生产率的提高最终怎样帮助提高了整个世界的人均产出。从该图的主体部分可以看出，世界整体人均产出的急剧增长直到 1820 年之后才发生，而那张（插入的）小图具体展示了在过去的五个世纪中不同地区对世界总产出的相对贡献。为了简化这幅图，全世界的国家被分为三组。第一组叫做“西方世界”，包括西欧和最初由西欧人“殖民”的那些国家——美国、加拿大、澳大利亚和新西兰。第二组指包括中国、印度和日本在内的所有亚洲国家。第三组由非洲、拉丁美洲和包括俄罗斯在内的东欧国家组成。

从图 1.3 可以看到，从 1500 年到 20 世纪早期，世界总产出增长的大部分归因于“西方世界”，其占世界总产出增长的份额从 1500 年的不足 20%上升到 1950 年的超过 55%。但是，正如该图所展示的，其相对份额从 1950 年起开始下降。

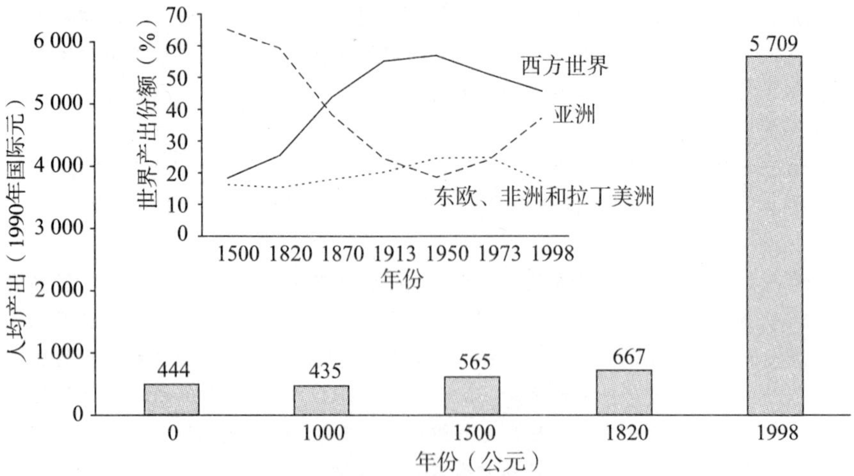

图 1.3　两千年来的世界人均国内生产总值

说明：图 1.3 中的大图提供了两千年以来，扣除了通货膨胀因素的世界总体人均产出（人均 GDP）的估值。这些估值是由安格斯·麦迪森（Angus Maddison）主持的长达半个多世纪的经验研究的结果，麦迪森是研究全球人口规模、技术变迁和生产率增长方面最重要的学者之一。根据麦迪森的研究，直到 1820 年，世界人均产出一直保持在相对低的水平，产出的增长大部分被相应的人口增长所抵消。然而，1820 年以来，资本主义的兴起所带来的技术变革使得人均产出发生了急剧的增长。图 1.3 中的大图展示了世界整体的人均产出，而插入的小图则反映了几个世纪以来世界不同地区生产率不成比例的增长，及其被不公平地分享的情况。由于小图的纵轴代表占世界总产出的百分比，以及各个地区所占份额加总之和是 100%，因此一个地区的产出变化可能会被夸大，这是由于一个地区的产出变化必须被至少其他一个地区的相反变化所抵消。无论如何，小图揭示了大图没能反映的（各个地区在）世界总产出中的份额的惊人变化。

资料来源：Angus Maddison，*Monitoring the World Economy*，*1820—1992*（Paris：OECD，1995），p. 19，Table 1-1(a)，and *The World Economy*：*A Millennial Perspective*（Paris：OECD，2001），p. 28，Table 1-2.

当西方在世界总产出中的份额上升时，亚洲的份额却朝着相反的方向发展——下降。这部分地归因于以下事实：从绝对量看，西方的产出比其他地区的产出增长得快得多，因此其他地区在世界总产出中的百分比不得不下降。因为在 1500 年时亚洲生产了大部分的世界产出，自然这一地区的产出份额下降最大。亚洲份额的大部分下降是由于欧洲和北美令人注目的经济成功。但是，亚洲占世界总产出的份额在 1820 年到 1950 年期间的急剧减少还有其他原因。首先，英帝国主义对印度——亚洲产出的主要贡献者之一——的生产率的影响是毁灭性的。尽管印度在 1800 年曾经有过强大的、多样化的经济，但是到 19 世纪中期，英国统治者已经开始破坏印度的棉纺织工业，以便他们自己的棉纺织品占领整个印度市场。同时，印度还被迫去专业化生产（低价值的）原棉以出口给英国的纺织工厂。

亚洲占世界总产出的份额自 1950 年以来的上升——同时西方的份额在此期间的下降——在很大程度上是日本和中国经济增长的结果。以总产出来衡量，日本是世界第二大经济体（居于美国之后），而中国则有 *12*
着占世界五分之一的人口，而且从 20 世纪 70 年代后期开始创造了每年两位数的经济增长记录。亚洲的韩国、中国台湾、泰国和新加坡等国家和地区的贡献也非常重要，它们都在近几十年实现了非常高的经济增长速度。世界第二人口大国印度从 1980 年开始也经历了产出的迅速增长。

从图 1.3 的小图中可以发现，非洲、拉丁美洲和东欧国家在 1500 *13*
年时在世界总产出中的份额是最小的，在 1820—1950 年间只有很小的增加，而且最终（在 1998 年）也还是只占有最小的份额。近期的下降主要是因为东欧和俄罗斯在 1989—1991 年的巨变之后从中央计划经济向资本主义艰难转型过程中产出的急剧减少。另一个原因是拉丁美洲和（特别是）非洲缓慢的经济增长，甚至产出的下降。

图 1.2 和图 1.3 表明，过去几个世纪世界多数地方的工资和产出的巨大增长的数据事实上可能低估了相应的生活水平的改善。其原因是产品质量显著提高了，而当我们度量价格和产出时并不能充分考虑这些质量提高的因素。

质量提高在灯光的产生方面能最清楚地看到，从我们远古祖先的营火开始，随着时间的推移而发展到油灯、蜡烛、煤油灯，最后到现代照明技术如白炽灯和荧光灯。伴随着这些进步的是光的生产效率难以置信的提高。工程师用一定量的能量（以瓦特计）能发出以流明为单位计量的多少光来定义照明效率。

图 1.4 描绘了从 1700 年到现在照明技术的发展，并反映了各种新的光源每瓦特能量发出的光的流明数。图中没有显示的营火的照明效率为每瓦特 0.002～0.003 流明。到 1800 年，人们发展出了一种新的光源——牛油烛，其发光效率为营火的 32 倍，达到了每瓦特 0.076 流明。随着 19 世纪晚期电力时代的到来，照明技术开始迅速发展。到 1900 年，一种“先进的”碳丝灯能够以每瓦特 3.7 流明的效率照亮一间屋子（或一条街道），一个世纪之后，100 瓦钨丝灯——标准的 100 瓦商业灯泡——能够以每瓦特 14 流明以上的效率发光（参见图 1.4 所引用信息的资料来源）。

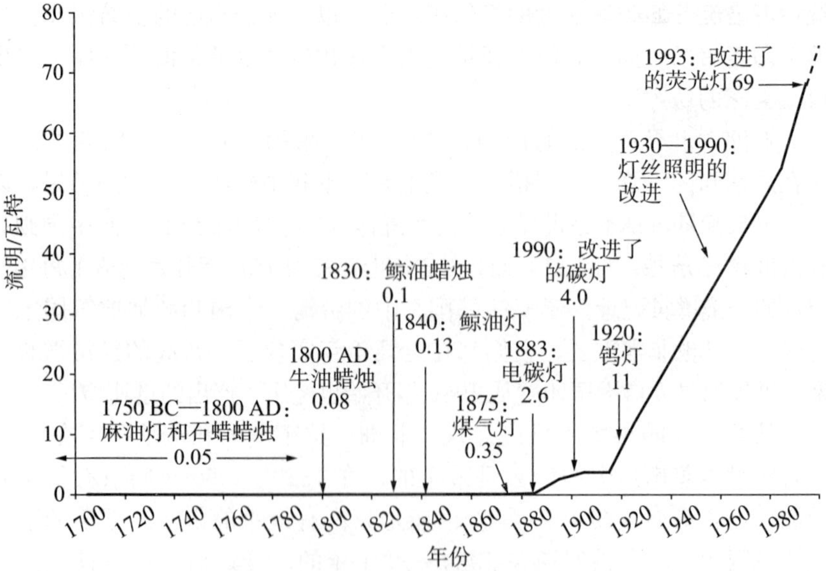

图 1.4　1700 年至今照明技术的改进

说明：图 1.4 展示了在过去三个世纪里，照明技术效率（以纵轴的流明/瓦特来度量）的改进情况。“流明”是度量光的亮度的单位，而“瓦特”是度量能源能量的单位。

资料来源：William D. Nordhaus，“Do Real-Output and Real-Wage Measures Capture Reality? The History of Lighting Suggests Not，” in Timothy F. Bresnahan and Robert J. Gordon，eds.，*The Economics of New Goods*，National Bureau of Economic Research Studies in Income and Wealth，vol. 58 (Chicago：University of Chicago Press，1996)，pp. 29 - 66.

迄今为止，照明技术最大的进步来自于“紧凑型”荧光灯的发明。《消费者报道》(*Consumer Reports* ）在 1992 年测试了这一新的光源，发现它能够产生每瓦特 68.3 流明的光，比营火的效率高 29 000 倍。我们要指出的是，我们通常对生活水平提高的度量——实际工资和实际人均国内生产总值（GDP）的增长——并没有考虑这样的事实：以照明为例，我们所买到的东西的增长比我们支出的增长还要多。在过去一个半世纪中，随着由资本主义所激励的技术进步的速度加快，这类度量问题变得越来越重要。

14 资本主义并不是唯一有能力带来物质财富的迅速增长的制度。苏联——有着共产主义政府和中央计划的非市场的经济制度——在 20 世纪 20 年代晚期到 80 年代中期之间实现了很高的经济增长率。此外，正如我们正看到的，在过去三十年里，同样是在共产党的领导下的中国保持了世界上任何资本主义经济所没有的总产出的高增长率，实现了生活水平的极大提高，但是这些在非资本主义制度下取得迅速经济增长的情况是不典型的。

不断加剧的不平等

伴随资本主义而来的物质上的丰裕并没有被平均地分配。资本主义在世界的一些地方增强了财富的创造的同时，也带来了突出的全球不平等现象。在资本主义兴起之前，世界上绝大多数人生活得很简单，没有现在发达国家里的多数人所习以为常的那些物质产品。但随着资本主义的发展，贫富之间的差距变成了鸿沟（见图 1.5）。今天，世界上仍然 15
有很多人无法得到洁净的饮用水，而最富有的人却拥有自己的喷气式飞机。根据最近的研究，美国最穷的 10%的人口平均而言也比世界上三分之二的人富有，而世界上有五分之四的人口生活在北美和欧洲定义的贫困线以下。

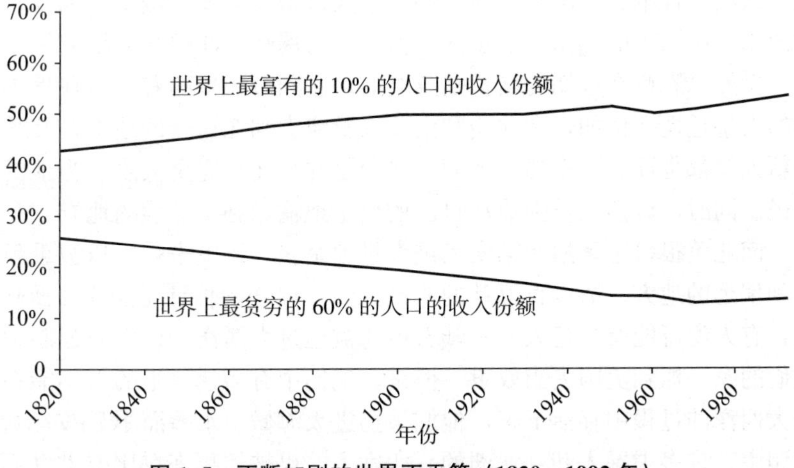

图 1.5　不断加剧的世界不平等（1820—1992 年）

说明：图 1.5 描绘了在世界上最富有的 10%的人口和最贫穷的 60%的人口之间不断加剧的收入差距。自从资本主义在欧洲出现以及逐渐传播到世界各地以来，富人和其他人的收入水平差距拉开了。这是因为在资本主义首先繁荣起来的欧洲和北美，产出迅速增加了，但在世界其他地方却没有发生这样迅速的增加。尽管在许多国家内部不平等程度显著降低了，但是国家间的不平等程度的增加导致了整个世界变得更不平等。自 1960 年以来，由于世界上两个最大的穷国——印度和中国——迅速的经济增长，全球不平等的增长放缓了，用某些方法度量甚至出现了逆转。

资料来源：François Bourguignon and Christian Morrisson, "Inequality Among World Citizens: 1820—1992," *American Economic Review*, vol. 92, no. 4, September 2002, pp. 727 - 744.

人口爆炸和城市的发展

16 伴随着资本主义的技术进步和生活水平的提高，全球人口出现了爆
炸性的增长。正如图 1.6 所显示的，从公元前 10000 年到公元 18 世纪，
世界人口增长非常缓慢。但从那时起，正如这条曲线向上急剧偏折所显
示的，世界人口增长率出现了急剧的提高。从公元 1 年到 1750 年，人
口以一个很低的比率增长（每年增长 0.56‰），在这个增长率下，人口
翻一番需要 1 200 年。在 1750—1950 年间人口以一个较高的速度增长
17 （约每年增长 5.7‰），人口每 120 年翻一番。从 1950 年开始，世界人口
增长是如此迅速（约 17.1‰），每 40 年就能够增加一倍。

过去 250 年世界人口的迅速增长与以前的趋势大不相同。这种人口爆炸是只在资本主义时代才会看到的一种新的社会现象。但是，在美国、欧洲、日本、中国和其他一些国家人口增长速度减慢了。因此，正如图 1.6 中插入的小图所显示的，似乎人口爆炸可能很快会结束。

18 世界总人口在近期的增长是急剧的，它同时还伴随着人口在世界范围的大量迁徙。例如，在北美和南美以及澳大利亚这样的地方，几乎整个新人口都是迁徙而来的，他们来势凶猛并且几乎完全灭绝了当地的原住民。同时，许多人被强迫从自己的出生地输送到不熟悉的地方。

南北美很多土著的印第安人被大量地杀害，剩下来的人口被重新安置到偏远的地方。数以百万计的非洲人——保守的估计是至少 1 000 万人，有人说可能有一亿人——戴着镣铐被运过大西洋，他们被强制地从他们的家园抓到美国去当奴隶。但是，他们中有多达一半的人不能在横跨大西洋的过程中存活下来，他们被扔进大海做了水葬而不是被卖给种植园主。许多中国人和（亚洲的）印度人，也被招募来在比奴隶好不了多少的条件下工作，他们也被运到了遥远的地方——华工在北美、印度人在东非和南非修筑铁路。

其他人长距离迁徙是由于他们传统的生计被本国的改变所破坏。例如，德国人遭受到政治镇压时不得不离开自己的国家。当谷物价格下降使得农场不能维持生计时意大利人也离开了。其他一些人发现传统的手艺被新的资本主义工厂替代时，他们也移民了。19 世纪中期，当很多爱尔兰人发现土豆产量——他们的主要营养来源——因为枯萎病而减少时，他们也选择了移民。波兰人、希腊人、犹太人、匈牙利人以及俄国

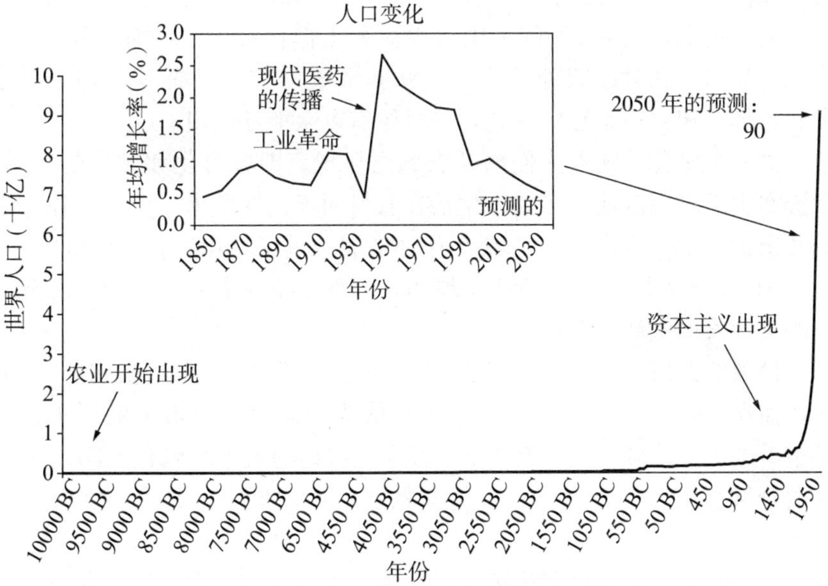

图 1.6　资本主义和人口爆炸

说明：图 1.6 描绘了从公元前 10000 年到 20 世纪末的世界人口状况。在过去 12 000 年的大部分时段里，世界总人口即便增长也很缓慢，伴随着好年景的人口增长时期，会被因气候原因或者其他灾难带来的人口减少时期所打断。今天，世界上大约有 20 个城市的人口超过 11 000 年前的世界总人口——可能还不到 1 000 万人。当时农业刚刚开始取代狩猎和采集。两个世纪前，少数国家的人口开始迅速增长，但人口是在 20 世纪伴随着现代医药的发展及其在世界各地的传播而出现了爆炸性增长。虽然世界人口数量在持续增长，但增长的速度已经减缓（见插入的小图）。人口学家预言大约在 22 世纪中期，世界人口将稳定在 110 亿。

资料来源：United Nations Development Programme，*World Population From Year 0 to Stabilization*（United Nations，1996）；U. S. Bureau of the Census，*Historical Estimates of World Population*（1995），available at http://www. census. gov/ipc/www/worldpop. html；U. S. Bureau of the Census，*Total Midyear Population for the World*：*1950—2050*（1995，updated 2/28/98），available at http://www. census. gov/ipc/www/worldpop. html.

人也因为相似的原因而迁移。说他们迁移是因为新地区机会的“拉动”，或者说是由于家乡变得无法忍受的境况的“推动”，这都无关紧要。重要的是他们经历了生活的根本变化，看到旧常规的瓦解，在新地区寻求替代的机会。

伴随着世界人口迁移的是职业的重要变化。例如，在 1800 年，绝大多数美国人都是各种食物的生产者：独立的农民、生产食物的奴隶或者渔夫。现在，仅有2%的美国人生活和工作在农场中，而另外3%工作在食品加工和食品服务行业。这一小部分人（5%）能够为整个国家种植、加工和供应足够的食物，并且留有剩余能够出口。

另一个变化伴随着人们离开农场而显现，即城市化和城市的发展。在资本主义出现以前，多数人生活在农村而不是在城市。但是，在过去的几个世纪中，人们被拽进或者有时是被推进了城市。在1800年，只有6%的美国人居住在城镇或者城市，大约2 500多人。今天，四分之三的美国人口生活在都市。

19 伦敦的人口，在1500年只有70 000人，到1700年增长到600 000人，而在1800年达到了750 000人，成为当时世界上最大的说英语的城市。今天，伦敦的人口有1 100万人，纽约的城市区域有1 700万人，墨西哥城有1 800万人。东京，世界上最大的城市，是2 800万人口的家。

城市化的过程不仅限于美国、英国、墨西哥和日本。城市化发生在工业化发生的任何地方。正如经济历史学家埃里克·霍布斯鲍姆（Eric Hobsbawm）在他们的著作《资本的年代：1848—1875年》（*The Age of Capital：1848—1875*）中所认为的资本主义经济发展推进大批人由农村移向城市，推动他们从一个地区移居另一个地区、从一个城镇到另一个城镇。在1900年，世界上最大的10个城市中有9个在欧洲或者北美洲，唯一的例外是东京。今天，随着资本主义的全球扩散，10个中有8个在亚洲、非洲和拉丁美洲，另外的两个是纽约和洛杉矶。在1850年，只有三个城市人口超过100万——伦敦、巴黎和北京——但到2002年，这一规模的城市遍布世界各地。

城市化的发生并不是因为谁的计划：它出现是因为个体的选择，出于这样那样的原因，人们离开农村的家到城市去。这样，过去几个世纪的城市化能够说明，自由市场怎样给基于个体决策的社会带来根本的变化。

在20世纪不景气的几年中，比尔·盖茨（Bill Gates），微软的创立者和世界上最富有的人，提出了一项计划：为美国贫穷街区的所有图书馆免费提供计算机，这些地区多数仍然是农村。他设想——并期望——这一计划能够中断城市化的进程，因为落后地区的人们能够通过当地图书馆的计算机使用城市居民所能够利用的资源。《纽约时报》这样报道："比尔·盖茨预言在1995年，互联网能够使得落后地区的人们原地不动，部分原因是在虚拟世界中他们能够与城市人享有同样的利益。”1995 年，他在自己的著作《未来之路》（*The Road Ahead*）中做出这样的预言之后，盖茨重新访问“没有路灯的地区”，承认“未来之路满是崎岖”。事实是计算机的引进并没有中断甚至没能减缓人们从落后地区的大批离去。落后地区的人们通过这些新的计算机帮助他们在城市区域中寻找工作。盖茨断定：“我本以为数字技术能够最终使城市化逆转，但是迄今为止这还没有发生。”

不断变化的劳动性质

人们维持生计的方法也发生了变化。在资本主义时代的早期，多数家庭只消费他们自己生产的或者通过售卖他们自己的产品而获得的那些东西。除了奴隶，多数家庭拥有谋生所需的工具。随着资本主义的兴起，人们日益依赖于就业，也就是，寻找为别人做事的工作。同时，他们也要遭受失业的危险和艰辛。当没有足够的就业岗位时，失业使得家庭甚至整个地区陷入贫困和艰难。这成为资本主义的困扰，潜在地影响了除了独立的富人以外的所有人，不安全威胁了所有人。

工作场所的迅速变化使得即使最有技术的工人也会遭遇失业，因为 *20*
技术变革让他们的技术过时了。在资本主义到来之前，铁匠的儿子确信在父亲的店铺里学来的技术是他谋生的保证。在资本主义制度下，工人也许艰苦地学习特殊技能，但是新的生产过程可以使他们几乎在一夜之间毫无用处。例如，19 世纪铁厂的工人，完成了漫长的学徒生涯，学到了怎样给铁加热以及怎样处理它们。但是当炼钢突然代替了铁的生产时，这些熟练的铁厂工人过时了，他们的穷困仅被描述为技术进步所支付的社会成本的一部分。

变化也改变了工作条件。随着时间的推移，工人在大工厂中找到了工作，在这里危险的机械、微弱的照明、极高的温度、很长的工作时间和快速生产的压力结合在一起，使得工作变得危险又令人疲惫不堪。在保护性立法通过前的一个半世纪中，工伤人数像战场上的伤亡一样增加。

没有任何东西是资本主义经济制度的扩张所未触及的，甚至人们经历的时间本身也发生了变化。资本主义之前的生命遵循自然时间，以四季的更替和天空中太阳和月亮的移动为标志。个人工作不规则地进行，一段时间努力工作另一段时间休息。工作模式遵循工人的自然节奏，或者根据四季的自然节奏。但是在资本主义制度下，就业劳动力以工作时间进行支付，工作任务由劳动时间定义。开始和结束的时间、午饭甚至洗澡的时间也以分钟计算。钟表时间代替了自然时间。今天，在公共建筑物、教室、工厂大门和人们的手腕上都可以看到钟表。“时间就是金钱”——本杰明·富兰克林（Benjamin Franklin）200 多年前这样说，他预见了将要发生的事情。

近几年，离家工作的趋势有所倒转，因为现代通信技术使得从事特定工作的人们——主要是高收入的作家、律师、金融业从业者和其他为自己工作的人们——能够在家中工作，“会见”客户和合作者，通过网络销售他们的服务。

家庭的转变

社会和家庭生活在资本主义时代也被改变了。尽管家庭对我们的情感生活和繁衍后代仍然重要，家庭关系被完全重新塑造，作为生产单位的作用几乎没有了。在资本主义到来之前，一个三代家庭中的几对夫妇通常仅仅相距一箭之遥，或者就是住在一起，共同工作和一起用餐。到 20 世纪中期为止，在西方社会中，典型的家庭缩减为核心家庭（由一对父母和他们的孩子组成），祖父母住在私人疗养所或者退休者之家，
21 姨妈和叔叔们分散在全国各地。到 20 世纪末，离婚、越来越有效的生育控制、堕胎、更长的寿命，以及越来越多的情侣选择不结婚，这些现象使我们更加远离了传统的家庭。家庭规模变小了，平均少于三个人；到 2000 年，在美国 6 000 万个以夫妻组成的家庭中，有将近十分之一是没有结婚的。

同时，很多家庭的通常职责也离开了家庭的范围。像曾经主要在家庭中完成的做衣服以及预备和保存食物，现在更多地在工厂或者市场导向的企业中进行。在家庭以外从事这项工作的人们恰恰是那些曾经在她们自己的厨房里或者家庭织机前工作的妇女。培养孩子、提供教育、对家庭其他成员的健康照顾以及完成家中的其他工作，都委托给家庭以外的专业人士完成。

最后，今天的家庭处于一个变化很大的社会网络中。一个家庭曾经

世代居住在同一个社区中，技能和职业也从父母传给子女，每个家庭都在社区中有一个公认的并且经常是按等级划分的地位。今天，几乎没有哪个家庭世代居住在一个地方。很多家庭会四处寻找工作。一个家庭在一代中就要迁移几次的现象在现在的确是很普遍的，他们不会把自己的社会关系固定在某个社区之中。因此，家庭不能依赖原来仅从本地网络中获得的支持和援助。这种网络的扩大有利于人们利用商业化服务以及政府援助。日托和保姆接管了老祖母和年长的孩子的工作。今天，对于很多人来说，邻里的概念仅存在于回忆之中。

对生态系统的威胁

在 1984 年，印度一个城市的名称，博帕尔，成了环境破坏的象征，因为美国联合碳化物公司的化学工厂发生了有毒气体的意外泄漏，造成至少 2 000 人丧生，还有很多人永久地受到伤害。从博帕尔灾难开始，又发生了很多其他的环境危机，人们日益意识到地球的生态系统受到威胁。

随着人口和产品的激增，人们越来越多地从自然中索取，自然环境也越来越恶化。随着资本主义的发展，生态系统的要素，像空气、水、土壤和气候，比起人类历史之前发生了更为根本的变化。被释放到大气中的二氧化碳造成了“温室效应”，因此我们正在经历全球气候变暖。其影响是巨大的：极地冰盖可能融化、海平面上升使得广大的沿海地区沉入海底、气候和雨季的潜在变化，最后一个结果是可能破坏世界上的一些粮食主产区。

图 1.7 提供了一些证据，表明使用化石燃料——煤炭、石油和汽油——的人类活动已经深刻地影响了我们的自然环境。在过去的一个世纪中，向空气中释放的二氧化物的增加不仅使得大气中能够测量到大量的二氧化碳，而且使得北半球的平均气温有所升高。

在很多因素的影响下，全球的平均气温常常波动，比如光照的减 22
少，是因为太阳辐射的变化以及火山爆发，例如 1815 年坦博拉（Tambora）火山的爆发以及 1883 年喀拉喀托（Krakatau）火山的爆发。1815 年坦博拉火山喷发出太多的灰烬，1816 年就成了“没有夏天的一年”。那一年的七月四日，霜冻袭击了美国南部地区。1883 年喀拉喀托火山的爆发所产生的火山灰云环绕世界达两年之久，因此降低了全球气
温。但是在 20 世纪中，平均气温因为日益增加的温室气体含量而上升。 23

这是由于化石燃料燃烧所释放的二氧化碳造成的。正如图 1.7 所展示的，20 世纪 90 年代是 1 000 年来最热的十年。

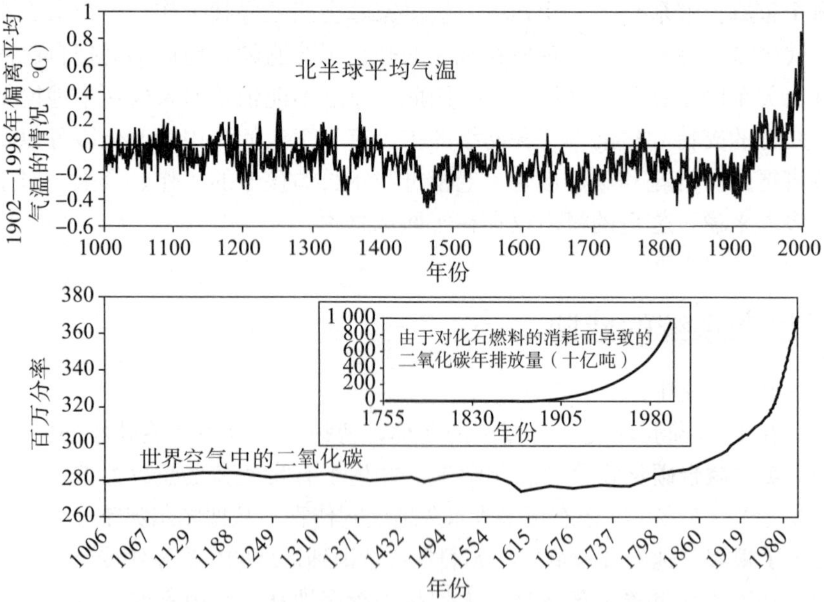

图 1.7　化石燃料、空气中二氧化碳的排放和全球变暖

说明：1 000 年来的多数时间中，北半球的平均气温和空气中的二氧化碳含量基本保持不变。但是，20 世纪化石燃料如煤炭和石油产品的持续使用增加了二氧化碳排放量和全球空气中二氧化碳的含量。图 1.7 中的小图表明，从化石燃料消费中所放出的二氧化碳在两个半世纪中指数化地增长了。这些变化反过来产生了更多的“温室气体”——这些气体能够收集热量，防止热量散去——引起全球气温上升。最终的结果就是所谓的“全球变暖”。以上数据根据对过去气温的评估，这些评估又是基于对古树化石、上百年的冰以及其他现象的研究。

资料来源：Michael Mann，Raymond Bradley，and Malcolm Hughes，“Global-Scale Temperature Patterns and Climate Forcing over the Past Six Centuries，” *Nature*，no. 391，April 1998，pp. 779 - 787，data available at http://www. people. virginia. edu/～mem6u/mbh99. html；G. Marland ，T. A. Boden，and R. J. Andres，“Global，Regional，and National CO_2 Emissions，” in *Trends：A Compendium of Data on Global Change*（Oak Ridge，Tennessee，Carbon Dioxide Information Analysis Center，Oak Ridge National Laboratory，U. S. Department of Energy，2002），available at http://cdiac. esd. ornl. gov/trends/emis/em_cont. htm；World Resources Institute，*World Resources Institute Annual Report，2001*（World Resources Institute，2002）. 普林斯顿大学的乔·冯·费西尔（Joe Von Fischer）和圣菲研究所协助绘就了此图。

图 1.8 显示了环境对不同的生活方式和政府政策的影响。它证明了二氧化碳的责任更多地在于欧洲和北美的工业化富国，而较少的在于亚洲、非洲、中东和拉丁美洲的发展中国家。图 1.8 中的小图表明，因为高能耗的生活方式和政府节约型政策的缺乏，北美（主要是美国）比西欧以快得多的速度释放二氧化碳。事实上，以人均值计算美国是世界上最大的污染者：2001 年，美国人均释放的二氧化碳超过 20 吨，而挪威 24
和瑞典，与美国人均收入相当的国家，人均分别释放 7 吨和 5 吨。从另一个角度来看这些数据，在 20 世纪后半期，美国自己释放的二氧化碳量是中国和印度两国释放总量的 2.5 倍，而这两个国家的人口合计是美国的 8 倍。

我们这个时代发生的基本的改变是没有尽头的。大气中的臭氧层，能够阻挡阳光中致癌的紫外线，而它正在减少。酸雨正在毁坏森林和杀死水生物。不得不被“安全”地保存数十万年的核废料，却被常规性地制造着。热带雨林，能够保持大气中氧气和二氧化碳的平衡，却正在被砍伐。世界上的很多河流都在被污染。油轮的泄漏、有毒和放射性化学药品的倾倒、油轮和化学工厂的定期排放，所有这些都使得海洋也遭到了损害。有毒化学药品会渗入地下水，这是地球上纯净饮用水的最后的主要来源。自然生活环境的破坏引起了越来越多动物和植物物种的灭绝。杀虫剂和除草剂正在毁坏主要的农业土壤，广大的农田正被城市的发展所破坏。我们的物质世界所发生的这些变化，特别是放在一起考虑之后，所带来的威胁是不能计算的。

正如面对 19 世纪和 20 世纪早期的经济不安全，人们需要政府在必要的时候施以援手一样，在过去的几十年中，也累积了实施环境保护政策的压力。其中有些很有效，使得美国的部分地区出现了更为洁净的空气和水，欧洲的大部分地区也减少了能源的使用，人们从中学到了环境问题的解决需要国家间的合作。扭转臭氧层减少的成功的国际努力就是这种合作的一个例子。

但是，其他减少污染的国际努力就不那么成功了。在 1997 年，很多国家齐集日本京都，制定计划以减少全球范围的二氧化碳排放。这次会议由美国组织，称做“联合国气候变化框架公约”，会上制定了《京都议定书》。到 2003 年，111 个国家，包括欧盟所有成员国，都认可了《京都议定书》，同意每年减少定量的二氧化碳排放。但是一些主要二氧化碳污染国的政府——包括中国和美国——拒绝在上面签字（中国于 1998 年 5 月 29 日签署，美国于 1998 年 11 月签署。——译者注）。因此，《京都议定书》仅管制了世界二氧化碳排放的 44%。

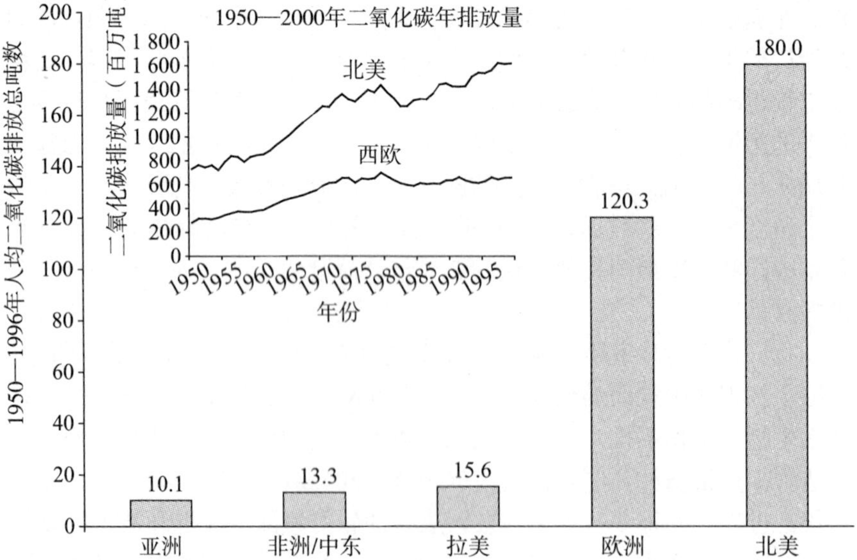

图 1.8　1950—1996 年人均累计的二氧化碳排放量

说明：图 1.8 表明，1950—1996 年间，污染全球大气的二氧化碳多数是由北美和欧洲的富国排放的。在过去的半个世纪中，世界累计的二氧化碳排放中，约有一半是北美（主要是美国）造成的，约有三分之一是欧洲造成的。条形图表明，按人均计算，北美和欧洲的二氧化碳排放量是亚洲、非洲、中东和拉丁美洲穷国的将近十倍。小图表明在过去 20 年中，北美每年释放的二氧化碳量还在持续增加，而欧洲的排放量已经减少了。

资料来源：G. Marland，T. A. Boden，and R. J. Andres，"Global，Regional，and National CO_2 emissions，" in *Trends*：*A Compendium of Data on Global Change*（Oak Ridge，Tennessee，Carbon Dioxide Information Analysis Center，Oak Ridge National Laboratory，U. S. Department of Energy，2002），available at http://cdiac.esd.ornl.gov/trends/emis/em_cont.htm；World Resources Institute，*World Resources Institute Annual Report*，*2001*（World Resources Institute，2002）.

政府的新角色

从资本主义兴起以来，政府以及人们与政府的关系也发生了变化。

在 1500 年，即将进入资本主义的多数国家由专制君主统治，国王和皇帝的权威来自于上帝的意志、世袭的权利以及残忍的暴力。平民几乎逃不出这些统治者的独裁力量。但是政府在多数人的日常生活中扮演了次要的角色；征税是不存在的或者是无效的，而义务教育、持久的警力和 *25*
常备军直到 19 世纪才变得普遍。

世袭统治者受到 17 世纪英国革命以及 18 世纪美国和法国革命的挑战。这些改革建立了"在被统治者的同意下统治"的重要原则，尽管只有拥有财产的自由男性才有投票权。但是在欧洲和美国，这些革命对统治者施加了重要的限制，随之而来的是成文宪法、奴隶制的废除、广泛的男性选举权、对选举的财产限定的消除以及扩展到妇女和少数民族的公民权。在 19 世纪和 20 世纪，很大程度上因为激烈而持久的工人斗争、反奴隶制的团体、妇女政权论者以及其他人，所有主要的资本主义国家都进行了民主政府的建设。随着政府变得更加民主，它们在为孩子提供公共教育和为老年人提供收入资助和保健卫生方面扮演了主要的角色。

在 19 世纪晚期的欧洲以及晚些的北美和世界的其他地区，政府开始为失业者或者不能工作的人提供资助。今天，在西欧或者美国，很多人希望政府提供类似于社会安全网络的东西，特别是在经济下降时期。而且，政府也成了主要的雇主。

但是当多数国家的政府负有越来越多的民主责任时，它对公民就更加具有侵犯性。20 世纪中政府获得了增加的侵占隐私和影响公民思想的力量。电视以及其他通信媒体对形成人们的判断产生了很大的影响，而现代信息技术使得政府能够轻易进入个人的居所，了解我们的私人通信和经济行动。

全球化

华纳兄弟娱乐公司轰动一时的黑客电影三部曲的完结篇，《黑客帝国Ⅲ：矩阵革命》（*The Matrix Revolutions*），于 2003 年 11 月 5 日在全球 50 多个国家的 10 013 个银幕上以 43 种语言同时上映。在首映的这一天的同一时刻——早晨 6 点在洛杉矶、上午 9 点在纽约、下午 5 点在莫斯科、下午 11 点在东京等——电影观看者看到电影名字出现在屏幕上。

华纳兄弟娱乐公司的总裁艾伦·哈恩（Alan Horn），称之为“吸引眼球的技巧”。哈恩这样评论其超级开演式：“这是戏剧性的、娱乐性的，并且是激动人心的。”他还解释说，通过这部电影在全球影院上映能够限制电影盗版的利润，否则侵权者就会复制电影并向全球发送（如果一部电影先在一个国家上映，其他国家的人不能在电影院中看到，盗版就会很有市场）。像很多人一样，哈恩认为，全球化意味着我们生活的很多方面，从我们的娱乐到财产权的执行，不再局限在本地或者不仅是本国的事情；它们是全球的。

资本主义实现了过去即使最有力量的统治者也不能完成的事情：它
26 使得整个世界变成了一个单一的无所不包的体系。亚历山大大帝在公元前4世纪征服了世界上的很多地方，把希腊文明传播到印度，但他迅速撤退了，仅留下希腊文化的痕迹。罗马帝国从英国岛屿延伸到中东，顶多几千英里的距离。在公元632年穆罕默德逝世以后的两个世纪中，他的影响超出了阿拉伯，伊斯兰教在下面松散相连的区域内成了主导力量：从西班牙伸展到今天的印度尼西亚——绕地球三分之一的长度。但是这些帝国仅仅触及了全球的一部分。只有资本主义经济，它具有内在的扩张趋势，并且在20世纪通信技术革命的帮助下，影响了世界的每一个地方，消除了距离，产生了共同的语言和爱好，并且把大部分世界人民带入了单一的相互依赖的体系之中。

看看本书英文原书的封面图片（见中文版扉背。——编辑注）。上面照片中的两位女性来自印度的班加罗尔，她们负责800家公司的客户服务，比如通用电气、戴尔电脑、美国在线以及英国航空。但她们不住在美国或者英国，而是工作在家乡的“呼叫中心”。她们和像她们一样的人从事全球企业的后勤工作，以便缩减成本，这些全球企业“外购”任务，比如从印度购买客户服务，因为印度说英语，而且人们愿意以比美国工人低的工资来工作。为了推进此类就业的增长，印度政府最近安装了可靠的大容量的电话线，在印度呼叫中心工作的人们打给海外客户的电话就如同在公司所在国打的电话一样。

为了使人听不出接听美国服务电话的是外国人，封面照片上的两个印度女性接受了训练，以使她们听起来像美国人。为了完成训练，她们观看《六人行》（*Friends*）和《埃莉的异想世界》（*Ali McBeal*），了解到“比墨尔”指的是一辆宝马。而且，她们取了美国发音的名字。根据《纽约时报》的报道，她们取名“Naomi Morrison”和“Susan Sanders”，她们带有雷格里球场（Wrigley Field）附近的口音，她们开始假装成芝加哥的公民。

美国有 60 000 个呼叫中心，雇用了至少 350 万或者多达 600 万的人，其中四分之三是女性，她们多数都接受了相对低的工资。受雇于美国呼叫中心的人数同卡车司机、装配线工人或者公共教员的人数一样多。但是这个人数不会增长，因为竞争迫使公司削减成本，今天，削减成本的一个好方法就是从印度这样的国家外购客户服务工作，印度的年人均收入是 500 美元，很多人乐于接受在呼叫中心工作的每月 200 美元的收入。

封面第二幅图片是德国汉堡的港口一角，展现了从集装箱船上装载或者卸下货物集装箱的情景，从图中也可以看到货船。“集装箱运输”占世界贸易（以价值计算）的 90%，现在全世界有大约 8 000 艘集装箱货船。集装箱运输以“二十等量单位”或者 TEUs 计量，20 英尺长的 27
集装箱是 1 TEU，40 英尺长的集装箱是 2 TEUs。在 2001 年，汉堡是第九大集装箱运输港，占当年世界总运输量 3.6 亿 TEUs 中的 460 万 TEUs。封面上的集装箱中装满了从德国和欧洲其他国家进出口的各种商品。

世界是个统一的商品和服务市场这一事实意味着生产者依赖于世界范围的购买者。当美国经济繁荣、美国工资上升时，韩国的汽车工人发达了。经济的全球化还意味着印度的软件开发商一直寻找替代硅谷竞争者的方法（反之亦然），受过良好训练的印度放射科医师（其中很多人在美国的医学院获得了牙科硕士）也对电子成像（X 射线以及类似的）做出解释，可是只需要受过同等教育的美国博士的一部分报酬。

类似的，美国缝制衬衫的工人也在寻找抵御来自斯里兰卡的竞争的方法，因为缝制相同的衣服，斯里兰卡工人的工资不足美国工人的十分之一。多数大公司不仅把整个世界看成它们产品的市场，而且认为它能够提供生产单位的潜在地点。正如本书的读者已经知道的，美国学生上大学或者就业也遇到了来自世界各地的学生的竞争。美国经济中迅速扩张的信息部门里的很多职位也是如此。

从其诞生开始，远程贸易就是资本主义运行的内在组成部分。从 15 世纪到 17 世纪，欧洲的大规模集市吸引了几百英里以外甚至欧洲以外的商人。他们经常带来较轻的奢侈品，如香料和贵金属。但是，其他商品的远程贸易相对不那么重要。正如前面提到的，较重商品的运输成本非常高，其他困难也妨碍了远程的商品运输，这包括强盗、海盗以及一些小的王国或公国的统治者征收的过路税。但是一个半世纪以来，远程贸易发生了急剧的增长。在 1950 年，世界产出中仅有 8%出口到其他国家，但是现在这一数字达到了 30%。

把投资、购买和销售的整个世界体系设想成一个单一的全球经济，这是有意义的。当然，国界线依然重要，但是不像过去那样了：商品、货币、信息或者人员仅通过很小的障碍就能从一国到达另一国。全球化的过程挑战了各国政府，因为这使得它们更加相互依赖。美国政府或者欧洲中央银行做出的决定会在全世界范围内带来影响。墨西哥或者俄罗斯借款者无力偿还他们的外债能够在华尔街产生震动，以此对美国财政部产生影响。

全球化涉及货币、商品和寻求更好生计的人们的国际流动。但是全球化不仅仅是经济意义上的：它涉及语言、政治权利和运动，涉及人们重视和钦佩什么、人们信仰什么，涉及人们吃什么样的食品以及跳什么样的舞蹈，还涉及艺术。班加罗尔呼叫中心的印度妇女能够模仿芝加哥口音讨论芝加哥公牛队近期的比赛，因为她们在电视上看公牛队、在广播中听芝加哥人说话。

“放射科医师血汗工厂”？

28 有谁害怕全球化吗？呼叫中心的雇员们，汽车和服装产业的工人，电脑程序设计员，数据输入员，与世界上其他地区低工资的人相竞争的人。那么医生呢？

2002 年秋天，当马萨诸塞州总医院的一个医生让一位印度的放射科医师分析 X 光片和核磁共振成像的结果，高薪的医生开始像汽车工人那样谈话了。放射医学的网站 AuntMinnie. com 评论这件事说：这是“在给终结我们工作前途的棺材钉钉子”。另一位这样问道：“如果人们能以每年 25 000 美元的价格雇佣到一位印度放射科医师，谁还会支付给我们每年 350 000 美元呢？”还有其他人在谈论“放射科医师血汗工厂”。

美国的放射科医师出现明显的短缺。公开的空职在 20 世纪 90 年代中期每月不足 100 个，而 2001 年每月超过 500 个。美国放射学会主席在谈到短缺时说：“这几乎达到了危机的比率。”但是在印度有很多受过良好训练的说英语的放射科医师，而且让美国的放射科医师晚上工作是困难的，但是美国的夜晚正是印度的白天。

X 射线、核磁共振以及其他成像可以在瞬间传输到印度的医学中心。印度的放射科医师没有做出诊断的许可，但他们可以完成非诊断性的任务，如把二维的成像转换为三维的，这样外科医生能够获得更多的信息。尔江·卡里安普（Arjun Kalyanpur）曾经是耶鲁大学的一名医生，现在回到了印度。他和他的同事每天要看大约 100 张扫描图，其中一些来自于宾夕法尼亚州立大学的中心社区医院。社区医院的放射线科医生都对卡里安普的工作很满意，但他们不知道工作是在哪里完成的，当被告知卡里安普在班加罗尔时，他说："他真的在印度吗?"

其他区域的医学实践也是全球性的。爱尔兰、印度和其他国家的特定公司有很长的操作清单和美国医院的保险声明。但是现在组织成像可以通过电子传输，由相距很远的专家进行分析。机器人显微镜能够使医生或者技术员看到大洋那一端的切片。监视特护病房中的病人现在也可以在很远的地方完成。这种异地监视在美国实现了，因此在世界其他有技术条件的地区实现也没有技术上的问题。

美国医学协会不仅从世界其他地区购买放射医学或其他服务，它也出售服务。"我认为这对美国卫生保健事业的国际发展是个很好的机会。"罗纳德·温斯坦(Ronald Weistein)医生这样说，他是亚利桑那大学医学院病理学的负责人，该学院打算将诊断和其他服务在世界范围内市场化。

资料来源：Andrew Pollack，"Who's Reading Your X-ray? Jobs in Medical Care，Too，Can Be Outsourced Overseas，" *New York Times*，Sunday，November 16，2003，Section 3，p. 1；www. AuntMinnie. com.

全球化，像技术变革一样，是很多人富足的源泉，但是它能够使得前沿产业和工作技能很快过时，引起相关人员的失业和经济困难。多数民主国家的公民都曾经向政府施加压力，让政府保护他们不受全球市场的威胁，在某些情况下是限制全球交换的程度。在一些民主政体中，特别是西欧的，政府实行广泛的失业保险、为衰退产业中的工人再培训和重新安置提供补助金。当然，这些计划花费很大，很多政府不愿意提高税收，以免高税收减少一些商业，使它们转而投资于其他国家，这样只会增加经济的不安全性。人们担心全球化会增加经济的不安全性，而同时削弱政府执行使人们更加安全的计划的力量。 29

在这种担心之下是一个简单的事实：现在经济是全球的而政府仍然是地方的。全球经济就这样相互连接，而协调的权力却分散在 200 多个国家的政府、少数国际团体以及几千家大公司中。全球经济中的权力并没有分配给公民和消费者，它被少数强有力的机构所掌握。例如，用来调节国家间的产品和服务的贸易条件的世界贸易组织，其设计意图却是为了限制来自普通公民的投入。

世界最大的 1 000 家公司生产全球工业产出的 80%，它们的领导者只要一个中等规模的，比如，纽约市林肯中心的爱丽丝·杜莉(Alice Tully)厅那样的音乐厅就能装得下。大约 2 000 名公司领导者，连同一些政府官员，每年都聚集在瑞士小城达沃斯滑雪。这一高级团体自称为"世界经济论坛"，他们已经连续三十多年在那里聚集，但近期实施了特别的安全措施，防止与会者受到反全球化倡议者的攻击：一周的会议期间达沃斯领空是关闭的，上百名警察护卫了与会者居住的宾馆，6 000名瑞士士兵在附近巡逻。

一些观察员希望全球领导人，比如在达沃斯会见的人们，能走到一起来管理世界经济，他们应以这样一种方式：能够保护人和环境，减少跨国资本主义公司所产生的社会成本。但事实是，公司对竞争的兴趣同它们对协作的兴趣一样，它们反对对其逐利行为施加限制，这使它们对保护社会和环境免受全球性逐利活动的危害不太感兴趣。由于一个类似世界政府的机构的缺失，所有国际协作需要通过独立政府的谈判来实现，但是，任何政府都可以拒绝参加这样的谈判。

结　论

为了奠定理解资本主义的基础，本章关注了技术革命、物质福利的
30 增加、人口爆炸、城市的发展、工作和家庭的转变、生态环境受到的威胁、政府的新角色以及全球化。伴随资本主义而来的变化还有很多，但是这里讨论的一系列转变确立了本章的基本观点：资本主义带来了永久的变化。

资本主义的兴起不仅仅是本章中所列变化的原因。科学技术的发展会不会导致资本主义的发展呢？或者人口爆炸是原因而资本主义是结果呢？

科学和人口的增长无疑是重要的，但是在资本主义到来之前它们没有累积性的影响。例如1500年之前，伊斯兰世界和中国的科学知识和技术比欧洲要先进。但无论是伊斯兰的科学和数学还是中国黑火药、指南针、铸铁、活字印刷、运河水闸以及计时器的发明都没能导致持续的技术进步和工业发展。可以看到，人类存在约100 000年以来，人口迅速增长的时期都伴随着经济的短期扩张，但是正如图1.6所展示的，直到资本主义出现，迅速的人口增长才成为规律而不是例外。

在最近的500年中，事实上所有传统的生活和谋生方式都遭到破坏并且被改造了。世界和世界人民受到震动并且被重新塑造了。随后的几章我们将讨论，为什么资本主义是这样一种强有力的变化来源，为什么它不仅影响经济，而且影响政治、信仰和社会生活的很多其他方面。

推荐书目

James K. Boyce, *The Political Economy of the Environment* (Cheltenham, U.K.: Edward Elgar, 2002).

Fernand Braudel, *Capitalism and Material Life 1400—1800* (New York: Harper & Row, 1967).(费尔南·布劳代尔. 15至18世纪的物质文明,经济和资本主义. 北京:三联书店,1993.)

William Cronon, *Changes in the Land: Indians, Colonists, and the Ecology of New England* (New York: Hill & Wang, 1983).

Jared Diamond, *Guns, Germs, and Steel: The Fates of Human Societies* (New York: W. W. Norton, 1999).

Maurice Dobb, *Studies in the Development of Capitalism* (New York: International Publishers, 1947).

Bill Gates, *The Road Ahead* (New York: Viking Penguin, 1995), especially Chapter 8, "Friction-Free Capitalism" (pp. 157－183).(比尔·盖茨. 未来之路. 北京:北京大学出版社,1996.)

Eban Goodstein, *Economics and the Environment* (New York: Simon & Schuster, 1999).

John Gray, *False Dawn: The Delusions of Global Capitalism* (New York: New Press, 1999).(约翰·格雷. 伪黎明:全球资本主义的幻象. 北京:中国社会科学出版社,2002.)

Eric Hobsbawm, *The Age of Capital: 1848—1875* (New York: Vintage Books, 1996).(埃里克·霍布斯鲍姆. 资本的年代. 南京:江苏人民出版社,1999.)

Intergovernmental Panel on Climate Change (IPCC), *Climate Change 1995: The Science of Climate Change*, ed. by J. T. Houghton et al. (Cambridge: Cambridge University Press, 1996).

David Landes, *The Wealth and Poverty of Nations: Why Some Are So Rich and Some So Poor* (New York: W. W. Norton, 1999).(大卫·兰德斯. 国富国穷. 北京:新华出版社,2001.)

Joel Mokyr, *The Lever of Riches: Technological Creativity and Economic Progress* (New York: Oxford University Press, 1990).

Barrington Moore, *The Social Origins of Dictatorship and Democracy* (Boston: Beacon Press, 1966).（巴林顿·摩尔. 民主和专制的社会起源. 北京：华夏出版社，1987.）

George Soros, *The Crisis of Global Capitalism: Open Society Endangered* (New York: PublicAffairs™, a member of the Perseus Books Group, 1998), especially Chapter 6, "The Global Capitalist System"(pp. 101 - 134).

Eric Wolf, *Europe and the People Without History* (Berkeley: University of California Press, 1982).

第 2 章　人、偏好和社会

父母们去托儿所接孩子时常常会迟到， 31
给保育员带来不便，这是常见的现象。为了寻求解决父母迟到问题的办法，在以色列的海法市曾经做过一项试验。随机选择六家托儿所，在这里，迟到者要被罚款，同时又选择了几家托儿所做“参照组”（在这些托儿所里，什么都不做改变）。保育员们预期，在做出了罚款的新规定以后，迟到的情况会有所改善。然而，出乎他们预料的是，规定罚款后，迟到现象反而增加了：接孩子时迟到的父母数量翻了一番还不止。更令人吃惊的是，即使是罚款规定取消后，提升的迟到率却还维持不变。而与此同时，在对照组中的托儿所里，父母迟到的情形没有变化。

设计海法市这个试验的经济学家对这些结果感到很惊讶。大多数经济学家都假设人们会追求金钱而尽力避免损失。从这种视角来看，托儿所的罚款应该产生让这些父母按时来接孩子的动机。但这种做法带来了未预料到的坏结果。这个试验的设计者们在分析这些结果后，得出了这样的结论：罚款规定肯定无意之中促使这些父母重新认识他们的迟到行为。在进行这项试验之前，迟到被看成是对道德义务（准时接孩子）的违反，而在规定了罚款之后，迟到就可以被视为在准时接孩子和付出迟到的代价（罚款）这两者之间的一个选择。而在这个新的体系下，看来许多父母都愿意付出这个代价。试验的设计者给他们的报告所取的标题叫“为迟到定价”。他们的主要发现是，规定罚款提示这些父母他们与托儿所工作人员之间现在可以是一种拟市场关系——在这
32 样的关系中，他们可以购买迟到。一旦引入了罚款，即使取消它们也无法恢复到此前的状态了；取消罚款只不过是将“迟到的代价”降为零。[①]

设计这个托儿所试验的经济学家为什么会对试验的结果感到吃惊？因为他们和大部分经济学家一样，一直到最近都理所当然地认为，人们根本不关心他人，一切行动都只从自己的利益出发，寻求获利机会，甚至不惜以牺牲他人的利益为代价，且只有在符合他们的个人利益时才会遵守社会公德。

人们斤斤计较、缺乏道德、只受自利倾向的控制，这个假设被称为 **Homo economicus**，即“**经济人**”假设。说人们受**自利**倾向的控制，意思是他们只考虑他们的行为对自己的利害，而不是考虑别人的利害。

经济学中真正激进的思想之一是下述思想：在正确的法律和制度约束下，个人的自私自利动机能够被引导来为公共利益服务。下面所附的专栏，是经济学创始人亚当·斯密及其18世纪的同代人、富有影响力的大卫·休谟的陈述，其中表达了这个富于想象的思想（参见专栏“恶棍的宪法”）。

恶棍的宪法

18世纪伟大的哲学家、经济学家亚当·斯密和大卫·休谟认为，实现有序社会的关键不是否认自利（他们认为这也是不可能做到的），而是找出驾驭自利动机，并使之服务于具有社会价值的目标的方法。

---

① Uri Gneezy and Aldo Rustichini, “A Fine Is a Price”, *Journal of Legal Studies*, vol. 29, no. 1, 2000, pp. 1-17.

我们的晚餐不是寄希望于屠户、酿酒师或面包师的善心，而是他们对他们自身利益的关心。

——亚当·斯密：《国富论》(*The Wealth of Nations*，1776)，第1卷第2章

政治学者们作为一项箴言而确立起来的，是在设计政府的任何制度时……每个人都应该被假定为是个恶棍，除了私利之外，他的任何行为都没有其他的目的。我们就是要通过他的自利来控制他，利用他的无尽的贪欲和野心，来为社会公共利益服务。

——大卫·休谟：《道德、政治和文学论文集》
(*Essays*：*Moral*，*Political and Literary*，1742)

当然，经济人假设遗漏了很多东西。虽然自私自利的行为确实很普遍，但是同情、无私和利他的行为也同样普遍。人们关注他们的朋友的健康和幸福，自愿去服兵役，关心他们年幼的孩子和年老的父母，为了陌生人而甘冒生命危险，以及放弃不会被发现的偷盗的机会。当这些行为是基于对他人的关心或对他人所造成的影响的担忧时，它们就不是自利的行为了。我们大可以称这些行为是顾及他人的，这是因为它们是由对他人的考虑所驱动的。(自利行为当然是顾及自己的。)

判断一项行为是否是自利行为的关键是其动机。决定性因素是这项行为是否由对他人的关心所驱动，而不是它是否给自己带来了幸福。例如，许多慷慨大方的人喜欢助人为乐。但这些快乐并没有让他们成为自私的人：因为他们的行为是出于非自私的动机，所以他们不是自利的。不过，并非所有他虑的行为都像帮助他人和遵守道德法则那样是值得人们敬佩的。出于怨恨或嫉妒别人或者对别人的宗教信仰或种族的不宽容而伤害这些人也是他虑的。这些行为的目的是(基于其动机)让不好的事情发生到别人的身上，正如慷慨的行为是为他人寻求好的结果一样。

经济人假设还遗漏了这样一个事实，即人是会变的。Homo economicus 被认为是一个“自然的”现象，故而，与这个现象相关的（自利）行为的类型也被假设为普遍存在于每一种社会形式之中，在整个人类历史中一成不变，而且也肯定是任何未来的经济体系的特征。

然而，人所共知的是，人的行为观念会由于其社会经历而频繁改 33
变。比如说，长时间找不到工作会让一个自信而快乐的人变得消沉，成为对他或她的家庭或社区的一个巨大的威胁。当一个团体的生存方式发生改变时，甚至整个团体的文化都会出现变化。例如，当农民的子女成为写字楼里的职员或工厂里的工人时，他们很有可能会形成新的行为模

式，产生新的需求，而且受到不同的价值观的支配。

在本章中，我们考察经济学家试图解释个人行为的各种方法。一般的起点是人们做出选择和采取行动的动机（当然人们的行为并不总是目标明确，或者并不总是能够正确地预见到他们行为的结果）。因此，行为被视为是有意图的，或者说是目的导向的。

本章的中心思想是：**虽然行为动机对于理解人们为什么会做出这样那样的行为是至关重要的，但经济人却是一个虚构的假定。真实的人是多样（有些人自私，有些人慷慨）而且多面的（有时候勇敢，有时候怯懦），并且他们的价值观、品味、习惯和信仰在相当程度上是他们的出身、所受的教育、工作经历以及民族、种族和文化背景的产物。**这个思想可以表述为五个核心观点。

---

1. 解释行为要求考虑到个人所面临的**约束**（对他或她的行为的约束）、**偏好**（对结果的评价）和**信念**（对特定行为如何会造成特定结果的了解）。
34 2. 在实验室里进行的试验以及对日常生活的一般观察显示，自利只是我们的动机之一。我们也是慷慨大度的，甚至对于我们不认识的人也是如此，而且我们愿意回报那些对我们好的人而惩罚那些对我们或他人不好的人，即使这样做会让我们付出高昂代价。
3. 世界各地的人们在许多方面都是类似的，这反映了我们共同的基因遗传，而这些共同点有时被称为人性。但我们的行为在其他方面差别很大，这反映了我们从我们社会中其他人那里所学到的东西；这些差别被称为文化差异。
4. 在我们形成特定的价值观、愿望和信仰的过程中，家庭、学校、左邻右舍和工作场所都起到了部分的作用。
5. 所有的动物都和同类中的其他成员相互竞争，但人类的独特之处是我们也会和与我们没有关系的人合作。我们之所以成了“合作物种”，就是因为在人类的全部历史中，从事合作的人都取得了成功，而且他们的合作行为为他人所效仿，因为成功合作的人群得以生存和发展，没有进行成功合作的人群则被淘汰。

经济学是有关总量（比如说，经济的产出或者失业人口的数量）和平均数（比如说，人均收入）的学科。它也是有关关系——雇主对工人拥有的权力、面包相对于典型工资的价格、收入在富人和穷人之间的分

配等——的学科。这些总量、平均数和关系有时被称为**总体的**或者说**种群层面的结果**。

经济学不是关于特定的个人行为的学科，但经济学家要解释总量、平均数和关系，就需要了解个人如何行事。在大部分情况下，如果不理解人们为什么会做出他们所做出的行为，就难以理解总量、平均数和关系。因此，个人行为是解释更为一般的现象的组成部分。

约束、偏好和信念

要解释人们为什么会做出他们所做出的行动，经济学家使用了三个术语：约束、偏好和信念。用一个例子就可以阐明其中每一个术语的含义。假设你打算驱车横穿这个国家并决定为这次旅行购买一辆二手车。你需要挑选一辆车，确定在路上要花多少时间，以及选择在旅行时采用什么样的住宿。

约束限定了可供你采取的各种行动。这样的约束可能会包括自然的限度（一个人无法在不到两天的时间里开车从马萨诸塞州到达加利福尼亚州）；你自己的能力（你无法连续开 12 个小时的车而不睡觉）；你与他人的社会关系（你是否有朋友可以与你同行）；有关制度或你自己的 35
伦理准则方面的事实（你可能不愿意从你认为是品行不端的经销商那里买车）；还有你的财力和借款能力（你的银行账户中存款有限且没有什么可以作为贷款的抵押物）。约束将限定你的行动，以至于你将面临人们所称的权衡取舍：在一件事情上得到的多意味着在另一件事情上得到的少。比如说，考虑到你的预算——受你的财力和借款能力所限，如果你愿意放弃住高档汽车旅馆的话，你能购买一辆好一点的车。

偏好是你对你的行动可能产生的各种结果所认定的相对价值。比如说，在你为你驱车前往加利福尼亚州的旅行作计划时，你可能会对下列事项设定不同程度的重要性：高档住宿环境中的舒适睡眠，整夜开车造成的疲劳，旅行结束时拥有一辆体面的车，以及在某一天准时到达加利福尼亚州。

你的**信念**是你对要产生特定的结果所必须采取的行动的理解。（请注意：这是信念这个词的一种特定用法，它的广义含义是指对某一件事情的真实性的确定不疑的相信。）例如，你可能会认为，要中途不抛锚而开到加利福尼亚州的话，你需要买一辆好一点的车。

一般而言，约束、偏好和信念方面的信息就足以解释为什么会采取一组特定的行动。继续我们的驱车旅行的例子：你买了一辆已经开了7年的本田思域牌汽车，因为你买不起雅阁牌的车，而且你认为这辆思域牌车很可能会把你载到目的地。另外，你邀请了一个朋友与你同行，这样你就可以中途不停顿地开下去，享受着他的陪伴，而且可以早点到家从而给你父母一个惊喜。

总而言之，个人做出采取各种行动的选择（在他们所面临的约束之内）；他们寻求取得他们所期望的结果（按照他们的偏好）；而且他们根据他们对特定的行动如何会产生所期望的结果的理解（信念）而做出选择。这里需要引起注意的一件重要的事情，是行为涉及选择。上面这个例子中开车人所做出的选择，由于诸如缺乏财力的约束因而可能是相当有限的，但这并不意味着这个人所采取的行动就不是选择了。她所做出的选择也可能是不好的选择（开了7年的思域牌车可能不足以把她一直载到加利福尼亚州），但是无论如何，选择还是做出了。

我们之所以强调选择这个要素，是因为有些关于选择的观点把选择看成是不重要的甚至是不存在的。这样的观点所依据的信条是，个人是没有自由的（他们所面临的约束决定了他们要采取的特定行动），或者他们是按照习惯或服从来行动的。确实有我们没有自由的情形："要么出钱要么拿命"之间的选择就不太像是一个选择。也有这样的情况，即我们有时候会（出于习惯）重复我们过去的行动，或者是不考虑其他的可能选择而（遵从）效仿他人的行动。习惯和遵从确实在我们的行为中起到了一定的作用：只要想一想你今天早上早餐吃了什么或者你上一次参加社交活动时穿了什么就知道了。但是，行为是受到胁迫的、习惯性的或者是出于服从的观点，没有认识到在我们所做的大部分事情中都有选择这个重要的要素。

36 因此，通过约束、偏好和信念来理解人类行为的这种方法得到了广泛的接受，不仅是在经济学中，在其他社会科学中也是如此。然而，任何理论靠它自己都无法解释任何东西。要解释行为，我们需要知道属于某个特定情况下的特定的约束、偏好和信念方面的事实，而且这样的事实因人而异，不同团体之间也不相同。比如说，男人和女人就面临着不同的约束，而处于不同阶级、种族、民族和国家中的人之间也是如此。

此外，约束、偏好和信念这种方法中有两个重要的方面尚未提及。首先，偏好并不必然是自私的：没有任何理由说人肯定总是自利的。在我们此前的例子中，开车横穿这个国家的那个人，可能并不是出于自私的原因而想早点到，而是想让她的父母高兴。其次，关于偏好自何而来我们还什么都没说。她对她父母的开心的关注是“人性”的表达——通过基因遗传的特性的表达吗？或者这是她的幸福的童年的结果？她之所以缺乏身份意识（由她购买开了 7 年的思域牌汽车显示出来）是源于不想浪费钱的有意决定，还是这是出于一种模糊的认识，即她缺钱的朋友会不赞成购买一辆像雅阁牌汽车这样的好车？

本书所采用的对偏好的看法在本质上不同于盛行于新古典经济学派中的看法，后者是理解经济的一种方法，它出现在大量的教科书中，下一章对此有详细的讨论。新古典经济学家将他们的理论建立在经济人假设——人们具有完全自利的偏好——之上。他们假设人们关心的是涉及他们自身的结果，而不是那些影响他人的结果。他们还假设每一个人都是这样的，而且每一个人都知道每一个人都是这样的：每一个人都是一个经济人，而且每一个人都知道每一个人都是经济人。

另外，新古典经济学家一般并不管偏好自何而来。相反，他们把偏好当成是“给定的”，意思是指导经济决策的偏好被认为是就在那儿，或者是作为人性的一种表达，或者是由于与经济学家不相干的广告、社交或其他因素。此外，新古典经济学家通常视偏好为由外因决定的，即由经济之外的力量形成的。

由于这种新古典理论不符合在人类行为方面为科学所确认并广为人知的事实，我们采取了一种不同的观点。正如我们已经说过的，按我们对经济的理解，偏好并不必然是自私的。更重要的是，我们并不假设偏好是由外因决定的。相反，我们视偏好为由内因所决定，也就是说，主要由经济内部的过程所决定。在下面的一节中，我们将说明我们怀疑偏好是完全自私的这个假设的原因。在本章中的随后部分，我们将考察偏好来自何处这个问题。

“经济人”再考察

没有人会选经济人做自己的室友、配偶、朋友，或者是（如果我们能选择他们的话）自己的父母或孩子。诺贝尔经济学奖获得者阿玛蒂亚·森（Amartya Sen）（参见第 4 章）称经济人为“理性的傻瓜”。但 37
这个概念的含义实际上比森所提出来的还要坏：心理健康专家用“sociopath”（反社会者）这个术语来指称其行为完全受自利的算计所支

配的人。反社会者没有对错意识，而且他们缺乏对他人的健康快乐或者是痛苦的任何关心。

因此，毫不奇怪的是，自从新古典经济学在19世纪后期出现以来，甚至是它的拥趸有时也对人类是完全受自利所驱动的这个假设感到难以理解。新古典方法的一位创立者F. Y. 埃奇沃思（F. Y. Edgeworth）曾写道："经济学的首要原则是每一个行动者都是仅仅受自利所驱使的"。而在下一句话中，他警告说：这个"首要原则"严格来说仅仅适用于"契约和战争"这些情形之中。[①] 在战争方面，埃奇沃思并不完全对：面对敌人的炮火时所表现出来的勇敢并非完全是建立在自利的基础上的。至于说契约，常常是签了字就是要算数的，即使一方能够通过违反不成文的契约而获益。

近年来的一系列行为试验已经揭示，把自利作为人性的一般性假设错得有多严重。接受试验者，他们通常是学生，而且主要是经济学或商科专业的学生，被邀请来自愿参与一个游戏，在这个游戏中他们能赢取实实在在的钱。他们匿名地两两配对进行一次互动。一个人（通常是随机挑选的）被称做"提议人"，而另一个人叫"回应人"。提议人被临时性地给一点钱，叫做"总额"，其金额为参与游戏的双方所共知。游戏的规则事先告知双方如下：由提议人决定将总额中的多少与回应人分享；提议人然后拿出总额中的一定比例给回应人，而回应人将决定是否接受提议人的提议。如果回应人接受，则回应人得到所提议的份额，而提议人保留剩余的份额。如果回应人拒绝接受提议的份额，双方将什么也得不到。总额常常是很少的一笔钱，比如说10美元，但这个游戏在美国玩时的总额曾经有100美元，而在印度尼西亚玩时的总额等于三个月的工资。这个试验被称为"最后通牒游戏"，提议人的提议是或者被接受或者被拒绝的最后通牒。

"经济人"会如何玩这个游戏？作为提议者，他会推断回应者（假设也是一个经济人）会接受任何大于零的提议，因为拒绝甚至只有一分钱的提议都会导致回应者丧失一分钱。对于一个经济人来说，无论一分钱是怎么得来的，它也好于什么都没有。如果情况是这样的话，提议者会决定提议给回应者一分钱（或者尽可能小的金额），因为他预计这个提议会被接受。

---

① F. Y. Edgeworth, *Mathematical Psychics: An Essay on the Application of Mathematics to the Moral Sciences* (London: C. Kegan Paul, 1881), p. 104.

但真正的人用实实在在的钱来玩最后通牒游戏时，却并不是通常认为会发生的情形。不过，在我们告诉你确实发生了什么之前，请想一想如果你是提议者、有 100 美元按某个比例与回应者分享的话，你会做出什么样的提议。还请想想如果你是回应者的话，你愿意接受的最低比例是多少。

最后通牒游戏在世界各地以大学生作为试验对象进行了几百次。很少有人像经济人那样玩这个游戏。在以美国、日本、以色列、德国、俄罗斯、斯洛伐克、斯洛文尼亚、印度尼西亚和许多其他国家的学生作为试验对象进行的试验中，绝大多数提议者提议的分享比例是 40%到 50%。最常见的提议比例，很有代表性地是总额的一半。同样引人注目的事实是，25%或更低比例的提议常常遭到了拒绝。

可口可乐和“公平价格”

可口可乐公司曾测试了一种在热天自动提高某种碳酸饮料价格的售货机。做到 *38*
这一点并不需要尖端的技术，只要有一个恒温器和一块电脑芯片就够了。这家公司当时的董事会主席兼首席执行官名叫 M·道格拉斯·伊韦斯特（M. Douglas Ivester），他注意到对冷饮的需求会随着温度的上升而上升，因此他得出结论说：“所以它价格高一点是公平的。”航空公司在需求增加时会提高机票的价格，所以可口可乐为什么不能做同样的事情？“这种机器只是让这个过程变得自动进行而已。”伊韦斯特解释说。

但是，不是每个人都对此表示同意。百事可乐公司的发言人，当然是出于竞争的需要，站在道德的制高点上批评说：“我们认为在炎热天气里提高价格的机器剥削了那些居住在气候温暖地方的消费者。”另一家饮料公司的高管表示了惊讶：“接下来还有什么？一台对人们的口袋做 X 光扫描、发现他们有多少零钱从而相应提高价格的机器吗？……这是移居瑞典的又一个原因。”

至少对有些人来说，可口可乐——或者任何其他商品——的价格不仅仅是由市场（或者大公司的影响力）决定的事情。诺贝尔经济学奖获得者丹尼尔·卡尼曼（Daniel Kahneman）（从接受的学术训练来说他是一名心理学家）以及他的合作者，询问消费者他们是否认为在冬季发生暴风雪时提高铲雪的铲子的价格是公平的，得到的回答是否定的。

可口可乐公司的新机器之所以至少让有些人觉得不公平，是因为他们认为，当双方从事互利的交换时，比如说，在给消费者解渴时增加公司的利润，利益和负担的分配不应违反道德准则。这个观点可以追溯到中世纪天主教哲学家托马斯·阿奎那（Thomas Aquinas）和他的“公平价格”那里。大部分经济学家认为，公平价格这个观点是一个荒谬的表述——就像“黄色的对数”一样，他们会站在可口可乐公司一边。但从可口可乐公司这样做所引起的反应来看，他们还没有说服每一个人。

资料来源：Constance Hayes，"Coke Tests Vending Unit That Can Hike Prices in Hot Weather，" in *New York Times*，October 28，1999.

这些试验显示，提议者和回应者都不是像经济人那样行事。为了惩罚提议的比例低得无法接受的提议者，回应者通常愿意拒绝低比例的提
39 议而最终一无所得，从而付出代价。许多人将这样的行为理解成**互惠的偏好**——只要另一个人对你好，你就倾向于对这个人慷慨大度，但是，你愿意花大钱惩罚与你作对或侮辱你的人，即使你和他也就只打一次交道而已。

回应者的行为虽然被理解为互惠的，但提议者的行为看来比简单的互惠偏好所能说明的要复杂一些。他们的高比例提议有可能反映了他们对回应者无条件的慷慨，或者是对他们的健康快乐的关心，而无论回应者一方有什么样的行为。如果这样的理解是正确的话，提议者可以被说成具有**利他**的偏好——为了他人的利益而使自己承担成本损失（而且并不预期以后会取得互惠的利益）的偏好。

另一种解释是提议者可能是受自私偏好驱动的老谋深算者。他们认为回应者不会像愿意接受一分钱的经济人那样玩这个游戏，认为回应者会拒绝低比例的提议。那么，做出一人一半比例的提议就只不过是基于审慎动机的自利行为罢了。

在解释最后通牒游戏中最常见的结果时，我们可以肯定的只是提议者和回应者都不是像经济人那样行事。即使是刚才所说的自利而审慎的提议者也不相信回应者是一个经济人。几乎在所有的情况下，提议者都假设回应者会偏离完全的自私自利这个假设。

对自利假设的背离并不局限于这些试验，而且也不限于像战争状态下的英雄主义这样一些引人注目但却是异乎寻常的例子。大部分人都不会去偷窃或偷税漏税，即使他们肯定自己不会被抓到时也是如此。在世界上收入最高的所有国家（比如说加拿大、美国和欧洲各国）里，很大一部分人投票赞成向穷人转移收入，而且他们知道这些收入再分配项目必然导致大部分靠工资为生的人的税收增加。甚至在这样的项目相对不那么受欢迎的美国，对于向穷人转移收入也存在着广泛的支持，甚至在富人和经济状况处于改善之中的人中间也是如此，这些人很可能永远都不能（或者不需要）从这样的收入转移中直接获益。

然而，从我们在上面所列举的事实中，我们无法得出结论说人不是自私的。很可能正确的是有点像亚伯拉罕·林肯在针对人们受到欺骗时

所说的：有些人在所有时候以及所有人在有些时候是自私的。但其他的人在其他的时候则有时是利他的，有时是互惠的，有时是充满恶意的，偶尔则是渴望报复的，等等。我们重申一下关键的一点：当学生或其他人参与像最后通牒游戏这样的试验时，总是表现出自私的人的比例是很小的；这个比重几乎一直小于一半，而且常常低于四分之一。

人性差异和文化差异

从这些试验中得到的一个不可否认的结论——一个并不很让人吃惊的结论是，人是各不相同的。这个结论很重要，因为它强化了我们基于自身的观察中所得到的认识，即关于每个人都是自私的假设（假设每个人都是慷慨大度的或充满恶意的也是如此）是不符合事实的。人们不仅各不相同，他们的行为因为他们所处的社会不同也各有差异（这同样也不值得奇怪）。在某种程度上，这是由于在每一个社会中维持生计—— 40
堪萨斯州的人种植庄稼、冰岛人捕鱼——的特定要求。但人们的行为接近经济人的程度是否会因所处社会的不同而有所差异呢？

本书作者之一（鲍尔斯）和由人类学家和经济学家组成的一个团队设计了一组试验，考察人们的谋生方式与他们的偏好之间的联系（如果有联系的话）。我们在非洲、亚洲和拉丁美洲中生活状态迥异的 15 个社会里进行了这些试验。在有些社会里，狩猎者和采集者的生活方式与我们在驯养动植物之前的早期人类祖先的生活方式没有什么明显的不同。在其他一些社会里，畜牧者和耕种者采用几千年来一直在使用的技术靠他们的动植物维持着生计。我们所研究的大部分人群都生活在难以到达的地方，像新几内亚岛的高地地区和秘鲁所在的亚马孙河流域，而且它们与现代政府或者由市场所组成的世界的联系非常有限。我们所研究的人群中没有一个是大规模的；大部分都是少于 100 人的定居点，与外部世界之间几乎没有任何接触。出于这个原因，而且因为它们除此之外几乎就没有什么共同之处了，所以我们称它们为“小规模的社会”。[①]

试验的结果令我们吃惊。例如，巴布亚新几内亚的奥族（Au）和

---

① Joe Henrich, Robert Boyd, Samuel Bowles, Ernst Fehr and Herbert Gintis, *Foundations of Human Reciprocity: Economic Experiments and Ethnographic Evidence in 15 Small-scale Societies* (Oxford: Oxford University Press, 2004).

瑙族（Gnau）人在玩最后通牒游戏时，超过总额一半的提议很普遍。（这样的提议在以美国学生为试验对象的试验中几乎从来没有碰到过。）更令人感兴趣的是观察到在这些社会中，高比例和低比例的提议遭到拒绝的频率是一样的。（大部分一半一半的提议都被接受了。）这个不同寻常的结果之所以会发生很可能是因为，相互礼敬是保证人们在这些社会中确立其地位的一种手段。我们判断，提出高比例提议（超过一半比例的提议）的提议者可能是试图提高他们的社会地位，而那些拒绝这些提议的人只不过是拒绝接受（尽管代价不小）比较低的社会地位。对低比例提议的频繁拒绝很可能是出于这样一种意识，即接受这样的提议会标志着回应者已经处于一个很低的社会地位上。

相反，当游戏在秘鲁亚马孙河流域的马奇根加（Machiguenga）林业种植者中进行时，提议的平均比例是总额的27%。所有的马奇根加提议中，近四分之三的比例低于25%，而只有一个提议遭到了拒绝！这样一种模式显著不同于我们开展的其他试验的结果。让我们觉得困惑的是：如果马奇根加人真的如此吝啬（由低比例提议的频繁出现和拒绝这些提议的不频繁出现所揭示），那么他们提议的金额为什么超过了一分钱？

对我们在这15个小规模社会中进行的试验的分析，让我们得出了如下结论。首先，而且最重要的，是不同人群中的典型行为之间存在着明显的差异。有些人群中的试验对象比美国、欧洲和其他地方的学生要慷慨很多（而且也更愿意惩罚吝啬的行为），而有些则反了过来。其次，我们没有在任何人群中发现“经济人”行为是典型的行为。再次，各种人群之间行为上的差异看来反映了每个人群中的人们如何维持他们的生计上的差异。比如说，巴拉圭的阿彻（Aché）人通过狩猎和采集获得有些品种的食物（肉类和蜂蜜），而这些食物在人群的所有成员之间平
41 均地分享。在玩最后通牒游戏时，几乎所有阿彻人提议者所提议的比例都是总额的一半左右，而他们的这些提议**没有一个**遭到了拒绝。（当然，这样的行为不同于马奇根加人和像美国的学生这样一些其他人群的行为。）

特定人群的经济环境如何影响其典型行为的另一个例子则来自印度尼西亚。在那里，拉玛勒拉（Lamalera）的捕鲸者需要一大群人一起捕鲸，而且他们按照严格的分享规则（参见第20章）来分配他们的捕获物。当他们玩最后通牒游戏时，提议的平均比例是总额的58%。

不同社会里的人在玩最后通牒游戏时为什么会有这样大的差别？我

们知道，每一个社会中的游戏参与者——从肯尼亚的奥尔玛人（Orma）放牧者到巴拉圭的阿彻人狩猎者——都面临着试验中的相同约束。因此，答案必然是这些游戏参与者的信念不同或者他们的偏好各异。如果是由于他们的偏好上的原因，那么这些差异来自何处？

我们的有些偏好受到了我们基因的影响，因此被认为反映了我们的“天性”。由此，我们有时候说某个人“天生”慷慨或吝啬（或者其他什么）。另外再举个例子，喜欢甜食或富含脂肪的食物似乎在世界各地都是如此，这很可能是通过基因遗传下来的。但各个国家之间的大部分食物的口味差别很大，而各国人口之间的基因差异并没有大到可以解释这些差别。西班牙、意大利和法国都因它们各自独特的美食而蜚声海外，但它们中间每个国家种植的作物都能在另外两个国家种植，而这三个国家的人口之间也没有相应的基因差异。为什么意大利人喜欢吃意大利面食而法国人喜欢吃面包或土豆？他们的这些口味并不是通过基因遗传得来的，而是从他们的父母、邻居和其他人那里学习到的。

从其他人那里学到的——从父母、年长者、老师、英雄人物、竞争者、邻居或者朋友那里传过来的而不是仅仅从父母那里通过基因遗传下来的——偏好，是人们所称的文化的组成部分。我们将文化定义为从其他人那里学到的行为方面的内容。

正如前面已经提到的，信念之所以会影响到我们的行为，是因为我们对要采取的行动的选择，是部分建立在我们对因果关系的理解（信念）的基础上的。因为我们的信念不是从其他人那里学来的，就是从我们自己的经验中得出的，所以这些信念也（和偏好一样）是我们的文化的组成部分。类似的，习得的技能——从我们的父母、学校、朋友、邻居和其他人那里传给了我们——是我们身处其中的文化的组成部分。

对**文化**和**人性**这两个词长期以来一直存在着争议：有些人喜欢领导别人而其他一些人喜欢随大流，这应该用“先天”还是“后天”来解释？是“基因”还是“环境”造就了富人和穷人？

没有争议的是，不同人群之间的人在基因上的差别不是非常大。当然，在任何人群——不管是美国居民、巴拉圭的阿彻人还是意大利人——的内部，基因上的差别是很大的。然而，研究人员发现，这种人群内部的差异比不同人群中典型的人之间的差异要大很多。例如，如果你随机挑出两个美国人，甚至这两个人的肤色或身高都是相同的，但他们两人之间的基因差异——相对于比如说平均状态的美国人和平均状态的阿彻人之间的差异——极有可能是巨大的。

不过，行为就是另外一回事了。人们在不同社会里的行为举止会有很大差别。（请回忆在不同社会里玩最后通牒游戏时产生的不同结果。）行为上的差异主要是由于各个国家或人群之间的文化有很大的不同：在
42 我们成长的过程中，甚至当我们是成年人时，我们从其他人那里学到的东西因为我们所处地方的不同而差别极大。这就是为什么本书作者所研究的人群的偏好和信念差异如此之大的原因。拉玛勒拉的捕鲸者（他们所提议的比例平均超过总额的一半）的文化不同于马奇根加的林业种植者（他们提议的比例很少超过四分之一）的文化，后者反过来又不同于坦桑尼亚的哈扎（Hazda）狩猎者兼采集者（他们拒绝了低比例提议中的几乎一半）的文化——而所有这些文化又不同于厄瓜多尔的住在森林中的兹美恩（Tsimane）人（他们不拒绝任何比例的提议）的文化。人们为什么从不同的文化中学到了如此不同的东西？

经济生产出人

正如我们将在第 5 章中加以解释的那样，经济不仅仅只生产出商品和服务，它还生产出人。我们称商品和服务的创造为“生产”，而称人的生产为“再生产”（参见图 5.1）。再生产这个术语不仅包括生物上的生殖生育，还包括在个人的形成中所必需的所有过程，这其中包括家庭、学校以及所有其他机构中发生的过程，而在这些机构中，父母、教师、监护人、配偶以及其他人将他们的劳动与其他投入结合起来，养育及抚养每一代新人。社会通过各种方式实现再生产这个任务，而再生产方式上的部分差异源于人们维持生计（生产）的方式上的差异。这就是我们说经济生产出人时的意思。

正如我们已经看到的，最后通牒游戏这个试验可以提供有关经济和文化之间关系方面的信息。在我们小规模社会的试验中，个人的选择看来反映了日常的生活，特别是人们谋生的方式。例如，我们看到阿彻人因为通过分享狩猎和采集所得而获取他们的大部分食物，所以在我们的试验中他们往往是平均地分配总额的，有时向回应者提议的比例超过了一半。

利用其他类型的试验可以获得类似的信息。在奥尔玛人中间，而且在整个肯尼亚，存在着一种重要的文化制度，他们称之为**哈拉姆比制度**（harambee system）。按照这种制度，习惯的做法是通过估算确定每个

放牧者的一定金额，希望他根据他的牧群的规模做出捐献，从而向这些放牧者收钱来建学校或修路。我们请奥尔玛人玩一种不同的游戏，这个游戏叫做“公共物品游戏”。

公共物品游戏也是事先对每一个参与这个游戏的人进行了说明，而且和最后通牒游戏一样，它也是以匿名方式和用实实在在的钱来进行的。但在这个游戏中，个人是分组而不是和单一的一个对家来进行的，而且要求他们出于所有人的利益而向一个共同的基金做出捐献。一旦所有的捐献全部都做出了，就对基金中的金额翻倍，这个总额再平均分配给游戏的所有参与者。在这个游戏中，每个参与者都从做出捐献的其他人那里获益，但从个人的角度来说，不做任何捐献的人会取得最大的收益。

在公共物品游戏中，有着大规模牧群的奥尔玛放牧者们，捐献一个肯尼亚先令——这对奥尔玛人来说是一大笔钱——以后，就会看到他向共同基金捐出的金额翻了一番，然后这笔钱在游戏的参与者之间平均分配。假定游戏中有五个参与者。这样，由于这个放牧者的捐献而分配给他的份额是 2/5 个先令，而这少于他原先捐出的一个先令，所以如果他不捐出这一个先令的话，他的境况会好一些。然而，尽管选择不做任何 43
捐献才符合自利的要求，这些放牧者仍然慷慨捐资——而且牧群规模大的放牧者捐献的金额大于牧群规模小的放牧者的捐献。

我们想知道，诸如巴拉圭的阿彻人和肯尼亚的奥尔玛人这样一些人群，在试验性游戏中所表现出来的行为特征，之所以与他们的地方性习俗有如此大的相似性，是否说明了特定人群的偏好是受到了社会制度和关于公正的规范的影响。我们的样本中各种制度和规范之间的巨大差异让我们能够回答这个问题。相应的，我们根据每个社会的经济制度中的两个维度对各个社会做出了排名，然后试图利用这个排名来预测我们在最后通牒游戏中所取得的结果。

一半对一半：规范的重要性

1886 年 1 月 11 日，北卡罗来纳州韦德县的一名前奴隶芬纳·鲍威尔（Fenner Powell）将他的 X 记号签在了他的地主 W. S. 米亚尔（W. S. Mial）的签名旁边。鲍威尔这样做就同意了“按这位名叫米亚尔的人的指示……从事所有形式的工作，行为举止上对他予以尊重……并且给予这位名叫米亚尔的人收获的全部庄稼的一半。”这份合同没有任何不同寻常之处，而这正是它不寻常的地方：它正是韦德县和整个美国南方的生而自由的白人农民同意向他们的地主所支付的收获庄稼的份额。一名前奴隶——不识字，被排除在投票选举之外，而且随时可能遭受侮辱和私刑——为什么会被允许保留与社会地位和讨价还价能力都要高出很多的生而自由的农民一样多的份额？要找到答案，我们需要远离美国内战之后的美国南方。

在今天的伊利诺伊州，种植玉米是一项大产业。利用资本密集型技术和由计算机生成的商业计划，有些农民耕种的面积达到 1 000 英亩甚至更多，其中的大部分都是在从多个所有者那里租来的地块上进行的。在 20 世纪 90 年代中期，在农民和所有者之间的合同中有超过一半都是佃农耕种协议，而且这些合同中有超过五分之四都规定了一半对一半的收获物分配。但是在这个州的南部地区，土壤往往不是那么肥沃，有些县的大部分合同将收获物的三分之二分配给佃农，而将三分之一分配给土地的所有者，尽管这些县里的土地质量存在着相当的差别。

20 世纪 70 年代中期的西孟加拉的稻米种植看起来和伊利诺伊州的情况有天壤之别。在西孟加拉，贫穷且不识字的农民依靠平均只有 2 英亩的地块竭力维持着他们可怜的生计；他们居住的村庄没有任何的电子通信设施，一年里的大部分时候都因道路无法通行而与外部世界隔绝。然而，这里和伊利诺伊州有一点是共同的：在超过三分之二的合同中，收获的庄稼在佃农和土地所有者之间的分配是各占一半。著名的阿拉伯地理学者伊本·白图泰（Ibn Battuta）曾于 1347 年去过印度的孟加拉地区，他所记载的六个世纪之前的收获物分配比例完全相同。（当然，如果每个地主都向 20 个佃农出租土地，规定各占一半的收获物分配合同不会意味着土地所有
44 者和佃农会有相同的收入：每个地主的收入会是一名典型的佃农的收入的 20 倍。）

19 世纪的英国哲学家兼经济学家约翰·斯图亚特·穆勒（John Stuart Mill）既注意到了广泛存在的平均分配收获的庄稼这种模式，他也看到了各个地方所遵循的其他比例，这时一半对一半并不是常规。穆勒的解释是："这个国家的惯例是普遍适用的规则。"但为什么是一半对一半而不是百分之五十二对百分之四十八？更让人困惑不解的是这个问题：当土地所有者只要就质量较高的土地提议较低的分享比例就能获得巨大的利润时，一半对一半或三分之二对三分之一的比例为什么仍然维持了下来？而当分享的比例确实发生变动时，就像孟加拉国在 20 世纪 80 年代和 90 年代时所发生的那样，为什么会立即同时发生变动？

一半对一半的收获物分享比例是社会的规范——为人们所遵循的普遍做法，因为违反这些做法会导致批评、报复，或者遭到整个社会的排斥。在所有的经济体中，规范都扮演着重要的角色，对人们一门心思地追逐他们的私利的程度做出了约束。规范常常自然而然地成为价值观，人们遵守它们不是为了避免受到处罚，而是因为不这样做的话人们就会觉得不自在。

资料来源：Samuel Bowles, *Microeconomics: Behavior, Institutions, and Evolution* (Princeton: Princeton University Press, 2004), ch 3; Roger L. Ransom and Richard Sutch, *One Kind of Freedom: The Economic Consequences of Emancipation* (Cambridge: Cambridge University Press, 1977); Peyton Young and Mary Burke,

"Competition and Custom in Economic Contracts: A Case Study of Illinois Agriculture," *American Economic Review*, vol. 91, no. 3, 2001, pp. 559 - 573; Pranab Bardhan, *Land, Labor and Rural poverty: Essays in Development Economics* (New York: Columbia University Press, 1984); John Stuart Mill, *Principles of Political Economy with Some of Their Applications* (London: Longmass, Green, Reader, and Diver, 1867 [1848]).

排名的第一个依据是**合作**，它衡量的是当许多人一起工作时，当地的社会生态所允许的更高效使用劳动力的程度。拉玛勒拉的捕鲸者在这方面排名第一，因为要成功捕鲸，就需要很多名捕鲸者一起工作，而分散开来的马奇根加的林业种植者排在最后一名，因为他们的生产更为个人化，集体的生产活动几乎给他们带不来任何的收益。我们猜测，在那些从合作性的生产活动中无法取得多少收益的人群中，几乎不会有什么有关分享的规范。我们还猜测，在像拉玛勒拉人这样一些其生计依赖于大规模合作的人群中，分享的方法会发展得很好，而这些方法会影响到拉玛勒拉人如何进行我们的游戏。

排名的第二个依据是市场整合，它衡量的是一组人群的生计中通过市场交换所获取的部分。选取这个衡量标准的理由如下：人们经历市场交易的次数越是频繁，他们也就越多地经历因为与陌生人交易而产生有益的利益分享。从历史上来看，在市场成为一种普遍的制度之前，与陌生人的大部分交往都具有潜在的危险性，常常成为暴力冲突、偷盗甚至更可怕事件的诱因，这是一个事实。随着市场的发展，它们让我们习惯于同陌生人正常交往所带来的收益，在这样的交往中，只要双方遵循某些规则（你在付款的地方付款，你不是拿起日常杂货就跑掉），那么他们都能获益。我们的猜测是这样的经历会产生社会性的分享规范，而这 45
些分享的规范又会反映在试验性游戏的结果之中。

利用合作和市场整合这两个衡量标准，我们试图解释一组人群在最后通牒游戏中平均的提议比例和这组人群拒绝低比例提议的频率。我们发现，这两个衡量标准——合作和市场整合——让我们得以预测在我们的大部分样本社会中进行的最后通牒游戏的结果。在合作或市场整合程度高的社会中，提议者所提出的比例（平均而言）比较高，而低比例的提议则更有可能遭到拒绝。伟大的 18 世纪和 19 世纪思想家卡尔·马克思（Karl Marx）、爱德蒙·伯克（Edmund Burke）和阿历克西·德·托克维尔（Alexis de Tocqueville）如果发现在市场的影响之下会导致较高的提议比例（更多地与他人分享）和更有可能拒绝不公平的提议比例，他们可能会感到惊讶。（参见专栏“恶棍的宪法让我们成为恶棍了吗”。）

恶棍的宪法让我们成为恶棍了吗

与亚当·斯密和大卫·李嘉图不同，英国的保守主义者爱德蒙·伯克、德国的革命者卡尔·马克思和法国的自由主义者阿历克西·德·托克维尔担心，利用自利或者（用休谟的话来说）生活在为恶棍设计的宪法下会让我们变成恶棍。

……骑士品质的时代一去不复返了。随之而来的是诡辩者、经济学家和算计者的时代……没有留下任何会激发情感的东西……让我们产生爱、崇敬、赞赏或依恋。

——爱德蒙·伯克：《对法国革命的思考》（*Reflections on the Revolution in France*，1790）

最后到了这样一个时期，人们一向认为不能出让的一切东西，这时都成了交换和买卖的对象，都能出让了。这个时期，甚至像德行、爱情、信仰、知识和良知等最后也成了买卖的对象，而在以前，这些东西是只传授不交换、只赠送不出卖、只取得不收买的。这是一个普遍贿赂、普遍买卖的时期。

——卡尔·马克思：《哲学的贫困》（*The Poverty of Philosophy*，1847）

每个人……对于所有其他人的命运而言都是外人……他的孩子和他的私人朋友对他来说构成了整个人类；至于与他同为公民的其余的人，他离他们很近却看不到他们……他接触他们却感受不到他们；他仅仅以他自己和为了他自己而存在着。

——阿历克西·德·托克维尔：《美国的民主》（*Democracy in America*，1830）

我们将我们的实验预测力建立在关于经济制度的两个维度的基础上，在试验对象对试验完全不知情的情况下进行试验，结果显示，经济制度对偏好是有影响的。我们的价值观、喜好、嫌恶以及道德伦理，看来受到了生活在一组特定的制度之中的影响——像阿彻人那样的分享食
46 物、像拉玛勒拉人那样的在获取食物时进行合作、像奥尔玛人那样的自愿分摊建校费用，或者就此而言，在毕业后竞争一份工作。那么，这是如何发生的呢？

一个可行的回答是，人们部分地是通过培养教育的途径而形成他们的偏好的，社会生活中的那些重要的价值观和技能在孩子被养育的过程中被强化。为测试这个观点是否正确，三名人类学家对 79 个几乎尚无

文字的社会（类似于我们的 15 个“小规模”社会），根据它们主导的谋生形式（动物饲养、耕种、狩猎和捕鱼）以及它们在食物储存或其他的财富积累方面的相应能力进行了分类。食物储存在耕种社会中很常见，但在狩猎者和采集者社会中并不普遍。这些研究者还收集了养育孩子的形式方面的证据，包括服从训练（“顺从”）以及鼓励自立、独立和承担责任（“坚持己见”）的程度。他们发现在养育孩子的做法上有着明显的差别，而且他们发现这些差别与经济结构有关联。他们的结论是：“仅仅是经济制度方面的信息，就可以让人们相当准确地推断出一个社会里的适应社会需要的压力主要是产生顺从还是坚持己见。”[①]

我们无须将我们的注意力局限于人类学对外国社会的研究，就能发现经济制度影响偏好的证据。有一位名叫梅尔文·库恩（Melvin Kohn）的社会心理学家，在 30 年时间里与他的合作者一道研究了若干个个人，研究集中在以下两个方面之间的关系：一方面是这些个人在他们的工作场所的职权结构中的位置，而另一方面是他们重视他们自己以及他们孩子的服从纪律或自我定向和独立的程度。理论假设是这样的：那些在工作中惯常听命于他人的人会重视服从和纪律，而那些发号施令的人则会重视自主。库恩等人对日本、美国和波兰（当时仍由共产党政府统治）所做的合作研究发现，在所有这三个国家中，那些在工作中行事自我定向的人，在他们生活的其他领域里（包括养育孩子和休闲活动）也重视自我定向，而且较少可能会表现出宿命论、怀疑和自我贬低。库恩与他的合著者认为：“……社会结构主要是通过影响人们自己生活的状况而影响到个人的心理机能。”[②] 他们的结论是：“……职业中的自我定向体验对人们的价值观、倾向和认知机能具有深远的影响。”[③]

上面提出的事实说明，任何社会中生产及分配商品的方式，是一个人为了维持生计必须要成为什么或做什么的前提条件。狩猎者必须独立思考且身体健康；产业工人及办公室职员必须愿意听命于他人；而企业家则必须自我激励。经济制度由此而对构成社会的人们规定了互动的典

---

① Herbert Barry Ⅲ, Irvin L. Child, and Margaret K. Bacon, “Relation of Child Training to Subsistence Economy”, *American Anthropologist*, vol. 61, 1959, pp. 51-63.

② Melvin L. Kohn, *Class and Conformity: A Study in Values* (Homewood, I11.: Dorsey Press, 1969), p. 189.

③ Melvin L. Kohn and Kazimierz M. Slomczynski, *Social Structure and Self-direction: A Comparative Analysis of the United States and Poland* (Cambridge, Mass.: B. Blackwell, 1990), p. 967.

型模式，影响到谁与谁见面、见面的条件是什么、要做什么事情、预期的回报是什么。这些模式反过来又影响到人们成熟起来以及在其一生之中发展变化的过程，形成他们的个性、习惯、品味、身份和价值观——简言之，他们的偏好。

47 经济制度塑造了人们的偏好，这部分是因为制度决定了什么类型的人才会成功，而人们试图或者是在他们自己的喜好、厌恶和价值观上，或者是在养育他们的孩子中复制成功的人士。但在大部分社会里，使年轻人适应社会需要这项工作不完全是交给父母来做的。学校、宗教机构以及其他组织在培养下一代方面也起到了重要的作用。

如果你看到学校的课程表，你可能会得出这样的印象，即学校的唯一目的是教学生诸如阅读、写作、数学以及使用电脑的能力这样一些技能，但对教室里发生的事情以及奖励如何在学生之间分配做更深入的观察，则会发现，学校还做了另一件事情：它教学生如何行为处世。事实是取得好的分数不仅仅要求有所学科目方面的知识，有一项研究证明了这一点。这项研究显示：要取得好分数，学生还要形成某些个性品质。（许多学生已经知道了这一点。）不过，更令人吃惊的是这项研究的一个额外发现，即在教室里得到以高分作为奖励的个性品质，与在工作场所得到被上司以评级作为奖励的个性品质是相同的。

下面是这项研究。我们当中的一个人（即爱德华兹）采用了经过同行评定的一组个性指标来预测私人和公众公司中上司对员工的评价。经过同行评定的个性指标所依据的是与个人相类似或处于相同情形中的人们是如何看待这些个人的。这些指标以诸如得体的、有创见的和准时的这样一些词语表达出来。爱德华兹的一位合作者彼得·B·迈耶（Peter B. Meyer）利用相同的、经过同行评定的个性变量，来预测高中学生的平均积点分与依据他们的 SAT 和智商分数而预测出的平均积点分之间的差异。

爱德华兹发现：某些经过同行评定的个性品质——不屈不挠、可靠、始终如一、准时、得体以及能够“认同工作”和“同情他人”——与上司的正面评价高度相关，而被同事视为有创见的或独立的人，则往往从上司那里得到不好的评价。[①] 迈耶在他的打分研究中发现，针对高

---

① Richard C. Edwards, “Personal Traits and ‘Success’ in Schooling and Work” (*Educational and Psychological Measurement*, spring, 1977) and “Individual Traits and Organizational Incentives: What Makes a ‘Good’ Worker?” *Journal of Human Resources*, winter 1976.

中学生的结果几乎是完全相同的：他们的平均积点分与 12 项个性品质之间的相关度，与在爱德华兹对员工的研究中观察到的相关度近乎相同。[1] 也就是说，老师和雇主会奖励相同的个性品质。结论是：学校所教的不仅仅是技能，它们还培育（或者说它们至少会奖励）雇主所希望的那些个性品质。

所有的人类社会都形成了复杂的方法，来铸造作为成年人正常行使其职能所需要的偏好和信仰。在许多狩猎者—采集者社会里，孩子们随同他们的父母一起跟踪捕获猎物、搜寻采集果实，学习这些生活方式所必需的技能。在资本主义出现以前，大部分的生产都发生在家庭以内——在小型的工厂里、在农场中以及类似的地方，人们可以从他们的父母和亲属那里学到在经济体中行使其职能所必需的大部分技能。还有，所需要的技能在一代代地传下来时并无太大变化。

资本主义改变了这一切。它造就了庞大的车间，数以千计的陌生人 48
来到这里，彼此发生联系。而技术的迅速变化，可能会造成一个人的父母在其退休之前就已经过时了。随着资本主义成为主导的经济制度，学校在社会化规训工作中开始承担核心角色。此外，学校培育的可靠、始终如一、准时等这些个性品质，使得没有血缘关系、忠诚和情感纽带的大量陌生人，也可以一起工作。

结论：合作的物种

人类在动物中是独特的，这体现在大量彼此陌生的人们之间可以开展合作，生产出我们所需要的产品和服务。我们还在其他项目上进行合作，比如说培育下一代和从事战争。

所有的动物都相互竞争：为了食物、为了生存、为了再生产的成功。有些动物交换物品和服务。例如，被称为“清洁工鱼”的一种鱼为较大的鱼清除皮肤上和口中的寄生虫，提供健康服务而换取一顿美餐。古希腊学者希罗多德在两千五百多年以前就描述了一种类似的交换：

> 因为鳄鱼在水中生活，它的嘴中满是水蛭。除了矶鹬以外，所有其

---

① Samuel Bowles, Herbert Gintis, and Peter Meyer, “The Long Shadow of Work: Education, the Family, and the Reproduction of the Social Division of Labor,” *The Insurgent Sociologist*, summer 1975.

> 他的鸟类和动物都避之唯恐不及。但是，矶鹬却与它友好相处，因为它（矶鹬）对鳄鱼有用。当鳄鱼从水中爬上岸时，它张大了嘴……这时矶鹬滑进它的嘴里吞食水蛭。这对鳄鱼有好处而且让它觉得愉快，这样做对矶鹬也没有坏处。[①]

有些动物甚至懂得尊重产权。蜘蛛并不侵占由其他蜘蛛占据的蛛网（除非侵占者要大很多）。雄性的阿拉伯狒狒并不试图偷取另一只狒狒所拥有的食物。

但除了**智人**（Homo sapiens）以外，在其他任何物种中都不会有数以千计没有关系的个体为实现一个共同的目的而在一起工作，无论这个共同的目的是生产汽车、为民众提供医疗保险还是发动战争。（蚂蚁、蜜蜂以及其他一些所谓的完全群居的昆虫开展大规模的合作，但合作完全是在家庭内部：蜂群或蚁巢的成员，即使它们数以千计，通常都有亲缘关系。）我们是如何做到这一点的？

这些合作的壮举之所以得以实现，部分地是因为我们不同于其他的动物，我们能够设计出诸如政府和企业这样的并不局限于家庭的法律和组织。它们通常提供了促使人们在一起有效工作的动机和约束，即使人们是完全自利的。

不过，自利行为并不是成功的组织的特征。参战的士兵可能是为了钱而去打仗的，或者是因为他被征召入伍而别无选择。但正如任何军官都知道的，这样的动机不会激励人们成为好士兵。

49 所有形式的人类合作，包括那些能够赢得战争的合作，最好是通过考察自利以外的动机来加以理解。这些动机中包括对他人的妒忌和怨恨，也包括对他人的关心以及渴望看到某些原则得到维护。一旦人们认识到经济人只不过是人的一种而且还不是非常普遍的一种特性时，人们能够成功地合作就远不是那么令人费解的事情了。比较普遍的是这样的人，他们至少在有些时候是互利互惠的或者是利他的，而且，好坏不论，是关心他人的。人类合作的规模是任何其他动物所达不到的，这是因为我们的偏好引导我们以合作的方式行事。

我们的最后一个问题：我们是如何走上这条路的？部分答案涉及人性。我们具备了设计出我们据此而生活的一般伦理准则的智力，而且我们还具有在我们自己之间交流沟通这些准则、报告对这些准则的违背以

① Herodotus，*The Histories*（New York：Oxford University Press，1998），p. 122.

及协调对那些违反它们的人的处罚的语言能力。此外，我们对赞扬和责备极度地敏感，体会到像羞耻这样的道德情感，而它们起到了避免做坏事的强有力的动机的作用。值得一提的是亚当·斯密将他的第一本书题为《道德情操论》（*The Theory of Moral Sentiments*），而且整本书所分析的正是人类生活的这个方面。道德情感以及设计和实施社会规范的智力和语言能力是人性的组成部分。它们不是猫的本性、蜘蛛的本性或狒狒的本性的一部分。

伦理准则的内容——这些准则规定我们要去做的是什么、不能做的又是什么——在某种程度上也是一个人性问题。乱伦让大部分人觉得反感和可耻，无论这些人是在什么样的文化中长大的，同样，若干种不健康的做法，如个人生活不整洁或吃不健康的东西，也使人们感觉如此。但我们的伦理规范中的大部分内容都是习得的：它们产生于文化，而不是本性。

大部分社会中的人都积极地宣扬遏制我们的自私愿望以及在适当的条件下以利他或互利的方式行事的价值。对大部分人而言（当然，对于反社会的人来说不是如此），按照所宣扬的这些规范行事成为根植于我们的偏好之中的一个目标，因此不仅仅是成为一个外部约束。这就是为什么我们中的大部分人在大部分时候即使不会被抓住也不去偷盗。

但那样一些人又如何，他们像经济人一样，聪明而且不道德到了在他们不会被抓住时就会去偷盗？为什么他们无法成功地利用他们那些更有道德的邻居并最终在与这些人竞争对于生存而言必需的物品中胜出？如果这种情况发生了，作为更有道德的这些人的反应，他们难道不要变得像那些不道德的人那样吗？我们总是会听到不道德的行为受到了奖励而且没有得到惩罚这样的事情。

对此的回答是：经济人类型的那一群人无法作为一个整体而成功地运作。在受到外部敌人的进攻时谁会站出来保护这群人？在发生旱灾或其他生态危机时谁又会伸出救援之手？不会是经济人。现代生物进化理论的创始人查尔斯·达尔文（Charles Darwin），在他的第二本巨著《人的进化》（*The Descent of Man*）［他的第一本巨著是更为有名的《物种起源》（*The Origin of Species*）］中，得出了以下的结论：

> 当居住在同一片土地上的两个原始人部落发生对抗时，如果……其中一个部落中有大量勇敢的、富有同情心的而且忠诚的成员，他们总是乐于在危险来临时彼此警告并且彼此帮助和保护，那么这个部落就会取 *50*
> 得更大的成功并战胜另一个部落……自私而纷争不休的人之间是没有凝

聚力的，而没有凝聚力就什么也做不成。[①]

达尔文的观点很明确：在不同人群之间的竞争中，那些其成员学会了如何合作——也就是说，彼此之间**不相互竞争**——的人群通常会胜出。达尔文提到了作为人群的部落会因为乐于合作的成员占优势地位而获益。同样的推导也适用于企业、邻里之间、种族和国家。

因此，不是我们优良的文化改造了我们的不良本性。相反，我们的文化和我们的本性共同作用，使得智人成为我们这样的独具合作性的物种。我们具有合作性这个事实，意味着好人并不总是落在最后。说明为什么好人并不总是落在最后的推导过程，也让我们明白了新古典经济学家有时过分强调了竞争作为进步的源泉的作用。合作也是必要的。

推荐书目

Samuel Bowles, *Microeconomics: Behavior, Institutions, and Evolution* (Princeton: Princeton University Press, 2004).（鲍尔斯. 微观经济学：行为，制度和演化. 北京：中国人民大学出版社，2006.）

Samuel Bowles and Herbert Gintis, *Schooling in Capitalist America: Educational Reform and the Contradictions of Economic Life* (New York: Basic Books, 1976).（鲍尔斯、金蒂斯. 美国：经济生活与教育改革. 上海：上海教育出版社，1990.）

Robert H. Frank, *Passions within Reason: The Strategic Role of the Emotions* (New York: Norton, 1988).

Bruno S. Frey, *Not Just for the Money: An Economic Theory of Personal Motivation* (Cheltenham, U. K.: Edward Elgar Publishing, 1997)

Herbert Gintis, Samuel Bowles, Robert Boyd, and Ernst Fehr, eds., *Moral Sentiments and Material Interests: The Foundations of Cooperation in Economic Life* (Cambridge, Mass: Massachusetts Institute of Technology Press, 2004).

Uri Gneezy and Aldo Rustichini, "A Fine Is a Price," *Journal of Legal*

① Charles Darwin, *The Descent of Man* (Amherst, N.Y.: Prometheus Books, 1997 [1871]), Ch. 5, "On the Development of the Intellectual and Moral Faculties During Primeval and Civilized Times."

Studies, vol. 29, no. 1, 2000, pp. 1 - 17.

Joe Henrich, Robert Boyd, Samuel Bowles, Ernst Fehr and Herbert Gintis, *Foundations of Human Reciprocity*: *Economic Experiments and Ethnographic Evidence in 15 Small-scale Societies* (Oxford: Oxford University Press, 2004).

Albert O. Hirschman, *The Passions and the Interests*: *Political Arguments for Capitalism before Its Triumph* (Princeton: Princeton University Press, 1977). (赫希曼. 欲望与利益. 上海: 上海文艺出版社, 2003.)

Daniel Kahneman and Amos Tversky, *Choices*, *Values and Frames* (Princeton: Princeton University Press, 2000).

Robert E. Lane, *The Market Experience* (Cambridge: Cambridge University Press, 1991).

Peter Richerson and Robert Boyd, *Not By Genes Alone* (Chicago: University of Chicago Press, 2004).

William F. Whyte, *Money and Motivation* (New York: Harper & Row, 1995).

第 3 章　三维的经济学理论

51　那些经常读报纸，看晚间新闻，听政治候选者的演说，或者只是想知道找一份好工作或享受足够的闲暇为何是如此之难的大众们，对他们来说，了解资本主义是十分必要的。由于资本主义是一个经济制度，因此要了解资本主义需要一些经济学知识。但又是哪一类型的经济学知识呢？我们把本书提供的方法称为三维经济学，也往往简称为**政治经济学**。

直到 20 世纪初，**政治经济学**这个术语被用于泛指所有的经济学，其研究领域覆盖了如今社会科学的大多数领域：不仅包括经济学，还包括人类学、社会学、心理学和政治学。但大概在 1900 年，“政治经济学”这个术语被“经济学”所替代，它的研究领域也变得更加狭窄：以对市场的研究为最基本的中心点。对于政治学、心理学、历史学和社会学等其他方面的探究则留给了其他社会科学去研究。因此，人类学、社会学、心理学和政治学在这个时候形成独立的学科并不是偶然的。

与“经济学”这一术语相比，我们更喜欢用先前的政治经济学概念去描述我们的研究方法，因为除非把政治学、经济学、心理学和其他社会科学学科综合到一起来研究现代社会的复杂性，否则一个人无法很好地了解当代社会。另外一种描述政治经济学的方法就是将之视为跨学科的。

很多人相信这里所用的方法会更具意义，并且比起大多数经济学教
科书中所应用的新古典经济学的那种传统方法，这种方法显然是一种更 52
为有效的理解经济学的方法。但最终，每个希望理解资本主义的人都需要先考虑经济学的多种方法，然后再决定哪种方法或哪些方法的组合会更有意义和更加有用。

可以确定的是，我们不需因为一些专家的推崇而非要接受某种特别的经济学方法。每个人都得为自己做出选择，问问自己：“这对我有意义吗?”“这会有助于我理解那些经历过并认同的事物吗?”当然不是所有的经济学观点都是同等令人信服的。一种有用的经济学方法，不管是政治经济学还是其他的方法，都必须在逻辑上是完美的，在内部结构上是严谨的，并且在解释经济现象时是有效的。

本章的中心思想是：**政治经济学考虑到了经济生活的所有三个维度：竞争、统制和变革。**本章的主要论点如下。

---

1. 资本主义是一个经济制度。
2. 每一个经济制度都能够根据三维来分析：即横向的（竞争）、纵向的（统制）以及时间的（变革）维度。
3. 经济学不仅关注事实（是什么）而且关注价值体系（应该是什么）。经济学可以用来阐明价值体系及其在特定经济分析中的作用。本书所遵循的价值观是很简单的，即一个经济制度应该为社会的所有成员提供过上富裕生活的公平机会，而如果一个经济制度是有效的、公平的、民主的，这个目标就越容易实现。

本章所介绍的基本概念将会在全书得到应用，并在以后的章节里得到进一步的展开。

经济制度和资本主义

综观人类历史，人们用不同的方式组织生产活动。经济制度经历了原始社会、奴隶社会、自给自足的封建社会、资本主义社会和社会主义社会这几种形态。

这些制度的共同点——即使之成为一个**经济制度**的原因，就在于它们是每个社会中为了生存生产各种产品和服务所必需的劳动的组织方式。无论存在于哪种社会形态中，一个经济制度将决定生产什么、怎样生产、由谁生产和怎样分配最终产品。

经济制度是存在于人们之间的各种关系。这些关系可能是直接的、面对面的关系，比如当你从一个商贩那里购买橘子时所发生的接触。另
53 外一方面，它们也有可能是存在于地球上不同角落人们之间的关系，例如艾奥瓦农民所种植的谷物作为面包出现在埃及人的餐桌上。构成经济制度的各种关系也可能会体现在风俗习惯、法律、宪法、政党或者商业公司中。

经济关系得以塑造的重要途径，不仅有生产过程中采用的物质和技术，还有地理、风俗、宗教等因素，以及生产主要是农业、工业还是后工业（以知识为基础的）等因素。尽管如此，各种经济角色——生产者和消费者、奴隶主和奴隶、封建主和农奴、雇主和雇员、债务人和债权人——之间的**社会关系**则确定了经济制度的性质。因此，任何经济制度的显著特征可能见诸于各种经济行为者的社会互动，这些互动的性质在不同程度上变化着，或合作或竞争，或利他或利己，或公平或不公平，或民主或专制。

劳动是如何组织的，这个问题在不同的经济制度中是不同的。要了解在一个特定的社会中劳动是如何组织的，就必须分析其所在的经济制度。作为本书的核心所提到的经济制度——资本主义经济制度，从各个方面来看都普遍存在于当今世界的大多数地区。

资本主义对于我们大多数人来说都不陌生。它具有种种形式，不仅是美国的经济制度，而且是英国、日本、法国、俄罗斯、墨西哥、巴西、德国、南非等一百多个国家的经济制度。因此，我们能直接研究资本主义，因为在每天的生活中我们都经历着它。

在资本主义经济制度中，大多数产品和服务都是按照雇主（商人、

企业家、资本家或公司经理）的目标进行生产，他们的目标是通过在市场上出售商品和服务来赚取利润。在资本主义经济中，大多数人都是为其他人（他们的雇主）工作的，以此获取一定的工资作为报酬。因此，劳动是为了盈利的动机被组织起来的；雇主或他指定的经理人员，是职场上的老板；产品、服务以及人们的劳动能力——即他们的劳动时间，都是通过市场来交易的。

为了理解资本主义，我们必须回答一些问题。如何组织劳动？市场如何运行？售出产品获得的收益多少归为利润，多少归为工资？以及是什么决定了这两类收入的相对比例？为什么一些工人比另一些工人的收入高？由谁来决定采用何种技术？而做出这种决定是基于怎样的依据？资本主义经济是怎样影响人类发展的？它又是怎样制约我们的文化，影响我们的政治制度，以及改变我们的自然环境的？并且，反过来，这些作用又会对资本主义经济自身产生什么样的影响？

三维经济学

在本书中，我们将考察资本主义经济的各种复杂关系，并把一个经济制度的三个维度即竞争、统制和变革考虑在内。

竞　争

第一个维度称为**竞争**，指的是经济制度的这样一种特征，即交换扮演最重要的角色。当然，在资本主义经济制度中，竞争和交换主要发生在市场中。例如，当一位驾车者选择在一个特定的加油站购买汽油，他（她）显然在一些竞争性的供应商之间做出了选择。 *54*

经济中的竞争维度是一个水平维度。可以认为竞争所涉及的是一种权利的相对平等，这一平等存在于那些提供选择、从事交换以及与他人竞争的人们之间。比如在加油站的例子中，汽油销售者们必须相互竞争以吸引驾车者。在为了争取消费者的竞争中，汽油销售商们在以下意义上是平等的：即没有一个人可以命令别人（比如那位驾车者）到哪里去购买汽油。

政治经济学和正统经济学在以下观点上是一致的，即对竞争的分析对于理解整个经济来说是至关重要的。（但是，正如我们在第 11 章所指出的，在资本主义经济中的竞争实际上是如何发生的问题上，政治经济学和正统经济学有着不同的观点。）在资本主义中，经济生活的大部分都是在市场中组织，而非以古代传统或中央计划者的强制命令为基础的，市场是展开竞争以及私人和厂商做出大部分决策的场所。

统　制

第二个维度是**统制**，指的是经济关系中的这些方面，包括权力、高压政策、等级制度或是权威。在资本主义以及许多社会中，统制是劳动场所、家庭和政府中的中心环节。它涉及国家间、阶级间、种族间、男性、女性和其他一些社会团体之间的关系。

统制被认为是纵向的因素，因为它们显然涉及人和团体的不平等。有些人在等级中比其他人地位更高，有的阶级处于支配的地位，而其他阶级则处于被支配的地位。

55 有时把统制和选择划分开来是不太容易的。假设一个贼用枪指着某人说：“要钱还是要命？”听起来这是一个选择。受害者可以选择放弃钱财或生命。然而事实上贼的威胁显然可以看成是交出钱财的命令。

另一个不太极端的例子就是一个老板让工人做某件事，若不按要求做就被解雇。表面上看，工人有做或不做的自由选择权，但是实际上，老板的要求就是指令。虽然失去工作并不像丢掉性命那样可怕，但是对于很多人来说，丢掉工作意味着陷入经济困境。这样就会难以维持生活，无力偿还债务或者难以寻找另一份工作。

统制的一种形式就是我们所谓的“**权力**”。我们对权力做如下定义：如果 A 通过让 B 付出代价（或者威胁要这么做）的手段，迫使 B 按照有利于 A 的方式行动，那么 A 就对 B 拥有权力。从这个意义上说，雇主对于被雇佣者有这样的权力。

但是，统制也可以在没有威胁付出代价的情况下实现。有可能是这样的情况，即一个集团影响和控制另外一个集团做出选择的条件。因此，企业经常利用它们的财力资源去改变顾客做出选择的条件。例如，如果一位阿司匹林生产商的电视广告可以让消费者相信，它的产品效果强、见效快，或者为多数医生推荐，那么去商店购买止痛药的人们经常会选择这一产品。

阿司匹林广告的例子表明，统制不仅是让别人付出代价的能力。一个人或集团也可以通过控制别人的信息，利用他人的恐惧、愿望、不安全感或者其他情感来影响其行动，从而增进拥有权力的人或集团的利益。因此，在广告的例子里，统制常以微妙的方式——或不那么微妙的方式——被用来促成或限制人们的选择。

统制也可以通过其他很多方式影响最终的结果。比如说公司以低薪雇佣新近移民者在不安全、不卫生的环境下长时间工作，因为这些人的就业机会少。再例如，在一些其他环境中，金钱与权力赋予个人或组织一种影响他人行动的能力。正如我们在后面的章节中将看到的，很多经济关系既包括选择也包括统制，而两者都不是独立运行的。

变　革

经济制度的第三个维度是**变革**。它涉及时间的推移以及经济制度的运行如何随着时间的推移而改变自身。在资本主义社会中，变革之所以发生是因为通过改变现有的条件可以获取更大的利润，改变现有条件包括建造新的、更好的设备，设计新产品以满足前所未知的需求，扩大生产，或者在世界偏远的角落兴建工厂。

资本主义变革的核心是基于利润的制度，这个制度造就了经济扩张不可扭转的趋势。在扩张的驱使下，资本主义经济改变了自身运行以及人类生存和死亡的条件。资本主义经济的不断扩张会改变系统自身运行的方式。

由于变革总是历时而生，因而变革被称为时间维度。考虑变革时，必然会用到诸如“以前”和“随后”、“旧”与“新”，以及“早期”与“晚期”等概念。

经济学中强调变革这一维度是为了提醒人们，经济制度在每一个不 56
同时点的运行是不一样的，并由此而引起活动于经济制度中的人们也会与时俱进。

每一种经济制度都有自己的历史，而它在某一特定时期的运行方式则部分依赖于它自身的历史。例如，美国的资本主义在 21 世纪的运行不同于其在 19 世纪和 20 世纪，并且尽管它仍是资本主义，但是分析它现在如何运行，一定要明确它已经发生改变的方式。同样，今日的美国资本主义不同于德国的资本主义，这在一定程度上是因为 19 世纪和 20 世纪时这两国的历史是不同的。

任何经济制度未来都会发生改变。现在以及将来都会成为过去，明天将不同于今日。正如我们在第 1 章所提到的，资本主义是迄今为止历史上最具活力和变革性的经济制度。

当然，其他很多非常规的因素也会导致经济和社会的变革。诱发变革的非经济事件包括战争、瘟疫、新发现、气候变化、宗教革命和新的科学突破。对于有些事件，本书所提供的经济分析会有助于解释这些事件的发生。当然，这些分析倾向于把这些事件看成是经济系统按照常规持续运行的后果。同样，对于人类自身的演进，这里也是把人类采纳新的偏好、价值体系和生活方式甚至宗教，看成是至少一定程度上是对人们的工作与谋生经历的变化的回应。

对变革的强调是使政治经济学与新古典经济学相区别的特征之一。这一区别和其他区别将会在本章结尾处的图表中加以总结。

经济学、政治学和历史

经济学研究的是人如何与他人、自然以及他们所获得的其他事物打交道，以便生产他们的生活必需品。根据经济学的三维分析法，我们知道，在整个经济领域中，正统经济学所重视的竞争和市场交换只是一个部分。当然，它是“竞争、统制、变革”这三维的第一维，然而其他两维也应该具备同等的重要性。

就政治经济制度中的“统制”来说，它使我们不得不考虑垂直的权力体系。正统的经济学家对这一点并不太感兴趣，他们认为这是政治学家的事情。阿巴·勒纳
57 (Abba Lerner)，一个杰出的正统经济学家，曾调侃道，经济学之所以能成为社会科学的“皇冠”，就是因为它只关注那些已经解决了的政治问题。比如，当社会已经选择了一个恰当的体制来保证公平和诚信时，市场交换这类活动才有可能顺利进行。三维经济学并不只限于已解决的政治问题。比如，它认为“统制”是社会生活中一个非常重要的决定因素，工人和雇主，售卖者和消费者，企业之间，都存在着激烈的斗争，而这种斗争将作为一种常态持续下去。所以，在政治经济学中出现“政治”二字并非是一种谬误，它表明在任何一个经济体中，权力关系都是一个关键性的因素。

在我们的三维经济学中，“变革”为第三维，它告诉我们，研究经济学就一定要研究历史。若不了解过去的历史变迁，就很难理解现今的变革方式。在正统经济学看来，政治经济制度是静止不变的；而显然的，我们需要用动态的眼光去看待经济现实：它是一个不断变化的过程，而不是一个千年不变的经济行为。相比之下，新古典经济学是摄影，而三维经济学是电影。

从政治经济学的观点来看，在社会科学的各个分支——历史学、政治学、经济学、人类学、心理学——之间所划分的界限是非常武断的。这些分割将社会现实拆成一个个的小方块，呈现为大学里的各个学科分野，可谓泾渭分明，但却模糊了经济运行的真相。

新古典经济学

新古典经济学（即我们所说的**传统经济学**），把资本主义简单地看成一个市场体系。它之所以被称做“新古典”，就是因为它的基本思想来源于 18 世纪和 19 世纪的古典经济学。当然，新古典经济学家做了使之现代化的工作，但主要还是着眼于市场的运行机制；从这一点来说，他们仍没有摆脱亚当·斯密的影响。

新古典经济学主要研究含有大量买者和卖者的竞争性市场，并依据
他们的行为来解释竞争经济的运行机制。由于理解市场对于分析资本主 58
义至关重要，新古典经济学有三个严格的假设，第一个在前面一章已经讨论过了，即“经济人”假设。

新古典经济学的第二个假设的支柱就是，契约被认为包含了市场交易中所有必要的因素。从而，交换行为的其他要素就显得不那么重要了。

“契约”这一概念不仅在经济分析中十分重要，它还在其他领域中具有相当的地位，比如在法律中。契约实际上是一个协议，它以书面或是口头的形式约定当事双方（或几方）采取某种行为的规范，比如支付或是购买商品以及服务。

新古典经济学家假设，契约中规定的价格考虑到了交易的各个方面，即契约价格是合理的。有时候，这一命题被称做“完全契约假设”。一个契约若是**“完全契约”**，那么它的每一条款都严格依照法律，其当事人的交易行为则是契约的自然结果。

进而，古典经济学家又设定所有的市场交易都发生在“完全契约”的基础之上，并认为不论是书面契约还是口头契约，也不论交易在什么时候发生，“完全契约”都具有以下性质：(a) 契约覆盖了交易双方的所有利益形式；(b) 任何一方当事人都可以轻而易举地强化契约的条款。相反，在一个**“不完全”契约**中，必然存在权利和义务上的漏洞，并且改动条款的成本很大。

显然，买一辆新车的契约是完全的：车的型号给定，价格明确，支付关系简单，质量担保书齐全，等等。但当雇主雇佣工人时，这个契约关系就不那么简单了，因为它不会规定受雇者需要承担的具体工作。正因为雇佣契约具有不完全性，它才成为政治经济学的主要问题之一。

（信用契约也是不完全的，但理由和雇佣契约并不一样：尽管借贷的数额是确定的，但若借贷者破产，那么契约也就失效了。）

在假设契约的完全性时，传统经济学家认为交易都是自愿进行的（即契约双方都自愿达成各项条款）。在这样一个经济世界中，强制的"统制"关系并不存在，这是因为，所有和交易相关的因素都由契约规定得很清楚，没有必要再用权力来调节了。可是，在雇佣契约的例子中，所遗留的不完全性问题仍要通过"统制"的方式来解决。不仅如此，雇主向受雇者发号施令的时候，还需要有一个监督者来确保命令得以执行，他的工资由雇主承担，作为强化契约的成本。

59 如果价格的确反映了交易时的供需关系，那么可以说双方都没有吃亏。因而，在新古典的世界里，那些可以从中获得效用，而又无须为其支付的东西（比如来自于朋友的友情），被认为是微不足道或是另一个学科的事情。类似的，那些我们并不想要而又不得不为其支付的东西（比如严格的监管或是环境污染），往往又没有获得足够多的重视。

这些发生在交易以外，并且让不相关的人承担成本的副作用，被称为"外部作用"或者**"外部性"**。"外部"二字就是表明它并不属于交易的内容。例如，一个人为汽油支付的价格，并不能反映出其他人为这一消费所承担的成本——二氧化碳的排放、烟尘、健康影响和堵塞的交通——所有这些都是消费汽油的外部效应。经济学家们大都同意，外部性在真实社会中确实存在。但是在分析中，外部性却被认为是例外而不足以成为理论的一部分。问题就在于：外部性的影响范围有多大？我们应该如何控制它？在本书第 9 章，我们将给予外部性以系统性的讨论。

新古典经济学的第三个重要假设就是"规模报酬递增一般不会发生"。"规模报酬递增"指的是这样一种情况，一种生产活动的产出率（或规模）的扩张有可能削减生产单位产出的平均成本。在这一情形下，随着追加单位的生产，扩大生产规模具有增加每单位报酬（净利润）的结果。

新古典经济学家们假设，在生产超出一个适度规模后，报酬递增很罕见，因此完全可以忽略掉。他们进而指出，就一般而言，当产出率提高时，产品的单位成本是趋于上升的，至少不会下降。这一假定显然和现代经济中的事实相违背，因为在现实中，大规模的生产显然会带来更低的生产价格（药品和音像制品之类，都是如此）。对于这一越来越引人注目的经济现象——规模报酬递增，我们将在第 9 章和第 20 章进行详细的论述。

为什么假设不存在报酬递增对新古典经济学是至关重要的？试想一下，如果没有这个假设，即规模报酬递增是普遍存在的，那么中小型企业之间的竞争就不可能是经济的常态。由于大型企业的生产成本更低，所以小型企业根本没有生存的空间；最后的结果必然是，大企业把小企业赶出了市场，市场的性质将是垄断的而不是竞争性的——关于竞争性市场的经济学就会变得索然无味。

除此之外还有另外一个原因。要赢得市场竞争的胜利，只有更低的生产价格是不够的，成功还要依赖于企业的政治势力，有时候还需要先入为主地取得优势地位，甚至还要有一点点运气，即企业需要在正确的时间和地点下做出相应的决策。不管原因有哪些，如果一个企业能先于 60
其他企业达到某个生产规模，那么它就可以从递增规模报酬中取得成本优势，它的巨大的规模以及其取得的成本优势使之能够摆脱和其他企业的竞争。

新古典经济学的三个假设实际上反映了 17 世纪牛顿时代的世界观。依照这种世界观，任何社会和自然现象都可以看做是原子微粒的运动集合，而且这种运动是可以了解并预知的。因此，完全契约假设实际上是限制了个体对于运动全貌的了解，这样，他们就可以堂而皇之地假设交易行为严格遵照几条简单的法则。类似的，经济人假设则规定了社会中每一个体的行为准则。最后，假定“规模报酬递增不存在”消除了领先地位的作用，并抹去了一切偶然因素，他们进而可以认为，相互作用的个体以往的历史也就不能影响到他们当前的关系。新古典经济学得出的结论就是：经济被看做是一架平滑运行的机器，而非下述情况：人们之间的关系有时候是和谐的，而更多时候是矛盾甚至杂乱无章的，正如在资本主义经济中实际发生的那样。

新古典的分析方法可以归纳为相互联系的三点。

第一，对于新古典经济学家来说，经济机器的基本部件不会发生变革，尽管有时候也需要维修，但不会危及机器本身。像萧条和结构性失业，被看做是非常容易解决的问题。

第二，变革并不是经济运行的必然结果。如果经济中的某些要素发生了改变，那么它一定是外部影响的结果，比如出现了重大的技术革新或是新的消费时尚，如互联网带来的通信革命，跑鞋和时装的风靡一时，这些都可算是所谓的“外部影响”。而实际上，像消费潮流这种东西并不完全是外部力量的结果，相反，它的根源在于资本家对于利润和市场份额的狂热追求。

第三，由于经济体不会受到自身运行的影响，因而它也无所谓历史一说，即它的过去、现在和将来都没有区别。因此，新古典经济学的工作仅限于静态的经济分析，而非考虑历史的动态分析。不仅如此，加之它还缺乏对统制关系的分析，因而我们可以说，正统的经济学分析范式局限于一维，即仅仅着眼于市场内部的竞争和交换关系。

政治经济学中的价值体系

大多数对经济学感兴趣的人不仅关心经济是如何运行的，而且关心
61 此经济系统的优缺点，以及怎样做才能使经济运行得更好。经济学是充满争议和讨论的学科。常言道，如果你想避免争论，那么就远离政治和宗教。如今，更好的建议是不要提经济学。

经济学中的讨论不仅是关于“是什么”的问题，而且是关于“应该是什么”的问题。有时我们把这点当作是实证的（科学的）经济学和规范的（政策导向性的）经济学之间的区别，但实际上，它们的界限并不清楚。“是什么”的问题不仅关于事实，而且也包含对它们所做的解释。因此，当人们不认同事实以及事实的意义时，差异就会出现。另一方面，如果没有明确的价值体系，“应该是什么”的问题是不能回答的。这样，当人们对于哪个答案更好、哪个答案更糟的问题出现分歧时，差别就出现了。

得到事实以及对事实的正确解释是**任何**经济学理论的基本任务。关于“是什么”的事实必须在足够准确的条件下确定下来，并且持不同观点的人能够就此达成一致。关于经济如何运行的各种陈述或真或假，不管对此做出决定会有多难，各人对于真和假的判断不应该依赖于各自的价值体系。

当一个人选择去考察某个特定方面的“是什么”时，他的选择通常会被“应该是什么”的观点所深深影响。如果一个人在个人自由和公平之间对前者赋予更高的价值，他就会对政府和市场的行为如何影响个人自由的问题更感兴趣，而对于为什么在同等情况下妇女的工资少于男人的就不会那么关心。后一问题对于更重视公平的人来说具有更大的意义。没有人能够对经济中的所有问题都同样地感兴趣，你的价值体系将决定你最希望经济研究去揭示哪方面的问题。你需要知道丢失的车钥匙的大概位置，这样才能知道拿手电筒往哪里照。

价值体系也会为我们判断一个经济制度是好是坏，或者更具体地说，经济制度的哪些过程和结果是更好或是更坏的提供判断基准。如果你更重视民主，你也许会对独裁政策，比如早期共产主义国家所实行的政策感到很反感。但是如果你更重视社会物质财富的增长，你就会被社会主义中国在 20 世纪最后 15 年所创造的产量大幅度增长的记录所打动。当然，会存在很多不同的价值体系，人们以此为基础或明确或不明确地评判一个经济制度。

我们评判一个经济制度，是基于它能在多大程度上较好地组织经济活动，来为社会成员提供过上繁荣兴旺的生活的机会。我们采用生物学中的**繁荣兴旺**这个术语是刻意的：只有在获得充足的水分、阳光和营养物质的前提下，植物才能繁荣兴旺。在本书的第 14 章，我们将讨论人们生活富裕的基本要素。但是很显然，当人们缺乏足够的食物和健康保障，当人们不自由或没有学习的机会，或者当人们作为个人以及群体中的一员得不到尊重时，他们是不能繁荣兴旺的。

有关一个经济制度的最基本问题在于，它是如何影响人们的。虽然每个人都对“好日子”有自己不同的定义，但是人们认为，能为更多人
提供更多富裕生活机会的经济制度，强于给更少的人提供更少富裕生活 62
机会的经济制度。一个经济制度不仅由经济指标——比如个人收入来评判。它是由影响社会成员的各个方面来评判的。

那么，我们怎样决定一种富裕生活需要什么呢？我们能否说，一个人对于歌剧的热情就是这种需要，而另外的人对于宝马车的渴望就不是这种需要？实际上，对于我们的判断标准所应用的很多问题，我们是不难做出判断的。想象一个儿童在饿肚子的国家却把大量的谷物用以喂牛，以生产出更多的牛排。大多数人认为这并不是一个利用谷物的好方法，虽然这个结论需要我们对两者——牛排对一个人的价值和养育一个孩子所需要的营养的价值之间——做出一个判断。正如我们所了解到的，世界上有太多的问题类似于牛排和饥饿的儿童之间的关系，而不是类似于歌剧和宝马车之间的关系。

一种经济制度能够提供富裕生活的途径，也可以阻碍这个目标的实现。当然，个人是否能过上一种快乐而自由的生活受到很多变革性因素的影响，而不仅仅受经济是如何组织的影响。从有意义的角度出发，实现富裕的生活将依赖于个人所做出的选择。但是，经济能够为这个目标的实现创造有利的条件，也可能会创造一系列条件使之很难生活得有尊严、自由和快乐。

如果工作是单调无味和不安全的，如果孩子在幼年就死于本可以很容易避免的疾病，如果人们还是没有文化或不能自由地表达自己的想法或自由地信仰宗教，如果营养不良是普遍的现象，如果人们因为自己的种族、性别和性取向而受到非难，如果其他的条件限制了机会的产生，那么经济将会阻碍繁荣生活的实现。经济最好是不仅为一部分人，而且为每个人都在最大限度上消除或不创造出上述这些悲惨的生存条件。

一种经济制度是否有利于所有社会成员过上富裕的生活，依赖于经济制度运行的各个方面，其中包括效率、公平以及民主的程度。

效　率

评判一个经济制度的标准之一就是它应该有效率。在经济学中，有很多关于**效率**的定义（见专栏：效率、盈利性和“帕累托最优”）。我们使用这个术语以表示劳动力和投入都得到了很好的利用而不是被浪费掉。投入品包括努力、时间、知识、创造力、原材料、自然环境和机器。充分利用这些投入品（而非浪费它们）意味着用它们为人们提供富裕生活所必需的物品和自由时间，以此来提高人们的福利。根据这个标准，更能有效地利用资源的经济制度就是一个更好的经济制度。它更优越，是因为它增加了人们用时间和精力来从事非经济活动的自由，例如休闲、娱乐和学习。

效率、盈利性和“帕累托最优”

63 像其他的很多概念一样，“效率”是一个在经济学中广泛探讨的话题。我们的定义是：效率要求努力、时间、智力、创造性、信息、原材料、自然环境和生产中应用的机器设备都能够提高人们的福利，为人们提供过上富裕生活所必需的商品和空闲时间。

这和盈利性不一样。盈利性只有在考虑了所有的投入后，一个企业的收益大于其支出时才会实现。在本书的第 13 章和第 20 章我们将举出例子来探讨为什么效率和盈利性是不相同的。

工程师把效率当成是投入与产出之间的比例关系。如果在现有技术水平下，不增加更多的投入就不会使产出增加，那么我们就说此生产过程在技术上是有效率的。

帕累托最优是许多经济学家更感兴趣的效率概念。它是以经济学家维尔弗雷多·帕累托（Vilfredo Pareto）的名字命名的，帕累托在大约一个世纪之前就思考了这个问题。当不存在其他经济结果（用可用的资源和技术）使至少一个人在不使其他人福利水平下降的前提下增进自己的福利，那么现有的结果就是帕累托最优的（有时称为帕累托效率）。

如果存在一些可备择的、具有双赢性质的投入产出的用途，即有些人会过得更好而其他人也不致更糟，这个结果就被称为是帕累托无效率的。但是，请注意两点。首先，会存在大量帕累托最优的情况，每一种都有不同的产品分配方式。其次，即使有些人挨饿而其他人却拿鱼子酱来喂猫，如果不存在重新分配产品的方式能使穷人过得更好**而又不伤及富人的利益**（猫并不算在内），这种结果也是帕累托最优的。

效率指的是**有用的**产品和服务的生产。没有用的商品和服务的生产不应该计入效率的范畴。比如，广告的生产（越出了只是为消费者提供信息的程度）是高利润的——这就是它为什么被生产出来的原因，但是它是无用的。在和平时期某些类型的军备生产也同样如此。

所有生产有用的产品和服务所需的投入，不管是否得到支付，都必须计入效率的范畴。通常我们没有考虑到的投入就是自然环境。实际上，当考虑到所有的投入时，一个使用干净水却排放污水的企业是无效 64
率的。这是因为除了它所付费的投入外，那个工厂也使用了（消费或破坏了）部分自然环境。

我们常常忽略的另一种投入就是家庭劳动。当我们考虑到所有有用的投入和经济的全部产出时，我们不仅指工厂或其他地方的劳动，也指家庭劳动。

另外一个被忽略的投入就是劳动的努力程度。这与工人花费在劳动上的时间不同。加速生产的装配线可能会提高一个企业的利润，但是，如果这种投入的增加只能依靠大量增加工人的努力，使他们在一天的工作之后感到疲惫不堪，以及增加健康问题的感受来实现的话，那么它就是没有效率的。考虑效率的一个方法就是把人们和他们的健康不仅当作生产过程的投入，而且也当作是生产过程的产出。

公　平

第二个评判经济制度的标准就是**公平**，它涉及经济制度所负担的成本与收益的分配。负担的成本指的是为生产产品和服务所必须付出的诸如劳动那样的牺牲；收益主要指产品的使用。谁付出了多少劳动？谁来消费劳动成果？所有生产的成本——以及收益——都需要考虑在内，就像评估经济效率时一样。

公平的经济制度应该是这样的，即负担和收益应该被平等分配。当以这个公平的标准来判断时，一个更平等地分配负担与收益的经济制度被认为是一个更好的经济制度。它更优越是因为它意识到人类平等的价值。当每个人都被平等对待时，每个人的快乐都值得被平等地提高，每个人的痛苦都值得被平等地避免。这样，虽然我们每个人都不同，但考虑到我们享受快乐和避免痛苦的权利时，我们都是相同的。

人们之间平等的信条作为一种伦理准则有一系列起源。实际上，以神的眼光来看，每一种宗教都把人的平等权当成是宗教信仰中至关重要的因素。1776 年《美国独立宣言》的作者写道："这些事实是不证自明的，即所有人都是生而平等的，并为造物主赋予了不可褫夺的权利。"

很多人，可能绝大多数人都同意美国宪法的创建者的看法：人们应该拥有平等的权利来参与社会的治理，被当作平等的个人来尊重。但是还有什么应该平等呢？任何人都很难说每个人应该拥有完全相同的东西，因为这没有尊重不同人的不同喜好。有些人努力工作很长时间，因为他们看中物质财富；然而其他人更看中闲暇和非物质享受，他们就会少工作一些；显然让这两种人都获得等量的物质产品是不公平的。因此，虽然平等是本书所赞同的价值观，但是重要的是回答这个问题：在什么意义上的平等？

65 答案是，人们应该拥有平等的过上好生活——不管人们各自心目中对好生活的理解是什么——的权利，这不仅对于美国适用，而且对于全世界都适用。平等的权利意味着，只要没有限制或损害他人追求幸福，人们就有权在可能的范围内，平等、自由地追求自己想过的生活。

当然，在我们做自己想做的事情的过程中都会有障碍。例如，对于本书的作者来说，这种情况会发生，即一个人梦想成为音乐家，但是却缺乏这方面的才能，因此只能过经济学家的生活。那么在这种情况下，平等的机会仅仅意味着人们应该平等地逃离自己有能力逃离的障碍。

一些机会的不平等现象是很明显的，如雇佣者或地主基于种族、性别和年龄差别的歧视。但是在大多数社会中也存在一些不明显的不平等现象。当有些孩子可以进入设施良好的学校学习，由出色的老师教授，而其他孩子却不能享受到这样的设施和师资时，机会就是不平等的。当穷人由于没有车去远处的便宜商店买东西，而不得不为商品支付更多钱时；当人们由于自己的种族、性别或者居住的地点而必须支付更高的利息时，机会就是不平等的。当有些年轻人带着高学历和信用资本开始自己的事业，而其他人只背负着父母留给他们的债务时，机会就是不平等的。当由于起点不同，很多人辛苦工作却只挣得很低的工资，而其他人不努力工作却每小时挣成百上千美元时，机会就是不平等的。

不同于收入的均等，机会的均等通常意味着需要给人们不同的东西或是给予差别对待。例如，有健康问题的人比没有这个问题的人需要更多的医疗照顾。在学校中，我们应该更多关注有诵读困难或其他学习障碍的孩子，以使他们拥有和其他孩子一样的学习机会。在学校中，对于那些父母没有能力辅导功课的孩子，需要给予更多的帮助。如此，才能实现机会平等。

公平的标准通常是有争议的。应该对世界上每个人都公平吗？或者仅仅限于一个国家？如果答案是全世界，那么我们就会说，由于恶劣的生存条件，一个生长在印度的孩子会比在挪威生长的同样年纪的孩子少活 20 年。

最后的一个问题是：在多大程度上给人们第二次或第三次机会是公平的？如果某些人大学时期沉湎于酒色，结果限于贫穷和失业，那么，公平是否要求向他们提供赞助，使其有就业再培训的机会呢？

民　主

评判一个经济制度的第三个标准是**民主**。这个标准的一个重要方面，是质疑该经济制度能在多大程度上促进（或阻碍）政府的民主运作。另外一方面就是要问，当权力在经济中被运用时，该制度是否允许 66
对权力的问责。在这两方面都能促进民主的经济制度优于其他制度。它之所以优越是因为，能够影响对你造成影响的决策，会使你对你的生活有更大的控制力。

民主的过程包含三大特征：权力的可问责性，对公民自由的尊重以及对个人选择权的保证，有效的政治参与的平等机会。

首先，决策者（无论是在政府中还是在其他地方）必须对决策的影响者负责。这要求周期性地测评、检查和以民主选举的方式进行公共官员的换届选举。那些在经济中握有权力的人——例如企业主——也可以以同样的方式被问责。民主政制能够调节企业的行为。如果在很多企业间存在竞争，消费者能以向其他厂家购买的形式来使厂家对次品负责——“用自己的钱包来投票”，不能为消费者服务的厂商将被淘汰。

其次，必须能够保证公民的权利和个人自由，它通常与公民的民主权利联系在一起。例如，演说与集会的自由权对于做出一个民主决定是至关重要的。

再次，民主政体中的公民必须拥有大致相同的资源，以用它们参与民主进程。如果公民对于决策的做出拥有不完美的平等机会，这就显得很有必要了。当在这样一个体系中，每个人都参与选举，但是只有一些人——例如竞选赞助者——比其他人拥有更大的政治影响力时，这个体系就是不民主的。

民主并不意味着所有的决定都必须通过投票做出。个人应该可以自由地做出任何决定，只要这些决定的结果全部或主要地只对他们自己产生影响。例如，晚餐吃什么的选择就是一个只影响食者或食者家人的决定。

但是，当一个决定不可避免地对很多人都产生影响时，民主就要求个人选择服从集体的民主决定。例如，是关闭一个旧工厂还是更新它的决定将影响很多人：投资者，工人，产品的消费者，生活在工厂周围可能会被工厂的噪音和污染所打扰的居民，等等。在这个例子中，民主的准则认定——比如，工厂主选择是否关闭工厂的权利——是不民主的。如果这个准则适用，所有受决定所影响的因素都应该参与决策过程。

当然，宣称所有者对自己所有物的决策为不民主的，并不意味着民主的价值应凌驾于效率或公平的价值之上，而只是说明另外两项标准与民主的标准存在冲突的可能性。例如，在关闭工厂的这个例子中，很难
67 决定消费者、邻近居民、工人、厂商和其他人的意见怎样被妥善考虑。应该给予每个人投票权吗？或者由民主的国家政府来调节这个问题以使不利影响降到最低？

某些经济学家会认为，主张让一家私人企业以民主的方式来运作是很奇怪的。正统的教科书忽略了权力在经济中的运用，并把公司这样的组织简单地当作机械结构：即这边有投入，那边一定会有产品。如果没有权力的运用，就不存在要民主化的东西。而且，人们参与决策过程的权利——其结果将影响其整个共同体——也不被看做是经济学考虑范围内的问题。

虽然统制很可能是不民主的，但是民主和统制并不完全是相背离的。例如，当受指令和规章所影响的人对于指令和规章的颁布不产生任何影响时，由独裁者所颁布的指令及由企业主所制定的规章就是不民主的。但是，统制也可能是一种执行民主决定的方式。例如，一个国家的环境保护法由民主商议，投票通过，最后成为一项民主选举的法案。为了执行此法案，联邦法院所支持的政府相关部门将命令污染者停止污染行为。我们来看另外一种情况：在一个工人拥有和控制的企业中，民主

选举的经理给予工人的统制应该是另外一个民主统制的例子。贯彻执行民主决定需要统制。

一个经济制度可以用它是否很好地满足效率、公平和民主这三项标准来衡量。一些经济制度可能很好地贯彻其中一两项标准，而另外的经济制度可能很好地贯彻另外的一两项标准。例如，奴隶制一度是有效率的——至少在某些庄稼的生产上，但是它却是不公平、不民主的。相反，独立生产者的生产（比如，在殖民地新英格兰拥有自己土地的农民）与奴隶制相比就是没有效率的，但是它更加公平、更加民主。一种经济制度服从效率、公平和民主这三项标准的能力可能随着时间的推移而发生改变，因为经济制度本身也在发生变化。

而且，对于任何经济制度而言，要能协调一致地或以同等速度在这三项标准的实现上取得进展是很困难的。例如，效率标准可能会在以下情况下与民主标准产生矛盾：效率的实现——即以有限的投入生产出尽可能多的有用产品和服务——可能要求激烈的竞争、劳动力和资本的高度流动，然而同样这些因素可能会使工人所有的（或以其他形式的民主控制的）企业，以及稳定的、民主地治理的共同体难以生存。

显然，我们对于经济制度的评判应该有更加复杂的标准，而不仅仅是“好”或“坏”，“更好”或“更坏”。而且，也不可能每个人的意见都达成一致。每个人的结论都依赖于自己的价值观，只要我们能够自由地拥有自己的价值观，以此为基础所做出的结论就不可避免地出现差别。从某种程度上说，分歧和讨论是一个健康、民主的社会的指示器，差别是受欢迎的。 68

在本书中，效率、公平和民主等价值并没有明确地被纳入对资本主义如何运行的描述和分析中。实际上，我们对于资本主义的分析不应该受到某个读者的价值体系的影响。关键问题是，与新古典经济学相比，政治经济学是否提供了一种更加丰富的理解资本主义的方法。在表 3.1 中，我们总结了这两种理论的差异。

表 3.1　经济学观点的对比

新古典经济学	政治经济学
所研究的主要社会关系包括自利的人之间以及他们工作的企业之间的竞争	研究的社会关系不仅有竞争，还有合作，不仅有自利行为，也包括慷慨和互惠行为

续前表

新古典经济学	政治经济学
大多数经济联系采取了完全契约的形式	很多经济联系不受或不完全受契约的支配
经济结果由市场决定。权力只在垄断组织和政府中运用	权力的运用是经济结果的重要决定因素，即使在竞争性市场中也是如此。很多经济结果都是在所涉及的各方或行为者之间的谈判中决定的
恒久不变是一个定则，变革只有在受到经济制度以外因素的干扰时才会发生	变革是定则，不变是例外。无论对于经济制度还是对于个人来说，变革都会通过经济制度本身的运作而发生
人们的偏好和需求主要由人的本性及其他外生因素决定	人们的偏好和需求在不断改变，并且受到内生因素的影响
知识和科学在经济制度之外演化，由非经济因素主宰	知识和科学受到经济制度本身，以及在该制度中运用的权力的强烈影响
经济的不平等现象很少被关注，且仅以一个指标来衡量：收入的不平等	经济的不平等是多方面的，包括在种族、性别、地位、财产的所有权、权威、收入、政治权利、公民权方面的不平等
对各种经济的评价根据的是如下标准，即相对于有局限的效率观，它们的表现如何	对各种经济的评价根据的是它们在何种程度上增进了每个人过上繁荣兴旺的生活的机会；经济效率、公平和民主有助于该目标的实现
规模报酬递增（随着产量的扩大成本降低）不存在，故而可以忽略	在现代经济中规模报酬递增是很普遍的，因此应该认真对待

当然，表 3.1 对新古典经济学和政治经济学的对比并不是划分经济学的唯一方式。实际上经济学通常被划分为**微观经济学**和**宏观经济学**。前者是关于个人、家庭和企业的行为（以及为什么如此行为），后者是
69 关于这些相同的个人、家庭、企业的决策，加上政府的政策，是如何决定了整个社会层面的结果的。在本书的第二篇“微观经济学”里，我们将会看到买卖双方在市场中的相互影响，企业如何寻求增加利润，以及劳资双方在工资和劳动方面的冲突如何得到解决。在第三篇“宏观经济学”里，我们将考察个人、企业和政府的相互作用，以及这些相互作用

对整个经济所带来的后果。这些后果影响到诸如收入和机会、富裕和贫困、增长和停滞、就业、失业乃至通货膨胀等方面。

在本章中，我们介绍了三维经济学的基本理论。下一章我们将着手评论六位大经济学家对此理论的发展的贡献。

推荐书目

Robert A. Dahl, *Democracy and Its Critics* (New Haven, Conn. : Yale University Press, 1989).

Nancy Folbre, *The Invisible Heart: Economics and Family Values* (New York: New Press, 2001).

Robert Heilbroner, *Behind the Veil of Economics: Essays in the Worldly Philosophy* (New York: Norton, 1988).

Robert Nozick, *Anarchy, State, and Utopia* (New York: Free Press, 1974). (诺齐克. 无政府、国家与乌托邦. 北京：中国社会科学出版社，1991.)

Louis Putterman, *Dollars and Change: Economics in Context* (New Haven, Conn. : Yale University Press, 2001).

John Rawls, *Justice as Fairness: A Restatement* (Cambridge, Mass. : Harvard University Press, 2001). (罗尔斯. 作为公平的正义. 上海：上海三联书店，2002.)

John Roemer, *Free to Lose: An Introduction to Marxist Economic Philosophy* (Cambridge, Mass. : Harvard University Press, 1988). (罗默. 在自由中丧失. 北京：经济科学出版社，2003.)

Amartya Sen, *Development as Freedom* (New York: Knopf, 1999). (森. 以自由看待发展. 北京：中国人民大学出版社，2002.)

Philippe van Parijs, *Real Freedom for All: What (If Anything) Can Justify Capitalism?* (New York: Oxford University Press, 1998).

第4章　过去和现在的政治经济学

70 20世纪伟大的经济学家约翰·梅纳德·凯恩斯（John Maynard Keynes），是用这样的话为他的名作《就业、利息和货币通论》收尾的："许多实行家自以为不受任何学理的影响，却往往当了某个已故经济学家的奴隶。狂人执政，自以为得天启示，实则其狂想之来，乃得自若干年以前的某个三流学者。"他慎重地警告说，经济观点无论是对还是错，往往都有巨大的影响力。他可能还应该再加一句：即使其作者的著作非常晦涩，以致除了经济学专家以外无人能解，但其经济观点还是可以产生巨大的影响。

凯恩斯就属于这种情况。他的这本书很少有人读，而能读懂的人就更少了。尽管如此，在凯恩斯写作《就业、利息和货币通论》后不到十年的时间里，"凯恩斯主义"就成了社会运动的战斗口号，或者辩论中扔向对手的侮辱性称谓了。在亚当·斯密——资本主义的预言者——和卡尔·马克思——资本主义的伟大批判者——那里，情况也曾经如此。这两个人的著作都很少为他们的当代人所理解，但两人的著述都引发了很大的争议并对历史进程产生了重大的影响。

因而，经济学在争议中诞生并在争议中成长。有人曾一语双关地说，如果你想把世界上所有的经济学家排成一列，他们却无法就各自的前后位置达成一个结果。但是，因为经济学所研究的是我们的日常行为中那些最为平常也是最为重要的行为，也就是谋生，所以几乎可以肯定地说，它不是一项无关紧要的学术活动，即使在凯恩斯称为“三流学者”的人手上也是如此。

在上一章的开篇，我们就提出了警告：倘不做仔细核查，根本不能对任何一个经济观点信以为真。本章我们将介绍六位有史以来最伟大的经济学家——他们每个人都对我们所称的经济学的三维理论做出了贡献——以此来强调这个警告。如果他们聚到一起的话（他们并没有碰面），他们会就某些事情达成观点上的一致，但对其他的则表示强烈的 71
非议。但正如你将看到的，他们都有复杂的观点，而且他们通常都会尊重与他们自己的观点相左的观点；他们没人会简单地对别人的观点磨刀霍霍，或者是兜售他自己的观点。你可能会对此觉得惊讶：马克思毫不吝啬地赞扬了资本主义在物质生产上取得的巨大增长；而对于资本主义对那些在其工厂中工作的人的所作所为，斯密则表示出了极大的担忧。

本章的中心思想是：**政治经济学（三维经济学）是理解资本主义的一种方式，它随着资本主义本身而发展变化。**这一思想表达在以下各点中：

---

1. 政治经济学的主要贡献者不仅探究抽象的理论问题，也对他们身边的现实经济问题有浓厚的兴趣。
2. 亚当·斯密揭示了市场是如何协调私人的经济决策的。
3. 卡尔·马克思对我们理解阶级、阶级冲突以及经济制度的演化做出了贡献。
4. 约瑟夫·熊彼特（Joseph Schumpeter）提出，创新和技术变革既导致经济不稳定，又带来生活水平的提高。
5. 约翰·梅纳德·凯恩斯解释了失业为什么是长期存在的问题，以及政府可以为失业做些什么。
6. 罗纳德·科斯（Ronald Coase）显示了私人之间的讨价还价有时可以

解决政府无法处理的问题，而且企业既是经济组织也是政治组织。

7. 阿玛蒂亚·森挑战了人们是完全自私的这个观点，强调了道德价值在人们行为中的重要性。
8. 他们中没有人对他们提出的问题做出了完全令人满意的回答。经济学家继续追寻新的答案，并随着资本主义的继续发展而继续面临全新的问题。

只要地球上还有人类生命，就会有经济的存在，因为人们的生活资料的生产过程是生命本身得以存在的前提条件。但经济学作为研究经济的学问，却是相对而言较新的事物，其产生是还不到 300 年前的事。与城市化、技术变革、人口增长、大规模移民、物质生活的日益富足以及现时代的其他革命性变革一样，经济学是伴随着资本主义而出现的。

为了帮助读者将本章所回溯的经济学（政治经济学）的发展与现代政治、经济和社会历史上的一些重大事件联系起来，我们在此处罗列了一个大事年表，它将经济学家和他们的观点，与 18 世纪、19 世纪乃至 20 世纪更为广阔的历史联系起来（参见图 4.1）。

在资本主义时代来临以前，生活资料的生产是人们生活的其他方面的一个有机组成部分，并未独立到需要单独对它进行研究的程度。比如
72 说，大部分的生产都是发生在人们的家中或是附近，涉及家庭中所有的成年成员，而且通常还包括家庭中的孩子们。家庭和经济并不是彼此分开的。事实上，经济活动只不过是家庭生活的一部分，而在家庭之外则几乎不存在经济活动。再举一个例子，市场与其说提供了买卖的机会，还不如说它们是聚会的地方和娱乐（有时是喧闹而无序的）场所。它们肯定不是经济学家所称的交换商品的专门机构。人们如何及何时工作、与谁交换商品、交换以什么价格进行，是受古老的习俗、社会价值观以及宗教和政府的法令所影响，甚至是由这些所决定的。

73 人类学家卡尔·波拉尼（Karl Polanyi）指出，前资本主义的经济是嵌入在社会之中的，由此他表达了经济是**嵌入于**整个社会秩序之中的观点。毫不奇怪的是，当时的人们并不认为“经济”是一个独立的领域。他们并不认为经济活动是与其他活动相分离的。当然，经济是存在着的，但人们并没有看到它。

经济与社会		经济学/政治经济学
	1700	
	1720	
18 世纪中期：欧洲的“启蒙”知识分子对统治者的君权神授提出了挑战，对传统提出了质疑，促进了科学的发展	1740	1723 年：亚当·斯密在苏格兰出生
18 世纪后期：先是在英格兰、然后在法国和德国出现第一次工业革命和资本主义的充分发展	1760	1759 年：亚当·斯密发表《道德情操论》一书 1776 年：亚当·斯密发表《国富论》一书
1776 年：美国发表《独立宣言》	1780	
1789 年：法国大革命中发表《人权宣言》，贵族和独裁统治在法国出现衰落	1800	1790 年：亚当·斯密去世
19 世纪 20 年代至 40 年代：美国给予男性自由民投票权；英格兰的宪章运动试图扩大投票权；英格兰实行“自由贸易”和保护工人的工厂法案	1820	1818 年：卡尔 ·马克思在德国的特里尔出生 1800 年至 19 世纪 40 年代：大卫·李嘉图、托马斯·马尔萨斯（Thomas Malthus）和约翰·斯图亚特·穆勒的古典经济学兴盛于英格兰且远播海外
1848 年：欧洲的城市工人、工匠和知识分子酝酿革命的一年	1840	1848 年：马克思和恩格斯发表《共产党宣言》
1860—1864 年：美国爆发内战；《废奴法案》结束奴隶制	1860	
19 世纪 70 年代至 90 年代：美国进入“强盗资本家”时代；有关农地的抗议增加；劳工运动诞生	1880	1867 年：马克思发表《资本论》第一卷 19 世纪 70 年代：新古典经济学诞生
1914—1918 年：第一次世界大战使欧洲满目疮痍；俄罗斯的布尔什维克人掌握了权力	1900	1883 年：马克思去世；约翰·梅纳德·凯恩斯在英格兰的剑桥出生；约瑟夫·熊彼特在摩拉维亚（现在是捷克共和国的一部分）出生
1929 年：除法西斯德国和日本外的资本主义国家出现大萧条	1920	1910 年：罗纳德·科斯在英格兰的米德尔塞克斯出生
1933 年：富兰克林·罗斯福在美国引入“新政”		1911 年：熊彼特发表《经济发展理论》 1933 年：阿玛蒂亚·森在英属印度出生
1939—1945 年：第二次世界大战	1940	1936 年：凯恩斯发表《就业、利息和货币通论》
1943 年：孟加拉大饥荒导致印度有 200 万人死亡		1937 年：科斯发表《企业的性质》一文 1942 年：熊彼特发表《资本主义、社会主义与民主》一书
1949 年：中国革命开创中国的共产主义统治		20 世纪 40 年代：凯恩斯与他人一起创办国际货币基金组织和世界银行；凯恩斯去世
1948 年至 20 世纪 80 年代：欧洲的殖民帝国终结；冷战；资本主义国家实行凯恩斯主义经济政策；共产主义统治的国家实行中央计划经济	1960 1980	1960 年：科斯发表《社会成本问题》一文 1965 年至目前：森发表有关饥荒、贫穷和民主方面的著作
20 世纪80 年代至 90 年代：柏林墙倒塌；苏联解体；东欧终止共产主义统治；信息革命加速；全球变暖成为公认的问题	2000	20 世纪 90 年代：科斯和森获得诺贝尔奖

图 4.1　社会和政治经济学时间线

经济学要被视为一门独立的学科，经济就要变得既更为独立于社会，又更加专业化。劳动要在专门进行劳动的地方——工厂、办公室、种植园——进行。买卖要成为市场唯一的功能。对经济利益的追求——而不只是习俗、道德顾忌或者宗教指令——要成为经济生活的指导原则。

资本主义带来了所有这三项变化，结果是经济的独立。它仍然是社会的一部分，但它已变得足够独立和足够专业化，值得单独对它进行研究了。经济学的诞生只是在等待着那些其思维的创造性足以感受到这些新现实的思想家。18 世纪的若干位思想家感觉到了这些新的现实，亚当·斯密则是他们当中洞察力最强的一位。

亚当·斯密

政治经济学家谱系中的第一人是亚当·斯密，他的巨著《国富论》发表于 1776 年，与美国的《独立宣言》是同一年。《国富论》是有史以来最具影响力的经济学著作。在这本书中，斯密阐述了这样的观点，即政府不要试图对经济指手画脚，而应该尽可能地让经济自行其道。这大致是法语中 *laissez-faire*（自由放任）一词的意思，而自此以后，这个词就与斯密的思想联系在一起。

在理解市场以及研究由许多市场所组成的整体经济是如何作为有机的系统而运作这两个方面，亚当·斯密是一个先驱者。由于经济学的每一个学派都认为市场的运作很重要，所以斯密被广泛地认为是经济学这门学科的创始人。斯密以及在他之后的两代人中顶尖的经济学家被称为“古典经济学家”。斯密的观点中有三点对于政治经济学的发展非常关键。

首先，斯密指出了经济学所面临的根本挑战：社会如何能够协调互不相识且散布在世界各地的大量经济活动参与者——生产者、运输者、
74 销售者、消费者——之间彼此独立的活动？这个协调问题之所以会出现，是因为没有一个人是自给自足的：每个人的生计都依赖于由其他人生产的多种多样的商品和服务。因而，斯密专注于探讨**劳动分工**，即这样一个事实：在所有的经济制度中，都有一些人生产某些产品而其他人生产另外的产品，而所有这些不同的产出，对于大家的生计都是必需的，每一个人在经济上都依赖于其他人。

其次，斯密形成了这样一个观点（在他所处的时代，这是一个非常激进的观点），社会可以将劳动分工中的协调问题，交由经济参与者自己的自私心去解决。这个观点之所以激进，是因为它断言，无需任何个人或机构有意识地试图去建立或维持秩序，合理的秩序也可以形成。此前的哲学家，比如说早于斯密一百年的英国学者托马斯·霍布斯（Thomas Hobbes），曾提倡建立强有力的政府，以此作为保证人们的自利活动带来秩序而不是混乱的唯一方式。斯密认为，只要满足了两个条件，市场——或者更准确地说，市场组成的体系——就可以做到这一点。产权要有清晰的界定，以明确谁拥有——因而可以交换——什么。另外，大量的经济活动参与者之间要有充分的竞争，以致市场中不存在垄断。我们将在随后的几章里研究他对这些观点的分析。

再次，斯密解释了由竞争性市场所组成的体系是如何将个人的自利行为转化成对社会有利的结果的。这一点也是对常识的真正激进的背离，因为在斯密提出这个观点时，自利的行为被认为是不道德的。斯密指出，虽然农民或理发师可能是出于贪欲而从事自利的活动的，但对这一贪欲的追求——在适当的条件下——将对所有人都有利。因此，在组成了经济的人们的背后，界定清晰的产权和竞争性市场将产生对社会有益的结果，即使大部分人对他们的邻人的福利很少关心或者根本就不在乎。斯密发明了看不见的手这个术语，用来指这样一种趋势，即市场引导着经济，以实现人力资源和自然资源的最佳利用。

这样，在斯密看来，市场会调节经济并控制自私心，从而为整个社会实现物质上的进步。他警告政府不要承担不适当的任务，特别是不要命令个人如何开展他们的经济活动。

不过，斯密限制政府在经济中的作用的观点远非是一边倒的。他重复了这样一些常见的观点，即政府应该保护国家免受外敌的入侵，并以警察和司法系统来确保国内的公正；他还提倡政府对桥梁、道路、运河以及其他“公共工程”（比如说为所有儿童提供的免费教育）进行投资，并提议对烈性酒征税，以阻止人们喝得酩酊大醉。

换言之，斯密看到了他所提出的政府要尽可能少地干预经济的一般观点中有许多正当的例外情况。他对因追求经济收益而对人性造成的有时是负面的影响也表示出了深深的担忧。例如，他担心如果不采取措施改善英格兰工厂中难以忍受的、令人思维麻木的工作条件的话，英格兰会变成一个由没有思维的机器人所组成的国家。

此外，斯密常常站在穷人一边反对富人。在《国富论》中讨论工资的一章里，他如此写道："如果任何一个社会里的绝大部分成员贫穷而悲惨，这个社会肯定不会是繁荣或幸福的。此外，为所有的人提供食物、衣服和住所的人应该获得他们自己劳动产品中的一部分，这样他们自己能够在可以容忍的程度上吃好、穿好和住好，这还事关公平。"不过，在这本书中的另外一个部分，他指出："任何地方只要有大量的财富，就会有巨大的不公。对应于一个很富的人，肯定至少有 500 个穷人，而少数人的富裕是以许多人的贫穷为先决条件的。"斯密不是一个没有勇气直面严酷现实的人，他进而说："国民政府，只要它是为了保护财产的安全而建立的，就实际上是为富人抵御穷人的目的而建立的。"

亚当·斯密：资本主义的预言者（1723—1790 年）

75 亚当·斯密的一生是不同寻常的。四岁时他曾遭吉普赛人绑架（后来又把他送回家）。14 岁时，他进入格拉斯哥大学。据说有一次他在梦游中穿着睡衣离开了家，走了 15 英里路后才醒过来。还有一次，在和同事走在一起时，他由于沉湎于谈话之中而掉进了一个染缸里。

不过，斯密最不同寻常之处，在于他智力的广度和他对激进观点的偏爱。他在格拉斯哥大学担任道德哲学的教席，给他的学生们按"自然神学、伦理学、法学和利己行为"的顺序授课，而最后一个题目是他对经济学的称呼。虽然此前的哲学家试图抑制人自利的一面，但斯密却寻求赋予他们的自利以有益的用途："我们的晚餐不是寄希望于屠户、酿酒师或面包师的善心，"他如此写道，"而是他们对他们自身利益的关心。"

虽然斯密对自由放任的提倡使得他在今天非常地受欢迎，但是重商主义政策的当代倡导者却常常有意不提及斯密对资本主义的批判。他警告说，对于商人们向政府提出的建议，"总是应该带着十分防备的心理去倾听，而且……在以最为怀疑的态度、经过长期而仔细的检查之前，永远也不应该采纳。来自这样一个阶层的人，他们的利益与公众的利益永远都不是完全吻合的，他们一般而言具有欺骗甚至压制公众的利益的倾向。"此外，对自利的追逐并不总是会给整个社会带来好处："同一行业的人很少会聚在一起，"他如此写道，"但当他们聚到一起时，谈话是以针对公众的阴谋而结束的。"

最有说服力的，可能是亚当·斯密这样的担心，即工厂制度的兴起——他原希望这会带来更为富裕的未来——实际上可能会导致人类劳动的退化。他指出了劳动分工造成工作的专业化，而且他注意到人的智力"必然是在他们的日常工作中形成的"，进而他得出如下结论："整个一生都用在执行少量简单操作的人……没有机会运用他的理解能力……因此，他很自然地就丧失了运用他的理解能力的习惯，而且一般来说就会变成要多愚蠢和无知就有多愚蠢和无知的一个人了。"

资料来源：Robert Heilbroner，*The Worldly Philosophers*：*The lives*，*Times*，*and Ideas of the Great Economic Thinkers*，Ch. Ⅲ（New York：Simon & Schuster，1999）（海尔布罗纳：《几位著名经济思想家的生平、时代和思想》，北京，商务印书馆，1994）；Andrew S. Skinner，"Adam Smith" in John Eatwell et al.，eds.，*The New Palgrave*：*A Dictionary of Economics*（London：Macmillan，1987）（伊特维尔等主编：《新帕尔格雷夫经济学大辞典》，北京，经济科学出版社，1996）；Emma Rothschild，*Economic Sentiments*：*Adam Smith*，*Condorcet*，*and the Enlightenment*（Cambridge，Mass：Harvard University Press，2001）；Adam Smith，*The Wealth of Nations*（New York：Random House，1937），Book Ⅰ，Chs. Ⅱ，Ⅷ，Ⅺ；Book Ⅳ，Ch. Ⅸ；Book Ⅴ，Ch. Ⅰ（亚当·斯密：《国民财富的性质和原因的研究》，北京，商务印书馆，1983）。

卡尔·马克思

第二个对政治经济学做出伟大贡献的人，是 19 世纪的经济学家兼哲学家卡尔·马克思。如果说斯密是资本主义的预言者，那么马克思则是其批判者。他的贡献是对古典经济学家的理论进行了彻底的重构，从而为本书中所称的经济学或者说政治经济学的三维方法提供了一个原创性的范例。 76

马克思在充分理解亚当·斯密、大卫·李嘉图等古典经济学家理论的基础上，批判了他们的观点，并形成了认识资本主义的新视角。古典经济学家身处资本主义诞生之初，认为正在崛起的资本主义经济会给所有人都带来好处；而马克思，以及经常与他一起联合发表文章的弗里德里希·恩格斯，却已经看到了太多的资本主义的真实历史，从而产生了不同的看法。他们看到，与现代工业的巨大生产力并存的，是英格兰新出现的工业城镇中的赤贫和经济上的不安全感。马克思认为，有三个因素需要在古典经济学家的模型中加以强调，或者是添加到这些模型之中。

首先，人们的经济利益是既有和谐也有冲突的。当两个人在自愿交换中相互进行交易时，双方都会获益——否则他们为什么要进行交易？这是新古典经济学的教导，对它来说，经济学主要是对交换（或者竞争）的研究，但并非所有的交换都导致交换所有各方的平等收益。马克思指出，人们进行交易时所面临的条件会影响到这些交易的结果。我们只需要记得强盗开出的条件“要么拿钱，要么拿命”就可以理解这一点。此外，他认为，在大部分经济制度中，权力、胁迫和武力（我们所称的“统制”）的运用都是重要的因素。

具体地联系到资本主义，马克思观察到有些人（雇主）拥有生产性资产，比如说土地、工厂和写字楼，而大部分人（工人）并不拥有这些类型的资产。结果是在收入和权力上都存在着差别，而这些差别则造成了资本主义经济中不同阶级的人之间的经济关系。

其次，马克思指出个人和集团可能会联合起来，保护和促进他们的利益，由此他扩充了亚当·斯密所提出的自利的观点。正统的经济学教科书集中于研究竞争性市场关系以及单个的经济行为人或代理人。但人们常常在集团中开展合作，而完全集中于研究个人竞争行为的方法会漏掉人类交往的这个重要方面。

77 当然，存在着许多不同的集团，而这些集团可能具有不同的规模，其成员可能相互重叠，其组织可能紧密或者松散，而且可能有着不同的目的。比如，我们随手就可以举出几个例子，球迷协会、钢铁制造企业联盟、玉米种植者协会、黑人团体和天主教会。马克思强调了像工人和雇主或者奴隶和奴隶主这样的经济阶级的重要性。他认为，在这些阶级之中，人们常常联合起来促进他们的共同利益，同时也关心或者可能甚至是推进他们自己的个人利益。我们将在后面几章中定义并充实阶级这个概念。

马克思认为，资本主义本身是社会的生产潜力得以充分发展的障碍。在他看来，这是因为在资本主义经济中处于核心地位的所有者与工人之间的冲突性关系，阻碍了对许多这样的技术和知识上的进步的采用，这些技术和知识上的进步尽管会增加劳动生产率，但也会降低某些公司的利润率，或者会消除某个特定行业中的工作岗位，因而会受到所涉及的公司或者代表那些会失去工作的工人的工会的抵制。这些问题的例子可以包括石油公司对开发替代性能源的反对，码头工人工会（过去）对采用集装箱运输技术的抵制，以及音乐公司所尝试设计的“防盗版”音乐复制系统。在马克思看来，更为一般的是，资本主义社会中对私人经济利益的追逐，消耗了原本可以用来满足人类需要的人类智力和精力。

再次，马克思强调了经济体系是会随着时间而演化的，特别地，这种演化常常是应对它们自身的运作的结果。他不是将经济体系视为一组固定不变的关系（比如说竞争性市场和自愿交换），而是强调经济体系本身的运作往往会改变经济活动得以进行的条件。马克思明确指出，资本主义推动了经济变革，导致了城市的增长，促进了物质富裕的提高，引发了全球移民，孕育了家庭生活的变化，而最终将会带来它自己的灭亡。

卡尔·马克思：资本主义的批判者（1818—1883 年）

很少有学者像卡尔·马克思那样如此受人敬重或遭人仇视。尽管他生于德国并在那里开始了他的记者生涯，但他早期岁月中的相当一部分都是在逃亡中度过的。他的报纸《莱茵报》(*Rheinische Zeitung*) 被政府关掉了，因为他在这份报纸上倡导出版自由和其他不为当时的独裁统治者所容的民主权利。为了寻求一个更为宽容的环境，他迁居到了巴黎，但因为写文章暴露贫穷和经济上的不公正并鼓吹解决这些问题的激进方法而很快遭到了驱逐。1848 年，他与妻子和家人一起迁居到了伦敦，靠为像《纽约每日论坛报》(*New York Daily Tribune*) 这样的报纸写文章而勉强维持生计。(他母亲有一次对他说："卡尔，我希望你不要仅仅写关于资本的书，而是赚一点资本。") 直到他在 1883 年去世前，他一直留在英格兰写作《资本论》，并与他的朋友有时又是共同作者的弗里德里希·恩格斯并肩工作。

按照马克思的观点，资本主义是这样一种经济制度，它不断扩大社会在利用科学和人类劳动上的潜力来满足人们的需要。在《共产党宣言》这本也许是所有发表过的小册子中读者最多的书中，马克思和恩格斯曾写道："资产阶级在它的不到一百年的阶级统治中所创造的生产力，比过去一切世代创造的全部生产力还要多，还要大。" *78*

马克思将他的后半生奉献给了对资本主义经济的研究。但他相信，替代资本主义制度，他称之为共产主义制度，能够继续甚至加快经济的生产潜力的增长，并更好地运用这一潜力。不过，在马克思所写的成千上万的著作中，只有少数几篇大致描述了他对后资本主义社会的设想。他的主要兴趣在于理解资本主义是如何运作的，而不是设计一个替代它的制度。

马克思所宣扬的民主改革在当时被认为是激进的，其中包括通过全面公投来直接选举政治领导人，他称美国内战和奴隶制的结束为"当代历史上的一个伟大的事件"。但随着马克思主义在马克思去世后成为共产主义的官方教条，这些民主思想则被弃于一旁。苏联等国家的领导人所建立的独裁体制，要远比马克思作为一名年轻的记者所批判的那些独裁体制更具压迫性。随着这些国家在 20 世纪 80 年代后期放弃了它们的共产主义制度，标有马克思名字的官方教条不再被使用。尽管如此(或者可能是正因如此)，马克思的许多思想，包括经济是推动历史变革的重要动力、将社会划分为阶级以及阶级冲突常常会推动社会进步等，已经为人们所广泛接受，包括那些如果知道了它们的思想来源会大吃一惊的人们。

资料来源：David McLellan, *Karl Marx: His Life and Thought* (New York: Harper & Row, 1973)（麦克莱伦：《马克思传》，北京，中国人民大学出版社，2008)；

John Cassidy, "The Return of Karl Marx," *The New Yorker*, Oct 20/27, 1997, pp. 248 - 259.

约瑟夫·熊彼特

第三个对政治经济学做出重大贡献的人是约瑟夫·熊彼特，20 世纪早期的律师、金融家、商人兼经济学家，他生于现在的捷克共和国，一生的很大一部分时间，活跃于欧洲的学术界和商界。从 1932 年到 79 1950 年去世时，他一直是哈佛大学的一名杰出的经济学教授。熊彼特处理了经济学中的重大问题。他的最为有名的一本书的名字叫《资本主义、社会主义与民主》，这个书名说明了他的智力和兴趣的范围之广。他在三个方面扩大了我们对资本主义的理解。

首先，他深化了马克思关于资本主义促进了变革的论点。他曾经说过："资本主义在本质上只不过是经济变革的一种形式或手段，它不仅从来不是而且也从来不可能是固定不变的。"[①] 对熊彼特而言，变革——我们的时间维度——必然是任何经济理论的中心。在他的许多新颖的观点之中，最有影响力的一方面是他的创新理论，另一方面是他的颠覆性变革的理论。他将这两者的联系称做"创造性毁灭"，并将此术语运用于技术创新，以及组织变革和社会变革。他写道：资本主义不断地给经济制度带来革命，并创造出新的经济制度。要产生进步，就必须在创造性突变中打破旧的商业规则。创造性毁灭的要旨是必须摧毁旧的方式，从而为新的跃进造就基础。

在熊彼特看来，竞争的重要之处不是正统的经济学教科书中所表达的：在不变的条件下小企业之间的价格竞争。对他而言，竞争的意义在于，它形成了一种激励机制，使企业在持续地追求利润和创新的基础上实现垄断和技术上的突破。对于熊彼特来说，竞争，并不适合用机械的类比来理解，而应该以一种军事的对抗策略来理解才更合适。

其次，熊彼特认为，创新与规模化大生产相结合所带来的竞争优势，导致资本主义经济中出现了大公司支配小公司的趋势。熊彼特关于

① Joseph Schumpeter, *Capitalism, Socialism and Democracy* (New York: Harper & Row, 1942), p. 82.

创新和创造性毁灭的观点，使他能够以全新的视角来看待大企业。一般经济学教科书通常将大公司视为竞争的障碍，是无效率和资源的不当配置的源泉，但熊彼特却认为，大公司使形成大规模的创新所需的资源集中成为可能。正统的经济学教科书专注于垄断在某一个特定时段的负面效应，但熊彼特却看出了经济权力集中所内嵌的动态潜能。我们将在后面的一章中对这一点做进一步的讨论。

再次，熊彼特全面地、历史地考察了资本主义，并对后来所称的经济活动的“长波”或“长周期”进行了阐述。长周期——为纪念第一个注意到它的那位 20 世纪早期的俄罗斯经济学家，也称为“康德拉季耶夫周期”——包括持续时间可能会长达 20 年或者 30 年的长时间的繁荣，随后则是长期的停滞，或者说经济低潮期。

约瑟夫·熊彼特：“创造性毁灭”的倡导者（1883—1950 年）

贵族传统和现代精神在约瑟夫·熊彼特那里是不可分割地结合在一起的。这位伟大的经济学家——他曾担任第一次世界大战后奥地利政府的财政部长——身上的矛盾性可以由这样一件事情体现出来：在他第一次担任教职期间，为了让学生们可以更自由地借阅图书，他曾向大学里的图书管理员下过决斗的战书。 *80*

熊彼特之所以为重大的问题所吸引，可能是因为他亲身见证了社会中的剧烈变革。他是在第一次世界大战之前的维也纳成长起来的，而这是一座由浮华的贵族阶层所主导的城市，他们因 19 世纪后期资本主义的成功所带来的巨大财富而致富。这座城市是辉煌的艺术、音乐、歌剧、宫殿和社交舞会的中心。然而在维也纳的上流社会中弥漫着一股末日即将来临的气氛。有产阶级深感这种享有特权的、美妙的生活不可能会持续下去。贫穷的工人阶级拥挤在这座城市的工业区里，而整个奥地利帝国——维也纳是它的首都——则摇摇欲坠。资产阶级的生活看起来就像一只熟透了的苹果，只要树一摇动就会坠地。尽管熊彼特认同贵族阶层并重视其文化，但他能看到资本主义是一个有着巨大动能的系统，不断改变着社会并颠覆着业已建立的（而且为熊彼特所珍视的）制度。

尽管熊彼特是资本主义的坚定拥护者，但他对于其未来却持有悲观的看法。第二次世界大战刚刚结束时，也就是他去世前的一年，他用他所谓的“长驱直入社会主义”警告了美国经济学会。他相信资本主义会解决社会的生产问题，但他也认为其成功会种下它自身灭亡的种子。具体而言，他预见到大型的组织由于其官僚机构的膨胀会破坏创新的氛围，而且他还预测说，知识分子阶层会转而反对这个制度，从而削弱其文化和意识形态上的合法性。因而，在以“我并不鼓吹社会主义”开始他对其经济学同僚的演讲后，他进而提出，他对资本主义的未来不抱有希望：“资本主义不仅仅是意味着家庭主妇可以通过她在豌豆和蚕豆之间的选择而影响生产，或者是年轻人可以选择他想去工厂还是农场工作……它意味着一套价值观，对待生活的一种态度，一种文明，一种社会地位和家庭财富不平等的文明。这种文明正在快速地消亡。”

与熊彼特著作中的许多论断不同的是，他的这个判断没有——至少目前还没有——为历史所证实。熊彼特提出这个警告之后的几十年时间，对于美国、欧洲和其他地方的资本主义经济而言在许多方面都堪称黄金时代。

资料来源：Robert Loring Allen, *Opening Doors: The Life and Work of Joseph Schumpeter*, 2 vols. (New Brunswick, N. J.: Transaction Publishers, 1991)（艾伦：《开门：创新理论大师熊彼特》，长春，吉林人民出版社，2003）；Joseph Schumpeter, *Capitalism, Socialism and Democracy* (New York: Harper & Row, 1942)（熊彼特：《资本主义、社会主义与民主》，北京，商务印书馆，1999）.

约翰·梅纳德·凯恩斯

英国人约翰·梅纳德·凯恩斯被很多人认为是20世纪最伟大的经济学家；他是又一个对政治经济学做出非常重要的贡献的人。他将理论与实践相结合，向第二次世界大战之前和战争期间的英国政府提供建议，而且在1944年的布雷顿森林（位于新罕布什尔州）会议上发挥了
81 重要作用，而这次会议确立了战后全球经济的制度框架，其中包括国际货币基金组织和世界银行。

凯恩斯对新古典经济学和政治经济学均产生了极大的影响。不过，出现在正统的经济学教科书上的那个版本的凯恩斯理论——被凯恩斯的合作者琼·罗宾逊称之为“冒牌的凯恩斯主义”——并没有准确地表达出这位伟大经济学家的观点。

凯恩斯对政治经济学的主要贡献，是提供了一个作为整体运作的资本主义经济的模型。作为现在所称的“宏观经济学”的先驱者，凯恩斯观察到，在现代资本主义经济中常常有失业的人在寻找工作，而与此同时也有着没有充分得到利用的工厂。他得出结论：需要政府干预以克服周期性的失业。

在新古典经济学理论当中，失业仅仅作为人们调换工作期间的一个暂时性问题而存在。凯恩斯之前的许多经济学家推理如下：在竞争性的劳动市场上，工资将在工人的劳动力供应刚好等于雇主的劳动力需求这样一个水平上停下来——因此失业的存在仅仅是有些工人所要求的工资

过高的标志。故而，在新古典模型中，失业要么是暂时性失业，要么是自愿失业，而后者之所以会出现，是因为工人们自己所要求的工资，超过了使得他们的劳动供需相等的工资。因此，只要工人们愿意接受较低的工资，除暂时性失业之外的所有失业都可以得到消除。（我们将在第 8 章中解释市场中的“供给”与“需求”是如何相互作用的。）

有些经济学家在今天分析就业和失业时，使用的是与他们解释以下事实相同的方法，即降低汽车的价格为什么会使汽车经销商停放未售出库存的停车场变得空空荡荡。他们认为，在每一个市场上都有使得供给与需求相等的均衡价格。将工资作为劳动的“价格”，这个观点就用到了劳动市场上。因此，如果劳动的供给等于劳动的需求，每一个想工作（即供应劳动）的人应该都能找到一份工作。如果存在着失业，就可以采用与汽车经销商把他未售出的汽车移出停车场一样的办法来消除失业，即降低劳动的“价格”，直至其供给等于其需求。

凯恩斯驳斥了这种论断。他认为失业不是源于过高的工资，而是由于对劳动所生产的产品存在着过低的需求。凯恩斯说，如果问题是对产出的需求不足，那么药方可能应该是增加而不是减少工资。他的推理是，因为工资用以支付人们所消费的商品，因而造就了对该经济产出的一大部分需求，所以提高工资可以导致需求的增加，而这反过来又会导致产出的扩大、就业的增加和失业的减少。

凯恩斯的理论说明了：（1）资本主义没有自动消除失业的机制；（2）资本主义经济中的失业很可能是**非自愿失业**，即使降低工资也无法消除失业。凯恩斯最重要的著作是《就业、利息和货币通论》，它发表于 1936 年，也就是大萧条导致美国的失业率高达 25%后不久。这本书震惊了经济学界。在他的这本书中，凯恩斯挑战了亚当·斯密关于经济是一个自我调节机制的观点，而且倡导政府对经济进行干预，即干预总需求以降低失业。

凯恩斯解释说，资本主义经济中的投资和增长的过程，取决于现在 82
被称为影响投资的成本条件与影响投资的需求条件之间的不稳定的平衡。他认为，如果让其自行其是的话，资本主义经济不太可能在任何时候以下述方式实现均衡，即为所有寻找工作的人提供工作。出于这样的原因，凯恩斯认为要在必要时采取政策，以增加政府对产品和服务的需求。他认为，这样的政策会有助于将总需求（也包括消费者和企业的需求）维持在确保充分就业和足够利润的水平上。

因为凯恩斯支持政府更多地参与经济的观点，所以他的理论在一开始就被有些商业集团认为是“充斥着危险的、激进的”观点。但后来被称为凯恩斯主义经济学的理论逐渐成为了政府政策公认的基础。1960年当选为总统的民主党人约翰·F·肯尼迪被人们视为第一个凯恩斯主义的总统，但却是由身为共和党人的理查德·尼克松总统在10年后宣布：“我们现在都是凯恩斯主义者了。”部分地由于凯恩斯的观点在发达资本主义国家的传播，第二次世界大战之后的时代得以避免了严重萧条的出现，失业率总的来说也比战前要低。

约翰·梅纳德·凯恩斯：资本主义的拯救者（1883—1946年）

约翰·梅纳德·凯恩斯生于卡尔·马克思去世的那一年。凯恩斯不是一个革命者，但他的观点却导致20世纪的经济学出现了革命性的变化。

凯恩斯的大部分职业生涯都是在剑桥大学里度过的，开始时是一名学生，然后是教师、一份专业期刊的编辑以及大量经济学文章和书籍的作者。他还是被称为布卢姆斯伯里俱乐部（Bloomsbury Group）的一个顶尖英国文学圈子的主要成员，而有关他个人生活的故事，则包括几桩严肃而又浪漫的同性恋关系，以及与著名的狄亚基列夫芭蕾舞团女芭蕾舞演员丽迪雅·洛波卡娃（Lydia Lopokova）之间长期而充满激情的婚姻。

凯恩斯既担任过英格兰银行的董事，也曾经是剑桥大学国王学院的财务顾问，而他曾是这所学院的一名学生，随后又成为它的一名受到高度尊敬的教师。他在金融市场上的投机买卖使得国王学院的资产增加了10倍。鉴于他对英国政府提供的重要服务，英国国王任命他为议会上议院的成员。

因为有些人认为凯恩斯主义政策避免了第二次大萧条的出现，所以人们常常认为是他拯救了资本主义。如果确实如此，这并非是出于他对资本主义制度的热爱。他在1933年曾写到：“我们发现自己在第一次世界大战后身处其中的腐朽的、国际化的、但个人主义的资本主义是不成功的。它不聪慧、不美丽、不公正、不道德——它没有带来好的东西。简而言之，我们不喜欢它而且开始厌恶它。但当我们考虑用什么来代替它时，我们则感到极度的困惑。”

尽管他赞成扩大政府的作用并倡导降低失业的政策，但他并不认为自己是一个社会主义者或者是工人阶级的同盟者：“至于说到这样的阶级斗争，”他写道，“我（自己）个人的爱国主义……是依附于我自己的环境的……在阶级斗争中，我将站在有教养的资产阶级这一边。”

资料来源：Robert Skidelsky, *John Maynard Keynes*, 3 vols. (New York: Viking Penguin, 1986, 1994, 2001); J. M. Keynes, “National Self-Sufficiency,” *The Yale Review*, vol. 22, summer 1933, pp. 755 - 769; J. M. Keynes, “Am I a Liberal?” (1925), in *Essays in Persuasion* (New York: Norton, 1963), pp. 323 - 338.

近期的发展

在 20 世纪的下半叶，很久以来已经不再被称做政治经济学的经济学变成了一门统一但日益狭窄的学科，它受到了亚当·斯密的“看不见的手”的隐喻，以及约翰·梅纳德·凯恩斯所做出的工作的强烈影响，尽管后者的影响程度要低于前者。在经济学课程中，学生们极少会碰到约瑟夫·熊彼特的观点，卡尔·马克思的观点则根本几乎不教给学生。因此，市场的运作方式成了经济学的主要关注点。技术变革和经济进步所引发的“创造性毁灭”以及经济不平等所导致的阶级冲突被认为是不重要的。在我们所称的三维经济学里的竞争、统制和变革三个维度中，只有第一个维度得到了认真的研究。统制和变革则被交给政治学、历史学或者其他学科去研究了。这种在上一章中被描述为新古典经济学的“一维”理论盖过了其对手。而在共产主义国家里，马克思主义经济学的拙劣版本（“冒牌的马克思主义”）则主导着学生的课程表。 83

不过，尽管 20 世纪学院派经济学的主流越来越远离熊彼特和马克思的观点，曾经激发了两人思想的真实世界的问题却仍以这种或那种形式存在着。正如第一章所述，在技术的迅速发展、气候变化以及世界上的富人和穷人之间不断扩大的鸿沟的冲击下，全球经济继续颠簸前行。各国内部和它们之间的冲突持续不断，而等级制度——统制——在经济生活中所扮演的角色，在 20 世纪末至少与其在一个世纪以前一样突出。

因此，毫不奇怪的是，经济学这门学科在 20 世纪的最后 25 年中出现了一系列创新，其中有一些现在已经被广泛地接受，并很平常地在经济学课程中被讲授。这些新观点中有少数是在 20 世纪的早些时候提出但仅在最近几十年才为人们所完全理解的。比如说博弈论，即对个人之间如何策略性地互动的研究，几名学者——其中包括约翰·纳什（John Nash）［在《美丽心灵》（*A Beautiful Mind*）这部影片中由罗素·克罗（Russell Crowe）扮演］——在第二次世界大战刚结束就形成了这 84
个理论。但是，仅在最近博弈论才在经济学中得到了广泛的研究和实践。本书第 9 章对其做了介绍，其中包括对“囚徒困境”和“公地悲剧”的说明。

20 世纪的经济学创新者中有一些获得了诺贝尔奖。近期的获奖者中包括道格拉斯·诺思（Douglass North）和罗伯特·福格尔（Robert

Fogel），他们主要专注于对经济制度及其历史的研究；加里·贝克尔（Gary Becker），他将经济学的研究范围扩大到对家庭、学校教育、毒瘾和犯罪的分析；肯尼斯·阿罗（Kenneth Arrow），他曾经是新古典经济学最伟大的贡献者之一和最有力的批判者之一；约瑟夫·斯蒂格利茨（Joseph Stiglitz）和乔治·阿克洛夫（George Akerlof），他们挑战了新古典经济学有关市场如何运作的理论；以及丹尼尔·卡尼曼和赫伯特·西蒙（Herbert Simon），他们的贡献在于对个人行为的心理学研究（就其所受的训练而言，他们甚至不是经济学家）。在对当代经济学做出主要贡献的诺贝尔奖获得者中，还有罗纳德·科斯和阿玛蒂亚·森，他们两人都倡导采取跨学科的方法来对经济问题进行研究。具有讽刺意味同时也是对其智力的肯定的是，尽管科斯最为重要的观点之一是对卡尔·马克思的某些思想的发展，但他仍然被看成是一个保守主义者。同样具有讽刺意味的是，通常被视为进步主义经济学家的阿玛蒂亚·森，其大部分灵感都源自亚当·斯密的某些长期为人们所忽视的观点。

罗纳德·科斯

这位伟大的20世纪思想家对政治经济学做出了两项重要的贡献。首先，他表明了：新古典经济学由于完全专注于市场上的相互作用，所以除非其研究领域得以扩大，否则便无法解释现代经济中一些非常重要的方面。其次，他发现了一种方法，准确地确定了在何种条件下完全不受调节的市场经济会达成有效的（尽管可能是不公平的）解决问题的方法。

在他27岁时（1937年），科斯提出了一个震惊了许多经济学家的问题：如果市场竞争像亚当·斯密和他的后继者所宣称的那样美妙，我们为什么还有非市场的东西？特别是，我们为什么还有被称为“企业”的实体，它们的规模从几十人到几十万人不等，而其中一些人（上级、管理人员）向其他人（工人）发号施令？在他开创性的而且现在已经成为经典的文章《企业的性质》中，科斯说了如下一句话：“注意到（工人）为一家企业所雇佣时（他或她）所签订的契约的特征，这一点很重要。”针对这样一份雇佣合约的“特征”，科斯继而说：工人“为了某些报酬……而同意服从企业家（雇主）的指令”。

在引入了遵从权威这个概念之后，科斯继而依据企业的政治的而非市场的结构对企业进行了阐释："如果工人从 Y 部门转到 X 部门，他并不是因为价格的变化才去的，而是因为命令他才这样做……企业的特征性标志是对价格机制的压制。"科斯进而引用了与他同时代的一个人的话，指出企业之于市场就像"无意识合作之海上的座座有意识权力的岛屿，宛如一桶牛奶中凝结的一块块黄油"[①]。科斯之后的作者们将企业 85
的权力结构称为"看得见的手"，它与斯密的看不见的手结合在一起起作用。雇主对其雇员行使权力这样一个平常的事实——对大多数雇员而言并非什么新闻，且曾是马克思的经济学中的一个重要主题，但却为（而且一般来说还继续为）大多数新古典经济学家所忽略。

在其早期的研究中，科斯注意到了资本主义企业的科层组织与共产主义国家中当时存在着的中央经济计划体制之间的相似性。科层制企业依赖于统制关系，而同样，在共产主义国家中，生产是根据上级权力机关的命令而进行的，市场竞争几乎不起作用。这种相似性激起了科斯的兴趣，因为无论当时还是现在的大多数经济学家都认为，基于统制关系的经济不会运转得很好。

科斯这样表述这个问题："一方面，经济学家们认定市场定价制度的作用，并认为中央经济计划不可能取得成功；另一方面，我们自己的社会中却又存在着……这些明显具有计划性的社会团体、企业，人们如何解释这种不一致？"在回答他自己提出的这个问题时，他首先指出：进行交换是有成本的——比如说，找到交换的对象、讨价还价以及确保合同得到履行，他把这些成本命名为交易成本。利用这个新颖的概念，他进而认为，至少是对于某些类型的活动而言，自上而下做事的成本要低于仅仅依赖于市场交换来做这些事情的成本。他的结论是：企业之所以存在，是因为通过统制来组织各种事物的交易成本，要低于通过市场交换来组织同样的活动所导致的交易成本。

科斯的观点中包含了真理的成分。请想象一下，如果生产线上的工人不是组织成一个团队，上面有一个上司在指挥，而是全部作为独立的承包人，每一个人都对一件产品的完工做点贡献，停下来把它卖给生产线上下面的一个人，然后转身向"上游"的那个人购买另一件还没完工的产品，如果是这样的话，要浪费多少的时间和精力。或者是想象一下

① 这里和上一段对科斯的引证来自 Ronald Coase, "The Nature of the Firm," *Economica*, vol. 4, 1937, pp. 386 - 405，重印于 Louis Putterman and Randall Krozner, eds., *The Economic Nature of the Firm: A Reader*, 2nd ed. (New York: Cambridge University Press, 1996), pp. 89 - 104。

快餐馆里面的厨师将做好的汉堡卖给服务员，服务员再把这些汉堡卖给顾客。

对于我们理解市场如何运作，市场在有些情况下为什么运转不佳，以及诸如家庭、企业和政府这样的非市场组织在什么时候可以在组织生产方面做得比较好，交易成本的思想已经成为至关重要的了。在交易成本显著的地方——科斯认为无论什么地方的交易成本都很显著——新古典经济学显示出其缺陷。他这样总结了他的批评：“在一种假设交易成本不存在的经济理论中，市场没有任何职能需要完成，而且，通过详尽分析许多个人在森林的边缘以坚果来交换苹果或者某个类似的稀奇古怪的例子，以发展交换的理论，似乎是完全合理的。”

在真实的世界中，经济活动不仅发生在市场上，还发生在诸如企业和家庭这样的机构之中。而非市场性交易，在很大程度上是不同于市场
86 交易的。正如我们将在后面几章中所解释的，劳动力的雇佣，贷款的取得，甚至是购买新的电脑系统，都与坚果和苹果的买卖很不一样。当今世界上的资本主义多样性，是由它们如何治理在企业、市场、政府和其他机构中的交易而相互区别开来的。

科斯的另一个重大观点指出，人们并不必然需要市场这只看不见的手来让完全分散化的、自由放任的经济运转起来；不受限制的私人间讨价还价就可以胜任这一点。

反对看不见的手而赞成政府调节的一个经典论点偏重于这样一些情形，这时一个人（或者企业）的活动导致了另一个（或者其他的）人（或者企业）的成本。在这些情形中，比如说环境污染，就会存在着经济学家所称的溢出效应（或者说外部性）。（它们的定义见第 3 章；在第 9 章中对它们有详细的讨论。）

以科斯自己采用过的、现在显得有点离奇的例子为例，假定有一条铁路穿过一片耕地，而地里靠近铁轨的草偶尔会被驶过的机车溅出的火花所点燃（他所说的火车当时仍靠燃煤的蒸汽机车牵引）。在科斯之前，人们理所当然地认为，铁路一方在法庭上应该对给农民的耕地造成的损害负责。还有人认为，政府就应该要求铁路方安装“不溅出火花”的机车。

科斯对这个问题的回答既出人意料又令人耳目一新：只有当机车给农民造成的损害超过了铁路方重新设计机车的成本时，才应该重新设计机车。但如果真的是这样的话，农民大概会给铁路方一笔足够的钱，让它不再使用造成损害的机车。在这种情况下，双方都会有所得：农民因

为其庄稼完全成熟而获得的价值最终超过了他们支付给铁路方的钱；而铁路方取得了双方达成一致的、不论数量有多少的这笔钱，这个结果强于它被法庭起诉要求赔偿，或者火花四溅的机车遭政府禁用时所造成的全部损失。

在这种情况下，看来不需要政府的调节：通过农民和铁路方就适当补偿重新设计机车的费用而进行的讨价还价，私下里就可以令人满意地解决这个问题。不过，只有在满足了两个条件时，才能如此解决这个问题。第一个条件是双方对卷入冲突之中的不论什么东西都有清晰界定的产权。（在许多溢出情形中，这个条件不存在，比如说环境污染，受到影响的空气或水并非明确地属于某个人。）第二个条件是不存在会对一方与另一方进行讨价还价的能力构成限制的障碍。只有在没有交易成本时才会这样。

科斯没有认为实际上应该由农民（而不是铁路方）来支付重新设计燃煤机车的费用：由谁来买单是一个完全不同的问题。他只是指出：在不存在交易成本时，溢出问题在许多情况下（在理论上）都可以无需政府调节而得到解决。交易成本限制讨价还价的程度，是一件必须视具体情况而定的事情。例如，如果只有一个农民，讨价还价就会比有一千个农民时的成本低得多，而如果有的农民的耕地离铁道线近、有的农民的耕地离铁道线比较远，情况就会更加复杂。

关键的假设——不存在交易成本——是重要的，而这一点常常为这 87
样一些鼓吹者所忽略：他们利用科斯所做的工作，来支持他们反对政府对经济活动——比如说破坏环境或导致其他外溢的经济活动——进行调节的论点。科斯自己清楚地表明了他的工作的含义："当然这并不意味着，在交易成本为正时，政府的行动……较之于市场上个人之间的谈判不能产生更好的结果。是否如此不是靠研究想象中的政府，而是靠研究真实的政府实际上在做些什么才可能发现。我的结论是：让我们来研究这个交易成本为正的世界。"

罗纳德·科斯：看不见的手和看得见的手（1910 年—　）

当罗纳德·科斯在 81 岁时获得诺贝尔奖时，他回忆起当他在第一次世界大战时在英国长大时，他"常常独自一人但从不觉得寂寞"。"在我学会了国际象棋后，我很开心地自己和自己下棋。"品尝孤独对他有好处，因为他将是个独来独往的人：他发表的首篇文章《企业的性质》在他 20 多岁时就写出来了，但几十年里一直被人们所忽视。

他的父母都在12岁时就离开了学校，而且都是在邮局里工作。科斯自己的教育则带点偶然性，在一开始错误地选择了化学（“数学不对我的胃口”）。他在他的颁奖仪式上说，他获得诺贝尔奖“是一系列意外的结果”。一个这样的“意外”与他最著名的文章《社会成本问题》的由来有关。芝加哥大学的一群教授——他们中有些人是保守主义的自由放任经济学的主要拥护者——读到了科斯的一篇文章并认为它是错误的。他们邀请他参加一次晚宴以便纠正他的错误，但获胜的人是科斯，然后他们说服他发表这篇文章，以书面的形式重复他的论证过程。正是这篇文章使得所谓的科斯定理名声大振，而且这是为他赢得诺贝尔奖的最重要的一篇文章。实际上是没有什么定理的——这篇文章中并没有一个公式（还记得他对数学的反感吗），但那天晚上参加晚宴的人中有一个人觉得把这个观点称做定理容易让人记住，所以这个说法就传开来了。此后不久芝加哥大学法学院就让他去做教授，他在那里一直教到1979年退休为止。

因为这个所谓的定理看起来宣扬的是政府仅仅扮演有限的经济角色，所以科斯成了许多保守主义的经济学家和商业团体的英雄。但在实际上，他是当时占主导地位的新古典经济学方法的批判者。他远远地避开大部分经济学家所采用的高度抽象的而且是数学的方法，力劝其他人“写一写实际的市场是如何运作的、政府又是如何执行其功能的”。他斥责他的经济学同事对于资本主义经济的制度知之甚少，而且给其他国家、特别是那些在20世纪90年代初期放弃了共产主义的国家出馊主意：“要是没有适当的制度，任何哪怕有一点点意义的市场经济都是不可能的。如果我们对我们自己的经济知道得多一点的话，我们才会更有资格给他们出主意。”

资料来源：Ronald H. Coase，autobiography，published on the Nobel Prize website：http://www. nobel. se/economics/laureates/1991/coase-autobio. html；Ronald H. Coase，“The Nature of the Firm，” *Economica*，vol. 4，1937，pp. 386 - 405；Ronald H. Coase，“The Problem of Social Cost，” *Journal of Law and Economics*，vol. 3，no. 1，1960，pp. 1 - 44；Ronald H. Coase，“The Institutional Structure of Production，” *American Economic Review*，vol. 82，no. 4，1992，pp. 713 - 719；Ronald H. Coase，*The Firm*，*the Market and the Law*（Chicago and London：University of Chicago Press，1988）.

阿玛蒂亚·森

88 与罗纳德·科斯一样，阿玛蒂亚·森也为对真实世界的关注所驱动，但森的贡献具有完全不同的性质。森所研究的是深奥的哲学问题，而且往往采用高级的数学技巧，他要解决的正是科斯在其著名的“定理”中搁置一边的公平问题。

说某个人比另一个人“福利更好”或者“更富裕”是什么意思？我们怎样才能衡量这些东西？政策如何才能建立让大部分人的福利都更好的条件？森在其《生与死的经济学》（The Economics of Life and Death）的开篇这样写道：“经济学所关注的不完全是收入和财富，还有运用这些资源来作为实现意义重大的目的的手段，而这样的目的则包括促成和享受寿命长久的和有意义的生活。但如果只是根据收入来判断一个国家的经济是否成功……那么就忽略了福利这个重要的目标。”对森而言，福利所要求的不止是拥有什么；它还要求能够做什么，即他所说的能力。当然，收入能买到的产品和服务对于森意义上的福利而言是至关重要的，但它们是福利的手段，其本身并不是目的。所要求的不仅仅是收入。

森指出：有些非常贫穷的人们——比如说中国、斯里兰卡和印度喀拉拉邦的人——平均而言要比诸如巴西和南非等富裕五倍的国家（按平均收入这个标准来计算）的国民要健康得多。这种差别产生于两个方面。首先，巴西和南非的收入分配非常地不平等，所以这些国家里的穷人严重缺乏营养和其他的生活必需品。其次，印度喀拉拉邦、中国和斯里兰卡实行了公共医疗政策，解决了它们的人口中最为弱势的成员的许多需要。

森建议不要以像平均收入这样的指标来衡量各国的经济发展、然后又制定出提高收入水平的政策，而是让我们关于福利的概念明确起来。他在他的《作为自由的发展》（*Development as Freedom*）一书中一开始就说：“发展可以被看成……扩大人民所享有的真正自由的过程……如果自由是发展的目的，那么专注于这个最重要的目标而不是某些具体的手段就是顺理成章的了。”森继而说道：“发展要求铲除不自由的主要原
因”，其中包括贫穷、经济机会的缺乏、对社会的系统性掠夺、不宽容、 89
对公共设施的忽视、独裁和国家压迫。①

鉴于森对诸如自由和宽容这样一些价值标准的关注，他对伦理规范 90
在我们的个人行为中的作用进行研究就不值得奇怪了。森指出：与构成大部分正统经济学的行为基础的自利的、不道德的经济人不同的是，虽

① Amartya Sen, *Development as Freedom* (New York: Random House, Anchor Books, 2000), p. 3.

然自私的行为是普遍存在的，但是人们经常性地出于对他人、甚至是陌生人的关心（同情）而行事。甚至于在我们能够因违反承诺而获益的情况下，我们还是信守承诺以维护道德规范。（我们在第2章中提供了支持这个观点的证据。）在一篇题为《理性的傻瓜》（Rational Fools）的文章中，森宣称："纯粹的经济人事实上接近于一个社会白痴。"

在他最具影响的一本著作中，森提出了一个非常现实的问题：饥荒为什么会发生？正统的回答很简单：食物太少而嗷嗷待哺的人又太多。但森证明食物的缺乏很少是由于饥荒的原因。例如，在1974年孟加拉国发生的饥荒中，尽管这一年的人均可供应的食物数量比此前的两年和此后的一年都要多，但饥荒还是发生了。这次饥荒的原因，是与气候有关的种植活动的中断导致了大规模的失业，而这些种植活动通常为大量贫穷的无地工人提供了就业。由于没有工资收入，失业人口无法购买市场上供应的食物，结果是数以千计的人饿死。此外，随着饥荒的蔓延，相对富裕的人开始购买并囤积大量的食物，拉高了其价格并进一步使其对于穷人来说可望而不可即了。

因而，森证明了饥荒不是源于食物的缺乏，而是因为非常不平等的收入分配所导致的极度不平均的食物分配。如果采用了政府政策来支持穷人的购买力的话，这次饥荒原本可以很容易地得到避免。导致这次饥荒的一个因素是饥荒期间美国运送的食物遭到了拦截（由于孟加拉国对古巴的出口所引发的争议），但主要原因在于孟加拉国政府。森认为，最根本的问题是政府对赤贫者的漠不关心："如果政府有采取及时行动的动机的话，饥荒是完全可以避免的……没有一个媒体相对自由的民主国家曾经经历过大饥荒。"

阿玛蒂亚·森：自由和饥荒（1933年—　）

阿玛蒂亚·森出生在加尔各答附近的森蒂尼盖登的一座大学校园里。他在其自传中这样写道："我……看来一生都生活在一座或者另一座校园里。"他曾任教过的学校有哈佛大学、牛津大学、剑桥大学、德里经济学院和伦敦经济学院，而且他还曾担任过美国经济学会的主席。不过他对经济学的贡献既有高度抽象的也有非常实际的。很少有这样的经济学家，人们可以很肯定地说"这个人的研究拯救了别人的性命"。但对于森，人们可以说他的研究"救了几百万人的命"。童年的两次经历影响了他的职业生涯。

在他童年时的家乡达卡（现在在孟加拉国），宗教不宽容十分盛行，印度教教徒和穆斯林教徒之间的关系也非常紧张。一天下午，有个人跑进了森的父母家中，因痛苦而高声尖叫。他是一个饱受贫困折磨的穆斯林，来到这片主要是印度教教徒的社区里找工作。他被一群印度教暴徒刺中了后背。尽管他们的家庭贫困潦倒，但他的妻子还是曾经警告过他不要去印度教社区里找工作。森的父亲赶紧把这个人送到了医院里，但他还是因为伤势过重而死在了那里。森后来在接受诺贝尔奖时这样写道："这件事对我造成了巨大的震撼，它让我注意到……这样一个事实，即以极度贫困的形式表现出来的经济不自由，可以让一个人成为其他形式的自由的暴力中的无助的牺牲品。"

对森的成长造成重大影响的第二件事也发生在他还是一个十来岁的青少年的时候，这就是 1943 年的孟加拉饥荒。尽管有 200 万～300 万人死于这次饥荒，但他后来写到："让我印象深刻的是它彻底地由阶级所决定的性质。在我的学校里或者我的亲戚朋友中，我没有看到一个人的家庭在整个的饥荒中遭遇哪怕是最微不足道的困难；这甚至不是一次影响到中产阶级下层的饥荒——它打击的只是在经济阶梯上远比他们还要低的那些人，比如说无地的农村劳动力。"

因此，森终其一生都在研究贫困、不平等、自由和不宽容这样一些问题——远远超过了经济学通常的范畴，这一点就不值得奇怪了。在发表于《科学美国人》(*Scientific American*) 上的一篇文章中，他告诉我们，非洲裔美国人的预期寿命不仅低于欧洲裔美国人的预期寿命，甚至还低于中国人和印度最穷的一个邦喀拉拉邦的人的预期寿命。他还记录下了这样一个事实，即在世界上的大部分地方，包括印度、中国、巴基斯坦和中东地区，女童在获得医疗保健和食物营养上的机会是不平等的。按他的计算，结果是有超过一个亿的"失踪的妇女"——由于遭受到相对剥夺而未能存活下来的女童。

在印度，森是宗教宽容和满足穷人的医疗和教育需要的有力倡导者。至于反全球化的抗议，他说道："在抗议者着力于谴责世界上的巨大不平等的这个意义上，他们的意见值得仔细倾听，而不应该是（警察）对他们的殴打。"但他最主要的还是一个学者而不是一个倡导者，在接受诺贝尔奖时他就这样说道："我习惯于认为'学术的'这个词的意思是'合情合理的'，而不是……'不切实际的'。"

资料来源：Amartya Sen，autobiography，published on the Nobel Prize website：http://www. nobel. se/economics/laureates/1998/sen-autobio. html；Amartya Sen，"The Economics of life and Death，" *Scientific American*，May 1993，pp. 40 - 47；Amartya Sen，"Addressing Global Poverty，" in Dudley Fishburn，ed.，*The World in 2002* (London：The Economist Publications，2002)，p. 50.

表 4.1 总结了这六位伟大的经济学家对政治经济学的发展所做出的贡献。 91

表 4.1	六位伟大的经济学家的核心观点
亚当·斯密 （1723—1790 年）	劳动是财富的基础；人类需要的满足程度是一个国家财富的衡量标准。劳动分工意味着经济上的相互依存。对于劳动分工的有序协调而言，市场是自我调节的体系。个人在竞争性市场的互动中对自私心的追逐具有对社会有益的效果（由“看不见的手”所造成的）
卡尔·马克思 （1818—1883 年）	所有已知的经济制度都将社会分裂为“富人”和“穷人”——或者说“主导的”和“从属的”阶级。阶级成员一起追求他们的共同利益。技术进步、知识的增长和阶级之间的冲突促进着永恒的变革。在其无法充分运用现代科学与技术来满足人类需要这个意义上，作为一种经济制度的资本主义是非理性的
约瑟夫·熊彼特 （1883—1950 年）	进步的关键是创新，而资本主义比其他任何一种经济制度都更能促进创新。现代经济的运作是由数量相对较少的大规模组织——公司、工会和政府——而不是由大量的小公司和个人所决定的。资本主义经济的增长是不均衡的：繁荣和稳定的时期与停滞和不稳定的时期交替出现
约翰·梅纳德·凯恩斯 （1883—1946 年）	市场制度不是自我调节的：如果听任其自行其是，市场制度就不能明智地运用我们的生产潜力。失业在资本主义经济中是一个长期存在的问题。政府对经济的干预可以减少失业和不稳定
罗纳德·科斯 （1910 年—　）	人们之间私下里的讨价还价通常能够解决政府和市场交换所无法解决的问题。政府的政策应该为这些私下里的讨价还价提供便利。企业是建立在发出和接受命令的基础上而不是市场交换的基础上的袖珍型统制经济。资本主义是竞争和统制的混合
阿玛蒂亚·森 （1933 年—　）	经济政策应该追求的是自由、宽容和福利的增加。饥荒不是食物短缺的结果。相反，它们源于政府政策的短视和收入分配的不平均。通过民主选举上台的政府更有可能追求解决贫困问题的政策

斯密、马克思、熊彼特、凯恩斯、科斯和森（还有许许多多的其他人）都对政治经济学——或者我们所说的三维经济学理论——的发展做出了贡献。在以下各章中，我们并不为每个观点贴上斯密的、马克思

的、熊彼特的、凯恩斯的、科斯的或者森的标签。这部分地是因为，现代政治经济学鉴于当前的现实而建立在这些大经济学家的许多思想之上，整合了这些思想，并对这些思想做了修改。但无疑你会辨识出由这些思想家首先引入的那些一般性的主题。

推荐书目

Ronald H. Coase, "The Nature of the Firm" (1937), reprinted in Louis Putterman and Randall Krozner, eds., *The Economic Nature of the Firm: A Reader*, 2nd ed. (New York: Cambridge University Press, 1996), pp. 89–104.（普特曼、克罗茨纳主编. 企业的经济性质. 上海：上海财经大学出版社，2000.） 92

Ronald H. Coase, "The Problem of Social Cost," *Journal of Law and Economics*, vol. 3, no. 1, 1960, pp. 1–44.

Robert Heilbroner, *The Worldly Philosophers: The lives, Times, and Ideas of the Great Economic Thinkers*, 7th ed. (New York: Simon & Schuster, 1999).（海尔布罗纳. 几位著名经济思想家的生平、时代和思想. 北京：商务印书馆，1994.）

Eugene Kamenka, ed., *The Portable Karl Marx* (New York: Penguin Books, 1983).

John Maynard Keynes, *Essays in Persuasion* (New York: Norton, 1963), especially "A Short View of Russia" (pp. 297–311), "The End of Laissez-Faire" (pp. 312–322), "Am I a Liberal?" (pp. 323–338), and "Economic Possibilities for our Grandchildren" (pp. 358–373).（凯恩斯. 劝说集. 北京：商务印书馆，1962.）

Karl Marx, *Wage-Labor and Capital* (New York: International Publishers, 1976).（马克思. 雇佣劳动与资本. 见：马克思恩格斯选集. 2 版，第 1 卷. 北京：人民出版社，1995.）

Karl Polanyi, *The Great Transformation* (Boston: Beacon Press, 1944).（波兰尼. 大转型. 南京：浙江人民出版社，2007.）

Amartya Sen, *On Ethics and Economics* (Oxford: Basil Blackwell, 1987).

Amartya Sen, *Poverty and Famines: An Essay on Entitlement and Deprivation* (Oxford: Oxford University Press, 1981).（森. 贫困与饥荒. 北京：商务印书馆，2001.）

Amartya Sen, "Rational Fools: A Critique of the Behavioral Foundations of Economic Theory," *Philosophy & Public Affairs*, vol. 6, no. 4，1977，pp. 317－344.

Joseph Schumpeter，*Capitalism*，*Socialism*，*and Democracy*（New York：Harper & Row，1942).（熊彼特. 资本主义、社会主义与民主. 北京：商务印书馆，1999.）

Adam Smith，*An Inquiry into the Nature and Causes of the Wealth of Nations*（New York：Modern Library，Random House，1937).（亚当・斯密. 国民财富的性质和原因的研究. 北京：商务印书馆，1983.）

第5章　剩余产品：冲突和变革

走进任何一家旅行社，你都会看到讲述 93
着非常有意思的经济故事的宣传海报。你可能会看到一张显示印度泰姬陵的海报。在它的旁边可能是一幅埃及金字塔的画。另一张海报邀请你去罗马旅游，去看一看古代的竞技场或者是圣彼得教堂的令人难以置信的宝藏。然后再去法国，去观赏城堡的优雅与富足，以及位于凡尔赛的太阳王宫殿（路易十四送给其密友的）的极度壮观。在遥远的中国，长城的美景在召唤着你。人们还可以去美国南方一游，参观昔日奴隶主那庞大的种植园。

这些海报向我们讲述了什么样的故事？泰姬陵、金字塔、长城和奴隶主的庄园有什么共同之处？简而言之就是：即使在今天，这些伟大的建筑物仍令人肃然起敬，这不仅是因为它们的壮美，还因为建造它们所需要的几乎不可想象的劳动量。诸如古埃及和中世纪的法国这样贫穷的社会怎么可能投入如此之多的资源来修建这些工程？这些社会里的统治者——国王、主教、皇帝或奴隶主——是从哪里取得实现如此宏大的计划的手段的？

这些问题的答案可以在剩余产品这个概念中找到，这个概念是亚当·斯密的又一个重要观点。剩余产品是一个经济的全部产出中的一部分，即超出再生产和补充劳动力、工具、材料以及生产中使用或消耗的其他投入的那部分。剩余没有任何理由必须存在，但它确实存在于而且已经存在于除少数社会以外的所有人类社会中。对剩余产品可以有多种方式加以使用。它可以体现为教堂、宫殿、奢侈品、军事开支、更多或更好的生产设备、更高程度的教育、更高水平的健康以及许多其他东西。

94 剩余产品这个概念是一个强有力的透镜，可以帮助我们理解社会是如何运作的。比如说，为什么中国经济在20世纪的最后20年里迅速增长，极大地改善了大部分中国人的生活水平，而与此同时菲律宾的经济则停滞不前，导致大部分菲律宾人处于赤贫之中？简单的回答是中国的剩余产品投向了新工厂、新设备和更多的教育，而在菲律宾，富人则把大部分剩余产品用在了奢侈品的消费中。

剩余产品**如何**得以存在也是理解社会如何运作的一个关键。就像在其他经济制度里一样，资本主义经济中剩余产品的存在也取决于统治阶级对生产者行使的权力。不过，在资本主义经济中，剩余产品不仅产生于雇主对他或她的雇员所直接行使的权力；它还间接地产生于市场的运作方式，特别是包括劳动在内的产品和服务在交易中的价格。

在共产主义统治下的苏联，大量的剩余是因为对经济的集中管理而产生的。而在其他社会里，比如说在农业出现以前以狩猎和采集谋生的那些由现代人的祖先所组成的社会，根本就没有剩余。这些社会里不存在剩余有助于解释他们为什么没有留下供考古学家研究——或者让旅行社张贴宣传海报——的历史遗迹。

高度关注剩余产品对于政治经济学具有根本的重要性。这种高度关注是政治经济学区别于新古典经济学的主要原因之一。通过剩余产品这个透镜考察社会，政治经济学家能够看到经济制度所具有的历史特殊性，并根据生产和控制剩余产品的方式将一个经济制度与另一个经济制度区别开来。我们是如何知道什么是“资本主义”的？本书做出的回答是，它是以一种特殊方式产生和处置剩余产品的经济制度。

理解剩余产品要求运用三维经济学理论中的所有三个维度。首先，必须运用统制（或者垂直的）这个维度，来理解一个社会的生产者如何被劝诱而满足于接受少于他们所产生的全部产品的产品，因为只有在这种情况下才会有剩余产品。水平的维度帮助我们理解剩余产品如何受到社会中处于相同层次的人们之间的关系的影响。生产者之间的关系是对抗性的还是团结的？统治集团的成员之间仅仅是相互对抗吗？个人与社会中位于同一层次的其他人之间在什么时候和谐共处，又如何约束彼此之间的对抗？最后，历史的或者说变革这个维度也会起作用，因为剩余产品的处置——是被奢侈地消耗掉、用来建造纪念碑还是投资于形成新的生产能力——将决定某个特定社会是停滞不前还是经历变革。

本章的中心思想是：**在分析任何社会结构时，剩余产品如何形成、剩余产品的规模、谁控制它以及如何使用它，是要予以考虑的最为重要的问题，这些问题使我们得以追溯一个社会的历史演进，并决定了其经济允许并支持该社会所有成员过上繁荣发达的生活的程度。**本章将介绍理解任何类型的社会中的剩余产品所需的一般概念；在下一章中，将运用这些概念有针对性地专门分析作为一种经济制度的资本主义。

本章的中心思想可以表达为下面三个主要观点。

1. 一个经济是各种劳动过程的集合。每一个劳动过程都由技术（投入和产出之间的关系）和生产的社会组织（人与生产过程之间的关系以及他们在工作场所中彼此之间的关系）所组成。每一个劳动过程都产生一项或多项产出。 *95*
2. 剩余产品的产生发生于任何这样的时候，此时经济体中的劳动过程生产出的产品，超过了维持生产者所习惯的生活水平，以及补偿和更新在生产中使用或消耗的材料和机器所需的产品。
3. 任何经济体中剩余产品的规模取决于所涉及的国家国民之间的关系以及不同国民经济体之间的关系。决定剩余产品规模的“国内”和“国际”关系通常都是高度冲突的。

经济的相互依存、生产和再生产

在所有的社会中，人们都是**在经济上相互依存的**。鲁滨逊·克鲁索（Robinson Crusoe）的故事之所以令人如此感兴趣，其中一个原因在于，它是一个有关某个完全自给自足的人的故事：他耕种自己的粮食而且制作让自己生存下去的所有东西。正因为这个故事如此迥异于我们自己的经验，才激发了人们的遐想。在所有真实的社会里，每个人都依赖于别人劳动的产品，而当我们在一起工作时，一般而言我们比自己独立维持生计要来得好。这一点在丹尼尔·笛福（Daniel Defoe）的小说中也揭示了出来：当克鲁索碰巧得到了一个名叫星期五的奴隶时，他的境况得到了改善。

如果人们只是在与他人隔绝的状态下劳动，我们就不需要经济学了；有丹尼尔·笛福就够了。要求我们从事经济研究的最重要的因素是这样一个事实，即人们一般来说确实依赖于别人，因而与他们相互依存。经济相互依存几乎是普遍存在的，因为它使得更高的劳动生产率成为可能。以相互依存的方式进行生产的优越性也可以从这样的观察中得出：我们当中的许多人都是在有着数以千计的同事的企业里工作的，因此能够比小工厂以更为低廉的成本生产特定的产品或服务（请回忆第 3 章中的规模报酬递增理论）。

每一个社会，无论它是如何组织起来的，都必须解决两个经济问题：首先，如何组织人们之间的相互依存的经济活动；其次，如何分配由此生产出来的产品。在探讨这些问题中的第一个——如何组织我们的相互依存时，我们发现经济相互依存本身以两种方式出现。第一种方式涉及**水平的**关系，对此可以参考**经济专业化**或者说**劳动分工**来加以研究。构成经济制度的人们生产不同的东西：有些人制鞋，有些人发电，还有些人烧饭。没有一个人生产他或她所需的所有东西，而且，与此同时，人们通常生产（或者帮助生产）超过他们能消费的某种东西。每个人的产出中多于他或她所需的部分则通过某种过程分配给别人，以换取别人的多余产出。

96

经济相互依存的第二种形式涉及**垂直的**关系。垂直的关系发生于当控制另一个人所提供的劳动和生产的产品之时。例如，奴隶主在经济上依赖于奴隶的劳动，因为正是这些劳动让庄园得以持续运转并养肥了庄园的所有者。反过来，奴隶也依赖于所有者以维持生计，无论这样的生计是多么的微薄。资本主义经济中的现代雇主同样依赖于他或她的雇员：没有他们的劳动就不会有生产或利润。而雇员反过来也依赖于雇主给予的工作和工资。

在垂直的相互依存这种关系中，存在着上层和下层，而这种关系是一种**统制**关系，比如说在奴隶主和奴隶之间或者在雇主和雇员之间。尽管这种关系中的双方是相互依赖的，但奴隶主和雇主是老板：他们统制了奴隶或雇员的劳动，并且从其从属者的劳动果实中获益。垂直的相互依存因此不同于水平的相互依存，因为水平的相互依存并不涉及比如说买卖某物的双方之间的地位高低之分。

正如我们在上一章中所看到的，亚当·斯密是阐释水平的经济相互依存的首个主要的经济学家，而卡尔·马克思随后则促进了我们对垂直的相互依存的理解。不过，值得指出的是，斯密并非不知道垂直的相互依存。实际上，在《国富论》中分析中世纪的农业生活时，他使用了剩余农产品一词，在定义这个词时提到了“大地主”，他依靠“维持耕作者所剩余的土地生产物（这个部分）”而过活。①

为了分析垂直的经济相互依存，我们必须考察生产。所有的人类生产都必须涉及至少一个**劳动过程**，其定义是人们出于生产某种东西的目的而进行有目的的工作的任何活动。因而，任何劳动过程都要求有投入（诸如人的劳动，以及像机器和原材料这样的生产手段），而它也将生产产出（诸如一吨钢、一段计算机程序或者是一次理发）。

以制作某种东西——比如说薄煎饼——为例。如果你列一个清单，包括需要的所有配料（注明每种配料需要多少），以及诸如调面糊、开炉子、翻煎饼等各种必要的活动，你就会得到一个非常完整的薄煎饼的制作指南。这个制作指南会描述制作薄煎饼的劳动过程。类似的投入和 *97*
活动的清单会描述制作薄煎饼中用到的面粉、生产炉子中所烧的燃气、制作炉子本身以及提供其他投入的劳动过程。

制作薄煎饼的指南——或者劳动过程中投入和产出之间的任何其他一组关系——被称为**技术**，而**技术变革**是指任何这些投入－产出关系上的变化。技术变革的一个例子可以是使用一种不同的面粉——比如说一种不需要筛分的面粉——来制作薄煎饼的方法。技术进步是这样一种技术变革，它使得使用较少的劳动或较少的另一种投入生产出相同数量的某种产出成为可能。

在其最本质的意义上，**经济**是各种劳动过程的集合。

当然，经济体中生产了无数的东西——它有许多类型的产出，而且经济体还使用大量的投入，包括许多不同种类的劳动。为了讨论这些投入和产出以及与它们对应的劳动过程，我们要以某种方式对它们进行分类，而我们如何对它们进行分类则取决于我们想要发现什么。

为了我们在此处的目的，我们将经济体分成两个部门，每个部门都

---

① Adam Smith, *The Wealth of Nations* (New York: Random House, Modern Library, 1937 [1776]), Book 3, Ch. 4, fifth paragraph.

生产某一种产出。第一个部门生产的产出是为我们所消费或者由企业用作投入的所有商品和服务。我们对此类产出非常熟悉，因为它们对应于**生产**这个词的正式的、日常的含义。第二个部门通常根本就不被当作经济体的一个部分：它生产出人。（请回忆第 2 章中的“经济生产出人”一节。）

正在分娩中的母亲是在“劳动”，这个说法表明了人是由劳动生产出来的这个事实。但这些生产人的劳动过程所涉及的不仅仅是生物意义上的再生产，它们还包括了喂养、关心他人、训练、传授技能，以及与家庭生活相关的关心和养育儿童的所有其他工作。需要喂养和关心的不仅仅是儿童，也包括成年人。当我们在一天的工作后准备晚餐、吃饭和放松时，我们也是在补充我们的精力和维持我们的能力，以便继续履行我们在经济体中的职能。

为了区别这两个部门（就规定了它们的产出的类型而言），我们称第一个部门为生产（因为它生产出商品和服务），而把第二个部门称为**再生产**（因为它再生产出人）。本书主要集中于探讨生产部门，特别是资本主义制度中的生产部门，但我们也将考虑到再生产这个至关重要的部门，因为生产和再生产明显地而且不可分割地相互交织在一起。

图 5.1 是一幅有关经济的图，显示了生产和再生产通过其投入和产出而联系在一起的方式。生产出产品和服务的劳动过程（生产）位于图的上部，而生产出人的劳动过程（再生产）则位于图的下部。

我们首先通过考察生产和再生产这两个部门中每个部门的产出来分析这两个部门之间的联系。生产部门中劳动过程的产出，可能会作为材料、机器或服务供另一个生产过程使用而流回这个部门。或者，它们也可能会是供再生产部门中的人所使用的消费类的商品或服务。最后，它们可能会是不再用于任何劳动过程之中的产出，如教堂和武器系统。

考察再生产部门的产出——人，我们会看到他们中的一部分在生产部门找到了工作（生产鞋子和钢铁、理发等），而另一些人（如照顾孩
99 子的父母）则继续在再生产部门中工作。还有一些人将根本不从事生产性劳动（我们过一会儿再来考察他们）。

当然，许多人在这两个部门中都工作，既为生产也为再生产做出贡献。例如，通常的情况是那些要出门上班的人有两份“工作”，一是“上班”，另一份工作则由家务、照料孩子以及在全部人类历史中的大部分时间里都是由女人在家里做的其他一些事情所组成。

98

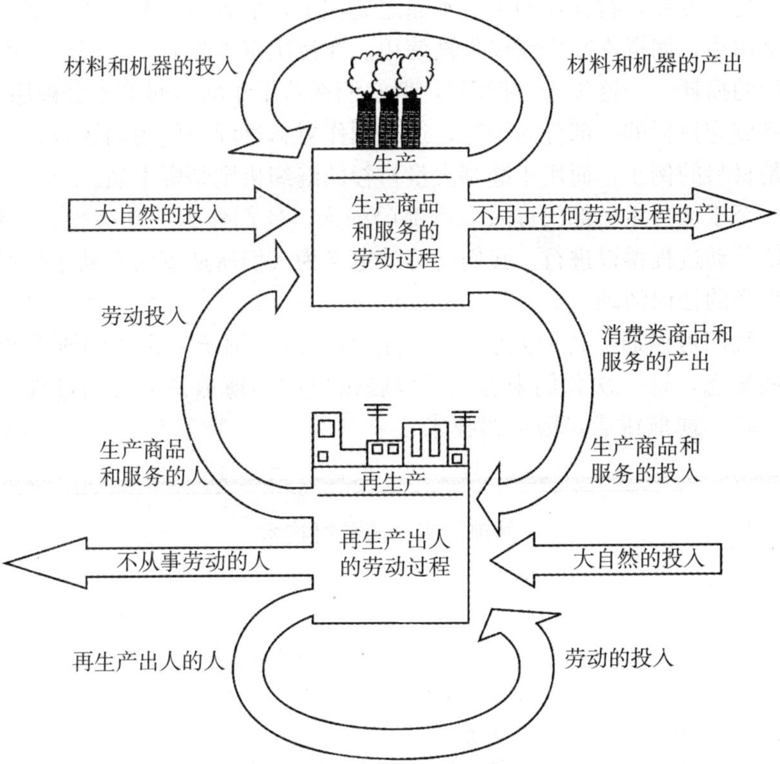

图 5.1 苜蓿叶形的生产—再生产关系图

说明：经济体由两个相互依存的部门组成，其中一个部门生产商品和服务，另一个部门再生产人。箭头代表商品或人从一个部门流向另一个部门或者流回到同一个部门。每个部门都使用三类投入：经济体中其他地方所生产的投入、同一个部门中所生产的投入，以及来自大自然的投入。每个部门也都生产出三种不同的产出：用于同一个部门的产出、用作另一个部门的投入的产出，以及不在经济体中任何地方用作投入的产出。

识别生产和再生产部门之间的联系纽带的另一种办法，是考察每种类型的劳动过程的投入。从生产部门开始，我们可以看到这个部门的部分投入（比如说材料或机器）来自这个部门本身，而其他的投入（使得这个部门的劳动过程得以进行的那些人）则来自再生产部门，还有一些（例如来自大自然的投入）则完全来自于经济体之外。

如果生产部门的一项产出是实物，它流回本部门并成为其中的劳动过程的投入，则其被归于材料或资本品。**资本品**这个术语指的是各种耐用的设备和结构，包括机器、工具、建筑物以及生产中所需的其他耐用品。

另一方面，**材料**不同于资本品之处在于，前者在一个生产周期中被完全用尽，而资本品则仅仅是被使用。在使用资本品时，它们会产生一定量的损耗——这称为“折旧”，但它们在若干年的时间里才会被用完。最终成为衬衫的一部分的棉花，还有制作衬衫过程中使用的燃料，这些都是材料的例子，而用于缝制大量衬衫的缝纫机则是资本品。

至于从再生产部门进入生产部门的人，他们作为劳动被投入工作，以使劳动过程得以进行。我们将劳动定义为人们所从事的有助于生产或再生产的任何活动。

我们可以通过再回到前面的制作薄煎饼的例子来说明刚刚介绍的这些概念，这一次我们来看一看快餐馆里制作薄煎饼的劳动过程（参见专栏：薄煎饼店：薄煎饼技术）。

薄煎饼店：薄煎饼技术

投入：

劳动	调面糊
	将面糊倒入煎锅，翻转煎饼等
	等待顾客
用完的材料	面粉
	鸡蛋等
	煤气或电
使用的资本品	炉子的损耗
	煎锅、碗、搅拌勺以及其他用具的损耗
	建筑物（实物设施）的折旧

产出：

消费品	薄煎饼

这是生产部门中的劳动过程的一个例子，这个劳动过程形成直接为人们所消费的消费品。薄煎饼也可以在家里制作，在这种情况下，制作它们的过程就要被当作再生产过程的一部分。不过，在这个例子中，它们是生产部门的产出。

回到图 5.1，我们现在可以对经济体的劳动过程是如何相互联系的进行总结了。首先，生产部门的部分产出用作了同一部门中的劳动过程的投入。例如，煤被用来生产钢铁，而用于开采煤的机器设备本身也是用钢铁来制造的。生产部门的另一类产出——所有种类的消费品，则进入再生产部门，用于人的“生产”和维持。

材料和机器的产出可能不仅足以替代，而且还可扩大机械、原材料、建筑物以及生产过程中使用的或用尽的其他东西的供应。类似的，消费品的供应和人的再生产也可能会满足数量不断增加的生产者。正如 100
我们在第1章中所看到的，资本主义的一个本质特征是它的既扩大生产又扩大再生产的趋势。

图5.1中有两类其特殊之处在于它们最终并不用于任何劳动过程的产出。首先，有一些生产出来的实物形式的物品，如奢侈品、纪念碑、教堂和军事装备，它们并不作为投入而重新进入生产或再生产部门中的劳动过程。无论它们对于其所在社会的文化甚至生存有多么重要，它们没有用于生产任何东西。其次，有一些在再生产部门中造就出来并得到维持的人——从乞丐到花花公子——最终并没有参与任何劳动过程。

正如有一些投入并没有用于任何的劳动过程一样，也有一些投入并非是劳动过程所生产出来的。我们称它们为“来自大自然的投入”，用“大自然”来指我们的自然环境——空气、水、可耕地、地底蕴藏的矿物、太阳等。在图5.1中，这些投入以从系统之外进入两类劳动过程的箭头来表示。说它们是由环境所提供的并不意味着它们不会被用完。尽管有少量来自大自然的投入（比如说太阳能）可以无限地使用（用来种庄稼、给房子取暖）而不会枯竭——这些是“可再生资源”，许多来自然的投入在它们可以被用完这个意义上是不可再生的。实际上，我们现在知道，人类的生产和消费正在用完我们的环境之中如此之多的东西——比如说清洁的空气和水，以及地球的臭氧层的防护性，以致生态 101
系统本身在将来是否能够得以继续存在都成了问题。

对我们到目前为止的内容做一个总结：经济体是专门生产不同的产出且通过水平和垂直的经济相互依存关系而联系在一起的劳动过程的集合。我们现在转向剩余产品来继续我们对垂直这一维度的探讨。

剩余产品

过去那些伟大的国王们和女王们靠什么生活？还有那些富有传奇色彩的武士和超凡脱俗的圣徒又是靠什么填饱了他们的肚子？谁生产了又是为什么要生产这些人所吃的东西？是什么使得光彩夺目的凡尔赛宫、中国的长城、壮丽的杰斐逊纪念馆和阿道夫·希特勒的战争机器成为可能？金属制造行业又是怎样从简陋的铁匠铺转变成了匹兹堡、神户和多特蒙德的巨大工厂？这些问题都指向剩余产品的有形的、实物的表现——单纯以它们的数量就令人震撼不已。

不过，剩余产品的无形形式给人们带来的震撼也毫不逊色，例如在现代的百科全书中可以发现的、由学者们经过数不清的年月所积累起来的知识（现在在一张 CD 上就能保存），罗马西斯廷教堂天花板上的壁画那令人敬畏的美——米开朗基罗长时间创造性劳动的结果，还有穆斯林教、印度教、犹太教和基督教的圣典《可兰经》、《薄伽梵歌》、《犹太法典》和《圣经》中蕴藏的智慧。要理解刚才所述的有形和无形的这两方面的现象，我们需要对剩余产品加以定义。

在定义剩余产品时，第一步是要指出一个社会在一年的时间里要生产出一定数量的物品和服务。这是**总产品**。总产品又可以分成两个部分：必要产品和剩余产品。因此，

总产品＝必要产品＋剩余产品

因而**剩余产品**是从总产品中扣除必要产品后的剩余。但什么是必要产品呢？它由三个部分组成。

第一个部分是生产者的消费，它是全部产出——食物、衣服以及其他物品——中的这样一个部分，它必须通过某种机制分配给那些生产总产品的人，这样这些人才能在“正常的”生活水平（其定义见图 5.2 下方的说明文字）上维持他们自己的生活。

第二，生产中使用的资本品的所有损耗都必须得到补偿。由于这一补偿可能要推迟到对特定的机器或工具进行替换的时候，所以资本品价值每年的减少被称做**折旧**。

102 第三，生产中用完的材料必须要补充。将必要产品的这三个部分放到一起，对必要产品可以定义如下：

必要产品＝生产者在他们惯常的生活水平上的消费＋所使用的资本品的折旧＋对用尽的材料的补偿

这样，我们可以看到，必要一词在**必要产品**这个术语中是指将劳动过程中的投入——生产者、工具和材料——维持在某个特定水平上，以致生产在下一个期间能以相同的方式进行。必要产品的基本内涵是指经济体能否在某个特定水平上持续下去，而不是指一个社会的生活水平、技术水平或者工人的生产潜力是否充分发挥和充分实现。

尽管我们是以提出一个社会的总产品这个概念来开始此处的讨论

的，但实际上，对经济的产出而言总产品并不是个有用的度量。这是因为，它包括了总产出中的这样一个部分，该部分必须用于补偿生产过程中使用或用完了的机械设备和材料。对产出更为有用的度量是**净产品**，它的定义是总产品减去（“扣除”）必须用于补充材料以及资本品折旧的那部分物品和服务。净产品有时被称为“增加值”。图 5.2 总结了此处介绍的这些概念之间的关系。 103

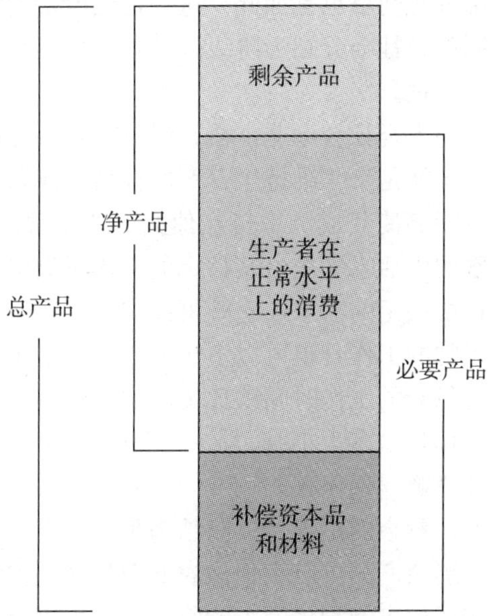

图 5.2　总产品、净产品、必要产品和剩余产品

说明：图 5.2 显示一个经济（无论其具体的形式如何）的总产品是如何在各种用途之间分配的。柱状图的下部代表的是总产品中的这样一个部分，它必须用来补充在生产总产品中所使用的材料和资本品。如图所示的补充数量，刚好是让下一个生产周期以与目前的周期开始时存在着的条件相同的条件而开始所需要的数量；它不提供生产能力的任何扩大所需要的数量。柱状图的中间部分代表的是总产品中的这样一个部分，它必须用于维持那些生产总产品的人的“正常的”消费水平。工人和那些拥有资本品并控制了劳动过程的人之间的冲突，常常会在决定工人正常的消费水平时发生。最后，总产品在满足前面的两项要求后剩下的是剩余产品（由柱状图的上面部分所表示）。它为拥有生产中所使用的资本品并控制劳动过程的那些人所有并为其控制。这些人可以以其所选择的方式处置这些剩余，比如说将其花在为他们自己置办奢侈品上，或将其投资于扩大生产能力。本图为理解第 10 章“资本主义的生产与利润”中介绍的许多概念提供了基础。

那么，剩余产品这个概念如何有助于我们理解谁生产什么以及为什么如此？它是否有助于我们弄明白为什么会存在剩余产品？它是否有助于我们回答资本主义经济的一个本质问题，即：利润率是如何确定的？

如果一个经济体仅仅生产足以维持其生产者及补充生产中用完的机器和材料的产品，它就不会生产出任何的剩余。如果情况是这样的话，总产品就会刚好等于必要产品，而剩余产品就不会存在了。很久以前人们就是这样生活的；事实上，在驯化动物之前十万年左右时间的人类生存中，人们在大部分时间里也是如此。这一古老但持续时间很长的生活方式，先于等级制度、社会分裂为阶级以及政治精英和那些被他们统治的人之间的区别的出现。

尽管许多早期的人类社会远非富裕，但没有剩余的社会并非必然就是贫穷的，也非一定就是个“维持生存”的社会。只要“必要产品”被生产出来，社会就能够使其成员维持在他们的“正常的生活水平”上。每一个社会的正常的生活水平是由其特定的文化所决定的：只要能让生产者满足由其文化所决定的需求，它既可以高也可以低。此外，任何一个给定的社会其正常的工作日也可以多于或少于 8 个小时；比如说，许多狩猎者和采集者每天的工作时间就比美国的办公室和工厂里的工人要少。无论正常的工作日是多少小时，在一个没有剩余的经济中，生产者除了他们自己以外不赡养任何人。

从历史上来看，剩余的出现可以归结为某种权力关系的出现。在不同的经济制度中，剩余产品可以表现为农奴向封建领主缴纳的地租和封建费用，它可以构成奴隶制种植园主的收入，它可以是佃农收获的庄稼中上缴给地主的那部分，或者它可以采取今天的商业公司中所有者和高级管理人员的利润的形式。

剩余产品之所以重要，是因为它使得经济增长和变革成为可能。全部或部分的剩余产品可以被用来改进或扩大资本品的存量，从而使得将来的产出增加或工作时间缩短成为可能，或者使得这两方面都成为可能。将剩余投入研究活动可以扩大与生产有关的知识的存量。当以这些
104 方式使用剩余以提高劳动生产率时，这被称为**投资**。如果用剩余进行投资，能够让人们工作得不那么辛苦，或者缩短工作时间，同时却不致降低他们的生活水平。实际上，这种提高劳动生产率的投资甚至能够支持生产者生活水平的提高，而同时不致降低握有权力的那个阶级的生活水平。剩余的增加也可使人口的增长成为可能：社会体系不是简单地再生产出现有数量的生产者，而是能够在相同的生活水平上养活更多的人。

当然，剩余也可能是以不提高劳动生产率的方式使用的。例如，剩

余的全部或部分可能会被那些控制它们的人用来炫耀他们是多么的有钱。在当今的世界上，以不提高劳动生产率的方式使用剩余的一个突出例子是资本主义消费。（参见专栏“超大游艇和牛市之船”。）

超大游艇和牛市之船

如果你站在梦幻号的桥楼上，可能会把自己想象成一艘油轮或者是补给船的船长。这艘 184 英尺长的游艇配备有全球定位系统设备，以及四台针对发动机舱的视频监视器，它加一次油就能环游地球一周。梦幻号像真的轮船一样有烟囱，还有两台类似于小型货船上有的那种起重机。原来的主人用这两台起重机来装卸两艘补给船，一艘长 36 英尺的渔船和一艘潜艇。

梦幻号是一艘远征艇，一艘有着像商船的船体和甲板上部结构但也有奢华游艇的所有便利设施的私人轮船。梦幻号所携带的物品中，包括了一架大钢琴和一个热水浴盆。

有些远征艇是新式的、模仿商船而建的，而其他的则是从拖船、拖网渔船、甚至是碎冰船改装而来的。最大的一艘有 355 英尺长，它名叫盛蓝号（Le Grand Bleu），主人是麦考移动通信公司的创始人之一约翰·麦考（John McCaw）。它看起来像一艘科研船或工作船，而且据说它有自己的干洗车间。它的补给船中有一艘是 73 英尺长的帆船，有它自己的船长和水手。

另一艘远征艇名叫骚乱号（Turmoil），它的主人是地极公司的创始人加里·C·康默（Gary C. Comer）。最近，康默先生正驾着骚乱号在北极圈里航行。据说远征艇这个词就是在 1996 年首次用来指这艘船的。

但远征艇还不是从 20 世纪 90 年代以来出现的非常昂贵的轮船中唯一的一种。超大游艇这个词有时用来指任何长度超过 80 英尺的游艇，而这种轮船的总数从 20 世纪 80 年代中期的几百艘增加到了 20 世纪 90 年代结束时的 5 000 多艘。私人拥有的巨轮——无论是银光闪闪的玻璃纤维摩托游艇，高科技的帆船，还是经典的木船——数量上的这一激增，与同一时期出现的股市长时间暴涨（即所谓与“熊市”相对的“牛市”）有关。

推动高端游轮市场的，不仅是最近最富的百分之一人群的财富的增加，还有在 1993 年废除了对价格超过 10 万美元的新船征收的 10%的消费税。现在，有钱的游艇玩家可以更容易地以他们的巨型游艇换来比原先更大的游艇，从而展现他们的高人一等了。

《华尔街日报》最近的报道称，华盛顿默瑟尔岛屿公司的詹姆斯·斯蒂夫（James Stever）在过去的几年时间里已经买卖了三艘大船，而且现在等着第四艘从中国香港运来。这是一艘 65 英尺长的摩托游艇，有三间卧室和四间浴室，它的报价是 170 万美元左右。但这可能还不够：这位已退休的公司高管已经在让他的经纪人物色一艘更大的游艇了。“我们将在整个航行季节里试试这艘 65 英尺长的船”，他说，然后“考虑一下换艘更大的”。

资料来源：Doug Sease，“Bull-Market Boats：Size Does Matter，” *Wall Street Journal*，April 23，1999，p. W1；Penelope Green，“Go-Anywhere Luxury Yachts Bull Out to Sea，” *New York Times*，July 22，2001.

生产和再生产的一个模型

105 剩余产品这个观点非常重要，所以我们要让它更为精确。我们将通过一个简单的例子来做到这一点；这个例子是一个模型——其目的是忽略对我们当前的探讨无关紧要的因素，以得出最为重要的观点。

经济模型

与所有的科学模型一样，经济模型试图简化问题，这样我们就可以更好地理解它。模型的目的是表现对手头的任务而言重要的那些方面，而不是表现问题的每一个细节。比如说，在风洞试验中所使用的飞机模型里面是没有座位的，但涉及飞机的机身、机翼和尾翼的形状时，每一个细节都考虑得非常仔细。类似的，建筑模型主要关注的是拟建建筑物的视觉和空间方面；模型的材料是木头和塑料，而不是建筑物本身将使用的钢筋混凝土，这件事是不重要的。

模型让我们得以用简单的方法来思考复杂的问题。成功地揭示哪些是重要的、同时又不忽略问题的根本方面的经济模型，对经济分析而言是必要的工具，就像望远镜对天文学而言一样。不过，如果模型是建立在不切实际的假设的基础上，或者过分地简化以至将根本的方面排除在外，这样的模型就会造成很大的误导。经济学家应该听取阿尔伯特·爱因斯坦（Albert Einstein）的建议：“尽可能地简化，但要适度。”

106 我们模型的目的是要阐明本章中介绍的各种概念之间的关系；这些概念是：专业化、技术、技术变革、投入（材料和资本品）的补偿、生产者的再生产，以及总产品、净产品和剩余产品。

为了简化起见，我们将集中研究一个家庭——它是其中包括许多类似家庭的社会的一部分——的劳动过程。我们的代表性家庭从事两类劳动过程，即养育孩子和耕作，但只生产一种产品，即谷物。我们的模型中的另一个起简化作用的假设是，谷物是劳动过程中所使用的除劳动和大自然以外的唯一投入品。这些假设让我们可以突出各种经济关系，而无需引入更为复杂的因素，比如说货币。

在我们的模型中，耕作这项劳动生产出谷物，而谷物一旦生产出来，它就起到了三种不同的作用。首先，它是用于人的再生产的消费品：人吃谷物（以面包的形式）和喝谷物（以啤酒的形式）。其次，它是资本品，用来喂养田里使用的耕牛，这样这些耕牛不仅能帮助目前的谷物生产，而且还能再生产它们自己，从而确保有耕牛来协助将来的耕种。再次，谷物是材料投入，因为谷物本身必须用作下一次耕种的种子。在我们这个简单的模型里，对谷物在生产部门所起的不同作用加以总结，我们就可以将各种投入和产出表示为一项技术的构成。

谷物技术

投入：	
劳动	种植、收获
用完的材料	作为种子的谷物
使用的资本品	用于维持和再生产耕牛的谷物
大自然的投入	土地、降雨、日照
产出：	
消费品	用于消费的谷物
材料	用作来年的种子的谷物
资本品	用作耕牛的饲料的谷物

此处表示谷物生产技术的方式，让我们可以比较容易地区分总产品和净产品：总产品是生产出来的所有谷物，而净产品是生产出来的所有谷物减去其中的一部分，这个部分必须拿来补充生产中所使用和用完的任何东西（在本模型中，是耕牛的饲料和为来年的耕种准备的种子）。

在我们的模型中，家庭是否生产出剩余？要回答这个问题，我们就要确定技术的生产率有多高，家庭成员耕种谷物时劳动有多努力，劳动时间有多长，还有他们的正常生活水平是多高。

假定这个家庭中有两个成年人，他们一起每年总共在养育孩子上要 *107*
花 1 000 小时的劳动，在耕种谷物上也要花 1000 小时的劳动。另外假定生产一蒲式耳谷物要花 10 个小时的劳动。（看一眼图 1.1 就知道，花这么长时间对一个现代经济来说是不现实的。）根据这些假设，这个家庭每年将收获 100 蒲式耳谷物。

现在想象一下谷物已经收割完毕，而 100 蒲式耳的谷物可是一大堆啊。这个家庭将这一大堆谷物分成三小堆：第一堆将足以补偿生产中用完的材料和资本品（种子和耕牛的饲料）；第二堆是留作直到下一次收割谷物之前这个家庭本身（在正常水平上）的消费的数量；而第三堆无论还剩下多少都是剩余。第一堆和第二堆之和是必要产品，而第二堆和第三堆之和是净产品。（本例中的这三堆谷物对应于图 5.2 中柱状图的三个部分。）

有一种可能性是这个家庭拥有其土地，因此可以控制它所生产的剩余。在这种情况下，这个家庭可以对剩余产品想怎么用就怎么用，或者用于改进它所使用的技术，或者在后院建一个游泳池。在第 7 章中，我们将考察美国历史上的这样一个时期，这时独立的或者说自由职业的产品生产者——农民、工匠、自由职业的手艺人以及其他的独立生产者——占了所有生产部门的生产者中的 60%左右。

但还有另一种可能性——更接近于当今世界的现实的一种可能性，是这个家庭耕种别人的土地，因此只得靠分配给生产者消费的总产品的一部分来过活。在这种情况下，谁得到了剩余？这是政治经济学所研究的最重要的问题之一。

人类的大部分历史都是为剩余产品而斗争的历史。在有些经济中，剩余产品作为地租被地主夺走，因此在许多农业社会中，第三堆谷物几乎就是整个地被运到了地主的谷仓中。或者在我们的模型中，这个家庭被一家大型农业经营公司所雇佣。在这种情形下，这个家庭仅得到第二堆谷物，即它的工资；公司将第一堆谷物留作补偿之用，并以利润的名义拿走第三堆谷物。或者，我们模型中的这个家庭可能从银行里贷了一笔款，或许是以抵押贷款的形式贷的款，用以购买土地和耕牛。在这种情况下，剩余可能完全归于银行。无论是哪一种情形，重要之处是生产者自己没有得到剩余。当我们在下一章中讨论阶级和经济制度时，我们将对这个问题进行更深入的探讨。

要知道剩余的这一堆谷物有多少，首先想象一下必须用 30 蒲式耳来补偿材料和资本品，具体而言就是提供来年用的种子和用于耕牛的饲料。（这两者之间的分配是 10 蒲式耳作种子，20 蒲式耳作饲料。）从 100 蒲式耳的总产品中减去用作补偿的 30 蒲式耳，得到的是 70 蒲式耳的净产品。如果这个家庭正常的消费水平是每年 50 蒲式耳的谷物，那么剩余产品是 20 蒲式耳。

剩余产品：一个例子

(1) 每年用于耕种谷物的劳动的总小时数：	1 000 小时 108
(2) 每小时劳动生产出的谷物的蒲式耳数：	1/10 蒲式耳/小时
(3) 每年的谷物总产品[(1)×(2)]：	100 蒲式耳
(4) 补偿在生产总产品中用完的材料和资本品（种子和耕牛的饲料）=(第一堆谷物)：	30 蒲式耳
(5) 每年的净产品[(5)=(3)-(4)]：	70 蒲式耳
(6) 这个家庭的正常消费水平＝（第二堆谷物)：	50 蒲式耳
(7) 必要产品[(7)=(4)+(6)]：	80 蒲式耳
(8) 剩余产品[(8)=(5)-(6)]=(第三堆谷物)：	20 蒲式耳

那些控制剩余产品的人如何才能使剩余变得更多？对这个问题可以有几种回答。首先，可以降低这个家庭的生活水平，比如说从每年 50 蒲式耳减少到 40 蒲式耳。在这种情况下，剩余会从 20 蒲式耳增加到 30 蒲式耳。这说明了在有些人控制了别人的劳动并从中获利的社会中，为什么控制者有试图降低被控制者的生活水平的动机，从而导致一种产生内在冲突的局面。

如果引进了**劳动节约型技术变革**的话，我们模型中这个种植家庭的消费就能从 50 蒲式耳减少到 40 蒲式耳，但不会改变所生产的谷物的总量。劳动节约型技术变革的定义是在劳动量不变的情况下增加产出量的技术。但劳动节约型技术变革带来的收益既可以表现为使用相同量的劳动生产出更多的总产品，也可以表现为以较少的劳动生产出相同数量的总产出。这里我们假设劳动节约型技术变革将劳动生产率提高了 25%，而控制劳动过程的那些人选择将总产出维持在目前的水平上（100 蒲式耳的谷物），而与此同时将所雇佣的劳动从 1 000 小时减少到 800 小时。这使得减少分配给生产者供其消费的谷物数量（从 50 蒲式耳减少到 40 蒲式耳）成为可能，因为现在只需要原来劳动量的 80%来生产 100 蒲式耳的总产出了。

扩大剩余的第二种方法涉及以这样一种方式变革技术，这时只需要为来年留下较少的种子或动物饲料。这种技术变革可以表现为比原来更好的种子，或者表现为储存动物饲料的新方法，这样因饲料的腐败变质而造成的损失会减少。在我们的例子中，如果只要留下 20 蒲式耳（而不是 30 蒲式耳）的谷物来补偿生产中用完的资本品和材料的话，剩余产品就会从 20 蒲式耳增加到 30 蒲式耳（假设生产者的生活水平没有提高）。这种情况下所发生的是**资本品节约型技术变革**，它被定义为减少生产总产品所需要的资本品和材料的技术变革。

图 5.3 显示了通过技术变革扩大剩余产品的两种方法，以及我们例
109 子中的初始分配。这幅图里所用的柱状图与图 5.2 中的柱状图一样进行了分割。左边的柱状图表示我们原来例子中的总产品的分割。中间的柱状图显示在发生了劳动节约型技术变革后，剩余产品是如何能扩大到 30 蒲式耳，而生产者的消费又是如何减少到 40 蒲式耳的。右边的柱状图显示通过资本品节约型技术变革而增加了的剩余产品。这里的一个重要观点是，剩余既可以通过劳动节约型技术变革也可以通过资本品节约型技术变革而增加。

与劳动节约型技术变革一样，资本品节约型技术变革也会导致在完成的劳动量相同的情况下生产出更多的净产品。因而，这两类革新都使得增加剩余产品和提高生产者的生活水平成为可能。许多技术变革既节约资本，又节约劳动，这意味着它们会减少生产一定量的总产品所需的所有投入的数量。

还有一种增加剩余产品的方法，就是（采取某种方法）诱使生产者更努力地劳动，而不增加他们劳动的总的小时数，或者总产品中分配给他们消费的部分。（如果我们假设是根据生产者劳动的小时数向他们支付报酬的话，那么保持他们劳动的小时数不变，就意味着他们将继续得到相同数量的谷物供其消费，即使他们更加努力地劳动也是如此。）这种增加剩余产品的方法被称为**劳动强度**的增加。

110 再次利用我们的谷物模型，如果劳动强度增加了，以致 1 000 小时种植谷物的劳动生产出了 130 蒲式耳而不是此前的 100 蒲式耳的谷物，那么剩余产品会从 20 蒲式耳增加到 50 蒲式耳（假设总产品中分配给生产者消费和补偿非人工投入的部分保持不变的话）。

增加剩余的最后而且可能是最为显而易见的一种方法，并非基于劳动生产率或生产者生活水平的任何提高。生产者可以被诱使以花费更多的时间来种植谷物。这可以通过两种途径来做到。首先，工作日的长度（或一年里劳动的总小时数）可以增加，在这种情况下，自由时间（供休闲活动、吃饭、睡觉等的时间）就会减少。第二种可能性——它很可能作为第一种可能性的结果而出现——是减少这个家庭用在养育儿童的活动（或一般而言的再生产）的小时数，节省下来的时间则转而分配于谷物种植活动。

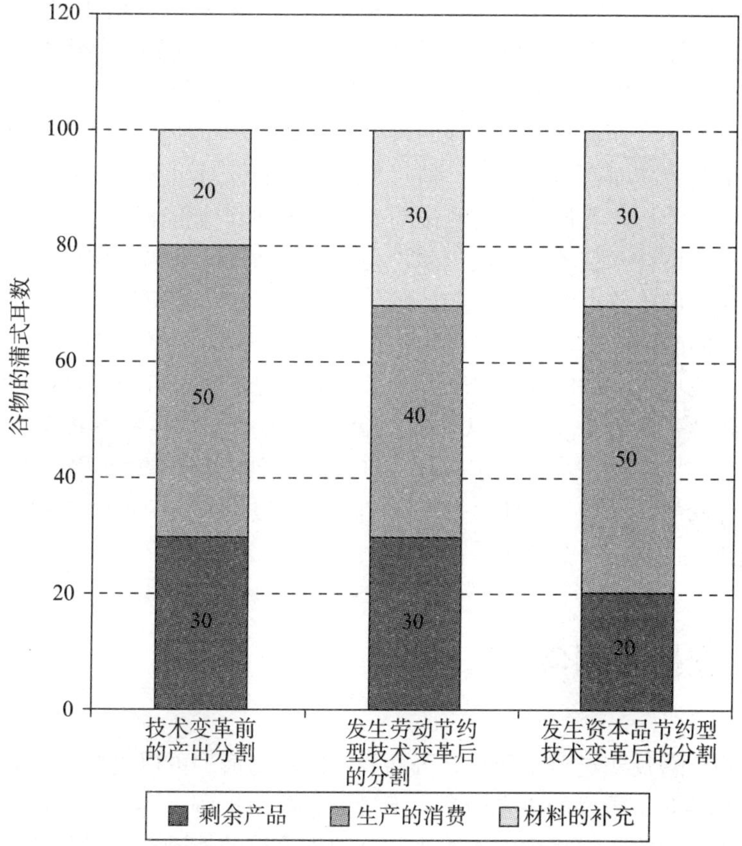

图 5.3　代表性种植家庭的总产出的分割

说明：图 5.3 中左边的柱状图代表文中原来例子所述的总产出的分割：总产出是 100 蒲式耳，其中 30 蒲式耳用于补偿生产过程中的材料投入（资本品的折旧以及用完的材料），50 蒲式耳分配给生产者供其消费，还剩下 20 蒲式耳则是剩余产品。中间的柱状图显示了劳动节约型技术变革发生后的总产出的分割。因为劳动生产率提高了，所以现在使用较少的劳动（800 小时而不是 1 000 小时的劳动）就可以生产出相同的总产出（100 蒲式耳的谷物），因而只需要分配 40 蒲式耳（而不是 50 蒲式耳）给生产者供其消费。由于要继续用 30 蒲式耳来补充材料的投入（这与以前一样），因此剩余产品增加到 30 蒲式耳。右边的柱状图显示在出现资本品节约型技术变革时会发生什么。在这种情况下，总产出（100 蒲式耳）和生产者的消费（50 蒲式耳）与原来的例子相比都没有发生改变，但补充成本从 30 蒲式耳减少到 20 蒲式耳，这使得剩余扩大到 30 蒲式耳。

我们针对生产部门所做的分析，大部分都可以同样有效地用于分析本模型中家庭花在养育孩子和其他再生产活动的 1 000 小时上面。例如，我们指出了减少在再生产部门中工作的小时数可以增加剩余产品，这是因为那些控制生产的人这时可以让生产者——他们与那些涉及再生产活动的人是同一批人——在生产谷物上工作更长的时间。

很明显，养育孩子和其他的再生产活动，对于使得家庭继续为生产部门供应劳动而言是必要的。通过采用与我们针对生产部门所做的分析相类似的分析，我们可以推测出在养育孩子和其他再生产过程中引入像劳动节约型技术变革这样的创新，会带来什么样的结果。例如，电视机可以让父母少花点时间与他们的孩子在一起，吸尘器可以让这个家庭以较少时间的劳动来保持屋子的清洁，而购置冷冻食品或自动洗碗机可以减少在厨房里花的时间，诸如此类。我们还可以想象几个家庭在一起彼
111 此分担孩子的看护责任，从而减少每个家庭需要花在养育孩子上的时间。所有这些例子都说明了这样一点，即生产和再生产在许多方面是交织在一起的。因而，再生产部门中的变革可以影响——或者由这些变革来导致——剩余产品规模上的变化。

国际交换和剩余产品

由于对现实进行了简化，因而我们的谷物模型可以更容易地解释剩余产品的几个重要的决定因素。不过，目前为止所表述的这个模型有一个重大的缺陷：模型中的人看来与其他国家里的人没有联系。这显然不是 21 世纪的世界的情形。更为重要的是，如果模型遗漏了世界的其余部分，人们就无法理解决定任何一个国家的剩余产品的所有要素。为了弥补这个缺陷，我们现在要引入国际交换，让模型变得复杂起来。

我们将继续聚焦于那个具有代表性的家庭，但有这样一些变化：这个家庭现在用犁来耕田，而犁是在一个邻国制作的。进口犁的使用产生了两个重大后果。首先，犁的引入是一项劳动节约型技术变革，这是因为生产一蒲式耳谷物所需的时间，从不用犁时的 10 小时减少到用犁时的 5 小时。因此，1 000 小时的谷物种植劳动现在生产 200 蒲式耳的总产品（而不是以前生产的 100 蒲式耳）。另外，作为对我们原来假设的修改，即谷物总产出中的 10 蒲式耳要用来为来年的农作物提供种子，我们现在假设谷物总产出的翻番将需要用两倍的种子——20 蒲式耳而不是 10 蒲式耳的谷物——作为种植每年的农作物的投入。

第二个后果源于这样一个事实，即犁并不是在国内生产的，因而要

从另一个国家购入。为了购买犁，我们的谷物种植家庭必须用谷物来支付它们，而世界市场上的主导汇率是 10 蒲式耳的谷物换取一张犁。因此，10 蒲式耳是一张犁的“价格”（以谷物来衡量）。（我们将在后面来探讨这样一个汇率是如何决定的问题。）因为进口的是犁而出口的是谷物，所以这个价格可以被认为是**进口投入的真实价格**。这个进口产品的价格是这样来衡量的，即必须用多少国内生产的产品来交换一个单位的进口产品。在其他情况下，各国为了在彼此间相互交换产品而必须支付的价格被称做贸易条件。

假定每一个家庭在一年时间里要使用两张犁，而为了简单起见，让我们假定犁会在一年内消耗掉。在这种情况下，在年终时两张犁都必须要补偿。在我们计算剩余产品时，我们要从总产品中扣除补偿在生产中用完的资本品和材料的成本，而这个成本中现在不仅包括种子和耕牛的饲料的成本，还有补偿犁的成本。这后一个成本既可以被认为是两张犁，也可以被看成是从另一个国家购买需补偿的犁所需要的 20 蒲式耳 *112*
的谷物。

现在可以对剩余产品进行如下的重新计算。由于出现了劳动节约型技术变革（在生产中引进了犁），总产出从 100 蒲式耳增加到 200 蒲式耳。材料和资本品的补充现在是 60 蒲式耳：20 蒲式耳用于补偿损耗的两张犁（通过以谷物交换另一个国家生产的犁而得到）；40 蒲式耳用作种子和动物饲料——正如前面所指出的，假设额外需要 10 蒲式耳的种子来生产另外 100 蒲式耳的总产出。如果生产者的消费水平依然为正常的 50 蒲式耳，剩余产品将从 20 蒲式耳增加到 90 蒲式耳。因此，国际交换的引入——以及由此而成为可能的劳动节约型技术变革——导致了剩余产品的显著增加。我们可以再次使用像图 5.2 那样的柱状图，来比较本模型中的种植家庭在引进谷物和犁的国际贸易之前和之后的情形（参见图 5.4）。

存在国际交换时的剩余产品

(1) 每年用于耕种谷物的劳动的总小时数：	1 000 小时
(2) 每小时劳动生产出的谷物的蒲式耳数：	1/5 蒲式耳/小时
(3) 每年的谷物总产品[(1)×(2)=(3)]：	200 蒲式耳
(4) 补偿在生产总产品中用完的材料和资本品（分别用作种子、动物饲料和补充两张犁的 20 蒲式耳）=（第一堆谷物）：	60 蒲式耳

(5) 每年的净产品[(5)=(3)−(4)]： 140 蒲式耳
(6) 这个家庭的正常消费水平=（第二堆谷物）： 50 蒲式耳
(7) 必要产品[(7)=(4)+(6)]： 110 蒲式耳
(8) 剩余产品[(8)=(5)−(6)]=(第三堆谷物)： 90 蒲式耳

113

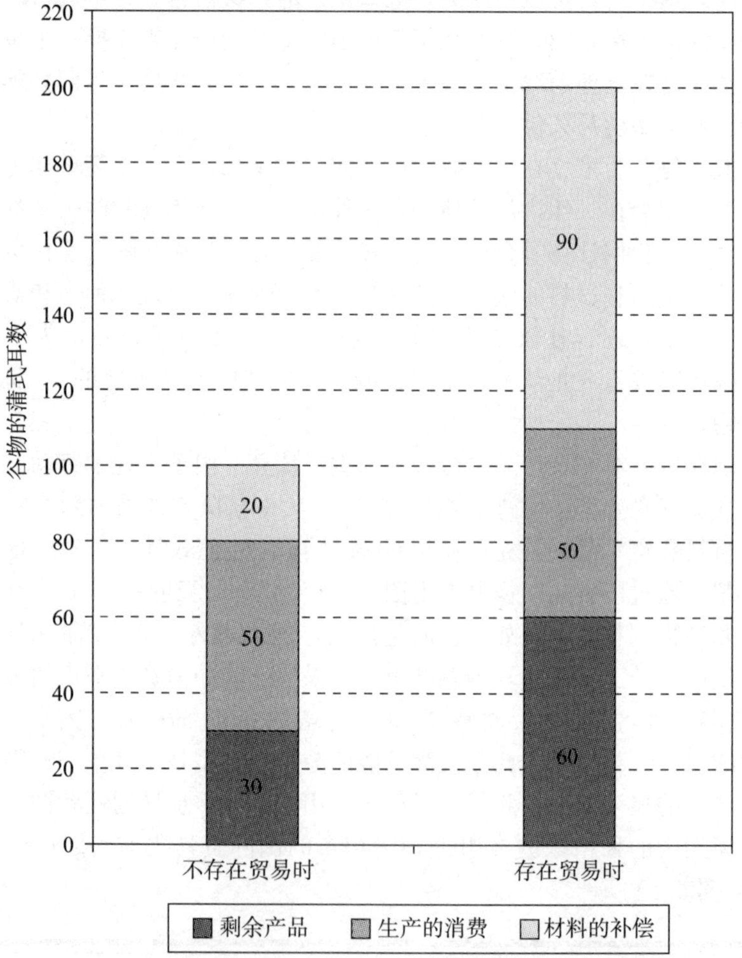

图 5.4 引进国际贸易之前和之后总产出的分割

说明：图 5.4 显示从事国际贸易可以为那些控制剩余的人带来收益。在本例中，两张犁的进口（以及因这两张犁而成为可能的劳动节约型技术变革）使得总产出从 100 蒲式耳谷物翻番至 200 蒲式耳。即使在分配了正常的（未变化的）50 蒲式耳谷物供生产者消费、饲养了耕牛、为来年的耕种预留了必要数量的种子以及支付了进口的犁之后——具体内容请参见附近的正文文字——剩余产品仍从 20 蒲式耳增加到 90 蒲式耳。

如果贸易条件发生了变化，以致这个种植谷物的家庭需要花费两倍数量的谷物来进口相同的两张犁，会出现什么样的情况？在这种情况下，进口投入（两张犁）的真实价格会从 20 蒲式耳增加到 40 蒲式耳，出于补偿目的而需要的谷物量会增加到 80 蒲式耳（40 蒲式耳用于购买两张犁；40 蒲式耳用作种子和动物饲料），而剩余将会减少到 70 蒲式耳。

但如果那些控制剩余的人不愿意看到他们在总产出中的份额减少到 70 蒲式耳，又会发生什么样的情况？一种可能性是他们通过某种方式迫使生产者降低消费水平（或者说生活水平），使其从 50 蒲式耳减少到 40 蒲式耳，从而形成 80 蒲式耳的剩余产品。这个例子再一次显示，只要一个社会分裂为总产品的生产者和那些控制总产品的生产和分配的人，那么生产和交换就具有内在的冲突性。

剩余产品和冲突

在生产剩余产品的社会中，有两件事情很有可能发生：冲突和变革。冲突以两种方式出现，一种与各国内部的各种关系有关，而另一种则发生在不同国家的各个集团之间。

各国内部的冲突发生于不允许生产者保留他们所生产的剩余之时。 114
在这样的情况下，生产者的利益与那些拥有并控制剩余的人的利益相互对立。后者——无论他们是奴隶主、封建地主、资本主义公司的所有者还是独裁的统治精英——很可能试图扩大剩余。要做到这一点，他们需要让生产者更努力地劳动、更长时间地劳动，或者是减少消费。然而，生产者希望享有不那么辛劳的劳动，拥有更多的自由时间，以及获得生活水平提高所带来的利益。因此，他们所想要的与那些控制剩余的人所想要的是直接对立的。生产者和那些控制剩余的人构成了不同的社会阶级，而他们之间的冲突可以被理解为阶级冲突。（我们将在以下各章中讨论阶级和阶级冲突。）

如果我们列出决定剩余产品的规模的因素，并将这些因素与决定生产者的经济福利的因素相对照的话，我们就可以更好地理解剩余产品所有者的利益与这些剩余的生产者的利益之间的冲突了。（参见专栏“剩余产品和生产者的福利：冲突的内容”。）

剩余产品和生产者的福利：冲突的内容

如何增加剩余产品	如何增加生产者的福利
降低生产者的消费水平	提高生产者的消费水平
实行劳动节约型技术变革	与生产者一起分享所带来的剩余产品的增加
实行资本品节约型技术变革	与生产者一起分享所带来的剩余产品的增加
提高劳动强度	降低劳动强度
延长生产者的劳动时间（不改变他们正常的消费水平）	缩短生产者的劳动时间（不改变他们正常的消费水平）
降低进口投入的真实价格（通过对出口者施加权力）	缩短生产者的劳动时间（不改变他们正常的消费水平）

正如我们从这个专栏中可以看到的，如果生产者正常的生活水平得以提高，如果他们的劳动强度得以减低，如果他们有更多的时间用于休闲和养育孩子，那么他们的福利将会增加。这些是与生产者的经济福利最为紧密相关的决定因素。但是，如果要增加剩余产品的话，则需要与这些决定因素刚好相反的运动。在这里，那些生产剩余产品的人与那些控制剩余产品的人之间的利益冲突是显而易见的。

115 这个专栏还显示，有一些决定因素如果得以增加的话，会使剩余产品的所有者获益，但其增加并不必然损害生产者（甚至还有可能在扩大剩余产品的同时导致生产者生活水平的改善）。劳动节约型和资本品节约型技术变革就属于这一类，同样属于这一类的还有进口商品（比如说石油或电脑）真实价格的降低，因为这会减少总产品中必须用于补偿生产中所使用的资本品或材料的部分。不过，在这种情况下，本国的剩余产品所有者和生产者（潜在地）都可以获得的收益，可能会被出口国生产者和所有者双方的生活水平的下降所抵消。

当然，如果生产者正常的消费水平非常低的话，工人们可能会极度营养不良、虚弱或者不健康，以致他们无法生产出很多东西。同样，如果他们种植谷物的劳动时间过长，以致没有时间来照料他们自己并养育后代的话，他们的生产能力可能不会很高，而下一代的生产效率甚至可能更低。在这些情况下，那些控制剩余的人可能会发现，让生产者陷于贫穷或过度劳动的状态并不符合这些剩余控制者的利益，因为赤贫和过度劳动不符合任何一个集团的利益。如果消费勉强高于或者实际上低于生存水平，增加消费既可能提高生产者的生活水平，又可能增加剩余产品。因而，从处于这样一组情形中的剩余产品所有者的角度来看，增加生产者的消费并非只对生产者有好处，正是出于这个原因，生产者的消费有可能会增加。

图 5.5 采用第一个谷物模型（这时净产品为 70 蒲式耳）中的数字，来揭示生产者与那些控制剩余的人之间存在的冲突。从右到左来读这幅图，在横轴上等于 70 蒲式耳的那个点表示，如果全部净产品都分配给生产者供其消费的话，会发生什么情况。在这种情况下，剩余产品将为零。图中曲线上从这个点向左倾斜上升的部分显示，随着生产者的消费从 70 蒲式耳减少到 25 蒲式耳——这远低于他们的 50 蒲式耳的正常消费水平，剩余产品从零增加到 45 蒲式耳这个最大值。（净产品依然是 70 蒲式耳；生产者的消费中所减少的每一蒲式耳都只不过是转移到了剩余产品之中。）然而，超过这个点后，生产者消费水平上的任何进一步减少都将减低他

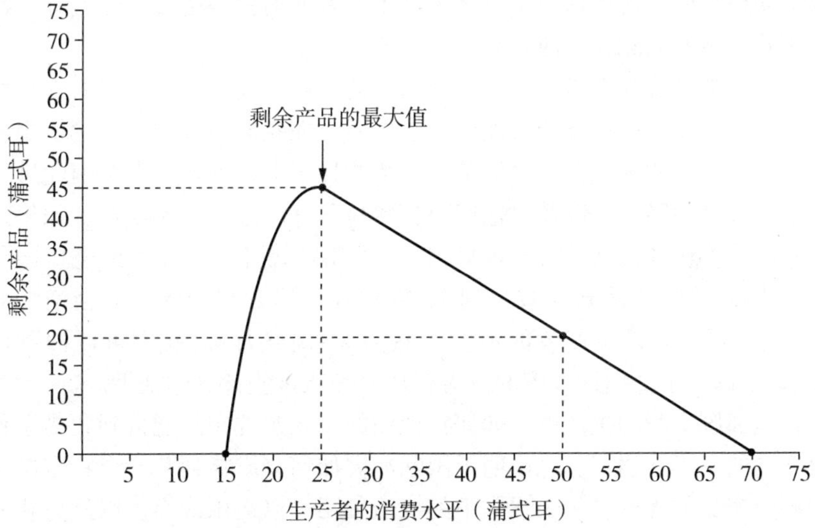

图 5.5　围绕生产者消费水平的冲突

说明：图 5.5 显示了生产者的消费水平与剩余产品的规模之间的一种假设关系。图中曲线上的每一个点都是对这样一个假设的问题的回答，即对于每一种生产者消费水平，剩余产品会有多少？例如，如果生产者的消费水平是 50 蒲式耳，剩余产品将为 20 蒲式耳（这是我们在第一个谷物模型中表达的情形——参见图 5.4 中左边的柱状图）。如果生产者的消费水平提高到 70 蒲式耳的水平，剩余产品将会为零。降低消费水平会增加剩余，但只会增加到一定的程度。消费水平为 25 蒲式耳时，剩余达到了 45 蒲式耳这个最大值。低于 25 蒲式耳的消费水平实际上会减少剩余产品。如果消费水平降低到 15 蒲式耳，工人们会陷于赤贫，以致他们在一年里无法生产出超过 15 蒲式耳的净产品，从而产生不了剩余产品。

们生产谷物的能力，因而剩余产品会减少，最终在生产者的消费降至15蒲式耳时减少到零。在这个点上，净产品本身也只有15蒲式耳，而为了让社会得以继续存在，所有这些净产品都要用于维持生产者的生存，无论这样的维持水平是多么的不充分。

如果从另一个方向（从左向右）来读这幅图，它所揭示的是，在消费水平很低的情况下，剩余产品的所有者和生产者双方的利益如何可以协调一致起来。曲线中向右倾斜上升的部分显示，生产者的消费在15蒲式耳到25蒲式耳这个区间内的任何增加会使双方获益。在15蒲式耳的消费水平上，剩余产品为零，而在25蒲式耳时，生产出了45蒲式耳的最多数量的剩余产品。当然，超过这个点后，生产者消费的任何增加
116 都会减少剩余产品的数量。这是因为一旦生产者能够消费25蒲式耳的谷物时，他们的生产能力达到了最大点，这时净产品达到了它的70蒲式耳的最大值，而在这个水平之上，生产者的消费每增加一蒲式耳，都意味着剩余产品减少一蒲式耳。

第二类经济冲突是发生在不同国家的集团之间的冲突。在引入了国际贸易——以及进口犁的可能性——之后，在我们的谷物种植例子中就可以看到这种冲突。在这个例子中，那些控制本国剩余的人会因为进口犁真实价格的降低（以及对他们而言贸易条件的改善）而获益。如果进口犁的价格比如说从10蒲式耳降低到了5蒲式耳，这样的话进口两张犁的成本就从20蒲式耳减少到10蒲式耳，那么剩余产品就会增加到100蒲式耳（假设生产者的消费依然为50蒲式耳）。我们可以回到图5.4，重读一下介绍这幅图的段落，从而确认这些计算的结果。

但邻国中犁的生产者又如何？他们的每张犁现在只能得到贸易条件改变前的一半谷物了。这说明了国际冲突如何会影响到某一个特定国家
117 中剩余产品的规模。一个强国中的统治集团可以运用武力、以武力相威胁或者其他形式更为微妙的谈判权力，来诱使其他国家同意以有利于强国的统治集团的条件来开展交换。正如前面一段中表述的例子所揭示的，这样的行动将导致那个更加强大的国家中剩余产品的增加，这是因为这些做法会降低进口投入的真实价格。更为便宜的投入所带来的收益可以为当地的生产者所分享，但也可能不为他们分享。在我们的例子中，进口犁价格的下降并没有给谷物生产者带来收益，因为他们的消费水平依然与原来一样。之所以会如此，是因为他们并不拥有或控制这些犁。

图5.6使用了存在国际交换时的剩余产品模型中的数字（参见图

5.4)，它揭示了在引进贸易之后各国之间所发生的冲突。它表明，随着进口投入的真实价格（在纵轴上表示出来）的上升，进口国的剩余产品（在横轴上表示出来）会减少。这表明了进口品供应者（他们希望被付以较高的价格）的利益与那些控制了进口国剩余产品的人（他们希望为进口投入支付较低的价格）之间的利益冲突。

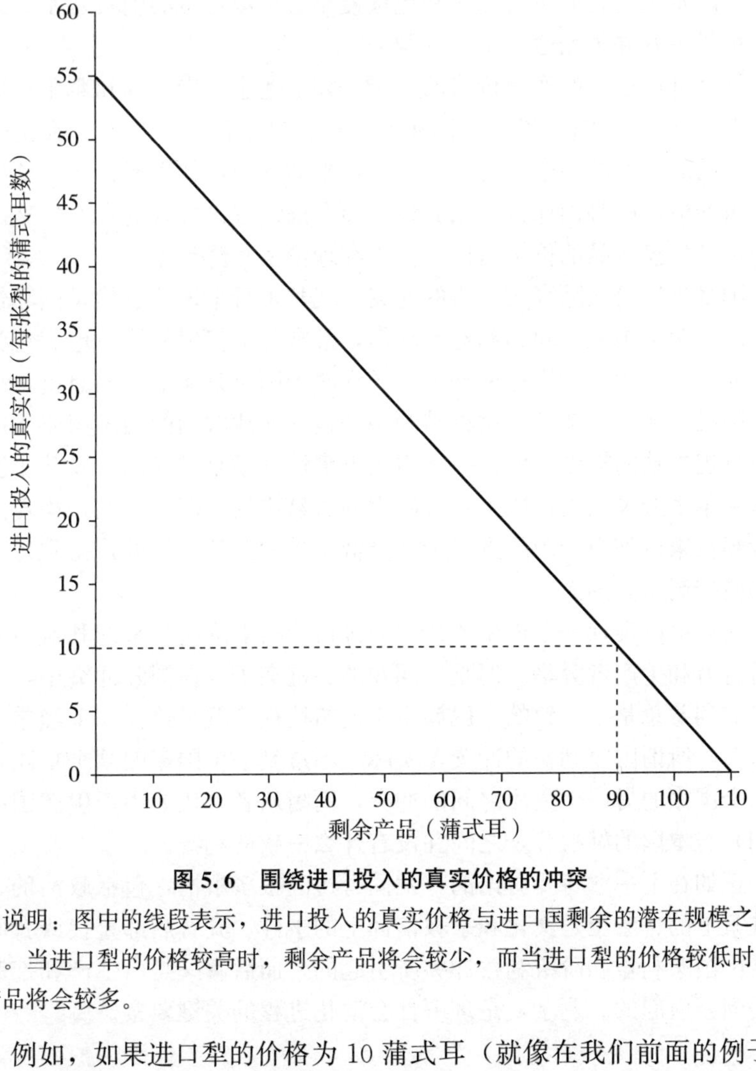

图 5.6　围绕进口投入的真实价格的冲突

说明：图中的线段表示，进口投入的真实价格与进口国剩余的潜在规模之间的关系。当进口犁的价格较高时，剩余产品将会较少，而当进口犁的价格较低时，剩余产品将会较多。

例如，如果进口犁的价格为 10 蒲式耳（就像在我们前面的例子中一样），剩余产品将为 90 蒲式耳（参见图 5.4）。但是，如果犁的国际价格上涨到 55 蒲式耳，（进口国中的）剩余产品就会减少到零。在这种情况下，总产品（200 蒲式耳）就要全部用于生产者的消费（仍为 50 118

蒲式耳)、补偿成本（20 蒲式耳用于饲养耕牛、20 蒲式耳留作来年耕种的种子）以及支付进口的两张犁的成本（110 蒲式耳）。

另一方面，如果犁的进口国（谷物生产国）有一支军队侵略并占领了犁的生产国，那么，犁的进口价格可能会降到零，而小麦生产国的剩余产品就会达到最多的 110 蒲式耳。（即使在价格为零的情况下，犁生产国中的犁生产者们也可能顺利地被侵略者供以正常的消费水平，以生产出可供占有并装船运回本国的犁。）

围绕进口投入的实际价格的冲突（如上述小麦生产国和犁生产国之间所发生的），不同于图 5.5 描述的消费和剩余产品的冲突。在消费和剩余产品的那类冲突中，有一条消费水平的底线，如果要让生产能够持续下去的话，就必须保持这条底线。而在围绕进口投入的真实价格的冲突中，进口投入品的价格可以（至少在理论上）降到零。

围绕进口投入品真实价格的冲突，就其本身来说，显然是国际性的冲突。但两个国家之间的利益不均衡，常常并不仅仅是简单地表现为两国的冲突。尽管有时候这种冲突会导致两个国家整体上互相对抗，战胜国的国民多多少少地都从这种胜利中获益，而战败国的国民都要不同程度地承担失败的损失，但在很多情况下事情并不是这样的。设若小麦生产国和犁生产国之间达成了双方满意的贸易协议，但实际上，小麦的生产者却从未得到由于犁的进口价格降低所带来的任何好处，得到好处的是那些控制剩余的人。

我们可以设计一个模型，让犁的进口价格下降所带来的利益被剩余的所有者和生产者分享。但是，问题的关键在于，在国际冲突中，不同阶级的利益总是不一致的。民族主义情绪往往掩藏了这样一个经常发生的事实，所谓国家利益的冲突，实际上不过是一个国家的某个集团，与另一个国家的另一个集团之间的冲突，而附从者（比如小麦生产国的农夫们）与本国的好战分子之间并没有什么一致的利益。

正如在下一章将要讨论的，我们身边的很多事情，包括政治的、经济政策上的、甚至是文化和宗教信仰上的事件，其背后都直接或者间接地是由国家利益和阶级利益冲突所引起的，而后者又是由生产和控制剩余的问题引起的。剩余，是理解社会演化进程的关键要素。

剩余产品和进步

如前文所定义的，必要产品，就其字面含义来说是保守性的：它被用来再生产社会存在的必要条件。而剩余产品，则可以改变生存境况，这种进步可以体现在各种不同的形式上。在资本主义社会，很大一部分剩余被用于投资，这意味着剩余被用于提高社会经济体的生产能力。包括用于教育和培训，制造更多和更好的资本品，支持新技术发明，等等。如果剩余产品被这样使用的话，受惠的就不仅仅是剩余的控制者，其他人也会得到好处，而生产中的冲突也会因此而被抑制。 119

但还有一些剩余的使用方式，从另一个意义上来说是保守性的，这种剩余的使用不仅不会造成进步，反而会窒息进步，其作用只是在加强统治阶级的强制权力。比如，当剩余仅仅用于奢侈品消费的时候就不会促进进步，受益的只是精英阶层；当剩余不是被用来满足私人消费，而是被用来建造纪念碑、庙宇、教堂的时候，它也许会增进我们的文化和满足人们的精神需求，但也会产生维持现状的效果。

在资本主义经济中，剩余的使用方式诱发了迅速的进步。因为，剩余的控制者（主要是大企业的所有者及其代理人）必须全力应对资本主义竞争以求得生存，而取得竞争优势的关键就是创新——新产品、新技术、新知识、新的商业管理方式。而其他经济体——奴隶社会、封建社会或者共产主义社会——的精英们则没有这种竞争压力：竞争压力不大，或者被限制在可控范围内，精英们为保持优势所要做的不是创新，而是如何保持他们既有的统治地位。

控制剩余产品的人，相应地也拥有着可观的政治权力。由于他们有钱可花，就可以对政府政策和政府行为保持巨大的影响力。他们还利用手中控制的剩余，以便在国际和国内的阶级利益冲突中居于优势，这些冲突产生于剩余产品的生产和索取过程中。因此，为了保持既有的社会结构及其相应的财产和收入结构，必须付出一部分剩余来购买警察、军队、安全人员、劳动监工、甚至教师和宗教领袖的服务，让他们实施和维持占统治地位的权力关系，传播那些解释和支持这些关系的意识形态。剩余产品的这种用途将在第19章作进一步的讨论。

我们关于剩余产品、技术、劳动和消费的模型，阐明了这些概念之间的关系，就像建筑设计师描绘建筑物各部分之间的空间关系一样。但这还远远不够，这个模型还不能告诉我们，为什么会产生这样的而不是那样的技术，为什么一个家庭平均要劳动 2 000 小时才能维持生存，为什么他们劳动得这样辛苦，或者说，这种“正常”的消费水平是如何确立的。我们的模型还没有告诉我们该由谁来得到剩余，或者说，怎样才能得到剩余控制权。该模型的任务只是帮助我们以清晰的方式提出问题，却没有回答问题。要回答这些问题，我们就需要采纳阶级的思想，并询问阶级关系是如何定义了经济制度的。而这是下一章的内容。

推荐书目

120 Perry Anderson, *Lineages of the Absolutist State* (London: Verso Books, 1976).（安德森. 绝对主义国家的系谱. 上海：上海人民出版社，2001.）

Christopher Boehm, *Hierarchy in the Forest: The Evolution of Egalitarian Behavior* (Cambridge, Mass.: Harvard University Press, 2000).

Nancy Folbre, *Who Pays for the Kids? Gender and the Structures of Constraint* (New York: Routledge, 1994).

E. J. Hobsbawm, *Industry and Empire: The Making of Modern English Society* (London: Penguin Books, 1968).

Margaret Levi, *Of Rule and Revenue* (Berkley: University of California Press, 1988).

Karl Polanyi, Conrad Arensberg, and Harry Pearson, eds., *Trade and Market in the Early Empires* (New York: Free Press, 1957).

Marshall Sahlins, *Stone Age Economics* (Chicago: Aldine Publishing, 1972).

Paul Sweezy, *The Theory of Capitalist Development* (New York: Monthly Review Press, 1942).（斯威齐. 资本主义发展论. 北京：商务印书馆，1997.）

Charles Tilly, *Coercion, Capital, and European States, AD 990 - 1990* (Cambridge, Mass: B. Blackwell, 1990).（蒂利. 强制、资本和欧洲国家——公元 990—1990 年. 上海：上海世纪出版集团，2007.）

第 6 章　作为经济制度的资本主义

英国剑桥，一所世界最著名学府的所在地，位于向东北延伸入海的一块低矮平原的边缘。这里的土地本身就展示着资本主义如何改变了社会。在资本主义诞生之前，这块松软潮湿的土地（被称为“沼泽”）排水很差，每逢雨季大部分都被洪水淹没从而无法利用。一个叫伊利的小镇建在一座小山（即“伊利岛”）上通常能逃过洪水。 121

在中世纪，封建制的英格兰的一部分剩余产品被用来修建伊利最初的几座教堂。9 世纪时，又建了一座修道院，后来被烧毁，然后又重建。在 11 世纪，诺曼底人占领英格兰后不久，工匠们被命令开始修建大教堂，该教堂直到今天依然矗立在那里。恢宏典雅的大教堂耗费了成千上万工匠的劳动，用了 110 年来修建。但它从来没有真正地完成：又不断地修建新的圣堂，添置更精致的陈设，以及增高塔楼。其西边的塔楼现在比周围的湿地高出了200英尺（东边的塔楼如果没有在14世纪倒塌掉，也会这样）。几个世纪以来，它矗立着，作为一座风干的纪念碑见证着剩余产品的宗教用途，而其周围全是多水的沼泽，农耕根本无法进行。

后来，在17世纪，沼泽发生了转变。在这一地区拥有其中20 000英亩地的贝德福德公爵（Duke of Bedford）察觉到了盈利的可能，并组织了一个投资公司给沼泽排水。他们雇佣了工程师，并让工人挖了两条大水渠，有100英尺宽30英里长，把多余的水排到大海。另外多条数英里长的支渠和水沟把水汇到主渠。这个巨大的工程把沼泽变成了排水良好的、肥沃的耕地，结果这使得公爵成为一个很富有的人。

现在到伊利来的游客可以看到这两大奇观，大教堂和水渠。大教堂，宏伟而不可一世，代表着封建主义，榨取了这一地区的剩余产品，却使经济停滞不前，而不太惹眼的水渠代表了资本主义企业，用剩余产品投资给沼泽排水，水渠为投资者带来数倍的回报并为该地区提供粮
122 食。关键是这些卑微而容易被忽略的沼泽地水渠变革了这一地区的整个生产制度，它们是带有资本主义制度特征的对剩余产品做生产性使用的一个例子。

这个沼泽的故事有一个迥然不同的21世纪（非资本主义的）姊妹篇：2003年，皇家鸟类保护协会宣布，将从目前在此耕种并维护着河流、水塘及湿地的大麦商手中获取本区域大部分土地，作为沼泽鹞、黑尾胜鹬及其他鸟类的家园，这些鸟类在4世纪前贝德福德公爵改造排水系统时，就从此地消失了。

我们将在本章考察不同的社会如何决定其剩余产品的使用，以及谁从这些使用中获利。一部分人通常并不生产剩余产品，却能控制它们，比如在古代雅典和南北战争之前的美国南部，奴隶主以奴隶劳动的产品为生就是这样的例子。生产产品（包括剩余产品）的人与控制剩余产品使用的人之间的关系叫做阶级关系。阶级是指经济中处于相同地位的人们的总体，阶级关系存在于不同的阶级之间。没有剩余产品控制权的生产者是一个阶级，剩余产品的控制者是另一个阶级。

当然，生产者和控制者之间的区别并不总像在奴隶制种植园中那样清晰，比如一个大型资本主义企业的所有者，可能会参与到剩余产品的生产中，即在一定程度上他们执行必要的社会性任务，比如协调众多生产者的工作。同时，由于他们在经济权力上的地位，他们也能控制剩余产品的分配。诸如此类的复杂性意味着在一个阶级和另一个阶级之间划

清界限并不容易。

只要一个社会是基于这样一种经济制度，其中大部分生产者只有很少或没有对剩余产品使用的控制权，这个社会就称做阶级社会。资本主义社会是一个阶级社会。虽然与美国的资本主义制度很不一样，但当今中国的经济制度也同样使其成为一个阶级社会。在中国和美国，剩余产品都是由成千上万各种各样的工人的劳动所生产。在这两个国家中，尽管其经济制度迥然不同，剩余产品的处置确是被一小部分人所控制的。

本章的中心思想是：**经济上的阶级是通过剩余如何被控制和使用来定义的，阶级和剩余产品是理解不同的经济制度如何运行和变革的关键所在。**

这个中心思想可以表述为以下四个基本点。

1. 阶级社会划分为两类人：生产产品却不控制剩余产品的使用的人，以及控制了剩余产品的使用的人。在这样一个社会，阶级是经济的纵向（或支配）维度的主要方面。（其他纵向关系，如种族或性别支配同样很重要，我们会在后面的章节进行讨论。）
2. 经济制度代表着组织、控制劳动过程的不同方式，其基础是不同的 123
所有权制度，而这些不同的产权制度又决定了剩余产品如何被使用。剩余产品如何被控制以及由谁来控制将各个经济制度区别开来。因此，每一经济制度都有着与之相联系的各阶级的特定组合，以及主导的阶级关系。
3. 资本主义是这样一个特定的经济制度，作为资本品的私人所有者和雇主为了获得利润而使用雇佣劳动来生产商品。这个制度中有两个主要阶级，工人和资本家，当然其他阶级（“中等”阶级）也很重要。
4. 在资本主义制度下，剩余表现为利润。利润可以保留在工厂内并再投资于扩大生产，或者用于支付租金、利息、股息，以及对生产中所用资本品的所有者的其他支付。获得这些支付的人和控制任何留存利润的人，要么将钱用于储蓄，要么花掉以购买那些构成剩余产品的商品，包括资本品。

在伊利，对剩余产品的不同使用方式给我们留下了显而易见的遗迹，由此可了解封建主义与资本主义的不同。与壮丽辉煌的大教堂相比，水渠就不那么明显，除非我们知道要找的目标以及到何处寻找。类似的，我们很容易了解封建主义经济制度是如何运行的，而理解资本主义就困难得多了，除非我们知道寻找的目标以及到何处去寻找——这里关键就在于阶级和剩余产品。

阶级和阶级关系

阶级一词有很多不同的用法。如果一个球员有一定的等级，意味着他有着相应的本领。如果某些人是中产阶级则可能意味着他们有着特定的生活方式，也许拥有一栋房子和两辆汽车。如果某人据说是上流社会（上层阶级）中的一员，则意味着他很富裕等。但是，在政治经济学中这个词有着不同的且非常严格的定义。

就如已经注意到的，**阶级**是指在剩余产品的生产和控制方面处于相同经济地位的人们的总体。于是，当一部分人（一个阶级）生产出总产品（包括剩余产品），而另一部分人（另一个阶级）控制了剩余产品的使用时，**阶级关系**就存在了。这两部分人，剩余产品的生产者以及剩余产品使用的控制者，是不同的阶级。奴隶是一个阶级，奴隶主是另一个阶级；中世纪欧洲种地的农奴形成一个阶级，封建主是另一个阶级。

理解阶级这个概念，要把握四个要点。

第一，阶级是依据关系来定义的。就像堂兄弟一词，它意味着某个人，但除非还有另外一个人也是堂兄弟，否则这将是毫无意义的。你不
124 能成为你自己的堂兄弟，你只能成为你堂兄弟的堂兄弟。一个阶级不能独立存在，只能存在于与其他阶级的关系之中。

第二，阶级关系指的是劳动过程。阶级是通过人们在劳动过程中所占据的特定地位来定义的。阶级不能通过身份或其成员所获得的社会尊敬来定义，也不能通过其成员的收入来定义：富人和穷人并不是阶级，虽然通常而言大部分富人属于一个阶级，而大部分穷人属于另一个阶级。一个拥有相同身份的群体，诸如“受过良好教育”的群体或收入群体——比如年收入超过 50 000 美元——也是通过某些特征来定义的人们的总体。但是，他们不是通过劳动过程中对其他群体的关系来定义的，因此他们也不是阶级。

一个阶级的成员之间也可以有很大的不同。他们可能生活在一个国家的不同地区，甚至是世界的不同区域，他们的境况或好或坏，他们也许有着不同的生活方式，如果他们是工人可能会有大不相同的工作。他

们之间甚至为了找工作、销售产品或者其他事情而相互竞争。因此，同一阶级的两个成员之间可能有的唯一共同之处就在于劳动过程中的相互关系以及和其他阶级之间的关系。

许多对经济分析来说很重要的社会群体并不是阶级。国家不是阶级，种族不是阶级，而且性别也不是阶级：人们是否包含在这些群体之中并不是基于其在劳动过程中的特定地位。比如说，女性和男性是生理上和文化上的定义，并且男人和女人虽然通常从事不同的工作，但使其成为男人或女人的并不是在劳动过程中所处的不同地位。

第三，阶级关系是等级制的或者纵向的：一个集团在上而一个集团在下。什么是关系的纵向维度？为什么我们称其为等级制的？位居其上的集团并不必然地更快乐，他们也并不因此是更好的人或者更有生产力，比如奴隶主。一个集团之所以被认为居于其上，是因为它控制了位于其下的阶级的劳动及其产品。这就是为什么阶级关系对于我们所称的经济的“统制”或纵向维度是至关重要的原因。

奴隶主雇佣监工控制奴隶劳动。奴隶所生产的相应的属于奴隶主。在中世纪，农奴每周花一半的时间在地主的田地里工作，并由地主的管家指挥。农奴在地主土地上的耕种所得属于地主。今天，公司的所有者通常通过董事会选择经理层，由经理层雇佣员工并指挥其劳动，而员工们生产的商品属于公司所有者。

当然，在每个经济制度下，生产者必须消费部分产出。这部分产出也许是他们自己生产的一部分，或者是其他劳动者生产的产品和服务。奴隶和农奴被允许耕种种植园中或其住处的一小块土地。这样，他们就能为自己生产出大部分衣食所需。与此不同，今天的工人必须用作为其劳动偿付的工资或薪酬在市场上购买大部分消费品。请注意，在每一种情况中，生产者——奴隶、农奴或工人——的产出均超过其消费。相应的，位于上层的阶级获得了他们并未生产的东西。 *125*

上层阶级也可能参与生产。比如，资本主义的雇主可能花上一些时间呆在车间里。就像前面提到的，高层经理在工作时，其职能是生产过程的协调者。但雇主的收入并非主要来源于其生产性劳动，而是主要源于其对生产中所用资本品的所有权，以及对他人劳动的控制。

第四，生产阶级和居于统治地位的阶级的利益通常是——但并不总是——冲突的。大多数情况下，工人的所得被看做是雇主的所失，但这个普遍规则也有例外。在特定情况下，两个阶级在相对于外国的阶级关系上有着共同利益。而且，就像我们在前面的章节所看到的，两个阶级都可能从某种形式的技术变革中获利。最后，如果一国政府诚实而高效，绝大多数人都会因此而受益。

一个社会通常不仅存在两个阶级，于是阶级关系通常更复杂，并且不仅仅是生产者同占有者之间的关系。比如，在19世纪的美国，存在着一种非常重要的关系，即（北方）工人阶级同（南方）奴隶之间的关系。这两个阶级之间的关系并不是纵向的——奴隶并不以工人的剩余产品为生，反之亦然。他们的关系一定程度上是阶级间相互依赖的一种，因为奴隶种植的棉花是雇佣工人的工厂所需要的原料。同样，工厂对棉花的需要为奴隶制种植园提供了继续运营的收入，并且工厂所生产的纺织品成为奴隶的衣料。当工人自愿加入北方军队为解放奴隶而战时，这两个阶级之间存在着政治关系。但是，无论工人阶级和奴隶之间的关系曾经有多复杂，这两个阶级是基于特定的纵向关系而定义的：奴隶之于奴隶主，工人之于雇主。

阶级和经济制度

什么是经济制度？我们已经提到了几种不同的经济制度：奴隶制、封建制、自给自足的家庭经济以及资本主义。我们也知道它们作为经济制度，都有一个共同点，那就是组织劳动过程。但又是什么使它们彼此**不同**呢？

每个经济制度都有着一套独特的阶级关系，每一套阶级关系都是通过特定的组织和控制劳动过程的方式而界定的。各种阶级关系的组合以及与之联系的控制劳动过程的方式通常在法律上表现为一系列产权。相应的，**产权**确定了由所有者控制其财产的权利，以及决定由谁和以何种目的使用其财产，并从其使用、改良或出售中获益的一系列权利。

比如说，**奴隶制**是通过奴隶和奴隶主之间的阶级关系来定义的经济制度。奴隶和奴隶主的定义根植于一种特定的组织劳动过程的方式，它基于这样的事实，即在生产中投入的人本身是作为财产被占有的。于是，奴隶主之所以成为奴隶主，就在于他或她对这种特殊财产（奴隶）的占有，以及通过这种占有所确立的所有者的权利：指挥奴隶劳动的权利，占有奴隶劳动产品的权利，占有奴隶所生后代的权利，以及出卖奴隶的权利。

126

在存在于南北战争之前的美国南方的奴隶制中，不仅有这两个主要的阶级，奴隶及奴隶主，还有其他阶级，诸如非蓄奴白人农场主、监工、城镇手工业者、自由黑人以及商人。但是奴隶主是统治阶级，而且，就像已提及过的，他们占有奴隶劳动过程的一切投入——包括劳动者本身。奴隶生产的总产品，全部被奴隶主占有，主要包括烟草、大米和皮棉。食物同样也是在种植园中生产的，一部分食物，连同靠卖粮食得到的收入购买的其他给养，被用于奴隶的衣食住宿之需。总产品的这个部分依奴隶的正常消费水平而提供。另一部分产出必须留出来喂养牲口，更换用坏的工具，或者替换生产总产品时已耗费掉的资本品。剩下的剩余产品，则留作奴隶主的个人消费，以及购买更多的奴隶，建造华美的住宅，为奴隶主子女提供教育，出国旅游等。

另一种经济制度，**封建制**，是组织中世纪欧洲大部分生产活动的方式。就像奴隶制一样，封建制存在着两个主要阶级，地主（要么是教士，要么是贵族成员）和农奴（或者自耕农）。封建制下欧洲的其他阶级有手工艺人、管家及其他地主的随从，还有商人。农奴生产的总产品（除开手工艺人的产品外），其中一部分作为正常的消费保留给他们自己使用。但是地主获得了总产出的相当大部分，即剩余产品，以供他们自己修建城堡和教堂、资助十字军东征，以及更为普遍地维持其贵族生活方式。

地主是如何获得剩余产品的？为什么农奴将总产出的一部分移交给他们？首先回答第一个关于“如何”的问题：农奴通常欠地主地租，这里的地租一般以实物形式支付（比如两头羊或者八只鸡），而不是货币。此外，有田产的农奴通常为地主从事义务劳动：他们必须每周在地主的土地上劳动一定的时间，而地主拥有这块土地上的产出。（这个制度使人很容易看到在一周的一部分时间里生产者在自己的土地上劳动以养活自己，而在一周的另一部分时间里他们在地主的土地上为地主生产剩余产品。）有时候农奴还必须支付其他费用，比如常见的是在地主的磨房里磨粮食的费用，或者，并不常见的例子是养活地主的马戏熊。在这个例子里，农奴甚至在熊死后还必须继续支付费用！

在封建社会，农奴以欠地主的地租、强制劳动以及各种费用的形式 127
支付剩余产品。但是地主并不像奴隶主拥有奴隶一样拥有农奴。比如说，地主不能出售农奴，在大多数情况下，甚至不能使农奴家庭从其常住的房屋和土地上移走。那么，为什么农奴需要缴付剩余呢？答案是在封建主义的法律下他们负有法律义务进行缴付，并且当地的封建法庭（通常为地主控制）保证了地主的产权。作为最后的手段，地主拥有武装力量——骑士——来惩罚抗租的农奴。通过这些方法地主控制了封建制度下的生产和剩余产品的使用。（值得注意的是，有时候农奴迫于无奈会设法逃往附近的城镇，逃到野地，或者转而为另一个地主服务。）

这些例子说明了一个基本点，即不管是考察奴隶制、封建制、资本主义还是其他制度，每个经济制度都以其特定的阶级关系为特征。就如我们已经说过的，每个制度都有相应的组织劳动过程并确立产权的方式，这一切连同阶级关系一起，决定了由谁控制劳动过程以及剩余产品的分配。在表 6.1 中我们归纳了各种经济制度的主要特征，并提供了通过进一步阅读了解每种制度的相关文献。（完整的目录见章末的参考文献。）

表 6.1　　各种经济制度

经济制度	代表性社会关系	例　子	推荐书目
采猎社会（觅食群体）	合作觅食并分享食物和信息；协商一致的决策；没有政府；几乎没有私有产权，基本公平；没有剩余产品	在农业于 11 000 年前出现之前，在 100 000 年的人类历史中的大部分时期；当今世界的一些部族社会	Sahlins（1974） Diamond（1997） Boehm（2000）
奴隶制	奴隶完成大部分生产工作；他们的主人占有其产出（包括生产中所用资本品），并且控制着政府；剩余产品的表现形式是奴隶主的收益	古代罗马；1863 年发表《解放黑奴宣言》前的美国	Finley（1973） Genovese（1965） Fogel and Engerman（1974）
封建制	农奴既为自己也为世袭的地主劳作；地主拥有土地并履行大部分政府职能；剩余产品的主要形式是农奴负担的地租，以及在地主土地上从事的强制劳动（每年的劳动日预先有规定）	1000—1500 年间，欧洲大部分地区	Bloch（1961） Anderson（1974） Aston and Philipin（1985）
128 自给自足的经济	家庭完成大部分劳动；他们拥有土地、资本品以及劳动产品；他们独立决策；小政府	资本主义发展之前的英格兰大部；19 世纪美国的非蓄奴州	Allen（1992）

续前表

经济制度	代表性社会关系	例　子	推荐书目
农业专制主义	政治精英管理大众，通过对农业居民（既包括拥有土地的地主又包括佃农）征税获得剩余产品	20 世纪前的中国；印度的莫卧儿帝国（1200—1700 年）；1500—1800 年的欧洲大部	Spence（1990） Richards（1993） Anderson（1972）
中央计划	大部分经济决策是依据强大的政府所制定并实施的计划；资本品国有；政治权力集中；限制经济不平等；政府控制剩余产品	苏联，1921—1990 年；20 世纪下半叶的中国及其他共产主义国家	Dobb（1966） Allen（2003）
资本主义	资本品所有者为了获得利润使用雇佣劳动生产商品；雇主进行大部分的经济决策；存在着严重的经济不平等；雇主及其他人以资本主义利润和财产收益的形式获得剩余产品	1600 年以来欧洲的部分地区和当今世界的大部分，除了中国和少数坚持共产主义的国家	Dobb（1964） Wallerstein（1974） Gray（1998） Schumpeter（1942） Gordon，Edwards，and Reich（1982）

说明：在不同的时间和地点，产品和服务的生产与分配是以迥然不同的方式来组织的。特定的经济制度不是以生产什么来区分，而是以如何做出以下决策来区分的，诸如谁从事何种劳动、生产什么、如何生产及何时生产，谁占有或控制着作为结果的产品及服务等。表中所列的是七种主要的经济制度。在人类历史过程中，我们能发现很多变体，除了上述所列以外，还有很多没有列出的。可能未来还会出现全新的经济制度。表格右边一栏所列著作的详尽信息请参见本章末的推荐书目。

经济制度是以如何做出以下决策来相互区分的，诸如谁从事何种劳动；谁决定将生产什么，如何生产以及何时生产；谁控制作为结果的产品和服务。历史上存在着表格中所列的七种主要的经济制度。在人类历史过程中，有成千上万的这七种制度的变体，而且未来还可能出现从未想象过的经济制度。

进而言之，我们把经济制度看做支配着经济生活的一系列游戏规则。从这个角度看，我们可以通过与游戏类比来理解经济制度。定义各种游戏的是玩游戏的规则。比如，使得棒球不同于篮球的并不是谁来 129

玩，在哪儿玩，何时玩，或者除开游戏规则之外的其他任何东西。

经济制度也是这样。每种经济制度都可以被认为有着一系列独特的游戏规则，即一系列在生产和剩余产品使用方面控制着各阶级的相互作用方式的特定规则。经济制度的界定不是依据生产什么（谷物、钢铁、理发或电脑程序），在哪儿生产（在城区或者农村，在美国或者博茨瓦纳），或者由谁创建了这一经济制度。就像体育运动一样，是游戏规则使得各种经济制度相互区别。

阶级关系连同它们特定的游戏规则，在资本主义以前的社会中是很容易观察到的。比如在奴隶和封建社会中，奴隶主—奴隶和地主—农奴的关系是显而易见的。比较而言，资本主义中的主要阶级关系并不容易被发现，尤其是当所提及的资本主义经济和民主政治制度绑在一起的时候。在这样一个社会中，每个人据称都“在法律面前，人人平等”，而且游戏规则确实包含了一种个人之间的平等，这种情况在奴隶制或封建制社会中从未出现过。但是法律的平等并不意味着社会或经济的平等。就如阿纳托尔·法朗士（Anatole France）（法国著名现代作家。——译者注）所讽刺的：“法律，以其伟大的平等之名，禁止富人和穷人睡在桥下，禁止富人和穷人沿街乞讨，并禁止富人和穷人偷窃面包。”①

在大部分资本主义社会里，除了人们之间拥有平等的法律权利这一事实以外，还存在着特定的、起着定义作用的、居于每一种资本主义经济核心的阶级关系。下面我们就来考察使资本主义区别于其他经济制度的具体性质。

资本主义

资本主义是这样一种特定的经济制度，雇主为了获取利润，利用其私人占有的资本品，使用雇佣劳动生产商品。于是，资本主义主要的阶级关系就是存在于雇主（资本家）和工人之间的劳资关系。其他阶级——“中间阶级”——同样很重要，将在下一章中加以讨论。

资本主义是通过其劳动过程的三个特征来定义的。首先，生产部门的大多数劳动过程生产的是商品。其次，生产过程中所使用的资本品是

① Anatole France, *Le Lys Rouge* (Paris, 1894), Ch. 7.

私人占有的。再次，生产商品所需的劳动时间是在劳动市场上购买的。在劳动的每次市场交易中，某人同意将他或她的某段时期的劳动服务提供给雇主以换取工资（或薪酬）。于是，劳动的资本主义形式便是“雇佣劳动”。

现在我们依次讨论资本主义劳动过程的三个方面：商品生产，生产所需的资本品的私人占有，以及雇佣劳动。

商　品

商品是为了卖钱而生产的任何产品或服务，这些产品和服务既可用作个人消费，也可用作企业的投入。为此，商品生产需要有能进行产品买卖的市场。 130

为了弄清商品这个概念，我们考虑一下煎饼的制作。在前面的章节里我们关注做煎饼的食谱，或者说制作工艺。现在我们转向做煎饼的社会组织。为此，我们必须说明煎饼是在何处制作以及为何制作。星期天早上在家制作煎饼的劳动过程的组织方式，同在煎饼坊或其他餐馆中制作煎饼的劳动过程是截然不同的。

让我们从煎饼坊的案例开始。什么才能解释谁在餐馆中做何种工作？什么才能解释吃煎饼的人如何得到煎饼？两个问题的答案都是市场。劳动市场决定了第一个问题的答案，而煎饼市场，同其他使煎饼消费者获得收入的市场一道决定了第二个问题。

吃煎饼的人通过为煎饼埋单而获得煎饼。他或她放弃某些东西——一定数量的货币——以获得煎饼的所有权。在第 8 章我们注意到，市场交换是资本主义社会所有权发生转移的（合法）途径。需要多少货币呢？价格是通过买卖双方竞争性的相互作用决定的，这个过程我们将在第 8 章借助于供求曲线来分析。

吃煎饼的人如何获得煎饼同样也解释了为何而制作煎饼。制作煎饼是为了出售以换取货币。（这就是“商品生产”的含义。）煎饼师傅并不是因为特别喜欢制作煎饼或者希望顾客能美餐一顿而在煎饼坊制作煎饼。他们制作煎饼是因为他们因此获得工钱。如果他们不能得到报酬，他们便不会去做。如果制作汉堡包的工钱更高，他们将很可能寻求在麦当劳工作。

同样，并不是因为煎饼坊的所有者喜欢组织煎饼的制作而生产煎饼。他或她也许生活在另一个城市或另一个国家。他或她也许从来不曾见过这家特别的煎饼坊。无论如何，如果其所有者能够通过投资钢铁生产或者绵羊养殖赚更多的钱，他或她很可能不会成为煎饼坊的所有者。

目标是赚钱，而不是生产煎饼，这就是为什么在煎饼坊生产的煎饼是商品的原因。就如我们所说，生产商品的目的是卖掉它。生产者或所有者的喜好——他们关注（或漠视）营养或者顾客的享受——也许是很重要的，但是这些因素（在大多数情况下）并不决定生产何种商品或谁将得到它们。生产什么以及为谁生产的问题的答案取决于出售商品的价格以及生产它们的成本。此外，在资本主义社会商品交换通常是匿名的：任何人只要走进煎饼坊并支付标签上的价钱就能得到一份煎饼。是谁购买并不重要；重要的只是价钱。从这个意义上说，资本主义破坏了种族歧视和其他形式的歧视。

131 但是，在星期天早上的家庭餐桌旁，情况就很不一样了。如果一个陌生人走进来，他也许会被告知晚会儿再来，或者被赶出去。当然他也可能被邀请坐下并享用一些煎饼。但不太可能的是，因为他付钱而不是其他原因而获得煎饼。

在军事基地的厨房里制作的煎饼也不是商品。这些煎饼被制作出来是因为当权者的命令，制作煎饼的人这样做只是奉命行事。这些煎饼没有售价；只要是基地各单位的一员就能获得煎饼。

虽然资本主义在当今世界的扩张导致社会生活的各个方面日益商品化——把越来越多的先前不用于出售的东西变成商品，但是仍然有很多产品并不是作为商品而生产的。以初等和中等教育为例，虽然美国有超过 3 000 家私立学校，绝大多数美国孩子还是就读于公立学校，这些公立学校的经费依靠地方政府收取的社区税收而不是学费（学费用于购买教育，从而把教育当成了商品）。由政府资助的活动不能被认为是生产商品，因为它们并不生产在市场上出售的东西。在我们的例子中，孩子们有权利在他们所在社区的公立学校就读，是因为他们住在这个社区，而不是因为他们能买到去某所特定学校的权利。

人类本身并不是作为商品生产的，这几乎没有例外。虽然一个成年人所做的工作不可避免地会受市场力量的影响，但是出生、照料、培育以及对人的教化——都涉及再生产部门的劳动过程——通常并不是以生产某个用于出售的物品为目标来进行的。也有例外，包括孕育胎儿并对此收费的代孕妈妈（一种在广告中称之为“出租子宫”的服务）；以及在美国内战前，美国南方种植园中抚养奴隶儿童是为了在奴隶市场上出售以获取利润。

图 6.1 显示，今天在美国，制造商品的劳动还不到总劳动的一半。

最近关于“时间使用”的调查（此调查收集了人们如何将时间分配给各项活动的相关数据）显示，在工业化国家（包括美国），所有工作中有大约一半是在市场之外进行的。这些工作没有报酬，大多数是家务活，这其中主要是照顾家庭成员，尤其是儿童。这个调查还发现，在工业化国家，男人的总劳动时间大约有三分之二用于有报酬的活动，三分之一用于没有报酬的活动。而对于女人，这个比例正好相反，三分之一用于有报酬的活动，三分之二用于没有报酬的活动。[①]

132

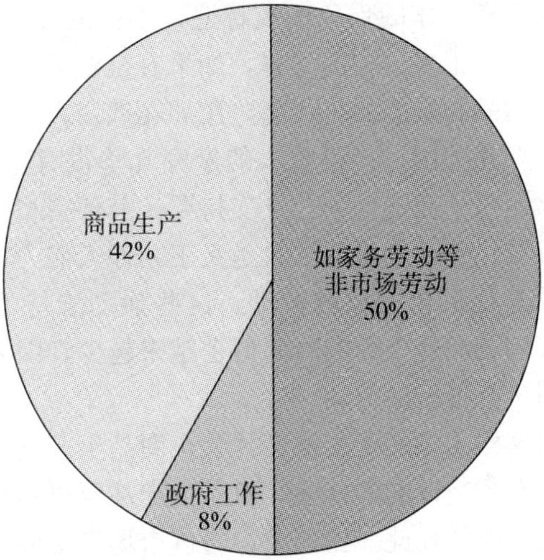

图 6.1　家务劳动和其他非市场劳动、从事商品生产的劳动以及为政府进行的劳动

说明：这里我们考虑三种类型的劳动过程：家务劳动和其他非市场劳动、致力于商品生产的私人部门的劳动，以及在公共部门工作（但不是商品生产的）并取得报酬的政府（联邦的、州的和地方的）雇员的劳动。2001 年，美国一个标准工作周大约有 108 亿小时的劳动时间，表中的百分比展示了对总时间的划分。数据给出的是劳动时间而不是工人数，因为大多数人参加了不止一种劳动过程，比如，进行家务劳动的同时在外面也有一份工作。该图是建立在估计美国一半的劳动都是非市场（没有报酬）劳动的基础上的。所有这些估计当然都可能会有错，尤其是政府并没有收集非市场劳动的数据。

资料来源：United Nations，*Human Development Report 1995*（New York：United Nations，1995），pp. 88－89；U. S. Census Bureau，*Statistical Abstract of the United States*：*2001*（Washington，D. C.：U. S. Government Printing Office，2001），Tables 10 and 580；U. S. Census Bureau，www. census. gov/statab/www，*USA Statistics in Brief*，“Employment” table.

---

① United Nations，*Human Development Report 1995*（New York：United Nations，1995），pp. 88－89.

2001年，在劳动市场上出售劳动能力的美国人中，有84%从事商品生产，而另外的16%是非商品生产的政府部门雇员。于是，非市场的、从事商品生产的以及为政府而进行的劳动的相对百分比——以图6.1中2001年美国平均每周的总劳动时间的百分比来表示——分别是50%、42%和8%。

很多家务劳动主要是照看儿童、购买食品杂货、做饭、打扫、整理衣物、园艺以及除草，大多数都需要花费大量时间。但是在美国这样的社会，夫妇二人都有工作的现象已成普遍，小孩的父母（尤其是母亲）几乎没有闲暇时间。很多这样的父母，如果有足够的收入，会购买他们自己曾经提供的物品和服务的替代品，比如花钱请人照看小孩、去餐馆吃饭或叫外卖等。在美国，挣得收入的家庭几乎没有主动放弃工作的，并且在这里为照顾孩子而提供的公共支持要比其他富裕国家少得多。

另一种非市场化劳动的重要形式是义工，即人们为其居所附近的社区组织、学校及其他机构提供的劳动。这些活动维持了我们的公民生活，但是现在人们花在这上面的时间似乎越来越少，因为越来越多的家庭时间一般被用于有报酬的劳动。①

133 虽然在美国这样的当代资本主义社会，商品生产只占了总劳动的不到一半，但在资本主义以前的社会，商品生产甚至更不重要，在当今的非资本主义社会也同样如此。比如说，通过市场来交换食物在有些社会是禁止的，因为其民众认为食物有着如此重要的功能，不能任由个人的买卖活动来支配。即使在当今的美国和其他很多国家，政府的价格支持和其他形式的国家干预也使得食物价格不再完全由没有调节的商品交换来决定。但是在经济全球化的今天，食物毕竟是商品，这意味着要处理世界范围内的饥荒还有很多工作要做。（参见下面的专栏“金钱万能”。）

金钱万能

在1997—1999年间，每一天有8.15亿人——接近世界总人口的八分之一——处于营养不良，他们得不到足够的食物以维持每天的能量需要，甚至是少量运动的需要。虽然很难确定任何特定年份死于饥荒的准确人数——很多情况下具体的死因是不确定的，但这方面的权威人士认为，这个数字在3 000万到5 000万之间。全世

① Robert Putnam, *Bowling Alone: The Collapse and Revival of American Community* (New York: Simon & Schuster, 2000).

界五岁以下儿童的情况要清楚一些：在20世纪90年代，他们中的三分之一处于营养不良，并且在那十年的最后几年中，每年就有1 000万儿童死于饥饿。

世界上绝大多数处于饥饿的人口，1997—1999年间的8.15亿人中有7.77亿人居住在非洲、亚洲、拉丁美洲的贫困国家。虽然贫穷国家中处于饥饿的人口占总人口的比例从20世纪70年代初的37%下降到了20世纪90年代末的17%，但其绝对数量仍然很大。在整个20世纪90年代这个比例下降了不到5%。

虽然世界大部分饥饿人口住在贫穷国家，营养不良的现象也存在于较富裕的地区。比如说，一份美国农业部的调查显示，在1998年有1 050万个美国家庭（3 600万人，其中1 400万为儿童）没有足够的食物满足每天的营养需要。

为什么世界上有这么多处于饥饿的人，这其中很多儿童在5岁之前就夭折？主要原因是，无论在国内还是国与国之间，土地和收入都是分配不均的——没有足够土地和收入的人既不能生产也不能买到足够的食物以获得足够的营养。有悖常理的是，世界上很多处于饥饿的人是农业工人或者农民，他们依靠在非农产业打零工维持生活。失业较之农业歉收是更为普遍的饥荒的原因。 *134*

食物是商品，这就意味着，首先，它是通过市场来分配的，其次，市场价格决定了生产多少以及为谁生产。由于我们生活在一个高度全球化的经济之中，食物将被出价最高的人买走并消费，不管他是住在哪儿。

近年来，曾经自给自足的农业小生产者（比如说自耕农）被宁愿生产经济作物以供出口的大型商业化农场所替代。于是，食物被出口到更繁荣的国家，那里已经丰衣足食的消费者愿意并且能够支付相对更高的价钱。结果是令人沮丧的，在这个饥荒持续的世界，食物通过全球市场从急需它的区域流向富裕的区域。在我们生活的世界，金钱不仅有至上的话语权，还决定了一个人能否有吃饭的权利。

资料来源：Frances Moore Lappé，Joseph Collins，and Peter Rosset，*World Hunger：12 Myths*（New York：Grove Press，1998）；U. S. Department of Agriculture，*Advance Report on Household Food Security，1995－1998*（Washington，D. C.：U. S. Department of Agriculture 1999）；Food and Agriculture Organization of the United Nations（FAO），*The State of Food and Agriculture 2001*（Rome：FAO，2001）；FAO，*The State of Food Insecurity in the World 2000* and *The State of Food Insecurity in the World 2001*（Rome：FAO，2000 and 2001）；FAO，*Agriculture：Towards 2015/30*，*Technical Interim Report*，April 2000，Chapters 1 and 2（available at http://www.fao.org/es/ESD/at2015/toc-e.htm）；UNICEF，*The State of the World's Children 2001*，Table 1（available at http://www.unicef.org/sowc01），and *The State of The World's Children 2002*，Introduction（available at http://www.unicef.org/sowc02）.

商品生产和其他组织生产和产出分配的方式很不一样。其他协调经济活动的方式包括家庭内部的关系、军事基地里的军令以及谈判和投票等民主程序。但是，理解商品生产是理解当今美国和世界经济的关键。

仅靠商品自身并不足以定义资本主义，资本主义也不是商品生产（或市场经济）的同义语。从历史上看，早就有面向市场生产商品的经济制度，但却没有出现资本家。我们已经讨论过这样一个例子，在美国内战之前美国南方的奴隶制经济中，奴隶在种植园中生产烟草、大米和棉花，同时其所有者将奴隶产品作为商品在世界市场上出售。

大约在同一时期，另一种组织经济生活的方式在美国与奴隶制共存。这种经济制度——将在下一章以较长篇幅讨论——是由两部分组成的，即以直接使用为目的的家庭生产和自我雇佣的独立生产者（如农民、手工业者和工匠）的商品生产。在这种经济制度下，自己拥有资本品的家庭完成生产，并且经常在市场上交换其产品——但不包括劳动，这一经济制度大约生产了当时美国总产品的60%。这一局面类似于托马斯·杰斐逊所倡导的“有财产的民主制”。

135 在20世纪，市场社会主义的支持者认为，市场能用来调节经济从而形成社会主义的基础，而不仅仅是资本主义社会的基础。他们所描述的是这样一个制度：工人所有的工厂通过竞争的方式在市场上出售他们的产品（于是避免了对中央计划的需要）。这里既没有资本家（因为资本品被工人所控制的工厂所占有），也没有雇佣劳动（因为工人是和自己占有的资本品相结合，实际上是自己雇佣自己）。无论如何看待这样的提议，事实是商品生产在历史上存在于各种非资本主义经济制度中，也能存在于未来的非资本主义制度中。

商品生产若要能称为资本主义生产，还必须存在雇主和工人。相应的，雇主和工人之间的关系（即劳资关系）是通过劳动过程的另外两个特征来定义的：资本品——工具、工厂、写字间以及生产中使用的其他（耐用）物品——的私人所有，以及劳动者作为雇佣劳动被雇佣。

私人所有的资本品

资本主义的第二个本质特征（除商品生产之外）在于，生产中所使用的资本品是资本家的私人财产。**私人产权**意味着，第一，其使用或出售取决于所有者或由其指定的代理人的决策；第二，所有者有权占有因其所有物的使用所产生的收入或其他利益；第三，所有者有权禁止他人使用其所有物，比如土地或工厂。“私人财产，非请莫入”的标志就传达了私人财产的第三层含义。

资本品的私人产权，虽然不是资本主义独有的，但也绝不是普遍的。比如，很多美洲原著民就没有土地私有权的概念，这导致了他们和欧洲移民之间的误会，因为移民根据西方私有产权的概念认为他们是从原著民那儿购买东西。“印第安送礼者”这个贬义词是指那些送出东西又要回去的人，它揭示了这个说法源于欧洲人（后来成为美洲人）无法理解土著美洲人的下述观念：诸如土地这样的东西既不能是你的也不能是我的，而是我们的或者不是任何人的。其他社会也有着非常复杂的产权概念，如新几内亚的阿拉佩什人（Arapesh）对产权的描述所展示的那样。（参见专栏“新几内亚阿拉佩什人的产权”。）

在什么情况下资本品是不为私人所有的？在某些情况下，政府机构，比如市政电力公司，会占有它们。甚至在私人部门，某些公司的资本品也有可能为其工人所有。事实上，这种情况偶尔会发生：当一个公司处于破产的边缘并且需要“被救援”以免“沉没”时，其经理和工人就会团结起来，集资购买公司在股市的大部分股票，并且——通常用减薪和其他手段——使公司重新获得一个稳固的财务基础。

新几内亚阿拉佩什人的产权

一个典型的阿拉佩什人至少部分时间（生活）……在不属于他自己的土地上。 *136*
家门的周围是他妻子喂养的猪，但这属于他或她的亲戚。房子旁边是同样属于别人的椰子树和槟榔树，其果实未经其所有者的允许不能触碰。至少在其打猎的部分时间里，他在他姐夫或堂兄弟的灌木丛中打猎，剩余时间其他人加入和他一道在他的土地上打猎，前提是他有土地的话。他在其他人和自己的西米椰树丛中加工西米。

在其屋内，像大号水壶、刻花的盘子和好使的长矛等有永久价值的东西，其个人产权已经归于其子名下，虽然他们都还是蹒跚学步的孩子。他的猪群或猪肉，在遥远的其他村庄；他的棕榈树散布在某一方向三英里的范围，还有两棵在另一个方向；他的西米椰树也分散在很远的地方；他的园子东一块西一块，大都在别人的土地上。

如果有肉在他的烤架上冒着烟，这肉也许是其他人打来的——兄弟、姐夫、侄子等，并已送给他以供他和他的家人享用；这肉也许是他自己打的，并且烤好后送给其他人享用，因为自己吃自己打的肉，即使仅仅是只小鸟也是犯罪，只有道德上——在阿拉佩什人中通常意味着精神上——有缺陷的人才会自甘堕落这样做。

如果他的住房名义上是他自己的，则房子——至少是一部分——会由其他人已经拆掉的或者暂时废弃的房子的柱子或木板建成，他还会从这些房子中借用木材。如果椽太长，他不会锯掉一部分来适应自己的房子，因为这些椽今后也许会被别人的住房所需要，其形状或大小会有所不同。

这就是一个男性通常的经济联系的画面，在此画面中，地缘和血亲的每一条清晰的经络相互交错，（并且这些联系是）建立在个人之间的人际关系之上，这使得每个部落的成员融入其他部落中，并使部落间任何可能的差别模糊起来。

资料来源：Margaret Mead, *Cooperation and Competition Among Primitive Peoples* (Boston: Beacon Press, 1961), pp. 31 - 32. Reprinted with permission from the Institute for Intercultural Studies, Inc., New York, N. Y.

美国有大量企业被它的工人所有并控制，其中最有名的是在太平洋西北沿岸的一些胶合板制造公司。（见专栏“拥有你的工作，选择你的老板”。）在西班牙的蒙德拉贡，有许多超过 100 名工人的合作社生产并销售从家庭用具到机械工具等几乎所有东西。与之类似，在德国有称做“共同决策”的制度，要求公司董事会成员中必须包括一定数量的工人
137 代表（作为董事），以及通过民主选举产生的工人委员会被允许参与德国公司的决策过程。在意大利有差不多 40 000 个合作社。

就如已经指出的，资本品的私人所有不仅为其所有者提供了使用或出售它们的权利；还赋予雇主排除他人使用的权利。这一排他性权利还意味着解雇工人的权利，因为这是将工人从劳动场所排除出去的方式。与此相关的权利，即决定把谁包括在内的权利，则是雇佣的权利。所以，雇佣和解雇的权利是资本主义雇主所有的产权的一个方面。

拥有你的工作，选择你的老板

1921 年，一群伐木工人、木匠和机械师在华盛顿州的奥林匹亚市，成立了奥林匹亚·维尼亚·普利伍德合作社（Olympia Veneer Plywood Cooperative）。作为 1 000美元投资的回报，每个成员拥有在公司里工作的权利，并平等地分享所有的利润。成员中如果谁要离开必须出售他的股份，同时准成员，如果获得成员资格的认可，将被要求购买股份。到 1923 年每股价格为 2 550 美元。1939 年，在阿纳科特斯附近的 250 名工人每人投资了 2 000 美元建立了第二个胶合板合作工厂。战时对胶合板的大量需求使其股价在 1951 年上涨到 28 000 美元，该合作工厂的成员们给他们自己付的工资是附近以传统方式组织的胶合板工厂中工会工资的两倍。

受奥林匹亚·维尼亚和阿纳科特斯成功的激励，1949—1956 年间，另外 21 家位于华盛顿和俄勒冈的合作社进入了胶合板行业，其中 9 家是通过对已有传统型企业的收购完成的。合作社要么事实上由传统型企业转变而来，要么是由收购传统型企业而形成的。在 20 世纪 80 年代到 90 年代，整个行业从西北部移至东南，大约一半的胶合板企业是合作社，剩下的是传统型企业，后者所雇佣的有一些是工会组织的劳动力，有一些则不是。虽然合作社和传统型企业用的是实质上同样的机器，但合作社在更为劳动密集型的“砂光”胶合板生产上有专长，因为，就如一个合作

社分析家所评论的那样，它“激励了工人的努力”。

几乎没有例外，在西北部的胶合板合作社中工人股东收到了公平的报酬，并且他们的工作经常轮换。工人成员团体选择经理层。一些非内部成员签署传统的工资合同后被雇佣，其人数平均占到总工人人数的四分之一。高水平的生产率通过成员间强烈的职业道德得以维持，并因同伴的压力得以强化。在监督成本方面最终节省了巨额开销：当一个传统型企业转变为合作社，其监管者的人数会减至原来的四分之一。由于成员退休或离开而产生的股份出让会在当地报纸上登广告。平均股价在相当于年收入的1～3倍之间浮动。

在传统企业和合作社共存于西北部的75年中，它们虽同样能够吸引到劳动力 *138*
和资本，但在很多方面都不一样。合作社的生产率（每单位全要素的产出）比传统企业高出很多。而合作社没能占领整个行业的原因在于，其潜在成员很难筹集到用以购买加入合作社的股票的资金。另一个不同是，当胶合板需求不足时，合作社并不裁员，而是降低所有工人的工资，这样虽然使痛苦被分担，但也保证成员不致蒙受失业的不幸。

在当今美国，有超过五分之一的雇员拥有其工作的公司的股票，虽然几乎没人拥有很大的数量。与胶合板合作社的成员不同，他们基本上不能选择自己的老板。虽然也有一些广为人知的工人持股的失败案例，如联合航空，但雇员持有相当股份的企业能达到的劳动生产率通常比传统企业更高，尤其当雇员也能参与到有关劳动过程的决策中时。

资料来源：Adapted from Samuel Bowles, *Microeconomics: Behavior, Institutions, and Evolution* (Princeton: Princeton University Press, 2004). See also: Douglas Kruse, "Research Evidence on the Prevalence and Effects of Employee Ownership," *Journal of Employee Ownership Law and Finance*, vol. 14, no. 4, 2003, pp. 65-90; John Pencavel, *Worker Participation: Lessons from the Worker Co-ops of the Pacific North-West* (New York: Russell Sage Foundation, 2002).

个人自由地使用自己财产的权利在很大程度上受到地方法规、工会合同、公共健康法规、职业健康与安全条例、污染控制等的限制。但是，即使有这些限制，资本品的私人所有制仍是使得资本主义生产得以进行的法律前提。

在讨论资本品的占有时，有必要区分**财富**、**财产收入**和工薪收入。财富是指某人或某公司在某一时间段的任一特定时刻所拥有的东西，出于这个原因经济学家将其视为“存量”。另一方面，收入——无论来自于财产还是劳动——被认为是“流量”，并且是以一特定时间段来衡量：一小时、一周、一个月或者一年。

财富涉及随着时间的流逝能对其所有者产生收入或其他收益的耐用

品的占有。于是，在任一给定时刻某人的财产可以由一些有形项目构成，比如房子、车、工厂和土地；也可以由无形的收入来源构成，比如证券、版权和专利。个人或公司所拥有的物品通常被称做资产，而净资产和净价值这样的术语指的是所拥有的一切东西减去对他人或其他机构（比如银行和信用卡公司）欠下的负债或债务。当一个人被描述成很“富有”的时候，这意味着他或她拥有远远超过其负债或债务的相当数量的资产。比尔·盖茨就是富人的一个例子：他的净资产在2003年（根据《福布斯》杂志）是460亿美元。（参见专栏“兄弟，你能省下亿万财富吗”。）

兄弟，你能省下亿万财富吗

139 从1982年开始，《福布斯》杂志每年都会公布一张美国最富有的400人的名单，这个名单被称做“福布斯400富人榜”。近年来，《福布斯》杂志开始公布一个叫做“世界富豪榜”的名单。在2003年，这个名单共有来自大约40个国家的476位富豪上榜。巧的是，比尔·盖茨，微软公司的创始人，凭借460亿美元的净资产，目前在这两个富豪榜上雄居榜首。作为一位计算机软件设计师，盖茨是凭借其软件技术开始他登上财富之巅的上升历程的。不过，在美国最富有的400人当中，有将近三分之一的人上榜是由于他们从其父母或祖父母那里继承了巨额的财富。

要想有资格进入2003年《福布斯》的美国400富人榜——他们当中一半以上的人身价以10亿美元计数——每个人至少需要拥有6亿美元的净值。算起来，美国最富有的这400人总共拥有9 550亿美元的净资产，或者，正如《福布斯》杂志所指出的那样“距万亿美元仅差一个比尔·盖茨”。这400位富豪的财富大约相当于美国最贫困的8 300万个家庭所持有的净金融资产的总和。

世界十大富豪榜

姓名	净财富	国别	财富来源
威廉·H·盖茨三世 (William H. Gates Ⅲ)	460亿美元	美国	微软公司
沃伦·爱德华·巴菲特 (Warren Edward Buffett)	360亿美元	美国	投资
西奥和卡尔·阿尔布莱希特兄弟及其家族（Theo & Karl Albrecht and family）	256亿美元	德国	阿尔迪超市
保罗·加德纳·艾伦 (Paul Gardner Allen)	220亿美元	美国	微软公司
萨姆·沃尔顿遗孀及其四子女 (Sam Walton's widow and four children)	205亿美元每人	美国	沃尔玛超市

续前表

姓名	净财富	国别	财富来源
劳伦斯·约瑟夫·埃里森 (Lawrence Joseph Ellison)	180 亿美元	美国	甲骨文公司
王储阿尔瓦利德·塔拉尔 (Prince Alwaleed Bin Talal Alsaud)	177 亿美元	沙特阿拉伯	投资
莉莉亚纳·贝当古 (Liliane Bettencourt)	145 亿美元	法国	欧莱雅化妆品
肯尼斯·汤普森家族 (Kenneth Thompson and family)	140 亿美元	加拿大	传媒、出版业
英格瓦·坎普拉德 (Ingvar Kamprad)	130 亿美元	瑞典	宜家家居
迈克尔·戴尔 (Michael Dell)	130 亿美元	美国	戴尔电脑

资料来源：*Forbes Magazine*, March 17, 2003, and October 6, 2003; Edward N. Wolff, "Recent Trends in Wealth Ownership, from 1983 to 1998," in Thomas M. Shapiro and Edward N. Wolff. eds., *Assets for the Poor* (New York: Russell Sage Foundation, 2001).

另一方面，收入则是另外一码事——尽管并非完全不同。从专栏“兄弟：你能省下亿万财富吗”所提供的信息中我们可以计算出：2003 *140* 年的《福布斯》美国 400 富人榜成员平均拥有净资产 23.9 亿美元。假如这 400 位富豪进行投资——或者是雇人替他们投资，从而使他们的资产每年只产生 5%的回报（对于《福布斯》的 400 位富人而言，这并非一个不合理的假设），那么，他们当中平均每人每年将获得 1.2 亿美元的收入。并且，这个收入将全部由财产收入构成：产生这个收入所要作的努力仅仅是挑选一个有能力的投资经理人来管理他的账户。为了确认这一点：设想在这种情况下一个人即将去世将会发生什么？一般而言同样数量的收入会流入他或她的“资产”直到其中的净资产按照此人的遗嘱完成转交。

巨额净价值通常以大量公司股票的所有权（对用于生产的资本品的私人所有权）为基础。图 6.2 显示：如果以当年所拥有的公司股票数量为标准，对 2001 年（这是我们所能获得的最新数据）美国 1.082 亿个 *141* 家庭进行排序，最顶层 1%的家庭拥有全部公司股票的 33.5%；最顶层 10%的家庭则拥有这些公司股票的 76.9%，而最底层 90%的美国家庭则只占有 23.1%（参见图 6.2 中所列举的资料来源）。公司资产所有权的这种不均匀分布有助于解释，为什么有些人是雇主，而另外一些人（社会中的大部分成员）则是工人。

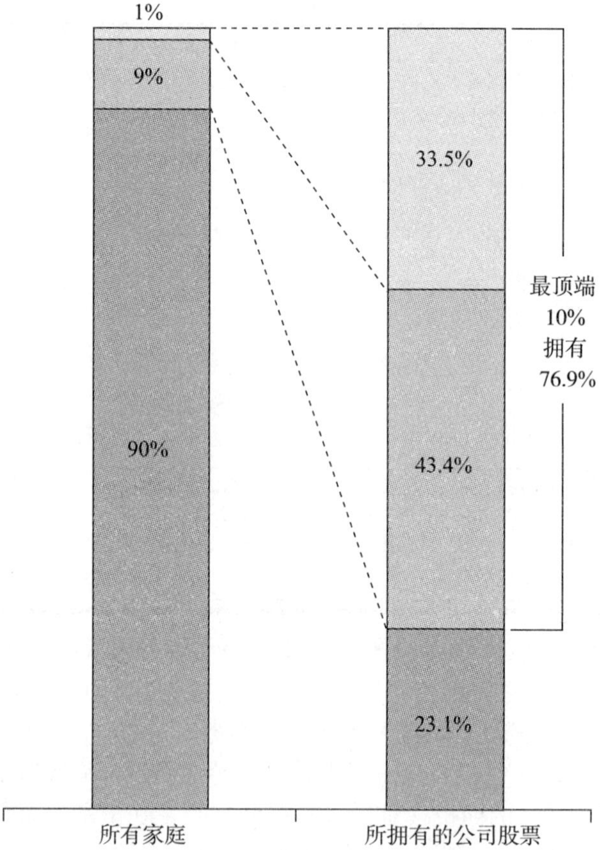

图 6.2　资本品所有权的高度集中

说明：左边的柱形代表的是 1.082 亿个家庭，他们构成了 2001 年美国的总人口。右边的柱形代表的是同一年公开交易的公司股票的价值总额（我们所能找到的最近一年的数据），还显示了美国人口的不同部分通过共同基金、信托以及退休金账户直接或间接地所占有的股票的比例。图中显示，最富的 1%的家庭拥有 33.5%的公司股票，最富的 10%（包括最富的 1%）拥有 76.9%的财富，而下层的 90%的美国家庭（根据其所拥有的公司股票数量来分级）只拥有 23.1%。

资料来源：U. S. Census Bureau，*Statistical Abstract of the United States：2003*，Table No. 66；Edward N. Wolff，"Changes in Household Wealth in the 1980s and 1990s in the U. S.，" in Edward N. Wolff，ed.，*International Perspectives on Household Wealth*（Northampton，Mass.：Edward Elgar，forthcoming）.

20 世纪最后 20 年见证了美国家庭中所拥有股票的急剧增长。如果把间接所有权——通过共同基金、信托、IRAs 计划、Keogh 计划、401（k）计划以及其他退休账户等形式——包括进来，美国家庭拥有股票的比例从1983年的24.4%上升到了1998年的48.2%。当然，这些数字也表明：在1998年，超过一半的美国家庭完全未持有股票。同样在这一年，（年）收入超过10万美元的家庭拥有全部公司股票的91%。①

私人占有财富的含义在于，一个人拥有的财富越多，对工作的需要就越小。表6.2“2001年美国纳税人收入来源”展示了2001年的IRS数据（这也是我们所能获得的最新年度的数据）。表6.2（的数据）表明：纳税人收入越高，收入中来自工资或薪水的部分就越少。其逻辑如下：工资与薪水是工薪收入，而非工薪收入则来源于利息、股息、租金、版税（专利使用费）以及已实现的资本所得等形式，所有这些只是不同形式的财产收入。因此，从表的左边和右边各栏中我们可以得到以

表6.2　　2001年美国纳税人的收入来源

收入水平*	所占纳税人数比例	所占总收入比例	所占工资和薪水总额比例	工资和薪水占总收入的比例***
0～2万美元	38.2%	6.6%	8.2%	92.8%
2万～10万美元	53.3%	52.7%	57.7%	81.0%
10万～100万美元	8.3%	31.3%	29.5%	69.6%
100万美元以上	0.15%	9.4%	4.5%	35.8%
合计：	100.0%	100.0%	100.0%	
	纳税总人数**	总收入	工资和薪水总额	
	1.303亿	61.71亿美元	45.65亿美元	

*“收入水平”是指2001年IRS所归档的纳税申报书中所填“调整后的总收入”。

**“纳税总人数”是指2001年IRS所归档的纳税申报书的数量。因为很多有多个收入来源的家庭填的是“联合纳税申报书”，申报书的数量将比有收入的人的数量小。此表中的数据是基于纳税申报书。

***总收入，除工资和薪水之外，还包括利息、股息、租金、版税以及资本所得，所有这些都是财产收入的形式。其他非工资收入（与财产收入相比数量通常小些）包括经营和专业性收入、社会保险收入、生活费以及失业保险。

资料来源：U. S. Treasury Department，Internal Revenue Service，SOI-2001，Individual Income Tax Returns，March 2004，Table 1. 4. Available at http://www.irs.gov/taxstats/article/0,，id=96981,00. html.

① U. S. Department of Commerce，Census Bureau（www. census. gov/statab/www），*Statistical Abstract of the United States*，*2000*（Table no. 837）；Edward N. Wolff，“The Rich Get Richer ... And Why the Poor Don't，” *The American Prospect*，Feb. 12，2001，pp. 15－17.

下结论：纳税人收入越高，工薪收入（工资或薪水）在其总收入（工薪收入加上非工薪收入）中所占的比例就越小。随着我们所考察的收入档次（表 6.2 的最左列）从低于 2 万美元到高于 100 万美元，我们可以看到（表 6.2 的最右列）：相应的工薪收入比例从 92.8%下降到 35.8%。

尽管很多极高收入的纳税者——比如大企业的首席执行官（CEO）们以及其他一些人——也非常辛苦地工作，但他们的财产收入的数量意味着总体上他们没有必要工作。我们将在下一章给出关于资本家和工人阶级——同样，还有“中间阶级”——的更为复杂的定义。不过，从上述一系列事实中，我们可以得到一个重要的结论，那就是：如果一个人的财产收入足够多，他（她）将能够选择不工作，同时仍然维持体面的生活标准；而如果一个人没有这样的财产收入，他则没有这种选择的余地。正是这种差别（还有其他的一些差别）将资本家与工人阶级区别开来。

142 因此，我们可以说，**资本家阶级**——他们是社会成员中的少数——由那些占有用于商品生产的资本品的人群所构成。他们所控制的不仅仅是他们自己的劳动（如果他们劳动的话），（更重要的是）还控制其他人的劳动，同时，他们的绝大部分收入是财产收入。与此同时，**工人阶级**——作为社会成员的大多数——是由那些没有足够的资本品来满足生计，从而不得不在别人的控制之下进行劳动的社会成员组成。工人阶级以工资或薪水的形式获得他们的收入。工人阶级中的成员通常拥有自己的汽车、房产以及其他私人财产，有些人甚至拥有公司股票或者共同基金的股份，但是这些财产都没有赋予工人对用于生产的资本品的控制权。

雇佣劳动

资本主义经济制度的第三个显著特征（前面两个分别是商品生产以及资本品的私人所有）就是**雇佣劳动**。靠工资为生的工人是指那些通过为雇主工作而获得工资或薪水，并且以工资或薪水为生的人。因此，他们的劳动被称为雇佣劳动。每一个以被雇佣者的方式谋生的人都可称为工人。

那么，还存在其他类型的劳动吗？正如我们将在下一章所解释的那样，200 年前，美国大多数人都不是以雇佣劳动形式从事劳动的。他们
143 要么是独立的农场主；要么是自我雇佣的个体劳动者；要么是奴隶。即使是在今天的美国，仍然有生产者是不以工资为生的工人。他们都是为

自己而工作，或者以合伙人的方式，或者以合作共有的方式，还有的就是在自家的农场或店铺里工作。

为自己而工作（自我雇佣）的人以生产自己所需的消费品或者出售自己所生产的商品为生。雇佣劳动者与此有根本性区别：为工资或薪水而劳动的人将自己租赁出去，或者更为准确地说，通过出卖自己的时间以换取工资而谋生。为了换取工资，他们在他人的指挥下从事劳动，生产那些并不属于自己的东西。

资本品的所有权在一部分社会成员手里的集中，意味着其他绝大多数社会成员对于雇佣劳动的需求。只有当人们拥有大量财产时，他们才能以财产收入为生；而那些只拥有很少的资本品甚至没有资本品的人，则往往必须通过劳动来生存。因此，资本品所有权在相对少数人手里的集中与雇佣劳动的存在是紧密联系在一起的。

有一个例子有助于使这一点更为明确：在21世纪初，美国工人平均每人与价值超过9万美元的资本品（包括软件、设备以及厂房①）打交道。当然，绝大多数美国工人并不拥有这些他们在劳动中要与之打交道的资本品。美国工人通常拥有汽车，并且绝大多数还拥有房产。但除此之外，他们很少再拥有其他。因此，一个典型的工人是不可能富到拥有他（她）所需要的资本品，从而成为独立的生产者的。如果每个工人都拥有超过9万美元的财富，他们也许会通过将朋友或家庭成员的财富集中起来而自己经商。由于绝大多数工人不可能筹集到足够的资金来自己经商，因此，他们在劳动中所用的劳动工具以及劳动赖以进行的场所通常是属于别人的。这些“别人”也就是他们的雇主——他们赖以为生的人。

资本主义、剩余产品和利润

现在我们可以看到资本主义社会的基本阶级关系与剩余产品之间的联系。雇主雇佣工人生产产品（总产品），并占有这些产品。然后雇主出售工人生产的产品。假定雇主从销售收入中支付给每一位工人足够的工资，以使其负担得起正常水平的消费。再假定，雇主从其销售收入中

① *Business Week*, April 1, 2002, citing data from the U. S. Bureau of Labor Statistics and the U. S. Department of Commerce, Bureau of Economic Analysis.

提取必要的资金用于补充在总产品生产过程中消耗掉的原材料，并预先提留工具、机器及其他资本品在生产过程中的磨损所需的折旧。正如我们在前面的章节中所说明的那样：这剩下的收入就是剩余产品。在资本主义经济制度中，剩余产品表现为利润的形式。

在上一章关于谷物的简单模型中，剩余产品作为一定数量的谷物，代表了一定数量的劳动时间。不过，在资本主义经济制度中，剩余产品不仅仅是一定数量的商品（或劳动时间），它还是一定数量的金钱，并被称做**利润**。利润为资本家提供了其收入的基础——不管这种收入是以利息、股息、租金的形式，还是以资本所得的形式，同时，正如我们已经说明的那样，这种收入来源于对资本品的所有权，以及对劳动过程的控制。

雇主或许不能保留资本主义劳动过程中所产生的所有利润。首先，政府会以税收的形式拿走一部分剩余产品，用于支付公共服务、公共品以及名目繁杂的生活福利设施。（当然，事实上，为了支撑其活动，政府也向并不属于剩余产品范畴的收入课税。例如，工薪阶层的收入。）我们将在第19章讨论政府在经济生活中的角色。

另一部分剩余产品可能用于向银行或个人偿付**利息**，他们把钱贷给了企业。利息的支付通常被认为是成本，并且是企业的成本。然而，它们也只不过是利润的另外一种形式，因为它们是支付给**间接**拥有生产过程中所使用的资本品的那些人。如果银行借钱给企业，作为回报它将从企业方面得到关于支付利息并最终偿还本金的承诺。尽管银行并不直接拥有任何资本品，但它获得了对部分利润或剩余产品的索取权，而这种索取权产生于对资本品的使用。

类似的，一个企业可能将其利润的一部分以**股息**的形式支付给公司的股东。股票表明其持有者是公司的部分所有者，并且，如果公司决定分红的话，股东有权获得一份股息。尽管企业没有任何契约性的义务这样做，但为了维持其股票对当前的以及潜在的投资者的吸引力，企业通常每个季度都会进行分红。而这也有助于保持公司在股票交易市场上的股价。所有那些未曾以利息或股息形式支付出去的利润都被称做“留存收益”，这是企业留存下来用于支付新投资的那部分利润。股息不同于利息（企业没有支付股息的义务），但它与利息的相似之处就在于，它们都是剩余产品在资本主义社会里采取的一种形式。因此，它们被计作总利润的一部分。

资本家所得的利润（包括利息、租金、股息以及企业的留存收益等财产收入），绝大部分被用于购买各种各样的商品。当资本家的利润被用于为工厂购置新机器（数量多于替换那些生产过程中消耗掉的资本品），或者用于研发活动，或者其他致力于提高未来劳动生产率的产品与服务时，这种支出就被称做净投资。利润也会用于生活必需的消费，以及豪宅、游艇、豪华轿车还有私人飞机等方面的消费（回想第 5 章中的专栏“超大游艇和牛市之船”），剩余产品可以看做是供利润消费的所有对象，从而相应地由令人眼花缭乱的产品与服务构成。这些产品和服务的共同之处（即其之所以成为剩余产品的原因）在于，它们并非用于维持生产者的正常水平的消费，或者用于更新在生产过程中被使用或消耗掉的材料和机器设备。 *145*

如前所述，正是资本的所有权赋予了资产阶级在处置剩余产品方面的控制权。这种控制可以从两方面来考察。一方面，这种控制意味着赋予资本家以收入的权利，即基于其对生产中所用资本品的所有权，确立了他们可以以利润、租金、股息以及其他形式获得收入的权利。另一方面，资本品的所有权赋予雇主控制的权利，即有权控制在劳动场所中所进行的活动，包括活动的组织方式。资本家在这些方面的权利，意味着资本品所有者有权凌驾于雇员之上，也使他们（或者被选择的经理人）有权做出影响就业、收入以及雇员安全的决策。我们将在第 12 章和第 13 章中用一定的篇幅来讨论各种实施这种控制的途径。

资本家权力的另一个方面表现为对政治的参与。巨额财富的拥有者不仅仅是富人，他们还拥有巨大的影响力。他们的高收入使其有能力聘请律师以及游说团体、为政治竞选进行巨额捐赠、有时候甚至可以资助自己的竞选活动、也可以参与其他的活动，而这些活动可能使其影响到法律法规的制定或者政策的选择。这些法律法规或政策有时会使雇主更易于维持对劳动过程以及雇员的控制，进而确保他们在未来能够继续获取利润。我们将在第 19 章讨论这一点。现在我们的重点在于：即使不与政府发生任何关系，巨额资本品的所有者也拥有巨大的力量——其影响范围涵盖了他们的雇员以及受其决策影响的人们。这些决策包括技术的使用、产品的生产以及生产地点的选择。

结　论

为了对本章作一个总结，我们回到作为组织劳动过程的方式之一的资本主义所具有的基本特征——商品生产、资本品私人占有以及雇佣劳动——上来。我们关于资本主义的定义侧重于劳动过程的社会组织（形式），而与其技术或生产什么无关。资本主义经济的产出可以是工业品或者农产品，坦克或者黄油。生产是否是资本主义性质的只取决于其（生产的）组织形式。

这种关于资本主义的定义同样与政府形式无关。资本主义可以与民主政府制度并存，就像美国那样，也可以与希特勒时代德国的法西斯主义或其他形式的独裁政府共生。此外，民主政府也可以存在于资本主义之外的经济制度当中。比如，正如我们将在下一章中谈到的那样，在美国民主（制度）的早期，资本主义组织形式几乎完全不存在。

146 资本主义依照一套“游戏规则”，即一套决定如何进行社会决策的程序和阶级关系来运行。奴隶制与封建制则依据另外一系列规则及社会决策方式而运行。在家庭中间，成年人尤其是男性家长的权威，以及习俗与传统，依然决定着处理事务的不同方式。而在本书中，我们主要讨论的是资本主义的游戏规则。

推荐书目

Robert Allen, *Enclosure and the Yeoman* (Oxford: Clarendon Press, 1992).

Robert Allen, *From Farm to Factory* (Princeton: Princeton University Press, 2003).

Perry Anderson, *Lineages of the Absolutist State* (London: Verso, 1972).（安德森. 绝对主义国家的系谱. 上海：上海人民出版社，2001.）

Perry Anderson, *Passages from Antiquity to Feudalism* (London: NLB, 1974).（安德森. 从古代到封建主义的过渡. 上海：上海人民出版社，2001.）

T. H. Aston and C. H. E. Philpin, eds., *The Brenner Debate: Agrarian Class Structure and Economic Development in Pre-Industrial Europe* (Cambridge: Cambridge University Press, 1985).

Marc Bloch, *Feudal Society, Volume I: The Growth of Ties of Dependence* (London: Routledge, 1961).（布洛赫. 封建社会. 北京：商务印书馆，2005.）

Christopher Boehm, *Hierarchy in the Forest* (Cambridge: Mass: Harvard University Press, 2000).

Jared Diamond, *Guns, Germs, and Steel* (New York: Norton, 1997).

Maurice Dobb, *Studies in the Development of Capitalism* (New York: International Publishers, 1964).

Maurice Dobb, *Soviet Economic Development Since 1917* (New York: International Publishers, 1966).(多布. 苏联经济发展史. 北京:商务印书馆,1950.)

M. I. Finley, *The Ancient Economy* (Berkeley: University of California Press, 1973).

Robert Fogel and S. Engerman, *Time on the Cross: The Economics of American Negro Slavery* (Boston: Little, Brown, 1974).

Eugene Genovese, *The Political Economy of Slavery: Studies in the Economy & Society of the Slave South* (New York: Pantheon, 1965).

David M. Gordon, Richard Edwards, and Michael Reich, *Segmented Work, Divided Workers: The Historical Transformation of Labor in the United States* (Cambridge: Cambridge University Press, 1982).

John Gray, *False Dawn: The Delusions of Global Capitalism* (London: Granta, 1998).(格雷. 伪黎明:全球资本主义的幻象. 北京:中国社会科学出版社,2002.)

Eileen Power, *Medieval People* (New York: Bames & Noble, 1963), especially Chapter 2, "The Peasant Bodo: Life on a Country Estate in the Time of Charlemagne."

John F. Richards, *The Mughal Empire* (Cambridge: Cambridge University Press, 1993).

Frank Roosevelt and David Belkin, eds., *Why Market Socialism?* (Armonk, N.Y.: M. E. Sharpe, 1994), especially Chapter 2, "Thinking about Socialism: Achievement, Failures, and Possibilities" by Irving Howe (pp. 51－82).

Marshall Sahlins, *Stone Age Economics* (Chicago: Aldine Publishing Company, 1974).

Joseph Schumpeter, *Capitalism, Socialism, and Democracy* (New York:

Harper & Row, 1942).（熊彼特. 资本主义、社会主义与民主. 北京：商务印书馆，1999.）

Johathan D. Spence, *The Search for Modern China* (New York: Norton, 1990).

Immanuel Wallerstein, *The Modern World-System: Capitalist Agriculture and the Origins of the European World-Economy in the Sixteenth Century* (New York: Academic Press, 1974).（伊曼纽尔. 现代世界体系. 第一卷. 北京：高等教育出版社，2003.）

Erik Olin Wright, *Class Counts, Student Edition: Studies in Marxism and Social Theory* (Cambridge: Cambridge University Press, 2000).

第 7 章　美国资本主义：积累和变革

1774 年，约瑟夫·胡伯德（Joseph Hubbard）邀请他的几个邻居来他刚落成的农舍开会，在这里，他们建起了马萨诸塞州的莱弗里特镇。像他的邻居们一样，胡伯德和其家人种植庄稼、制作工具、加工食物、宰杀牛羊、编织布料、裁剪衣服、鞣制皮革、制作鞋子以及酿制苹果酒。胡伯德夫妇也自己治病、教育孩子，还给他们讲故事、教他们唱歌以作娱乐。他们自产自销，自给自足。 147

当约瑟夫去世时，他列出了他的所有财产，大多数是各种各样的生产工具。今天这些工具不再是处在同一屋檐下，而是散落在经济的许多部门中。从邻居们和其他人那里，胡伯德夫妇只购买盐、铁器和枪等少数几样东西。胡伯德家就是个微型经济。虽然在胡伯德的遗嘱中没有提到他的个人衣物——只是提到一件“大衣”，说明他没有整整一壁橱的衣物——但他们并不穷。在约瑟夫死后的几年里，胡伯德的后代们用泥墙辟出大房间。我们之所以了解这些，是因为本书作者之一现在就住在约瑟夫·胡伯德和他的家人建造的房子里。

胡伯德家是居住在北美的大多数欧洲人后裔家庭的典型代表：他们是我们今天所谓的独立生产者。胡伯德夫妇可能从未考虑过雇人操作机器来榨取苹果酒或者收割谷物。他们当然也从未受雇于任何人。奴隶为别人工作，却不是出于自愿。尽管在波士顿和其他的海港有些奴隶，西
148 部内陆农村和马萨诸塞海湾殖民地的人们却闻所未闻。在富人家中，仆人在主妇的指示下工作，但莱弗里特镇和其他地方还没有人这么富有。形容胡伯德家庭经济的最好、最简单的词无疑是“独立”，他们从不为任何人工作，也从不靠他人过活。

在今天的美国，像 18 世纪胡伯德家这样的独立家庭经济是很少见的，只存在于神话和一些古板的“山里人”的过时观念之中。今天的家庭要么通过为他人工作来谋生，要么通过雇人来为自己工作，要么两者兼而有之。家庭仍然是个重要的工作场所，但是谋生往往都是在家庭之外。在大多数情况下，雇佣劳动发生在以赚取利润为目标的商业活动（这点胡伯德夫妇从未考虑过）或者政府活动（胡伯德建立的莱弗里特镇在一个世纪后才聘了第一批雇员）之中。

不管是在企业还是在政府，雇佣的一个本质方面就是接受命令或发号施令。不管是以温和的方式还是严厉的方式，雇佣在现代经济中都涉及我们所谓的统制（在约瑟夫·胡伯德的时代统制并非完全不存在，在他的暮年之前，他向他的妻儿发号施令，尽管不曾对其邻居这样做）。

雇佣活动的另一个本质是依赖他人：人需要工作才能生活，普遍的情况是，一个人有没有工作最终由他人来控制。胡伯德家会因偶尔的夏季干旱、寒冬或者其他自然界的异常变化而备受打击，但不像今天的雇工，胡伯德家的生计不为他人的决定所左右。伴随着社会经济结构的变革，困扰胡伯德家庭的物质生活境况、健康条件都迅速地改进，人们与外在世界对话互动的能力和经验也大大提高。本章主要论述的是，经济生活中的基本变革是如何产生的。在这里时间维度被当作我们的“三维”方法的首要维度，尤其是着重考察资本主义生产组织所带来的变革的方式。在本章，我们把美国资本主义及其历史发展作为个案，以考察资本主义变革的过程。在这个过程中，资本主义经济的内在动力导致了广泛的社会变革。我们在第 1 章中已经看到，在资本主义历史阶段，世

界经历了巨大的政治经济变革。现在我们的问题是：资本主义为什么、怎样导致了变革？美国资本主义怎样为自己的历史发展过程所改变？

我们的答案来自该章的中心思想：**植根于资本主义经济中的竞争促使企业主生产出更多、更便宜的产品，这就要求他们将大部分剩余产品用于投资，而不是消费。这种投资随之带来了生产力和生活水平的提高，也带来了持续的技术、经济、社会和政治变革。这样一来，也就改变了资本主义经济的阶级结构和制度框架。**

这个中心思想主要体现为以下七点。

---

1. 之所以存在争夺利润的竞争，是因为企业只有通过创造利润才能在生意场中生存。每个企业主别无选择，只能加入到这场无止境的比赛中，唯恐落后。为了不掉队，每个企业不光要替换在生产过程中耗费的资本品和原材料，还要扩充和改进自己的生产线、开拓新市场、引进新技术以及寻找完成工作的低成本策略。 149
2. 竞争促使企业主们用赚来的利润进行再投资（而不是消费）。投资采用的形式可能有：安装更好的机器设备、在新场地建立生产线、研发新的生产线和新的生产方法、购买必要的专利和商标等。作为为利润而竞争的一部分的投资过程被称做“积累”。
3. 结果，出于维护其精英地位的需要，资本家阶级成为历史上第一个在下述意义上的经济精英，其成员被驱策着将产品和服务的生产及分配方式革命化了。事实上，正是由于没有哪个企业主能逃脱以更廉价的方式生产更好的产品这个竞赛，才使得资本主义具有如此的生产性和动态性。
4. 在为利润而竞争的推动下，从18世纪到19世纪，资本主义成了美国的主导经济制度。像在许多其他国家一样，资本主义代替了自给自足的生产、奴隶制以及其他在过去更为重要的经济制度。
5. 美国资本主义长期以来以一系列独特的制度安排而著称，这些独特的制度安排加速了资本积累的过程。我们称这些制度安排为积累的社会结构。
6. 下面这些积累的社会结构定义了自19世纪中期以来美国资本主义相继出现的各个阶段：竞争资本主义、公司资本主义、受调节的资本主义和当代跨国资本主义。
7. 现代美国资本主义是全球资本主义经济的一部分；与他们的街坊邻居相比，许多美国人和世界其他地方的人们有更多的经济互动。尽管在某种程度上，美国经济已经融入了整个世界，美国经济本身却不是同质的，美国经济的有些部分之间就像两个国家一样，彼此互不相同。

作为变革之源的积累

积累。由利润推动的投资是资本主义经济变革的发动机。但投资和赚取利润都是由竞争塑造的，因为企业主之间因为各种获利机会而彼此竞争。追逐利润和投资活动随之不可避免地改造了劳动过程，吸收了新的劳动力供给，增加了资本品存量，创造了新的知识，并动员或改造了其他资源使之能够用于商品生产。**积累**这个术语指的就是整个相互关联的这些活动的集合。

150 为此，在积累过程中，利润是变革的诱因和杠杆。说它是诱因是因为，赚取利润的可能性激励企业主将利润用作再投资。说它是杠杆是因为，利润一旦被再投资，就造就了变革。

卡尔·马克思认为这个过程是资本主义的重要特征："积累啊，积累啊！"他说，"这就是摩西和先知们。"[①] 就像在犹太教和基督教的传统里面，摩西和《圣经》里的先知们鼓舞了人们一样，积累也推动着资本主义经济制度的发展。

这里的思想就是，资本主义是充满活力的，其现在不同于过去。过去发生的事情影响着现在和将来。因为积累的缘故，第二天和头一天通常不一样，因为第二天开始的时候不具有第一天开始时通行的条件。第二天开始时的条件毋宁为第一天发生的变革与发展所左右。相似的，历史时期的后一段和早先的一段是不同的，因为早先阶段的变革与发展影响了后面的阶段。

因而，引入政治经济学的第三个维度即变革，能使我们洞悉牟取利润的过程是如何演进的。要考察积累和变革在资本主义经济制度中的联系，让我们看看下面这两个例子。

假设有一个企业家决定花一笔钱开办一家 T 恤衫制造厂。在某个时期的开始——假设为时期 1——她用这笔钱购买必要的投入品（机

---

① Karl Marx, *Capital*, vol. 1 (Harmondsworth, U.K.: Penguin Books, 1976), Chapter 24, Section 3, p. 742.

器、原材料和劳动力），然后在这个时期中监督生产。在这个时期结束时，T恤衫以超过成本的价格售出，利润随之产生。在支付了机器的维修和更换成本、原材料成本和劳动力成本后，售卖T恤衫的总收益让企业家不光拿到了原来投入的资金，甚至还赚取了利润——一笔超出原始投入的钱。这个利润将会被用来干什么呢？

企业家可能会选择用大部分利润来为自己购买消费品，同时用与原来同等数额的钱来继续T恤衫的生意。由于生产T恤衫的机器将按其初始条件得到补偿，生产的潜力又会和时期1开始时一样。

可是，生产过程之外的因素几乎肯定会改变。结果，T恤衫生产商在时期2必然不能重复他在时期1的生产，获得同样的利润。比如说，如果某种投入品的价格上涨，和时期1相比，相同的支出在时期2只能购买较少的投入品。或者，如果T恤衫消费者的偏好发生了改变，他们不再想购买同样多的这种T恤衫。或者，如果其他某个企业注意到该企业获得的利润，就会决定建立一个竞争性的工厂。如果发生上述任一情形的话，我们的这位企业家在时期2就不能重复时期1的生产，并获得同样的利润。

注意，这个故事不适用于非资本主义经济制度。在自给自足的家庭 151
经济和中世纪的庄园经济中，诸如投入品价格、消费者偏好这些社会因素是鲜有不确定性的。家庭和庄园自己生产出投入品，它们生产出来的大多数产出也不被当作商品，而是被自己的成员消费了。如果家长或者庄园主坚持生产要以同样的方式一年又一年重复下去，生产和消费的循环将会毫不费力地重复下去。

但是，为利润而生产商品的企业不能以同样的方式运作：它们如果原地踏步，就会掉队。它们不仅面对不可预知的事件所带来的不确定性，还得面对市场上必然存在的竞争。它们明白，其他企业也害怕不确定性，也想寻求高额利润。要做到这些，竞争者们将改变生产工艺、引进新产品以提高利润率。因而，每个企业主必须明白，其他人都在积极地进行变革以提高自己的盈利能力，他或她也必须依类似的意图行动。这将导致持续的变革。

为利润而竞争。在资本主义经济中驱使着所有企业不断地变革其运营并寻求改良的，正是为了利润的竞争。未加入竞争的企业将发现自己面临着高价投入品、更为昂贵的生产方式以及陈旧并卖不出去的产品。只有那些经常使其运营革命化的企业才有生存的机会，而在这些企业中间，只有那些做出正确变革的企业才能成功。

在一个时期成功的企业就像在比赛半路上领先的运动员：领先的只有继续快跑才能保持领先，慢下来、停下来的将只能看着别的运动员快步跑过。这种资本主义的“赛跑”有两个特征。第一，在比赛进行中，不断有新的参赛者从界外加入。从而，尽管有的企业会落后并从比赛中退出，新的企业又会加入，甚至领先者也会为新的竞争而担心。

第二个特征是，资本主义的“赛跑”没有尽头，无休无止。落后者将没有机会重新站在起跑线上。回想我们在上一章讨论的“游戏规则”，资本主义竞争的开展可类比为：如果你在某场比赛中以 15 分落后，你在下一场比赛的起始分数就为－15。

为利润而竞争这个规则甚至适用于那些就其个人旨趣来说对赚取利润并不太关心的企业所有者和经理。企业的生存——保持所有者和经理的地位不变——决定于利润。在为利润而竞争的过程中，企业所有者并不仅仅试图使其个人收入最大化，也力图保证与他们的地位相称的生活方式。

企业通过投资来发展，也就是说，把利润用于提高资本品和其他投入品的质量和生产率。可供雇主采纳的投资方式包括：购买更多更好的机器、建造新的厂房和办公场所、收购新的企业、鼓励企业内部的研究活动和提高工人的工作技能。如果企业所有者们将他们的利润全部用于投资，企业的生产性资产的增加值将与它们的利润额恰好相等。

152 因而，如果一个企业不盈利，就无法增长：零利润就意味着零增长。如果一个企业不增长的话，就将被其他增长的企业甩开。在一个资本主义经济中，生存需要增长，增长需要利润。这是资本主义的最适者生存的法则，与查尔斯·达尔文关于物种通过自然选择而进化的思想是类似的。在这个资本主义的版本中，达尔文的适应性思想——在生产后代方面的成功——变成了在谋取利润上的成功。

资本主义对积累的冲动、变革的倾向和内在的扩张趋势，都令它与其他经济制度区别开来。这些性质和上一章讨论过的那些特点一起构成了资本主义的独特之处。比如说，在早期的经济制度（封建制和奴隶制）当中，剩余产品主要是由社会精英以经济上非生产的方式（如消费奢侈品、购买军备和建造纪念碑）而消费的。资本主义精英有着比封建主和奴隶主更为奢侈的消费习惯，这在我们的经济制度中是太明显不过了。但即便如此，并非是豪华游艇让资本主义显得如此不同，而是资本主义经济要求将大部分剩余产品转化为投资，这才是资本主义的特别之处。

在封建社会，市场相对很不活跃，几乎没有什么经济竞争，长途贸易也很少见。由于这些原因，封建领主鲜有以剩余作投资来发展生产力的激励和机会。的确，他们对剩余产品的消费强化了他们作为封建领主和神职人员的地位。世俗的贵族将他们的剩余产品都消费在能显示并提升他们权力地位的东西上。为此，他们用剩余来建造城堡、进行宗教战争、供养大批骑士和家臣。高级神职人员（在伊利城的神职人员）用类似的方式来消费剩余，比如，盖大教堂、供养大批红衣主教、主教、神父以及教阶上的其他人员。撇开以这些方式消费剩余所产生的影响（即对意识形态、阶级结构和封建制度的巩固）不谈，生产制度基本上没有任何变化。陈旧的生产方式要么保持不变，要么只是偶尔做做修改。引进新的生产方法或者改进旧的方法基本上是不可能的。

资本主义是第一个这样的经济制度：其精英阶层的成员必须将剩余进行投资——进而使生产革命化——以求生存并保持他们的精英地位。其土地上产出低下的封建主不过是个窘迫的贵族。与此形成对比的是，成本高昂或产品质量低下的工厂的资本家可能很快就会失去资本家的地位。

总而言之，资本主义的正常机能产生了变革的巨大压力。它不光为个别资本家创造了变革的激励（为利润而竞争），还创造了执行变革的手段（利润本身）。

资本主义来到美国

美国经济最初并不是资本主义经济（没有哪个经济生来就是资本主义）。在美国，资本主义是经历了两个世纪才从一个相对弱小的经济制度成长为主导性的经济制度的。

如果我们考察 1780 年——这个时期是《美国独立宣言》（1776）和 153
《美国宪法》（1787）被撰写的时期——劳动过程是如何被组织的，我们便会清楚地看到资本主义生产不过是整个经济的一小部分。从表 7.1 可以看出，在 1780 年，许多不同的经济制度是并存的，卷入资本主义阶级关系中的人（资本家和工人）不过占整个经济的 6%。

如表 7.1 所显示的，在早期美国经济中，另外两种经济制度囊括了 90%以上的经济活动。这些制度之一是奴隶制。奴隶制中的奴隶和奴隶主大约占到了美国社会总人口的三分之一。

表 7.1　　1780 年美国不同经济制度中从业人口比例

<table>
<tr><td colspan="2" rowspan="2">问题：</td><td colspan="2">生产中使用的资本品是否为私人所有？</td></tr>
<tr><td>是</td><td>否</td></tr>
<tr><td rowspan="2">雇佣劳动是不是生产性劳动的主要形式？</td><td>是</td><td>资本主义（6%）</td><td>政府活动（少于 1%）</td></tr>
<tr><td>否</td><td>奴隶制（32%）
家庭生产以及由独立生产者进行的商品生产（60%）</td><td>土著美国人
公社/宗法式生产（2%）</td></tr>
</table>

说明：经济制度的分类基于对以下两个问题的回答：(1) 雇佣劳动是不是生产性劳动的主要形式？(2) 生产中使用的资本品是否为私人所有？表中的每个框代表对这两个问题的答案的可能组合。第一个问题的答案在各行中，第二个问题的答案在各列中。表中的百分比表示，1780 年在所有参加生产的人中，每种经济制度的从业者所占的大概百分比。由于历史资料的缺失，加入再生产——儿童的养育和相关性工作——的人没有包括在表中。所有的数字加总不到 100%，是因为每个数字都经过了四舍五入的处理。

资料来源：Jackson T. Main，*The Social Structure of Revolutionary America*（Princeton：Princeton University Press，1965）；and Gary B. Nash，*Class and Society in Early America*（Englewood Cliffs，N. J.：Prentice-Hall，1970）.

早期美国经济的另一种重要经济制度由胡伯德家那样的人们构成，这些人从事**独立的商品生产**。独立的商品生产者，或者说自我雇佣者——农民、手艺人、自我雇佣的工匠和其他生产者——大约占参加生产的人口的 60%。独立的商品生产者拥有他们特定的劳动过程中所需的资本品。比如说，小农场主既拥有他耕作的土地，又拥有生产工具、牲畜、谷仓和耕作中需要的其他资本品。他们主要使用自己的劳动（和其他家庭成员的劳动），几乎不——或者只是在很小程度上——依靠奴隶和雇佣工人的劳动。

154 独立的商品生产通常既生产供自己消费的产品（例如食物和衣服），又生产在市场上售卖的商品。在独立的商品生产中，谁生产什么一方面决定于市场，另一方面决定于家庭内的分工，这又常常由家庭中的父亲来决定。独立的商品生产者的特点是自我雇佣：他们是自己的老板。

那时早期资本主义在美国已经出现，但经济主要是由独立的商品生产和奴隶制构成的。但很快，竞争日益激烈并不断扩张，特别是在独立的商品生产者和资本家之间。（奴隶制主要集中在南方，生产烟叶、稻米和棉花，直到美国内战后才为资本主义生产方式所取代。）

积累过程是怎样改变工人的生活的：一个19世纪的观点

乡村铁匠铺被抛弃了，路边的鞋店也荒废了，裁缝离开了他的长凳，这些技工们一起背井离乡，向已建立起大工厂的城市进发，工厂的大门早上敞开让他们进去，晚上他们完成一天的工作后大门又重新关上。

这些人悄无声息地而又若有所思地往家赶，他们不再拥有作坊的钥匙，因为作坊、工具、钥匙不再属于他们，而是归属于他们的老板，他们以这种方式被抛弃，在这工业的大闹市中，人们相互结识，反复讨论着劳动的真相。

——Terrance Powderly，Grand Master Workman，Knights of Labor（1889）

资料来源：*Thirty Years of Labor 1859 - 1889*（Columbus，Ohio：Excelsior Publishing House，1889）.

例如，独立的鞋子生产者发现，他们与资本家控制下的雇佣工人之间的竞争愈发激烈。资本主义生产者有竞争的优势，因为他们能在更大规模上组织生产，最终因生产力高而获益。正如亚当·斯密在1776年所说的那样，这是由于生产得以重新组织，工厂分工更为细密。资本主义企业于是能以低价售卖其生产的鞋子，在刨除成本后仍然能赚取利润，这样，他们就将独立的鞋子生产者驱逐出市场。以相似的方式产生了相似的结果：自我雇佣的铁匠、织工、纺纱工、马具生产者和其他独立生产者发现，新式资本主义企业用廉价产品入侵他们的市场，他们正被新式资本主义企业拖入日益激烈的竞争之中。

很快，独立生产者不得不在生存和落伍之间做出选择。要生存，他 155
们就得将利润再投资，扩大他们的生产，寻求更廉价的生产方法：在这个过程中，胜利者会发现自己已经变成了资本家。一旦落后他们就会发现其收入下滑，最终他们将不得不放弃独立生产者的地位，成为新式资本主义企业的雇员。

许多人向成为雇佣工人的命运抗争，忍受了各种各样的苦难，以求避免这种命运。他们逃向大海，成为金矿中的淘金者，或者在西部购买田产。尽管这些决定有时延缓了个人向雇佣劳动的屈从，但在长期，他们无法改变历史的进程。

同时，移民的大量涌入，构成了雇佣工人不断增加的供给。移民中许多人基本没有财产，为了谋生，在别无选择的情况下，直接投向了雇佣劳动的怀抱。

将表7.2和表7.3相比较，可以看到当大多数人要么成为资本家要么成为雇佣工人的过程所产生的影响。表 7.2 展现了 1780 年美国的阶级结构，表 7.3 描绘了美国 1990 年的阶级结构。

表 7.2　　1780 年美国的阶级结构

问题：		是否占有生产过程中使用的资本品？	
		是	否
是否控制他人的劳动？	是	（1）资本家阶级（1%） 奴隶主阶级（3%）	（3）新的中间阶级（1%）
	否	（2）旧的中间阶级（60%）	（4）工人阶级（5%） 奴隶阶级（30%）

说明：阶级的划分是基于对下面两个问题的回答：(a) 阶级成员是否控制他人的劳动？(b) 阶级成员是否占有生产过程中使用的资本品？（为了数据的一致性，我们假定，拥有少于 10 个工人的企业家对第一个问题的回答是否定的。）各框代表对这两个问题的回答的四种组合。1780 年最重要的两种阶级关系体现在第（1）框和第（4）框——资本家（是/是）和工人阶级（否/否）；奴隶主（是/是）和奴隶（否/否）。小括号中的数字代表每个阶级的成员在劳动力中所占的百分比。参加孩童的养育和其他再生产活动的劳动不包含在本表及表 7.3 中，因为这些劳动并非直接是阶级结构的一部分。

资料来源：根据以下文献中的数据得出的估计：Jackson T. Main，*The Social Structure of Revolutionary America*（Princeton：Princeton University Press. 1965）；以及 Gary B. Nash，*Class and Society in Early America*（Englewood Cliffs，N. J.：Prentice-Hall，1970）。

表 7.2 和表 7.3 的第（1）框给出了在生产过程中拥有资本品并控制着他人劳动的阶级——资本家和奴隶主。在 1780 年，这些阶级构成了生产部门中卷入劳动过程的所有人的 4%。1990 年，奴隶主阶级早已
156 荡然无存。但从表 7.3 可以看到，生产中的主导阶级——现在仅仅是资本家阶级——大约只是 1780 年奴隶主阶级和资本家阶级合在一起所占的比重（现在资本家阶级的比重为 5%，1780 年奴隶主阶级和资本家阶级合在一起为 4%）。

在表 7.2 和表 7.3 中，第（4）框都代表既不占有资本品也不控制他人劳动的阶级，即奴隶阶级和工人阶级。1780 年奴隶阶级占参加生产活动总人口的 30%，而今天，奴隶阶级早已消失，但工人阶级的比

重从 1780 年的仅仅 5%上升到今天的一半以上。

在此我们目睹了美国社会的转型。在老板指挥下的雇佣劳动（一度被看做破坏了人的独立性而处在令人憎恶的情形下，人们都力图躲避），对于大多数在家庭以外受雇的人口来说，成为最普遍的条件了。

表 7.3　　今天美国的阶级结构

问题：		是否占有生产过程中使用的资本品？	
		是	否
是否控制他人的劳动？	是	（1）资本家阶级（5%）	（3）新中间阶级（29%）
	否	（2）老中间阶级（12%）	（4）工人阶级（54%）

说明：本表代表了今天对表 7.2 中针对 1780 年美国的两个同样问题的回答。像表 7.2 一样，每个框中提供的数字（作为占劳动力的百分比），代表了对那两个问题的回答的四种组合之一。从 1780 年到现在，奴隶主阶级在第（1）框中消失了，而资本家阶级占总人口的比重由 1%上升到 5%。老中间阶级从 60%下滑到 12%，而新中间阶级从 1%上升到 29%。但最明显的变化是，奴隶被解放了，工人阶级的比重从 1780 年的 5%上升到今天的 54%。从而，工人阶级的比重上涨了 10 倍，54%的比重不仅是整个工作人口的一大半，也大大超过 1780 年奴隶和工人阶级合在一起所占的比重。

资料来源：根据以下文献中的数据得出的估计：Erik Olin Wright，*Class Counts*：*Comparative Studies in Class Analysis*（Cambridge：Cambridge University Press，1997），p. 99，Table 3. 2。

那么表中的第（2）框和第（3）框是指什么呢？回想一下，资本家阶级和工人阶级是依据资本主义生产的两个特征来定义的：资本品的所有权以及对他人劳动的控制。资本家既占有资本品又控制着他人的劳动，而工人既没有资本品也不控制他人的劳动。我们把**中间阶级**定义为由一些集团组成，他们只具有资本家阶级在定义上的两个特征中的一个，而不是两个，这体现在第（2）框和第（3）框里。中间阶级这个术语是复数，因为有两种截然不同的中间阶级，每一种在定义上都和其他阶级及劳动过程有着各自的关系。 157

老中间阶级，如表中第（2）框所示，由这样的人们组成，虽然他们可能雇佣一些（少于 10 个）工人（见表 7.2 下的说明），但他们并非经常雇佣或控制他人的劳动。重要的是，他们的确拥有自己行业里的工具或为完成其劳动所需的资本品。资本家和老中间阶级之间的区别就在于，资本家处于与其雇员的权力关系之中，而老中间阶级的成员一般并非如此。

老中间阶级包括自我雇佣者和独立的商品生产者，诸如自我雇佣的医生、木匠、艺术家、家庭农民、母亲、店主和其他很少或基本不雇佣工人的小业主。（正如我们在表 7.2 下的说明所强调的那样，我们将界线定为 10 个工人，以与能得到的数据一致。）老中间阶级的成员不像雇佣工人那样按照劳动时间来出卖劳动。反之，他们售卖商品，要么是农产品，要么是像医疗那样的服务。但他们很可能不得不与资本主义企业做买卖、发生关系。老中间阶级之所以叫“老”中间阶级，是因为在资本主义发展之前它就已经存在。

另一方面，**新中间阶级**则由这样的人构成，他们的确控制着他人的劳动，但总的来说不拥有生产中所用的资本品，如表中的第（3）框所示。新中间阶级由经理、主管以及现在所谓的“专家—经理人”构成。这个新中间阶级中的人通常挣得一份薪水（而不是工资），他们按照劳动时间和专业知识来收取费用（而不是按照产品或服务），他们也常常被解雇（因为他们也面对他人的权威）。虽然控制他人的劳动是他们工作的重要部分，他们自身的劳动也为下面这些人所控制，如所有者、高级执行官以及在他们被雇佣的组织中的其他主管。他们被称为中间阶级不是因为他们的收入处于中等水平；实际上，他们的收入范围很宽——比如说，从一位高级经理的收入到维修团队的主管的收入。他们是“中间阶级”是因为，他们处在资本家和工人的中间。

让我们回到表 7.2，我们可以发现老中间阶级在 1780 年是社会阶级中最大的那一类，但随着资本主义的发展，老中间阶级逐渐萎缩了。独立的商品生产，即老中间阶级的经济活动，今天与 1780 年相比远非那么普遍了。在表 7.3 中可以发现，老中间阶级只占到整个中间阶级的不到三分之一，他们也只占到全部劳动力的 12%。令人惊奇的是，早期美国经济的生活方式还活在人们的记忆和希望之中。的确，大部分美国人很可能在生命的某个时点上，梦想着为自己而不是为老板工作，他们甚至梦想自己就是个小企业主。

积累的社会结构

积累过程不仅摧毁了早先的经济制度——封建制、奴隶制、独立的生产——改变了这些经济制度的阶级结构，促成了一系列社会变革，也重构了资本主义本身。因而美国资本主义经历了自己的历史转型。 158

美国（也包括其他地方）的资本主义的基本“游戏规则”仍然保持不变，资本品的私人所有者为了实现赚取利润这个目的仍然在雇佣工人，因而美国经济还是一个资本主义经济。

但资本主义经济本身在改变。生产的产品类型、使用的技术、生产的区位以及人们从事的劳动种类都处在不断的变化之中。最重大的变革是制度安排上的变革，正是在这种制度安排的基础上，积累才得以发生。

我们把这些制度安排称做**积累的社会结构**，意指各种法律、制度、社会习俗等，它们为驾驭积累提供了基本的游戏规则。积累，即个别资本家或企业对利润的牟取和再投资，是发生在这个“社会结构”之中的。这些游戏规则当然影响着游戏的玩法。

当目标——利润——保持不变时，雇主试图赚取利润的条件改变了。因而，会促成企业变革的牟取利润的策略随着积累的社会结构的改变而改变，而在每一种策略下可能牟取到的利润也会改变。

例如，在 19 世纪，很少有大企业，而今天则司空见惯了。今天的企业，和 19 世纪的企业一样，目标是赚取利润。但它们采取的策略是不同的，因为它们要考虑同大企业竞争。一百年之前将企业的一些机构配置到别的国家不会成为一个选择，今天却会。大约在 20 世纪中期，大多数私人大企业的雇主不得不就劳动力的雇佣和管理与工会谈判，而这在今天已不多见。在 1970 年之前，企业在生产对自然环境的影响方面很少面临限制；而今天企业必须遵守环境管制，或者要计算违规可能带来的罚款。所有这些发展反映了积累的社会结构的改变。

不妨将资本主义经济当作一个游戏。在大多数游戏中，规则说明了每个团队内的成员与其队友之间可能做什么，以及可能和（或向）其他团队的成员做什么。积累的社会结构也不例外，每一种积累的社会结构都可以通过其规则对下述几种重要关系发生影响的方式，以及被这些关系影响的方式来描述。这些关系是：

- 雇主之间的关系；

- 雇主和工人之间的关系；
- 工人之间的关系；
- 政府和主要的私人经济角色之间的关系。

尽管所有资本主义经济之间有着基本的相似性，个别国家还是有着
159 独特的积累的社会结构：美国资本主义、瑞典资本主义、日本资本主义和巴西资本主义在很多重要方面都是有区别的。而每一种资本主义，包括美国资本主义，当然也随时间的流逝而变化。

每种积累的社会结构都能存在很长时间，但没有哪种特定的积累的社会结构是资本主义的永久特征。一般而言，每种积累的社会结构持续几十年或者更长的时间。就像下面解释的那样，美国经济在过去一个半世纪里经历了四种积累的社会结构（在这之前，美国还不是一个资本主义经济）。每种积累的社会结构之所以持续很长时间，是因为它是由高度相关的各种社会关系构成的：法律体系、制度、阶级关系、政党组织、信仰、预期以及生产和消费的习惯方式。很难零星地改变这样一个结构，因为各个部分正是以相互作用的方式来运作的。而且，每一种安排一旦被建立，都将服务于社会中的某些个人或者集团的利益。而后者又成为现存积累的社会结构的天然维护者。在这些维护者丧失其影响或者直至其利益发生改变之前，积累的社会结构将维持原状。

尽管存在时间很长，一种积累的社会结构并不是不朽的，就像其他的“凡人”一样，在其生命中也存在着不同的阶段。如果现存的社会结构是成功的，主要游戏者之间的关系将是：高利润率，企业所有者和其他富人对未来拥有乐观的预期。结果，他们将进行巨额投资以扩大经济的生产能力。经济将不仅对于投资者，而且对于社会上的大多数人而言运转良好。这类情势被称做积累的社会结构的巩固阶段。

逐渐地，社会结构将越来越无力提供一个有利于积累的环境。在巩固阶段之后，衰落阶段尾随而至。这时候，经济难题倍增，人们，特别是投资者对于未来的预期变得更加谨慎甚至悲观。结果是投资下降，生产能力的增长停滞。

巩固阶段和衰落阶段之间的更替可以在经济绩效的**长波**（long swings）中观察到。长波不同于经济的短期起伏（有时被叫做经济的扩张和衰退），这将在第 16 章中讨论。后者往往被称做商业周期，从一次波峰到另一次波峰一般持续 3～10 年。在一次长波中，可能发生许多为时较短的商业周期。但从一个衰落阶段的结束到另一个衰落阶段的结束，长波一般要运行 30～50 年。巩固阶段反映在一段长期的经济景气

或繁荣之中，而衰落阶段则通过一段艰难时世表现出来。（在第 16 章开篇，我们展示了美国经济的历次长波的数据，这些长波产生于从美国内战直至 21 世纪初的美国经济中。）

为什么繁荣不会一直持续下去？积累的社会结构由巩固阶段转向衰落阶段向我们提示了什么？答案是，（成功的）积累过程本身将侵蚀与积累的社会结构的巩固阶段联系在一起的那些有利条件。这似乎就是 20 世纪 20 年代和 20 世纪 60 年代的情形。随着积累的进行，持续积累所要求的各种条件可能变得更加不一致或自相矛盾；这在 20 世纪 20 年代和 60 年代也曾发生过。而且，可能还有其他的原因。

但对于衰落为什么开始的问题并不能作一般性的回答。至多只能 160
说，尽管由于各种相互纠结的关系和特殊利益集团的维护，一种积累的社会结构变化缓慢，但随着新技术的开发和赚取利润的新机会的涌现，在积累的社会结构内部被组织起来的积累过程仍然变化迅速。当（缓慢变革的、刚性的）制度与（快速变革的）由利润推动的投资过程之间产生矛盾时，旧的积累的社会结构就不能再为积累提供有利的社会环境了。促使巩固阶段让位于衰落阶段的特定原因是特定的历史力量的结果；对于每种积累的社会结构来说这些原因可能都不相同。

衰落时期可能会造就一场“危机”。在这个时候，许多人变得不满，社会冲突加剧。比如说，1933 年美国大萧条时期，四分之一的需要工作的人们却处在失业的状态，他们中的许多人抵触作为制度的资本主义。这时候，新的管理经济的方法就被提出来了，雇主们被迫加速创新，尤其是组织创新，工人们需要“新政”。同时，在旧的积累的社会结构的忠实维护者中，也有一些人越发觉得，自己从旧制度中得到的越来越少。在美国，许多大萧条时代的商人开始支持“新政”，认为“新政”是“拯救资本主义”的途径。

随着积累的社会结构由“巩固”阶段转向“衰落”阶段，旧的联盟可能会改变，新的选举联盟可能会出现，有时候将从内部改革处于统治地位的政党，有时候会建立一个新的处于统治地位的政党。由积累的社会结构的衰落带来的选举联盟常会产生政治学家们所谓的“危机选举”。这样的例子包括：1896 年威廉·詹宁斯·布莱恩（William Jennings Bryan）领导的农民民粹运动的落败、带来了“新政”的富兰克林·德拉洛·罗斯福（Franklin Delano Roosevelt）总统 1932 年的当选，以及 1980 年的里根革命（这场革命引领了保守民粹主义，并自新政以来第一次成全了南部共和党人）。

一段时间的危机、衰落、冲突和变革后，会建立一套新的社会关系——一种新的积累的社会结构。这种重建决不是必然的，因为它取决于许多特殊的冲突和谈判的结果。尽管如此，危机造就了整个大环境，在这个环境里，旧的积累的社会结构的缺陷清晰可见，经济问题变得越发严重，对行动的要求越发迫切。克服旧制度的惰性、发展一种新的积累的社会结构或将成为可能。

美国资本主义诸阶段

每种积累的社会结构定义了美国资本主义的一个阶段。表 7.4 展示了这些阶段以及前述主要的社会结构关系的特定方面。下面，我们将对各个依次更替的阶段做一简要的阐述。

表 7.4　　美国资本主义发展阶段：四种积累的社会结构

主要关系	竞争资本主义（19 世纪 60 年代—1898 年）	公司资本主义（1898—1939 年）	受调节的资本主义（1939—1991 年）	跨国资本主义（1991 年至今）
资本—资本	小企业；在当地或地区市场进行竞争	大公司（托拉斯）之间在全国水平的竞争	美国的大公司向全球扩张，并主导全球竞争；SEC 调节金融市场	以美国和其他国家为基地的跨国公司在世界所有的主要市场上竞争；全球性外包；信息经济中“赢家通吃”式的竞争
资本—劳动	某些行业中强大的熟练工人工会；熟练工人广泛地控制了工厂	雇主占主导，工会脆弱或非法；家长式公司，在有些部门公司成为市镇，而在另一些部门存在着公司和市镇的公开冲突	工会合法化，成员增加，并且成为工资制定和政治中的一个重要角色；NLRB 成立；“劳动协议”——实际工资随生产率增长	劳动协议终止；资本的全球流动增加了其对于劳工的谈判力；工会成员减少；雇主与工人之间的不平等增加；国内政治经济的两极分化

续前表

主要关系	竞争资本主义（19 世纪 60 年代—1898 年）	公司资本主义（1898—1939 年）	受调节的资本主义（1939—1991 年）	跨国资本主义（1991 年至今）
劳动—劳动	熟练工人和非熟练工人之间基于手艺的差别；移民增加了劳动供给	同质的劳动；非工会化的半熟练工厂工人为数相对众多；移民潮结束	“一级”和“次级”劳动市场；工会在“一级”劳动市场和大批量生产的工人中很强大	工人间不平等增加；“好”的行业工作减少，“高端”以及“坏”的工作增加；美国工人现在要和全世界的工人竞争；移民增加
政府—经济	有限的政府：军事及警察职能；土地政策；关税；运河建设；补贴铁路	建立联邦储备制度以调节货币供应和银行系统	通过增加赤字支出来扩大社会保障、医疗、失业保险及其他保险，以图稳定宏观经济；美国军事力量保护着美国企业在世界范围内的利益	环境管制的弱化；政府支出增长放缓；知识产权的保护和加强；通过独立机构（IMF、世贸组织）迈向全球管理

说明：美国资本主义已经经历了前三个阶段并正处于第四个阶段。历史上，这里曾经有过竞争资本主义、公司资本主义和受调节的资本主义这三个阶段。现在所处的阶段是跨国资本主义。每个阶段通过不同的积累的社会结构得以定义。积累的社会结构的主要方面列在第一栏中。它们包括（a）生产中所用的资本品所有者之间的关系，（b）所有者和工人之间的关系，（c）工人之间的关系，以及（d）所有经济主体与政府的关系。其他四栏的内容总结了美国经济在这四个阶段的特征。

竞争资本主义（19 世纪 60 年代—1898 年）。作为第一阶段的竞争资本主义，见证了发展的最初阶段，奴隶制和独立的商品生产使弱小的资本主义黯然失色。而资本主义作为经济制度一旦确立，就注定会在未来成为主宰。与之竞争的奴隶制被摧毁了，而且资本主义和独立商品生产之间的竞争很明显地更有利于前者。

这个阶段的美国资本主义以雇佣不超过 20 人的小企业为特征，并 *162*
在不断扩大的市场上以削价为手段与其他人竞争。大多数商品的价格在19 世纪后半期下跌。工人们，其中很多人曾经独立进行商品生产并拥有一定技能，现在在资本家的监督下为工资而工作。很多情况下，他们仍然保留着他们的组织（“兄弟会”或工会）以就工资和工作环境问题与资本家谈判。政府在确立游戏规则方面扮演着关键角色（比如，执行合同以及破坏罢工），但是在经济中扮演次要角色。

公司资本主义（1898—1939 年）。大概在 20 世纪初，大公司（后来被称为“托拉斯”）的兴起开启了美国资本主义的第二个阶段。这个阶段持续到 20 世纪 30 年代末。

在主导行业中，公司资本主义以大公司在竞争中运用巨大的市场势力为特征。雇主与工会对抗，试图组织并保护工会的工人受到一系列的打击，以至于直到这个阶段的末期工会的影响都很小。工人几乎没有权利，并且没有失业保险，所以失去工作就意味着失去生活的来源。政府依然在经济中起着有限的作用，虽然相比于竞争资本主义阶段政府卷入经济的程度稍微大一点。大萧条的爆发带来了这种积累的社会结构的衰落，并导致了工人的大量失业和雇主的低利润。

受调节的资本主义（1939—1991 年）。美国资本主义的又一个阶段是以不断增长的对经济关系的直接和间接调节为特征的，尤其是对就业率和增长率的调节。对经济关系的调节的增加是作为“罗斯福新政”和“第二次世界大战”期间制度创新的结果而出现的。比如，“罗斯福新政”期间，（在 1934 年）成立了证券交易委员会（SEC）来调控金融市场以及企业的财务活动，同时《瓦格纳法案》（Wagner Act）（1935）建立了国家劳动关系委员会（NLRB）来调节企业和工会的关系。对经济的间接调控逐渐增多，尤其是第二次世界大战之后，这是约翰·梅纳德·凯恩斯（见第 4 章）的思想的体现，凯恩斯影响了我们对宏观经济政策如何影响就业和增长的理解。

政府的规模相比整个经济而言有所增大，因为更多的支出以社会保险、医疗保险以及收入补助（失业保险）的形式给予了个人。新政策被采纳以保护工人的健康和工作安全并关注环境问题。第二次世界大战后工会中的工人有足够的力量迫使雇主承认工会并与之谈判，从而形成了
163 被称为“劳动协议”的妥协性安排。

除了调控全局性的就业水平和经济增长，以及提供上文中提及的社会计划以外，政府还要维持部署到全球各地的军事力量。无力赢得越南战争表明了美国全球力量的弱化，这也是积累的社会结构衰落的一个重要原因。导致衰落的其他原因包括在 20 世纪 60 年代和 20 世纪 70 年代中所施行的环境保护政策，以及 20 世纪 60 年代末利润率的迅速下降，而利润率的迅速下降和工人谈判能力的增强、改善工人状况的成本以及环境友好型政策的采纳相关。

跨国资本主义（1991—　）。我们之所以称这种积累的社会结构是跨国的，是因为相比以前的社会结构，它的最与众不同的特征是美国经济和全球经济的一体化，包括商品贸易体系、移民、知识交流以及因追求利润而到处寻找最佳投资环境的流动投资者。遍布全球的美国军事力量已经得到加强，并且自从 20 世纪 90 年代苏联解体后，美国军事力量无疑比其他任何国家的军事力量都要强大。

全球经济一体化已经改变了企业的竞争方式。许多行业的美国企业现在不仅要和为数不多的几家（通常规模很大）美国企业竞争，而且还要和来自全球其他国家的大量同类企业竞争。竞争已经采用了其他新的方式。许多部门——例如信息产业、通信、娱乐、医药等——在竞争中的成功更少依靠降价之类的老策略，而是更多依靠新策略，例如获得排他性的知识产权（专利、版权之类），阻止其他企业生产和传播那些有产权保护的（或者应该得到保护的）商品，例如药品和 CD 等。

在面对来自其他企业的激烈竞争时，资本在全球的流动性在很多情况下已经使得雇主可以凌驾于工会成员和其他雇员之上。美国工人不仅要和国内工人竞争，还要和遍布全球的他国工人竞争。工会力量的减弱已经导致劳动合同的变化：在经济的许多部门工会不再是企业的伙伴，甚至也不是受调节的资本主义下的"次要伙伴"了。其中的一个结果是，在 20 世纪的最后 25 年，许多工人的实际工资下降了，那些已经在低工资条件下工作的工人发现他们的实际工资甚至进一步下降了。

结果是不平等在工资和薪金所得者中增加，获得较好收入的人们从获得较差收入的人们手中夺走了机会和生活品质。获得较好收入的工人现在害怕失去其工作，主要不是因为结果将是失业，而是因为结果是利益无多的低工资工作。

在跨国资本主义的积累的社会结构条件下，已有大量的尝试，企图排除或者终止关于环境保护的法律，以及其他在受调节的资本主义时期政府对经济所采取的调节。这些企图大部分已经失败了。尽管自 1980 年以来共和党和民主党的领导人都花言巧语地宣扬"小政府"，然而从整个税收占总收入的比例来说（从罗纳德·里根 1980 年大选期间占 GDP 的 27%到二十年后的 30%），政府已经变得越来越大，而不是越来越小。在大多数其他发达资本主义国家政府也变得越来越大。

比起受调节的资本主义时期，跨国资本主义时期的政府在经济中的作用要更大，这可以找到两个根源。第一个根源，在受调节的资本主义时期政府变大的原因（见第 19 章）依然存在：很多为公众支持的东西 *164*

是不可压制的，如对医疗事故和其他风险的保险，熨平经济周期的峰谷，保护环境免受无休止追求利润所带来的破坏等。第二个根源，罗纳德·里根总统的当选，标志着美国国家政策的突变，许多人发现他们影响政府财政支出的能力比他们预期的要大，而这些人以前是支持小政府的，他们更能从大政府而不是小政府中获得利益。

二元结构和全球化，是跨国的积累的社会结构的两个格外重要的特征。现在我们就来讨论这些问题。

今日美国资本主义：二元经济结构

观察美国经济的一种方法是把焦点放在其阶级结构的变化上。这种变化扩大了人们之间的差异，揭示了人们在为生存所做的奋斗中包含的社会关系，描绘了经济是如何无休止地变革的。你可以设想作为一个老板，一个雇员，一个独立生产者或者是那些完全不用工作也可以生活得很好的人。但是积累过程除了改变了美国经济中的阶级结构以外，还带来很多其他的影响。

也许更为根本的是，积累过程已经改变了许多工作的吸引力和劳动本身的性质。为了理解这个过程，我们需要考察在这段时期雇主和雇员的关系是如何被重塑的。美国经济最近有一个新的发展，就是追求利润的企业投资和竞争已经加大了各个阶级内部的人们在取得生计的方式上的差异。

例如，在那些因足够富裕和强大而被归为资本家的人当中，有些人是巨型企业的实际拥有者，这些巨型企业构成了美国经济的核心，而另一些人则仅仅拥有一些小企业、商店或者农场之类。另一方面，在雇佣工人当中，有些人享有工作保障、高工资、定期升职的良好预期，而另一些人的工作则工资低且没有前途。

设若把企业之间的差异和那些与工作吸引力相关的东西联系在一起，我们就会发现，好工作一般是在大规模的核心企业中，而许多工资低、没有前途的工作则在小型的、边缘性的企业中。好工作与差工作之间的相关差异被称为经济二元结构。要理解经济二元结构，我们要从工会运动的历史来开始考察。

工会的兴起和衰落。在 19 世纪末期，由于许多以前的中间阶级不得不放弃他们的独立性，并且变为服从老板命令的工薪阶层，雇员们通常会寻求工会的保护。同一行业中的工人们组织了自己的工会，在这种组织形式下，他们的力量更加强大。然后，在全国范围内，通过对各个不同工会的整合，他们建立了美国劳工联盟。

19 世纪末 20 世纪初，美国的绝大多数商品都是用精湛的手艺来生产的，工会反映了这种生产的本质：在那些有组织的特定职业中，他们只吸收熟练工人。皮衣制作工人、铁路工程师、钢铁模具师、木匠和水管工人，他们属于彼此独立的熟练工种工会。在同一个行业中甚至在同 165
一个工作地点，不同类型的熟练工人属于不同的工会。

最终许多工人认识到，尽管熟练工种工会将同一熟练工种的工人组织在一起，却也造成了不同熟练工种的工人之间的分裂和不团结。而且，大多数非熟练工人不被允许加入这些工会。非洲裔美国人和女工也常被排除在外。尽管这些狭隘的熟练工人工会存在局限性，建立范围更广的工会的努力还是失败了。从 19 世纪 90 年代晚期一直到 20 世纪 30 年代，工人在建立和维持工会上困难重重。随着节约劳动的技术迅速地替代劳动、农业雇佣量的下降以及来自欧洲的移民，雇主有了充足的劳动力供给。

另一次试图建立工会的巨大努力发生在 20 世纪 30 年代末。大萧条从 1929 年开始，在最糟糕的时候，经济中四分之一的劳动力失业，到 1934 年和 1935 年，这场社会灾难后五年左右，几乎没有工人相信资本主义能够运行良好，有工会来保护工人的利益变得比任何时候都重要。尽管存在持续的高失业（这削弱了雇员的谈判地位），美国工人还是成功地发起了现代美国工会运动。

在大批量生产的行业——钢铁、汽车、纺织、电子产品、橡胶轮胎和其他一些行业——雇主通过模糊各行业工人之间的界限，彻底重组了劳动过程。结果，旧的熟练工种工会制度不再适用。工人现在开始建立产业工会。所有在同一产业工作的工人，不管是熟练工还是非熟练工，也不管工种是否相同，都可以加入同一产业工会。

工会组织者设计了新的策略来迫使雇主接受工会。例如在旧金山，工人组织了一场大罢工：不止一个工厂或行业，而是几乎所有行业的工人都参加了支持码头工人的大罢工。在轮胎和汽车行业的工人进行了静坐罢工：他们没有离开工作岗位（并且离开工厂）去参加罢工，他们只是在厂区内静坐。

1935 年《瓦格纳法案》的通过是工人的重大胜利。在越来越多的（有时候是带有暴力性的）罢工的压力之下，国会通过并由罗斯福总统签署生效了这个提案，该法案专门保护工人组建工会的努力。《瓦格纳法案》通过后建立的国家劳动关系委员会专门调停劳资矛盾，阻止雇主的不公正使用劳工的行为（例如对工会工人的骚扰），监督工厂工人投票决定是否需要组建一个工会，以及强迫雇主和工会领导人开展具有诚意的谈判。尽管国家劳动关系委员会的本意为中立机构，不偏向争端中的劳资任何一方，但自罗纳德·里根总统以来，对委员会的任命明显地存在着倾向于资方的偏见。

尽管公共部门工会（代表联邦、州和地方政府雇员）在最近几年发展迅速，但自从 20 世纪 60 年代以来，参加工会的工人比例一直在快速下降。从图 7.1 的下半部分可以看出，在 1950 年工会成员数达到顶峰，
166 略超过工人总数的三分之一，自此之后，一直呈下降趋势。在 2003 年，只有 12.9%的靠工资和薪水为生的工人参加了工会——对于私有部门的工人这个比例只有 8.2%。

图 7.1 的上半部分显示了 20 世纪各种各样的工资的变化（剔除了通货膨胀因素），煤矿工人（唯一具有可以追溯到第一次世界大战前的完整工资数据的那类工人）的数据显示了，随着工会力量的强大与衰弱，工人是如何受益和受挫的。类似的，所有的产业工人（普通工人而不是管理人员）的数据随着工会力量的上下波动而呈同方向波动。

虽然大多数美国工人不加入工会，但工会的存在及其力量同样影响着非工会人员与雇主的关系。举个例子，一个非工会雇员的雇主通常抵制工资上涨，这样的抵制可能会激起那个雇员尝试加入一个工会（如果工会存在的话），或去组成一个工会（如果没有工会的话）。因此，一些雇主（比如德尔塔航空公司）为了劝阻雇员加入工会，便付给雇员相对较高的工资。

图 7.1 同样显示了联邦法律规定的最低工资的实际价值（剔除了通货膨胀因素）从最初的 20 世纪 30 年代晚期到现在的变化。最低工资的实际价值在 20 世纪 70 年代前稳定增长，然后不断下降。20 世纪 70 年代以后工会人数的下降、紧接着最低工资的实际价值的下降，以及事实上所有产业工人实际工资的下降，反映了 20 世纪最后 25 年企业主相对于劳动的不断增加的政治影响。

值得注意的是，在很多其他国家，工人组织所面临的情况要好很多。在 1960 年，工会成员占劳工总数的比例（工会密度），在美国与在芬兰基本一致（大约 30%），但是在芬兰这个数据于世纪之交上升到 80%多。在同一段时间，瑞典的工会密度由 50%上升到大于 90%。

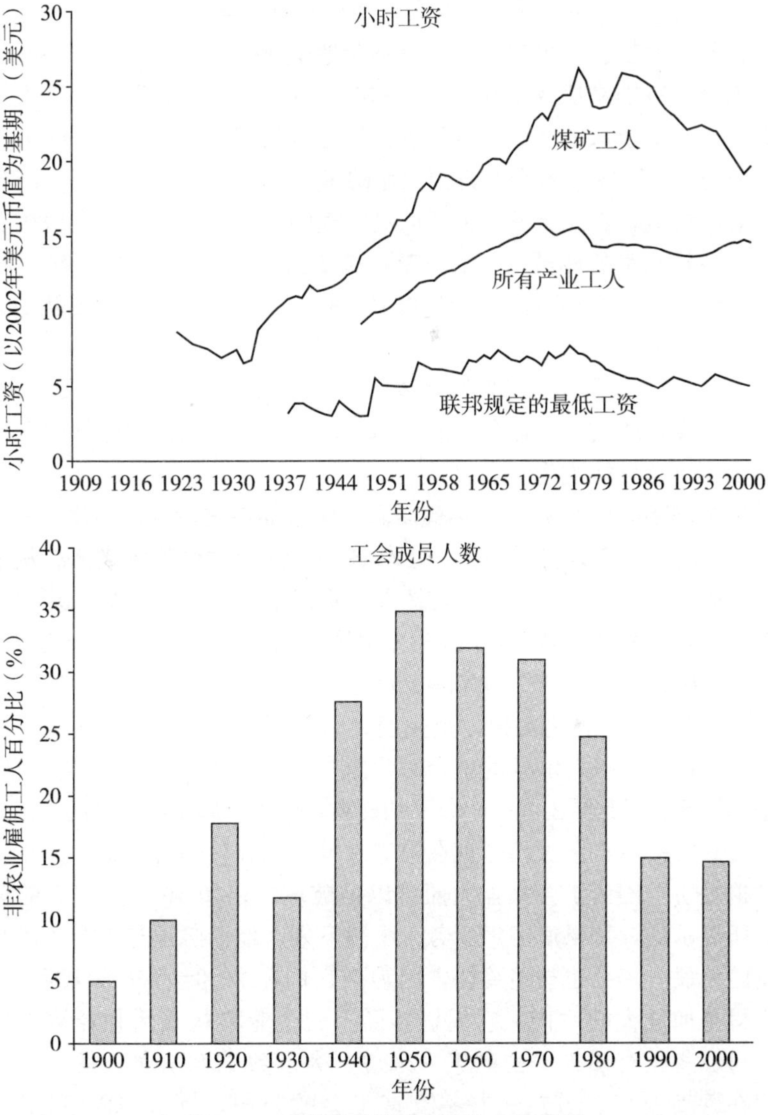

图 7.1　20 世纪美国的工资和工会成员

说明：从图的下半部分可以看出，美国工会成员 20 世纪上半叶在增长，但在 20 世纪下半叶则在下降。从图的上半部分可以看出，在 20 世纪上半叶实际工资随工会力量上升，但从 20 世纪 70 年代开始，实际工资开始停滞或下降。之所以选择煤矿工人的工资来绘成此图，是因为这类工人的数据是我们唯一能找到的第一次世界大战后的连续工资数据。这里“实际工资”意味着经过了去除通货膨胀因素的调整；根据劳工统计局的消费者价格指数，名义工资已经被调整为实际工资。

资料来源：U. S. Bureau of Labor Statistics，*Union Membership Summary*：*2000*（Washington，D. C.：U. S. Department of Labor，2001）；U. S. Bureau of Labor Statistics，*Historical Data Series*，可见于 http://data. bls. gov//；最低工资数据可见于 http://usgovinfo. about. com/library/blminwage. htm。

在20世纪30年代和40年代，几乎所有的美国工会成员都是蓝领和私人部门的员工。虽然工会一直不断地争取一些新的私人部门的员工加入工会，特别是那些承受低工资和严苛管理的白领和服务业工人，但
167 总而言之，新争取的会员不能弥补其他会员的流失。事实上，除去占工会成员总数37.2%、在公共部门工作的工人——这些工人是工会高参与率行业的成员，例如警察、消防队员、教师、清洁工、牧师、医生、护士以及各州和市的雇员——的贡献，工会总参与率（在2003年）将会低于12.9%。自20世纪40年代以来工会运动仅有的显著进展就是大量公共部门雇员加入工会。

168 图7.2显示了不同职业和群体的工会参与率。注意，非裔美国人、老工人以及在建筑、运输和政府部门工作的工人，比在其他部门和群体中的工人更有可能成为工会成员。

在20世纪30年代和40年代激烈的阶级冲突之后，核心公司和工会之间发展出一种不轻松但持久的工作关系。这个"协议"或休战从来不是一个清晰的、正式的协定。它是由一系列工会和企业分享的理解和预期组成的。最重要的共识是，通过"集体谈判"，工会为其成员获得了相对的工作保障和稳定增长的实际工资，而雇主则获得了因劳动生产率提高而产生的收益。作为交换，企业拥有引进新技术、在认为适当时重新组织生产，以及在其乐意的地点以利润（剩余产品）进行投资的自由。这个协议的意图是给工人一个公平的交易，同时给雇主以行事的自由。

169 没有哪一方自愿做出体现在第二次世界大战后的协议中的让步。公司被迫妥协，因为工会太强大而难以被破坏。正如1946年巨大的罢工浪潮所显示的，如果雇主想要劳工平静下来，他们必须与工会达成某种程度的协议。工会也被迫妥协，因为当它们在20世纪30年代和40年代变得更加强大的时候，它们仍然经不起企业界在政治和经济上的打击。对那些没有加入工会的工人来说（大多数工人不属于任何工会），不存在劳动协议。虽然一些不支持工会的公司，例如IBM和宝丽来(Polaroid)，给予工人类似于工会通过"集体谈判"为工人争取的保障措施，但这只是一种例外，并不普遍。事实上，这些企业这样做是为了阻止工人加入工会。

出于各种各样的原因，战后劳动和管理层的协议在20世纪70年代开始瓦解。雇主一方对工会日益增长的敌意、加入工会的工人数量的下降，以及不断加剧的国际竞争改变了可能达成协议的力量对比。雇主越来越多地寻求在没有工会而不是有工会的条件下做生意。

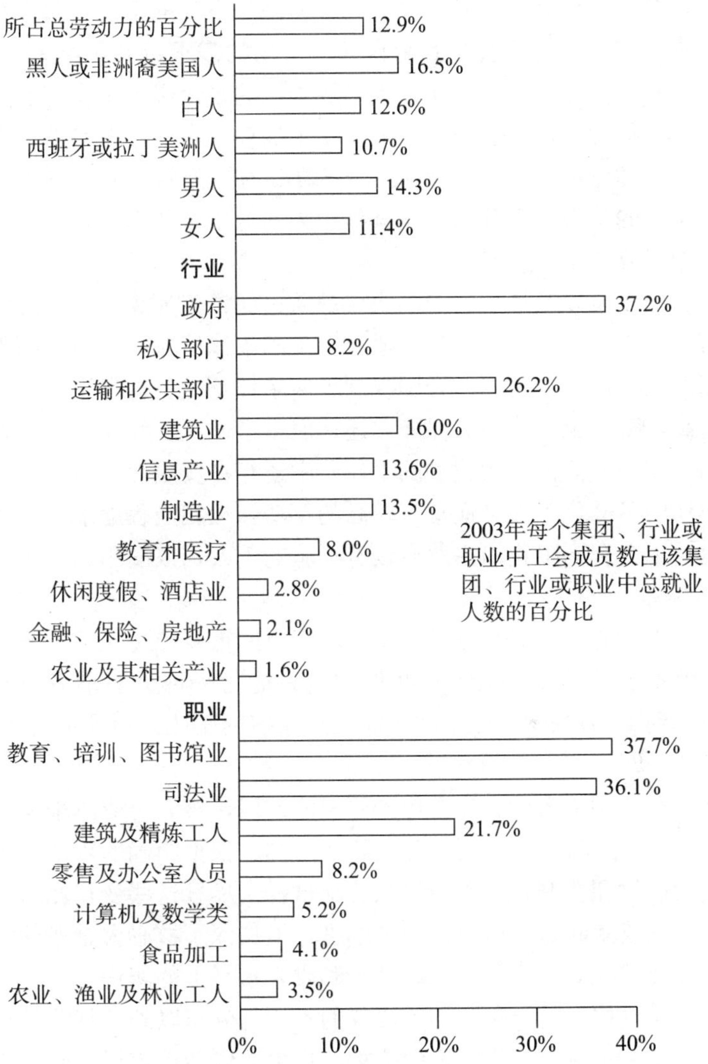

图 7.2　在美国哪些人属于工会?

说明：这幅图显示了 2003 年各种类型美国工人的工会化比率。长条形代表了在每个集团、行业或职业中工会成员数占工人总数的百分比。

资料来源：U. S. Bureau of Labor Statistics，*Union Membership Summary: 2003*（Washington，D. C.：U. S. Department of Labor，2004）. Available annually at http://www. bls. gov/news. release/union2. nr0. htm.

分割的劳动市场。劳动协议的有限覆盖率反映了当代美国资本主义的另一个重要的制度性特征——分割的劳动市场。劳动市场是分割的，意思是，劳动市场被分成各个独立的或者截然不同的市场，每个独立市场的需求者和供给者不会受到来自其他市场的需求者和供给者的竞争。与囊括了所有工作和工人的单一大市场不同的是，事实上存在着不同的市场——被称为“市场分割”——每个市场拥有自己对劳动的需求（来自于雇主）和供给（来自于工人）。劳动市场的分割，要么是由于一些工作岗位上的工人可以躲避来自其他工人的竞争，要么是在对某些工作的竞争中，有些工人被排除了。

工会的发展以及战后的劳动协议都通过保护工人免受广泛的竞争来造成市场分割。加入工会的工人通过罢工和集体谈判，为自己赢得了越来越高的工作保障。工会的合同限制了雇主任意裁员，保证工人随着年功的提高，工作也越来越有保障，还让雇主遵守抚恤程序。尽管在入门级别的工作（人们第一次找到的工作）中还存在实质性的竞争，从事高级别工作的工会化工人（通常有较高的年功）在相当程度上得以免于外部竞争。工会合同阻止雇主解雇较有经验的工人，以图用失业工人替代他们。

加入工会的工人享有免于劳动市场竞争的重要保护。但是既然只有一部分劳动者加入了工会，这些保护也只能为一部分劳动者享有。结果，在受到工会保护的工人和没有工会保护的工人之间形成了分割或分化。

甚至在那些工人受到工会保护的经济部门，核心企业越来越依赖于科层控制，通过将工人分层、建立职业阶梯、根据明确的规章对工人按
170 年功进行偿付和晋升，以重新组织劳动过程。尽管这些变化相对于某些雇主的任意或武断做法而言是一种改进，但加深了核心大企业的工人和其他经济部门的雇员之间在劳动经验和收入水平上的鸿沟。

除了科层控制的影响和劳动协议的不均匀分布以外，就业歧视也阻止了一些工人对特定工作岗位的追求，这也造成劳动市场分割。作为雇佣歧视的一个重要例子，女性求职者通常被认为适合文员工作，而不适合生产或管理工作。类似的，种族歧视让黑人和西班牙人只能从事某些工作，而被禁止从事其他工作。工作歧视通过排他性加强了劳动市场的分割。直到今天，女性以及黑人和拉丁美洲男性都很难爬到企业高层，这些位置通常都由白人男性把持。

歧视、劳动协议的出现、官僚控制的扩张最终产生了三种相对独立的劳动市场。其中头两个是独立的一级劳动市场和从属的一级劳动市场，包括那些受劳动协议保护，并在某种程度上被纳入了科层组织的工

人的工作。剩下来的就是次级劳动市场，包括那些既不受劳动协议的保护，也未纳入科层组织，无法免于劳动市场竞争的工人的工作。

独立的一级劳动市场包括那些以科层方式组织起来的工作，这些工作提供了具有高度就业保障的稳定就业、界定明确的职业发展路径、相对较高的收入，工作岗位包括图书管理员、技术员、科学家、工程师、低级主管和经理、商业化艺术家，以及诸如电工、接线员、机械师、发型设计师、熟练的制铁工人等熟练工人。

独立的一级劳动市场上的工作，一般需要通过学徒制或专业化学校才能学到的技能，这些技能是高水平的或以某种方式专业化的。工人可能需要毕业学校的学位、特别执照和其他从业资格证明。正式的资格会得到优厚的报酬。一些独立的一级工人组织成为熟练工种工会。工作是否成功通常是按照专业或者职业标准来判断的（而不仅仅是雇主的认可），这些职业标准确立了工作好坏的标准。这些工作被命名为“独立的”工作，是因为这些工作通常允许、有时也需要独立的创造性和自主的劳动节奏。

从属的一级劳动市场的工作包括传统的、工会化的产业工人阶级的工作：汽车工人、货车司机、铁路工人、煤矿工人、钢铁工人、码头工人等。这些工作和次级劳动市场的工作的差别就在于：拥有这些工作的人，或者这些行业的大部分人，都加入了工会。由于在某些行业，如钢铁业，既包括工会化的也包括非工会化的企业，所以两个市场的差别是依据工作的性质（特别是工资和劳动条件是不是经过了工会协商），而不是行业性质来划分的。

从属的一级劳动市场的工作总体上要比次级劳动市场的工作收入要高，而且一般还包括一些医疗和退休补贴。随着包含这些工作的企业的 171
成长，这些工作往往也包括长期而稳定的劳动、一级工资的增长和某种工作保障。的确，年功常常能得到高回报。另一方面，由于这些工作都是重复性的、程序化的、跟着机器走的工作，从而和独立的一级劳动市场的工作大不相同。这些工作所需要的技能能够很快学会，并且往往是在工作中掌握的，但工作本身没有提供多少自主性，也鲜有发挥独立的主动性的机会。

尽管工人受到工会谈判机制的保护而免于被随意解雇，从属的一级劳动市场的工人还是很容易面临解雇的危险。**解雇**就是指由于客户稀缺，企业不得不临时或永久地裁减工人。很多从事诸如钢铁、汽车之类传统制造业的工人近年来都被裁员，他们中很多人再也回不到过去收入高的工作中去了。20世纪80年代到90年代私人部门工会的减少，导致从属的一级劳动市场的严重萎缩。例如，在汽车、钢铁和其他重型制造业，一些生产仍未工会化，新建立的工厂又没有工会，而且一大部分制造业也已经转移到国外。许多美国工人在从属的一级劳动市场被解雇，又重新回到次级劳动市场就业。[①]

次级劳动市场包括大部分剩下的工人。该市场千差万别，之所以成为一个市场是由于，它是从事那些没有前途的工作的工人们的市场，这些工人面对劳动市场的广泛竞争几乎得不到什么保护。他们既缺乏由工会达成的就业权利，也缺乏由雇主实施的组织劳动的精致方法所带来的利益（这些方法既有科层控制的好处，也有其坏处）。老板和工人的关系在这里既简单又直接，工人必须不断地面临被替代的威胁。

次级劳动市场包括非工会工厂的蓝领工人；未加入工会的看门人、女服务员、医院勤杂工、信使、保安、零售人员、数据录入人员、档案员、记录员；农场的季节性工人或移民工人；以及许多其他小企业的雇员。使这些工作成为次级劳动市场工作的标志是，这个市场缺少一级市场所具有的保护工人不受广泛的竞争所威胁的特点。次级工作通常更加不安全。工人的工资也不高，往往缺少明确的职业发展路径。随着年功的不断增加，次级市场的工人在职业阶梯上不会有提升，也不会获得更高的技能、收入、工作保障和责任。相反，他们更可能发现自己迟早面临穷途末路。在这些工作当中，学历和年功都不能带来高收入。

好工作、坏工作、没工作：分割的劳动市场上的失业成本

172 好工作越来越难找了，低工资的工作逐渐地成为唯一的可能。这些变革也影响了失业的成本：陷于坏工作的威胁也许和失业的威胁一样，都是控制工人的有效手段。

在美国的各个分割的劳动市场上，丢掉一份工作的成本也许并不仅仅是失业的成本：最真实的成本也许在于，当你逐渐就要退休时，最终是处在糟得多的工作上，你可能会困在这里不能动弹。与次级劳动市场上的工人相比，一级劳动市场上的工人享有更高的工资、更好的健康和安全保障。所以，即使能在次级劳动市场上

① Clare Ansberry, "Laid-Off Factory Workers Find Jobs Are Drying Up For Good: It's Not Just the Slowdown—Structural Changes Strand Many With Basic Skills," *Wall Street Journal*, July 21, 2003, p. A1.

找到好工作，也无法弥补丢掉一级劳动市场的工作所造成的损失。

想象一下实际的情景，设若你是制造业部门的机器操作工，当然你是处在一级劳动市场上，一周赚 350 美元（税后）。如果你丢掉工作，你将失业一段时间（可能是半年），你最终将找到一份新工作。失业期间你很可能每周领到大约 180 美元的失业救济金（通常限于 26 周之内）。你的新工作可能在收入和工作条件上和原来的工作一样，也可能是次级劳动市场上的工作，比如说，当个销售员，一周赚 200 美元。

所以，你失业的成本由两部分组成：一部分是你失业期间的，一部分是在你找到新工作之后产生的。如果你没能在一级劳动市场上找到新工作（比如因为制造业部门的工作岗位不再增加），你的失业成本将会是：

失业期间的成本：(350 美元－180 美元)×26 周＝4 420 美元

找到较差的工作所产生的成本：(350 美元－200 美元)每周＝7 800 美元每年

如果你在次级劳动市场上呆上 5 年（现实很可能是这样），你将在这 5 年中总共损失39 000 美元（还不考虑你失业期间的成本）。这还没有考虑一级和次级劳动市场在医疗和其他福利上的差别。劳动市场的分割，即使是在失业率很低的时候，也可能使一级劳动市场中工人的失业成本变得很高。

今日美国资本主义：全球化

尽管存在劳动市场的分割，积累过程还是能够让一国经济与世界其他经济连接得更加紧密。美国经济逐渐融入了世界经济，全世界的产品和人也融入了美国经济。 173

历史上的大多数时候，美国偏居美洲大陆，远离欧洲和亚洲这样的人口中心，美国经济和世界经济相隔绝。但历史不再延续。在过去 100 年中，长途运输成本急剧下降。货物性质也改变了：许多产品可以以零成本进行电子“运输”。本书封面的图片就展现了这种趋势。

美国本土企业逐渐在世界范围内运作，有些甚至是在各个大陆运作。于是，积累过程成为全球现象。从图 7.3 可以看出，美国经济在国外的利润在逐渐上升。半个世纪前，每 20 美元美国利润中，只有 1 美元是在美国本土之外产生的；现在，1/3 的美国利润都是来自于国外（我们还将在第 15 章再分析积累的全球化过程，在那里将强调这样一个问题：美国企业在全球寻求环保形象时，它们去了哪里？为什么？）

当美国企业在全球谋求获利机会时，美国企业及其雇员也面临着来自全球产品（包括美国企业在美国之外生产的产品）的激烈竞争，尽管消费者和企业可能从低价进口品中获益，美国企业和工人在与别国低成本企业的竞争中却备受打击。从图 7.4 可以看出，在国外生产并在美国国内销售的个别产品的比例——这个比例被定义为“进口渗透率”——衡量了进口品渗透一个特定市场的比例。尽管大部分食品仍然在美国国内生产（美国是全球谷物及其他产品的低成本生产者），在美国销售的轿车和卡车（包括 SUV）中有超过 1/3 产于别国（在美国的外国企业生产的轿车、卡车也被视为美国国内产品）。

174

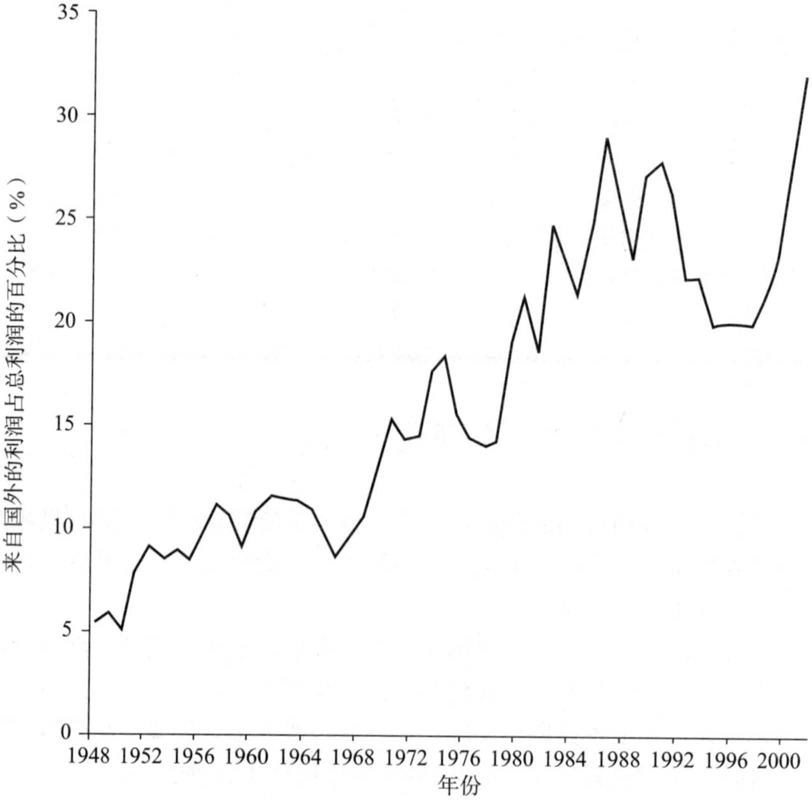

图 7.3　国际利润的日益增长的重要性（1948—2002 年）

说明：这幅图反映了 1948—2002 年，美国居民在别国经济活动中得到的利润占总利润百分比的变化。（企业和个人都被当作居民。）来自国外的美国利润包括：(a) 美国的个人和公司从美国公司在海外的合资企业得到的股息；(b) 美国公司与国外的合资企业用于再投资的利润中美国企业所占的份额；(c) 从海外非合资企业得到的扣除了相关税收支出的利润。由此可以衡量，美国的企业和个人在国外赚取了越来越多的利润。

资料来源：U. S. Department of Commerce，Bureau of Economic Analysis，*National Income and Product Accounts of the United States*：*2002*（Washington，D. C.：Department of Commerce，2003），Table 4. 1.

从图 7.4 可以看出一个明显的趋势，即 1990—2000 年，许多产品的进口渗透率是增长的，但这幅图也表明，即使是在车辆、家用电器这些竞争激烈的市场，美国消费的大部分产品还是国内生产的。

175

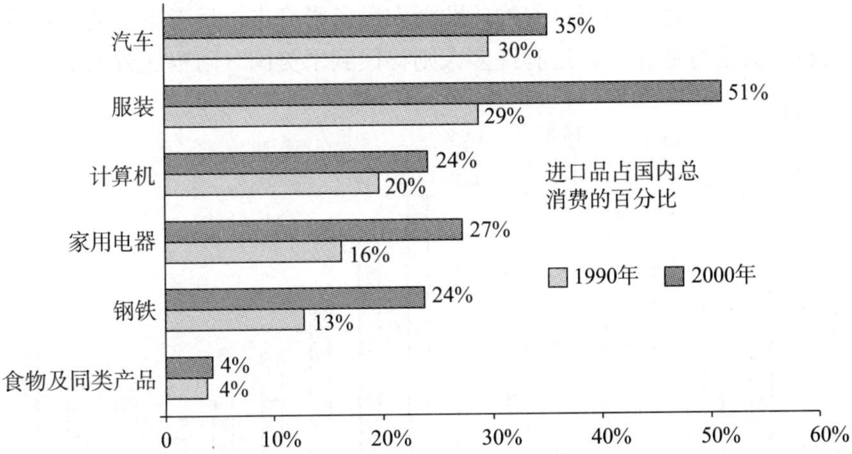

图 7.4　进口渗透（1990 年和 2000 年）

说明：美国企业和工人面临着国外越来越激烈的竞争。所有的条形代表了 1990 年（下侧的条形）和 2000 年（上侧的条形）各种产品进口与国内总消费的比率。它们显示，相对于国内生产的产品，对进口品的消费从 1990 年到 2000 年呈上升趋势，但是，上侧的条形末端的数字显示了在 2000 年各行业国内企业仍然占销售的大部分。资料来源于美国商务部 SIC 和 NAICS 行业分类标准。1996 年 SIC 标准为 NAICS 标准所取代。

资料来源：U. S. Department of Commerce，International Trade Administration，*U. S. Industry Trade Data 2001*（Washington，D. C.：Department of Commerce，2002），Trends Table，available at http://www.ita.doc.gov/td/industry/otea/industry_sector/tables.htm.

尽管美国积累进程的国际化是全新的，但美国是个全球性国家的事实，也和朝圣者、殖民和奴隶制时代一样古老。正如高中历史教科书所解释的那样，许多移民来美国是为了逃离宗教窒息和压迫，这些“衣衫褴褛、急于呼吸自由空气”的人为纽约港口的自由女神像所欢迎，但也正像图 7.5 中所看到的那样，出生在外国的美国公民的比例在过去 150 年是在不断变化的。

19 世纪下半叶移民的急剧增多不仅仅是人们逃离宗教窒息和压迫的结果，它也是早期全球化的产物——只不过那时候的全球化和我们今天看到的全球化很不相同而已。在 19 世纪下半叶发生的事情不过是今天情况的颠倒：美国生产的产品让其他国度的人们陷入失业。

随着横跨美国和加拿大中西部的铁路的建设，以及用蒸汽动力代替帆动力，廉价的北美谷物涌入欧洲。其影响不同于图 7.4 阐述的进口渗透——但是这次情况正好颠倒了过来。随着购买廉价的外国车和电子产品成为可能，生产同样产品的美国工人的工作不幸被消灭了。而在 19 世纪下半叶，北美的廉价谷物让欧洲农民备受打击，后者当中的一部分人转入其他行业谋生，还有许多人则移民到了美国（阿根廷或加拿大）。

176

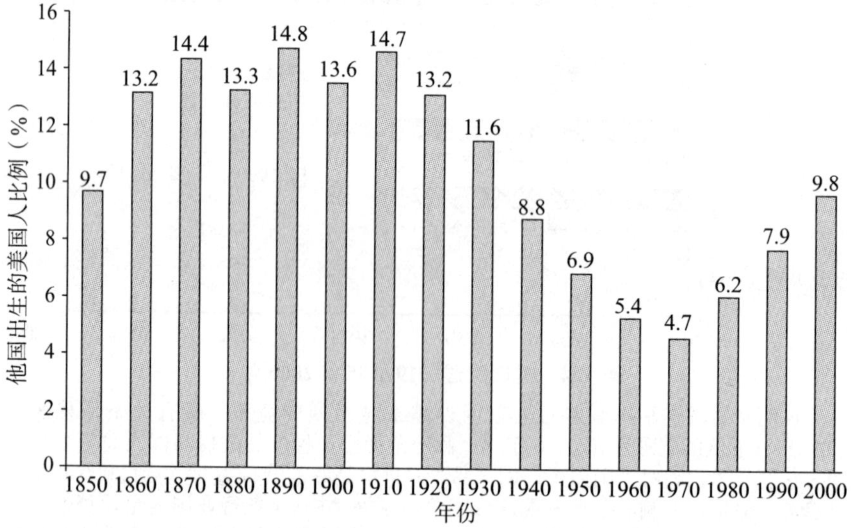

图 7.5　他国出生的美国人比例（1850—2000 年）

说明：这幅图说明，国外出生的美国人占美国总人口的比例在过去 150 年间变化显著。从 1860 年到 1920 年，国外出生的美国人占美国总人口的比例在 13%～15%之间浮动，反映了那个时期巨大的欧洲移民潮。1920 年之后，赴美移民被限制，国外出生的美国人占美国总人口的比例下降。20 世纪 60 年代，移民法开始松动，移民从那时开始再次增加。结果，国外出生的美国人占美国总人口的比例从 20 世纪 70 年代的 4.7%上升到 2000 年的 9.8%。在这个时期，大部分移民来自于拉美和亚洲。

资料来源：Campbell，J. Gibson and Emily Lennon，"Historical Census Statistics on the Foreign-born Population of the United States：1850—1990"（Washington，D. C.：U. S. Bureau of the Census，1999）；U. S. Bureau of the Census，*Profile of the Foreign-born Population in the United States*：*2000*（Washington，D. C.：U. S. Bureau of the Census，2000).

177　第一次世界大战后在美国之外出生的人口所占比例的下降，是由于刻意限制的移民政策所致。相比于第一次世界大战时，过去二十年美国移民法已经松动很多。但从图 7.6 可以看出，最近一波移民潮主要来自于拉丁美洲和亚洲，而不是欧洲，其结果是美国正在变为真正全球性的国度。

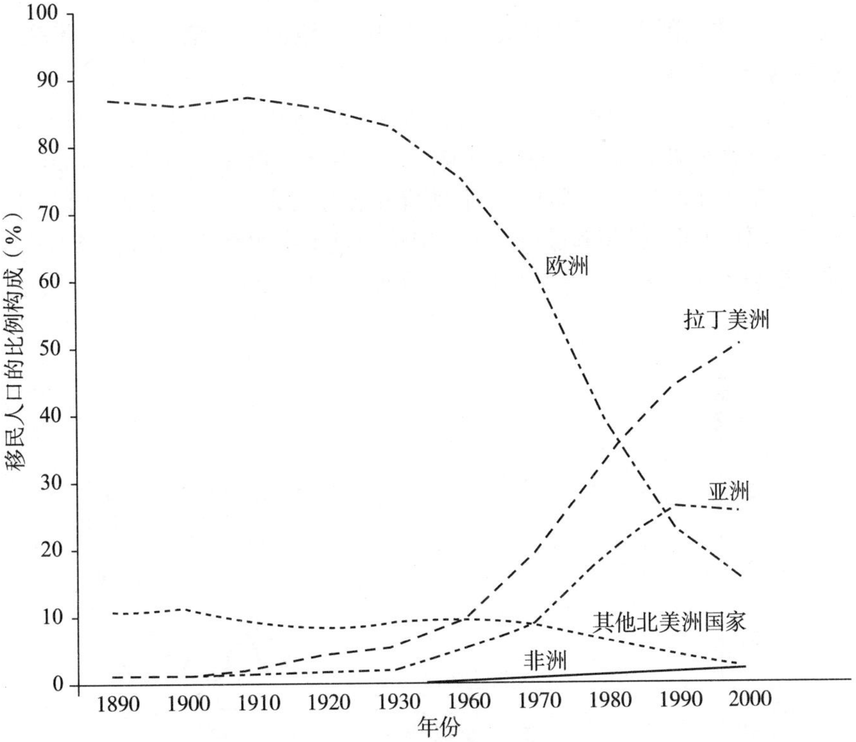

图 7.6　美国移民来自哪里？移民的来源地区

说明：这幅图关注美国移民的来源地，说明了 1850—2000 年美国移民来源地的变化趋势。五个不同地方所占的百分比在过去 150 年变化显著。在 1850 年，超过 90％的美国移民出生于欧洲，而且欧洲移民在超过一个世纪的时间中保持最大比例。而现在，欧洲移民只占到 15％，从 1930 年开始来自于拉美和亚洲的移民激增，所以现在欧洲处在第三位。

资料来源：Campbell，J. Gibson and Emily Lennon，“Historical Census Statistics on the Foreign-born Population of the United States：1850—1990”（Washington，D. C.：U. S. Bureau of the Census，1999）；U. S. Bureau of the Census，*Profile of the Foreign-born Population in the United States*：*2000*（Washington，D. C.：U. S. Bureau of the Census，2000）.

永不停歇的争取利润的竞争已经在另一个意义上改变了美国的经济结构。当人们想到经济，通常会联想起烟囱、矿井和风吹麦浪的田野。再想一下，则会联想起销售终端、饭店、键盘、呼叫中心、教室和医院的床位。开车经过一个陌生的小镇，你也许会奇怪：人们在此何以为生？他们生产什么？他们可能实际上什么也不生产，至少不是通常意义上的物质生产。今天，在美国从事销售比从事生产的人要多得多。而且，大多数美国人既不生产也不销售物品：他们提供诸如教育、医疗、运输这样的服务。

从图 7.7 可以看到，从 20 世纪 70 年代中期开始，从事生产产品——在农业、采矿业、建筑业或者农业——的美国人数并未增长。相反，维持在 2 500 万人左右。同时，从事销售和服务的人数快速增加。到 20 世纪 80 年代中期，销售和服务性工作岗位超过了生产性工作岗位。50 年之前，半数美国人都在生产某种物品。今天这个比例少于 1/4。

178

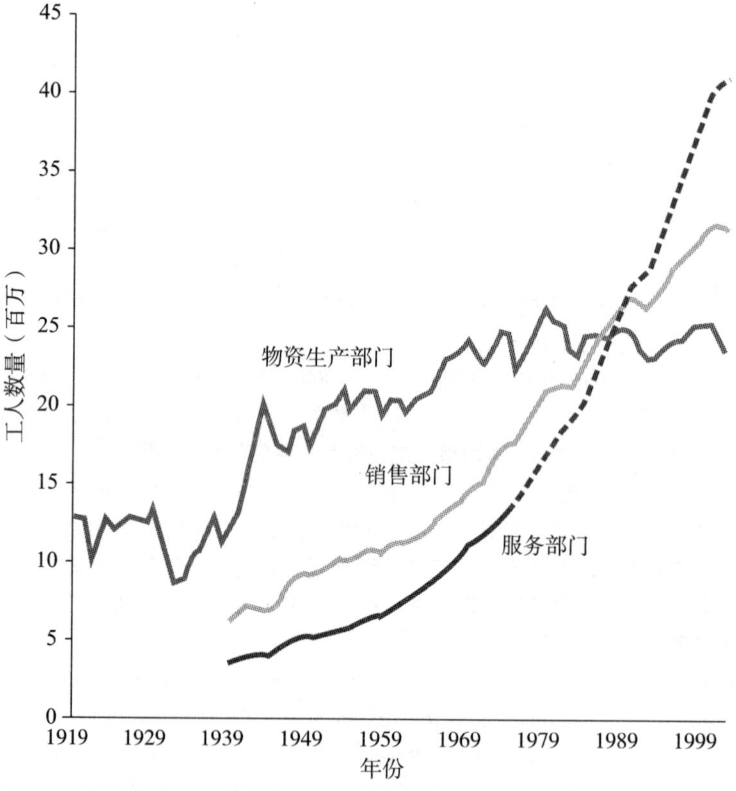

图 7.7　美国就业结构的变革（1919—2002 年）

说明：这幅图说明，和其他发达国家一样，美国的就业结构也随时间而变化。在 20 世纪早期，更多人从事物质生产，而不是从事服务或销售。而到 20 世纪末，服务部门和销售部门的就业人数已经超过了从事物质生产的就业人数。销售部门的就业数字包括从事地产销售。

资料来源：U. S. Bureau of Labour Statistics，*Historical Data Series*（Washington D. C.：U. S. Department of Labor，Bureau of Labor Statistics），available at http://data. bls. gov/.

为什么在过去 30 年中的美国，产品生产部门的就业保持不变？原因之一就是，产品生产的生产率的提高让同样数量的工人能够生产出更多的谷物、钢铁、汽车和其他东西，这就容许人们转移到——或者第一次工作就从事于——销售和服务等职业。当然也有其他的原因，比如美国在不断地将其制造业转移到工资率更低、管制更松的国家。（参见专栏“全球化：美国的赢家和输家”，以及相关的数据。）有人估计，自从 1992 年以来，有 1 300 万制造业工作机会已经从美国转移到墨西哥以及其他低工资率的国家（主要是东亚）。[①]

美国经济中的销售和服务部门在很多方面不同于产品生产部门。当然，在“好的”制造业部门工作（例如，汽车和钢铁行业的工会化的工作职位）和坏的制造业部门工作（例如，食品加工业和服装加工业的某些工作——是的，血汗工厂仍然存在于美国）之间，存在着巨大的差异。而在销售和服务业内部，工作差异则更大。例如，金融行业的许多工作都是世界上收入最高的工作，而在美国从事家政或保安等工作的人则收入微薄。销售人员的收入也很低，另外，由于几乎没有工会的保护，他们基本上没有谈判能力以及工作岗位的基本保障权利。另一方面，从事地产销售则收入诱人，许多政府部门和运输业工人（二者都被定义为服务性部门）则有工会保护，拥有工作保障和相对较高的收入。

全球化：美国的赢家和输家

全球化在大多数国家都是备受争论的议题，在美国也不例外。一些美国工人将 *179*
失业以及难以寻找到好工作归因于美国公司将新工厂设在国外，或者归因于美国本土企业所遭受的来自于进口的竞争。另一些人对一些职位（以及对于专业培训的准入许可）受到了新移民和国外申请者的竞争而愤愤不已。其中有些要求略显夸张，但是大部分要求却非如此。例如，我们知道，在美国工会与公司的谈判中，拥有海外工厂的企业很少会接受提高工资的要求。（参见第 13 章的专栏“棒球：全球经济中的所有者、工人和纳税人”。）

很多美国制造业的工人已经发觉，当他们的企业将业务运作重新部署到其他国家，他们就开始了持续的长期失业，或者最终只找到一份低报酬的工作。例如，1992 年，史密斯—克罗纳工厂从纽约州科特兰市迁往墨西哥的蒂华纳。三年后，

---

① Clare Ansberry, “Laid-Off Factory Workers Find Jobs Are Drying Up For Good: It's Not Just the Slowdown—Structural Changes Strand Many With Basic Skills,” *Wall Street Journal*, July 21, 2003, p. A1.

史密斯-克罗纳工厂1992年从纽约迁址后
失业男性工人于1995年的收入

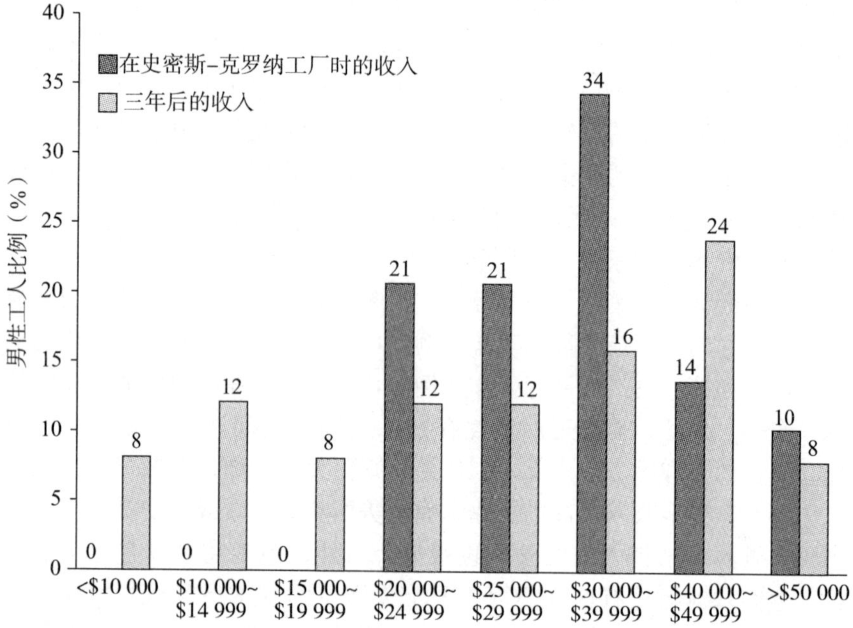

对一个包括159名失业工人的样本进行了访谈，发现男性工人的平均损失是他们原来收入的四分之一，女性工人的平均损失则为36%。工厂迁址前后男性工人的收入见下图。注意，“此后”的收入不仅在平均数上下降了，并且更加不平均，大约有三分之一工人的收入在工厂关闭后稍微有所增加，但是许多工人的收入变少了。

不过，美国人也从全球化中有所得。因为新移民者带来的文化和才能使得美国变得更为富足，此外还有更为世俗的利益。史密斯一克罗纳工厂迁址到墨西哥的原因是，在那里工厂可以以更低的成本进行生产。并且（除了那些在美国国内生产竞争性商品的企业）美国人也因为更低成本的商品被进口到美国而获益。由于服装和鞋类的进口渗透率在过去的30年中持续增长，这些商品的价格已经降至其初始价
180 格的一半（对这些价格做了剔除通货膨胀的调整）。

商品、人以及投资的更加自由的转移是否被当作一件好事，取决于你是从更低成本的商品中获益，还是遭受到来自于其他国家的生产者的竞争（包括新进入美国的移民的竞争）。但是很多人也担心全球化对其他人的影响（不仅在美国，而且遍及整个世界）。史密斯一克罗纳在蒂华纳的新工厂的工人同样也需要一份工作。

资料来源：Lourdes Beneria and Luis E. Santiago, “The Impact of Industrial Relocation on Displaced Workers: a Case Study of Cortland, New York,” *Economic Development Quarterly*, vol. 15, no. 1, 2001, pp. 78—89; James Heintz, “The New Face of Unequal Exchange: Low Wage Manufacturing, Commodity Chains, and Global Inequality” (Amherst: Political Economy Research Institute, University of Massachusetts, 2003).

推荐书目

Joyce Appleby, *Capitalism and a New Social Order: The Republican Vision of the 1790s* (New York: New York University Press, 1984).

Samuel Bowles and Herbert Gintis, *Schooling in Capitalist America: Educational Reform and the Contradictions of Economic Life* (New York: Basic Books, 1976).（鲍尔斯、金蒂斯．美国：经济生活与教育改革．上海：上海教育出版社，1990.）

Alan Dawley, *Class and Community: The Industrial Revolution in Lynn* (Cambridge, Mass.: Harvard University Press, 1976).

Eric Foner, *Thomas Paine and Revolutionary America* (New York: Oxford University Press, 1976).

David M. Gordon, Richard Edwards, and Michael Reich, *Segmented Work, Divided Workers: The Historical Transformation of Labor in the United States* (Cambridge: Cambridge University Press, 1982). 181

Morton J. Horwitz, *The Transformation of American Law, 1780—1860* (Cambridge, Mass.: Harvard University Press, 1977).

Grant McConnell, *The Decline of Agrarian Democracy* (Berkeley: University of California Press, 1953).

Samuel Rosenberg, *American Economic Development Since 1945* (New York: Palgrave Macmillan, 2003).

C. Vann Woodward, *The Strange Career of Jim Crow* (New York: Oxford University Press, 1957).

Erik Olin Wright, *Class Counts, Comparative Studies in Class Analysis* (Cambridge: Cambridge University Press, 2000).

Howard Zinn, *A People's History of the United States* (New York: Harper & Row, 1990).

Michael Zweig, *The Working Class Majority: America's Best Kept Secret* (Ithaca, N. Y.: Cornell University Press, 2000).

第二篇

微观经济学

第8章　供给和需求：市场是怎样运行的

伊本·白图泰是14世纪伟大的阿拉伯地理学家，他这样报告了发生在今天俄罗斯伏尔加河沿岸的远程贸易的情形： 185

> 每个旅行商……摆放下他带来的货品……接着［旅行商］又退回其驻地。次日，他们返回到……其货品那里，在这些货品的对面发现了貂皮、鼬毛以及貂袍。如果这名商人对此交易感觉满意，就把这些货品取走；如果不满意，就原封不动。当地的居民们然后就会添加些兽皮，但有时他们也会取走自己的货品而对旅行商的货品置之不理。这就是他们的经商方式。去那里的人不知道自己在与谁进行交易，也不知道对方是神灵（幽灵）还是人，因为他们从来见不到任何人。①

① Ibn Battuta, *Travels in Asia and Africa*: *1325-1354* (London: Routledge and Kegan Paul, 1929), pp. 151.

古希腊史学家希罗多德，描述了公元前5世纪的迦太基人和利比亚人之间的类似交换——被称为无声的交易（silent trade）。希罗多德描写道，在留下他们的物品之后，迦太基人退下了，利比亚人“在地上摆放一些金子用于交换物品，然后离开这些物品。这时，迦太基人……过来察看，如果他们认为那些金子足以支付货物，他们会带着金子离开”。希罗多德描述了这个过程是如何持续地进行的，直到形成双方都能接受的价格为止。他很惊讶地评论道：“没有任何一方欺骗另一方……直到金子与货物在价值上相等时，（迦太基人）才会碰那些金子；直到迦太基人拿走金子，当地人才会碰那些货物。”①

186 无声的交易只是人们所设计的参与交换过程的多种方式中的一种。陌生人之间的物品让渡可以在以下范围内变化：从位于一个极端的礼物开始，经过互利的交换，到可称之为抢劫的另一个极端。参与交易的各方在地理上和社会性方面的差异越大，得自贸易的潜在的收益就越大。参与无声贸易的各方不进行正面接触这一事实，有助于减少往往武装精良的贸易者之间发生暴力的机会。

其他种类的贸易则绝对不是无声的。一个世界证券交易所的交易大厅里充斥着讨价还价的喧嚣，现代的尼日利亚水果市场上回响着妇女们音乐般的叫卖陶器的声音以及讨价还价的嗡嗡声。其他现代市场则像无声的贸易一样寂静和匿名。当你在线购买一件衬衫或者一本书的时候，你能听到的声音仅仅是当你在屏幕上点击购物车图标时鼠标的咔嚓声。类似的，你可以在超市中购买一篮子食品而不用说一句话，与尼日利亚的水果市场形成鲜明对比的是，只有当收银员问你是需要塑料袋还是纸袋来装东西时才需要口头的交流！如果你通过在线拍卖市场（如e-Bay）购买某件商品，你会经历一个完全不同的市场：你将与其他人竞价，拍卖对象将卖给出价最高的人。

产品和服务以很多不同的方式相交换。家庭间在节假日交换礼物，个人从事工作以换取货币收入，夫妻中的一方照顾孩子而另一方挣工资用以支付房租。在每种情况下，所得到的回报都由一种特定的方式决定，有时由习惯决定，有时由法律决定，有时由供给和需求的竞争性力量决定。

本章的中心思想是：**竞争性市场——一种重要的交换形式——可以利用供给和需求的概念来加以分析**。这一思想表达为以下两个要点：

---

① Herodotus, *The Histories* (New York: Oxford University Press, 1998), pp. 300-301.

1. 竞争性市场由众多潜在的买者和卖者组成，他们各自独立行动，没有一个参与者有足够的力量对其他任何参与者指定条件。
2. 用以理解竞争性市场如何运行的关键概念是：供给曲线、需求曲线和市场出清。

市场的本质

当一项产品或服务的所有者将其出售给其他人的时候，就产生了市场交换。出售一项产品或服务通常意味着用其换取货币：卖者向买者转让了所有权，获得货币作为回报。交易的另一方面是买者支付货币以获得产品或服务的所有权。如果交易不涉及货币——如果一种产品与另一种产品直接相交换——就被称为物物交换。

市场交换就是一项财产（产品或服务）的所有权在双方彼此接受的条件下向另一方转让并获得某种形式的支付作为回报。说市场交换的条件是相互间可接受的意味着，在此情形下，双方宁愿在所提供的条件下 187
进行交换而非根本不进行任何交换。

人们始终拥有拒绝市场交换的权利。因此，从定义上看，所有发生的市场交换都可以说在性质上是自愿的。但有些时候，放弃交换的权利并没有什么意义。例如，家人有重大疾病将迫使你卖掉住房来支付医药费。这不等于有人拿着枪顶着你的脑袋逼迫你卖掉房子，但有些时候环境会迫使人们陷于他们在其他情形下可以避免的交换。[回忆马龙·白兰度（Marlon Brando）在《教父》（*The Godfather*）中对他的一个追随者所说的：“给他一个他无法拒绝的条件。”]

市场这一术语指的是所有希望对某些特定产品和服务展开交易（买或卖）的那些人的买卖活动。市场活动有时（但不总是）集中在一个地点进行。纽约股票交易所和东京鱼市就是有特定地点的市场例子。在这种情况下，你可以看到股票和鱼的买卖分别在同一地点进行。但是，对于其他的市场，没有一个单独的特定地点能让你“看见”市场。例如，芝加哥的劳动市场囊括了劳动时间的所有潜在买者和卖者，他们可以在芝加哥区域的任何地方见面并达成协议（或者没有达成协议）。这时，一个市场就不是一个地点，而是一系列买卖活动。

市场的运行将决定两个基本的经济结果：产品或服务据以交换的价

格及其买或卖的数量。这两个结果会影响社会的许多其他方面。例如，劳动市场不仅决定工资（及由此带来的生活标准），而且决定就业的数量（从而失业的数量）。

每个市场都有两类参与者：需求者，或想要购买此项产品或服务的人；供给者，或想要出售此项产品或服务的人。一个市场也许包含着，比如说，两个潜在的需求者，他们面对着三个潜在的供给者。这可能发生在某地的房地产市场。或者，市场也许有少量的供给者，却有数百万的需求者，譬如计算机行业。某些市场拥有数以万计的供给者，却只有很少的需求者，比如一个仅有少数大雇主的城镇里的劳动市场。

在本章，我们关注那些有大量潜在需求者和大量潜在供给者的市场。遵循亚当·斯密的传统，这样的市场被称为**竞争性市场**，因为不同参与者的竞争——每个人都在竞争以达成有利于自己的买卖——会极大地影响其他人的行动。美国和全世界的很多市场从这个意义上讲都不是竞争性的。我们将在第 11 章中解释只有少数竞争者的那类市场的运行。

在竞争性市场上拥有大量参与者的最重要后果就是，他们中没有任何人有足够的力量来影响产品的出售价格。例如，如果只有一个出售者，一个大公司，它就可以通过减少其产品的供应量来提高其产品的价格。但这一策略在竞争性市场中被排除了。

供给和需求

188 我们可以通过考察供给者和需求者间的相互作用来理解市场的运行。我们借助于需求曲线和供给曲线来进行。

需求曲线用图形表示了市场上的购买方。它表明，在给定对特定产品的喜好和可支配的货币量的条件下，需求者在每一可能的价格下希望购买的该产品的数量。曲线上的每一点都代表一个特定的价格（用纵轴表示）及相应的需求量（用横轴测量）的组合。

考虑一个特定商品的市场，例如，艾奥瓦州艾奥瓦市的啤酒。（在本章接下来的部分，我们假设：我们所指的啤酒都属同一种类且有同样的品质；用经济学行话来说，我们假设啤酒是同质商品。）设想一下询问艾奥瓦市的每一个人（以及那些会到爱荷华市买啤酒的人），“如果啤酒价格是每瓶 2 美元，你今天将买几瓶?”然后我们将所有回答的数量相加。如果总数达到 1 040 瓶，我们就会得到需求曲线上的一个点：价格为 2 美元时，购买者当天的需求会是 1 040 瓶。

我们可以随后重复这一调查，询问购买者他们将购买多少瓶啤酒，首先，如果价格是每瓶 1 美元，其次，如果价格是每瓶 0.5 美元。假设我们得到的答案是，价格是 1 美元时是 2 000 瓶，价格是 0.5 美元时是 3 760 瓶。这样我们在需求曲线上又多了两个点来描述艾奥瓦市当天的啤酒需求。

在图 8.1 中，需求曲线 DD 显示了在所有可能的价格下艾奥瓦市的购买者一天所需的不同啤酒量，包括我们在调查中获得的在 2 美元、1 美元和 0.5 美元的价格下的回答。不能忘记，需求曲线和供给曲线表示的是对假设问题的回答。在需求曲线的情况下，问题将是："如果价格是______，你今天将购买多少？"正如我们即将要解释的，需求曲线和供给曲线上大多数的价格和数量的组合都不会实际地被选择。

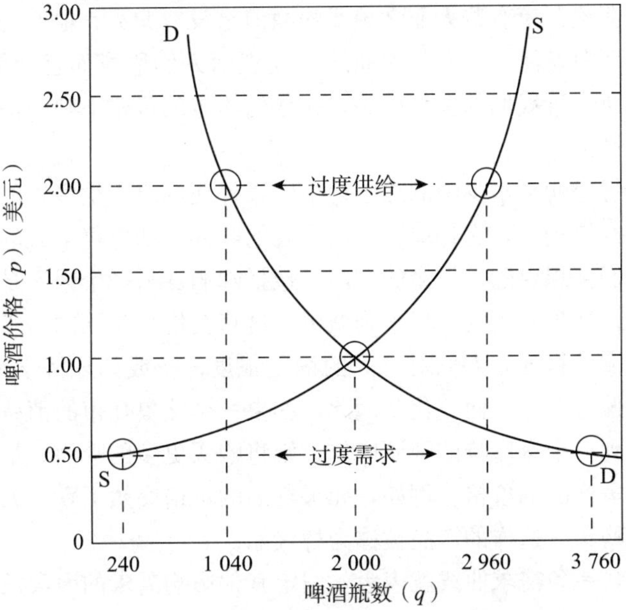

图 8.1　需求曲线和供给曲线

说明：需求曲线 DD 提供了以下信息。如果每瓶啤酒的价格是 p 美元，消费者的需求量将是每天 q 瓶。例如，如果价格是每瓶 2 美元，消费者每天将购买 1 040 瓶。供给曲线 SS 提供了关于生产者将向市场提供什么的类似信息。如果价格是每瓶 p 美元，供应者每天将在市场上提供 q 瓶。例如，如果价格是每瓶 2 美元，啤酒供应者每天将希望出售2 960 瓶。一般来说，需求曲线向下倾斜（向右），供给曲线向上倾斜。

需求曲线通常总是被认为是向右下方倾斜的，或者说有负的斜率，如图 8.1 中的 DD 所显示的。其经济原因在于，一般而言，价格越低，商品购买者想购买的数量就越多。在我们的啤酒例子中（见图 8.1），如果价格高，比如说每瓶 2 美元，那么消费者每天只愿购买相对较少的数量。如果价格低，比如说每瓶 0.5 美元，他们每天将购买更多的数量。

注意，需求曲线并不代表购买者需要什么。它仅反映在给定价格和收入的条件下，他们想要以及能够购买什么。亚当·斯密将市场上反映出来的需求定义为“有效需求”（比如说，穷人想要一架六匹马拉的车的愿望就不是有效需求），现代经济学家沿着他的思路，将“需求”仅仅定义为由货币支持的需要。DD 曲线不能告诉我们，啤酒的购买者是
189 不是经过辛苦劳作之后极度口渴，抑或他们已经喝了过多的啤酒。事实上，如果艾奥瓦市有些人非常想要啤酒但是没钱购买，他们的需要根本不会在 DD 中表现，因为需求曲线仅仅表示人们愿意而且能够购买的。需求曲线所告诉我们的全部就是，在任何给定的价格下啤酒消费者将购买多少啤酒。

人们想要购买多少啤酒除了价格因素外还取决于很多别的考虑。正如我们已经提到的，它将取决于购买者的收入。如果每个人的工资突然提高，他们会想要购买更多的东西，包括啤酒。另一个因素是潜在购买者的数量。如果有新的人群来到城镇，这将会增加啤酒的需求量。更重要的是，需求将随着人们对产品的欲望强度——或如经济学家所说的：他们的“偏好”——而变化。因此，如果一个艾奥瓦市的消费者最近在电视上看到一个有影响的啤酒广告，她将购买更多的啤酒。最后一个变量就是竞争产品的价格。例如，如果红酒的价格突然下跌，人们将减少对啤酒的购买。这样的产品被称为替代品。

这样，一条需求曲线就表示，假定其他影响需求的因素没有发生变
190 化，在各种可能的价格下购买者愿意而且能够购买的数量。如果没有其他因素变化，需求曲线就使我们得以辨明价格的变化将怎样影响需求的数量。例如，在图 8.1 中，我们能够看到如果价格从每瓶 2 美元降到 1 美元，**如果没有其他因素变化**，需求量将从每天 1 040 瓶增加到 2 000瓶。

相反，**供给曲线**代表的是市场的售卖方。它描绘了供给者在不同的价格下出售啤酒的意愿，这种供给啤酒的意愿在很大程度上取决于啤酒

生产企业所引致的成本。在图 8.1 中，供给曲线 SS 表明，啤酒销售者每天在不同的价格下将向市场提供多少数量的啤酒。例如，某天的价格是 2 美元，供给者将设法销售 2 960 瓶；在 0.5 美元的价格下，供给者将设法销售 240 瓶；等等。

供给曲线几乎总是被认为是向右上方倾斜的（有正的斜率），就像图 8.1 中的 SS 供给曲线所显示的一样。与价格低的时候相比，在价格高的时候，供给者希望出售大量的啤酒。在价格高的时候，增加啤酒厂工人的轮班也是值得的。高价格也会吸引来自价格较低的邻近城市的新的供给者。另一方面，在价格低的时候，艾奥瓦市的一些供给者会寻找其他的城市来销售自己的产品；他们中的一些人甚至会停止啤酒生产。

价格之外的其他因素也会影响在每一价格下产品供给者希望出售的数量。与生产和销售其他产品所能获得的报酬相比，生产啤酒的成本将影响在每一价格下供给者希望出售的啤酒数量。例如，如果啤酒行业中发生了劳动节约型技术变革，生产啤酒的成本将下降，酿造和销售啤酒的利润会增加。结果会有更多的公司被吸引到该产业，这样供给的数量就会增加。类似的，如果酿造啤酒所用的谷物取得了丰收，其价格将下降，酿造的成本也会减少，每一价格下啤酒供给的数量将会增加。

这样，供给曲线就表示，假定影响供给的其他因素保持不变，卖者在各种可能的价格下会向市场提供的商品数量。如果只有价格变化，供给曲线会告诉我们供给的商品量将怎样随价格而变化。例如，在图 8.1 中，如果某天啤酒的价格由每瓶 1 美元上升到 2 美元，供给者会把他们向市场的供货量由每日 2 000 瓶增加到 2 960 瓶。

决定供给曲线位置的所有因素包括：

● 生产该产品的各种可用技术。

● 各种投入的成本以及这些成本如何随投入数量的变化而变化。

● 为了获得版权或专利所有者的许可以复制某产品（如果该企业的活动需要它）而带来的成本，该类成本意味着利用他人已获得专利或版权的点子、发明或其他创造性产品（诸如一首乐曲或艺术品）的权利。

● 生产同一产品的企业的数量，包括那些因价格上涨（或下降）至足够程度，一些新企业被吸引过来（或一些现存企业停产）而造成的进入（或离开）该行业的企业的数量。

你也许会通过自问以上因素中任何一个的改变将怎样使图 8.1 中的供给曲线向左或向右移动，来检验你对供给曲线的理解。例如，如果一 191

项新的啤酒生产技术被发明出来，用更少的劳动就能生产出相同数量的产品，那么供给曲线将发生怎样的变化呢？

所有影响供给曲线位置的因素也会结合在一起决定商品生产的**边际成本**。“边际成本”被定义为一个企业增加一单位商品总产出所引起的总成本的增加。

为了领会边际成本这个概念的重要性，我们进行以下的分步骤的推理：沿供给曲线的一个微小的向上移动表明，在沿着该曲线的每一点上，为了促使一种商品的某个供给者生产和提供一单位额外商品在市场上销售，该产品的价格必须增加多少。但是我们知道，即使某些产品的市场价格上升，除非更高的价格能够弥补生产一单位额外产品的成本，否则没有企业会生产额外一单位该产品。由于一个企业生产额外一单位产品的成本实际上就是它的边际成本，因此我们就可以说，供给曲线不仅表明了每一价格下产品的供给量，而且也表明了对市场上至少一家企业来说该产品的边际成本是多少。

当然，市场上所发生的情况是不以单个企业的决策为基础的。实际上，市场某天的供给量是市场上所有企业的产出加总的结果。这里仅仅是要树立这样的思想，即生产和提供一单位额外产品是有边际成本的。由于生产一单位额外产品需要为其分配更多的社会资源，因此，在某种情况下，我们可以将其边际成本看成是生产这一单位额外产品的社会成本。

生产一种产品的边际成本不同于其**平均成本**，后者被定义为生产一定数量单位的产品或服务所需的总成本除以生产的产品或服务的总量。边际成本是在特定的产出水平上，生产额外一单位产品的总成本的额外增加，而平均成本用以度量在任何给定的时间生产出来的所有产出单位的生产成本。

在很多情况下，生产一种商品的边际成本和平均成本随着产量的增加而同时增加（只要产量高于某种最低产出水平）。这是因为随着生产的扩张，至少为获得一种投入要素而支付的价格会更高，这使得生产额外一单位商品要耗费更多。出于这种原因，在一幅以横轴表示产出数量、以纵轴表示与每一产出水平相应的边际成本的图形上，很多商品的边际成本曲线是向右上方倾斜的。

平均成本和边际成本随着产出的增加而增加的原因从农业或者其他基于自然资源的产业中最易看出。在这些情况下，优等土地（或者容易开发的自然资源）的数量有限，因此在更高产出水平上的成本就更大。这是因为必须利用较劣等的土地、更深层的煤矿或者更遥远的森林了。

但是，也存在平均成本随生产增加而下降的情况。只要存在**规模报酬递增**，平均成本的这种下降就会出现。当投入增加——生产规模扩大——带来产出的更大比例的增长时，就存在着规模报酬递增。例如，当所有的投入增加一倍，而产出增加一倍以上时，我们可以说存在报酬递增。这样，像第 3 章中所解释的，报酬递增会带来平均成本递减。这两个术语，由于它们指的是同一现象，因此它们可以交替使用。但是为了避免混淆，我们通常会使用规模报酬递增这一术语，今后我们往往只说报酬递增。 192

企业经历平均成本下降（由于报酬递增）在经济中是很普遍的，而且很重要。然而令人惊讶的是，这种人们熟悉的情况——平均成本下降——在传统经济学教科书中却很少论及，我们在下一章中将分析其原因。但是首先，我们必须进一步讨论供给和需求。

供给和需求相互作用

我们现在可以通过解释供给和需求会怎样共同决定产品的价格及其交易量（价格和数量）来将问题的两个方面结合起来。这里有必要再次提到虚构的艾奥瓦市啤酒市场，以及再次观察图 8.1（因为它在一个图形中将艾奥瓦市啤酒的供给曲线和需求曲线结合到了一起）。

当然，买者和卖者都看不到供给和需求曲线。这些仅仅是**我们**用以理解**他们**的行动的分析工具。在多数市场中，卖者，而不是买者，制定价格。每个卖者设定一价格时，要么假定更高的价格意味着每销售单位产品会有更多的利润，或者更低的价格意味着能销售更多单位的产品。根据需求曲线，向任一方向的移动（即使价格上升或下降）都可能增加利润的总量。

能使利润最大化的价格将依赖于两方面的信息：其他卖者的行动以及需求的强度，对于这些信息一个卖者只能猜测但无法事先知道。一个卖者唯一能够知悉并在此之上采取行动的就是最近发生过什么。如果产品在他们的货架上堆积成山，他们也许会希望原本制定的是一个较低的价格，并且很可能会考虑降低价格。相反，如果他们已经提前售罄其产品，或者如果他们积累了一些急切希望购买的消费者的订单，他们可能会考虑提高价格。其他卖者也进行同样的试错过程以得到合适的价格。

为了了解这个过程怎样进行，假设艾奥瓦市啤酒的平均价格是每瓶 2 美元，再来观察图 8.1。将发生什么情况呢？正如前面所指出的，在这一价格下，供给者在这一价格下会希望售出 2 960 瓶，但是需求者会仅想购买 1 040 瓶。1 920 瓶的差额就是**过度供给**。能够在每瓶 2 美元的价格下找到买者的那些供给者会非常高兴，而在这一价格下不能找到
193 买者的会不满，后者将提供一个稍低的价格，比如每瓶 1.75 美元或者 1.5 美元，试图吸引消费者。

只要过度供给持续存在，一些供给者为了试图获得消费者就会降低价格，这将对市场价格施加向下的压力。当通行的价格下降到每瓶 1 美元时，供给者希望出售的数量（2 000 瓶）会恰好等于需求者希望购买的数量（也是 2 000 瓶），因此再也没有过度供给。由供给者砍低的价格将停留在这一水平上。

考虑相反的情况。如果市场的初始价格是每瓶 0.5 美元，就会有**过度需求**。正如前面所提到的，这一价格下啤酒的需求是 3 760 瓶，但供给仅仅是 240 瓶，未满足的（或者“超额的”）需求是 3 520 瓶。啤酒的供给将满足不了这一数量的需求，那些买不到啤酒的人将会哄抬价格。当市场价格达到 1 美元时，过度需求就会消失。当然，这一价格与我们在过度供给分析中所得的价格是一样的。

总而言之，我们可以说啤酒市场的竞争将整个市场推向了**市场出清价格**——在这一价格下，卖者希望出售的数量恰好等于买者希望购买的数量。在这一价格下，既不存在过度供给，也不存在过度需求，可以说市场“出清”了。在图 8.1 中可以看到，艾奥瓦市啤酒市场的出清价格是 1 美元，因为在这一价格下，啤酒供给量恰好等于需求量（2 000 瓶）。

图 8.1 也表明了，市场出清时的价格和数量位于供给曲线和需求曲线的交点上。因为这个原因——正如我们将看到的，仅仅在类似于啤酒市场这个例子的市场中——才可以说供给和需求决定了价格和数量，更确切地说，意味着供给曲线和需求曲线的特定位置（当然，还有那些自身决定了这些曲线的位置的因素）决定了市场出清时的价格及数量。

在一个像啤酒市场这样的市场中，市场出清常常被描述为一种**均衡**状态。均衡的概念在经济学推理中是非常重要的，它被用来描述这样一种局面：在此状态中没有一种内在的力量使其发生改变。这是从物理学借来的一个概念，它可以通过一个物理学例子来加以说明：如果一个人

将一颗大理石放入放在桌子上的一个碗中，它将在水中滚上一段时间，最终将停在碗底。这个结果就是一种均衡，因为在该状态下没有任何内在的力量（大理石在碗中的位置以及碗的形状）会引起它的变化。如果有人将碗倾斜或推动大理石，大理石当然会移动，但这些是外在于该状态的力量。

经济学家以相同的方式进行推理。在啤酒市场上，价格和销售量将维持在市场出清价格和数量上，除非有外部因素来改变它们。一个来自外部的变化可以是这样一些情况，如人们对啤酒相对于其他东西而言的喜好——或者像经济学家们所说的：他们的“偏好”——的改变。这样一种变化会带来需求曲线 DD 的移动。类似的，啤酒生产新技术的采用将改变供给曲线 SS 的位置。这些曲线由此移动将改变市场出清价格和啤酒销售量。但是，只要需求曲线和供给曲线保持在当前的位置，均衡 *194*
价格及数量就不会改变。

我们将看到，在一些非常重要的市场中，均衡价格并不是市场出清价格。然而，均衡状态的稳定性（排除任何外在或外生来源的变化的出现）意味着单个买者和卖者无论试图做什么都不能改变均衡价格和数量。这样，假定其他市场参与者的行动不变，艾奥瓦市就没有任何啤酒的买者和卖者能从其行为的可能改变中获利。

例如，一个买者也许想为一瓶啤酒支付低于通行水平的价格。但如果这位买者试图提供一个更低的价格，没有供给者会出售啤酒给他/她。类似的，一个供给者也许想以高于市场出清价的价格出售他的啤酒。但如果哪个公司提高了价格，由于市场上还有以较低价格出售的类似的啤酒，这家公司的消费者将转向其他供给者，尤其是如果这家公司在长时期内坚持索要较高价格的话，其销售将一落千丈。（回顾一下，我们在整章中都假设艾奥瓦市的任何一瓶啤酒都完全与其他任何一瓶啤酒相同；尽管这一假设在这一例子中有些不切实际，但还有其他的商品，如小麦、玉米和牛奶，更像我们例子中的同质商品。）这样，通行的市场价格（由于对市场上的任何人来讲都是可知的）会限制任何单个买者和卖者的行为。这就是一个竞争性市场的运行方式。

当然，在现实中，单个卖者将试图改变其价格以看看他们是否可以做得更好。因此，即使在没有过度供给和过度需求的时候，也不是一种产品的所有价格都是相同的。比较本地少数几家商店对啤酒的定价，或者比较同一本书在亚马逊（Amazon.com）以及巴恩斯和诺贝尔（Barnes and Noble）两个网站的价格，就证实了这一点。但是，对一个特定产品来说，如果市场竞争程度很高，那么同种产品的价格就不会差别太大。

对竞争性市场中供求相互作用的分析的一个重要结果是，当一个竞争性市场处于均衡时，产品的价格将等于其边际成本。另一种说法是，在均衡状态下，$P=MC$（P 代表价格，MC 代表边际成本）。我们随后将对此观点进行详细讨论，该观点的逻辑如下：如果 P 不等于 MC，供给的数量将发生变化，所以市场就不会处于均衡了。为了说明这一点，我们设想对某个企业来说，P 大于 MC。在这种情况下，一个企业可以通过生产额外一单位产品来获得等于 P 的收入，而这一单位产品的成本仅为 MC。类似的，如果某个企业的 P 小于 MC，那么减少一单位的生产就可以获益（减少了 MC 数量的成本，但仅减少了 P 数量的收入）。所以只有 $P=MC$ 时，一个企业才不会改变其供货数量。而且，当整体市场处于均衡，对市场上的每一企业来说，P 必将等于 MC。

需求或供给的变化

至此，我们已经考虑了供给曲线和需求曲线处于特定位置时价格和交易数量的决定。我们分别针对每条曲线进行了考察，并且分析了需求
195 量和供给量怎样随着价格的特定变化而相应变化。我们现在来考虑价格之外的其他因素变化时将会发生什么情况。

例如，假设图 8.2 中的供给曲线 DD 代表艾奥瓦大学在某学期中间的啤酒需求。随着学期的结束及学生离校回家，这种情况将发生变化，在每一个可能的价格下艾奥瓦市的啤酒需求量将减少。整条需求曲线由 DD 向左移动到 D^*D^* 表示了这种变化（见图 8.2）。另一方面，该学期当中一个有影响的广告活动则会产生相反的效果：它会通过增加消费者对啤酒的偏好使需求曲线向右移动。

价格变化所带来的效应和那些改变需求曲线的位置的因素所带来的效应有如下区别：价格的变化只会带来沿着需求曲线的移动，而决定对该产品的需求的一个或多个条件的变化所带来的是需求曲线的移动。如在图 8.2 中所见，需求曲线由 DD 到 D^*D^* 的移动使市场出清价格由每瓶 1 美元变为了 0.8 美元，销售量从 2 000 瓶变为了 1 540 瓶。

196 类似的，如果有价格之外的其他影响因素发生变化，啤酒的供给曲线将会发生移动。例如，假设啤酒生产所用的谷物的价格上升，将会发

生什么情况呢？增加的成本将减少啤酒行业的利润，这会导致一些供给者从啤酒市场中撤离，也许会把他们的资源用到更有利可图的行业中去。更高的成本也会使其他啤酒生产者缩减生产，以期恢复他们先前的利润水平。这两种变化都会使供给曲线由 *SS* 移动到 S^*S^*（见图 8.3）。如在图 8.3 中所见，*DD* 曲线不变，供给曲线的移动将使市场出清价格由每瓶 1 美元增加到 1.2 美元，销售量由 2 000 瓶下降到1 680 瓶。

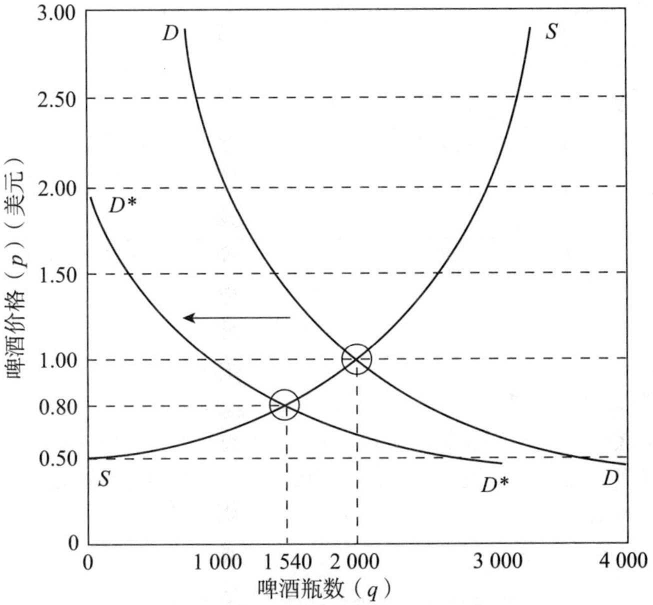

图 8.2　需求曲线的移动

说明：当价格之外的其他因素发生变化，需求曲线将发生向左或者向右的移动。需求曲线的移动不同于沿曲线的点的移动，后者是仅有价格变化时的移动。在图 8.2 中，D^*D^* 是需求曲线向左移动后的位置，它表明在每一价格下啤酒的需求减少。需求曲线上的其他影响因素的变化会使其向右移动。

和需求曲线一样，产品价格的变化所带来的是沿着供给曲线的移动，而影响供给的其他因素的变化会导致整个曲线的移动。只要决定曲线位置的因素之一发生变化，供给曲线或需求曲线都会发生移动——无论该因素（在我们啤酒市场的例子中）是一种新的酿造技术、更便宜的谷物、一次成功的广告活动、还是相关人口规模的变化。决定供给曲线或需求曲线位置的因素在表 8.1 中得到了总结。

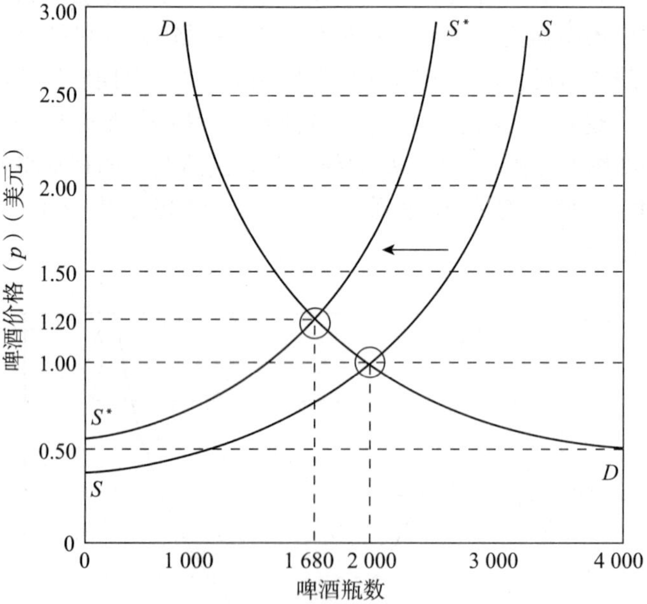

8.3　供给曲线的移动

说明：当价格之外的其他因素发生变化，供给曲线将发生向左或者向右的移动。供给曲线的移动不同于沿着该曲线的移动，后者是仅在价格变化时发生的移动。在图 8.3 中，S^*S^* 是供给曲线向左移动后的位置，它表明在任一价格下啤酒的供给减少了。此外还可能的是，对供给曲线产生影响的其他因素之一的变化使供给曲线向右移动。

197 **表 8.1　　供给曲线和需求曲线位置的决定因素**

供给曲线	需求曲线
技术	消费者的喜好或者“偏好”
投入品的成本，包括为获得必要的使用许可以利用获得专利的点子、获得版权等所支付的成本	消费者的收入及其分配：更多高收入人群意味着对奢侈品的更高需求；更多低收入意味着对基本品的更高需求
供给者可能得到的其他获取利润的机会	消费者可能得到的替代品的数量及其价格
潜在生产者的数量	潜在购买者的数量

结　论

因此，市场通过买卖关系或交换关系提供了一种协调经济的方式。竞争，既包括买者间的竞争也包括卖者间的竞争，会带来市场出清价格，在这一价格下，需求量等于供给量。其结果是，市场相互作用既决定了产品的价格，也决定了该产品的买卖数量。

说售出的啤酒的均衡价格和数量“由供求来决定”是什么意思呢？这有些类似于说谋杀是由枪干的。任何决定供给曲线和需求曲线的位置的因素也是实际决定价格和交易数量的因素，因为这些决定因素决定着市场出清所必需的价格和交易数量的特定结合。

供给曲线和需求曲线本身并不发挥什么作用：它们甚至不如手枪的作用。它们只是帮助我们理解和解释价格和交易数量所面临的诸多复杂影响的精巧装置。供给曲线和需求曲线的发明并不改变市场运行的方式。但是，它们确实使我们更好地理解了市场的运行。

总结一下：价格和交易数量由所有决定供给曲线和需求曲线的位置的那些因素决定。竞争过程，将推动实际价格和数量向均衡价格和数量移动。

在后面的章节中我们将看到，竞争并不总会带来市场出清。例如，在劳动市场上，过度供给（失业）持续很长一段时间甚至无限地持续下去。在第 12 章中，我们将解释为什么在存在过度供给时，降低工资并 198
不能使劳动市场出清——像啤酒市场上价格下降所带来的效果那样。在许多信贷市场上也存在着类似的情况：按照一种给定类型贷款的现行利率，一些有希望的借款人却被拒之门外，这说明尽管信贷市场或许处于均衡，但仍存在着对该种贷款的过度需求。

在市场没有出清的时候，供给和需求会影响价格和交易数量，但不能说决定了它们，因为既然市场没有出清，那么显然有其他一些重要影响在发挥作用。下一章将扩展对供给和需求的分析，解释市场怎样在特定的条件下以有益的方式协调着经济，而在其他条件下却失效了。

推荐书目

Alfred Marshall, *Principles of Economics*, 8th ed.（London：Macmillan，1920）（马歇尔．经济学原理．北京：商务印书馆，1983.）

第9章 竞争和协调：看不见的手

199 20世纪80年代末到90年代初，波兰、苏联、捷克斯洛伐克及其他一些前共产主义国家的政府发生了一场剧变。它们不但开启了授予公民投票权和民主自由的进程，而且也开始强调把市场而非集中的经济计划作为协调其经济的方式。

70多年以来，苏联的最重要的经济决策都是由政府做出的（其他共产主义国家则有40多年类似的历史）。计划经济作为一个系统，统一收集信息，并实施诸多方面的决策，如生产多少钢铁及其他投资品，使用什么样的技术，建立多少学校，生产多少和什么类型的消费品，工人、经理、医生以及其他人该拿多少工资等。

在最初的时候，这些集中的计划经济体制在教育、医疗和生活水平的其他诸多方面取得了很大的成就，尤其是提高了社会底层人群的生活水平。但到了 20 世纪 80 年代，人们对民主权利的缺失、经济增长放慢甚至倒退日益不满。为了应对这些问题，政府领导人开始实行重大的经济和政治改革。最重要的经济改革就是允许私人公司和个人进行更多的经济决策，这意味着要依靠市场来协调成千上万的各种决策。当然，亚当·斯密会很高兴看到这些改革。他的“看不见的手”（由市场来协调）的思想如今已扩散到那些其领导人似乎只受卡尔·马克思的著作影响的人口中去，而马克思在其著作中断言，共产主义的目的就是要消灭市场。

至于这些国家在过去二十年中的改革是否成功，我们还需要数十年 200
才能做出判断。即便到了那时，争论也许还会继续，因为对于成功的含义很难达成一个共识。但是，东欧和苏联经济路径的变革戏剧性地说明了本章的中心思想：**市场给个人和企业提供了一个组织其相互依赖关系的某些方面的方式；当他们这样做时，市场会协调构成经济的诸多复杂活动，而不是由一个特定的人来指导这个过程**。这一思想可以表述为以下两个要点。

1. 竞争性市场通过奖励成功和惩罚失败提供了一套分散化的激励体制；市场同时通过市场价格向我们传递关于各种商品和服务的相对稀缺程度的信息。
2. 在某些条件下，市场会以对大家有益的方式协调经济，但在适当的条件不存在时，市场无法妥善地执行这项功能。

协　调

图 5.1 所表示的“生产—再生产图示”就像是一个经济的鸟瞰图。它将经济的水平维度表示为一个产品、服务甚至人的复杂循环。物品在一个地方生产出来，在另一个地方被消费掉；人在家庭中出生并长大，然后离开家庭进入工厂或公司就业，或开创自己的事业；有时候，他们还在自己或他人的家里工作。这种商品、服务和人员的循环之所以被称为“水平维度”，是因为从这个角度来看，经济中的物品和人员没有进行“向上”或“向下”的运动，而是进行“横向运动”，即从一个地方移到另一个地方。

理解经济的水平维度，意味着要解释产品和人员是如何从一个地方移向另一个地方，并回答这样一些问题：为什么一些人在某些岗位上工作，而另一些人从事其他工作？是什么决定了由哪些人和多少人在家抚养小孩、浇灌水泥或制鞋？为什么产品会从一个劳动过程转移到另一个劳动过程？鞋子是怎样从制鞋工人手上到达穿鞋人脚上的？为什么小孩长大了要工作？他们会在哪里工作？

在人类历史进程中的各个社会里，当今世界的各国，对于以上问题的回答大相径庭。例如，试想一下，19 世纪早期在美国偏远边境的一个能够自给自足的家庭农场。在这里，图 5.1 所表示的几乎所有劳动过程和产品流通都发生在这个单一家庭内部，必需投入品的生产和人口的再生产（几乎）全部发生在同一个屋檐下：制作和修理工具、饲养牲畜、修建围栏、准备食物、搜集柴火、生养子女、缝制衣衫——所有这一切都表明该家庭农场基本上是自给自足的。生产什么产品、如何使用
201 产品，则由习俗、必然性和长辈的权威来共同协调，劳动任务根据年龄和性别进行分配。尽管在今天并不常见，这却是决定由谁来从事什么样的劳动以及如何利用产品的一种独特的方式。

如果一个家庭不是生产其成员所用的任何物品（如果该家庭单位不是自给自足的）——如当今世界上的绝大多数家庭那样——那么情况就变得复杂得多了。专业化会存在于家庭之间及家庭内部，家庭也必须和其他家庭从事某种形式的交换。各种社会安排会决定劳动如何专业化以及产品如何分配。

例如，在印度的一些地方，人们生来就属于某个职业群体（种姓），一个人要做什么是由他的出生决定的。这听起来像天方夜谭，然而并非如此：在世界的很多地方，一个人所从事的工作就是由其性别所决定的。并且，如本章一开头所提到的，在像苏联那样的国家里，工作和产品的分配完全由中央计划者决定，这种状况一直持续到苏联式体系的崩溃。从历史上看，甚至在有些社会，盗窃和进贡发挥着很重要的作用。在其他一些社会，生产和分配则几乎完全通过一个精巧的礼物赠与过程来组织。种姓、习俗、计划、赠与、盗窃和进贡，都是决定“生产什么”、“为谁生产”、“谁来生产”这些问题的不同方式。它们都是经济协调的不同方法。尽管其中有不少在我们所知的大多数经济里发挥着作用，但迄今为止，在现代世界里最重要的经济协调方法是市场和计划。我们将其称为“依靠规则来协调”和“依靠统制来协调”。

依靠规则来协调和依靠统制来协调

在历史上，很少有人提出像亚当·斯密的“看不见的手”的概念那样令人震惊的观点。我们在第 4 章中已经知道，在斯密看来，尽管经济十分复杂，但它不需要任何人来操控。换种说法就是，经济能够自己运行——前提是它服从于各种恰当的规则。

假设现在有人告诉你，在芝加哥的奥黑尔机场（该机场每小时都有超过 100 架次的起降），飞机的起降会由一只看不见的手来协调。那些支持“看不见的空中交通管制员”的人们会说：“我们不需要控制塔。驾驶员们会保持正确的航向，会避让其左方和下方的飞机。”但若真的用这种方法来协调奥黑尔机场的空中交通，恐怕大多数人都会决定再也不坐飞机去芝加哥了。

尽管奥黑尔机场上飞行活动的数量已经足够让人心生畏惧，在一个像美国那样的经济体中所发生的相互作用就不知道有多么复杂了。例如，美国经济包含了大约 2 500 万个企业、约 1 亿个家庭以及 2 亿成年人之间的相互关系，其中每个企业、每个家庭、每个成年人每天都要进行决策，这些决策至少会影响其他某些企业、家庭或个人的决策。如果再考虑到全球经济的相互依赖会使复杂性进一步增加时，人们就不难认识到协调这一任务的艰巨了。而且，也会认识到亚当·斯密所提出的实际上根本不需要任何人来协调经济的主张有多么激进了！

可是，斯密的“看不见的手”的观念听起来并没有那么荒谬。实际上，我们之间的很多相互作用在受到协调的时候并没有一个协调者。再
试想另一个交通问题，这次我们来考察汽车。在美国，我们遵循这样一 202
条简单的规则——靠右行驶——它非常出色地协调着每天数千万来往司机的相互作用。

重要的是，协调可以借由两种手段来实现：(1) 没有一个人对另一个人的行为做出指令，但每个人都遵守一套规则，或 (2) 由某个人（或不止一人）指导他人的行为。我们把第一种手段称做**依靠规则来协调**，把第二种手段称为**依靠统制来协调**。它们的基本区别在于，前者遵守规则而后者遵奉命令。规则确定了适合某一既定情形的行为范围（比如靠右行驶），但它不会指定特定的行为（如在何处或何时行驶）。而命令却指定了特定的行为（比如联合航空公司的航班 407 左转 90 度并降

落于 14A 号跑道）。

哪一种作用更好？显然，在我们的经济中，两种类型的协调都需要，即由规则来协调和由统制来协调。究竟哪种方法最合适要依局势而定。亚当·斯密之所以提倡“看不见的手”，是因为他对 18 世纪盛行于英国的由统制来协调的方式非常不满。这首先包括由政府制定工资和价格、政府创设庞大的垄断公司，如著名的大不列颠东印度公司。然而，尽管亚当·斯密主张尽量减少对经济的干预，他还是明确指出了必须由政府来完成的几项功能（参见第 4 章）。

我们不妨先讨论一下与依靠统制（计划）来协调相关的两个问题，这样就可以理解市场是如何运作的。一个问题涉及信息，另一个则关乎激励。那些发出指令的个人（计划者）也许并没有足够的信息来发出有效的指令，而那些应该执行其指令的人也许几乎没有动力去执行。不仅如此，计划者自身也有可能缺乏激励以认真地完成工作。

203 经由统制协调的空中交通之所以运行得很好，是因为控制人员能够得到所有的相关信息（他可以通过雷达屏幕和电脑监视器看到这些信息），而且驾驶员们也有强大的动机去服从控制人员的命令：他们自己以及乘客的生命都依赖于服从指令的精确程度。而且，控制人员当然也有充分的理由去履行自己的职责：因为一个失误就有可能导致许多人丧命，同时也会丢掉自己的工作。

饥饿还是强制：依靠规则来协调和依靠统制来协调

在亚当·斯密时代的英国，地方政府要负责为穷人提供食物。作为对这些食物的补偿，穷人们被要求在一些特定的岗位上工作。这项由众所周知的《济贫法》(Poor Laws) 调节的制度就是一个依靠统制来协调的例子。

约瑟夫·汤森（Joseph Townsend，1739—1816），一位地理学家兼化石收藏家，做了一段时间的医生，多年的圣公会教区牧师，也是一位 18 世纪的多产作家。他是《济贫法》最为严厉的批评者之一。他认为，最好的办法莫过于让饥饿来驱使人们去工作。1786 年，也就是斯密的《国富论》出版十年以后，汤森在其著作《论济贫法》(*A Dissertation on the Poor Laws*) 中写道：

“希望和恐惧是勤奋的源泉……（但是）什么样的鼓励会使那些穷人变得勤劳和节俭起来……当他们确信，即使自己有着懒惰、铺张、酗酒和其他恶习，并会因此被削减供应，政府仍然会以其他人为代价为之提供食物和衣服，还会提供一些他们习以为常的奢侈品……总之，只有饥饿才能激发和鞭策他们参加劳动。然而我们的法律却规定，穷人无论如何都是不能挨饿的。法律……又同样规定，他们应该被强制去工作。但这样一来，与法律约束相伴而来的就是太多的麻烦、暴力和意见，（并且它）还造就病态的意愿，永远不可能产生良好的并可接受的结果。而饥饿呢，它不但是一种平和的、安静的和持续的压力，它还是勤奋和劳动的最自然的动力；（因此）饥饿产生了最强大的效力……奴隶需要强迫才去劳动，而自由人则完全依靠自身的判断和决定，他的完全享有自身财产（不论多寡）的权利应该得到保护，但若他侵犯了邻居的财产，他应该为此受到惩罚。”

当今一些“福利改革”的倡导者所持有的观点，汤森早在300年前就已经预见到了。他在该著作里提出来的，实际上是一种靠规则来协调的制度。他所提出的供参考的规则有：(1) 一个人只能吃自己种的或自己买的东西；(2) 任何人都无权占有他人的财产，不管你有多么贫穷或多么饥饿。汤森的这一著作的副标题是“人类的祝福者所著”。

资料来源：Joseph Townsend，*A Dissertation on the Poor Laws* (Berkeley: University of California Press，1971 [1786])，pp. 23-24. 引文中的部分标点有所改动——括号里的话也是另外加上的——以助于读者更好地理解汤森的思维逻辑。

信息的关键作用

已故的哲学家兼经济学家弗里德里希·A·哈耶克将“如何最好地组织经济”这个古老的挑战——可追溯到亚当·斯密之前——表达为“如何最好地利用信息”这个问题： *204*

“关于这两个制度（中央计划和竞争）当中哪一种制度可能更具效率的问题，将在很大程度上取决于我们究竟在哪一种制度中能够期望现有的知识得到最为充分的运用这个问题，而这又取决于我们在下述两种做法中采取何种做法才更可能取得成功：一是把所有应当加以运用的但最初却由许多不同的个人分散掌握的知识交由某个中央权力机关去处理；二是把个人为了使自己的计划得以与其他人的计划相应和而需要的那种相关的额外信息都传输给这些个人。”

——F. A. Hayek，“The Use of Knowledge in Society，” *American Economic Review*，September，1945. （中译文参考了哈耶克：《个人主义与经济秩序》，119页，北京，三联书店，2003。）

但在另外一些情形下，不论是激励还是信息都是不充分的。苏联的中央计划者可能并不了解国内3亿居民的消费喜好，因此他们不可能对生产什么消费品做出理由充分的决策。他们同样不能准确地确定每个工厂、矿场和公司的产能，所以他们也无法有效地安排生产目标。

在一个庞大的中央计划经济中，问题还不在于缺乏信息：消费者多少都会了解自己需要什么，工厂经理也多少会知道他们有多大的生产能力。因此，信息是存在的。问题在于信息并不掌握在需要它的地方：计划者（决策者）无法现成地得到相关的信息。而那些拥有信息的人则有可能对计划者保留信息，甚至对他们撒谎。比如消费者会夸大自己的需求以期获得更多，工厂经理则会有意低估其生产能力，这样他们就不用生产那么多了。

依靠统制来协调的困难并不仅仅在于信息问题，计划者和其他经济行为者的动机或许也是一个问题。除非计划者碰巧是圣人——尤其是如果他们没有在一个有效的民主控制的形式下工作——那么在大多数时间里，他们大概没有多少动机去做出有利于大多数人的利益的决策。即使计划者既有意愿也有信息以提出一个完美的计划，但若工厂经理和工人们没有足够的动机去执行计划者的命令，那么该计划也将无法实现。

既然依靠统制来协调存在着上述这些问题，我们就需要考察一下现代社会中另一个主要的协调方法，即依靠规则来协调。亚当·斯密的思想是，只要有两个规则支配着经济，那么市场就可以取代计划。这两个规则是：竞争和私有财产。

前一章已经解释了竞争确立市场价格（以及产量）的方式。此外，在第 6 章我们还解释了，私有财产的规则意味着，一个人正当地获取某物的唯一途径是通过劳动、购买或赠与（而且购买和赠与的物品必须是来自首先正当地获得该物品的某个人）。因此，如果你希望得到某个物品而没人愿意赠与你，那么你唯一的选择就是自己生产或是购买。你是无法平白无故地直接拿走它的。所以，如果私有财产普遍存在，如果赠与几乎不能满足我们的需要，如果大多数人都不能自给自足，那么市场活动——购买和售卖——将必然会在经济中发挥重要作用。

看不见的手

205 亚当·斯密对艾奥瓦市的啤酒价格不感兴趣，他感兴趣的是英国经济应该如何组织：它应该遵照皇室的指令而运行，还是按照下面这种方式：大多数经济结果都由竞争性市场上千百万买者和卖者的相互作用来决定，没有任何特殊的个人做出关键的决策？他当然主张后者，也就是一个通过竞争性市场的规则来协调的制度。自斯密的时代以来，这一观点被显著地精致化了，其中一些缺陷也得以澄清和纠正。它的要义虽然十分简单，但如果要在一个更深的层次上理解它，我们就需要进一步探究市场真正做了些什么。

不过，我们所感兴趣的并不是某些**特殊**市场的功能：比如鲜鱼市场使得消费者能够购买到鱼肉，房地产市场为消费者提供公寓住宅等。我们感兴趣的是市场的一般性功能，毕竟，在我们身处的这个市场中，交易的物品不但有鱼和房屋，还有生产鱼和房屋的东西——劳动、原材料和资本品。

正如前文所提及的，市场执行着两项重要的功能：它传递重要的经济信息，并且为基于该信息的行为提供激励。那么，在理想的环境下，市场解决了依靠统制来协调所具有的两个主要缺陷：它们能够克服涉及信息和激励的那些困难。

看不见的手

每个个人……使其生产物的价值能达到最高程度，他就必然使社会的年收入尽量增大起来。确实，他通常既不打算促进公共的利益，也不知道他自己是在什么程度上促进那种利益……他所盘算的也只是他自己的利益。在这场合，像在其他许多场合一样，他受着一只看不见的手的指导，去尽力达到并非他本意想要达到的目的。也并不因为事非出于本意，就对社会有害。他追求自己的利益，往往使他能比在真正出于本意的情况下更有效地促进社会的利益。

——Adam Smith，*The Wealth of Nations*（New York：Random House，1937），Book IV，Ch. II，p. 421.

市场所提供的信息事关每项物品和服务的稀缺性程度。在一个竞争性市场上，一种物品的价格就是对其稀缺性的度量。如果一项物品的价格上升（相对于其他物品的价格），我们就可以推断它变得更加稀缺了；如果价格下降，则意味着不那么稀缺。**稀缺性**意味着，对该物品或服务的欲求程度有多大，以及获得该物品的难度有多大。有些东西极度被欲求甚至是必需的，比如空气，但若供应充裕则不会稀缺。还有些东西既昂贵又稀少——比如由大象表演的芭蕾舞《天鹅湖》——除非对它有大 206
量的需求，否则不会稀缺。在某些情况下（如我们即将看到的），市场出清价格不仅度量了消费者对于某种物品的欲求程度，也度量了获得该物品的难易程度。

由市场提供的激励分为两种。第一，市场鼓励消费者尽量用与其他商品相比不太稀缺的商品来满足自身的需求。在人们逛街搜寻最合算的商品并希望以最低的可行价格购买能够满足特定需求的商品时，市场的这种激励就在发挥作用，而消费者自身并没有意识到这一点。例如，如果某些人得到一块牛排与得到一个汉堡包一样高兴的话，那么这两种食物的相对价格会促使他们以损失社会资源较少的方式来满足自己的饥饿需求。

第二，市场会鼓励生产者，不管是公司抑或个人，以不太稀缺的投入要素来生产稀缺的产品。出现这种情况是因为，稀缺的产品易于获取较高的价格，而追求利润的企业会用它们能找到的最廉价（最不稀缺）的投入要素来进行生产。

因此，消费者和生产者都会以非常理性的方式来行事，也就是说，保存稀缺的资源而使用充裕的资源。并没有谁要求他们这么做。他们之所以如此，只是因为这样做符合他们的个人利益。正如亚当·斯密的观点所包含的，市场在其参与者的背后实现其结果。这也是支持其“看不见的手”概念的基本论据。

这里的关键思想是：物品的价格衡量其稀缺性。根据普遍持有的稀缺性概念，当没有鱼供应或是供应量很小时，鱼就是稀缺的；当空房率很低时，公寓就是稀缺的。因此，大多数人都把稀缺性看做是一个数量问题。然而，经济学家坚持认为稀缺性最好由价格来衡量。这又是怎么回事呢？

按照数量来理解稀缺性的观点从本质上讲具有误导性。试想一下汽油的例子：当石油输出国组织（欧佩克）在 1973 年决定限制石油产量以期抬高价格的时候，接下来发生了些什么呢？最初，由于汽油短缺，汽车在加油站前排起了长龙。每个人都知道汽油变得稀缺了，价格一路攀升（无铅汽油的价格从 1973 年的每加仑 0.39 美元上升到八年后的每加仑 1.31 美元）。然而随着时间的推移，加油站前的长龙消失了。虽然到 1981 年汽油仍然是稀缺的，但已足够供应了，这是因为到了那时，较高的价格已经改变了人们的驾驶习惯和对汽车的喜好，所以人们的汽油消费量较之以前减少了。

根据数量来理解稀缺性的观点认为，只要对某物存在着过度需求，那么该物品就是稀缺的。然而，当过度需求存在时，又会发生什么呢？价格上升，过度需求会消失。因而，和仅仅关注过度需求相反，经济学家们把更高的均衡价格看做增加了的稀缺性的更好的度量。

“看不见的手”在行动

竞争性市场的情形——看不见的手——最终建立在这样一个观点上，即使所有经济行为者在行动时都只考虑自身利益，市场仍然能够以一种合意的方式来配置稀缺的经济资源。自由放任（有限政府）的倡导者认为，竞争性市场不但解决了信息和激励问题，而且这样做还提供了一种优于中央计划（靠统制来协调）的协调方法。

艾奥瓦市的啤酒市场为我们提供了一个例子，说明竞争性市场是如何引导生产者和消费者对偏好的改变做出反应并节约社会稀缺资源的。首先，我们假设啤酒市场处于均衡状态，且市场的出清价格为每瓶 1 美元。接着，美国公共卫生部突然公布了一份报告，声称饮用葡萄酒会导致秃顶。那么，这对啤酒市场会产生什么影响呢？ 207

随着人们从葡萄酒转向啤酒，啤酒的需求曲线会向右移动，这表明此时在任一价格水平上对啤酒都存在着更大的需求量。该结果在图 9.1 中表现为对啤酒的过度需求。在 1 美元的价格上，生产者愿意提供 2 000瓶。这表明，和从前一样，生产者们生产和以该价格售卖 2 000 瓶啤酒所获得的利润，与他们利用任何其他可支配资源所能获得的利润相等。但如果在那个价格上，生产者只愿意生产那么多数量的啤酒，则会产生 800 瓶的过度需求（因为在 1 美元的价格下，啤酒的需求量为 2 800瓶）。此时的 1 美元显然已不再是市场出清价格，并且市场（以过 208
度需求的形式）在向啤酒生产者传达“不用降价就可以卖出更多啤酒”这一信号。

现在从另一个角度来看过度需求，即从价格上而不是从数量上来看。我们注意到，在上述仅有 2 000 瓶啤酒的情形中（那是生产者在 1 美元价格上愿意供应的全部数量），一些消费者愿意为每瓶支付 1.7 美元（这是新需求曲线所显示的消费者愿意为该数量所支付的价格）。这两个价格之间的 0.7 美元的差额提供了至关重要的信息：消费者愿意为额外一瓶啤酒所支付的价格高于生产者为生产额外一瓶啤酒所支付的成本。很显然，在 1 美元和 1.7 美元之间有某一价格，在这一价格下，啤酒供应量的增加会使消费者和生产者都感到高兴。经济学家由此得出结论，市场上有更多的啤酒将惠及所有相关者。

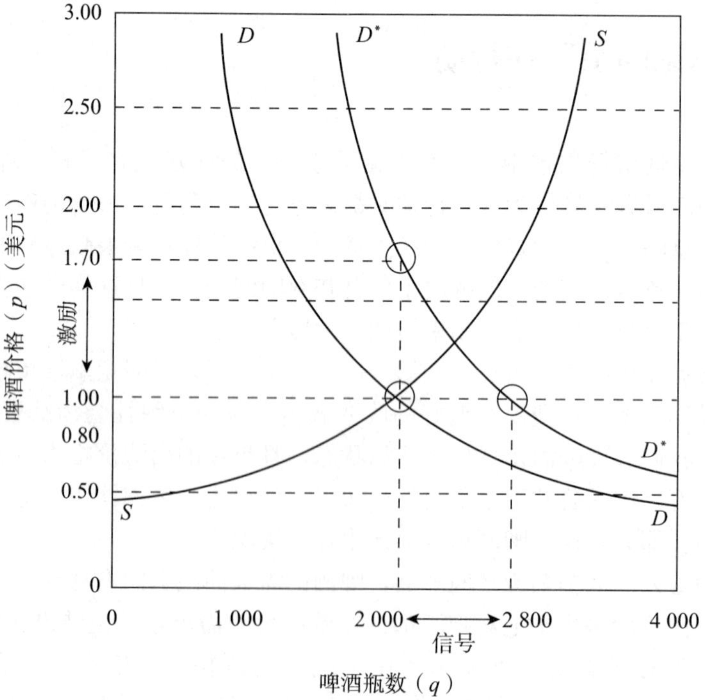

图 9.1　市场信号和市场激励

说明：需求曲线向右方移动（从 DD 移到 D* D*）在这个虚构的艾奥瓦市啤酒市场上形成了过度需求。设若每瓶的价格保持在 1 美元，那么就会存在 800 瓶的过度需求，这是因为在这个价格上，供给量只有 2 000 瓶，而需求量有 2 800 瓶。如果最先的 2 000 个购买者能够以现行的每瓶 1 美元的价格购得啤酒，那么就会有 800 个顾客失望而归，即他们一瓶啤酒都买不到——即便有人情愿支付每瓶 1.7 美元的价格也是如此，因为所有可供应的啤酒都已售罄。此时市场就在发出信号："需要更多的啤酒！"由于消费者愿意为每瓶啤酒支付高于 1 美元的价格，因此供应商就会发现提供额外一瓶啤酒，在任何高于 1 美元的价格下都是有利可图的。因此，在 1 美元到 1.7 美元之间的任何价格上，增加供应量至 2 800 瓶，会使生产者和消费者都感到高兴。由于供应商可以通过售出更多啤酒来增加利润，而同时价格又会有所提升，因此他们会受到激励而增加啤酒的供应。这样，这 0.7 美元的价格差就是市场所提供的激励。这正应了那句话："关注市场信号的生产者就能赚到更多的钱。"

那么，市场是如何提供激励以生产更多的啤酒的呢？如果生产者注意到了过度需求的存在——他们怎么可能错过这一机会呢？——他们就会意识到，他们可以提高价格，并且仍然可以卖掉至少现在所产的

2 000瓶啤酒。但是他们一旦提高了价格，他们在酿酒业中获得的利润就会高于他们在其他任何行业中所能得到的利润。（在本章对竞争性市场所作的各种假设中有这样一个观点，在均衡状态下，每一行业的利润水平都会等于其他任何部门的利润水平，否则经济就无法保持均衡，因为企业家总会趋于把资源从低利润行业移至高利润行业。所以，当啤酒行业处于均衡时，每瓶 1 美元的市场出清价格会使得啤酒生产商仅能得到和其他任何行业相等的利润水平。）

因此，对增加啤酒生产的激励就来自于啤酒生产商以更高的价格出售啤酒并获得更多利润的机会。每瓶啤酒的更高利润率会促使啤酒供应商生产更多的啤酒。当然，这只是以另一种方式来描述市场出清价格和交易数量的形成过程。然而，这一分析却带来了一个重要的结论：啤酒供应商追求利润的行为不但会引导他们做出符合自身利益的事情，同时还会引导他们做出符合消费者利益的事情。而且，鉴于这一过程有可能带来对该经济中的资源的最佳利用，还可以认为它促进了整个社会的利益（见表 9.1）。

表 9.1　　价格作为一个分散的信息和激励制度

作为信息的价格

- 对于消费者：价格衡量了生产额外一单位商品所需的成本。
- 对于生产者：价格衡量了对于额外一单位商品有多少需求，以及获得所需的投入品需要多少成本。

作为激励的价格

- 对于消费者：在个人预算的约束下，价格促使消费者以尽可能低的支出满足自身的需要。
- 对于生产者：在获利并维持企业正常运营的前提下，价格促使生产者以最低的成本来生产消费者所需的产品和服务。

概言之，如果存在着过度供给，市场就会为生产者提供大棒式的激励：企业要么必须对市场所发出的信息做出调整——减少产量，要么就干脆退出生产。当存在着过度需求时，市场则会给予生产者以胡萝卜：更高的利润会奖赏给那些把握到市场信息的含义并扩大生产的企业。通过这种方式，市场引导着自利的生产者和消费者去做合乎双方利益的事，即使双方都不关心对方的福利。这就是“看不见的手”在起作用。

看不见的手是如何克服依靠统制协调所有的两大缺陷的呢？这两个缺陷是：第一，计划者缺乏相关信息；第二，缺少对于干好计划工作以
209 及完成计划（如果有好的计划的话）的激励。答案在于分散化。价格提供了有关消费者的需要以及生产者的产能和成本的信息，并且这些信息在所有市场参与者之间直接地交流，而无需首先通过一个中央计划机关。同样，对于“做正确的事情”——指资源的有效配置——的激励，直接建立在全体参与者的利己心的基础之上。当市场的所有参与者为他们自身寻求可能的最优交易时，每个人都会受益（见表 9.2）。

表 9.2　　看不见的手：假设和结论

如果在卖给消费者时，商品的价格衡量了产品满足人类需求的能力，并且如果由企业衡量的生产物品的成本考虑了获得和利用这些物品的社会成本，那么每一单位产品所带来的利润（每一单位的价格减去成本）将衡量生产每一单位物品所做的社会贡献，这样一来，对利己心的追求（企业追求更多的利润，消费者试图使自己的满足最大化）会带来人力和自然资源的合乎社会意愿的配置。

如果所有这一切听起来有点美好得令人难以置信，那是因为我们还没有拷问：倘若我们所假设的理想条件实际上并不存在，“看不见的手”的观点还会不会有效（或无效）呢？

“看不见的手”所存在的问题

在许多情形下，市场都不能很好地运行。当市场不能协调经济并产生合意的结果时，经济学家把这种情况称为**协调失灵**。我们可以用下面两个寓言来介绍“协调失灵”的概念。第一个是“囚徒困境”，第二个则是“公地悲剧”。

囚徒困境与合作的收益

210 这个流传甚广的故事旨在说明以下观点：相较于那些毫不顾忌他人

利益而一味追求个人利益的人，那些能够合作的个人更容易实现其自身目标。关于市场如何协调一国经济的理论——在亚当·斯密“看不见的手”这一隐喻中得到了表达——表明了在某些条件下，建立在利己心基础上但由市场来协调的竞争会带来经济资源的合意配置。然而，囚徒困境的故事形象地表明了这样一个事实，即在其他条件下，缺乏合作会导致协调失灵。

故事是这样的。两个被怀疑有罪的人被警察逮捕，并被关在两个隔离囚室里。警察没能搜集到确凿的证据来证明其中任何一个人有罪（我们把这两个囚徒称做“A”和“B”），因此地方检察官必须试图使至少其中一个囚徒认罪，然后再供出另外一个人。检察官让每个犯人自己选择：要么承认参与犯罪，要么否认，并向他们解释了所有选择的可能后果。接下来，每个犯人都必须独立地决定要选择的最佳策略。

下面就是各种可能的结果：

如果 A 否认参与了犯罪，并且 B 也否认了，则他们均会被判处一个较轻的罪名（相对于证据充分时的罪名），两个人都会被判坐牢两年。

如果 A 否认参与了犯罪，但是 B 却承认并供出了 A，则 A 会被判四年囚禁（根据 B 所提供的证据），而 B 只会被判 1 年。

如果 A 承认并供出了 B，但 B 却否认参与犯罪，则 B 会被判四年囚禁（根据 A 所提供的证据），而 A 只会被判 1 年。

如果两个人都承认参与了犯罪，则 A 和 B 都将被判三年囚禁。

表 9.3 概括了这四种选择。其中有阴影的方格中的数字与上面所列的四种选择相一致。

表 9.3　　　　**囚徒困境**

		囚徒 B	
		招认	否认
囚徒 A	招认	4　A 和 B 都被判 3 年	3　A 被判 1 年，B 被判 4 年
	否认	2　A 被判 4 年，B 获刑 1 年	1　A 和 B 都被判 2 年

首先，我们假设两个囚徒做出选择的时候都仅仅考虑自身利益。那 211
么他们将如何决定呢？很显然，在这一前提下，**不管另一个人是承认还是抵赖，**每个囚徒都可以通过承认罪行并供出其同伙而得到更大的好处。

试想一下你是囚徒 A。如果你否认了参与犯罪，而你的同伙却招认了（并供出了你），你将会被判四年囚禁（暗格 2）。但是，如果在他招认的同时你也招了，你仅被判 3 年（暗格 4）。所以，在 B 招认的情况下，你（A）只有也承认才会有更好的结果。但另一方面，如果在你的同伙否认犯罪的同时你也否认参与犯罪，你会被判 2 年（暗格 1）。但当你的同伙否认，而你却招认了，那么你只会被判 1 年（暗格 3）。在这种情况下，你的最优选择仍然是招认。很明显，不管你的同伙如何做，承认罪行总是可以让你的结果更好一些——因此，自利会让你做出招认的选择。并且，如果你的同伙也同样是自利的，那么同样的结论也适用于他（或她）。在这种情况下，你们两个都会选择招认罪行，而且两个人都会被判 3 年（暗格 4）。

现在我们假设：(a) 你和你的同伙都非常关心对方，以至于都想让另一个人免于 4 年囚禁；(b) 即使看起来也许不合于自己的利益，你们也都愿意坚持这个目标。这两个假设意味着合作行为占主导。在这个例子中，你们两个都不会招认，都会被判 2 年（暗格 1）。对于每个人来说，这一结果好于你们只考虑自身利益而行动的后果（暗格 4）。如果你和你的同伴都是信守承诺的人，也会得出这个更受欢迎的结果（是否恪守诺言都符合你的自身利益），当然，这需要你们在犯罪之前就约好，即使被捕也绝不招认。

囚徒困境这一故事的寓意显然不是说罪犯在牢里待得越短越好（不论他们是否真的犯下罪行）。它真正的寓意在于，在有些情况下，各方追求自身利益的行为会导致对任何人都不利的结果。这些情况和“看不见的手”所描绘的情况恰恰相反。

囚徒困境可以帮我们找到如下问题的答案：为什么阻止环境遭受破坏或在各国建立工作场所的最低健康及安全标准如此艰难？在这些例子中，选择就不再是“招认”或“否认”，而是“坚持环境（或工作场所）标准”或“违反（这些）标准”。

囚徒困境和全球变暖。在努力阻止全球变暖的过程中，有一个最主要的障碍：任何一个国家的政府都会乐于看到其他国家限制其温室气体的排放量（主要是二氧化碳），而自己却回避对本国公民污染的自由加以限制这一在政治上不受欢迎的任务。许多富裕国家的人往往会抵制对个人活动的任何约束，比如驾车（这会污染环境）；同时，世界上的穷国也有很多人认为，在他们的国家限制温室气体排放，势必阻碍其为实现工业化以及将生活标准提高到当今富国司空见惯的水平所做的努力。

因此，世界各国都面临着一个协调的问题：如果各国政府独自行动，仅仅追求各自国民（或者最有权势的国民）的眼前利益，那就不会有任何国家会采取必要的措施以扭转气候变化。为了弄清为什么会这 212
样，我们试想一下只存在两个国家的情况，分别称之为北国和南国，它们只有两个选择，要么是“什么都不做”（即在防止全球变暖上毫无作为），要么是“保护”（即采取保护性措施来减缓或阻止全球变暖）。每个国家都会希望另一国减少其温室气体的排放量，而同时却避免自己为此付出成本。所以对于每个国家来说，最好的选择就是本国“什么都不做”，而另一国采取“保护”。对每个国家来说，最坏的情况就是本国采取“保护”，而另一国选择“什么都不做”。对于两国来说，次优选择是两国都选择“保护”，而最次的选择则是两国都选择“什么都不做”。

在这场简单的博弈中，参与者所面对的各种可行选择被列举在表 9.4 中。这是一个囚徒困境的局面，而且如我们先前所看到的，对每一方来说最优的选择对全体来说却是最次的。如果每个国家都独立做出选择，并采取在其国民看来符合他们自身利益的行动，那么两国都会选择“什么都不做”（如前文所提到的，各自的最优选择并不取决于其他人的行为）。但是，如果他们都选择“保护”，则两国都会从中受益。

表 9.4　　北国的选择/南国的选择

		北国的行动	
		什么都不做	保护
南国的行动	什么都不做	对两国都是最次	对南国最优，对北国最次
	保护	对北国最优，对南国最次	对两国都是次优

只有当两国都同意采取“保护”时，才能得到最好的结果，比如通过签署一份国际条约来达成一个协定，使各国都承诺采取保护性的措施。但这马上又引起另外两个问题。第一，谁来执行这项协议？并没有一个世界政府或是其他组织能够强制各国遵守该协定。第二个问题是，保护全球环境有很多种不同的方式，不同的方式给各国带来的成本和收益也是不同的。比如，为什么世界上的穷国要为减少目前主要由高收入国家引起的温室气体排放而承担和富国一样的成本？

穷国也许会认为，每个国家应有权按照其人口所占的比例来进行污染。在这种情况下，任何对问题的解决方案都需要在富国（其人均污染程度较高）极大地削减二氧化碳的排放量，而穷国就可以相对自由地以增加污染的方式进行工业化。尽管这个方案看上去对许多人很公平，但在那些富裕国家，这在政治上可能不会得到支持。

把囚徒困境的教训扩展到更为广泛的经济体系中，我们会发现，对
213 竞争性市场的依赖也许使我们无法以一种合意的方式来协调经济：个人对自身利益的追求会导致对社会其他成员来说并非最优的结果。而这正是市场失灵的含义所在。

公地悲剧

协调失灵的另一个例证是“公地悲剧”，这是加莱特·哈定（Garrett Hardin）在 1968 年《科学》杂志上的一篇现已成为经典的论文中提出的一则寓言性的故事。[①] 这则寓言所涉及的是，缺乏协调的对个人自私心的追逐会导致环境的毁灭。

设想有一大湖，湖岸边散落地居住着依靠捕鱼维生的居民。这个湖不属于某个人，它是岸区所有居民的公共财产。这里所描述的情形，涉及对一项重要的共享资源的公共所有权问题，故而和广泛存在于新英格兰的许多早期定居点的安排相类似（当然，它还存在于不同历史时期的世界其他地方），它得名于用来养牛及其他牲畜的共有的牧场，被称做“公地”。

在这个关于湖泊的寓言中，每个人都独立地决定自己每天回到岸边之前在湖里捕鱼的小时数（或捕捉多少数量的鱼）。作为自利的个人，只要多捕一小时所带来的额外收益（或额外一条鱼）大于额外时间内的麻烦和辛苦以及为捕鱼所付出的努力，他们就还会捕鱼。

然而，正如在囚徒困境中那样，对每个人来说是理性的行为却无益于所有人。每个人捕得越多，其他人捕鱼就越困难。其原因很简单：可供捕捞的鱼数量是有限的，个人捕捞得越多，留给其他居民捕捞的就越少。每个人都乐观别人的捕鱼量受到限制，而希望自己可以无限制地自由捕鱼。只要对任何人的捕鱼量都不施加限制，就会存在捕捞过度。最后的结果是可预见的：很快就会没有多少鱼留在湖里了，并且逐渐地，这片湖里的鱼就会被完全“捕光”。那样便是悲剧。

这只是一个关于在湖里捕鱼的故事，但还有类似的故事，比如草原上的过度放牧，向河流中倾倒污水，或是污染空气。这则故事的寓意在

---

① Garrett Hardin, “The Tragedy of the Commons,” *Science*, no. 162, Dec. 13, 1968.

于，追求个人自私心的行为可能是极端非理性的，因为它会导致负面的甚至可能是不可挽回的后果。

围绕着努力利用地热资源发电所发生的独特故事，是公地悲剧在实际生活中的一个例子。地热发电具有潜在的低廉性，而且是一种清洁环保的发电方式，但它需要把温泉中喷发的蒸汽从地底抽取出来。从这一发电方法变得具有实用性以来，若干年里，旧金山以北 70 公里的一大片温泉区被看做是开发地热发电的理想地点。20 世纪 70 年代中期，当能源价格突然上升时，旧金山以北的温泉成了密集的但基本上未经协调的能源开发的焦点。然而，当越来越多的地热发电站在该地建立起来以后，可供较早建立的发电站利用的蒸汽量下降了。（在这样一个温泉区，地下深层共有的蒸汽量是有限的。）逐渐地，由于蒸汽开采过多，以致 *214*
没有一个发电站能够满负荷运行了。到了 90 年代初期，由于对发电厂的数量没有任何限制，这些温泉显然再也不是有效率的能源来源了。

如何才能避免这样的悲剧？对此问题有很多答案，但所有的答案都涉及：在决策时要找到某种方式将他人利益考虑进去。对此问题最显而易见的解决方法就是对公共资源的获取加以调节。在前面那个虚构的例子里，湖畔的渔民们本来可以聚集到一起，确定每周究竟从湖里捕多少鱼才算合理，并且为每户家庭都设定一个捕鱼限额，以保证每周的捕鱼总量不会超过规定的限度。实际上，日本、土耳其及其他地方都有一些渔村在进行这一实践。

从另一方面说，如果问题是过度放牧，那么牧人们就可以估算出公地能够养活多少头牲畜，然后再决定每个牧人可以饲养的牲畜数量。迄今为止，上面所提到的这类问题的解决办法都涉及一点，即对公地的社会管制。

另一种可选择的解决办法，则可以称为私人产权方法，就是使公地为个人或公司所有。假设有这样一个所有者（根据前面提到的例子），他不但会雇佣湖边的居民去捕鱼，雇佣牧人去放养牲畜，他还会出于利己的动机，限制对公共资源的使用量以防止它遭到破坏。显然，所有者绝不希望看到湖泊遭受滥捕或是在草原上过度放牧。不过，采取“私人产权方法”来解决这一悲剧也存在一个问题，即公共资源往往过于庞大，很难被单个人或公司所占有。类似于公地悲剧的局面近来同样发生于地球大气中的臭氧层，世界各大洋也是类似的面临着威胁的公共资源。对于这样庞大的“公地”，私人所有权显然不可能是解决的方法，所以社会管制是唯一可行的办法。但是，就像前面所提到的（参见前文

“囚徒困境和全球变暖”相关内容），社会管制在实践中并不容易运作。

市场失灵

协调失灵一词指的是**所有**以下情况：个人的自利行为给自身所带来的结果，不如经过良好协调的、合作性的行为所带来的结果更为有益。另一方面，市场失灵一词则指的是，由于市场作用而导致的一种特定类型的协调失灵。不管是囚徒困境还是公地悲剧，尽管它们说明了与（自利的）市场行为相关联的问题，但它们本身都不是市场失灵的例子（因为它们并不涉及交换关系）。

215 那么，为什么在很多情况下，市场那只看不见的手无法以一种能产生合意的结果的方式来协调经济活动呢？一般的回答是，人们以无数种方式影响着彼此的福利，而市场价格往往不能反映我们的行为对于他人的全部影响。在较小的人群中，比如家庭和朋友之间，我们通常在考虑自身行动的成本和收益时，不仅会考虑和自己有关的成本和收益，并且还会考虑它们对我们所关心的人会有什么影响。这种意识，也就是我们所知的利他主义，是社会生活中的一个基本组成部分；但显而易见的是，当我们在与由陌生人组成的更大群体打交道时，对这些陌生人群我们所知甚少，也漠不关心，前述利他主义的意识就不会占主导了。

看不见的手有一个基本的假设条件：如果价格是合适的（其含义是：价格能够衡量各方面人类关系的真正稀缺性），那么人们的行为对他人的全部影响都会反映在商品和服务的价格中。因此，亚当·斯密的理论（包括它的现代版本）认为——如果我们假设（如亚当·斯密所做的）现行的财富分配是可接受的——以市场来协调一国经济就会带来社会资源的最优配置。

看不见的手理论的支持者举出以下例子来支持自己的观点：如果某种消费选择，如点一块嫩牛排，要用掉大量社会资源，这一消费选择将在牛排的价格上得到适当的支付。这是因为价格等于边际成本——所以消费者所支付的恰好就是生产牛排的成本。看不见的手理论的支持者还会论证，边际成本可以很好地衡量其他物品——比如为素食者生产的蔬菜——的数量，这些物品可能通过生产牛排时所用的相同资源被生产出来。

最优定价的另一个例子是这样的，如果某个人凭借着有独特技艺的劳动生产出一种产品，该产品给他人带来了极大的愉悦，这样一种产品将会获得一个高价（既反映了对该产品的需求，也反映了该产品的边际成本)。若产品被卖出，生产者会获得丰厚的报酬。

问题是，价格经常是不适当的（在刚才描述的意义上），相关例子不胜枚举。如果某公司所使用的技术帮助它以低廉的成本生产了一种有价值的产品，但同时也释放出大量有害气体，那么，该企业也许会获得高额的利润回报，但它并没有为强加于他人的污染而埋单。在这个例子中，企业没有为其所耗费的清洁空气而支付费用，它仅为那些必须要在市场上购买的投入品掏了钱。因此，尽管产品的价格可能等于该公司所生产的产品的边际成本，但这个价格并没有将因生产该产品而加于他人的额外成本算入其中。

还有一个例子：如果某个人开发了一种新的应用软件，它被证明对电脑用户极有价值且没有复制成本，那么其“适当的价格”（等于生产应用软件的额外复制品的边际成本）就是零。这一价格显然不能使软件开发者获得相应的回报，当然更无法激励其他人去开发有价值的软件。也许有人会认为专利保护能够解决这个问题——从个别开发者的观点看也确实如此——但是执行该法律权利（假设它会被强制执行）却无法带来资源的最佳配置。这是因为，如果其他人不向开发者支付相当一笔价 *216*
格就不能使用该应用软件，这个要价就会远远高于其生产的边际成本。

最后一个例子：如果你在当地学校的董事会上花费了大量时间，或者从事义工以改善你所在社区的生活质量，那么毫无疑问你会从这些活动中获得一些个人利益。不过，不会有一种因你的邻居获得了任何好处而给予你补偿的市场价格或偿付。此外，如果你还是一所房子或公寓的租户，即使这套住宅的价值因此有所增加，你也不会因此得到任何补偿性回报，因为它属于你的房东。事实上，你的房东可能会提高向你征收的房租，因为她会声言，由于学校及其周围环境的改善，周边房屋和公寓的市场价值（租赁价格）上升了。

为什么在这些例子中市场都失灵了？一个原因就是，在这些例子里，价格都没能充分衡量相关商品的真实稀缺性。一家排放污染的工厂的产品比它的低价格看上去更为稀缺，这意味着工厂的污染给社会带来的成本没有体现在产品的价格上面。电脑应用软件一旦被编制出来，就不再具有稀缺性：它可以以零边际成本不断地得到复制。因此，倘若软件开发者还能成功地从其售卖中获得利润，软件的价格就高估了其稀缺性。但是，倘若软件以其真实的稀缺性价格（等于零）出售，则无人会做这件事情，因为从一开始就不会有人有任何动机去开发这个软件。最后，根据定义，公民从事的义工是无偿的，因此，尽管从其他公民和整个社会的角度看，服务于社区的劳动供给是一种既有价值又稀缺的资源，却不可能为做义工制定出一个市场价格。

在所有这些例子中，在（a）决策人所承担的成本和获得的收益，与（b）社会所有成员（包括决策者本人在内）所承担的成本和获得的收益之间都存在着不对称。归于决策者的成本和收益被称为**私人成本**和相关活动的收益，相反，当把每个人（仍然包括决策者在内）所经受的成本和收益加总在一起，则称之为**社会成本**和社会收益。

当个人成本和社会成本相偏离时，经济学家认为（如我们在第 3 章所讨论的）存在着外部性，因为“外在于”一项交易的个人或集体经受了其中一些影响。换言之，可以说存在着溢出效应，即一项交易的某些影响“溢出”了，给那些并不直接参与该交易的个人或集体带来了收益或施加了成本。我们赞成使用外部性这一术语，因为它明确地界分了“内在于”一项交易的人们（或作为决策者直接参与交易的人）和“外在于”（或未直接参与）该项交易的人们。

当外部性存在的时候，它有可能是正的也有可能是负的。若交易的外部影响（或溢出）对其他人是有益的，则为正外部性；若给其他人施加了成本，则为负外部性。因此，有正外部性和负外部性。除此之外，正外部性有时被称为外部经济，负外部性被称为外部不经济。这真让人迷惑！所以我们继续赞成使用更为简洁的术语，即外部性——比如正外部性和负外部性。

外部性的一个重要后果就是，当外部性存在时，个人边际成本与社会边际成本不相等。在这种情况下，即使价格等于私人边际成本，它也不会等于社会边际成本。因此，价格并不能衡量生产额外一单位产品给社会所带来的成本。

217 正外部性的重要来源有：教育、知识的生产以及新技术的引进。负外部性的重要例子有：污染、其他类型的环境恶化以及大城市中的交通堵塞。表 9.5 列举了一些正外部性和负外部性的例子。

外部性之所以存在于竞争性市场，还有另外一个原因，那就是有些收益和成本包含在契约中，而其他一些则没有。如第 3 章所提到的，这是一个不完全契约的问题。当某人向另一人出售一件商品时，买者向卖者支付的是契约上的价格。然而，在涉及社会成本的时候——比如处理污染的成本或执行契约条款的成本——契约上的价格并没有包含医疗和清除有毒废弃物的成本，也没有包括为那些强制性地加于买者、卖者和其他社会成员的其他费用而支付的成本。

表 9.5　正外部性和负外部性

行为	外部性	价格不等于社会成本/收益
酗酒	过度饮酒给家庭、朋友和医疗机构带来的成本	啤酒的价格不能反映这种负外部性
驾车	这可能会加剧交通堵塞，并由于化石燃料的生产和使用而导致环境恶化	所使用的汽油的价格不能反映这些负外部性
研究	任何好的点子所产生的收益都极有可能为其他人或公司所分享	支持研究的企业的利润的任何增长或研究人员的工资增长——不包括由其他人分享所带来知识的全部收益
教育	一个人接受教育，其邻居和同事也从中受益	个人的收益（更高的收入）并不包含由别人享受的正外部性
培训员工	有些雇员会跳槽到其他公司，这些公司的所有者会得益于那些进行培训的企业花钱进行的培训	进行培训的原企业的利润没有反映那些随员工的离职而流往其他企业的收益
戴一块价值 500 美元的手表（奢侈消费）	这会降低他人的（相对）地位，并引起嫉妒	500 美元的手表价格并不包括加诸他人的在社会地位和嫉妒上的成本

不完全契约的问题可以用先前提到过的例子来说明。在软件的案例里，即便契约里有规定：除了购买者，任何人都不能复制该产品或将复制品分送给除购买者之外的其他人（想一下那些在刚买的软件 CD 包装上粘贴的印刷封条），这样一个契约实际上也是不可能执行的。 218

即使某人从事义工具有改善社区或其学校质量的效应，但并无契约允许他从房东或房主人那里征收任何一部分由此带来的财产价值的增加。而且，对志愿者而言也不可能因社区及学校质量的改进而直接从邻居那里获得补偿。

不完全契约的另一个例子是雇主和雇员之间的工资谈判。雇主按照契约（至少非明确地）要为雇员的工作支付某一水平的小时工资率；相应的，作为对工资的回报，雇员同意每天为雇主工作确定的小时数和每周确定的工作日数。但是，工人实际上完成的劳动量并没有——也不可能——载入契约。确保雇员们完成足够的劳动量以使企业有利可图是每个雇主面临的一个基本的管理问题。雇员工作的努力程度，即他们的“劳动强度”，在一定程度上取决于他们的“劳动伦理”；也取决于雇主为换取雇员努力工作而提供的激励类型（胡萝卜），或雇主强迫工人努力工作（以解雇相威胁、使用严厉的监工，等等）的程度（大棒）。工人在一天工作结束后的状况是契约没有涵盖的又一个变量，它取决于雇主提供的劳动环境的质量，以及雇主运用管理权力来驱使工人劳动的方式。雇主在促使工人努力劳动时遇到的挑战将在第12章和第13章进行深入的讨论。

除了不完全契约的问题外，市场失灵还有更明显的原因，即市场上的竞争者太少，甚至潜在的竞争者也很少。看不见的手理论假设，市场是竞争性的，每个市场中都有大量现实的或潜在的买者和卖者。给定这一假设，任何一个企业都不可能把产品的价格定得高于生产一件特定商品的边际成本。

不过，在真实世界里，许多市场都不是竞争性的。在垄断的情况下，单个生产者在没有任何实际的或潜在的竞争者的条件下，能提高买者要购买其产品所需支付的价格，而不用担心消费者转向其他供应商。一个垄断者拥有市场权力，因为它可以单凭降低产量（和销售量）来达到提高价格的目的。这会在该产品市场上导致一种人为的稀缺性，并抬高价格。在这种情况下，定价将会超过生产的边际成本，并与社会资源的最佳配置不相一致。

如果有其他企业也能生产相同的产品，它们自然会进入市场并通过制定较低的价格来争取消费者，它们会持续这样做，直到产品的价格降低到等于其边际成本为止。正是这个过程带来了如下结果，即在竞争性市场上，每个企业的市场出清价格将等于其边际成本（$P=MC$）。但是，垄断市场之所以是垄断的，就是因为它对新企业的进入设有障碍，垄断者为此不用惧怕来自于企业的竞争。不完全竞争市场的作用机制将会在第11章再做深入的讨论。

价格往往还由于另一个原因而超过边际成本，这一原因和垄断无关。为了理解这一点，试问一下你所买的最后一张CD的边际成本是多少。设若这张专辑是相对畅销的，并且假设你买的这张CD是所生产的
219 第423 589张，则其边际成本很可能比1美元多不了多少，该边际成本更远远低于该CD的平均生产成本，其原因在第8章已经解释过了，即边际成本仅仅是生产额外一张CD所导致的总成本的增量，而平均成本不但包括生产CD的额外成本，还包含CD生产公司用于广告、版权使

用许可、生产设备租赁、银行贷款利息以及一切不会因多生产一张 CD 而变化的其他费用。经济学家把这类成本称做固定成本，它们包含于总成本之中，同时也分摊在所有产量上，这就是平均成本（总成本除以产出量）会随着产量的增加而递减的原因。在音乐产业和图书出版业这样的其他经济部门中，固定成本被称为初版成本。

当然，也有一些成本仅仅与你所买的这张 CD 的生产有关。生产这张 CD 的公司需要购置一张空白 CD，然后把音乐拷制到碟片上去，再为其准备一个碟盒，还要印刷和安放封面卡片，最后再把制成品用透明玻璃纸包装好。但是，当生产批量很大的时候，所有这些步骤带来的分摊到单位产品上的成本都是很低的，因为像空白 CD 和碟盒这类东西可以大批量购买，每片只需花费几美分。同样，把音乐拷制到 CD 上的过程，若是重复千万次，也是十分廉价的。即便是再加上支付给艺术家的版权使用费以及分发 CD 到零售窗口的成本，每一张 CD 的边际成本仍然是非常低的。

由于你的 CD 的边际成本可能只在 1 美元左右，而你为其支付的价格很可能是 14 美元或更多，因此，CD 市场显然运行不佳：它没有为 CD 设定一个反映稀缺性的价格（$P=MC$）。几乎可以肯定的是，有许多人都觉得他们不会为一张 CD 支付 14 美元，但如果价格是 1 美元或 2 美元的话，他们很可能就会购买并愉快地欣赏音乐。存在着大量心情沮丧的消费者，他们本来是愿意支付生产额外一张 CD 所需的那些资源的成本的，这种现象意味着，看不见的手并没有发挥作用。为什么会这样呢？

有上千家企业都在生产和销售 CD，所以其价格和生产的边际成本之间的差额不能归咎于垄断力量。这个差额可能归因于在许多经济部门都十分普遍的一种现象（第 3 章已有讨论）：规模报酬递增。

如前所述，报酬递增的存在说明，生产一单位产品的平均成本会随着产量上升而下降。如果情况是这样，那么生产的边际成本会低于平均成本。我们知道，这一点的真实性来自该情形下的数学关系：如果平均成本在上升，则边际成本必高于平均成本（为了把平均成本抬高）；同理，如果平均成本在下降，那么边际成本必将低于平均成本（为了把平均成本曲线压低）。

用一个具体的例子来说明这一点。假设生产 100 张 CD 的总成本是 1 005 美元，这意味着生产这 100 张 CD 的平均成本是 10.05 美元（回想一下，平均成本等于总成本除以产量）。如果 CD 制作公司决定生产

101张CD，并发现生产这么多数量CD的总成本是1 010美元，则平均成本会从10.05美元下降至10.00美元。为了计算这个例子中的边际成本，我们来比较一下生产100张CD（1 005美元）和生产101张CD的
220 总成本（1 010美元），我们会发现，生产第101张CD的边际成本是5美元。由于5美元低于10美元，显然，当平均成本下降时（比如这个例子里的情况），边际成本低于平均成本。

回到我们那个大批量生产CD的例子：如果每张CD的零售价（譬如14美元）要高于大批量生产时的边际成本（譬如每张CD为13美元），为什么没有新企业进入到这一产业，进而扩大CD的产量并促使其零售价格下降呢（就像关于竞争性市场的看不见的手理论所预计的那样）？答案就是，CD的市场价格可能仅仅比平均成本高出3美元，这使得CD生产公司从每张CD中只能获得区区3美元的利润。如果这给CD生产公司提供的利润率与其他产业的利润率并没有什么不同——换句话说，如果它大约等于整个经济的平均利润率——那么企业就不会有动机，比如，停止生产飞碟玩具而进入CD产业（对于利润率，我们将在第10章提供一个更为精确的定义，并分析它如何被决定）。

如我们所阐明的，在这个例子中存在着市场失灵，但重要的是要注意到，CD生产公司很难被预期会按照其边际成本来出售CD：因为这样做意味着损失而不是利润。这个问题之所以产生，毋宁说是因为利润的形成和定价制度，而不是由于企业打破了规则。公司这样定价是为了让自己能获得经济中的平均利润率。

报酬递增现象仅仅提供了另一个解释市场为什么会失灵的理由。如果我们把所有对市场失灵的解释结合在一起——不充分的价格、外部性（外溢效应）、不完全契约、市场势力以及规模报酬递增——我们就可以获得对市场失灵这一概念的更为全面的理解。如前所述，这一概念指的是这样一种情况，买者和卖者在市场的相互作用导致了不论对个人还是对社会整体而言均非合意的结果。下面所附的专栏（“看不见的脚：市场何时失灵”）列举了一些较常见的市场失灵的类型。

源于报酬递增的这一类市场失灵，使得至少有一些国家尽力避免依靠私有企业以提供诸如发电、交通网络和电话系统这样的公共服务，所有这些行业都具有报酬递增的特征。这些国家代之以选择由它们的政府或者受管制的企业来承担这一类经济活动。这些解决方法在实践中是否比不受管制的私人生产效果更好，还取决于相关政府的性质。

专栏“看不见的脚：市场何时失灵”中所列的第四类市场失灵，再

度提出了第 3 章中讨论过的效率和收入分配的问题。问题在于，如果某些人拥有巨额收入而其他人的收入还不足以满足基本生活需要，我们能否说这一经济是有效地配置了社会资源（参见第 3 章的专栏“效率、盈利性和‘帕累托最优’”）。专栏“用美元投票”提出了这个普遍性的问题，而专栏“昏睡症：‘这真是资本主义的一个失败’”则为此提供了一个具体的例证。

看不见的脚：市场何时失灵

市场失灵发生于以下情况：市场上买者和卖者的相互作用产生了不管对于个人 221
还是对于作为一个整体的社会来说均非合意的结果。市场失灵可谓产生于下述情形：

- **当市场被少数买者或卖者所控制时。**（例如，若只有一个垄断的卖者，那么商品的价格会超过该企业生产额外一单位产品的成本。）
- **当生产活动造成了环境恶化或其他负外部性时。**（在这种情况下，企业生产又一单位产品的成本不等于对社会造成的成本——社会成本会高于私人成本——而且企业的定价不会反映产品的真实稀缺性。）
- **当消费中存在外部性时。**（在此，个别消费者的收益和成本不会准确地衡量社会整体的收益和成本。某个邻人或整个邻近社区欣赏一家漂亮的花园——这是一个消费正外部性的例子；吸烟者会使周围不吸烟的人被迫吸入二手烟——这是一个消费负外部性的例子。）
- **当市场需求没有反映人们的需要时。**（当个别人，如无家可归者，没有足够的钱为自己在市场上购买到如住宅这样的必需品时，就发生了这样的情况；另外，它还可能发生于个人对某一产品——比如又一个小器械——满足其需要的能力的错误认识。）

就在最近，还有些经济学家认为，像伦敦交通堵塞收费体系那样的成功例子（见专栏“个人动机、公共利益”）只是个例外，而不是普遍规则。他们还指出，通常不能信任政府——它并不比市场更值得信任——会按照某种理想而运作。这些怀疑论者警告，赋予政府以权力干涉市场的运作，其弊端可能甚于好处。他们还发明了一个新的术语政府失灵，借以表明在完成一项任务或是解决一个问题上，政府可能并不比自由市场更为有效。而且，按照这个观点，赋予政府更多的作用，会增加任人唯亲、贿赂或其他形式的腐败产生的机会，所有这些都会导致社会资源得不到最优配置。

还有其他一些追随罗纳德·科斯的经济学家（参见第 4 章），他们赞同改进契约的性质——将契约建立在定义更为准确的产权的基础上——以便把各种经济行为者之间相关的社会相互作用更多地考虑进来。他们特别关注在任何给定的情况下，如何缩小决策者所承担（或得到）的私人成本（或收益）和社会成本（或收益）之间的差额。

用美元投票

222 人们有时候会说，市场就像是选举，消费者用美元为自己需要的商品投票。如果大量的美元“选票”投向了黄色衬衫，那么就会有更多的黄色衬衫会被生产出来。在一个资本主义经济中，逐利竞争会确保资源以一种特定的方式配置，在这种配置方式下，商品将按由美元选票所确定的比例来进行生产。

然而，在市场上为商品投票是一种不寻常的选举，因为有些人投票的次数多于其他人。如果家庭收入中的每一美元都被看做是一张选票的话，那么在 2002 年，美国最富裕的五分之一家庭平均拥有的选票为 143 559 张，而最贫穷的五分之一家庭只有 9 931 张，前者比后者多出了 14 倍。这完全不同于民主政治中的一人一票原则，而是一个填塞得满满的投票箱的经济版。

资料来源：U. S. Census Bureau，“Household Income (2002),” available at http://www.census.gov/hhes/www/income.html.

昏睡症：“这真是资本主义的一个失败”

昏睡症是一种肆虐非洲的可怕疾病；它损害大脑组织，使患者精神错乱并最终致死。这种疾病由舌蝇传播，每年新增患者多达 25 万人。现在，已经发现了一种治疗这种疾病的方法，即“伊氟乌氨酸”（eflornithine），它是如此有效，以至于那些几乎陷入昏迷的昏睡症患者也已康复。心怀感激的非洲人把它称为“复活之药”。

这个消息太好了。这是现代医学的成功吗？还不能完全这么说。尽管早在 20 世纪 90 年代初，研究者们就发现伊氟乌氨酸可用于治疗昏睡症，但一直没有把它投入生产，这是因为在早期，他们希望这种药物也许还可用于治疗癌症，但这一点一直没有得到证实。若一种药品只能治疗穷人的疾病，那它是没有什么市场的（无利可图）：因为穷人根本就买不起。可如今，百时美施贵宝公司（Bristol Myers Squibb Company）已经开始生产伊氟乌氨酸，这是因为它是制造万尼可（Vaniqa）的必要原料，而万尼可能作为一种女性脸部去毛膏来销售。近来，百时美施贵宝公司在《世界》（*Cosmopolitan*）杂志上用六整页广告增刊为万尼可做宣传：“如果是
223 你的面部毛发（而不是他的）妨碍了你和他亲近，那么你该给脸部做个美容了。”提供两个月的万尼可的价格（两个月的万尼可足以完全消除一个妇女的面部毛发）

大大超过了把一个非洲人从昏睡症、癫狂症和死亡中挽救过来所需的伊氟乌氨酸的生产成本。

现在，百时美施贵宝公司正在和世界卫生组织以及如“无国界医生”这样的组织进行合作，试图建立一个更为可行的伊氟乌氨酸供给渠道，以抵抗昏睡症（抹万尼可是不管用的）。但百时美施贵宝公司的发言人罗伯特·拉夫提（Robert Laverty）表达了对该项目的底线的担忧：“关键问题是如何能无限期地获得足够的资金支持。”

有可能在非洲消除昏睡症，这是富国的面部毛发处理市场带来的一个令人高兴的意外。在中低收入国家，每年有大约三百万人死于疟疾、包虫症、破伤风和腹泻，并且这一死亡人数在短期内几乎无法减少。在全世界医药市场中，非洲仅占1%的份额，美国康涅狄格州的居民在医疗保健上的支出比非洲最穷的 38 个国家的总和还多。最有利可图的药品市场在非洲以外的地方：世界四分之三的药品销售额都在美国、欧洲和日本，而这些地区的总人口只占世界总人口的五分之一，它们的疾病发生率也相对较低。全球近一半的医学研究由私人企业来完成，而只有 5%的项目针对贫穷国家的流行病。1975—1997 年间，世界范围内有 1 233 种药品注册，而其中针对热带疾病的只有 13 种。

在 PBS 周五晚上的节目“现在”里，比尔·莫耶斯（Bill Moyers）问微软的比尔·盖茨：“每年都有大约 1 100 万儿童死于完全可以预防的疾病，你如何看待这个问题？每年都有 400 万婴儿死于出生后的第一周，而他们中的 98%都来自于贫困国家，你又如何看待这个问题？这些统计数据告诉了你一个什么样的世界？”盖茨回答说：“这真是资本主义的一个失败。你知道，资本主义本是如此美好……但是在这个疾病肆虐的地区，它真的让人很失望。”莫耶斯接着反问：“市场本该向这些地区的人们输送商品和服务的……”盖茨回应说：“如果人们有钱，那确实是如此……但现在的问题是……有钱人不仅不会受到这些疾病的侵扰，而且他们也没有亲眼目睹患病的人们。如果我们安排世界把不同地方的人随机地混合在一起，那么整个问题就会得到解决。因为当你向窗外看时会发现，啊，那个母亲的孩子快死了，让我们去帮帮他们吧。”比尔和美琳达·盖茨基金会（Bill and Melinda Gates Foundation）一直都在为非洲提供资金援助以减少那里的疾病发生率。

资料来源：Michael Kremer，“Pharmaceuticals and the Developing World，” *Journal of Economic Perspectives*，fall 2002，pp. 67-90；Donald McNeil，“Cosmetic Saves a Cure for Sleeping Sickness，” *New York Times*，February 9，2001，p. A1；*NOW with Bill Moyers*，PBS，May 9，2003.

个人动机、公共利益

直到最近，伦敦中心城区的交通拥挤得还像蜗牛一样缓慢地爬行。面对急需解决的交通拥堵，市长肯·利文斯通（Ken Livingstone）尝试了一个激进的解决办法：向那些驾驶私家车的人收费，以补偿他们施加于他人的交通堵塞成本。2003 *224*

年2月，伦敦市对在伦敦中心城区驾驶私家车的人每天征收8美元。除了伦敦中心城区的居民，所有人都必须支付这个费用。一个高科技计算机系统每天记录哪些人已经付费（在诸多交费方式中，个人可以选择在电话上进行声讯操作），遍布于整个中心城区的牌照识别装置则负责捕捉那些违法者。

由一个人施加于其他人的交通堵塞成本（如同污染成本）是外部不经济或负外部性的例子。利文斯通的计划迫使司机们开始考虑这些成本。经济学家称之为“将外部效应内部化”。这一措施增加了在伦敦市中心驾车的个人的边际成本，其增加额等于收取的费用，从而使得个人的边际成本更加趋近于社会的边际成本。利文斯通的计划可以直接从经济学课本中找到出处：实际上，几乎所有经济学课本（包括本书）都指出，当个人选择的潜在成本和收益发生变化后，其行为也会发生相应的改变（参见第8章关于供给和需求曲线的移动的讨论）。

利文斯通的批评者认为，他的计划会使交通问题进一步恶化，并且会损害相关地区的商业活动。然而，使很多人感到惊讶的是，这个措施真的起作用了。进入伦敦市中心的车流量减少了20%，堵车现象减少了将近30%。在以往拥挤的路段，平均车速从原来的9.5英里/小时跃升至现在的20英里/小时。在2003年3月，平均每天都有100 000辆机动车支付交通拥挤费。他们支付的这一费用——加上那些原以为可以违抗这一计划的人所缴纳的高额罚款——每天为市政府带来高达100万美元的财政收入。在这一计划所涉及的区域内，三分之一的企业都认为利文斯通的新政策使它们受益匪浅，只有5%的企业认为它们的生意受到了影响。在计划实施了六周后，约有一半的伦敦市民喜欢这个计划，而只有三分之一的人不喜欢。利文斯通的公众支持率达到前所未有的巅峰。而且，伦敦的红色双层旅游巴士也无疑开始享受到客流量的巨大增长。

资料来源：“Ken's Coup,” *The Economist*, March 22, 2003, p. 39.

科斯的方法有一个例子，就是由政府出售或分配污染权或“排放许可”的制度，它允许企业在一段特定时期内向大气、土壤和水里排放一
225 定量的污染物。一旦获得这样的权利，就可以在公司间进行交换，这实际上形成了一个污染权市场。在这样一个市场中，污染权可以用来交换从现金到吸收污染的森林的任何东西。然而，通常发生的是，企业会修建一个基于当前最高技术水平的、环境友好型的厂房，这样一来，污染权就会有一个剩余——它无须使用这些权利，因为其新厂房的排污量少于大多数老旧的厂房。为此，这个公司就可以把没用完的污染权卖给那些污染排放量超过政府设定的标准的公司。在这一制度下，企业污染物排放得越多，需要支付的就越多。不但如此，如果污染权的价格设定得正确，那么当企业计划建造一个新厂房，并决定采用某种技术时，它就不得不用一种精确的方式计算一下，这会对其他人造成多大的损害。这

项制度的支持者认为，在这一制度下，对利润和损失的算计会以所能有的最有效方式带来一个合意的减污量。

由于纠正市场失灵的那些政策不仅事关公共卫生和人的生命，而且也涉及成百上千亿美元，因此，那些因采纳这些政策而受益或受损的特殊利益集团通常会主导有关这些政策的辩论。还有一个有待于回答的问题：普通群众怎样才能在华盛顿这样的政策制定中心建立起足够的影响，以平衡乃至抵消那些说客的影响呢？那些说客代表着少数个人和公司的利益，将影响施加于立法者及其他人士，后者决定着哪些政策要被采纳（或不被采纳），以纠正本章所讨论的各种类型的市场失灵。

推荐书目

Allen E. Buchanan, *Ethics, Efficiency, and the Market* (Totowa, N. J.: Rowman & Allanheld, 1985).

John Eatwell, Murray Milgate, and Peter Newman, eds., *The New Palgrave: The Invisible Hand* (New York: Norton, 1989).

Milton Friedman, *Capitalism and Freedom* (Chicago: University of Chicago Press, 1962).

F. A. Hayek, *The Fatal Conceit: The Errors of Socialism* (Chicago: University of Chicago Press, 1988).（哈耶克. 致命的自负：社会主义的谬误. 北京：中国社会科学出版社，2005.）

David Jenkins, *Market Whys and Human Wherefores: Thinking About Markets, Politics and People* (London and New York: Cassell, 2000).

Robert Kuttner, *Everything for Sale: The Virtues and Limits of Markets* (New York: Knopf, 1977).

Marie Lavigne, *The Economics of Transition: From Socialist Economy to Market Economy*, 2nd ed. (New York: Palgrave, 1999).

Charles E. Lindblom, *The Market System: What It Is, How It Works, and What To Make of It* (New Haven, Conn.: Yale University Press, 2001).

Amartya Sen, *Poverty and Famines: An Essay on Entitlement and Deprivation* (Oxford: Oxford University Press, 1981).（森. 贫困

与饥荒. 北京：商务印书馆，2001.）

Cass R. Sunstein, *After the Rights Revolution: Reconceiving the Regulatory State* (Cambridge, Mass.: Harvard University Press, 1990).

第 10 章　资本主义生产和利润

资本主义往往被说成是一个利润与亏损的制度。从一个企业的立场来看，它确实如此。然而，作为一个集体的资本家一般每年看到的是利润，而不是亏损。对整个 20 世纪来说（除了大萧条中 1932 年和 1933 年这两个最糟糕的年份外），在美国，事实就是这样，而且今天仍然是这样。即使在 1932 年和 1933 年，以利息或租金形式获得收入的资本品所有者并没有蒙受损失。尽管某些特定的公司蒙受不幸，但资本家阶级作为一个整体还是每年都盈利的。 *226*

而且，利润的规模通常也是相当庞大的。例如，美国 2001 年的利润和其他财产收入总计达到了 18 550 亿美元，比同年该国总收入的五分之一还多。（参见下面的专栏“总财产收入的计算”，以了解如何进行此项计算。）这种收入不是工资或薪金收入，而是投资者、银行、股东、债券持有人、土地所有者、年金基金、退休者等得到的实际货币。

在一个盈亏体系中，为什么资本家阶级作为一个整体通常会盈利而不是亏损？是什么决定了利润量？这些是我们在本章中要解决的问题。对利润率的分析表明了对剩余产品的控制和阶级制度的永存性。在本书稍后的地方，我们将会说明，为什么利润率是能将经济生活中的水平、垂直及时间三个维度（即竞争、统制及变革）联系到一起的最适当的概念。

利润率既受到雇主与工人之间的冲突的影响，也受到雇主间的冲突的影响。在第 11 章，为了考察雇主出于提高利润的目的怎样同其他雇主展开竞争与合作，利润率是个中心。第 12 章和第 13 章则要关注，利润率是如何与雇主和工人间的冲突相关的。在第 19 章，我们则要考察政府的行动和政策会怎样影响利润率。

企业和利润

227 企业围绕着一个占主导地位的组织原则而运行：盈利性。

——Robert E. Rubin，former U. S. treasury secretary，in a speech to the Economic Club of Chicago，February 22，2001

本章的中心思想在于：**利润率是分析资本主义运行的基本工具，理解利润率需要理解资本家阶级在与国民产品的其他索取者的冲突中是如何占据上风的。**这一中心思想表达在如下四个要点之中。

1. 利润是在产品销售出去以及各种生产要素——使用过的原材料、磨损的机器以及被雇佣的劳动——得到支付后留给雇主的剩余。如果对原材料、机器的使用以及工资和薪金的支付合计起来等于该经济的全部产出的价值，利润就不会存在。
2. 利润率被定义为利润量除以所占有的资本品的价值。
3. 对资本家阶级整体而言，利润率有多高取决于该阶级在发动一场有三个战线的战争中会取得多大的成功：即以低工资成本从工人身上榨取高水平的劳动付出，以低税收成本从政府那里得到必需的服务，以低成本获得各类原材料和其他投入。
4. 利润率的各种决定因素构成了一张清单，上面罗列着资本家阶级与其他集团之间冲突的结果对利润率产生影响的各种不同方式。

什么是利润

对利润以及利润率的探究是理解资本主义运行的钥匙。但究竟什么是利润？

对此问题并不能从金融与商业出版物中找到现成答案，在这些出版物中，利润常常被错认为“赚来的收益”。（股票的）每股收益是投资者们所使用的跟踪一家公司绩效的衡量指标之一。但是，在这里，我们会说利润是“被牟取的”而不是“赚来的”。

有两条基本的牟取利润的途径，并且两者截然不同。如亚当·斯密所观察的，创造利润的一个途径是“贱买贵卖”——换言之，即把某物以高于购入的价格卖出。[①] 这种因贱买贵卖而得到的利润被称为**商业利润**。 228

即使你没有改良或者以其他方式改变所买卖的商品，贱买贵卖仍能带来利润。倒卖世界杯联赛或者摇滚音乐会的门票就是一个例子。另一个例子是购买黄金以等待其价格上涨，这被称为投机。

商业利润的最显著特征就在于，它并非产生于劳动过程：它们之所以产生是因为，某物的价格随时间或地点而不同。从房地产、股票、一国通货的买卖中所获得的利润，在世界上一些最大的财富中占据了一席之地。但是，除了所涉及的金额外，它们与从投机所获得的利润相差无几，因为房地产、股票及货币的交易确实不会生产任何东西。

另一方面，**资本主义利润**是（直接或间接地）产生于劳动过程的利润。与商业利润不同，它们并非取决于同一物品存在着不同价格。某物被生产出来并产生利润，是因为所生产的产品的价格高于用来生产这一产品的劳动时间及其他投入品的成本。本章我们就聚焦于资本主义利润。

图 10.1 描绘了一个企业试图创造资本主义利润的过程。它显示了一个企业从购入生产性投入品开始，到将其产品卖给其他企业或个人的这段时间内的各种交易与活动。这幅图说明了“商业利润”与“资本主

---

① Adam Smith，*The Wealth of Nations*（New York：Random House，The Modern Library)，1937 [1776]，Book 4，Chapter 2.

义利润”之间的区别。如上所述，前者产生于将某物贱买贵卖，后者是在购买了投入品、进行了生产、产品以高于为投入品所支付的价格而卖出（如果可能的话）后才实现的。

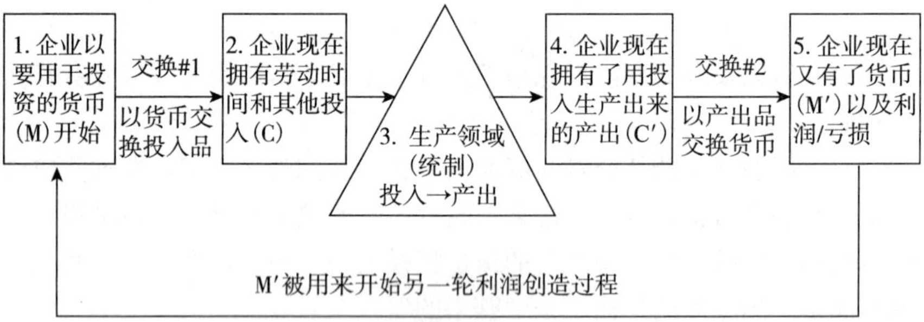

图 10.1　利润创造过程中的交换与统制

说明：该图表明，创造利润的过程包括五个阶段。在第一阶段，一个企业拥有可用于投资的一定数量的货币（M）。要达到第二阶段，它必须进入要素市场购买适当数量的劳动时间、原材料和机器（资本品）；这些是生产所必需的商品（C）。接下来就是从第二阶段（在这一阶段企业拥有了必要的投入品）进到第三阶段，即生产过程（P）本身。注意，至今发生的每件事都是在市场的水平层面进行的：人与企业在一个平等的地位上进行买卖。但现在社会关系成了垂直的：相互作用发生在上级和下级之间，前者发布命令，后者执行命令。

当生产发生后，企业就拥有了生产出来的商品（C′）（第四阶段）。要从第四阶段进到第五阶段，产出就必须卖出去。在产出被卖出后（假设如此），企业就得到了一笔多于或少于初始货币额（M）的货币（M′）。如果是多于，企业获得利润；如果是少于，则蒙受损失。无论是哪种情况，至少有一部分得自出售 C′的收益可能被用于再投资，整个过程将重新开始。

在此过程的两次买和卖的环节（即在第一阶段和第二阶段之间，以及在第四阶段和第五阶段之间），经济行为者齐集到市场，他们的活动受到供给、需求、竞争和其他市场条件的调节。在生产环节（第三阶段），经济行为者（雇主与工人）聚集在工作场所，他们的相互作用包含着统制关系。

以图示来说明商业利润的产生会比图 10.1 更简单。它只需要包括三个方框：第一个方框表示一个拥有一定量货币（M）的商人（或企业）；第二个描绘了同一个人（或同一个企业）拥有了以这些货币购入的一定量商品（C）；第三个则代表该商人（或企业）获得了从此商品的售卖中取得的货币（M′）。如图 10.1 中一样，有两种交换，第一种是用货币交换商品，第二种是用商品交换货币。同样，利润（或亏损）就是 M′与 M 之间的差额。

然而，在这幅商业利润的图示中，在代表着生产的中间位置，缺少具有等级制（统制）关系的三角形。牟取商业利润的过程完全发生在（水平的）市场关系之内：该过程不包括（垂直的）阶级关系。（当然，从事创造商业利润这一行当的企业在其内部很可能是有垂直关系的。）而且，牟取商业利润也不是仅在资本主义里才能发现的过程。商业利润远在资本主义产生以前——以及自资本主义产生以来——就在各种不同的社会中出现过。 229

然而，重要的是要留意到，图10.1并没有解释资本主义企业中或经济中利润的存在；它只是描绘了资本主义利润创造过程中的各个阶段。解释利润的存在——或者更确切地说，解释为什么会有正的利润率——要求解释为什么各种价格会处在某一水平上，包括劳动时间的"价格"（工资率）、原材料及资本品的价格，以及产出品的价格。除非销售产出品所得到的总收入大于生产的总成本，包括工资、原材料成本、折旧等，否则不会有正的利润率，即不会有利润存在。而且，除非生产一单位产出品的平均成本少于其价格，否则总收入无法超过总成本。

两则为利润的欢呼

……我们来认识一下经济生活中一个无可争辩的事实。所有美国人都会从更多的利润中获益。更多的利润将刺激扩张，产生更多的工作岗位。更多的利润意味着会有更多的投资，使我们的商品在美国及世界上更具竞争力。并且，更多的利润意味着会有更多的税收用以支付那些帮助穷人的项目。这就是为什么美国经济中更高的利润会对每一个美国人都有好处的原因。 230

—Richard Nixon，October 7，1991

得州仪器公司的存在是为了创造、生产及销售有用的产品和服务，以满足全球消费者的需要。我们满足那些需求的能力取决于我们的创新技能，并由我们的利润来衡量。但是利润不是一项继承权。我们的运营是由我们所服务的社会许可的，我们所牟取的任何利润既是对我们出色工作的酬劳，也是我们工作的动力。社会将会对我们的价值做出判断。如果我们没有满足真正的需求，我们就不会牟取到利润，并且将不复存在。

—Mark Shepherd，Jr.，CEO，Texas Instruments，testimony to Congress，1980

总财产收入的计算

美国的国民收入中有多少采取的是利润形式或其他财产收入的形式？也就是

说，除了工资和薪金外的收入是多少？可以以不同的方式觅到这个问题的答案。在此，我们将2001年的收入计算如下。

收入类型	十亿美元
公司利润	580.9
所有权收益*	364.0
租金收入	137.9
净利息	772.5
总财产收入	1 855.3
国民收入	8 122.0
财产收入/NI	22.8%

*实际报告的所有权收益是727.9（单位：十亿美元）。我们将这一数字一分为二，为此假定全部所有权收益的一半应计为付给所有权人的工资，以作为他们为自己拥有的企业（所有权）进行劳动的回报。

资料来源：U. S. Dept. of Commerce，Bureau of Economic Analysis（http://www.bea.doc.gov），*National Income and Product Accounts*（NIPA），table 1.15（lines 1 and 54-57）.

若从整体经济的角度进行考察，资本主义利润呈现出不同的情形。从这个角度看，总利润可以被看做是这个经济的剩余产品的货币价值。这是因为，利润是总销售收入在支付完所有生产成本（既包括生产中所使用的劳动和原材料的成本，也包括资本品的折旧）后留有的剩余。

231 从政府（如美国政府）所公布的国民收入账户的角度看，资本家阶级获得的总利润不仅包括企业所报告的"利润"，也包括如租金和利息这样的费用。尽管从企业的立场看，租金和利息支付是成本，但对于整体经济而言，它们是资本家阶级的其他成员所获得的收入形式。譬如，土地所有者和银行家所获得的租金和利息，是他们对生产中使用的资本品拥有（直接的或间接的）所有权的结果。因此，这类收入只是财产收入的不同形式而已。

当然，利润不包括工资、薪金或其他因劳动而得到的收入。有时候，很难明确地区分不同的收入形式，尤其是当一个人既领取薪金，又领取来自生产性资产的所有权和控制权的报酬时。不过，来自劳动的收入肯定不同于财产收入，因而也不是利润的一部分。还有大量其他形式的个人收入，如赠品、赌博收入和盗窃来的赃物，这些也不被视为资本主义利润的一部分。一些其他类型的收入，如福利支付、企业补贴及政府的其他转移支付，将会在第 19 章介绍税收和政府支出的时候再讨论。

利润率的计算

当我们在第 5 章讨论剩余产品这一概念时，介绍了一个“谷物模型”，即谷物种植者生产出谷物的剩余。但我们在提出这一模型时，并没有将之与任何特定的经济制度或阶级结构联系起来。现在我们再回到这一模型，这一次，我们明确它所代表的是资本主义社会，所有的土地都由资本家占有。谷物是唯一的商品。因此，为了维持生存，代表性家庭必须将其种植谷物的劳动时间卖给一个资本家，以换取工资。在这种情况下，谷物的总产出将归资本家所有。（见专栏“谷物种植中的资本主义”。）

由于利润就是以货币单位（而非若干蒲式耳谷物）来衡量的剩余产品，所以利润量乃由决定剩余产品规模的那些相同因素所决定。然而，资本主义经济中的利润出于下述理由不同于简化了的谷物模型中的剩余产品：资本主义经济如同大多数经济一样，生产各种不同的产品，而非仅仅是谷物，另外，工人的工资也显然不是以谷物来支付的。这意味着，我们不能用蒲式耳或其他物量单位来度量所有的产出与投入。我们必须以其货币价值或市场价来衡量它们。为此，利润必然是以货币单位来计算的。

我们最感兴趣的，莫过于利润量与资本家或资本家集团所拥有的资本品价值之间的比率。这一比率，即利润除以资本品的价值，就是**利润率**。把该比率与利润量区分开来是非常重要的。一家大公司通常都会获得大量的利润，而小公司只得到较少数量的利润。利润率则表明，就其所拥有的每美元资本品而言，每个企业的增殖情况好坏如何。若采用数学语言，利润率可表示如下：

$$r=\frac{R}{K} \tag{10.1}$$

其中，r=利润率；

R=利润总量（美元/年）；

K=所拥有的资本品价值（美元）。

简而言之，利润率是利润创造过程在多大程度上取得成功的显示器。它表明，相对于为牟取利润而投资于资本品的货币额，有多少利润被创造出来。

谷物种植中的资本主义

232 假设一个农场只生产谷物，这个农场中一个生产者平均每年劳动 1 000 小时，生产 100 蒲式耳谷物。其中 30 蒲式耳用于重置种子、喂养驮畜、照料其他的维持性活动，每年每个生产者留下的净产出为 70 蒲式耳。（这与第 5 章中描述的“谷物模型”类似。）

现在假设这个农场是资本主义社会的一部分，其生产者是由资本家雇佣的工人。假设每小时给予工人的工资是 5 美元，谷物的市场价格为每蒲式耳 100 美元，一个典型的工人每年支出 5 000 美元的收入从资本家手中购买 50 蒲式耳谷物。这 50 蒲式耳谷物代表了工人消费的通常水平。

每个工人剩下的 70 蒲式耳的净产出被资本家占有。如前文所述，其中 50 蒲式耳卖给了工人。剩下 20 蒲式耳用于出口，价格也为每蒲式耳 100 美元，所获得的 2 000美元用于为资本家购买进口的消费品。一年的总销售收入是 7 000 美元，其中 5 000 美元付给工人，留给资本家的是每个工人带来的人均 2 000 美元的利润。

可将这些关系总结如下。

以蒲式耳为单位（蒲式耳）		以美元为单位（美元）	
总产出	100	总收入（假设所有产出都已卖出）	10 000
为下一年的原材料或资本品预留的谷物	30	折旧（饲料与种子）	3 000
净产出	70	净收入（来自净产出的销售）	7 000
生产者的消费	50	支付的工资	5 000
剩余产品	20	利润	2 000

233 如前文所指出的，整体经济所产生的利润总量当中包含有许多不同类型的支付，它们是支付给在生产中获用的资本品的所有者的。第一种支付类型由红利构成。如第 6 章所述，红利是公司对其**股票**持有人的一种支付。第二种支付类型是支付给公司**债券**持有人和为企业提供直接贷款的银行家们的利息（见第 6 章）。第三种支付类型是支付给土地、办公空间、建筑物或生产所需的其他设备所有者的**租金**。最后一种支付类型是**留存收益**，即公司为未来投资或其他目的而提留的一部分总利润。因此，一个经济中的利润总量（R）就是给予不同的人或机构的各项支付的总和，这些人和机构直接或间接地拥有在生产过程中使用的私

人财产。

等式（10.1）可用来计算一个特定公司的利润率。例如，菲利普·莫里斯（Philip Morris）公司在其 2000 年的年报中声称，它所拥有的各项资产的价值为 791 亿美元，在同一报告里，它还指出所获得的税前利润正好接近于 140 亿美元。这样，其税前利润率为 17.7%。减去当年支付的 54.5 亿美元的税收，菲利普·莫里斯公司 2000 年的税后利润为 85 亿，税后利润率为 10.7%。

类似的，式（10.1）也可用来计算一个经济整体的利润率，如美国经济的利润率。在这个例子中，R 是利润总额，K 是经济中的总资本存量。美国的大多数经济活动都是由公司进行的——它们占了全国雇员总报酬的三分之二还多——因此在这里，我们来计算美国公司类企业的利润率。

在 2002 年，美国公司的总利润（R）达 7 510 亿美元。同年，美国公司拥有的“固定资产”（K）——既包括基础结构，也包括设备与软件——价值达 8.7 万亿美元。这样，美国公司 2002 年的整体利润率为 8.6% [按等式（10.1）来计算]。

图 10.2 显示了美国公司的税前及税后利润率在 20 世纪后半期的变化情况。总体趋势是下降的：第二次世界大战后的二十年中，公司税前利润率在 16%徘徊，然后在 20 世纪后 20 年间平均下降了大约一半。

图 10.2 所展示的，是美国公司类企业的平均公司利润率（r），它是用美国所有公司每年牟取的利润（R）除以它们在对应年份的资本存量的总价值（K）而计算出来的。因此，图 10.2 所显示的利润率，是整个企业界的逐年平均数。当然，在任何给定的年份，一些公司要比平均值表现得好一点，而另一些则会差一点。请注意，根据图 10.2，从 20 世纪 50 年代到 80 年代间，税前利润率和税后利润率的差距缩小了，这表明公司利润的税率在这一时期内降低了。

什么是公司

公司是将企业组织起来的三种方式之一。单个人所拥有的企业被称为业主制企业，在美国的 2 500 万家企业中有超过 70%为业主制企业。尽管建立起来相对容易，业主制企业在为其经营筹措资金方面通常存在着困难。不过，一经建立，这类企业便会从所有权与控制权之间的直接联系中获益：高于成本的每一美元都是业主所赚的一美元，因此，对于业主而言就有了努力和勤奋地工作的动力。而且，一个业主对其公司的方方面面都拥有全面的控制权。 235

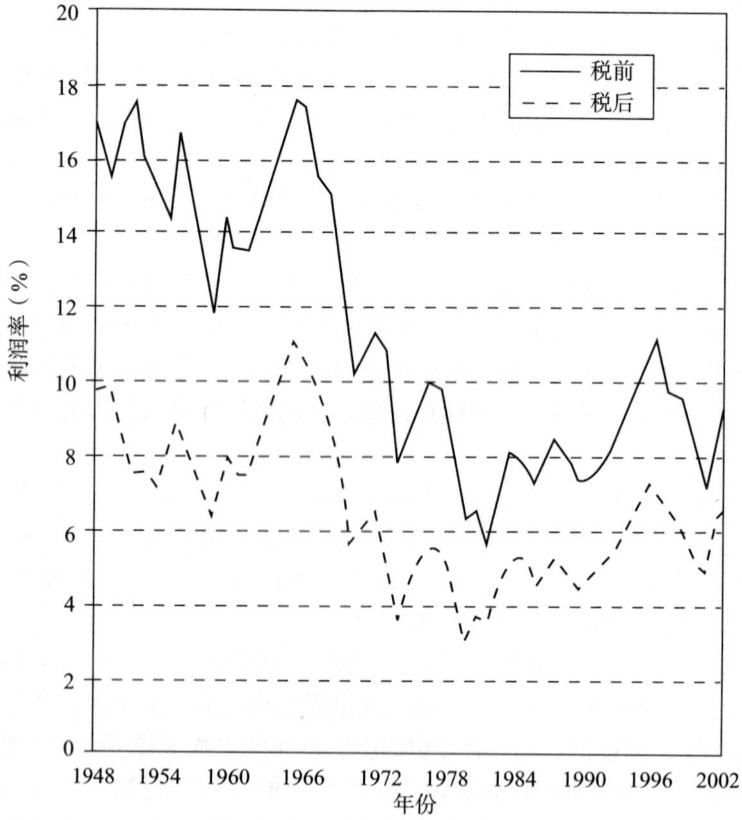

图 10.2 美国公司 1948—2002 年的利润率

说明：该图追踪了 1948—2002 年间美国公司类企业的税前和税后的利润率。（后面的专栏“什么是公司”解释了公司与其他形式的企业之间的区别。）美国公司从其海外经营中得到的利润，在这里没有被计算在内。同样，它们位于海外的资本存量也未计入。用以美元现价计算的总利润除以每年资本存量的现值，就得出了图中所示的利润率。

资料来源：U. S. Department of Commerce，Bureau of Economic Analysis，National Income and Product Accounts(NIPA) Table 1. 14，“Gross Value Added of Domestic Corporate Business in Current Dollars”(Washington，D. C.：U. S. Department of Commerce，2004)，available at http://www. bea. gov/bea/dn/nipaweb; U. S. Department of Commerce，Bureau of Economic Analysis，Fixed Assets (FA) Table 4. 1，“Current-Cost Net Stock of Private Nonresidential Fixed Assets by Industry Group and Legal Form of Organization”(Washington，D. C.：U. S. Department of Commerce，2004)，available at http://www. bea. gov/bea/dn/FA2004.

当两个或更多的人一起做生意时，他们通常会组成一个合伙制企业。合伙制企业比业主制企业为数要少，但更为复杂。美国的企业中只有不到 10%为合伙制企业。它们的运营建立在下述法律文件（一份“合伙制协议”）的基础上，该文件明确规定了每个合伙人对企业的投入及其回报是多少。因此，每个合伙人的利润份额都是事先协议好的。合伙制企业通常是从事专门职业的人——从律师到演唱组合——组织其商业活动的形式。

业主制与合伙制企业的共同点是，企业所有者都要承担偿还其所有债务的无限个人责任。如果经营每况愈下，债权人（如银行）有权扣押并出售企业的资产以及业主或合伙人的私人财产，以偿还其未清偿债务的价值。

公司则不同于其他两种企业组织形式，其投资人对其债务及其他负债仅承担有限责任。公司所有者——购买或以其他方式拥有公司股票的人——最多只会丧失其股票的价值；他们的其他资产，无论是企业的还是私人的，都不能为公司债权人所占有。

公司的“有限责任”这一点使其明显优于业主制与合伙制。业主制与合伙制企业的资本财产通常受限于业主或合伙人（及其朋友）能带给企业多少，相反，一家公司却可以通过向外部投资者出售“股份”来为其经营筹措资金。结果，公司就倾向于大于业主制企业和合伙制企业；尽管它们仅占美国企业的 20%，却占有美国企业收入的 85%。全球规模最大的 1 000 家公司生产了世界五分之四的产出。

对外部投资者出售股份的公司被称为向“公众”出售股份。这样，公众的和公众持有的这两个词就被用于描述这类企业。然而事实上，“公众的”公司决非对公众负有责任。与业主制和合伙制不同，它们甚至不受私人所有权与负债的界限的限制。因此，公司在历史上一直被要求从某些政治权力机构获得特许，而且，能授予特许的政治权力机构拥有监督和管理被特许公司的运行的权力。回忆一下第一批美洲的欧洲定居者吧，赞助他们的马萨诸塞海湾公司（Massachusetts Bay Company）就是一家由英格兰国王特许的公司。 *236*

今天在美国，一家公司必须从某个州政府获得特许。以前获得这种许可很困难，并且州政府通常严密地监管被特许的公司的运行。然而现在，一家企业无需太麻烦就可得到执照，并且州政府也极少检查或管制公司的事务了。

投资者通常对其所投资的公司没有个人兴趣。他们持有股票只是为了赚钱，要么公司会给股东支付红利（其数额取决于持有的股票量），要么股票的价值会增殖。尽管公司对其债券持有者有支付利息的义务，但公司不一定非要向其股票持有人支付红利。当它们决定支付红利时，就从税后利润中支付。

公司不同于其他两种企业组织形式的最重要之处在于管理与所有权的分离。在此，管理这一术语既用以指公司的董事，也指他们雇佣的经理；所有权仍在股东手中。尽管每一股的所有权都使股东具有参与公司治理的合法权利，但股权分散在许多人中间通常使这种权利变得毫无意义。尽管在某种条件下股东有权在公司的年会中提出可供考虑的建议，但是“代理权”在管理层的集中通常赋予其否决任何提议

（除了其自己的提议）的权力。因此，除非某人持有一家公司的相当多股份，否则对一家公司的管理层表示不满的唯一有效途径，就是在股市上卖出其股份。

在早期公司中管理与所有权的分离，促使亚当·斯密发出警告："这些公司的董事……是别人的而不是自己的金钱的管理者，我们不能指望他们能像私人合伙制企业的管理者看管自己的资金那样，以同样的焦虑和警觉来看管别人的金钱……在这种公司的事务管理中，总是或多或少地存在着玩忽职守。"斯密的话今天仍然是正确的。

公司董事应该代表股东的利益——事实上，他们至少在形式上是由股东选举出来的，董事长和由其雇佣的经理一起负责使公司的利润最大化。公司治理这一术语
237 指的就是使公司得以运行的制度。具体而言，它涉及董事、高层经理和股东之间的关系。近年来，随着安然和世通这类声名狼藉的公司的会计与治理手法被揭露，公司治理成了一个热门话题。董事相对于其经理的"独立性"，以及会计师事务所相对于它们所审计的公司的"独立性"，已经被作为问题提了出来。

在许多公司，CEO同时也是董事会主席。此外，友情或商业利益的纽带，常常会将大多数董事与CEO联系在一起。在这种情况下，董事们就不可能对公司高层经理的做法进行独立的判断，而且，即使公司的经营不善，要解雇CEO也是很困难的。类似的，被一家公司聘来审计其财务状况的会计师事务所，如果在其他领域（例如法律服务业务）与这家公司签订过有利于自己的咨询合同，便不会迫使该公司公布其真实的财务状况，以免危及与这家公司的其他生意。

2001年，安然公司被揭露在会计中有大量"违规"操作后破产。这时，对美国公司的治理及财务报告的信任普遍丧失了。随之而来的股票价格下跌，至少部分可归因于投资者对自己评价公司盈利性的能力更加怀疑了。

2002年，美国国会通过了《萨班斯-奥克斯利法案》（Sarbanes-Oxley Act）以进行制度改革，其中一项改革要求公司董事会中拥有占多数的"外部"董事。萨班斯-奥克斯利改革是否会大大改变公司治理，这一点尚不明了。但公司，不管以这样或那样的形式存在，仍将是企业组织的主导形式。

资料来源：John Micklethwait and Adrian Wooldridge, *The Company: A Short History of a Revolutionary Idea* (New York: Random House, The Modern Library, 2003); Ted Nace, *The Gangs of America: The Rise of Corporate Power and the Disabling of Democracy* (San Francisco: Berrett-Koehler Publishers, 2003).

利润率的决定因素

利润率取决于（决定于）**利润率的决定因素**。了解每一决定因素的价值——或在某些情况下它们运动的方向——会使我们理解为什么利润

率或高或低，或上升或下降。

从第 5 章对剩余产品的分析中我们已经知道了利润率的一些决定因素。为了更确切地了解这些决定因素如何影响着利润率，并发现其他可能存在的决定因素，我们需要得出利润率与其决定因素之间的准确关系。首先，我们和以前一样定义利润率，并将式（10.1）重复列示如下： 238

$$r=\frac{R}{K} \tag{10.1}$$

其中，r＝利润率；

R＝利润总量（美元/年）；

K＝所拥有的资本品价值（美元）。

由于一些马上要解释的原因，我们需要运用第 5 章介绍的净产品概念来重写这个公式。在第 5 章，我们将净产品定义为扣除（这是使之成为“净”产品的原因）原材料和资本品重置成本后剩下来的总产品的价值。（在这一点上，我们强烈建议读者再回顾一下图 5.2，以了解此代数式是如何与该图中描绘的概念相关联的。）由于总产品、总产出和总销售收入等术语在我们的分析中指称都相同，因此，在下文中我们将交替使用这些术语。并且，类似的，我们会经常用净产出来代替净产品。（另一个可替换净产品的术语是增加值。）为此，用 Y 代表净产出，我们就可以将净产出表示如下：

$$Y=S-M \tag{10.2}$$

其中，Y＝净产出的价值（美元/年）；

S＝总销量的价值（美元/年）；

M＝所使用的原材料及资本品的成本（美元/年）。

在此等式以及本书的余下部分中，我们所使用的 M（或者即将要解释的 m）宽泛地既指（1）原材料的成本，也指（2）资本品重置（折旧）的成本，因为用经济学术语来说，这些都是中间产品。这些被认为是“中间”（产品），是因为相对于为满足人们的消费而生产的“最终”产品（比如衬衫）而言，它们是投入劳动过程的要素（像生产衬衫所使用的棉花以及缝纫机的磨损）。我们暂且还假设，该经济中的所有产出都被售出，据此我们就可以用总销售(S)来代表总产出。

由于净产出分为利润与工资两个部分（$Y=R+W$），并且，由于我们可以重新整理这个公式，将总利润（R）表达为等于净产出减去工资（$R=Y-W$）——这一代数式的经济含义在图 5.2 中可以很容易地发现——现在我们可以将那个简单的利润率公式（10.1）重写如下：

$$r=\frac{Y-W}{K} \tag{10.3}$$

其中，r=利润率；

Y=净产出（美元/年）；

W=工资和薪金的总额（美元/年）；

K=所拥有的资本品的价值（美元）。

239 这个等式直截了当地告诉我们，利润率的计算是通过从该经济的净产出中减去工资和薪金的总额，再除以资本家所拥有的资本品价值而得来的。

为了形象地说明这里引入的概念，假设有一家渔业公司嘉渔公司，它拥有 10 张网并雇有 10 个工人，每人各用一张网。工人从岸边撒网捕鱼，每人每小时平均捕到 25 磅鱼。为简单起见，我们假设没有使用其他的资本品和原材料。工人每小时被支付 10 美元，他们每年为嘉渔公司工作 100 小时。（我们在此假设，每年中只有 100 小时鱼是靠近岸边的，余下的时间工人有其他工作。）每张网耗费嘉渔公司 1 250 美元，在使用 100 小时后就会坏掉，因此每年都要更换。最后，市场上鱼的价格是每磅 1 美元。

嘉渔公司的利润率是多少呢？为了回答这一问题［使用等式（10.1）、等式（10.2）和等式（10.3）］，我们首先用鱼的价格（每磅 1 美元）乘以 25 000 磅鱼（10 个工人每人每年工作 100 小时得到的捕鱼量）来确定总销售收入（S），得到S=25 000 美元。我们还注意到，嘉渔公司每年要花费 12 500 美元来更换一年后就破损的 10 张渔网（10×1 250 美元/网），这样 M=12 500 美元。然后，我们将 12 500 美元从 25 000美元中减去，可以计算出净产出价值（$Y=S-M$），得到 Y=12 500美元。嘉渔公司付给 10 个人每人每小时 10 美元，总共 100 小时，所以 W=10 000 美元。这样，我们就可以通过从 12 500 美元中减去10 000美元来计算利润总额（$R=Y-W$），得到 R=2 500 美元。最后，因为所拥有资本品价值(K) 为 12 500 美元（100 张网,每张 1 250 美元），这样，我们就可以计算嘉渔公司的利润率了：

$$r=\frac{R}{K}=\frac{\$2\ 500}{\$12\ 500}=20\%$$

每人工小时的利润率

在这本书中，我们着眼于工人与雇主的关系来分析资本主义经济的运行。我们希望能直接采纳每劳动小时的工资（小时工资）及每劳动小时的净产出（劳动生产率）。这两个概念将使我们能够计算每劳动小时所产生的利润量。为此，现在我们重写式（10.3），将右手边的每一项除以每年的劳动小时数（N）：

$$r=\frac{\frac{Y}{N}-\frac{W}{N}}{\frac{K}{N}}$$

该等式中的分母（K/N）部分地取决于每个工人所使用的资本数量。经济越发展，K 会更大，并且因各个行业的不同而变化。例如，在石化工业中它是十分高的（在该工业中少数工人使用大量的资本，比如炼油厂），但在服装制造业中却是很低的（许多工人使用相对较少的资本，例如缝纫机）。 240

为了弄清这一等式与等式（10.3）的区别，我们用小写字母来表示这些变量，以表明它们现在是以每劳动小时来衡量的。这样，使用定义 $y=Y/N$，$w=W/N$，以及 $k=K/N$，我们可以重写方程（10.3）如下：

$$r=\frac{y-w}{k} \tag{10.4}$$

其中，r＝利润率；

y＝每劳动小时的净产出价值；

w＝每劳动小时的工资率；

k＝每劳动小时所拥有的资本品价值。

等式（10.4）对本书的许多分析都是很重要的。这可以使我们从数学的角度来理解我们已经在直觉上知道的东西，即增加 y 或降低 w 或 k 将使利润率增加。同样，它也表明这些变量在其他方向上的任何变动将会降低利润率。该等式中的分子（$y-w$）度量了留给雇主的货币额：它表明了雇主从工人工作的每小时中获取的利润量。

为了形象地说明这里提出来的概念，我们再来计算一下嘉渔公司的利润率。这次使用利润率等式（10.4）的以每劳动小时度量的形式。将净产出、总工资、所拥有的资本品价值的数值分别除以总工作小时数（1 000小时/年），我们得到：

$$y=\frac{\$12\ 500}{1\ 000}=\$12.50$$

$$w=\frac{\$10\ 000}{1\ 000}=\$10.00$$

$$k=\frac{\$12\ 500}{1\ 000}=\$12.50$$

工人每工作一小时雇主所得到的利润是 $y-w$（$\$12.50-\$10$）或 2.50 美元，利润率为：

$$r=\frac{\$2.50}{\$12.50}=20\% \qquad \text{（跟前面的相等）}$$

值得注意的是，在资本主义经济中，工人得到的通常少于其每小时生产的净产出的价值。当工人的被支付额低于其净产出的价值时，有人就说（例如马克思）他们“被剥削”了。但是消灭这一剥削会是件好事吗？如果工人（由于某种原因）被支付的是其净产出的全部价值，工资（w）将消费掉所有净收入（$y=w$），利润率将为零（$r=0$），而资本家
241 将一无所获。如果发生这种情况，任何一个资本主义经济制度就会陷于停滞。这是因为在这类经济制度中，利润是推动资本家进行投资并组织生产过程的动机。

至今我们所建立的仅是利润率方程的简明形式。由于将要明了的那些原因，我们现在需要更细致地考察等式（10.4）中的 y、w 和 k 三项，从而得到一个完整的利润率方程。

利润率的劳动决定因素

迄今为止，在利润率基本方程（10.4）中，最容易理解的一项是 w，即工资率：它是对一个工人的时间的支付。我们在此把它视为每小时的支付，但它很可能是一份月薪或年薪。无论我们怎么考虑它，w 是方程（10.4）中无需进一步阐明的一项。

利润率方程分子中的另一项是 y，即**每劳动小时的净产出的价值**。y 取决于什么呢？回顾一下我们在将利润率等式中的所有变量转换为以

每劳动小时计量的项目之前，就发现净产出等于总销售收入减去所使用的原材料成本及机器折旧（$Y=S-M$）。现在，为了决定 S 和 M（记住这些变量是以货币量衡量的），我们需要知道产出商品的价格（P_z），以及投入生产过程中的原材料的价格（P_m）。知道这些价格是很重要的，因为一方面，总销售收入（S）等于生产出来的数量（Z）乘以每单位价格（P_z）。这样，在我们关于嘉渔公司的例子里，我们用25 000磅鱼乘以鱼的价格（1 美元/磅）计算出了总销售收入，得到 $S=25\ 000$ 美元。

然而，每劳动小时的净产出不仅受到产出和投入的价格运动的影响；它还取决于：(1) 工人在一小时内生产了多少产出（劳动生产率）；(2) 每小时所需的原材料价值以及每小时发生在机器及其他资本品上的损耗。我们用字母 z 表示这些变量中的第一类（劳动生产率），并用字母 m 表示第二类（把每小时使用的原材料与每小时资本品的折旧合并在一起）。

每劳动小时产生的产出（z）本身就是其他两个变量的产物：劳动付出水平 e 和劳动效率 f。要理解**劳动付出**这个概念并不是很难。任何有工作的人都知道劳动强度通常是会变化的，至少会在某种程度上变化。因此，“劳动付出”指的就是工人劳动的努力程度。尽管难以测量，但“劳动付出”——被定义为一个工人在一个劳动小时内付出的劳动量——仍然是利润率决定中的一个重要变量。雇员勤奋劳动的一小时比之雇员怠惰的一小时会带来更高的利润率（在其他条件相同的情况下）。

劳动效率（f）是指在给定的劳动付出的水平上，某人在生产一件产品时其劳动的有效性。这取决于生产过程中所使用的技术——资本品和原材料的类型、数量及品质。这些因素会决定，在一个劳动小时内提供的给定水平的劳动付出（e），能生产出多少产出（z）。 *242*

另一种考察 e 和 f 的意义的方式是指出，劳动过程开始于一定数量的劳动时间（以及其他投入品），并为劳动付出所推动，结果是带来了特定数量的这种或他种形式的产出。在这一过程中，

e=雇主购买的劳动时间向劳动的每小时实际付出的转化

f=劳动的每小时付出向每小时产出量(z)的转化

第一个转化是雇主在劳动场所里面对的基本挑战：怎样让工人在其被雇佣的全部时间内提供尽可能多的劳动付出。第二个转化同样取决于雇主做出的决策，这些决策确定了——通过投资——供工人劳动时使用的资本品的数量和品质。这两个转化结合起来总结了下述过程，该过程

以雇主从劳动市场上购买劳动时间（以及从其他市场购买其他投入品）为起点，以雇主拥有可在产品市场出售的产品（以期获得利润）为终点。

很多经济学家在 e 和 f 间不做区分，相反，他们更喜欢假设，给定资本品的数量和品质，在所购买的劳动小时数与将会得到的产出量之间，存在着固定的关系（一种“生产函数”）。在这样假设时，他们忽略了雇员劳动的努力程度(e) 是一个取决于像劳动组织方式等因素的一个变量（见第 12 章和第 13 章）。

为了增加你对概念 e 和 f 的理解，设想一下你是大学邮局里的一个工人，你的工作就是给学校办公室里所有要寄出的信件贴上邮票。如果邮局没有自动贴邮器，你就必须用手（还有舌头）来贴邮票，你的劳动效率（f）会很低。即使你很卖力地劳动（你的 e 是高水平的），你也将花很长时间来完成工作，并且你的每小时产出（z）也相对较低。现在，假设学校出资购买了一台自动贴邮器。你的劳动效率（f）将会急剧上升。即使现在你只提供较低水平的劳动付出（你的 e 较低），工作也会很快完成，并且你的每小时产出（z）也会提高。

既然 $z=e\times f$（每小时产出等于每小时劳动付出乘以由既定量劳动付出带来的产出量），我们可以将前述讨论总结如下：

$$(\text{每劳动小时的})\text{总收入}=P_z z=P_z ef$$

243 其中，P_z＝该产品的价格；

z＝每小时生产的产品单位量；

e＝劳动强度；

f＝劳动效率。

在考察私人牟利性公司的情况时，我们不妨问：公司的利润率（r）与我们刚介绍的 P_z、e、z 和 f 这些变量之间有什么关系？结果是在每一情况下它们之间的关系都是“正向的”：任何一个变量的运动（升高或降低）都会引起利润率与这些变量按相同方向运动。

例如，如果公司成功地为其产品在市场上取得了更大的垄断势力，并由此能提高其产品的价格（P_z），这将会使其获得更高的利润率。对于 e 和 f，还有 z，会有同样的情形。劳动强度以及劳动效率的任何增加都会增加每小时的产出，从而使得公司可以销售更多单位的产品，并从每小时劳动获得更多的利润。（当然，要假设对该产品有充分的需求，以使更多单位的产品可售出。）

作为利润率决定因素的原材料和资本品

我们可以引入那些代表生产过程中使用的原材料和机器（资本品）的各项，以完成对利润率方程的分子的分解。前面提到过，原材料和机器都是中间产品，所以我们将它们归并在一起，用 M 代表其总量，并用 m 代表它们在每劳动小时的使用量。我们使用 P_m 表示它们的（平均）价格。因此，需用于支付每劳动小时所使用的原材料和机器成本的总货币额是 $P_m m$（价格乘以每劳动小时原材料与机器的数量）。

再来看一下一家牟利性公司的情况，我们会问：变量 P_m 和 m 与公司利润率有什么关系？我们可以想象得到，在两种情况下这种关系都是“负向的”（即它们与利润率反向移动）。如果一家公司需要使用更多的原材料和机器，或者为之支付的更多（m 增加或 P_m 上升），其利润率将会下降。第一种发展状况的例子如下：通过了一项法律，要求公司在其烟囱上安装“过滤网”，以保护环境免受有害排放物的破坏。这会要求公司每劳动小时使用更多的资本品（增加 m），因此减少了它的利润率。类似的，如果油价上涨，而公司又需要利用石油作为投入品（增加 P_m），其利润率也将下降。相反，如果能为其所用的原材料或机器找到更为廉价的来源——或者发现一种新技术，用更少的原材料就能在每劳动小时内生产出相同数量的产出——公司的利润率将会上升。

总之，我们可以用新分解了的分子将利润率等式写成下式：

$$r=\frac{(P_z ef)-(P_m m)-w}{k} \tag{10.5}$$

其中，r＝利润率； 244

P_z＝产品或产出的价格；

e＝劳动强度；

f＝劳动效率；

P_m＝原材料和机器的价格；

m＝每小时所使用的原材料和机器；

w＝每劳动小时的工资率；

k＝每劳动小时占有的资本品价值。

这个方程直接告诉我们，可以先将总收入（$P_z ef$）减去原材料和机器的成本（$P_m m$）以及劳动的工资（w），然后将此结果除以每劳动小时占有的资本品价值（k），从而决定利润率。我们已经看到，这些概念并不单纯是抽象，它们指出了资本主义经济的真实方面（在后续几章我们还将进一步探讨这些方面）。

为了形象地说明我们刚才引入的概念，再回到嘉渔公司的例子，但要多加一条信息。新的信息是，每个工人每小时撒网 5 次，平均每次捕得 5 磅鱼。（这与我们先前描述的每个工人平均每小时捕获 25 磅鱼相一致。）这个例子的好处是，与现实中的很多情况不同，它使我们能清晰地将劳动付出（e）和劳动效率（f）区分开来。在这个例子中，e 是一个典型的工人每小时向海水里撒网的次数，而劳动效率（f）是每撒一次网的（平均）捕鱼量（按磅计）。（假设这个数量决定于网的质量，而非鱼在水中的密集度。）

为了展示将每小时产出（z）分解为 e 和 f 这两个组成部分何以事关重大，不妨问一下：如果工人决定每小时撒网 4 次而非 5 次（$e=4$ 而不是 5），并且 f 仍为每次撒网得到的捕鱼量即 5 磅的话，嘉渔公司的利润率将会如何变化呢？现在，每个工人每小时捕得 20 磅鱼，总计每个工人每年捕得价值达 2 000 美元的鱼（假设每个工人每年仍工作 100 个小时）。因为还有 10 个工人，嘉渔公司现在的总收入为 20 000 美元，净收入为 7 500 美元（因为非人力投入的成本 M 仍为12 500美元）。运用等式（10.3）我们很容易地就可计算出新的利润率：

$$r=\frac{Y-W}{K}=\frac{\$7\ 500-\$10\ 000}{\$12\ 500}=-20\%$$

这个简单的计算表明，由于工人放慢了撒网的速度，结果就使嘉渔公司的利润率从正的20%变成了负 20%（即亏损了 20%）。在此除了劳动强度外，没有其他任何因素发生了变化。难怪公司要把促使工人勤奋工作置于首位！

（再论）资本品的作用

245 现在尚待完成的，就是分解 k 这一项（**每劳动小时所占有的资本品价值**），它是利润率等式的分母。由于 k 是价值（用货币单位衡量），所以它直接受到资本品价格（P_c）影响。如果我们暂且将所完成的劳动小时数置于一边，只考察 K（被占有的资本品总价值），那就可以说 K 等于资本品价格乘以资本品的总存量：$K=P_c\times CG$（以 CG 代表所占有的全部资本品）。

那么，我们怎样从 K 得到 k 呢？这里关键是要考虑到这一事实，即一家企业正在使用的机器、渔网及其他资本品的数量通常与其所**拥有**的机器、渔网和其他资本品的总数并不相等。只要资本品价格（P_c）不变，K 就不会因在用机器数量而变化。但是 k——受雇佣的每小时劳动所占有的资本存量——最有可能因正在使用的机器数量而变化，因为 $k=K/N$，而 N（被雇佣的劳动小时数）通常随着在用机器数量而变化：机器越少，需要来运转机器的工人也会越少，反之亦然。

作为第一步，我们暂且把 k 表示如下：

$$k=\frac{K}{N}=\frac{P_c(CG)}{N}=P_c\left(\frac{CG}{N}\right) \tag{10.6}$$

其中，k＝每劳动小时所占有的资本品价值；

K＝拥有的资本品价值；

N＝被雇佣的劳动小时数；

P_c＝资本品（每台"机器"）的价格；

CG＝占有的总资本品。

然而，为了全面地确定 k，我们需要引入两个新概念：生产能力利用率（u）和每劳动小时在用资本品数量（g）。这两个概念都包含了下述理念，即在任何给定时间内，都有某一数量的在用资本品——比如机器、渔网或计算机，这个数量我们可以用在用 CG 来表示。u 和 g 之间的区别在于在用 CG 与什么相关联。

一方面，**生产能力利用率**（u）被定义为在用 CG/CG，即任意给定时期内的在用资本品在所占有的资本品（CG）里的比重。另一方面，我们将 g（每劳动小时的在用资本品）定义为在用 CG/N，用 N（被雇佣的劳动小时数）取代 CG（所拥有的资本品）作为分式的分母，在用 CG 作为分子。

进而言之，我们可以建立起 u、g、CG 和 N 之间的关系。如果我们将 g 乘以 $1/u$（生产能力利用率的倒数）——即用 g 除以生产能力利用率——我们就得到每劳动小时所占有的资本品总量。即（$1/u$）$g=CG/N$。但为什么我们要经过这一过程呢？我们经过这一过程是因为，在区分了 g（在用 CG/N）和 u（在用 CG/CG）这两个概念后，由于下述原因，我们需要将 g 除以 u，以使利润率等式的分母成为每劳动小时 246

企业所占有的资本品总量（CG/N）。

为了形象地说明这一点，回顾我们先前关于嘉渔公司的例子：拥有10张渔网，雇有10个工人，每人每年工作100个小时。如果对鱼的需求降低20%，将会发生什么情况呢？如果发生这种情况，公司将只使用10张渔网中的8张，雇佣8个工人，每人每年仍然撒网100个小时。在这种情况下，N将降为800个小时，而g等于在用渔网数量（8张）除以总的劳动小时数800，即0.01。因为公司现在只使用10张网中的8张，其生产能力利用率（u）为0.8，$1/u$为1.25，而（$1/u$）g为1.25×0.01，或0.012 5。这实际上就是以被雇佣的每劳动小时计公司所占有的渔网（资本品）数。这一点可以通过如下方式直接得到证实，即用公司所拥有的渔网数（10张）除以被雇佣的劳动小时数（800个小时），$(1/u)g=CG/N=0.012\,5$。

在确立了（$1/u$）$g=CG/N$后，我们就可以在等式（10.6）中将CG/N替换为（$1/u$）g，以得出一个更有用的关于k的公式：

$$k=P_c(1/u)g \tag{10.7}$$

其中，k＝每劳动小时所占有的资本品价值；

P_c＝资本品价格（每台“机器”）；

u＝生产能力利用率；

g＝每劳动小时在用资本品。

这一等式的经济学意义如下：为了计算每劳动小时所占有的资本品价值（k），我们将每劳动小时实际使用的机器数量（g）乘以生产能力利用率的倒数（$1/u$）——即是将g除以生产能力利用率——得到每劳动小时所占有的资本品总量。然后我们将（$1/u$）g乘以每单位资本品价格（P_c），得到每劳动小时所占有的资本品总价值（k）。P_c与P_m不同，后者指的是所有投入到生产过程的要素的价格，包括原材料和资本品，而前者（P_c）仅指资本品（机器）的价格。

最后这些步骤使我们得以了解，生产能力利用率（u）或每劳动小时在用资本品数量（g）的变化是如何影响利润率（r）的。可是，为什么我们需要通过引入u和g使利润率公式变得更加复杂呢？看起来它们或许只是同一硬币的两面，但这两个变量实际上受到经济中的不同力量的影响。一方面，生产能力利用率（u）取决于对某一特定公司的产品（或对经济整体的产出）的需求水平。另一方面，每劳动小时在用资本品数量（g）将会随技术的变化（比如一个工厂采用了更加节省劳动的技术）而变化——即使 u 保持不变。

最终结果是，借助于两个新增变量 u 和 g，我们就可以将利润率等式的分母 k 扩展为 Pc（$1/u$）g。将等式（10.5）中的 k 替换为这一经过扩展了的分母，我们即可写出完整的利润率公式。 247

$$r=\frac{(P_zef)-(P_mm)-w}{P_c(1/u)g} \tag{10.8}$$

其中，r＝利润率；

P_z＝产品价格；

e＝劳动强度；

f＝劳动效率；

P_m＝原材料和机器的价格；

m＝每小时内使用的原材料和机器；

w＝每劳动小时工资率；

P_c＝资本品（每台“机器”）的价格；

u＝生产能力利用率；

g＝每劳动小时在用资本品。

当然，对资本主义企业来说，支付了税收以后剩余的利润才是真正重要的。（回顾图 10.2，它显示了，非金融公司类商业部门的税后利润率自第二次世界大战以来是如何变动的。）税后利润是企业投资的动机，税后利润也是新投资得以进行的主要资金来源。如果公司税采取了适用于总利润的特定税率的形式，如果我们用符号 t 代表该税率，那么，支付了税收后留在企业手里的货币量就可计算为$(1-t)\times$税前利润总量。比如，如果公司利润率为 25%，t 为 0.25，则（$1-t$）为 0.75，那么公司完税后，其税前利润将会有 0.75 或 75%剩下。因此，税后利润可以认为等于（$1-t)R$，这里 R 代表所得到的税前总利润。将此逻辑再推进一步，并且将所有这些与利润率（r）而不是利润总量（R）相联系，我们就可看到，税后利润率（atr）将是（$1-t$）×税前利润率（r）。因此，$atr=(1-t)r$。这些概念在第 19 章将会得到更深入的讨论。

结论：理解利润率

然而，利润率并不是由数学决定的，尽管此前的段落留给人这一印象。数学只是使我们看到利润率取决于什么。理解利润率意味着理解其取决于哪些因素。数学允许我们将利润率分解为若干部分，使得我们在后面几章中可以逐个考察利润率的决定因素。不过，以下所有论述中的基本思想是简单的。利润率究竟是高还是低，在很大程度上决定于围绕着我们的国民产品如何分配的各种冲突的结果。在利润率的每项决定因
248 素背后都是人——雇主、工人、消费者、退休人员，以及世界上其他地方的人、政府官员等，他们经常以冲突的方式试图得到在其生活中想要的东西。

在结束本章时，让我们概述一下决定利润率的各种冲突性关系。我们旨在理解利润率的策略是简明的；在发展了利润率的基本方程（10.4）后，我们分别深入地考察了它的三个主项：y、w 和 k，并最终了解到有九个利润率的决定因素。图 10.3 表明了所有这些因素如何影响利润率。在该图中，利润率的决定因素被置于左边，九个因素与利润率之间的因果关系由从左向右的箭头来表示。经过各种中间步骤后（显示在图中部的方框中），各项决定因素最终导向图右边的利润率（r）。

在图 10.4 中，我们将以先前在嘉渔公司的例子中使用过的数据为例，说明同样的因果关系。

在我们的讨论中，曾经在不同地方都注意到特定的决定因素与利润率之间的影响方向。在表 10.1 中，利润率的每一决定因素（及其符号）被列在第一栏中，并带有一个"＋"号或"－"号，以表示各项决定因素与利润率之间的影响方向。"＋"号表示，利润率将会和决定因素的变化按照同一方向移动。相反，"－"号表示，利润率将会按照与其决定因素之变化相反的方向移动。为此，如果某一特殊决定因素带有"＋"号，当其他决定因素没有变化时，其上升运动将会导致利润率的增长。

表 10.1 的中间一栏列出了资本家们——不论是作为单个公司的所有者还是作为一个阶级的成员——试图改变这些决定因素以增加利润率的手段。类似的，表 10.1 右边一栏中列出了消费者、工人、供应者或其他团体可能会用来抵制资本家增加利润率的手段。读者不妨去想一想，除了我们在表 10.1 中列出的增加利润率的策略（或抵制这些策略的途径）外，还有哪些别的策略。

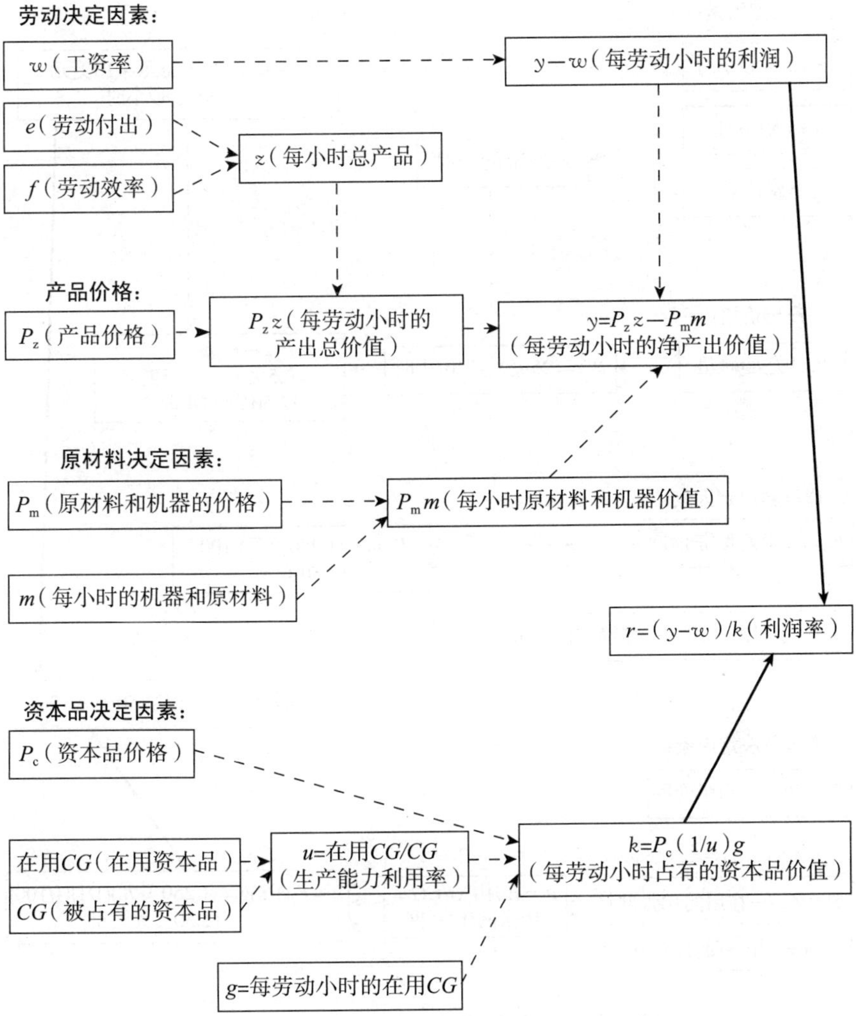

图 10.3　利润率的决定

说明：该图描绘了利润率决定过程中的各项步骤。利润率的决定因素在图的左边列出，那些箭头表明，利润率决定的过程怎样从基本的决定因素开始，经过更为复杂的中间步骤，最终到利润率本身（图右边的粗线方框）。该图提供了利润率的所有重要决定因素的清单，并描绘了它们借以决定利润率的途径。自然，除非我们知道利润率的每个决定因素的价值，以及推动它们朝向或此或彼方向的各种力量，我们无从了解利润率将会是多少，抑或它为何会在不同水平上徘徊。

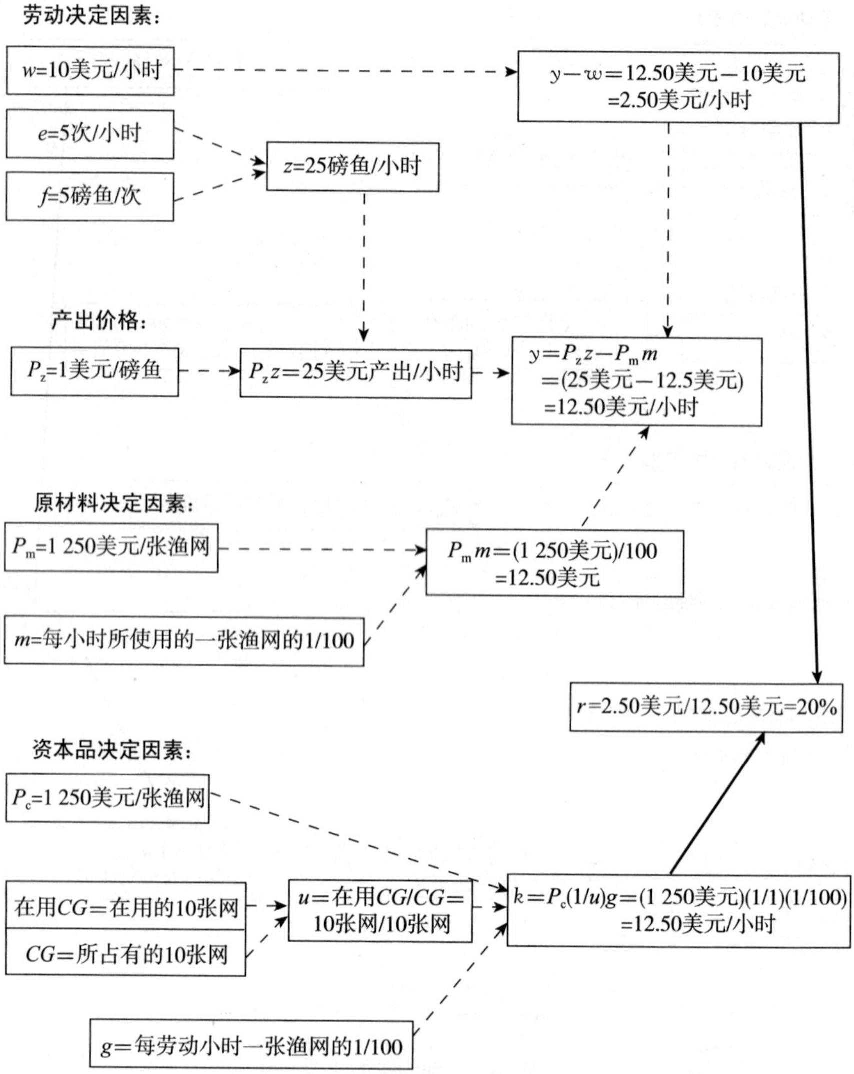

图 10.4　嘉渔公司利润率的决定

说明：该图为图 10.3 中列出的每一决定因素填上了具体的数字。这些数字来自前文列举的嘉渔公司的例子。可以预料，由这种方法决定的利润率——20%——与利用等式（10.8）计算得出的相一致。

表 10.1　　围绕利润率的各种冲突

利润率的决定因素及其对利润率的影响方向	个别企业或资本家阶级整体寻求增加利润率的方法	工人、消费者、供给者和公民据以反对提高利润率的方法
1. 产出价格(P_z)(＋)	获取垄断势力以提高价格	消费者购买更廉价的(替代)产品
2. 每劳动小时的劳动付出(e)(＋)	加快生产线；雇佣更多的监管者以控制劳动节奏	工人只在可容忍的速度下工作；组成工会；为休息时间而谈判
3. 劳动效率；给定劳动付出水平下的产出(f)(＋)	引进更有效率、节约劳动的技术	工人进行谈判以保住工作
4. 每劳动小时使用的机器和原材料的数量(m)(－)	开发新的生产方法，减少了原材料的浪费，减少了工具损坏率	
5. 原材料和机器的价格(P_m)(－)	使用互联网或去国外，以寻找更低价的供应商；支持对外军事干预，以获得对低成本原材料的控制	国内供应商推动对进口投入品征收关税；公民反对对外军事干预
6. 每小时工资(w)(－)	使用更便宜的劳动，如新移民或第三世界工人；取消工会；削弱工人组织工会的权利	工人组织起来或加入工会；为更高的工资展开谈判；将组织起来的努力扩展到第三世界；支持同情劳工的政治家
7. 生产中使用的资本品价格(Pc)(－)	使用以更低价格供应的资本品，如进口机器	国内供应商推动对进口机器征收关税
8. 被雇佣的劳动每小时所用的资本品(g)(－)	采用只需使用更少资本品的生产方法，例如，那些更有效率但因缺少安全或水处理设备(如过滤器)而可能导致污染的方法	唤起公众对环境外溢的社会成本或不安全的工作或不那么安全的资本品条件的注意；参加环保、劳工或其他集团，推动更多的政府管制
9. 生产能力利用率，或实际在用资本品的百分比(u)(＋)	为产出找到新市场，以使闲置的厂房或机器可以投入使用；支持政府旨在增加总需求的政策	

251

请注意，表 10.1 列出的一些策略也许和其他策略不一致，即使对单个雇主来说也是这样。例如，一种增加产品销量、使闲置工厂得到利用的手段（策略 9），会降低产品价格，但这与策略 1 相矛盾。类似的，能增加任何给定劳动付出水平下的产出量的技术变革（策略 3），也许需要被雇佣的每劳动小时在用机器数量的增加，但这与策略 8 相矛盾。

而且，一些雇主增加其利润率的努力可能会降低其他雇主的利润率。例如，假设一个雇主所从事的原材料售卖，如石油，正是其他雇主的生产过程所需的。如果第一个雇主抬高其产出价格（策略 1），在其他条件不变的情况下其利润率将增加。但其他雇主的利润率将会下跌，因为对他们而言油价的上升即为 P_m 增加，与策略 5 相矛盾。

252 类似的，假设所有雇主都能削减其工资率（策略 6）。这将会增加利润率吗？可能会，但是雇主产品的大部分市场需求来自那些消费者，他们作为工人挣来收入。因此，如果全国范围内工资都降低了，很多雇主将会发现，与策略 9 相反，他们再也不能找到足够多的消费者，并使产出和从前一样多了。生产能力利用率（u）将会下降，利润率也将下降。

既然我们对表 10.1 中所列举的所有决定因素已有所了解，对于理解利润率如何被决定，我们现在就有了一个基础。在接下来的各章中，我们要问，这些决定因素自身是如何被决定的。在第 12 章和第 13 章我们考察了资本主义经济的垂直维度（统制），并考察了 e（每小时劳动付出量）是如何以不同方式受到影响的。与此同时，在下一章，我们将关注经济的水平维度，并分析资本主义企业靠什么来相互竞争，力图使其利润率最大化。

推荐书目

Gérard Duménil and Dominique Lévy, *The Economics of the Profit Rate: Competition, Crises and Historical Tendencies in Capitalism* (Brookfield, Vt.: Edward Elgar, 1993).

Duncan Foley, *Understanding Capital: Marx's Economic Theory* (Cambridge, Mass.: Harvard University Press, 1986).

David M. Gordon, *Fat and Mean: The Corporate Squeeze of Working Americans and the Myth of Managerial "Downsizing"* (New York: Free Press, 1996).

Francis Green and Robert Sutcliffe, *The Profit System* (Middlesex, U.K.: Penguin, 1987).

第11章　竞争和集中

苹果计算机（Apple Computer）公司于1984年推出了首款麦金托什计算机。将一个中央处理器、一个显示器（屏幕）、一个非常新颖且用户友好型的界面（该界面依赖于“图标”而非复杂的指令）组合在一个很小的塑料箱里，麦金托什机曾是一个大胆的创新。由于这款产品迥异于市面上的任何其他产品，所以在为麦金托什机制定价格时，苹果公司和其他计算机公司相比就能获得一个更高的成本“加成”。结果，这个小型的、年轻的新公司能够获得足够的利润为其大规模的研发活动提供资金，使之得以持续不断地推出创新产品。 253

苹果公司的失误在于，它没有将产品定位于商业用户。这个失误使得IBM和其他计算机制造商能在公司用户中保持控制地位。最终，苹果公司只占有了计算机市场的一小部分市场份额。而且，可预料的是，更大规模的计算机制造商，由于其软件生产伙伴——微软公司——的支持，很快就模仿苹果机的用户友好型界面、图标及所有特征，以确保它们的用户不会被吸引并转向使用麦金托什机。

微软公司自身由于在计算机软件市场上获得的统治地位，1999 年被发现犯下了违反美国反托拉斯法之罪。在这次 20 世纪类似案件中最公开的庭审上，负责此案的联邦法院法官发现，微软公司“在相关市场享有垄断权力”。法院指出，由于在市场上几乎不存在竞争者，微软公司能够提高视频操作系统的价格，而不用担心因此会减少需求。法院的判决如下：微软为了得到垄断权力阻碍了竞争，用强硬而非法的策略打击竞争者，为竞争者进入市场设置高壁垒。并且，在此过程中，微软的行为已经损害了消费者的利益。法官得出结论：“微软已经证明，它利用
254 其可观的市场势力和庞大的利润伤害了那些坚持创新的企业，这些企业能增强针对微软的核心产品之一的竞争。”

在经济学教材中，**竞争**通常被描述为一种由无数小规模的、没有影响力的、无名的企业进行的博弈，这些企业最终会满足消费者表现出来的愿望。对于某些市场来说，这些特征是非常贴切的。例如，有成千上万的美国农民在国际谷物市场上销售其产出，也有数以百万计的美国人通过其股票经纪人买卖股票。

但是，正如我们在第 1 章所指出的，全球最大 1 000 家公司生产了全球五分之四的工业产出。经济权力的集中在美国也是显而易见的。在美国，1 200 家公司（它们的领导人能舒适地坐满一个大学的大讲堂）生产了国家大约一半的产出。这 1 200 家大公司所生产的产出大致相当于其他 2 500 万家美国企业联合起来所生产的产出。

虽然如此之大的美国经济由如此少的人操控，这却不意味着大多数实力雄厚的美国公司领导人能为所欲为，也不意味着他们意见一致，甚至拥有共同的利益。美国最有势力的公司还必须在世界市场上与其他国家的大公司相竞争。随着贸易壁垒的降低，以及资本和人员的跨国流动的日益猛增（这在第 1 章和第 7 章已经讨论过），日本和西欧的公司正在挑战美国大企业的市场控制地位和利润。因此，竞争，甚至对美国的消费者有利的竞争，都变得越来越有全球性。竞争的日益全球化性质使我们有必要进一步发展在第 7 章引入的以利润为目标的竞争的思想 。

企业主投资是为了赚取更多的钱。利润的前景驱策他们去行动，但竞争引导他们的活动。竞争限制了任何个人所能做的事，但是影响着所

有这些人（将其看做一个集体）被驱使着去做的事。以利润为目标的竞争带来了经济中永恒的变革。

新古典经济学家把竞争描绘为带来“均衡”而非带来变革。他们让学生去想象这样一个市场，比如说一个完全开放的水果市场，其中有很多的买者和卖者。正如我们在第 8 章所解释的，在这类（竞争性的）市场形势中，存在着使市场朝向均衡的趋势。如果竞争能够使水果价格达到这样一个水平，即卖者想卖出的商品数量恰好等于买者希望购买的数量，均衡就会出现。在此情形下，供给和需求会决定水果的交易价格和数量，市场将会出清。第二天又来临时，卖者会带着水果的新供给返回市场，而买者也会带来对水果的一个新需求，竞争性市场的过程将重复进行。这样，在传统观点看来，均衡每天都会达成，而竞争本身几乎不会对变革提供动力。

这种关于市场关系的正统观点并不是错误的，但它是有局限的，并具有误导性。在正统模型中，均衡一旦达成，就不再有变化，除非有外来的“外生”力量介入。

在第 8 章中，我们用大理石沉入碗底的例子解释了均衡的概念。在这里，我们添上时间维，并提出一个不同的例子：一辆自行车只有在向前运动时才不至于倾倒。以利润为目的的竞争更像是自行车而不像碗中的大理石。由于存在着以利润为目的的竞争，经济（宛如自行车）处于永恒的运动中，而非静止状态（如大理石）。自行车的隐喻把握住了经济学家所指的动态均衡——即一个持久的变革过程，而大理石，当它落在碗底时，描述了静态均衡——一种既定的事物状态。两者都是有用的理念，但是没有自行车的隐喻我们很难理解资本主义。 *255*

正统的研究方法是一维的，它关注的只是经济的水平（竞争）维度，不考虑垂直（统制）维度和时间（变革）维度。在本章我们将提出一个三维的竞争观。这个进路，通过说明权力（统制）关系如何影响竞争，以及经济内部的一些因素——竞争过程本身——如何带来变革和发展，而补充了正统的分析。

本章的中心思想是，**由于企业所有者追求利润，竞争会促使他们改变其经营。竞争的争夺限制着任何一个企业所能做的事，影响着它们全体被驱使去做的事，并在整个经济中产生出持续变革的巨大压力。**

这个中心思想表达为如下六个要点。

1. 企业所有者为了利润，通过寻求操控其自身利润率的决定因素来竞争。但是，他们能做什么受到各种竞争力量的严重限制。
2. 企业竞争采取三种主要的方式：（a）努力获得价格优势（价格竞争）；（b）努力造就一种新的形势，使潜在的竞争对手至少暂时落后（创新）；（c）努力消除竞争（垄断势力）。
3. 对于所有三种类型的竞争而言，企业都必须靠投资以竞争。投资是企业能够获得价格优势、创新以及垄断势力的首要途径。
4. 由于企业必须投资以从事竞争，因此竞争内在地就是动态的：企业竞争过程自身包含着变革的强大力量。这种内在的动态（变革的压力）甚至伴随着竞争无情地改变着每一种市场形势，并赋予经济整体以强有力的动态趋势。
5. 竞争的争夺战会在企业间产生不同的利润率，但是相反，它也会使利润率趋于平均化。是否存在一个利润率平均化的总体趋势，取决于各种相反力量之间的平衡。
6. 竞争的动态性将不仅导致经济集中（当大企业取代或兼并小企业时就会产生这种情况），而且会导致集中减少（当新企业进入市场或小企业的市场份额增加时，就会产生这种情况）。是否存在经济集中的趋势将取决于这些相反趋势之间的平衡。

为利润而竞争

256 企业家是追求利润的，他们进行投资就是为了这个目的。但他们怎么能断定哪个项目最有获利性呢？而且，如果已经投资了，怎样做才能确保较高的利润呢？

大多数投资都包含着风险，因为它们涉及长期的投入，而且投资者也无从确定这些投资所带来的未来利润率是多少。不过他们还是明白要寻求什么。在第 10 章我们就得悉，一个企业的利润率取决于九项决定因素（见表 10.1）。

当企业寻求各种途径以影响和改善（从它们的观点出发）利润率的决定因素时，它们会面临来自其他企业的竞争，而这会限制它们的选择范围。例如，一个企业也许不能仅仅通过提高产品价格来增加利润。为什么呢？因为如果一个卖者试图将其产品的价格制定得高于提供相同产品的其他卖者的价格，提价企业的消费者中就会有一部分甚或全体转而购买其他企业的产品。结果提价企业的销售将下降，至少有一部分产出会滞销。

类似的，一家企业通常无法削减其所支付的原材料、资本品或劳动的价格。原因也是竞争：这些产品的供应者会把产品销给出价更高的企业。

除竞争外，还有其他一些因素也会限制盈利。对于某些利润的决定因素而言，一家企业受到知识和技术的现状的限制。例如，除非开发出新技术，否则提高劳动效率（f）、减少所用原材料的数量（m）、减少每劳动小时机器的损耗（还是 m ）或许都是不可能的。

还必须考虑到发生于企业之内的社会性互动。例如，劳动强度——每小时的劳动付出量（e）——只有在雇员被诱使或被迫去更努力地工作时才有可能增加。可是，如果一家企业试图通过强迫来加速生产，类似行动很可能遭遇来自雇员的反抗，企业也可能为此难以吸引高素质的人来为它工作。而且，如果某个个别企业的雇员被迫辛苦地工作，比一般工人通常工作得更辛苦，那些雇员就会辞去在该企业的工作，并在另一家更为传统的企业里就业。

因此，在所有这些方面，企业都受到竞争的限制。而且，一家企业的利润往往是另一家企业的损失。例如，在 1973 年 OPEC（石油输出国组织）成立后，石油价格涨到了原来的四倍，跨国石油公司增加了上亿美元的利润，但这也使经济中的能源使用部门减少了类似数量的利润，例如在汽车和钢铁行业。

竞争限制了一家企业为改变其利润决定因素所能做的事情，与此类似，改变这些决定因素也会侵蚀维持其现有利润率的那些条件。每当一项投资增加了某一企业的利润率时，其他企业也可能受到诱惑并进入该企业的市场。因此，当前的成功会导致未来更加激烈的——来自更多的竞争者的——竞争。

获取利润是每家企业为摆脱竞争所设立的限制而进行的一场永无止境的斗争。随之而来的争斗者之间的战争会挑选出失败者和胜利者。

由于竞争带来了无休止的变革，一个资本主义经济是变动不居的。257
即便碰巧形成了一次静态均衡（像那个碗里的大理石一样），由追逐利润的企业所进行的竞争性投资也会迅速打破均衡的形成条件。持久的均衡就像自行车停下来还要保持直立一样是不可想象的。因此，那种认为均衡会一直持续下去，直到某种外在力量将其颠覆的理念是误导性的：竞争本身将立刻使均衡不复存在。

此外，竞争动态将无止境地继续下去。毕竟，一个时期竞争的结束只是另一个时期竞争的开始。那些没能利用每一次成长机会的企业会被利用了这些机会的企业抛在后边。在一个资本主义经济中，弱者没有喘息的时候，胜者也没有。

竞争的各种形式

有三种主要的竞争形式或战略。每一种都提供了与竞争对手齐头并进的或超越竞争对手的方法。

价格竞争是指，企业为了吸引消费者，以更低的价格提供与其他企业相同的产品。采用价格竞争战略的企业会继续从事其现有的活动，但当机会出现时会在某些方面做一些细微的改进。价格竞争会使雇主尽力削减工资，加快劳动节奏，消除生产中的浪费，或者削减成本以降低产品的价格但仍能取得利润。许多别的企业或许也在从事价格竞争；成功将属于那些能够为消费者提供最低价格的企业。

创新是指企业发现或开发出一种完全新的东西——一种新的投入品来源，一种新的组织生产的方法，一种新产品或一个新市场。在这种情况下，企业会获得更多的利润，常常是巨大的利润，这并非因为它是旧游戏中的佼佼者，而是因为在一场全新的游戏中它是始作俑者。

如果进行创新的企业开发出一种新产品，它几乎就没有竞争。另一方面，如果创新会在已由其他企业生产的产品上造就巨大的成本优势，创新企业就能够降低其产品的价格，且仍能获得比以前更大的利润。

不断取得创新的企业更有可能吸引有技能的人员，开发出更高水平的生产诀窍，降低成本，且更容易获得信用，从而有更好的成长机会。领先会减轻企业的竞争压力，这种情况会持续下去，直到有其他企业追赶上来，或新的企业凭借类似的产品或生产工艺进入市场。巨大的利润迟早会吸引那些想为自己分一杯羹的竞争者。

258 当企业能够通过排除某些或大多数潜在的竞争者，在市场上运用巨大的权力，就存在着**垄断势力**。一家企业很少能排除所有的其他企业（这是“完全垄断”），但是它往往可以与两家、三家或四家企业一起控制某一特定市场的绝大部分，从而获得所谓的“垄断势力”。当在一个市场上只有少数几家企业时，这种情况被称做**寡头垄断**或**共享垄断**。

为了使垄断势力能够持续相当一段时期，它必须仰仗于某些持续存在的经济优势，或是借助于某些障碍来阻止其他企业进入市场并参与竞争。无论如何，企业要么能为其产品制定较高的价格，要么能为其投入支付较低的价格，要么能独享先进的技术或组织方法。

价格竞争

价格竞争使企业面临一个两难局面：企业可以凭更低的价格吸引更多的消费者；但是，在其他条件不变的情况下，只有价格越高利润才会越大。显然，企业不能同时既降低价格又提高价格。

企业所面临的这个难题之所以会出现，是因为其价格的改变会以不同的方式影响利润率的各决定因素。为了理解这个问题，我们需要分开考察利润率的两个基本决定因素——一个是我们很熟悉的生产能力利用率（u），另一个是新的因素，即在用资本品利润率（r_u），这是我们现在要定义的。

回想一下利润率（r）是总利润除以所占有的资本品总价值［见公式（10.1）］。因此，如果一家企业拥有 10 台机器，每台价值 1 000 美元，它将拥有价值为 10 000 美元的资本品（$K=10\ 000$ 美元）。如果企业能获得 1 000 美元的利润，那么它的利润率（r）将是 1 000 美元除以 10 000 美元，即 10%。

现在考虑另外一种情况，即企业可售出的产出，证明企业只需使用 10 台机器中的 8 台（另外两台闲置），但此时仍能获得同等数量的利润（1 000 美元）。在这种情况下，企业的生产能力利用率是 80%。尽管它能够创造出与以往同样多的利润，但现在与对手相比，它在竞争中处于不太有利的地位。这是为什么呢?

新企业会进入市场，依靠仅有的八台机器建立工厂。假设每家新企业也能获取 1 000 美元的利润。由于**它们的**利润率（r）是以 8 000 元所占有的资本品（8 台机器的价值）为基础来计算的，因此其利润率将是 12.5%（显著高于旧企业的 10%）。这将使每个新企业与原企业相比处于更有竞争力的地位（后者，比如说，陷入了向银行还贷的困境，该贷款属于固定成本，数额足以使其购买那 10 台机器）。

为了理解上例所描述的那类竞争的情况，我们需要引入一个新概念，即在用资本品的利润率，我们会以 r_u 来表示。事实上，这是一个想象中的利润率，因为一个企业真正的利润率还是 r。

正如前面所解释的，一个企业的实际利润率（r）不是以其正在使用的资本品为基础而计算的，而是作为其所占有的全部资本品价值的比
259 率来计算的。因此，如果我们想把一个企业的利润率（r）与其在用资本品利润率（r_u）联系起来，就需要考虑生产能力利用率（u）。我们可以用以下方程做到这一点：

$$r=(r_u)(u) \tag{11.1}$$

其中，r=利润率；

r_u=在用资本品利润率；

u=生产能力利用率。

方程 11.1 是怎么得来的呢？它由代数方法推导而来。首先，将第 10 章的等式（10.8）中的分子和分母同时乘以 u，得到：

$$r=\frac{(P_z ef)-(P_m m)-w}{P_c(g)}(u) \tag{11.2}$$

其中，r=利润率；

Pz=产品价格；

e=劳动强度；

f=劳动效率；

P_m=原材料和机器的价格；

m=每小时使用的原材料和机器；

w=每小时劳动的工资率；

P_c=资本品价格（每台机器）；

u=生产能力利用率；

g=每劳动小时使用的资本品。

但是在用资本品利润率（r_u）是用（每劳动小时的）总利润除以（每劳动小时的）在用资本品的价值：

$$r=\frac{(P_z ef)-(P_m m)-w}{P_c(g)}$$

这样，我们可以用 r_u 代替下面这项

$$r=\left(\frac{(P_z ef)-(P_m m)-w}{P_c(g)}\right)$$

就得到等式（11.1）：

$$r=(r_u)(u) \tag{11.1}$$

因此，等式（11.1）可由等式（11.2）推导而来，而等式（11.2）本身只是完整的利润率方程（10.8）（在上一章建立起来的）的一个稍为不同的形式而已。

为了解释所有这一切的经济逻辑，我们回到先前那个例子，即企业所售出的产品量证明 10 台机器只需使用其中的 8 台就够了。如果企业获得了 1 000 美元的利润（一如前例），并且 10 台机器每台的价值都是 260
1 000 美元，企业的利润率仍为 10%（和先前一样）。但是，现在我们在实际使用的机器数量的基础上计算利润率 r_u，将等式（11.1）整理得到：

$$r_u=\frac{r}{u}$$

然后代入有关数字：

$$r_u=\frac{10\%}{80\%}=12.5\%$$

如果这家企业能够利用其闲置的生产能力，将其生产能力利用率（u）从 80%提高到 100%，同时 r_u 还是 12.5%，那么它就能够把利润率（r）从 10%提高到 12.5%，即增加 25%（假设经济中其他因素不变）。借助于方程（11.1），并比较以下两种情形下的数字，可以展示这一点：（a）u 为 80%的情形；（b）u 为 100%的情形。

$$r=(r_u)(u) \tag{11.1}$$

（a）$10\%=(12.5\%)\times(80\%)$

（b）$12.5\%=(12.5\%)\times(100\%)$

这一切是如何与价格竞争的思想联系起来的呢？是这样的：企业借以增加其销量和提高生产能力利用率（u）的一种方式，是降低其产品的价格（并希望其竞争对手不会立即以同样数量削减其价格）。但是，由于利润是产品价格和生产成本之间的差额，降价也会降低企业基于正在利用的那部分资本品所获得的利润率（r_u）（因为每单位产出现在是以更低的价格出售）。因此，降价对于企业的实际利润率（r）来说既有正面效应也有负面效应。对于想要提高产品价格的企业来说也是如此。唯一的区别在于，在这种情况下，价格变动的效应对于 u 来说是负向的，对于 r_u 的影响是正向的。

由图 11.1 的需求曲线，我们可以了解价格的变化如何同时影响到 u 和 r_u。如果企业把价格（P_z）从 P_1 降到 P_2（影响市场的其他所有因素保持不变），能售出的数量（Z）将从 Z_1 上升到 Z_2。这种销量的增加，通过企业提高其生产能力利用率（u）以增加产出（如从 70%上升到 90%），是有可能达到的——相应的，如我们从方程（11.1）中看到的，这会提高利润率（r）。但是，价格的下降会同时降低企业先前基于在用资本品而取得的利润率（r_u），而这会抵消 u 上升所带来的正面效应，从而降低企业的利润率。

261

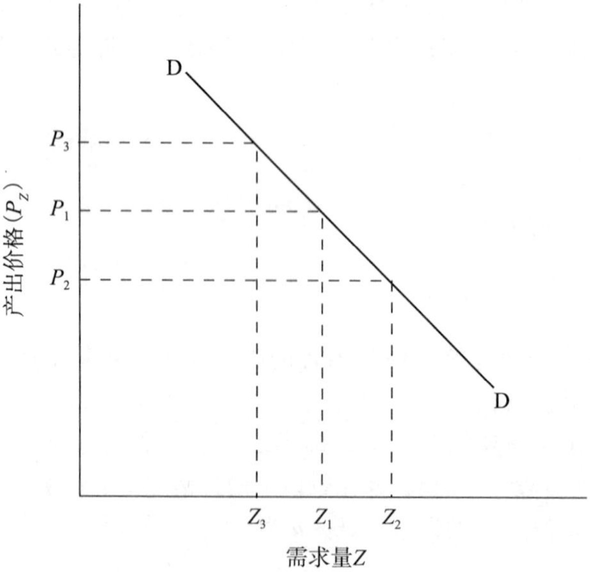

图 11.1　需求曲线限制了企业对价格和产量的选择

说明：一个企业的产品需求由 DD 线表示。将价格（P_z）从 P_1 降到 P_2 将增加对企业产品的需求（从 Z_1 到 Z_2），增加其销售量，但（如果平均成本不变）会降低每单位产品的利润。相反，如果把价格从 P_2 增加到 P_1，将导致对企业产品需求的减少（从 Z_2 到 Z_1），减少其销售量，但（如果平均成本不变）会增加每单位产品的利润。因此，需求曲线显示出，一个企业提升利润的策略是如何受到与市场上其他企业之间的竞争的影响的。

另一方面，如果企业把价格（Pz）从 P_1 增加到 P_3（影响市场的其他所有因素保持不变），销售量（Z）将从 Z_1 下降到 Z_3。价格增加本身会提高 r_u，但是企业不愿看到卖不掉的商品在货架上堆积如山的情形，它不得不通过削减生产以调整到可售出的较低产量，从而降低生产能力利用率（u）——而这将压低企业的利润率。

一次价格变化对于企业利润率（r）的全面影响，取决于 r_u 和 u 随着价格变化而相应变化的幅度。这个分析显示出，为什么每当一个企业考虑通过提高或降低价格的方法来与市场上别的企业竞争时，会面临一个两难困境：降低价格将可能提高 u，却在同时降低 r_u；而提高价格可能提高 r_u，却在同时降低 u。竞争性的市场会限制一个企业的利润，使它在所占有的资本品价值的基础上大致获得通行于经济中的平均利润率。

为了能产生利润，产品的价格必须包括一个超过生产成本的加成。这个“加成”可以通过以下两个步骤来解释。首先，将一个产品的价格分解成各个不同的组成部分（既包括成本也包括利润），以便显示出从每单位产出的销售中所取得的货币是如何分布的：

$$\begin{matrix}\text{每单位产}\\\text{出的价格}\end{matrix}=\begin{matrix}\text{每单位产出的原材}\\\text{料成本和机器损耗}\end{matrix}+\begin{matrix}\text{每单位产出}\\\text{的劳动成本}\end{matrix}+\begin{matrix}\text{每单位产}\\\text{出的利润}\end{matrix}$$

然后，把两种类型的成本（原料成本和劳动成本）合并在一起，重写这个方程，用以说明对于已销售的每单位产出而言，销售收入中有多少用于弥补成本，又有多少变为来自成本加成的利润。 262

$$\text{每单位销售收入}=\text{每单位成本}+\text{每单位加成}$$

加成值与 r（利润率）是不同的。加成的目的是为了产生利润，该利润的计算基础是每单位产出所造成的原材料成本和劳动成本（P_m 和 w 乘以生产一单位产品所耗费的小时数），而 r 则是利润率，它是在企业所占有的资本品价值（k）的基础上计算的。（参见专栏“成本加成定价法”中的进一步解释。）

市场竞争趋向于确立反映当前供给和需求水平的价格。如果这样的价格使企业只能实现一个低于生产其他产品时所得到的利润率，至少有一些企业将会退出目前所在的这个行业，一些企业会被吸引到那些至少能使它们获得平均利润率的行业。如果在某一特定行业产品的价格过高，其利润率已超过经济中通行的平均利润率，那么新的生产者将被吸引到这个行业。因此，企业或“资本”在行业间的运动将推动每个行业的利润率趋向于整个经济的平均利润率。

成本加成定价法

我们可以用方程（10.5）（见上一章）来说明，如何为一种产品设定价格（Pz），使其包含高于成本的“加成”。用 z 代替方程（10.5）中的 ef，我们得到： 263

$$r=\frac{(P_z z)-(P_m m)-w}{k}$$

如果我们再乘以 k，除以 z，经整理所得出的各项就会得到：

$$P_z=\frac{P_m m}{z}+\frac{w}{z}+\frac{rk}{z}$$

在此方程中，等号右边的第一项，$\frac{P_m m}{z}$，表示材料成本，既包括每单位产出所使用的原料成本，又包括每单位产出的机器损耗成本（折旧）。第二项，$\frac{w}{z}$，是每单位产出的劳动成本（工资）。最后一项，$\frac{rk}{z}$，是每单位产出的利润。这样一来，就有：

产出价格＝单位材料成本＋单位劳动成本＋单位利润

当价格的组成要素以这种方式来分解，"单位利润"——在每单位产出售出后获取的利润——就可以被看成是超过生产一单位产出的成本的加成。企业在设定这个价格时，首先计算其单位成本，然后在成本上增添一个加成，以带来所期望的单位利润量。举例来说，假设生产一台 IBM 个人计算机所需的原料和劳动成本为 2 000美元。如果 IBM 寻求达到 50%的加成，它将会把价格定为 3 000 美元。在此例中，

一台 IBM 计算机的价格＝＄2 000＋＄2 000 的 50%

＝＄2 000＋＄1 000＝＄3 000

把计算机的价格定在 3 000 美元，IBM 会发现它要么顾客寥寥，要么顾客太多。如果它的顾客太少（且想要维持 50%的加成），该公司就不得不削减生产，降低生产能力利用率（u）。如果它拥有的顾客比要出售的计算机还多，它就可以制定一个更高的价格，并增加其加成。因此，供给和需求要么会影响生产能力利用率，要么影响其加成——或同时影响两者。

创 新

企业想要打破价格竞争所设立的限制。出于这个目的，它们会寻求创新和垄断势力，这两者都会在企业所有者之间，以及企业和消费者或劳动者等群体之间的关系上引入统制（或权力）因素。

一项创新是某种新的东西——一件新产品、一种新的组织劳动的方法、一项新技术，或者可以使企业优越于竞争对手的任何创新性的东西。创新会改变竞争性斗争得以进行的地形。如果说价格竞争像堑壕战，那么创新就像是坦克战。

创新造就了竞争优势，因为它能让一个企业在市场上领先。其他企业试着追随它，但是在它们能够赶上之前，取得创新的企业会获得较高的利润率。

创新会涉及利润率的任何一个决定因素。例如，一家企业也许会发现或创造一种新产品，该产品在某些方面优于同一市场上的其他产品。这就使该企业能够为其产品制定一个较高的价格（P_z），或用其资本品雇佣更多的劳动，从而降低 g。在第 10 章已经解释过，g 就是在用资本品与所雇佣的劳动小时数的比率。如果一个企业已经使用了所占有的全部资本品，降低 g 的方法便是雇佣更多的劳动，并使工厂以每天两到三个轮班而不是一个轮班运转。由于 P_z 是利润率方程（10.8）的分子，而 g 是分母，因而 P_z 的上升或 g 的下降——或两者一道——将使企业的利润率得以提高。

当然，也有些创新会影响其他利润率的决定因素。以 w（工资率）为例。2002 年 7 月，《华尔街日报》在其首页刊登了一篇文章，报告了一些企业如何把工厂转移到贫穷国家或在这些国家新建工厂，以实现涉及 w 的创新。那篇题为“汽车制造商在更远离家乡的地方寻求另一种优势”的文章，描述了一些富国的大汽车制造公司现在发现，它们的汽 264
车能在穷国生产，并且跟“在国内”生产的一样好，甚至更好。这篇文章的主要观点，可以借一个日本汽车公司执行官之口总结如下：“非洲、泰国和拉丁美洲的工资通常不及发达国家市场上工人挣的工资的十分之一。这将足以抵消把关键零部件运送到遥远的工厂并将其运回来所增加的成本。在全球生产网络中增加位于发展中国家的工厂，‘将急剧地提高我们的竞争力’，本田公司的首席执行官吉野浩行（Hiroyuki Yoshino）如是说。”①

企业能轻易地将生产转移到发展中国家，这意味着它们会以此为要挟（即将工厂迁移到工资更低的国家），在劳资谈判中取得有利地位。这样一来，全球化经济的日益一体化的特征，就为雇主提供了许多新的可能性，在涉及他们必须为雇员支付工资的场合实现创新（参见第 13 章的专栏：“棒球：全球经济中的所有者、工人和纳税人”）。此外，如果一个企业能够“解散”当前在集体谈判中代表工人的工会，它就极有可能支付更低的工资，并变得更具竞争力，而无须把生产能力转移到国外。

有一家美国大公司，自建立之初就实现了涉及工资的创新。德尔塔航空公司（Delta Air Lines）是全球第三大航空公司，成立于佐治亚州

① Todd Zaun, Gregory L. White, Norihiko Shirouzu, and Scott Miller, “Auto Makers Look for Another Edge Farther from Home,” *Wall Street Journal*, July 31, 2002, p. A1.

的亚特兰大。亚特兰大是一个有着强烈反工会传统的城市。结果，德尔塔公司能够靠工会成员以外的雇员开展其经营，直到今天，它在阻止工人加入工会的运动中一直都相当成功。目前，只有德尔塔公司的飞行员（占其全部雇员的六分之一）在涉及工资和工作条件的谈判中有工会来代表他们。

因此，创新会提高一个企业的销售收入或是降低其成本，以带来一个高于平均水平的利润率。除非其他企业赶上来，否则这种竞争优势能一直持续下去。不过，暂时脱离竞争会带来巨额利润。当其他企业还在追赶时，取得创新的企业不仅比竞争对手获得更多的利润，还能因此将更多的钱用以寻求新的创新。这就是创新的吸引力。

资本主义竞争还会造就一种对落后的恐惧，这也会鞭策企业来寻求创新。即使一个对现有利润率感到满意的雇主，也肯定会害怕其他企业的潜在创新。这是因为，任何由此带来的竞争颓势都很可能消灭现有的利润。所以，竞争一如既往地既是胡萝卜也是大棒。企业必须不断地奔跑，就像在一部踏车上，以保持在同一位置。

垄断势力

资本家也会通过取得垄断势力的方式来获取更高的利润。与创新很相似，垄断势力能使一个企业摆脱竞争或至少使之免于竞争的影响。如
265 果一个企业能够凭借垄断势力侵蚀或消除竞争，它就能单方面地影响利润率的决定因素以提高利润率。

垄断势力这个术语既可用于单个企业的情况（完全垄断），也可以指一小批企业所有的能够控制某一特定市场的权力（寡头垄断或共享垄断）；在任何一种情况下，如果某个或某些企业能够将其他企业排除在市场之外，就存在着垄断势力。

创新和垄断势力十分相似：两者通过赋予取得创新或垄断势力的企业以相对于其他企业的竞争优势，给它们带来更高的利润率。的确，经济学家约瑟夫·熊彼特（见第 4 章）就将创新理解为创造“暂时的垄断”。他的洞见指出了两个概念间的主要差别：创新是暂时性的，仅仅持续到其他企业追赶上为止；垄断势力则持续的时间很长，并且通常是建立在排斥其他企业的各种经济、法律和制度障碍的基础上。这些障碍被称为**进入壁垒**。

正如创新一样，垄断势力可用来改变利润率的任何决定要素。但是，虽然存在很多例子，表明垄断者可以影响每一个利润率的决定因

素，垄断势力通常被用来影响商品的价格（P_z），即把价格定得高于竞争性市场的通行价格。

企业可以以三种方式获得垄断势力——无论是完全垄断势力还是共享垄断势力：首先，它们可以是或者变成某一特定产品的唯一售卖者；其次，它们可以和其他生产同样商品的企业合谋消除竞争；再次，这是垄断势力得以运用的最普遍的方式：它们可以和市场上的其他企业形成非正式的或默认的关系来限制竞争。

地方电力公司是只有唯一售卖者的例子。如果你想在家里享受电力服务，在很多区域，除了从你所在地区的电力公司购买外，你将别无选择。由于电力通常是由垄断企业提供的，因此政府通常会管制它的价格。

第二种运用垄断势力的方法可称为“合谋”。虽然直接、公开的合谋是非法的，但是合谋的冲动在大公司中是非常普遍的。当美国司法部指控大型农产品公司 ADM 操控价格时，ADM 一位高级执行官承认，公司的观点就是：“我们的对手是我们的朋友；我们的顾客是我们的敌人。”

一个经典的合谋实例涉及 1960 年前那几十年间的通用电气（GE）公司与西屋电气公司。GE、西屋以及同行业的其他一些企业被判决操纵电力设备的价格，这个市场每年总计有几百亿美元的销售额。

在更晚近的 2001 年 12 月，世界两大珍贵艺术品、宝石和家具拍卖公司——克里斯蒂（Cristie）和索斯比（Sotheby）——被发现合谋操纵向卖主收取的佣金，它们从事这一勾当已经有六年，带来了上亿美元的额外收入。两家公司同意支付 5.37 亿美元的赔偿，以解决由顾客发起的、关于这两家公司操纵价格的指控，而且，索斯比的前任主席还被处以 750 万美元的罚金，并判处一年监禁，尽管他年届 78 岁了。鉴于被告对其行为并无反悔，他还被要求支付其被拘审期间的 21 601 美元的费用。

当若干大公司控制了一个特定市场时，也存在着垄断势力。如前文所解释的，这种情况被称为寡头垄断或共享垄断。这不仅是维护垄断势力的最普遍的方法，也是最复杂的方法。例如在早餐麦片业、钢铁业和烟草行业，少数几家企业控制市场已达许多年。这些行业中的企业在下述意义上“共享”垄断势力：不用进行直接的串通或合谋行动，它们已经发展出一些行为方式，使其可以避免价格竞争，从而共享与垄断势力相联系的高额利润。换句话讲，每一家共享垄断的企业已经学会了按照 266

某种规则或做生意的方式来生存，这些规则和方式被所有类似的公司所接受，它们之间的竞争受这些规则和方式的支配。

在世界上的某些地方，共享垄断势力可以通过直接合作来实现。当这种情况出现时，参与合作的企业和国家便被称为**卡特尔**。石油输出国组织（OPEC）就是这种卡特尔的最著名的例子之一。

通过共同调节成员国的石油供给，OPEC 已经有能力决定或强烈影响世界市场的石油价格。（参见专栏“卡特尔”。）

共享垄断就像是潜在敌手之间的一个不稳定的联合。只要每一个伙伴都认识到，该协议不仅会促进由各个大企业组成的整个集团的利益，而且其运行方式也会个别地服务于每个企业的利益，共享垄断就会存在下去。通过合作所获得的更高利润确实是有利的，这会为个别企业提供激励，使其维持共享垄断协议。但同样真实的是，合作上的失败——破坏规则——对于破坏协议的企业来说，代价可能是惨重的，因为最有势力的那家或数家寡头垄断企业会通过比如说削减价格的方式予以报复，使行为失当的企业蒙受严重损害。

如果共享垄断的运行基础是一套默认的或非正式的规则，该行业里的所有大企业都隶属于这套规则，那么这些规则是什么呢？最重要的两个是：共享垄断的企业必须找到避免价格竞争的方法；另外，这些企业可能发现，从事**非价格竞争**（例如促销）是必要的。

卡特尔

尽管存在着法律和组织上的障碍，卡特尔仍然是许多行业的现代经济的一个特征。在 20 世纪的最后一个十年中，有超过 50%的企业被美国司法部指控进行合谋以操控价格。毫无疑问，还有许多没有被指控的企业。下表列出了若干被指控企业所在的行业、时期和国家；被控制的市场份额显示在最后一栏。

行业	时期	企业经营所在国	市场份额
啤酒	1993—1998	比利时	两家公司控制了比利时 70%的市场
水泥	1983—1994	欧洲：33 个企业	卡特尔控制了欧洲市场的 80%
美术品	1993—1999	美国，英国	两个公司控制了世界市场的 95%

续前表

行业	时期	企业经营所在国	市场份额
塑料管道	1986—1995	瑞士，美国	三个公司控制了美国市场的 95%
核甘酸	1992—1996	日本，韩国	一个公司控制了世界市场的 45%
塑料餐具	1990—1992	加拿大，美国	两个公司控制了美国市场的 90%以上
白糖	1986—1990	爱尔兰，丹麦，英国	两个公司控制了英国市场的 90%以上
维生素	1990—1999	加拿大，德国 日本，瑞士，美国	三个公司控制了世界市场的 75%以上

资料来源：Margaret Levenstein，Valerie Suslow and Lynda Oswald，“Contemporary International Cartels and Developing Countries：Economic Effects and Implications for Competition Policy”（forthcoming in *Antitrust Law Journal*）.

当共享垄断的企业能够发展出非正式的、默认的或间接的途径，确立起或多或少是固定的或稳定上升的价格时，价格竞争就可以被避免。避免价格竞争的特定方法在各个行业中是不同的，每个行业体系都是被历史环境塑造的，而且每个企业的技术都反映了它们为应对行业中的其他企业而拥有的长期经验。

可是，如果价格竞争被避免，其他形式的竞争会达到一个新的强度。某一产品的需求曲线仍然会限制产品生产者在各种价格下所能售出的数量。因此，如果价格不变，单个销售者获得收益，就需要有其他企业在销售上付出代价。这意味着市场上的主要行动将包括争取**市场份额**的竞争，每一个共享垄断的企业都试图使自己的市场份额最大化。此外，如果生产一种产品的平均成本随产量增加而降低，而价格仍保持不 *267*
变（按照共享垄断者相互间的协议），如果企业能提高其市场占有份额从而增加其产出，那么该行业中所有企业的利润都将上升。这样一来，一个企业的利润会直接随其销售量而增加，这会促使处于寡头垄断行业中的每一个公司都竭尽其能地售出更多的产品。

一个企业采取的增加其产品销量的所有行动被称为**销售努力**。销售努力包括企业所做的劝服消费者购买它们产品的一切活动。企业招募销售代理的队伍、雇佣公共关系公司并花费上亿美元来做广告；企业不断重新包装它们的产品（回忆一下你听到过的关于任何“全新”的次数）；花费大量金钱以获得信誉的认可；它们有时会贿赂——且被指控贿赂——外国政府；它们赞助体育赛事；它们为慈善机构捐款并资助电视上的公益节目，以此来提升它们的形象等。所有这样的努力都旨在提高一个企业的市场份额。

垄断势力，如同创新，使高于平均水平的利润率成为可能。它通过消除某些竞争来放宽（但不会取消）竞争所设立的限制。企业之间相互竞争，看谁能最先或最有效地逃脱竞争。

通过投资来竞争

268 对所有三种竞争形式而言，共同的一面就是投资。价格竞争、创新和垄断势力都要求企业通过投资来获取任一策略所含有的利益。

要在市场上进行竞争，企业必须投资。企业如果想在来年继续保持竞争力，就必须把当年的利润用于进行再投资。进而言之，如果企业想要领先并保持领先于竞争对手，前期所获的利润会为企业提供它所需要的资源。

在表 10.1 中列出的所有利润的决定因素都成了再投资的潜在目标。如果企业能够发现一种将其利润再投资的方式，以至于有利地改变了一个或更多的利润率决定因素，那么，企业会获得一个更高的利润率。

传统经济学教科书把竞争描述成是导向静态均衡的，在此均衡中所有企业都获得一个平均利润率，所有资源都以一种最优方式配置，以满足既有的消费者偏好。相反，政治经济学则认为，企业所参与的是动态竞争，总是寻求机会超越现有的竞争状态，将自己置于一个能获取更高利润的地位。在动态竞争中，没有一种状态是永恒的，因为至少有些企业一直在改变着竞争的必要条件。因此，真实世界的竞争是一个永无休止的过程，企业试图——但不总是成功地——打破由竞争所设立的限制。一些企业会成功，并获得足以在未来进行竞争的高额利润，而其他企业则会失败，并被逐出生意场。

仅当企业预期能获得更多的利润时，它才会用利润进行再投资。所以，每个企业在考虑用利润做什么时，必须将投资的成本与投资所带来的预期报酬进行比较。

例如，考虑这样一个企业，它正考虑进行某项投资，比如说购买一台新机器。假设该企业必须付 I 美元给机器制造商用以购买这台机器。企业怎样来估算这项投资是否有利可图呢？为了做出估算，它必须经历以下三个步骤。

第一步，企业必须计算投资带来的回报可能是多少。假设花费 I 美元的机器只能使用一年。（在生产了它预定要生产的产品后，机器就毁坏了，在年末没有一点价值。）这样，在年末，生产者就有了生产出来的产品，但没有了机器，然后她卖出产品。销售收入减去工资和原料成本被称为投资的总报酬。这可以表示如下（I 代表投资的价值，r 代表投资的预期利润率）： 269

$$投资的总报酬=I+rI \tag{11.3}$$

当然，投资者希望 r 是正的，这样一来投资总回报会多于投资本身。但是，情况可能不是这样，投资者也许连投资在机器上的钱都赚不回来。

企业为了估算一项投资的盈利率要采取的第二步，是决定投资的成本。当然，存在着购买形成投资的任何东西的成本——在这个例子中，就是机器——其成本为 I 美元。不过，除此之外，还存在着用以进行投资的资金的成本。这项成本是什么呢？我们可以通过两种方式来认识。

一方面，一个企业可以从银行（或其他信贷机构）或愿意购买企业债券的人那里按通行**利息率**（i）借入必需的资金。**"债券"**就像是一张借据，它使债券发行者承担以下责任，即不仅要偿付债券购买者用以购买债券的金额，而且要在一定年限内——债券的生命期限——向债券所有人支付固定的债券利息率。

另一方面，企业可以利用由先前利润形成的资金（内部融资）来进行投资。在这种情况下，它必须放弃以通行利息率（i）把资金贷给其他企业的机会。这种被放弃了的机会被称为企业利用其自身先前形成的资金进行投资的机会成本。它等于企业若从银行中借入资金（外部融资）所需支付的成本。因此，**机会成本**指的就是当企业不是把钱贷出去，而是把它用于投资（在这个例子中指购买一台机器）时所失去的机会的成本。

无论企业选择何种方式为投资进行融资，**投资的总成本**都是用于投资的资金额（I）（在我们的例子中是购买一台机器），加上获得如此使用的资金的外在成本或机会成本。该机会成本等于 iI——每美元的成本

（i）乘以投资所需的美元数（I）。因此，

$$一项投资的总成本=I+iI \tag{11.4}$$

270 分析投资的盈利率的最后一步，是估算投资的潜在利润（减去成本）。后者能通过此前的两个步骤来决定：即由预期的总报酬（在第一个步骤里决定的）减去进行投资的成本（在第二步里决定的）。这可以表示如下：

$$一项投资的利润=投资带来的报酬-投资成本$$

代入方程（11.3）和方程（11.4），一项投资的预期利润就是：

$$R=(I+rI)-(I+iI) \tag{11.5}$$

其中，R=预期利润；

I=投资额；

r=预期利润率；

i=利息率。

通过简单的代数运算，我们可以把方程（11.4）做以下变换：

$$R=I+rI-I-iI=rI-iI$$

最后得到：

$$R=(r-i)I \tag{11.6}$$

方程（11.6）让我们得以聚焦于 r 和 i——利润率和利息率，将它们作为来自投资的总利润（R）的关键决定因素。在方程（11.6）中，投资额 I 总是一个正值。但是（$r-i$）呢？这一项可能为正，也可能为负，取决于 r 和 i 哪一个更大。

如果 r 比 i 更大，（$r-i$）为正，企业将会得到充足的投资利润，大大超过向银行（或债权人）借钱所带来的利息支出（如果事实上它必须借钱投资的话）。即使在偿还利息后，企业还有剩余的部分留下，使投资有利可图。同样的逻辑也适用于企业以内部持有的资金进行融资的情况。在这种情况下，只有当企业的投资较贷出资金最终可获得更多的货币收入时，投资才是有利可图的。

如果 r 比 i 小，（$r-i$）为负，投资将使企业蒙受损失。即使利润率（r）为正，由于与获得的利润相比，企业必须支付更多的利息给银行（或债权人），因此企业仍然亏损。如果企业是用自有的留存收益来投

资，从效果上讲，它仍然是亏损的，因为如果它把投资的资金以通行利息率（i）借给其他的企业，它会获得更多的收入。关键是，无论利润率（r）是多少，企业必须比较 r 和 i，以判断一项特定的投资是否值得。

不幸的是，对于企业来说，它无法直接比较 r 和 i。当企业进行一项投资时，它不知道投资的结果会是怎样。任何投资的回报都是不确定的，因此，投资必然包含着承担风险。企业通常都知道投资的成本（I），也会知道通行利息率（i）是多少。但是，正如所指出的，它无法确切地知道（未来）利润率（r）会是多少。 271

由于缺乏关于未来的确定性，当一个企业评价一项投资时——决定要不要投资——就得比较**投资的预期利润率**（可称为预期 r）和通行利息率 i。预期利润率是企业认为或期望能达到的利润率；当然，这个预期利润率结果可能是也可能不是实际所达到的那个利润率。这样，以其预期为基础，只有当投资的预期利润率高于通行的利息率时，企业才会选择投资。

$$\text{预期 } r > i$$

一般而言，是否投资的决定在很大程度上取决于投资者对未来是悲观还是乐观。如果他们很乐观，并对未来具有良好或更好的环境信心满怀，他们将倾向于更加积极地评估投资项目，看到正面的可能性而轻视风险；在这种情况下，预期 r 在整个经济中就会趋高。另一方面，如果投资者很悲观，预期到前景艰难，他们会更谨慎，担忧投资不会有回报；在这种情况下，预期 r 就会趋低。投资者的乐观或悲观将决定投资额的大小。当然每个投资者对于未来的看法都多多少少有些不同，有些人的预期最终会比其他人更为正确。

从我们对影响企业投资决策的各因素的分析中还可得出另一结论。考虑到 r 和 i（利润率和利息率）的关系如何影响投资的盈利性及进行投资的意愿，我们可以看到经济整体的投资水平受到利息率的影响。低利息率将会刺激投资，而高利息率将会抑制投资。这就把很大的责任赋予了一个国家的中央银行（如美国联邦储备系统，或 Fed），因为它有权将利率上调或下调，从而抑制或刺激投资。

最后，企业所进行的投资额取决于它的生产能力利用率 u。如果 $u<1$（意味着企业并没有使用它当前所拥有的所有机器或资本品），在企业决定投资于新机器之前，任何可供购买的新机器必须大大优于现时

所拥有的机器。在企业还没有充分地利用其所拥有的所有机器时，购买新机器显然是没有意义的。

竞争的动态性

现在我们可以看到投资和竞争之间的紧密联系。投资是一个企业在未来继续进行竞争的方式。而竞争，由于它迫使企业进行投资，因此在本质上是动态的。

考虑我们先前的例子（见第 8 章），一个由大量生产同类啤酒的相对较小的企业组成的啤酒市场。每个企业都试图牟取尽可能多的利润，
272 但是价格竞争将限制大多数企业，使其仅仅获得平均利润率。

在我们假设的啤酒行业中，企业的利润会被如何使用？企业主可以决定把利润花在非生产性活动上，例如奢侈品的消费。或者，他或她（或他们）可以将部分或全部利润进行再投资以提高在未来竞争中的地位。决定将利润进行再投资的企业主将把钱用在能降低企业生产成本的事情上——例如研发、新机器和对工人的更有效监督。

图 11.2 显示了未来的生产成本在以下两种企业间会如何不同：(*a*) 未曾将利润进行再投资的企业；(*b*) 将利润再投资的企业。我们可以看到，两类企业在第一年开始时成本都是每桶啤酒 70 美元。但是未将利润再投资的企业（显示在左图里）的成本仍然是每桶 70 美元，而那些进行再投资的企业（右图）的成本则随着时间而下降——在第二个时期成本下降到 50 美元，在第三个时期下降到 35 美元，等等。成本更低的企业将比成本较高的企业获得更多的利润。前者能为其产品设定更低的价格，卖出更多的啤酒，提高生产能力的利用率（u）。此外，它们还可以利用成本优势享受更高的成本加成。无论属于哪种情况，它们都比对手更具竞争优势，这将使它们能扩大自己在（啤酒）市场的份额。

273 进行再投资的企业也可以选择扩大其产出的规模。虽然从理论上说，再投资的企业在进行降低成本的投资时有可能并不试图扩大其产出，但这种情况实际上是不可能出现的。更为可能的是，用利润进行再投资的企业会利用由此形成的成本优势以损害成本较高的对手，攫取更高的市场份额，在增加销量的同时增加产量。（否则，企业主为什么要牺牲消费将利润进行再投资呢？）成本较低的企业拥有成本较高的企业所不具有的投资机会：它们可以投资以扩大产出并获利，而这对其成长

是有利的。

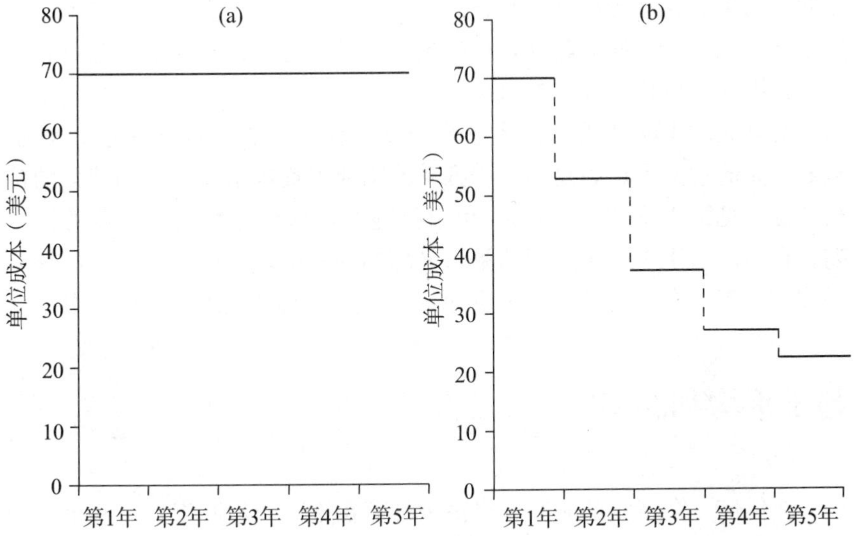

图 11.2　动态成本优势

说明：图中的（a）显示，当企业未曾将利润进行再投资时所发生的情况。假设投入的价格（包括工资）保持不变，企业会发现它们的单位成本在各个时期都保持不变。（b）则显示了当企业成功地将利润再投资（例如购买更好的设备）时会发生的情况。这些企业会看到它们的单位成本从一个时期到另一个时期是不断下降的——同样假设投入价格的变化不会抵消投资的效果。较低的单位成本将使企业获得更高的单位利润或使其能降低价格。更高的利润或更低的价格（或两者一起）会赋予再投资的企业以相对于未投资企业的竞争优势。

要注意的是，对于一个发展中的、将利润再投资的、低成本的企业来说，即使企业在超过某个点后不能继续降低其成本，成长也会是有利可图的。这样的企业可以选择另建一个只是复制现有的（已经是低成本的）设备的工厂来扩大规模。在这种情况下，倍增的产出或许不会导致单位成本的进一步降低，但它复制了当前的运行模式的优势（以及更高的利润率）。当然，如果还存在**成本递减**，这种公司的成长就会有更大的优势。

动态竞争倾向于产生不平等的结果：会有赢家也会有输家。有一些企业是高效率的或幸运的，投资于有回报的事业；而其他企业可能是不成功的或不幸运的，从来没有看到它们所预期的更高利润的实现。而且，不是所有企业的地位都是平等的。有些企业可能有更好的获得所需原料的途径（例如山泉水）、更接近于大市场，或者只是拥有更优良的管理或更幸运的企业主。地位好些的企业会比地位差些的企业拥有更高额的利润率。在一个时期获得较高利润的企业将有更多的利润在下一时期进行再投资。利润率越高，可供再投资的就越多；不成功的企业利润率低，因此，可供再投资的也少。

对利润的不断变化的、动态的、破坏性的追求，其后果是什么呢？从最广大的意义上讲，这个过程推动着构成了资本主义社会的特征的持续转变（见第 1 章和第 7 章）。更直接地讲，这个过程会对企业产生影响。它会倾向于带来企业间的更为平均的利润率，然后又可能破坏这一平均利润率。它可能导致经济更加集中，然后又可能破坏这种集中。

趋于平均利润率？

在任何一个特定的时间，经济中都存在不同的利润率。一些企业的利润率低，而另一些企业的利润率高。竞争使利润率产生差异，也会随着时间使之趋于接近。

274 企业在一个既定的年份获得的利润率（r），取决于影响特定企业的各种利润决定因素（见第 10 章）。企业如何有效地控制其原材料和资本品的投入（m）、每小时从工人那里得到多少劳动付出（e），以及许多其他的因素都会影响企业的利润率。有些企业能够妥善地控制至少一些利润率的决定因素（或者它们只是碰巧很幸运）。其他企业则不能做到这样（或者说它们只是运气不好）。结果则是存在着利润率的多样性，有些较低，有些稍高，有些更高，等等。

竞争的动态，通过迫使企业投资于新的风险性项目，持续不断地产生出多样的利润率的新组合。例如，创新和垄断势力，使得格外好的利润机会变得可能。与其他企业相比，取得创新或垄断势力的企业将有更高的利润率；与取得创新或垄断势力的企业竞争的企业，则会有较低的利润率。因此，取得创新或垄断势力的企业所享有的优势就是与之相竞争的企业的劣势。

与产生利润率差异的那些方式相对应，竞争同时包含了使利润率趋于平均化的过程。价格竞争倾向于使利润率趋于平均化。由于许多企业尽力营造出少量的成本或营销优势，其利润率将受到来自其他企业的竞争的限制，结果是所有企业的利润率都将趋向于一个平均利润率。另外，当企业进行投资和再投资时，它们将会撤离回报率低的市场、行业或部门，转而投向回报率高的市场、行业或部门。这个过程也趋向于带来更为平均的利润率。

考虑一下想要进行投资的一个企业所面临的机会。该企业必须根据每个潜在的投资项目，对所投资的每一美元的成本（i）和预期的回报（预期 r）加以比较。投资于当前正经历着高利润率的那些经济领域（市场、行业、部门、地域甚至其他国家），可能有比利润率低的领域更高的预期回报。因此，具有高利润的领域会比低利润的领域吸引更多的新投资。

企业和投资从低利润领域流出并转向高利润领域的运动会有两种效应，该两种效应都将使利润率在两类领域之间更为平均。第一，对低利润领域来说，企业从该领域的退出将使行业的供给曲线向左移。在图 11.3 中（左图），这表现为一个特定行业的供给曲线从 S_1 移到 S_2。供给曲线的这种移动将使该行业或该领域的市场出清价格（P_z）从 P_1 上升到 P_2。但是，因为一些企业本已离开此行业（为此会降低整个行业的生产能力），更高的价格不会像公司数量未发生变化、每家企业都面临着对其产出的递减需求时那样减少那么多余留企业的生产能力利用率（u）。结果更高的价格（P_2）所产生的效应，是提高仍然留在低利润领域的企业的利润率。

第二，随着新的企业进入高利润领域，该行业的供给曲线将向右移，这显示在图 11.3 的右图中，一个特定行业的供给曲线由 S_1 移到 S_2。扩大了的供给量（在每一价格水平上）将使市场确立一个更低的出清价格，在图 11.3 右图中价格从 P_1 下降到 P_2 就说明了这一点。虽然更低的价格（P_2）将吸引更多的顾客到这一行业（或领域）中来，但企业必须与最近刚进入该市场的、新增的企业共享这些新顾客，从而在高利润领域带来利润率的下降。

因此，企业的运动（当它们将利润用于投资或再投资时）会使回报率最初存在着巨大差异的那些领域或行业的利润率更为平均。企业的退出提高了低利润行业的利润率；而进入则降低了高利润行业的利润率。如果这个过程持续得足够长，并且不会被新的利润率差异的出现所抵消的话，每个行业和领域中的平均利润率将逐渐一致起来。

竞争究竟是使利润率趋于平均化，还是使它们更为不均等，取决于相反的力量哪一方更强：是那些产生利润率差异的因素（例如创新和垄断势力），还是那些会使利润率趋于平均化的因素（例如价格竞争，以及退出和进入）。

275

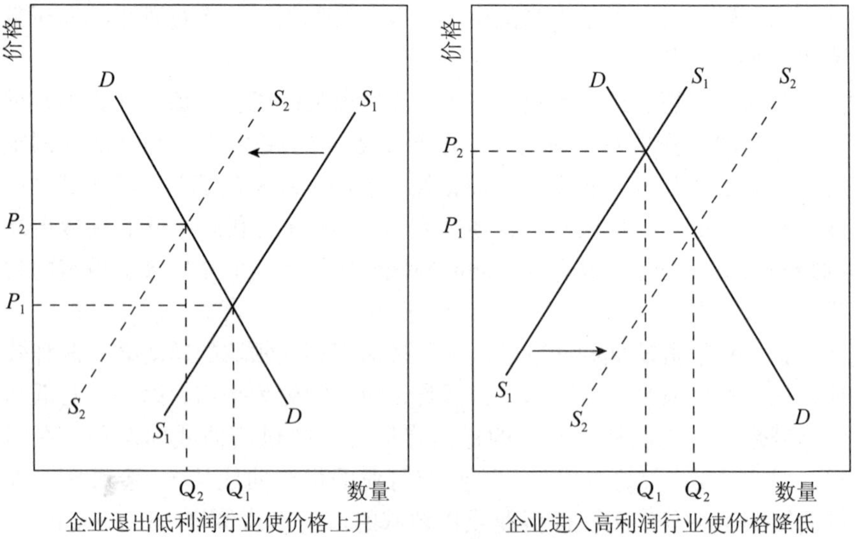

图 11.3　企业退出或进入市场会使利润趋于平均化

说明：低利润将使某些企业退出原低利润行业。这种退出将使该行业的供给收缩，在左图中显示为供给曲线从 S_1 向左移到 S_2。这种转移将使留下来的企业能将价格从 P_1 提高到 P_2，从而使得利润增加。高利润行业的情况正相反（如右图所示）。高利润将吸引新企业进入该行业，新企业的产出增加了总体产量，供给曲线将向右移动，表明在每个价格上供给量都有所扩张。新企业的进入会迫使该行业的所有企业在一个更低的价格（P_2）水平下销售它们的产品，这会驱使利润率下降。这样，两个行业的利润率会趋于一致。

趋向经济集中?

276 **经济集中**是指一个行业或整个经济中有多少是为巨大企业所控制。例如，考虑一下从销售量来说规模相等的两个行业。其中一个行业有 100 家规模约莫相等的企业，然而另一个只有 4 家企业。可以说第二个行业就比第一个更加集中。类似的，对于经济整体来说，大企业的作用越大，经济就越集中。动态竞争既会产生更多的也会产生更少的经济集中，这是因为，就像它影响利润率的平均化一样，竞争不仅产生也会破坏经济集中。

竞争带来集中，这是因为更大的规模几乎总会增强企业提高利润率的能力，因此，更大的企业通常能战胜更小的企业。结果大企业通常以小企业为代价而成长。

为什么更大的规模几乎总会增强企业牟取利润的能力呢？有三种因素在起着作用：（a）当存在规模报酬递增时，较大的规模使得一个企业能获取由此产生的成本递减的利益；（b）较大的规模会增强企业取得创新或垄断势力的能力；（c）较大的规模会扩大企业在涉及劳工、融资、供应商和政府方面的谈判力和政治影响力。

正如第 8 章所解释的，成本递减（规模报酬递增的结果）系指这样一种情况，即生产的平均成本随着生产规模的扩大而降低。例如，20 世纪的头十年，美国有 200 多家公司生产汽车；小型的“后院”车间和更大型的工厂相竞争，后者越来越像今天的装配线工厂那样进行组装。较大型的企业不仅生产出更多的汽车，而且，因为它们能够将生产汽车的可观的“固定成本”——只是“建立生产车间”所需的成本——分摊到更大量的汽车上，因此它们有更低的平均成本。

凡是有成本递减（报酬递增）的地方，较大型的企业都会比较小的企业有更低的平均成本。而且，大企业可通过以下方式使成本进一步降低：（a）提高 f，即单位劳动付出所带来的产量（这是为每个工人配置更多及/或更好的机器所带来的预期后果）；（b）减少 m，即每小时劳动投入所用的原材料数量及机器损耗；（c）减少 k，即每人工小时投入的资本品的价值，或按照有利于企业的方向改变任何其他一种利润率的决定要素，例如 w。显而易见，提高 f、降低 m 或 k，至少会使大企业提高其利润率（r）成为可能；利润率不会增长的唯一情况在于，企业决定和每次削减的平均生产成本成比例地削减其产品的价格。

大规模企业还有其他方法来提高利润率：更大的规模使其处于更有利的地位，以取得创新和垄断势力。有了垄断势力，因果关系就一目了然了。如果企业大到足以控制某一产品的整个市场，它就是个垄断者，能制定为其带来最丰厚利润的任何价格。高利润率在下述更为常见的情况下也能获得，此时垄断势力在少数几家企业之间共享，这些企业——也许通过 277 默契——一道为产品的定价进行决策。

如果某一行业中只有少数几家（大）企业，共享垄断就更容易建立和维持。如果行业中有许多企业，建立合作的任务就非常困难了：这就像试图使很多人围绕一个决策达成一致意见。因此，一个行业中仅有少数几家大企业，就更容易建立和维持垄断势力，并使利润率增加。

规模还会增强一个企业实现创新的能力，以及更为重要的从中获取利润的能力。例如，考虑一下技术创新。第一种可能性是，由于更大的企业有着更高的利润率，它们就可以为研发投入更多金钱——不仅是更多的美元，而且是其收入中成比例的更大份额——以发现新的创新机会。然而，有关企业研发预算的研究表明，大企业不是（按比例地）花费更多的钱在研发上。它们实际上花费得较少（作为其总收入的一部分）。

第二种可能性是，由于研发中的规模报酬递增（或发现活动的平均成本递减），大企业在研发活动中可能更有效率。但是，证据似乎也使这种可能性打了折扣：小的或中等规模的企业似乎至少生产了它们的创新份额。

不过，当问题在于汲取创新的利润潜力时，情况就不同了：大企业在此居于主导地位。要从创新中获利（如在个人电脑业），新产品就要批量生产，要大做广告，广泛分销，还要防范潜在的竞争者。例如，苹果公司、奥斯波恩（Osborne）和其他小公司开创了小型台式电脑，但是大型企业实际上攫取了这种计算机的大部分市场并攫取了大部分利润。

一个小企业，即使是一个有着重要创新和宏伟的营销理念的企业，也往往不能成功地完成所有预期的营销活动。作为小企业，其利润有限，无法获得收获创新果实所需的巨额信用。事实上，银行或债权人只有在被赋予了该项目的控制权时，才会提供充足的贷款。典型的小企业通常没有现成的分销网络，它的名字还未广为人知，也没有资金做大规模的广告。

在此情况下，很多小企业选择将创新卖给大企业。在其他情况下，小企业会被整体卖给大企业。虽然出售价格会为小企业带来很大的利润（与它的小规模相比），但是此后从创新中汲取到的利润将由大企业获得。

企业的较大规模有助于提高利润率的另一途径，是通过提高企业的谈判力和政治势力。大企业与小企业相比有更大的影响力。更大的谈判力将意味着更容易进入外国市场，在向银行借钱时能有更低的利息率，更方便得到贷款。政治势力可以解读为有更多渠道从政府得到合同、在关税和出口政策方面得到更优厚的待遇（如从进出口银行获得补贴），以及优惠的政府贷款和贷款担保。

278 因此，大企业完全有能力将政治权力转变成更高的利润。也许最好的例子就是军队和工业的联合体，即巨型公司和五角大楼的关系。这种关系使赚钱合同源源不断地流向如哈里伯顿（Halliburton）、通用动力（General Dynamics）和波音这类企业。

要注意的是，仅当存在成本递减时，更大的运营规模才能直接转化为更高的利润。在所有其他情况下，更大的规模会提高一个企业在其他方面的行为能力（例如获取垄断势力），这些方面的能力又会进一步提高其利润率。在实际生活中，企业的成长是因为所有这些因素混合在一起：部分基于成本递减的成长会导致垄断势力的产生，来自创新的利润会为企业的成长提供资金，并使企业得以获取成本递减的收益，等等。

如果企业面临巨大的**递增成本**——单位成本随产量的扩张而上升——那么这种成本将限制成长。当存在递增成本时，企业变得越大，成本劣势就越显著。然而，成本递增总是发生在工厂（而非企业）的层面，所以成本递增只限制单个工厂的规模，而不会限制企业的规模。既然成本递增发生在工厂的层面，并不会限制企业的规模，大企业就可以——也的确是——运营很多间工厂。例如，像通用汽车这样的大企业就运营着成百家工厂，而不是将生产集中在一个巨型的工厂内进行。成本递增似乎是限制企业成长的一个次要因素。

不过，竞争的确有时不利于经济集中。大企业获得的高利润率，就像经济中任何其他地方的高利润一样，吸引着竞争者。寻求新的利润机会的新企业或老企业，将试图进入利润高的行业，即使这个行业被少数几家大企业所控制。例如，戴尔公司，最大的电脑制造商，是一个相对比较新的企业。在一个行业只有几家长期成功的企业时，竞争加剧会使这些企业的高额利润因此而消失。例如，在计算机制造业，有些公司目前开始使用 Linux 作为其操作系统，这就削弱了微软在市场上的垄断。

时代华纳帝国

电视： 279

- HBO
- CNN 及其子公司
- 法庭电视（Court TV）（及自由媒体）
- 时代华纳有线
- 路跑者
- 纽约新闻 1
- TBS 超级电台
- 特纳网络电视（TNT）
- 南方特纳
- 卡通网络

- 特纳经典电影
- WB电视网络

电影和音乐：

- **电影：**新线电影、佳线放映、特纳原创、华纳兄弟、汉娜—芭比拉卡通、电视影像制作、威特—托马斯制作、城堡石娱乐、华纳家庭影院
- **音乐：**大西洋、重击、黑地、突破（Breaking）、伊格鲁（Igloo）、拉瓦（Lava）、麦莎（Mesa）/蓝月亮、现代、瑞诺唱片、艾莱克特拉娱乐集团、艾莱克特拉、东西方、庇护，艾莱克特拉/西尔、华纳兄弟音像集团、瑞普莱斯集团、美国人唱片、巨人、烙印、革命、Qwest、华纳国际音乐、WEA电传、东西方ZTT、联盟、CGD东西方、瓷器、大陆、东西方；合资公司：哥伦比亚房子、乐声交流、音乐精选、欧洲音乐精选、维瓦（Viva）、V频道、心田音乐、音乐网；以及其他10家

印刷品：

- **杂志：**时代、财富、商业2.0、生活、运动画报、秘密、金钱、人物、谁、周刊（澳大利亚版）、青少年、娱乐周刊、电影票、流行、南部生活、现代农民、南腔、烹饪指南、养育、健康出版集团、重量目击者、真简单、亚洲周刊、墙纸（英国）、田野与河流、冰冻、高尔夫杂志、户外生活、大众科学、咸水运动员、滑雪、SNAP、边缘、划艇杂志、经线、旅行与休闲、食品与美酒、你的公司、出发、DC喜剧、眩晕、谜、里程碑、疯狂杂志
- 280 **出版社：**时代—生活系列、每月图书社、平装书社、每月儿童图书社、历史书社、白金书社、家庭读物、克拉佛特精选、精神、国际、小玩意、布朗公司、照莺、普莱斯（Press）、后湾图书、布朗公司（英国）以及其他15家

其他：

- **专业运动队：**亚特兰大勇敢者、亚特兰大鹰、亚特兰大捣毁者、特纳体育、良好愿望运动会、菲利普竞技场
- **其他娱乐：**网景沟通、网景网络中心入口、美国在线、MovieFone、iAmaze、亚马逊网站（部分）、鸭子网站、街边邮件（部分）、配电盘（6%）

时代华纳控股（6%）：雅努斯资本。2002年收入：410亿美元。

资料来源：*The Nation*，January 7/14，2002，available at http://www.thenation.com/special/bigten.html.

整体经济集中度是大公司的销售额、利润和雇员数，分别在该经济的总销售额、总利润和总雇员数中所占的比率。如果大企业能够在某一特定的市场上增加其市场份额，而其他大企业不会失去它们在其他市场的市场份额，该经济中的集中度就会增加。在每个行业以及在整个经济中，集中的程度将依赖于彼此相对的力量哪边更强：是那些趋于增加集中的力量（例如规模优势），还是那些趋于破坏集中的力量（例如新企业的形成）。

近年来，美国企业间大规模的、高度公开化的兼并，是否带来了美国经济集中度的增加呢？在 20 世纪 80 年代末和 20 世纪 90 年代初，连续几年都有年价值 2 000 亿美元的兼并。20 世纪 90 年代末，兼并的浪潮甚至更加凶猛，每年兼并的总价值超过 1 万亿美元。毫无疑问，在某些行业（例如传媒业），企业间（例如那些发行书籍和报纸、制作电影、提供网络服务的企业）的大规模兼并（例如美国在线和时代华纳之间的合并）增强了大企业的影响力，但也危及许多从事同类经营的较小企业的继续生存。当然，这还意味着，读者、影迷、网络用户以及一般而论的公民们现在所接触到的，是范围受到更多限制的艺术表达、视角和观点。因此，这类兼并的一个可能的后果就是，公民们将得不到他们所需的多样化的信息和意见，以便以信息灵通的方式参与到政治过程中。换句话说，企业的兼并也影响了人们的生活。

不过，尽管近年来有高度公开化的兼并，尽管企业的平均规模已变得更大，但美国经济权力的集中程度并没有增加。图 11.4 说明，美国经济中的 500 强企业的市场势力，无论以盈利性还是以就业来衡量，在 1980—2000 年间实际上是下降了。1980 年 500 家最具盈利性的美国公司利润占到当年美国公司总利润的 71.3%，2000 年该份额是 57%，下降了 14.3%，下降幅度相当大（见图 11.4 的说明中有关这些百分比计算的细节）。类似的，1980 年美国最大的那些公司的就业占到整个私人部门就业的 21.2%，而到了 2000 年，可比数据仅为 16.3%。[①]

在此前的段落中所引用的数据说明，美国的这种趋势至少是在沿着
减少经济集中的方向发展。考虑到世界经济日益一体化，即全球化，我 281
们很难摆脱这个结论，即我们生活在一个越来越富有竞争性的经济中。这种趋势表明，尽管美国的汽车市场一度被描述成“三大巨头”（通用、福特和克莱斯勒），但美国消费者现在可以选择购买来自日本、韩国、西欧以及美国本土的至少 12 家公司当中的任何一家所生产的汽车。

可是，随着公司变得越来越大，它们在政治过程中的影响力相对于个人来说也越来越大。因此，即使美国和其他经济继续变得更有竞争性，经济集中的问题还将一如既往地值得我们去关注。

---

① Lawrence J. White, “Trends in Aggregate Concentration in the United States,” *Journal of Economic Perspectives*, vol. 16, no. 4, fall 2002, Table 8, p. 156.

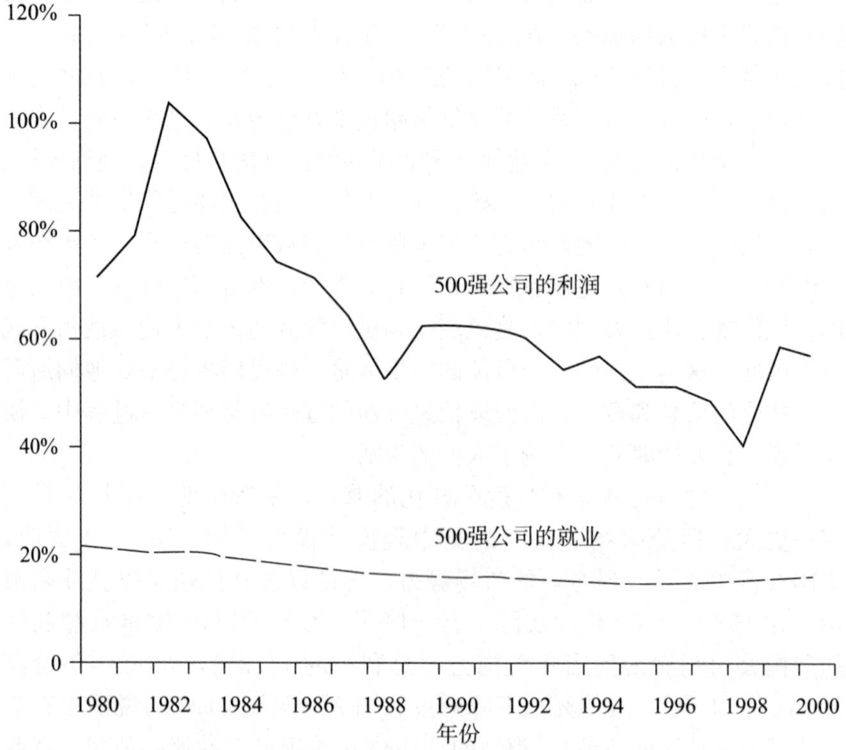

图 11.4　1980—2000 年美国经济集中度的下降

说明：该图显示了，无论以盈利性还是以就业来衡量，美国 500 强公司的相对重要性在 1980—2000 年间下降了。有关利润份额的数据摘自《福布斯》杂志每年对美国前 500 名最盈利公司（不一定每年都是相同的企业）的利润调查，并表示为占同年所有公司创造的总利润的百分比。这些百分比是真实的，因为《福布斯》的利润数据（从定义上讲）仅仅来自创造巨额利润的公司，而关于所有公司利润的数据则考虑了某些公司带来的损失。因此，在 1982 年萧条时期，《福布斯》500 强公司所创造的利润实际上超过了所有公司创造的总利润，那一年很多企业的情况都不好；这就解释了 1982 年这 500 家公司的利润份额为何是 103%。最大公司的就业份额数据同样来自《福布斯》的年表，同样是按照其占美国总体就业量的百分比来计算的（见图中的虚线）。在该图所表现的 20 年间，两组数据都有上下的波动（尤其是利润份额的数据），但在 2000 年，500 强公司的利润份额和就业份额均低于 1980 年。

资料来源：Lawrence J. White，"Trends in Aggregate Concentration in the United States," *Journal of Economic Perspectives*，vol. 16，no. 4，fall 2002，pp. 137-160.

推荐书目

Richard J. Barnet and John Cavanaugh, *Global Dreams: Imperial Corporations and the New World Order* (New York: Simon & Schuster/Touchstone, 1995). 282

Michael Best, *The New Competition: Institutions of Industrial Restructuring* (Oxford: Polity 1990).

Alfred Chandler, *The Visible Hand: The Managerial Revolution in American Business* (Cambridge, Mass.: Harvard University Press, 1977).（钱德勒. 看得见的手. 北京：商务印书馆，1987.）

John Kenneth Galbraith, *American Capitalism: The Concept of Countervailing Power* (Piscataway, N. J.: Transaction Publishers, 1997).

David Kotz, *Bank Control of Large Corporations in the United States* (Berkeley: University of California Press, 1978).

Joseph Schumpeter, *The Theory of Capitalist Development* (Cambridge, Mass.: Harvard University Press, 1934).（熊彼特. 资本主义发展理论. 北京：商务印书馆，1990.）

Carl Shapiro and Hal R. Varian, *Information Rules: A Strategic Guide to the Network Economy* (Boston: Harvard Business School Press, 1999).

William G. Shepherd and Joanna M. Shepherd, *The Economics of Industrial Organization*, 5th ed. (Long Grove, Ill.: Waveland Press, 2003).

第12章 工资和劳动

283 我们的社会常常被描述为一个消费者社会，人们通过消费来表达他们的创造性及享受自由的感觉。我们去逛街，选择适合自己的外套或衬衫，期望这样的穿着会显示出自己的身份和个性。我们中的一些人甚至以疯狂购物来打发无聊和烦闷。

如果说消费是资本主义经济的光明面，生产则通常被认为是其黑暗的一面。人们不会说，“我感觉有点沮丧，我想我得去办公室工作一会儿！”确实，在我们的社会里，劳动是不受欢迎的。伟大的美国小说家威廉·福克纳（William Faulkner），曾这样表达了我们对劳动的普遍灰暗的看法：“你不能一天吃八小时的饭，不能喝八小时的水，也不能做八小时的爱。你一天能做八小时的事就是工作。这就是人们使自己或他人痛苦和不快乐的原因。”①

① Quoted in Studs Terkel，*Working*（New York：Pantheon Books，1972），p. ix.

福克纳说得也许有点道理。虽然一般来说被人雇佣是一件好事，一份工作也许不过是赚到所需的钱以供日后消费的途径。劳动是必要的，或者劳动比什么都不干要好，但在很多情况下，它的确不能使个人感到富有创造性和成就。相反，却常常使人进行重复劳动，并把人置于令人不快的上级的权威之下。

然而，尽管有不足之处，劳动仍然是人们生活的重要方面。诚然，人们靠工作来获得收入。但是，对我们当中的许多人来说，劳动也是身份的主要方面：它使我们得以说出我们是谁。我们把醒着的大部分时间都用在劳动上了，所以无论劳动是一种愉快的还是焦虑的体验，无论它带来的是厌烦、憎恨、担心还是骄傲，都会影响我们整个精神状态。我们劳动的地点也许就是我们在世界上为我们找到的“位置”，它会给予我们对共同体的体验，它当然也会是我们认识其他人的场所，并且极有可能是我们结识朋友的地方。甚至，我们的工作会给我们提供机会（无 284
论如何有限）来发挥责任感、表现创造力或接受努力工作的挑战。由于所有这些原因，劳动和劳动的条件对我们大多数人来说都是极其重要的。

然而，许多人都不肯承认这一事实：他们对劳动中要做什么以及怎么做几乎毫无选择。为什么生产要自上而下地组织？为什么几乎每一劳动过程都要受到执行官、经理、主管、“组长”等其他有权力的人的监督？劳动自上而下的控制以及劳动被细分为重复性的任务是现代技术的一个必然结果吗？或者，劳动的不愉快是“自然的”，这也许是因为劳动需要付出？

如果一个人的工作常常是问题的话，那么没有工作就更成问题。20世纪英国的经济学家琼·罗宾逊（Joan Robinson）曾经这样嘲讽道：比被雇主剥削更糟糕的唯一事情，就是不能被任何人剥削。而且，失去工作不仅会给一个人带来金钱上的灾难，而且还会给个人带来创伤。自杀率、婚姻破裂和精神疾病，与寻找工作未果的人数密切相关。

本章考察劳动的组织及其报酬。第 7 章曾经提到，在美国，绝大多数人都是为某一雇主——一个人、一伙人或一个公司——而劳动。我们在第 6 章里也解释了，雇主和工人之间的关系是一种阶级关系，雇主和工人形成不同的阶级。雇主与工人之间的关系与我们在上一章所考察的关系——雇主与雇主的关系——是不同的。雇主之间的关系和工人之间的关系是水平的，而雇主和工人间的关系则是垂直的。

所有的经济关系都包括竞争和统制这两个要素，但它们的重要程度在不同的关系中不尽相同。当竞争存在于雇主之间或工人之间时，所涉及的关系是“阶级内部”的关系；如前文所提及的，该关系是水平的，并且通常是竞争性的。相反，资本和劳动之间的关系是“阶级之间”的关系，它关系到经济中所谓的统制维度。阶级之间的关系是垂直的，其含义是，在这些关系中，人们之间作为上级和下级彼此相关联，在等级制中一些人处于较高层次，而另一些人则处于较低层次。当然，大多数人在一个等级制中既是上级又是下级，他们拥有针对位居其下者的权力，而同时又不得不服从位居其上者。

许多经济学家并没有考虑过雇主—工人的关系与其他经济关系（例如顾客买东西时发生的经济关系）的不同之处。他们假定，首先，工人和雇主事前已经就每小时要进行的劳动付出的量（e）达成了一致；其次，工人在同意为一定的工资而劳动后，他们会提供被预期的劳动付出量。因此，劳动可以和其他生产过程的投入同样对待，同土地、资本和
285 原材料这些非人力投入等量齐观。的确，20 世纪最受推崇的经济学家之一保罗·萨缪尔森曾经说过：“在竞争性模型中，是资本雇佣劳动还是劳动雇佣资本并无差别。”① 显然，他没有考虑到资本主义经济，因为在资本主义经济里，资本家雇佣工人这个事实的确有其特别之处。

本章关注工人与其雇主之间的关系。本章的中心思想是：**(a) 雇主和其雇员在工作场所中存在着根本的利益冲突；(b) 雇主以自上而下的等级制方式组织劳动，借以从其雇员那里榨取劳动并获得利润。**这些中心思想可以表达为以下六个要点。

---

1. 生产物品的活动——即劳动——并非天然就是枯燥的、压迫性的或限制性的。也并非天然就是有趣的和解放性的。劳动并非“天然地”就具有某种性质。劳动是什么样的——人们对它的体验及反应——在许多重要方面取决于劳动过程的组织方式、社会其他领域的组织方式以及我们在哪些地方适应于劳动过程。
2. 资本主义企业——一家“厂商”——是一个权力自上而下实施的统制的制度。在市场上，人们与企业主要通过自愿的报价和协议来相互作用；而在企业内部，主要的相互作用形式包括管理者以权威施加于工人之上。

---

① Paul A. Samuelson, “Wages and Interest,” *American Economic Review*, vol. 62, no. 6, Dec. 1957, p. 894.

3. 在雇主和雇员想从劳动过程中得到什么的问题上，双方之间存在着冲突。这个冲突有关利润率的两个最重要的决定因素，即工资和劳动速度。雇佣双方的冲突是源于他们在劳动过程中相对立的立场，并且这个冲突是内在于一个适合于利润创造的系统中。
4. 资本主义企业按照等级制组织起来，自上而下地实施控制，以增强雇主榨取工人劳动的能力。劳动必须要榨取，因为劳动并不能由合约获得。
5. 雇主可以向工人施加权力，因为好工作是稀缺的，还因为在劳动市场上总是存在着过剩的劳动供给——失业。劳动市场与其他市场的运行方式不同，其他市场会“出清”，从而消除过剩供给。而劳动市场的一个长期特征就是过剩供给。
6. 劳动市场之所以会出现过剩供给，是因为雇主想要凌驾于工人之上运用权力。为了实现这种权力，他们给雇员支付超过雇员所能接受的最低水平的工资，这样就使工人陷入了如下局面：如果他们被解雇，就会“有所损失”。类似的没有工作的工人会乐于在更低的工资水平上接受被雇工人的工作。因此，没有工作的工人属非自愿失业。

在本章，我们研究了劳动过程的组织，并考察了工作场所中的冲突：为什么劳动以等级制方式组织起来？冲突究竟是围绕着什么？以及为什么会存在冲突？在下一章，我们将探讨雇佣双方如何对这一冲突做出反应。 286

劳动、懒惰和社会组织

尽管一些人能从工作中享受到乐趣，但其他人只有在下午下班后才开始他们的生活，并且时刻都在对周末的期盼中打发时光。许多人认为，他们的日子被分为两部分：“劳动”和“闲暇”——前者是必须忍受的“糟糕的事”，为的是能得到可供消费的“产品”。

正统经济学家认为，人们从消费中获得“效用”，而从劳动中获得“负效用”。这种观点无疑表达了许多人对劳动的感受。但是，从两方面来看，这个观点是不完全的。首先，它意味着劳动天然就是“糟糕的事”，从其本质来说就是令人不快的。其次，它忽略了劳动的许多方面，这些方面使劳动对人们来说，是一种重要的和积极的体验。

诚然，劳动的确占用时间，而每天只有 24 个小时。因此，劳动总是有机会成本的。如果你现在劳动，你不可能同时也在海滩上（除非你是救生员）。当然，在这方面，劳动与其他任何活动（包括去海滩）没有什么不同：每当我们花时间做某事时，我们为这件事花的时间可以用来做其他的事。

那么，为什么唯独劳动受人蔑视呢？通常给出的一个原因是，人类天生就有懒惰的倾向，不喜欢做需要努力的事情。另一个观点认为，人们对劳动的厌恶源于不愿接受他人的权威。第三种看法是，人们憎恨劳动，因为劳动需要不断地重复那些有限的任务。但事实上，这些问题并非植根于人类的本质或内在于劳动本身。

认为人天生就懒惰的观点，和许多人因置身运动及其他休闲活动而获得乐趣的事实是相抵触的。大多数人都能想起这样的场合，他们非常努力地工作，即使是极度费力的任务，而同时也从中大获乐趣。例如，为自己的居所搭建一间新屋子的人，可以在周末花很长的时间来做这件事，他的劳动节奏，如果在办公室或工厂也被要求达到的话，肯定会招致怨恨的。再举一个例子，父母从事着在体力、智力和情绪上最具挑战性的任务之一——抚养孩子，但他们发现，这个过程是有回报的。

至于人们不喜欢被迫接受权威，可以想象这样的情况：一个在工作中怨恨监督的人，却会喜欢在一个有才华的乐队指挥的带领下演奏，或者，对一位经验丰富的足球教练言听计从，因此，讨厌接受权威并不具有普遍性。

最后，当工作包括重复进行同样的任务时人们会不喜欢工作，这一点是完全可以理解的。但同样，这种情形并非内在于劳动本身。

这样看来，问题似乎不在于劳动天然就是令人不快的和枯燥的，毋宁在于某些类型的劳动是令人不快的。上文提及的例子表明，由于劳动的组织方式和为谁而劳动的问题，它的确会令人感到不快。无论是运
287 动、筑屋、演奏还是抚育孩童，只要是人们所选择的、所信仰的、可以从中获益的或为关爱的人所从事的，人们往往乐于接受，甚至会喜欢上体力的消耗、纪律以及责任。

认为劳动是“糟糕的”，或劳动会产生“负效用”的观点，从另一方面来说也是错误的。人们常常会从生产有用的物品、发展他们的技能或在劳动场所与他人的联系中获得满足。尊重、友谊、自豪感和成就感都是——至少潜在是——人们劳动的副产品。

如果有许多人将劳动视为不受欢迎的活动的话，那是因为生产的组

织方式、谁控制了生产、来自生产的利润如何分配这些原因。在今天的美国——实际上在所有的资本主义经济中——除了在家抚养孩子和操持家务之外，大部分的劳动都是在公司里进行的。因此，如果我们要理解劳动，就要先理解企业的组织。

论人的劳动：摘自教皇通谕

……通过劳动，人类不仅转化自然，使之适应自己的需要，而且还获得了作为一个人应有的成就，实际上，从某种意义上说，使他“更像是一个人”……（但是）众所周知，劳动可能会以各种方式被利用来与人作对……劳动可以变成一种压迫人的手段，可能通过各种方式榨取人类的劳动，这里指的就是——工人。

很明显，当我们谈到劳资对立，我们要解决的不仅仅是抽象的概念或“非人的力量”……两个概念（劳动和资本）的背后都是人，活生生的、实实在在的人。一方是从事劳动却不是生产资料所有者的人，另一方是那些……拥有这些生产资料的人或代表生产资料所有者的人。

由于资本这一概念不仅包括供人类支配的自然资源，还包括人类占有和改变自然资源的全部手段……因此，必须直接指出的是，所有这些手段都是人类劳动的历史遗产的结晶。

况且，在教会的教义中……（生产资料）不能被为了与劳动相对立而占有，也不能为了占有而占有，因为占有它们的唯一合法的资格——不管是私有产权形式还是公共或集体产权的形式——就是它们应该服务于劳动，并且通过服务于劳动，它们应使下述成就成为可能……善的普遍目的和对生产资料共同利用的权利。

—From the papal encyclical *On Human Work*，
Pope John Paul II，September 14，1981

作为一个统制经济的资本主义企业

资本主义经济是由企业和市场共同组成的。市场，如我们所知，包括商品向货币以及货币向商品的交换，并且这些交换绝大多数都是自愿的（见第八章）。 288

然而，企业与之不同。在企业内部——办公室门后或工厂大门内——人们之间通常并不进行一种活动与另一种活动的交换，相反，他们的相互作用受制于**统制关系**：他们下达且接受命令。因此，资本主义企业可以描述为一个“统制经济”（此词常用于指诸如苏联那样的集权化经济体制）。

可以把资本主义经济比作海洋，其间点缀着大大小小的岛屿。海洋是市场，每个岛屿是生产某一特定商品的企业。岛屿之间相互交换各自的产品，同时它们也向海洋中的个人售卖商品。这种介于岛屿之间以及岛屿与个人之间的交易是（水平的）市场交换；但在岛屿内部，生产则是通过（垂直的）统制关系组织起来的。

对资本主义企业的一个重要方面给予描绘的简洁方式，便是指出资本主义企业是一个生产的社会组织，在此组织中，一些人试图使另一些人从事劳动。把政治经济学方法与正统教科书所提供的经济观区别开来的是，在整个利润牟取过程的画面中，政治经济学把生产的社会关系纳入了进来，即将企业视为一个统制经济。

如同在政治经济学中那样（见第 11 章），在正统经济学家看来，能牟取到利润是因为，一些企业家对于下述情形能比其他人预料得更准确：比如在哪些领域需求会较供给增长得更快，在哪些领域一项新产品或生产工艺（一项突破或技术创新）会带来相对于竞争者的优势，在哪些领域会取得一定程度的垄断势力。当然，正统经济学家也将利润看做是投资者和企业所有者因承担风险而得到的回报。但在正统经济学方法中，我们不会碰到这样的事情，如雇主拥有权力以限制雇员提高工资的要求或迫使雇员努力工作。我们也不会听说，某个国家的公司拥有权力，可以压低它们从（或在）其他国家得到的投入品的价格。的确，统制关系被完全忽略了。

有必要重申的是，如图 10.1 所示，一个资本主义经济同时包含着交换关系（竞争）和统制关系。上一章所关注的，是企业之间在产品市场的竞争，这些企业寻求销量和利润的最大化（图 10.1 中的交换 2）。此处我们考察的则是劳动市场的交换关系（包含于图 10.1 的交换 1），以及劳动场所中的统制关系（图 10.1 的“生产领域”）。

当然，说企业是一个统制经济，并不意味着某个特定企业发出的所有命令都会心甘情愿地得到遵守。雇主通常会占上风，但并不总是能得到他们所想要的。

工人与雇主间的冲突

工人和雇主在生产过程中处于不同的地位。他们的利益不同，因此常常发生冲突。工人从事的劳动必须生产出什么来，并根据其劳动时间被付以工资。雇主雇佣工人，在劳动场所里指挥工人的活动，并拥有出售企业的产品的权力。 289

雇员想从工作中得到什么呢？他们希望工作不会过分劳累；他们希望工资越高越好；他们希望从事有趣的劳动；他们希望在安全而健康的劳动场所中劳动；他们希望拥有弹性工作时间，拥有对劳动场所如何运行的发言权，长的假期，在孩子生病或出生时有待在家里的权利等。为了简单起见并抓住要点，我们这里的讨论将只集中于两个问题：(a) 工作的劳累程度；(b) 劳动的报酬。雇员希望 e（每小时劳动付出）不要太高，而 w（小时工资）尽可能地高。

那么，雇主又希望得到什么呢？雇主寻求的是企业利润率的最大化。仅仅关注利润率方程（10.8）中直接涉及的雇员及其劳动条件的变量，我们可以发现，利润率在下述情况下会更高：

(1) 工人每小时的劳动付出(e)更高；

(2) 每单位劳动付出所生产的产出(f)更高；

以及

(3) 小时工资(w)更低。

这一点可以通过第 11 章所介绍的成本加成定价的概念来阐明：

$$\text{单位产出价格}=\text{单位产出的原材料成本和机器损耗}+\text{单位产出的劳动成本}+\text{单位产出的利润}$$

由于“单位产出的利润”是加成值，因此该等式可以转换成如下的代数式（如第 10 章所注释的，所有小写的变量均按单位劳动小时计）：

$$P_z=\frac{P_m m}{z}+\frac{w}{z}+\frac{rk}{z} \qquad (12.1)$$

其中，P_z＝产品价格（每单位）；

P_m＝原材料和机器的价格；

m＝每小时所使用的原材料和机器；

w＝每劳动小时的工资率；

r＝利润率；

k＝所占有资本品每劳动小时的价值；

z＝每小时产出的美元价值。

290 从前述对等式（12.1）的文字描述中可以看出，等式右边的第二项（w/z）是企业的**单位劳动成本**，我们用字母 ulc 来表示这个概念。它是为生产每单位产出而必须支付给雇员的货币量。因而，单位劳动成本定义为单位产出的工资成本。它可以表示如下：

$$ulc=\frac{\text{工资/小时}}{\text{产出/小时}}=\frac{w}{z}=\frac{w}{ef} \tag{12.2}$$

其中，ulc＝单位劳动成本；

w＝小时工资率；

z＝每劳动小时的产出的美元价值；

e＝劳动强度（劳动付出）；

f＝劳动效率。

该等式清晰地表明，单位劳动成本等于每小时工资除以该小时内生产的产出单位量。回顾一下我们在第 10 章里列举的嘉渔公司的例子：如果该公司每小时支付 10 美元的工资，每个雇员平均每小时捕鱼 25 磅，那么嘉渔公司的单位劳动成本可以计算如下：

ulc＝10 美元/25＝生产每单位(磅)产品的劳动成本 0.4 美元

（假定其他利润率决定因素不发生变化，）一家公司可以通过设法减少单位劳动成本（ulc）来提高利润率。如等式（12.2）所示，降低 w，增加 e，提高 f，或三者结合一起，都可以降低 ulc。因此，试图提高利润率的雇主会尽力去降低 w 及增加 e 和（或）f。

就单位劳动成本的两个因素而言，雇主和雇员所希望的恰恰是对立的事情：雇主希望更低的 w 以及更高的 e，而雇员却希望更高的 w 和更低的 e。对于 ulc 的第三个决定因素 f，雇主的利益与工人的是一致的，这一点将在下一章予以讨论。

在 w 和 e 方面，存在于雇员及其雇主之间的冲突就变得既直接又明显了。一家公司只能通过使其工人更加努力（或更快）地劳动来增加 e，也只能通过减少工资来降低 w。

单位劳动成本

2001 年，一个美国工人生产一件男士衬衫平均要花 7.4 分钟。因此，一个小时的劳动就可以生产 8.1 件男士衬衫。2001 年美国“服装剪裁和缝纫”业的生产工人的平均小时工资为 8.6 美元。因此，生产男士衬衫的单位劳动成本可以计算如下： 291

$$ulc=\frac{\text{每小时 8.60 美元}}{\text{每小时 8.1 件}}=\text{每件衬衫 1.06 美元}$$

当然，在美国生产一件男士衬衫的总成本应包括材料成本和机器的损耗。而且，所需原材料（布的码数）和机器（缝纫机）的生产本身也包含了劳动成本（每小时美元工资），事实上，这些劳动成本是生产这件衬衫的成本的一部分。但是，这种间接劳动成本不会被生产衬衫的公司视为劳动成本：公司只考虑生产一定数量衬衫后所消耗的一码布的成本和一台机器的成本。由于这个原因，上面所计算的单位劳动成本低于在美国生产男士衬衫的实际单位劳动成本。

资料来源：U. S. Census Bureau，*Statistical Abstract of the United States*：*2003* (Washington，D. C.：U. S. Government Printing Office，2003，Tables 631 and 632)；Imre Bernolak，*Productivity Analysis... in Selected Asian Countries* (Asian Productivity Organization，1987).

什么决定 w 和 e 的水平呢？二者在很重要的方面都取决于工人（个体或集体）与其雇主的相对谈判力量。

先来看看工资 w。在 12 个私人部门中，有 11 个部门雇员的工资谈判几乎就是个别雇员与其雇主之间的事。因为在 12 个私人部门中，只有 1 个部门的工人属于某一工会。当雇员由一个工会代表时，那么谈判就发生在工会谈判者与雇主代表之间，这就被称为“集体谈判”。例如，在美国东部的矿区，煤矿工人联合会（UMW）就代表着该地区加入了工会的煤矿工人，而矿主委员会则代表煤矿公司进行谈判。

在集体谈判中能“赢”得什么，取决于雇佣双方都无法控制的许多因素。雇主不能任意设定工资。如果雇主提供的工资过低，企业将难以吸引和留住雇员。因此，劳动市场的状况——类似工作的工资水平，尤其是失业率——会给雇主愿意提供的工资水平设置界限。

同理，一个工会，无论它有多么强大，也不能任意要求或预期得到某一工资。举一极端的例子，如果工会所要求的工资使单位劳动成本（ulc）高于产品价格，即使没有其他成本，雇主也不可能从雇佣劳动中牟取到利润。在这种情况下，追求利润最大化的雇主连一个工人都不会雇佣。

所有者与工人的谈判权力

292 ……一个独立工作的工人，有时也有资力，足以自行购买原材料，并维持自己的生活，一直到作业完成。他兼有劳动者及雇主的身份，享有全部劳动生产物……可是，这种实例不是很多。就全欧洲来说，其比例是，在老板下面工作的工人有二十个，自己独立工作的工人只有一个……

劳动者的普通工资，到处都取决于劳资双方所订的契约。这双方的利害关系绝不一致。劳动者盼望多得，雇主盼望少给……

但在一般的争议情况下，要预知劳资双方谁占有有利地位，谁能迫使对方接受自己提出的条件，决非难事……在所有的争议中，雇主总比劳动者较能持久。地主、农业家、制造者或商人，纵使不雇佣一个劳动者，亦往往能靠既经蓄得的资本维持一两年生活；失业劳动者，能支持一星期生活的已不多见，能支持一月的更少，能支持一年的简直没有。就长时期说，雇主需要劳动者的程度，也许和劳动者需要雇主的程度相同，但雇主的需要没有劳动者那样迫切。

—Adam Smith，*The Wealth of Nations*（1776）

……商业机构的业主们和他们的工人之间是不平等的；他们的利益，在某种程度上是相互冲突的。前者自然期望从其雇员身上获得尽可能多的劳动，而后者常常恐惧遭到解雇，进而服从雇主的管制，这些管制，据他们公正地做出的判断，是对其有害的……换句话说，业主制定规则，而劳动者实际上除了服从别无选择。

—U. S. Supreme Court（1898）

资料来源：Adam Smith，*An Inquiry into the Nature and Causes of the Wealth of Nations*（New York：The Modern Library，Random House，1937），Book Ⅰ，Chapter Ⅷ；U. S. Supreme Court，*Holden vs. Hardy*，169 U. S. 366(1898).

工资谈判会在一个可能的工资范围内达成，这个范围受到劳动市场的状况、劳动生产率（z）和产出价格（P_z）的限制。如果雇主占上风，工资便会倾向于该范围较低的那一端，如果雇员（通常是当他们组成工会时）更强大一些，工资便会倾向于该范围较高的那一端。然后，工资谈判形成正式的合约，其中规定了每小时报酬率（w）以及一些劳动条件（如为午餐单独设定的时间）。

劳动纪律：胡萝卜和大棒

同工资一样，雇员每小时提供的劳动付出量也决定于谈判过程。这个谈判过程虽然每天都在发生，但却从未达成合约协议。这是为什么呢？

一份雇佣合约常常要确定三个条件：（1）工资率；（2）劳动小时数；（3）在劳动时间内雇主指挥工人的劳动付出的权利。前两条可以事先精确地加以说明。例如，每劳动小时的工资率常常会明细到多少美分。同样，小时也可以明细到分钟，明确规定小憩时间、午饭时间甚至在某些情况下，还会规定洗澡往返的时间。 293

雇佣合同的第三个方面尽管赋予了雇主支配工人的权利，但通常事先很难精确地规定雇员会有多少劳动付出。一个雇员的劳动必须有多么卖力？他们应当在何种程度上服从老板的命令？在工人受雇时，只能设立一个最宽泛的限制。一种极端情形是，雇员尽其所能地去做老板所交代的任何事。另一极端情形是，他们所做的工作量仅限于保证不会被解雇。在这个范围内，实际结果会是什么，在劳动本身开始之前是无法明确下来的。

雇主在劳动市场上购买的是潜在的劳动服务的权利。但稍做思考，我们就会发现这根本不是雇主所需要的。雇主所需要的是实际的人类生产活动——真实的劳动——而不仅是当雇员身处劳动场所时指挥他们劳动的权利。只有人的劳动付出本身才能生产出商品，企业则必须销售商品而牟取利润。

换种方式讲，雇主在劳动市场上购买的是**劳动时间**。正如我们之前所强调的，它与使生产得以发生所必须从事的实际劳动是不同的。为了获取利润，雇主必须想方设法确保在已购买的劳动时间内会产生一定的劳动量。因此，雇主必须有能力从其雇员身上榨取劳动。

工人则从另一角度来看待这一情势。雇佣合同明确规定的工资将得到支付。而雇员实际要完成的劳动量则是一个变量。实际完成的劳动量取决于诸多因素，如工人对劳动的喜好程度、他或她对必须做这份劳动可能憎恨到何种程度，以及雇主对雇员从事了多少劳动进行监测的难易程度。根据这样一些因素，雇员可对其从事的劳动量进行选择，或多于、等于或小于雇主所期盼的劳动量。当然，雇主也有许多可用的方法来确保雇员努力地劳动，我们在下一章会就其中某些方法加以考察。这里的要点是，除非工人愿意从事雇主所期盼的那么多的劳动，否则雇主和雇员之间围绕劳动付出的水平（e）将存在冲突。

这种冲突的原因之一是，雇员进行劳动，而雇主最终占有了生产出来的东西。那么如果工人拥有原材料、机器和其他生产所用的资本品，会发生什么情况呢？生产者就不必为他人劳动了，而是可以选择为自己劳动。他们可以作为独立的商品生产者进行生产，譬如，就像资本主义的生产组织方式占据主导地位之前，美国的“旧中产阶级”所做的那样（而且在某种程度上，他们现在仍然是这样）。

294 或者，希望为自己劳动的人们也可以组织一个由工人所有和控制的企业（见第6章专栏“拥有你的工作，选择你的老板”）。无论是作为独立生产者、工人/所有者抑或自我雇佣的劳动者，都不仅拥有生产中利用的资本品，而且占有生产出来的产品。因此，他们会有努力劳动的兴趣，或者至少有兴趣确认其同伴没有偷懒。许多观察者发现，那些为自己而劳动并享有自己的劳动成果的人，同那些由雇主支付小时工资的人相比，劳动起来更为努力。

然而，如我们在第7章所了解到的（见表7.3），在像美国这样的国家里，绝大多数在外劳动的人都不是独立的生产者，而是为雇主在劳动，以赚取工资或薪水。为此，在今天大多数高度发达的经济中，雇员和雇主之间的冲突广泛存在。

雇主将劳动时间转化成生产性劳动的过程被称为**榨取**而不是交换，这是因为该过程所赖以发生的条件不同于在市场中通行的条件。为了控制劳动过程并榨取雇员的劳动，雇主以等级制的方式组织劳动。CEO位居顶层，其次是副总裁，一条统制的链条一直向下延伸到实际生产的工人。位于各个层次的老板、工头和监督者构成了一个企业的管理层，而管理结构使雇主得以榨取工人的劳动。正是由于管理层在劳动榨取过程中的这种中心作用，雇主和雇员间的关系有时被称为“劳工—管理层关系”。

当然，管理层所做的不仅是榨取雇员的劳动。经理及其下属还必须组织对工人的雇佣、协调企业的运行、进行投资决策、安排产品的销售。即使在劳动过程中，经理们所做的也不仅是组织对劳动的榨取。在囊括了高度专业化的任务和复杂的分工的劳动过程中，需要对雇员进行协调。例如，在一个鞋厂里，必须把缝纫工所需的皮革的数量和形状通知给裁剪工。但另一方面，许多劳动过程也不需要老板来协调。还是以鞋厂为例，鞋厂的缝纫工有可能就其对皮革的要求直接与裁剪工进行沟通。

注意到下面这一点是有趣的：需要等级制的权力关系以确保一种投入转变为产出，只适合于一种投入商品，即劳动。当一吨钢或一台新机器被买来时，人们可以准确地预测这些投入如何带来产出，一吨既定类型和质量的煤在一个特定的炉子里燃烧会产生确定的热量单位。钢铁和机器没有自己的意志；当老板下达命令，它们不会违抗。当然也不需要有一排失业的机器站在工厂门口，以使里面的机器努力地工作！

有一句古老的谚语"一分耕耘，一分收获"，这个等式的两边都受制于谈判和冲突。当然，在工人被雇时（或经工会谈判的合约需要重续时），工资（"一分收获"）就需谈判并写进合同。但是，"一分耕耘"的内容却无法写入合同，只能由此后的劳动过程来决定。我们说劳动合约是不完全的，是为了强调劳动合约只包含工资（因此可由法院强制执行），但合约并没有包含要由工人提供的劳动付出的量（因而必须由双方日常的意志冲突来决定）。 295

为了避免管理难题，雇主为什么不支付实际劳动而支付潜在劳动呢？为什么不支付劳动而支付劳动时间呢？解决这个问题的办法之一，就是雇主在雇佣合同中详细确定工人所要完成的任务。这样一来，雇员的报酬就只有在任务完成后才能得到。这种方法适用于一些诸如割草和整理草坪之类的简单工作；在这些情况下，报酬要在工作完成后才能支付。另一种方法是计件工资制，雇员每完成一份劳动（如在一件衬衣上缝上一个衣领），就可获得一定数目的货币（如 0.5 美元）。在这两种方法中（当然还有其他的方法），雇主支付的都是实际的劳动，而不是潜在的劳动，并且也不需要统制型的关系。

尽管详尽的合约和计件工资制这两种劳动报酬方式有时被使用，但每一种方法都存在着实际的困难。首先，合约的方法不灵活，且成本高昂。试想一下，拟就一份合约，其中要确定完成一项工作所需的每一种活动。单是要列出所有的工作任务，就需要长长的文件。而且，即便是一份冗长的合约，也无法完全列举出雇员为了创造利润所要做的一切事情。事实上，工人进行抗议的一种有效形式，就是"照章办事"，也就是说，严格遵守劳动规则和规章，其结果则是生产的显著降低。

合约方法带来的另一个问题，是如何确定合约所规定的劳动量业已完成。人们一眼就可以看出草坪有没有被修整过。但在很多情况下，要准确地判定每个雇员干了多少劳动（以及属于哪种类型、具有何种质量），会是一个代价高昂的过程。况且这由谁来决定呢？雇员和雇主都各执己见。而且，每当有新任务要做，或雇员需要被重新安排时，还须拟就新的合同。

出于同样一些原因，计件工资制也存在缺陷。一个问题是，它无法运用于许多劳动过程。如果要按计件工资制对一个雇员进行支付，那么他/她的生产贡献必须有可能从其他雇员的生产贡献中分离出来；只要雇员在一个复杂的生产过程中进行合作（如在一个汽车厂），就不可能将一个雇员的贡献与其他人的区分开来，因此就不能运用计件工资制。另一个困难是，只有当雇员反复从事某个特定的工作任务时，才能按既
296 定的计件工资率付以工资。在更为复杂的工作中，每份任务都会有不同的计件工资率。最后还存在着劳动速度的问题。表面上看，雇主似乎并不在乎采用计件工资的雇员的劳动的快慢（因为雇主只按产出而不按时间来支付），但事实并非如此。雇员要利用如建筑物这样的资本品，为此雇主必须支付固定成本，从这个意义上讲，雇员的劳动速度将影响企业的利润率。（这是因为，更高的产出率会削减每劳动小时的固定成本。）在此情况下，雇主会得益于确保其雇员快速地劳动，因此，榨取劳动的问题会仍然存在。

基于这些及其他一些原因，无论合约方法还是计件工资制在今天都没有得到广泛的运用。合同制（以分包制的形式）有时运用于雇佣电工、管道工及其他高技能工人，但在其他情况下，其应用就非常有限。计件工资使用得较为广泛，尤其是在制造业和某些农业工作中。但对计件工资的利用仍然是很有限的。一般而言，雇主已经发现了其他更为有利可图的劳动过程的组织方式，因为这些组织方式使得将劳动时间转化为劳动变得更容易了。

然而，工人通常会抵制那些使他们的劳动节奏快于他们眼中的正常速度的做法。为了应对不合理的要求，他们会形成个人的抵抗策略，会联合组成非正式的劳动团体，或通过其工会公开进行抵制。我们将在下一章更详细地探讨劳动场所中的各种冲突。

劳动市场、工资和劳动强度

通过**劳动市场**，雇主雇佣工人，工人找到工作。在这个市场上，雇主是劳动时间的需求者，工人是劳动时间的供给者。跟所有的市场一样，存在着自愿的交换；没有谁有义务或被迫签订一项合约。而在劳动场所，为了榨取雇员的劳动，雇主必须针对雇员运用某些权力。雇主这样做的能力，根源于劳动市场的特殊性。劳动市场的运行不同于其他市场。两者的某些特征虽然相同，但又有根本的区别。

劳动市场在竞争和冲突的特征上与其他市场并无二致。如前一章我

们所看到的，商品市场包含着程度不等的竞争。劳动市场总体上看是富有竞争性的：通常有许多劳动时间的需求者，而且，在大多数情况下，也有许多劳动时间的供给者。

商品市场是大公司针对消费者或其他企业为竞争优势而战的战场，然而劳动市场却是另一种类型的战场。在这里，冲突存在于雇主和工人之间，围绕的问题是工资、劳动强度、劳动场所的安全以及医疗和退休金等其他问题。

在雇主的武器库中，一个关键的武器是其提供（或夺走）工人所需要的工作的能力。虽然雇主和工人彼此需要，但通常雇主在没有工人的条件下比工人在没有资本家的条件下能持续得更长些。正如亚当．斯密所说："就长时期说，雇主需要劳动者的程度，也许和劳动者需要雇主的程度相同，但雇主的需要没有劳动者那样迫切"（见前文的专栏"所有者与工人的谈判权力"）。如果一个工人碰巧是组成为工会的那一小部分劳动力中的一员，那么他/她可以在短期内得到工会罢工基金的资助，但这种基金很快就会告罄。因此，工人不得不主要靠工作来获得收入 297
（工会会费就是从收入中支付的），而雇主常常会有其他的支撑手段（如来自其他投资的财产性收入）。

正是雇主对资本品的所有权——而工人没有这种所有权——使得前者对后者的生计能进行一定程度的控制。其中原因有二：第一，资本品所有权所产生的特权之一，就是雇主有权准许（或排除）他人利用其所占有的财产。这项特权赋予雇主以雇佣或解雇工人的权利。第二，因为工人们普遍不占有工具和材料，他们必须为了自己进入企业。所以，为了谋生，他们必须为某一雇主劳动。

既然资本品所有者有权雇佣或解雇工人，雇主就有权控制雇员的收入。由失去工作所带来的收入的损失称做**失业成本**（或 *cjl*）。一个雇主对一个雇员有多大的控制权，在很大程度上取决于雇员所面临的失业成本的大小。失业成本越高，雇主所有的对雇员的控制力就越大。倘若一个雇员有了其他生活来源，譬如有可能换份工作，或有丰厚的失业保障金，则失业成本较低，雇主对其的控制力也就会减小。这样一来，雇主和雇员之间围绕着决定失业成本高低的那些因素——如能否找到别的工作、能得到多少失业保障金等——就存在着直接的利益冲突。

其他一些因素也会对雇主和雇员间的冲突产生影响。例如，雇员若属于某一工会，雇主就不得不应付罢工和怠工的问题。当然，雇主无法真正对那些拥有技能的工人以解雇相威胁，这些技能对于企业的运营来说是必需的，而且要花很大的成本才能教授给其他员工。工资率和劳动速度的变化还经常受到被普遍认同的价值观的限制，这些价值观涉及工人所从事的劳动与雇主所应付的报酬之间的公平关系。这样的价值观被称为**劳动和报酬的准则**。

政府是影响劳动速度和工资率的另一个重要因素。政府的政策可以设立最低工资，确立劳动场所的卫生及安全条件的标准，以及制定一些规章，对雇员组织和加入工会的权利产生影响等。几乎没有一个市场不受政府政策的某种形式的影响，劳动市场自不例外（第 19 章将会对政府和经济之间的关系进行详细的考察）。

然而，在绝大多数情况下，失业成本（cjl）是决定劳动强度（e）和工资率（w）的最重要的因素。失业成本的大小至少在一定程度上可以较为准确地估算。如果一个雇员遭解雇，她将会面临一段时期的失业。如果满足必要条件的话，她将从政府获取相当于原工资一部分的失业保险金。在失业期间，她当然会去寻找另一份新的工作，而且，推测起来的话，会在某个时候找到。暂且假设她最终获得了一份与原来薪水
298 相同的工作。基于这一系列的事件，我们可以将失业成本表示如下：

$$cjl=(ww-ui)(ud) \tag{12.3}$$

其中，cjl=失业成本；

ww=失业前的周薪（税后）；

ui=每周可获得的失业保险金；

ud=预期的失业期间（以周衡量的持续时间）。

等式（12.3）意味着，失业成本（cjl）等于原来的周薪（ww）与眼下每周的失业保险金（ui）之差，再乘以预期的失业周数（ud）。当工人找到了另一份工作时（假设他/她能找到），失去前一份工作的成本实际上就知道了。

例如，考虑有一个被解雇的工人，他在失业前每周挣到 400 美元（税后）工资。如果该工人有资格领取失业保险金（对这一资格的要求各国互有不同，但通常来说，要获得资格，一个工人在此前一年必须是为同一雇主工作，并挣得一定数量的工资），他/她将有权获得譬如每周 200 美元的失业保险金。（救济金的数额总会比原工资少得多，比如在美国，政府只支付 26 周的这样的救济金。）如果工人可以在 20 周（即 5 个月）内找到另一份工作，那么，这个例子中的失业成本就可以计算如下：

$$cjl=(\$400-\$200)\times 20=\$4\ 000$$

如果工人没有遭到解雇，他/她的税后年收入就应该为 20 000 美元。但是，因为有 20 周的失业，这个工人的税后年收入为 16 000 美元。

在前述例子里，我们假定被解雇的工人可以找到另一份工资水平相同的工作。这个假设中存在一个问题，比如在美国，制造业部门已经在萎缩（见第 7 章）。因此，失去制造业部门工作的工人常常不得不在扩张的服务部门里接受报酬较低的工作（见第 7 章的专栏“全球化：美国的赢家和输家”）。对这些工人来说（实际上也是对所有那些不能在新工作中得到相同或更丰厚的工资的工人来说），失业成本比等式（12.3）所表示的要高得多。总的失业成本不仅应该包括失业期间的收入损失，还应包括工人的新旧工资水平之间的现行差额。

从其他方面来看，我们的简单例子也低估了失去工作的成本。第一，由于严格的资格标准和最长 20 周的失业保障金的期限，在任何既定时间，美国大多数失业工人实际上并不能获得失业保险金。因此，对于大多数失业者来说，每周收入的净损失恰好等于失业前的周工资（ww）。第二，许多工人的损失超过了工资本身：由前任雇主提供的一切医疗保险也会丧失掉。最后，还有失业的非经济成本，包括各种不便、焦虑及个人的精神创伤。一个人的自尊是和拥有一份工作紧密相连的。因此，即便在解雇引起的创伤有所缓和后，一个失业者还是会觉得他或她没有留住他人的尊重（见第 16 章专栏“失业的打击”）。

对一个雇员来说，在多大程度上值得去规避失业的成本——即使我们仅考虑经济成本？确定这一点的方法之一是去了解，在工人对于失去其工作变得满不在乎之前，现行工作的工资能低到什么程度。在这样的工资水平上，工人很可能决定辞职。但在决定辞职之前，他们会估算一下失业成本，并考虑诸如这样一些问题：另找一份工作要花多长时间？在那段时间内潜在的失业成本会是多少？从事新工作是否挣得更少、医疗保险更低或与当前的工作相比更不令人满意？可以假定，至少雇员愿意接受将现行工作的工资削减一定数额，以避免预估的失业成本。例如，一个雇员目前每小时挣 8 美元，在其工资降低到每小时 5 美元之前，会愿意继续从事现有的工作。在 5 美元的工资水平上，保有目前的工作并不比被解雇和辞职更好。这个较低的工资，即每小时 5 美元，被称为雇员的**保底工资**。从雇员的立场看，保底工资反映了他/她在失去现有工作时的预期（包括失业成本）。因此，保底工资衡量了一个雇员保有其现有工作的机会成本。 299

如果雇主提供的只是保底工资，雇员将不再在乎自己是否会遭解雇。在雇员看来，此时失业成本（cjl）为零。并且，由于这个只得到保底工资的雇员对于被解雇满不在乎，他们会随心所欲地有时松懈有时勤快地工作。（当工资低于保底工资时，工人就不会自找麻烦再来工作了，也不会形成任何产出。）如果雇主只付给工人保底工资，但同时却试图以解雇来威胁雇员，以期得到更多的劳动付出（e），那是不会有任何效果的。在工资只有每小时 5 美元时，雇员会对任何解雇的威胁报以如下回应："还我自由！"

若某个雇主想从雇员身上获得高于最低限度的劳动量，他或她必须支付高于保底工资的报酬。只有得到更高的工资，保有其工作对雇员来说才是利害攸关的。工资越高，雇员的损失就越大，也就越有可能按照雇主所要求的那样努力地劳动。既有大棒（可能失业），又有胡萝卜（高工资），雇员就会努力地劳动。的确，随着工资的每一次相继增长，工人会更努力地劳动，生产出更多的产出。

但这使雇主面临着如下两难：在已描述的这种情况下，支付给工人的工资必须高于保底工资才能激励雇员努力地劳动——而使工人努力地劳动是牟取利润所必需的。可是，支付更高的工资将会增加主要成本之一，该成本在计算利润时必须从总收入中扣除。雇主应支付多少工资？他或她必须在高工资对劳动强度（e）的（正）效应与支付更高的工资率（w）这一（负）成本之间进行权衡。

300 雇主可以通过聚焦于单位劳动成本（ulc）最小化的目标，来解决该付多少工资率这个难题。使单位劳动成本最小化有着使利润率最大化的效果[参见本章稍前在等式（12.1）后的段落中对这种关系的解释]。通过聚焦于这个变量，雇主就可以准确地规定能使企业利润率最大化的工资。

回想一下，根据等式（12.2），单位劳动成本（ulc）等于工资率（w）除以每劳动小时的产出（z）。再回想一下，每小时的产出（z）等于劳动强度（e）乘以劳动效率（f）。这样，我们得到：$ulc=w/z=w/ef$。

那么，雇主怎样才能实现使单位劳动成本（ulc）最小化的目标呢？在寻求问题的答案时我们假定，工资率变化时，劳动效率 f 不发生变化。这是一个合理的假设，因为 f 取决于雇员劳动时所使用的设备的数量和品质，而这在此处考虑的时期内不会变化。因此，单位劳动成本（ulc）的变化方向将完全取决于工资率（w）和劳动付出水平（e）之间的关系。

设想一种情况，此时雇主仅支付保底工资（用 w 表示）。在这种情况下，雇主提高工资率就能有所收益。为什么呢？随着工资的增加，劳动付出（e）会以更高的比例增加，进而 ulc 会降低，利润率也会提高。而且，在这类情况下，雇主通过不断提高工资率还会持续得益。只要工资的增加能引起劳动强度（e）与工资率（w）相比以更高的比例增加，这种情况就会持续下去。只要是这种情况，w 的增加就会使 w/ef 中的分子上升得比分母快（因为 e 增加得比 w 快），从而降低单位劳动成本（ulc），其结果自然是利润率的提高。

然而，这也有一个难题。由于一个人劳动的努力程度是有极限的（而且，由于一个人劳动得越努力，就越接近于极限），随着“劳动付出的极限”的接近，一个工人因工资增加而提供的劳动付出的追加量将逐渐变得越来越少。在某一点上，继续提高工资将不再有利于雇主。当增加工资带来的劳动付出的增长没能大到足以削减单位劳动成本，追求利润的雇主就会停止增加工资：在这一点上，增加 w 将不会提高利润率。也正是在这一点上，雇主向工人支付的是使企业利润最大化的工资。（一些经济学家将此称为“效率工资”。）

为了形象地说明上述分析，我们给出如下（假设的）个案研究。设想一个企业通过多年的观察发现，当工资率提高时，其雇员每小时会生产更多的产出。产出增加是因为工人在更高的工资率水平上劳动得更卖力：这个反应既源于“胡萝卜”，即每劳动小时被支付得更多；又源于“大棒”，即在较高的工资率水平，损失也会更多（潜在的失业成本）。表 12.1 提供了在我们考察的这个假想企业中，工资率和工人的每小时产出之间的关系。

表 12.1　工资—产出关系

工资率（美元）	每小时产出（单位）
5	20
6	34
7	46
8	56
9	64
10	70
11	74
12	76

301

这里假定，除非工资至少为每小时5美元，否则产出为零。这是保底工资。但随着工资率上升，雇员会提供更多的劳动付出，每小时产出（z）也会增加。然而，如所预料的那样，因所付工资的每一次追加所带来的每小时产出的增长，尽管在低工资水平上是显著的，但随着工资的提高却可能变得越来越小。我们可以将这种产出的增长视作所付的每美元工资的边际产出变化。

劳动榨取曲线表示，在每个可能的工资率水平（w）上，每小时有多少产出（z）被生产出来。以每小时产出（z）为纵轴，以工资率（w）为横轴，这条曲线可以在图上被描绘出来。图12.1即为这样一幅

302

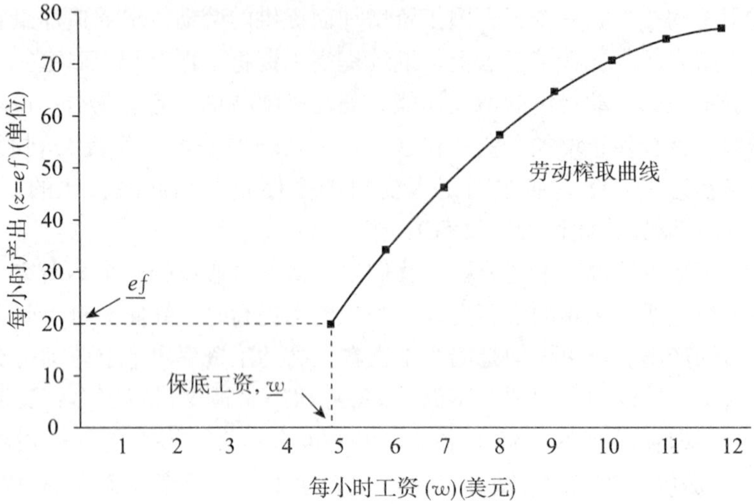

图 12.1　工资和劳动强度

说明：该图中的劳动榨取曲线显示出，与所提供的每一工资率（w）相对应的每小时产出量（z）。每小时产出表示在纵轴上。由于 $z=ef$，因此纵轴也表示了 ef。由于 f（劳动效率）不变（在短期的分析框架里，不可能有生产技术上的变化），因此在纵轴上的任何向上或向下的移动都完全归因于劳动强度（e）的变化。

横轴表示的是小时工资率（w）。保底工资是$\underline{w}$，在这个工资率上，工人的劳动付出（e）为最低水平。既然工资率下降到这个水平（w）（在这个水平上，保有工作或失去工作对工人来说已没有区别），工人就选择了这一劳动付出程度。当工资位于保底工资的水平，工人的劳动付出量也在最低水平，相应的每小时产出率（z）（在图中表示为$\underline{ef}$）也会处于最小值。因此，如果雇主支付的工资等于$\underline{w}$，工人的劳动付出将是$\underline{e}$，产出率则是$\underline{ef}$。

工资率超过保底工资那一点以上的增长会带来更多的每小时产出：由劳动曲线上的点表示的每小时产出水平随着工资的增加变得越来越高。但在超过一个特定点后（在劳动榨取曲线变得水平的那一点），工资的增加将不会带来每小时产出的增加，因为工人的劳动付出已臻极限。

图。这样一条曲线的最重要方面是沿曲线每一点的斜率。斜率不是 z 除以 w，而是 z 在曲线上每一点的增长率。这可以被看做所付每美元工资的边际产出增长。

考虑这样一种情况，我们所假设的企业只支付每小时 5 美元的保底工资（在图中横轴上用 w 表示）。如果该企业将工资增加到每小时 6 美元，每小时产出将增加 14 单位，所付每美元工资的边际产出增量则为每美元 14 单位。可是，如果企业已支付的是每小时 11 美元的工资，并且把工资从每小时 11 美元提高到 12 美元，每小时产出仅会增加 2 单位，即所付每美元工资的边际产出增量为每美元 2 单位。这是因为，由于前面已经提及的原因，工资增长对于每小时产出增长的影响在逐渐减弱。

在这里描绘的过程中，有两个需要单独进行的决策。首先，是由雇主做出的对所提供的工资（w）的选择。其次，是由工人做出的对特定劳动强度（e）的选择，或者说，如果得到雇主所提供的那一工资的话，劳动的努力程度如何。雇主断定，支付更高的工资会使得他们能从工人身上榨取更多的劳动，这种认识可以用图 12.1 中的劳动榨取曲线来表示。

工资增长在带来工人产出的增长方面影响力递减（所付每美元工资的边际产出增量递减），在劳动榨取曲线中也得到了反映。正如前文所注意到的，该曲线不断下降的斜率反映了这样一个事实：工人在劳动不太努力的时候能够较容易地增加产出，但在他们已经很努力地劳动时，增加产出就没那么容易了。因此，给定 f（在劳动付出量既定时能生产出来的产出）是不变的，劳动榨取曲线的形状将由与每一工资率（w）相对应的劳动付出量（e）来决定。

在图 12.1 中，我们可以发现，劳动榨取曲线在开始时非常陡峭，然后随着工资率的每一次增加而变得越来越平缓。由于图中的曲线基于表 12.1 提供的数字，该曲线再度显示了——这次是以图的形式——所付每美元工资的边际产出增长率是递减的。

如果一个追求利润最大化的企业有表 12.1 所提供的、图 12.1 所表示的劳动榨取数据，它要提供的工资率是多少呢？我们可以通过等式 303
(12.2) 来尝试回答这个问题。该等式表明，单位劳动成本 ulc 等于 w/z。但除此之外，我们还需要记住这样一个事实：在单位劳动成本最小化时，利润率为最大化。将这两点结合起来，我们可以看出，要让利润率最大化（ulc 或 w/z 最小化），需要使 z/w（每小时产出除以小时工资率）或 ef/w（因为 $z=ef$）最大化。换句话说，当比率 z/w（或 ef/w）尽可能大的时候，企业就会实现利润率的最大化。这一点具有直观的意义，因为对于任何既定水平的 f，当所付工资增加到使工人为了取得的每美元工资尽可能地付出了最大量的劳动付出时，企业的利润才会最大化。在此情况下，企业就由每美元的工资获得了最多的每小时产出（z）。

这个分析逻辑可以再次通过图 12.1 中的劳动榨取曲线予以说明。不过，现在我们需要为该图的工资—产出曲线增添一些东西。首先，我们需要绘一幅新图，即图 12.2，在其两条轴上的两个变量一仍其旧，即每小时产出和工资率（纵轴是 z 或 ef，横轴是 w）。我们从原点（横轴与纵轴的交点）出发，在该图上画一条直线——任意一条直线即可。用数学语言来表达，这样的一条直线被称为“射线”，其斜率是 z/w 或 ef/w。由于是直线，因此线上任何一点的斜率都相同。它的经济含义是，直线的斜率——不管我们怎么画它——表示了所付每美元工资的平均产出（z/w）：它表明，在横轴的任一特定的工资率（w）上，企业由一美元工资能得到的每小时产出有多少。

304 在图 12.2 中，陡峭的射线（如线 1）表明，对于所付的每一美元工资来说，劳动付出（e）和每小时产出（z）都会更大。因此，一个追求利润最大化的雇主会偏爱两条线中更为陡峭的那一条。图 12.2 中的线 1 表示，在工资率为 5 美元时，雇主可以得到 15 单位的产出。而线 2 则表示，在相同的工资率水平下，雇主只能得到 5 单位的产出。但雇主不能在该图中选择任意的一点，而只能在劳动榨取曲线上选择一点。

寻求利润最大化的雇主偏爱于更为陡峭的直线还有一个原因。在等式（2.2）中，我们看到单位劳动成本（ulc）被定义为每单位产出的工资成本 w/z，而在图 12.2 中恰好是一条射线的斜率 z/w 的倒数。这意味着，射线越陡峭（斜率越大），单位劳动成本越低。这是有意义的，因为我们知道，雇主使利润最大化的任何努力，同时也是使单位劳动成本最小化的努力。

图 12.3 使我们看到，一个欲使其利润最大化的雇主，将选择支付工资 w^*，因为这是劳动榨取曲线触碰到——或相切于——可能有的最陡峭射线时的工资。这条射线的斜率比其他任何一条与劳动榨取曲线相连的射线的斜率都要大。回想一下，劳动榨取曲线告诉了我们在每个工资率上有多少产出被生产出来。相反，从原点出发的射线的斜率告诉了我们所付每美元工资的产出量。在劳动榨取曲线上，除了与可能有的最

陡峭射线的切点外，与其他任何一点相对应的工资率（w）都不能使 ulc 最小化和利润最大化。只有在 w^* 这一点，利润才会最大化。

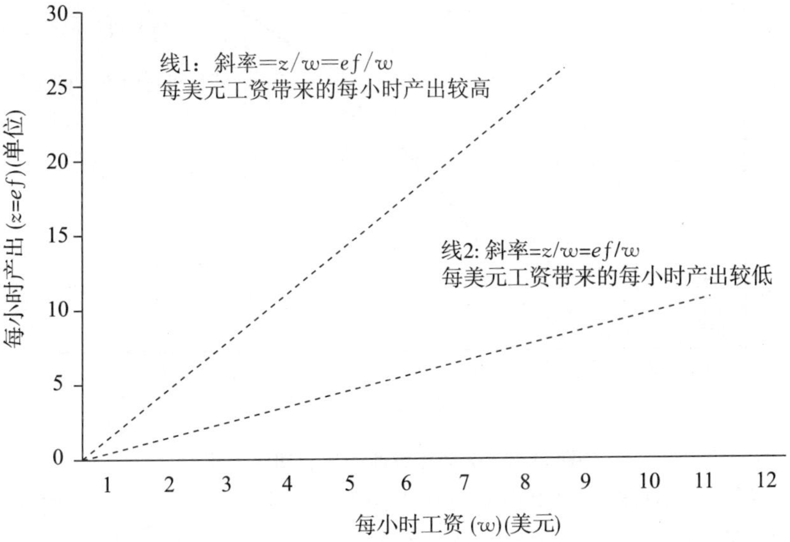

图 12.2　所付每美元工资的产出

说明：该图表明，由原点绘出的射线具有不同的斜率。一条射线在其线上的各点斜率均相同，在该图中，射线的斜率表明，对于所付的每美元工资而言，能取得的每小时产出有多少。在数学上，该图中射线的斜率为 z/w（每小时产出除以工资率）。射线的斜率愈大，所付每美元工资带来的每小时产出就愈多。

考虑一下图 12.3 中劳动榨取曲线上的 A 点。在这一点上，工资为每小时 6 美元，有 34 单位的产出被生产出来。在该点上，每美元工资的产出是多少呢？要回答这个问题，可以从原点画一条直至劳动榨取曲线上 A 点（横坐标为 6 美元、纵坐标为 34 单位）的直线，并考察由原点出发的这条线的斜率。如果这样做，我们就会发现其斜率没有那么陡峭。该斜率的数值约为 5.7（34 除以 6），这意味着所付的每美元工资会有 5.7 单位的产出。但重要的是线的相对平坦性。有意思的是，这条线与通向劳动榨取曲线上其他各点的另外几条线相比要更为平坦。这意味着，如果雇主决定通过支付更高的工资（在横轴上右移）沿着劳动榨取曲线进一步上移，企业的利润率就会增加（ulc 会降低）。在此情形下，通向劳动榨取曲线的射线的斜率更大（更陡峭），而 ulc 下降，利润率上升。

305

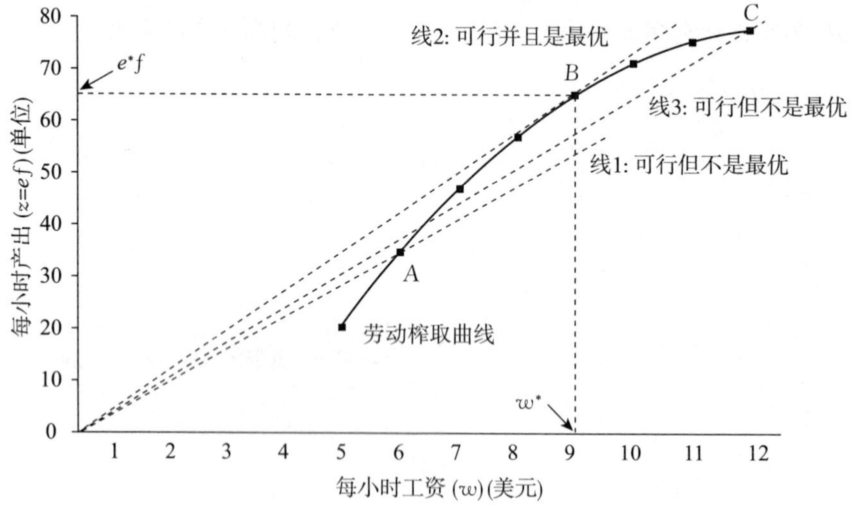

图 12.3　劳动榨取曲线与利润最大化

说明：该图将图 12.1 和图 12.2 所阐述的概念合并到一起。劳动榨取曲线告诉我们，在高于保底工资率的各个水平上有多少产出。而各条射线表明一美元工资能换来多少每小时产出。一个利润最大化的企业偏爱于更陡峭的射线，因为射线愈是陡峭，所付的每美元工资就会有更多的产出。此外，在射线更陡峭时，单位劳动成本将更低，因为 *ulc* 被定义为w/z，即射线的斜率（z/w）的倒数。但是，没有一个企业会处在位于劳动榨取曲线之上的射线上。这是因为，劳动榨取曲线表明了，当所付工资高于保底工资时可能达到的产出范围。从事利润最大化的企业的目标，在于找到那条斜率最为陡峭的射线（即对于所付的一美元工资，每小时产出为最大），该射线同时又和劳动榨取曲线相交。站在企业的立场上，最优化射线是与劳动榨取曲线在图中 B 点相切的那条射线。由于与 B 点相对应的工资是利润最大化行为所趋向的工资，它被标示为 w^*，而 e^*f 则是工资为 w^* 时的每小时产出。因此，当工资率为 w^* 时，单位劳动成本将最小，而利润将最大，e^*f 则是对应的每小时产出率。

要检查经过 B 点的射线的确代表着最大利润率以及可能有的最小单位劳动成本，可留意把图中的射线 1（通往劳动榨取曲线的 A 点）和射线 2 相比，斜率（z/w）较低。因此，和射线 2 相比，射线 1 代表着更高的 *ulc*（w/z）和较低的利润率。类似的，射线 3（通向劳动榨取曲线上的点 C）也有着低于射线 2 的斜率，故而同样伴随有更高的 *ulc*。事实上，射线 2（经过劳动榨取曲线上的点 B）和任何其他由原点通向劳动榨取曲线上某个点的射线相比，代表着更低的 *ulc* 和更高的利润率。故而，由点 B 代表的 w^* 和 e^*f 的特定结合，为雇主提供了所能有的最低单位劳动成本和最高利润率。

试观察一下，如果雇主把工资率提高到每小时 7 美元，会发生什么情况呢？随着工资的增长，企业的产出将增加到 46 单位（见表 12.1），通向劳动榨取曲线上的对应点的线变得更为陡峭。斜率数值增至大约 6.7，这意味着对所付每美元工资而言，生产出来的产出为 6.7 单位。显然，雇主通过给其雇员支付更多的工资而得益，但其利润率还未达到最大化。

如果雇主继续提高工资率，随着工资的每次增长，取得更多的每小时产出，他或她将发现，在图 12.3 的 B 点，即工资率为 9 美元、每小时产出为 64 单位的那一点，利润率达到了最大化。在这一点上，从原点通向劳动榨取曲线的直线（线 2）已变得无法再陡峭，并与劳动榨取曲线相切。此时工资率为 w^*，因为这是追求利润最大化的雇主要选择的工资。 306

然而，如果雇主没有了解到确切的信息并继续增加工资，又会发生什么情况呢？劳动榨取曲线上的点 C 就代表了这种情况。此时，工资率为每小时 12 美元，产出率为每小时 76 单位。通向该点的线（图 12.3 中的线 3）的斜率没有通向 B 点的线那么陡峭。因此，在此工资率水平上的利润率要低于工资率为每小时 9 美元时相应的利润率。这（再次）表明，如果雇主支付的任何工资低于或高于每小时 9 美元，企业的利润率都不会最大化。显然，利润最大化的雇主会支付每小时 9 美元的工资。

注意一个有关 w^* 的重要事实：它高于 $\underline{w}$（保底工资）。换句话说，在工资率为 w^* 时，雇员更情愿保住工作而不是失去它。这一点是相当明显的，但这个事实还有另一个含义：在工厂大门外，在办公室门外，甚或在企业内部，还有其他的工人，他们也想得到（但得不到）工资为 w^* 的工作。这些工人也许是失业者，也许是那些现在被雇佣但对目前工作不太满意的人。如果目前拥有工资 w^* 的工人要辞职或被解雇，他们会乐意接过这一工作。

我们对利润最大化的分析可以通过扩充表 12.1 的信息来加以证实。在表 12.2 中，除了原来所提供的相同信息之外又增加了一栏，以表示与每一工资率（w）相对应的每美元工资的产出。表 12.2 显示，当雇主支付每小时 9 美元的工资及所付每美元工资的产出为 7.1 单位时，每美元工资的产出（及由此产生的利润率）达到了最大化。这张表还显示，在这一点之前，每美元工资的产出持续上升，但到达此点后就开始下降。

表 12.2　　工资率与所付每美元工资的产出

工资率（美元）	每小时产出（单位）	每美元工资的产出（单位/美元）
5	20	4.0
6	34	5.7
7	46	6.6
8	56	7.0
9	**64**	**7.1**
10	70	7.0
11	74	6.7
12	76	6.3

通过观察单位劳动成本的高低如何取决于企业选择支付的工资，可以获得进一步的认识。表 12.3 对表 12.1 和表 12.2 已提供的信息进行了补充：它增加了一栏，其中显示，随着工资率从保底工资上升到每小时 12 美元，单位劳动成本先是下降，然后又上升。在工资率为每小时 9 美元时，可以预知，单位劳动成本达到最低（每单位 14.1 美分）。这当然毫不足怪，因为如先前所示，在利润率最大时，单位劳动成本为最小。但这里提供的追加数据使我们得以画出一幅图（图 12.4），该图以另一种不同的方式说明了我们对利润最大化的分析。

表 12.3　　工资率与单位劳动成本

307

工资率（美元）	每小时产出（美元）	每美元工资的产出（单位/美元）	单位劳动成本（美元/单位）
5	20	4.0	0.250
6	34	5.7	0.176
7	46	6.6	0.152
8	56	7.0	0.143
9	**64**	**7.1**	**0.141**
10	70	7.0	0.143
11	74	6.7	0.149
12	76	6.3	0.158

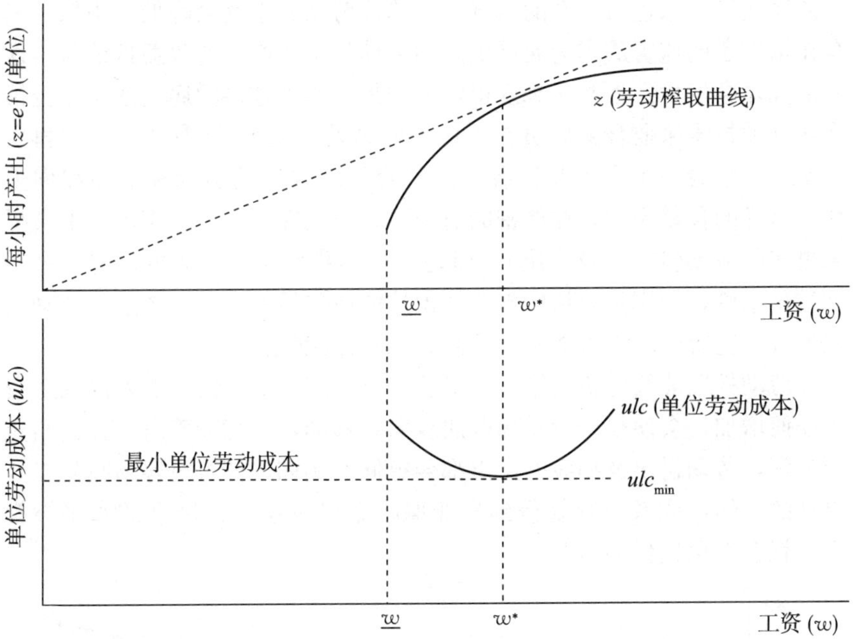

图 12.4 工资、劳动榨取、单位劳动成本和利润最大化

说明：该图以一种不同的方式说明了以下思想：劳动榨取曲线与斜率为 z/w 的射线的相切点，实际上就是单位劳动成本为最小的那一点。该图上绘出的这一点和表 12.3 的数字是一致的。表 12.3 和该图都表明，当工资率为 w^*（表中的 9 美元及本章中提出的例子），单位劳动成本为最小。

通过使用表 12.2 和表 12.3 得出来的利润最大化行为，可以在图上得到证实。在图 12.4 的下侧图中，当表示单位劳动成本的曲线达到最低点时，对应着一个工资率（位于横轴上）；另一方面，在上侧的图中， 308
劳动榨取曲线和来自原点的斜率最高的那条射线相切的那一点也对应着一个工资率，这两个工资率是一致的。因而，该图以另一种方式证实，如果企业想使其利润率最大化，应支付什么样的工资率。它表明，使利润最大化的那一工资，要同时满足下面两个条件：劳动榨取曲线（上侧图）与所能有的斜率最大的射线相切；单位劳动成本曲线（下侧图）处于最低点。与前边一样，此时的工资率为每小时 9 美元。

本章关注工资率（w）与劳动强度（e）的关系，并假定工资率是影响劳动强度的唯一因素。下一章将放弃这个简单化的假定。但首先，还应该考虑劳动榨取曲线分析的另外三重意义。

第一，如果雇主能够通过各种方式增强对其雇员的监管——例如亲自或雇佣他人来进行严密的监督——单位劳动成本就会降低。当然，只有在增加了的监督成本为雇员更高的劳动付出所产生的收益抵消时，这种情况才会发生。近些年来变得常见的是，越来越多的雇主使用监控摄像或其他技术来监督其雇员在工作中的绩效（见第 13 章的专栏“再次上路——带着一个盒子监控我”）。监管的增强会使劳动榨取曲线向上移。这样的移动说明，在严密的监控下，雇员在每一工资率水平上会提供更多的劳动付出（及产出）。但是，正如我们所注意到的，对很多劳动过程来说，特别是对那些需要知识技能或包括重大质量考虑的劳动过程来说，监督的增强可能不会提高 e，甚至会使它降低。

劳动榨取曲线分析的第二重意义可由图 12.5 看到。工人保底工资的任何增加，会使整个劳动榨取曲线向右移动，这意味着对于任何给定的工资，劳动付出及相应的产出都会更低。例如，倘若更容易找到工资更高的工作，或者更容易得到失业保险金以及这一保障金的水平被提高，就会发生这样的情况。

309

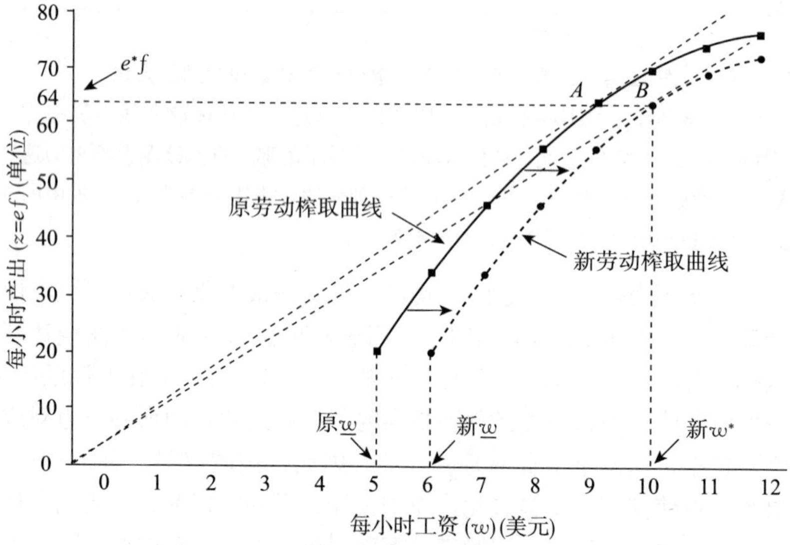

图 12.5 更多失业保险金带来的效应

说明：随着失业保险金水平的提高，以及该保险金更容易被获得，工人的保底工资就会上升，整个劳动榨取曲线将向右移。这是因为在每个工资率上的失业成本减少了。由于提高了的失业保险金有更多的缓冲效应，雇主必须提供更高的工资以榨取之前在较低的工资率上就能榨取到的劳动量。要注意，为了获得跟以前一样多的产出率（$e^* f$），企业必须支付每小时 10 美元而不是以前支付的 9 美元的工资。结果，在这个新的带来利润最大化的工资支付水平上（w^*），单位劳动成本将上升：通向 B 点的射线的斜率要低于通向 A 点的射线的斜率。

图 12.5 展示了，当失业保障金有每小时 1 美元的增长时，会发生什么情况。失业保障金以这个幅度增加会使整个劳动榨取曲线向右移动 1 美元。这是因为，雇主若要榨取既定量的劳动，就必须支付比以前多 1 美元的小时工资。保底工资从每小时 5 美元（图中的“原 w”）增加到每小时 6 美元（“新 w”），因为工人现在愿意在每小时 6 美元工资时被解雇（或辞职），他损失的美元由失业保险金的额外增加部分所弥补。现在，从雇主角度来看的最为有利可图的工资增加了（10 美元而非 9 美元），并表示为图中的“新 w^*”。而且，使利润最大化的这一新工资包含一个更高的单位劳动成本，因为通向 B 点的射线斜率小于通向 A 点的射线斜率。（在本章的所有图中，具有更低斜率的射线代表着更高的单位劳动成本。）这个例子说明，为什么美国的雇主通常会利用他们在华盛顿的院外说客，来反对失业保险金的任何提高（参见第 19 章）。

劳动榨取曲线的第三重含义已简要地提到过：即使从雇主的立场看，工资也可能太低。如果雇主提供的工资低于 w^*，单位劳动成本就会太高而非太低，而这意味着利润会减少。这是因为，工资的节约不足以补偿更低的劳动付出水平（e）。由于这个原因，在低于 w^* 时，失业工人不可能成功地从雇主那儿得到工作并提供劳动。这样的要求将遭到拒绝——失业工人会扭头离开，因为雇主将看到：更低的工资水平意味着更高而不是更低的单位劳动成本。这个结论是重要的，因为它支持了凯恩斯的论点（参见第 4 章），即在一个资本主义经济中，通常会有一定数量的非自愿性失业——也即是说，即便失业工人愿意降低他们对工资的预期，失业也不可能减少。

失业工人即使愿意为低于现行水平的工资率而劳动也不能获得工作这个事实，意味着他们会继续失业。这还意味着，即使劳动市场上存在着过度供给，工资也不会降低：失业工人找不到接纳他们劳动的人。实际上，无论工人还是雇主，若单独行动都无法改变这种状况。

一旦达到工资率（w^*）和相应的劳动付出水平（e^*），它们就会存在于许多经济学家所称的均衡状态。回想一下，在第 8 章，均衡被定义为这样一种局面：除了偶然的力量或来自于经济系统之外的力量（“外生的”力量），没有其他力量倾向于改变该局面。第 8 章中的均衡涉及的是啤酒的价格和数量；而这里的均衡则是劳动强度与工资率水平之间的关系，但在两种情况下均衡的概念是相通的。 310

一方面，雇主控制着工资率（w），一旦找到 w^*，他们就无意于改变它。这当然是因为，w^* 是使雇主利润率最大化的工资。而另一方面，工人选择以多大程度努力劳动，从而决定了 e^*。但类似的是，劳动付出 e^* 一经提供，对工人而言就不再有动机去改变其劳动速度，因为 e^* 是与 w^* 相关联的劳动付出水平，w^* 是均衡工资率。最有可能的是，工人宁愿不那么努力地劳动，却得到更多的工资，但这个选择是不可能的。类似的，雇主也会乐意支付更少的工资而得到更多的劳动，而这也是不可能的。因此，在劳动榨取曲线既定时，雇主和工人都没有动机偏离 w^*/e^* 这个均衡点。即使有一个失业者愿意接受低于 w^* 的工资，也无法改变这种局面：正如我们所见，这样一个人将不会被提供工作。因此，这些就是形成下面这种特殊局面的因素，在该局面中，工资率为 w^*，劳动付出水平为 e^*，从而形成了均衡。

然而，在第 8 章的啤酒市场和本章所分析的劳动市场之间有着重要的差别。在均衡状态下，啤酒市场是出清的：既没有过度供给也没有过度需求。而在劳动市场上，即使该市场处于均衡（在该市场上没有任何力量推动其变化），劳动的供给也大于对劳动的需求，即有正的失业率。这样一来，我们便有了市场**没有**出清的均衡。

这两个市场有明显差别的另一原因在于，人非啤酒。但和这个简单的陈述相比，其间的差别要远为复杂。当某人付出一美元购买一瓶啤酒时，他就得到了他所买的东西，并有权以任何一种合法的方式来使用它。买者可以将啤酒一饮而尽，或者将它倒入排水道，或者泼到他人的脸上。

当雇主用 10 美元或 15 美元购买某人的 1 小时劳动时，他或她并没有最终得到能完全置于自己掌控之下的东西。个中原因是，雇佣合约本身并不能促使工人努力地劳动。我们曾经说过，雇佣合约是不完全的。雇主所拥有的毋宁是针对另一个人的劳动时间的权威，那个人也许会、也许不会像雇主所期望的那样努力地或认真地劳动。雇主所付的工资高于一个失业者愿意为之而劳动的工资，因为更高的工资是取得对雇员的足够控制权的一种手段，为的是确保带来具有预期的数量和品质的劳动。没有人会为啤酒付出高于他所需要支付的价钱。啤酒在被人消费时不会抵抗；然而劳动却必须被榨取。

尽管劳动榨取曲线形象地说明了围绕着劳动和工资的冲突的一些重要方面，但没有一个简单的模型能把握雇佣关系的复杂性。为了更充分地理解劳动过程，我们必须将企业视为一种社会组织，它由有血有肉的人组成，这些人的行为不能简单地用一幅图来概括。这是下一章的主题。

推荐书目

Harry Braverman, *Labor and Monopoly Capital* (New York: Monthly Review Press, 1974).（布雷弗曼．劳动与垄断资本．北京：商务印书馆，1975.） 311

Jeremy Brecher, *Strike* (San Francisco: Straight Arrow Books, 1972).

Michael Burawoy, *Manufacturing Consent* (Chicago: University of Chicago Press, 1981).（布若威．制造同意．北京：商务印书馆，2008.）

Richards Edwards, *Contested Terrain: The Transformation of the Workplace in the 20th Century* (New York: Basic Books, 1979).

Louis Putterman, *The Economic Nature of the Firm: A Reader*, 2nd ed. (Cambridge: Cambridge University Press, 1996).（普特曼．企业的经济性质．上海：上海财经大学出版社，2000.）

第 13 章　劳动场所中的技术、控制和冲突

312 2001 年，一个在采用“长壁开采法”的矿井下劳动的美国矿工，平均每小时开采 5.2 吨煤。如果这个矿工所幸是矿工工会成员的话，因了这项劳动将获得每小时 18 美元的报酬。

美国的矿工经常每星期劳动超过 40 小时，在额外的时间里“超时”劳动以增加工资收入，并把钱存入银行，以备失业期间的生存所需。不过，如果一个矿工在某个特定年份里平均每周工作 40 小时，他在该年的税前工资大约会有37 500美元。完税后（税收会因其他家庭成员的收入等因素的变化而变化），他将剩下不到 30 000 美元以维持生活。而且众所周知的是，煤矿工人的工作肮脏、繁重并且危险。

当然，矿工希望获得更高的工资，他当然希望自己的工作更加安全。每年在工作中

被夺去生命的矿工比牺牲的警员人数还要多。

但是煤炭公司有不同的观点。它们认定，提高矿工工作的安全性需要在安全设备上额外投资，而且还可能要求更慢的劳动速度。使用现有的机器，并让采煤更为安全，意味着降低劳动速度以建立额外的安全程序，而这会导致减产，进而意味着收入和利润的减少。支付更高的工资也将通过直接增加成本而减少利润。

如果矿工每小时开采 5.2 吨煤炭并被付以 18 美元，一吨煤的单位劳动成本将是（18÷5.2）美元，或 3.46 美元/吨。2001 年，一吨采用“长壁开采法”开采的煤炭，市场价格约为 24 美元。以每吨煤这样的价格和劳动力成本，煤炭公司平均每吨煤中会留有 20 多美元，以补偿机器的磨损（折旧）、监督成本、新投资及利润。

但是，如我们所见，欲使煤矿工人的劳动更为安全，要么需要额外 313
的投资，要么需要放慢劳动的速度。如果其他变量保持不变，任何一种使矿工的劳动变得更安全或者报酬更高的方法，都将增加单位劳动成本并降低利润率。由于这个原因，矿工和煤炭公司的利益往往是直接对立的。

矿工和公司之间在利益上的根本冲突，已经将这个国家的矿区变成了激烈、痛苦并且旷日持久的冲突的中心。事实上，冲突往往转化为暴力。例如，在 19 世纪 70 年代，宾夕法尼亚州绞死了 19 个“莫里·马奎尔”（Molly Maguires）——他们是富于斗争性的矿工，试图建立在当时仍属非法的工会。1914 年，科罗拉多州民兵镇压了一场被洛克菲勒所有的一个煤矿里的罢工：在这场被后世称为拉德洛大屠杀（Ludlow Massacre）的事件中，民兵杀死了 21 人，其中包括 11 名儿童和 2 名妇女。在肯塔基州，“血腥的”哈兰县见证了煤炭公司和矿工间长达几十年的暴力冲突。即使在今天，工会的组织者仍经常面临骚扰、恐吓以及暴力的威胁。

暴力是雇主与雇员间持久冲突的最为极端但却非最普遍的表现形式。若不采取暴力，资本家和工人之间彼此冲突的利益该怎样解决呢？雇主打算如何榨取雇员的劳动？工人该怎样做以维护他们的利益？本章将研究这些问题。

本章的中心思想是，**每一个资本主义劳动过程必然把一种社会组织和一种生产技术结合在一起；这两个因素塑造了雇主和雇员间围绕着工资、劳动强度及劳动条件的冲突，同时又为这些冲突所塑造。**

这一思想表达为如下六个要点。

1. 雇主以他们相信能使企业利润最大化的方式组织劳动场所。劳动过程的社会组织源于雇主对利润的追求，尤其是源于他们从雇员身上榨取劳动的努力。雇主在劳动场所建立控制体系以增强他们榨取劳动的能力。
2. 已知的和可得的生产技术对于雇主怎样组织生产施加了某种限制。关于实际使用何种现有技术以及开发何种技术的决策，为工人和雇主间的冲突所影响。
3. 雇主和雇员试图在劳动过程的社会组织和技术的框架内，增进他们围绕着工资、劳动强度和劳动条件的彼此冲突的利益。工人以多种方式维护他们的利益——例如试图组成工会；而雇主同样也制定各种策略以维持或提高其利润率——例如，偶尔利用存在于工人中的种族的和基于性别的紧张关系。
4. 雇主试图以最有利可图的方式组织劳动过程，但这不必是最有效率的方式。效率不同于盈利率，当两者间产生冲突的时候，资本家之间现行的竞争会迫使他们选择盈利率，而不是效率。

314

5. 在资本主义牟取利润的过程中，市场和等级制是相互增进的因素。尽管有时两者被认为是组织社会关系的相互替代和相互对立的方法，但事实上，它们都是资本主义企业所必需的。
6. 资本主义企业的一个替代是民主企业。民主企业由雇员所有，并由雇员选出来的人管理。尽管有着很多优点，但由于所涉及的风险和在募集必需资本上的困难，民主企业还是经常发现自己难以生存。

和在前几章中一样，牟取利润的过程对于理解这里所讨论的话题至关重要，因为正是牟取利润引起了雇主和雇员间的冲突。有时这种冲突表现为单个雇员和老板间的冲突；有时这种冲突明显地存在于企业主与雇员集团乃至全体雇员间的谈判和斗争中；在其他情形下，冲突成为工人阶级和资本家阶级中的重要集团间的普遍性冲突。

劳动场所的社会组织

雇主试图以一种能够产生最高利润率的方式组织劳动场所。他们在这上面的目的（利润）与他们在其他行动中的目的（如第 10 章和第 11 章中所讨论的）没有什么两样。雇主怎样组织劳动场所以及他们与雇员的直接关系，通过劳动强度（e）、劳动效率（f）以及工资率（w）诸方面直接地影响着利润率。正如我们在前面各章里看到的，如果一个雇主能够增加 e 或 f，并降低 w，在其他要素保持不变时，其利润率将增加。

雇主及其管理者、经理和工头在劳动场所中行使权力的最基本方法，如我们在前几章中看到的，是经由雇佣和解雇的权利来实现的。站在工厂大门外的后备工人使工厂内的雇员努力地劳动。

如果劳动场所中所有的或多数的雇员的表现不能达到雇主所要求的水平（例如，假设他们属于一个工会，并抵制提高劳动速度），雇主就会遇到大麻烦。他或她面临着几种可能性。譬如，雇主可以采取措施挑起一场罢工，并将雇员锁在劳动场所外。在这种情况下，雇主可以关闭工厂、锁上大门、等待雇员感觉到有经济压力并期待雇员们最终同意依照雇主的条件而劳动。这被称做**雇主停工**。

还有一种选择，一个企业主可以将他或她的工厂转移到雇员更为顺从的地方。例如，和工业化的中西部以及东北部的大部分地区相比，美国南部各州、新罕布什尔州和落基山脉各州的法律和政治氛围在历史上一直对工会更有敌意。类似的，面临一个强势工会的公司可以转移或者威胁要转移到工资更低、工会处于弱势甚至被禁止的外国。这里的关键是，资本家可以逃逸到某个别的地点，那里比他们目前碰巧所在的地方对企业更为友好。由于拥有资本品，资本家便可以随其喜好、在其中意的地方自由地投资（建立新工厂）或撤资（关闭现存的工厂）。**逃逸的工厂**使其原先的雇员失去工作。即使是工厂迁址的威胁也会使雇员感到恐惧，从而接受雇主的条件。

炼钢：三种观点

工人：

有人建造了金字塔……帝国大厦——这些东西不是从天而降的。其背后是艰苦 315
的劳动。我愿意见到一座大厦，比如帝国大厦，我愿意见到在一面从上到下仅为一英尺宽的墙上写着每个泥水匠的名字、每个电工的名字、所有的名字。因此，当一个家伙经过的时候，他可以叫住自己儿子，说，看，我在第 45 层上呢！是我把钢梁插进去的！毕加索可以指向一幅绘画。我能指着什么呢……每个人都该能指点什么。

我们每天搬运 4 万到 5 万磅的钢……你不会有比这更骄傲的了。要为一座你永远不会走过的桥、一扇你永远不会打开的门而骄傲是很困难的。你在大量地生产东西，你永远也看不到它的最终结果。

——Mike Lefevre，钢铁工人，引自 Studs Terkel，*Working*（New York：Pantheon Books，1972）

人事管理顾问：

我可以毫不犹豫地说，处理生铁的科学是如此高深，以至于适合以处理生铁为其日常劳动的人可能理解不了这门科学……适于在任一特定职业上劳动的人如果没有得到接受过完全不同教育的人的帮助和协作，就不能理解这一职业的科学。

——Frederick Winslow Taylor，“科学管理”的创始人，1912 年在国会委员会前的证词，引自 F. W. Taylor，*Scientific Management*（New York：Harper，1947），p. 49

资本家：

管理的职责就是赚钱。我们的主要目标不是制造钢铁。

——David Roderick，美国钢铁委员会（现在的 USX）前主席，在影片《美国的企业》（*The Business of America*）中接受采访时如是说（1984）

316 大企业可用以组织劳动场所的第三个策略是**并行工厂**，这些工厂位于国内或世界上的不同地方，生产相同的产品。例如，通用电气公司在马萨诸塞州和中国香港就同时生产钟表的机芯。有了并行工厂，雇主便可以告诉工厂的雇员，除非他们同意低工资或较高的劳动付出，否则公司会将生产转移到其他工厂。然后他们会将同样的话告诉在其他工厂的雇员。除非这些相隔遥远的工厂的雇员能以某种方式共同行动（这是一项非常艰巨的任务），否则他们将处于谈判劣势。

雇主维持其优势的方法全然源自所有者的以下权利，即拥有让谁能在他自己的劳动场所里工作以及谁不能工作的权利。正如我们所见，私有财产包括排除他人使用财产的权利，同时，对生产中所使用的资本品的私有权带来了雇佣和解雇的权利。当然，雇主停工、逃逸工厂和并行工厂也给企业主施加了成本，所以他们也会选择不去使用这些手段以驱使工人。每一位雇主还必须提供工作条件，以使其填满需要被填满的工作数量。如果其他雇主提供给工人更慢的劳动速度或者更多的工资，这将限制该雇主的行动，除非有一个很大的失业工人队伍。最后，某些劳动场所，特别是提供服务的，可能无法迁移（一家波士顿宾馆所有者在面临雇员罢工时并不能把宾馆迁到中国香港，仍要为波士顿的消费者服务）。这些考虑约束了雇主的行动。

雇主的权力通过**劳动场所的社会组织**——工作被组织的方式——得到进一步增强。通常，企业的组织是**等级制**的。劳动场所中的等级制建立在拥有雇佣和解雇这一权利的基础上，但它也允许进行微调式的控制。雇主不能每天、每个小时因为一些琐碎的、常规性的问题像面临一些重要事物那样有效地以解雇来威胁工人。这种威胁，如果使用得过于频繁，将不再可信。即便为了使威胁可信，雇主的确经常解雇雇员，太高的离职率也很可能扰乱企业的正常运行。成功的雇主发展了其他一系列激励措施——各种奖励和惩罚——来补充和增强其最终拥有的解雇工人的权力。

雇主通过将整个社会组织赋予劳动过程来组织劳动场所。他们界定了不同的工作及其责任；他们解释了工作规章和工人的权利；他们确立了管理者和工头的权力；他们设计了对出色劳动的奖励和对相反情况的惩罚。

棒球：全球经济中的所有者、工人和纳税人

北美沃尔沃卡车公司（Volvo Trucks North America）（一家瑞典跨国公司的附属公司）决定在弗吉尼亚州的都柏林扩张业务之前，曾要求弗吉尼亚州分担一部分成本。由于沃尔沃所有的工厂遍及世界，所以和沃尔沃需要弗吉尼亚相比，弗吉尼亚更需要沃尔沃。因此，弗吉尼亚州急切地想谈成这笔生意。最终，州政府给该公司提出了一系列减免税收及其他鼓励性政策，这些政策将使弗吉尼亚州的纳税人花费5 420万美元。作为回报，公司承诺在未来六年中新雇1 277个工人。（这样一来，该州政府为沃尔沃所创造的每一个工作支付了42 000美元以上！）但是，与美国联合汽车工会（UAW）进行的有关雇佣新工人的谈判遇到了麻烦：沃尔沃打算给这些工人支付的起始工资比先前低30%，而且工人在工作10个月之后才能获得医疗保险。1999年1月13日，当地的工会成员拒绝了拟议的合约。 317

沃尔沃对工人的还价不是一次让步，而是最后通牒：要么接受新合同，要么我们离开这里。沃尔沃的经理们访问了两家位于墨西哥的工厂，以寻找可替代的厂址。在都柏林的沃尔沃工厂，生产工人的平均工资为每小时12美元，而在墨西哥，制造业工人的平均工资不到这一工资的五分之一，这一点在都柏林并不是秘密。工人只被允许有两天时间就是否接受最后通牒进行投票。1月29日，他们俯首屈尊，同意了沃尔沃的条件。

特拉华州多佛一家工厂的548名工人经历了相同的故事，但故事的结局却有所不同。这家工厂由德莱赛工业公司（Dresser Industries）所有，后者是提供油田服务的跨国公司——哈里伯顿公司的一个分公司。工人们生产加油泵，多数工人由UAW代表。2000年7月，在合同期满而新合同的谈判破裂了的情况下，工人们举行了罢工。争执的焦点是养老金和医疗保险。哈里伯顿和德莱赛已经在考虑工厂迁址（可能是迁往墨西哥），而罢工又强化了他们迁址的倾向。在一轮讨价还价被拒

绝之后，哈里伯顿于2000年10月13日宣布，关闭多佛的工厂。

在谈判中，那个不遭受损失就能离开的人居于控制地位。当工会成员与他们的雇主进行谈判时，面对的可能是沃尔沃、哈里伯顿或者其他某个不受地址约束的企业，另一方面，他们面对的也可能是某个发现难以迁址的雇主，如宾馆、餐馆、医院、公立学校体系，这两种情况有着巨大的差别。

随着企业在世界范围内建立办公室和工厂，它们正变得越来越不受地址的约束。结果，这些行业中的工会就难以有效地在提高工资上发挥作用。最近有一项研
318 究计算了全球化对工会谈判力量的影响。为了在一个特定行业里量度全球化，该作者计算了该行业的美国各公司在其他国家雇佣的工人数量，并与这些公司在美国雇佣的工人数量进行比较。按照这种量度，更为全球化的行业包括医药、烟草、轿车和卡车以及肥皂、清洁剂和化妆品。

研究发现，一个行业越是全球化，工会提高工资的能力就越弱；而且当一个行业变得更为全球化时，工会的谈判力量——根据其对工资的影响来衡量——便下降。例如，把肥皂、清洁剂和化妆品这一全球性行业与一个其他条件相同但没有全球雇员的行业相比，前者的工资大约要低五分之一。

资料来源：Jeffrey P. Carpenter and McAndrew Rudisill, "Fairness, Escalation, Deference and Spite: Strategies Used in Labor-Management Bargaining Experiments with Outside Options," *Labor Economics*, no. 309, 2003, pp. 1-16; Minsik Choi, "The Threat Effect of Capital Mobility on Wage Bargaining," in Pranab Bardhan, Samuel Bowles, and Michael Wallerstein, eds., *Globalization and Egalitarian Redistribution* (Princeton, N.J.: Princeton University Press, 2005); U.S. Department of Labor, Bureau of Labor Statistics, "International Comparisons of Hourly Compensation Costs for Production Workers in Manufacturing, 2002," Release 03-507, September 26, 2003.

这样的社会组织可以被认作为一个**控制体系**。这是雇主管理劳动场所的手段。一个资本主义的劳动场所几乎从来就不是民主地组织起来的；它自上而下地运行。既然雇主组织劳动的原因是生产商品以获得利润，控制体系就被设计用来增强雇主榨取工人劳动的能力。

雇主在企业内部发展了几个不同的控制体系。每一个都反映了在劳动场所内榨取劳动或减少单位劳动成本的独特的策略。在控制工人的许多方式中，使用最广泛的是如下几个。

简单控制

雇主降低单位劳动成本的一个策略是支付尽可能低的、勉强超过$\underline{w}$的工资，并利用管理者和工头来恐吓、诱惑、哄骗、激励或驱策雇员努

力地劳动。这一策略，即**简单控制**或**驱策制度**，旨在使工资维持在尽可能低的水平，同时迫使雇员提供高水平的劳动付出。如果这种策略是成功的，它将使单位劳动成本（*ulc*）最小化［见前一章的等式（12.2）］。

一家小型纺织厂，或一间麦当劳餐厅，是简单控制的例证。企业支付的工资非常接近于法定最低水平；工资本身也不会为雇员提供多少激励，以使他们的劳动付出高于那个仅使其免于被解雇的最低劳动付出。

这些企业的雇主如何使雇员努力劳动呢？雇主（或者聘请的经理）将亲自指挥劳动、监督雇员、评价他们的劳动并相应地予以奖励或处罚。例如，雇主会这样奖励一位勤勉的工人，即把他或她安排到一个更好的班次或更令人愉快的工作岗位上。相应的，雇主也可能这样来惩罚一位被认为表现不佳的雇员，即通过增加他或她的劳动时间或为其安排一个肮脏或令人讨厌的工作。不言而喻，被解雇的威胁始终存于雇员的脑海中。 *319*

老板也许既卑鄙又专制，也许会通过魅力和其人格力量来激励工人。不管是通过哪种方法，其结果都是通过驱使工人提供更多的劳动付出以降低单位劳动成本。快捷的劳动和低廉的工资带来了低水平的单位劳动成本。

简单控制：快餐业

每年，美国人在快餐上的花费大于 1 000 亿美元，这等于国防支出的三分之一。在美国，一个工作周远远长于工业化国家工人的平均水平（见图 20.1），时间在我们的社会里备受珍视。结果，即时可得又便宜的快餐，成了忙忙碌碌的美国生活方式的一个几近普遍化的特征。

既然时间在该行业的存在中具有核心意义，其劳动过程滥觞于美国制造商在 20 世纪初采用的装配线系统就不足为怪了。在柜台背后的生活中，任务被分解成不需要多少技能的或根本不需要技能的、细碎的重复性动作，这样便可以使产出的速度最大化。通常快餐店有一个目标速度，它要求餐饮必须在固定的几秒内递送出去。

原材料到达的时候已经事前切割好，并经过了包装、分类和冷冻，以便尽可能减少将材料集中进行生产的时间。对生产地点的安排是为了使食品以最快速度被加工，并被送达消费地点。经理们通常负责劝诱、哄骗乃至迫使生产的速度适应于顾客登门时的需求。

快餐业是美国提供最低工资的最大雇主。除了农业中的移民工人外，在快餐业工作的人是美国收入最低的。该行业的所有者强烈地反对工会，并冷酷无情地反对寻求提高最低工资的法案（参见第 14 章的专栏“最低生活工资?”）。很多快餐公司因为让工人加班却不付加班费而被送上了法庭。典型的情况是，一个工人每三到四个月就会辞职或被解雇，而且没有救济金和医疗保险。直到最近，快餐公司的特征还是雇佣十几岁的青少年，但随着一些青少年开始排斥这样的工作，企业开始雇佣更为贫穷的移民劳动者或老年人。

下一次当你为餐馆上汉堡包的速度慢而心烦时，再看看柜台后面吧。驱策制度下的生活也许不像看起来那么容易。

资料来源：Eric Schlosser，*Fast Food Nation*（New York：Harper Perennial，2002）；Dirk Johnson，“For Teenagers，Fast Food is a Snack，Not a Job，” *New York Times*，January 8，2001，p. A1.

技术控制

320 另一个可选策略则旨在通过不同的手段以达到相同的结果。如等式（12.2）所表明的，$ulc=w/(ef)$。这里和先前一样假定：支付最低可能工资（w）将使等式中的分子变小。然而，在**技术控制**的条件下，分母中的劳动付出部分（e）将增加，这并非因为一直存在着督促雇员的监督者，而是因为生产过程中的机器的速度。机器本身推动雇员快速地劳动。同样重要的是，在生产过程的速度由机器设定的情况下，要想监督工人是否按标准而劳动，就更为容易了。那些一直落后的人将被挑出来，要么接受惩罚要么被解雇。

例如，在一个汽车制造装配线上，是装配线本身的速度设定了劳动的速度。美国典型的汽车装配线每小时生产 60 辆汽车，所以在这种情况下，每一个工人必须在下一个底盘到来前在 60 秒内完成自己的工作。因为装配线自己设定了速度，老板在此就不用站在工人面前进行指导和监督了。类似的，在第 1 章所描述的呼叫中心里，有些软件是处理呼入电话的线路的，这些软件也可以用来记录雇员处理每个呼叫电话所花费的时间。使用这种技术，监督者就可以监控接线员处理电话的速度（也许是通过查看一天结束后电脑的打印结果），然后告诉雇员要么干得更快些，要么被解雇。

技术控制并没有取消对监督的需要。如果一名雇员拒绝“服从”装配线将会出现什么情况？在装配线上或者在其他由机器设定速度的工厂或办公室里，老板仍然需要从事以下任务，即评价雇员的劳动，并惩罚那些没有达到预期标准的雇员。在第一个例子里，劳动速度仍然是由物质生产技术来控制的。

技术控制也没有解决由谁来决定装配线的速度（或者任何其他由机器定速的生产系统）的问题。当雇员处于弱势且没有组成工会的时候，老板无须征求雇员的意见就可决定生产线或机器的速度。[这类情形在查理·卓别林的电影《摩登时代》（*Modern Times*）中被滑稽而准确地描绘了出来。] 另一方面，如果雇员是高度组织化的，则往往由工人和雇主间的谈判来设定装配线的速度。然而，即使该速度是由谈判设定的，装配线也会将集体认同的劳动速度强加给每一个雇员。

因此，在技术控制的条件下，雇主设计和运用物质生产技术的权力，提供了另一种形式的统制。雇员被束缚在以既定速度运行的装配线或机器上，他或她必须跟上这一速度。

科层控制

科层控制是实现低单位成本的另一个策略。在一个科层制企业中，雇主支付相对较高的工资，更为重要的是，所支付的工资根据雇员在企业内的资历以一种可预见的方式增长。一直被企业雇佣的工人可以期望在未来获得更高的工资，而且也许还会得到其他的利益。

高工资和不断增长的工资怎样才能减少单位劳动成本呢？如果高工资能带来劳动付出（e）的进一步增长，比工资（w）的增长速度更高，就能实现这一点。在这种情况下，决定着 ulc 的 w 和 ef 间的比率将会下降（f 不变），促使单位劳动成本降低，如果其他要素不变的话，将提高利润率。（参见第 12 章的图 12.2 及围绕该图的讨论。）因此，如果劳动付出有了更大的增加，提高工资就能降低 ulc。这就是“胡萝卜”的方法：有了高工资和不断增长的工资，雇员就会十分喜爱他们的工作，十分希望能保住他们的工作，对于雇主会有足够正面的感受，从而提供数量不断增加的劳动付出。

技术控制：肉类加工业

1961 年，两个年轻的经理，柯里尔·霍尔曼（Currier Holman）和 A. D. 安德森（A. D. Anderson），创办了一家名为艾奥瓦牛肉包装厂（IBP）的企业。在接下来的三十年中，这家公司一直处在为肉类加工业所周知的“IBP 革命”的最前沿。这里所讨论的革命包括对肉类加工业生产过程的大规模且意义深远的重组。 321

那时，肉类加工业集中在美国中西部和西部（芝加哥是其历史上的中心）。肉类加工本身被认为是一个非常好的工业职位，包括高水平的技能和低的人员流动率。该行业成立了工会，并为该行业工人争取了相对较高的工资。

IBP 革命始于将其屠宰场设在美国农村，远离那些传统上工会较强且更有组织性的城市中心。20 世纪 60 年代后期，IBP 完全取消了工会，从而使其不受限制地推行核心创新：一个雇佣去技能化的、无组织的劳动力的大批量生产体系。

大批量生产体系建立在常见于其他产业的装配线基础上。牲畜被置于装配线上，在那里它们根据一个事先设定的系统被屠宰和分割。工人的任务变得非常简单，而且是组织严密的和重复性的。一个一度是技能型的工作，同时包含着对一件复杂任务的构想和执行（对动物的屠宰、切割以及包装），被分割成细小琐碎的杂事，初学者就可以胜任。这些工作有这样一些名字，像敲打工、屠宰工、去杂工、下腿工、蹄爪工及剔骨工，这些名字既证明其残忍，又证明了劳动的局部性和去技能化的性质。一个 IBP 经理这样评价这个系统："我们试图从每一个步骤中把技能去除掉。"

装配线和去技能化的劳动的结合，意味着劳动速度（e）直接由企业控制。在 20 世纪 60 年代，一个肉类加工厂每小时能够加工 50 头牲畜。今天，在农村地区的大型工厂每小时能够加工 400 头乃至更多的牲畜。在高峰时期，装配线运转得如此之快，工人每六秒钟就能屠宰一头牛。挂着牛的链子经过敲打工和屠宰工面前时的速度，是装配线上的汽车经过焊工时的速度的六倍。

今天，肉类加工业高度集中，有着可观的利润。排名前四位的公司控制了 85%的市场。另一方面，工人的条件却大大恶化了。离职率是 400%（即平均而言，工人在三个月后就会辞职或者被解雇），去除通货膨胀因素后的实际工资比 40 年前低了三分之一。很多工人是无技能的移民，他们在劳动市场上几乎没有其他的机

322 会。在这样的劳动速度下，受伤是司空见惯的。在美国的 43 000 名肉类加工工人中，每年有三分之一的工人因为受伤或与劳动相关的疾病去医院就诊，是全国平均水平的三倍还要多——这是它有时被称做美国最危险的工作的原因之一。

资料来源：Eric Schlosser，*Fast Food Nation*（New York：Harper Perennial，2002）.

不过，在科层控制中也有一个重要的"大棒"。一个雇员在企业中获得更好职位的唯一途径就是通过获得资历。但是随着雇员取得了资历，他或她在特定工作职位上的"投资"也就越大。而且，与资历加深和工资提高相伴而来的，是雇员被解雇时的失业成本的增加。这样一来，他或她在一个特定企业的工作时间越长，大棒就变得越大！

通常，依靠这一策略的企业会设置明细的工作规章和程序，以确立复杂的激励措施。与作为单纯的雇员不同，工人还受雇于特定的工作职位，该职位有一个头衔，同时还存在着对该职位工作的正式描述。对这份工作的职责和任务是有规定的，雇员的业绩也将根据预先规定的职责

来衡量。

企业会利用**职位阶梯**来组织一个科层控制体系。职位阶梯将一系列工作联系在一起，每一项工作都是梯子上的"一阶"。比如，档案管理员、普通打字员、秘书、私人秘书以及行政秘书会在同一个职位阶梯上联系在一起。雇主从企业外部雇佣求职者从事最底层的工作（比如说档案管理员），雇员则被鼓励凭借其在较低职位上的出色业绩攀升到阶梯上更高级的职位。这样一来，雇员获得一个更好职位的途径，就是通过在其现有职位上努力地工作。这是带来更高的 e 的另一根胡萝卜（正面激励）。

不过，仅靠建立职位阶梯以及对工作加以描述，并不能保证其有效。因此，无论科层控制还是技术控制都不能消除对老板的需要。老板仍然监督劳动，指挥工人，并且评价工人的表现。他们还要决定提拔谁、解雇谁、奖励谁、惩戒谁。在进行科层控制的企业中，老板通过"运用公司政策"来统治。由于他们只是执行公司的规章，因此他们与其下属之间的权力关系是嵌入企业的组织结构中的，其结果就更为隐蔽。 323

表 13.1　雇主的控制体系

控制体系	工资	监督
简单控制	低，对于长期服务几乎没有回报	老板直接观察
技术控制	低，对于长期服务几乎没有回报	机器控制着劳动速度：由机器发现落后者；较少直接的监督
科层控制	高，随服务期的延长而增加	在企业内部根据"法则"晋升或被解雇

说明：由于雇主和雇员间的利益存在着冲突，一个企业的盈利能力取决于其对劳动过程拥有有效的控制体系。表中提供的三种控制体系在不同的产业按不同程度被利用。随着时间的流逝，在整体经济中，这些控制体系在或大或小的程度上得到了利用。

这里讨论的不同种类的控制——简单控制、技术控制和科层控制——只是企业内部的权威关系或统制关系的不同制度形式。它们在表 13.1 中得到了总结。每一个工作场所和企业对这些控制形式都有自己的组合。然而，尽管存在着多种控制体系——有许多我们还没有讨论——它们的存在都是为了实现雇主的一个目标：降低单位劳动成本。

技术和劳动过程

一项技术，如我们在第 5 章所定义的，是一个劳动过程中的投入和产出之间的关系。技术变革则是在投入和产出间的关系上的变化。每当一项新技术既可获得，在经济上也可承受，又能提高利润率，雇主就会带来技术变革——例如，新型机械的引入，或生产方法的改变。

技术变革能通过降低单位劳动成本（ulc）来提高利润率。尤其是，技术变革能提高劳动效率（f），以及——如我们将要看到的——增大劳动强度（e）或降低工资（w）。在其他情况不变的情况下，这些因素中的每一个都会降低单位劳动成本，并提高利润率。为此，雇主就能把技术变革看做更高利润的潜在的丰富来源。

在任何特定的时间上，已知且可得的技术对于雇主能做什么施加了限制或约束。例如，现有技术可能会规定，要生产一吨铁至少需要三吨铁矿石；不管雇主多么渴望减少对这一投入的使用，现有技术将不会允许。

类似的，现有技术对于劳动场所的社会组织也施加了限制。例如，某些生产过程，像装配线，需要很多人在一起工作；而其他工作，像电
324 话接线员，主要涉及个人任务。而且，尽管某些工作几乎不需要什么技能和经验，但根据现有技术的要求，其他工作却可能要求雇员拥有广泛的技能和丰富的经验。这样一来，现有的技术就限制了雇主如何组织劳动。

不过，由已知而可得的技术所设定的限制通常是相当宽泛的。相同的产品（如碱性钢）往往是由不同的企业生产的，这些企业采用不同的控制体系、拥有不同比例的熟练工人和非熟练工人、在老板和工人之间存在着不同的关系、具有不同的工资结构。大多数汽车厂在其装配线上都囊括了高度细分的工作，而其他汽车制造商则采用“团队生产”的方式。电话接线员的工作也许是无保障的，没有前途而且工资低廉，并以被严格监督为特征（简单控制）。另一方面，它也可能是职位阶梯上的入门职位，该职位会带来更有保障、薪酬更高的职位（科层控制）。

所以，当技术对劳动的组织施加了某些限制的时候，组织劳动场所的很多不同方法常常是与现有的技术相适应的。当然，现有的技术是不断地变化着的。而且，由任何给定技术带来的限制随着时间的推移可能变得不那么重要了，因为雇主实施一种控制体系的需要塑造着技术开发

的路径。

寻求技术变革以提高利润率的雇主，和其他人相比自然会对某些类型的技术变革更感兴趣。例如，假设一个企业主打算投资于开发一项新技术的研究。企业的研究人员提出了两种方案。第一种方案会开发这样一种新技术：它承诺大大减少投入的材料（m），但同时会降低雇主榨取雇员劳动（e）的能力，因为它需要工人独立地工作，从而使得监督变得困难。第二种方案使 m 减少的程度不如第一种，但不会削弱雇主对劳动速度（e）的控制。企业主将更可能资助第二个方案。

因此，雇主榨取雇员劳动的需要就能影响技术变革的方向。的确，技术变革的过程是"有偏向的"：试图使利润最大化的雇主，鼓励某些类型的技术变革（即与最大限度地榨取劳动相一致的技术变革），而阻碍另一些技术变革（那些危及其权力的技术变革）。

在任何特定时间上已知而可得的那些技术都是持续的技术变革过程的产物。但如果这个过程是有偏向的，在特定时间存在的那些技术将部分地反映这种偏向。不仅现存的技术，而且未来的技术变革，都会被生产的社会组织以及雇主对劳动场所中的权力的需要（为使其利润最大化）所塑造。

劳动场所中的冲突

正如我们已看到的，雇主和雇员围绕着劳动速度（e）、工资（w）以及劳动条件进行谈判。结合了社会组织和技术的劳动场所就是他们斗争的主要阵地。（他们也会在别处为这些事进行斗争，例如试图由政府对安全性或其他劳动条件进行管制。）

管理权利

双方同意，雇主的管理拥有唯一的和排他的权利、义务与责任，以指导雇主及其劳动力的行动。管理的这些职能包括但不限于如下排他性的权利：决定要制造或生产的产品、生产的进度、方法和工艺、制造的地点以及获取所有材料和零部件的权利；决定雇佣、停职或出于公正的理由开除员工，或者由于缺少工作和其他合法的理由免除雇员的职责的权利；决定引进新的或改良了的生产方法或设备的权利；决定展开时间研究的方式或方法的权利；[决定] 用以确定（计件）工资率的公式 325

的权利。以上权利并不是包罗万象的，而只是通过具体的方式列举出那些属于雇主的权利。雇主在签订本协议之前所拥有的一切其他权利、权力、职能或权威，除了那些在本协议中或其他事后由雇主和工会签订的补充协议中被特地削减、删除或修改过的以外，都应为雇主保留。依此方式保留的所有事项将不是抱怨的主题，且不受仲裁，这一点也博得了进一步的理解。

——惠而浦公司的福特·史密斯分公司和 P. A. C. E.（造纸、联合产业、化学和能源工人国际工会）2002 年集体谈判协议的管理权条款

雇主和雇员在他们的冲突中使用完全不同的手段来维护和促进他们各自的利益，或者换种说法，他们行使的是不同类型的权力。首先，是雇主建立起斗争的战场，因为是他们为既定的劳动场所雇佣员工并组织生产过程。尽管雇员会以个别的或集体的方式通过辞职或罢工选择退出这一战场（劳动场所），他们从来就没有或鲜有机会自行组织生产。

因为是雇主而非雇员组织生产，雇主就有权力发起行动或者改变环境。另一方面，工人本质上处于防御性地位，针对雇主的行动做出反应以保护他们的利益。这种地位上的差异明显地表现在雇主逃逸或建立控制体系的策略中。另外，还表现在技术变革会以何种方式影响劳动场所中的冲突。

技术变革与劳动场所的冲突

技术变革会通过三种主要方式影响工人。首先，技术变革在不增加其劳动量的情况下提高工人的劳动生产率。在前一章的等式（12.2）中，f 被用来表示“劳动效率”，换言之，每单位劳动付出所生产的产出量。特定的 f 值反映了当前使用的技术，因为是这种技术决定了以既定的劳动量能够生产多少产出。正如从等式（12.2）可以看到的，第一类技术变革通过增加 f 降低了单位劳动成本，即使所提供的劳动付出量（e）保持不变，也是这样。

326 考虑下面的例子。一个鞋厂工人，使用一种简单的电动缝纫机，并按一种惬意的速度劳动，他在一小时内能生产出两双鞋。因此，z（每小时产出）$=2$。如果我们假设，该工人提供的劳动付出量就这类工作而言属于正常水平，我们便可以说 $e=1$。既然我们知道 $z=ef$，而 $z=2$，便可知制鞋工的劳动效率 f 为 2。现在假设鞋厂的所有者开展一项投资，为雇员的劳动配备了由电脑控制的缝纫机（以取代简单的电动机器）。这种技术变革意味着制鞋方式改变了，所以即使雇员并未更努力

地劳动（e 仍为 1），他或她现在每小时能生产 5 双鞋。因此，这种技术变革——制鞋方式的改变——使 f 由 2 增加到 5。

提高了 f 的技术变革能削减单位劳动成本，而无需雇员更努力地劳动或接受降低其工资。因此，当有可能进行这类技术变革时，就不存在工人与其雇主之间的内在冲突。

然而，即使在这种情况下，雇主和雇员还是可能围绕 f 而斗争。例如，在一个特定的企业，工资不够高的雇员会认为，故意妨碍生产可能是争取更高工资的途径之一，这样一来就会降低 f。尽管这种行动没有为雇员带来直接利益，但的确给雇主增加了成本。如果这种成本大于雇员所追求的工资增长，该策略可能促使雇主同意增加工资。

举一个具体的例子，如果一间汽车制造厂的雇员感到愤愤不平，当汽车在装配线上经过时，他们偶尔会将汽水瓶扔进车门。由于这会产生响声，在汽车被送到经销商那儿之前必须消除这种响声，为此就需另外安排雇员（更多的劳动付出）卸下车门并取走瓶子。这种“蓄意破坏”降低了“劳动效率”（f），因为现在生产相同数量的汽车需要更多的劳动。类似的，当雇员在生产中“意外地”损坏了原料或者破坏了工具，也会放慢生产并降低 f。世界产业工人工会，一个于 1905—1920 年间将非熟练工人组织起来的具有战斗性的工会，在一个著名的口号中把握到了这一想法：“要么是优厚的工资，要么是低劣的劳动！”

技术变革还能以第二种方式影响劳动场所的冲突。它能为雇主提供一种手段，以**加速**劳动（增加 e），从而降低单位劳动成本。雇主以技术来控制雇员的最显著的手段，是利用技术控制和以机器设定劳动的速度。当汽车公司引进装配线时，立刻就为雇主提供了一种新的方法来控制和加速劳动。今天，技术使雇主能够阅读雇员的电子邮件，听取他们的电话谈话，记录下接线员处理呼入电话时所用的时间，了解打字员能以多快的速度打字，对司机而言（见专栏“再次上路——带着一个盒子监控我”），就是监控公司车辆的速度和位置。所有这些能力使得雇主能从雇员那里取得更多更好的劳动。

爆裂：“要么优厚的工资，要么低劣的劳动！”

2000 年 8 月，费尔斯通（Firestone）公司召回了它生产的 1 440 万个轮胎，因为其构造缺陷会导致“胎面脱壳”，而这可能引起轮胎爆裂。一个月后，国家高速公路交通安全管理局宣布，费尔斯通轮胎因涉及 271 起死亡事故和 800 多起伤害事 327

件而被调查。随着公共关系意外灾难的程度清晰可见，世界最大的轮胎制造商——自从 1988 年被一家大型日本轮胎生产商购买后，其正式名称为布莱克斯通-费尔斯通（Breakstone/Firestone）——便考虑放弃费尔斯通这个名字。但此次事件对该公司来说并不只是困窘，还是一件值得某位当代的夏洛克·福尔摩斯来探究的谜团：费尔斯通是怎样制造出这么多会在公路上发生爆裂的轮胎的？

两位经济学家（具有讽刺意味的是，他们与普林斯顿大学费尔斯通图书馆的产业关系分部有联系）发现了一些线索，这些线索将他们引向 20 世纪 90 年代中期某两年间的一家工厂。这个明显的“犯罪现场”，费尔斯通在伊利诺伊州迪凯特的一家工厂，是生产被召回的那种轮胎的三家工厂之一（其他两间位于北卡罗来纳州的威尔逊和魁北克省的若列特）。与该厂在其他年份生产的轮胎相比，或者与若列特和威尔逊工厂在任何年份生产的轮胎相比，胎面脱壳更有可能发生在 1994—1996 年间迪凯特工厂生产的轮胎上。费尔斯通的工程师进行的实验室测试也证明了相同的模式：迪凯特有过两个非常糟糕的年份，不同于其他工厂的和该工厂在其他年份的纪录。

20 世纪 90 年代中期的迪凯特有什么特别之处呢？答案似乎是劳工斗争。

早在 1994 年，公司提议将轮班时间由 8 小时增加到 12 小时，工厂 24 小时运转，工人分日夜轮班。费尔斯通还想给新工人少付 30%的工资，并削减养老金和其他救济金。1994 年 4 月，4 200 名雇员举行了罢工。费尔斯通以更低的工资替换了罢工工人，随后宣布这个替换是永久性的；在需要追加劳动时，罢工者可以在已降低的工资水平上寻求重新被雇佣。

接下来的一年，很多人接受了这个条件，但是劳动条件非常艰苦。根据一份工会的报告：“被迫与占据了他们工作的、未参加罢工的人一起劳动……分派给罢工者的是在最差的机器上的最艰苦的工作，而不是他们已经干了 10 年、20 年乃至 30 年的工作。公司监工召开现场会，因为微不足道的过失而骚扰、威胁或开除工会成员。”建造合格的轮胎也许不是工人最优先考虑的事情。

两位经济学家为其研究做出了结论：“当布莱克斯通-费尔斯通要求工人在合同上做出让步时……当新替换的工人和被召回的罢工者肩并肩地一起劳动时，除非能
328 找到其他因素来解释轮胎缺陷的骤增，否则我们认为证据的分量指向劳工斗争，以其作为很多有缺陷的轮胎的根源。”他们估计，在那些斗争的年份，迪凯特工厂生产的有缺陷的轮胎至少导致了 40 起死亡，这个数字将是没有召回工人时的两倍。

一个世纪以前，世界工人国际，一个激进的美国劳动团体，要求“公平的劳动，公平的工资”，并直截了当地威胁：“要么优厚的报酬，要么低劣的劳动！”如果费尔斯通认识到这些要求的力量，就会节省很多钱（和挽救许多生命）。

资料来源：Alan Krueger and Alexandre Mas, “Strikes, Scabs, and Tread Separation: Labor Strife and the Production of Defective Bridgestone/Firestone Tires,” *Journal of Political Economy*, vol. 112, no. 2, pp. 253-289.

在制造业中有过这样的情况，劳动（正被制造的特定对象）是固定的，工人来回走动以取得工具或零件，或者将已完成的劳动移交给其他工人。装配线的引进扭转了这一地位：它使劳动成为移动的，而工人是固定的。雇员不再有许多机会来回走动并结交工厂中的其他雇员；他们必须以整个工作日在一个“工作站”上劳动。结果，雇员彼此间变得更加孤立了，组织集体抵抗以应对提高劳动速度的挑战变得更为困难。的确，从雇主的立场出发，装配线的主要优点之一是能增强雇主对劳动速度和雇员行动的控制。可是，雇主随后就发现装配线好坏参半，因为它使得相当小的一群工人就能中断整条装配线。这确实在 20 世纪 30 年代后期发生过，那时著名的“静坐罢工”导致了美国汽车工人联合会的成立，以及雇主对它的承认。

技术变革可用于控制工人的第三种方式是借助于**去技能化**。去技能化意味着改变生产方法，为此只需要更少的熟练工人，更多地依靠非熟练工人。

雇主通常支持去技能化，因为熟练工人在抵抗劳动加速以及就高工资进行卓有成效的谈判时一般处于最强势的地位。熟练工人是那些拥有特殊训练、知识或证书的人。熟练工人的供给少于非熟练工人，因为熟练工人通常可以从事非熟练劳动，而非熟练工人一般不能或者不允许（不被他们的工会允许）从事熟练劳动。而且，获得一种特殊的技能或证书既困难又昂贵，或者需要耗费大量时间。由于熟练工人的数量少于非熟练工人，一般而言要取代熟练工人就更为困难。出于所有这些原因，熟练工人通常比非熟练工人拥有更强的谈判地位。

再次上路——带着一个盒子监控我

美国文化，例如在威利·纳尔逊（Willy Nelson）的西部乡村音乐“再次上路”中所表达的，经常歌颂牛仔的自由及其当代的化身——长途卡车司机。不过，当美国货运公司在 20 世纪 80 年代安装了车载电脑时，卡车司机们遭遇了自由的骤减。这是因为，电脑作为“行程记录仪”极大地提高了公司监控司机行动的能力。行程记录仪向公司提供关于速度、闲散时间以及其他卡车操作细节的可靠信息。该记录仪的唯一功能，就是使公司能够监视司机在以下方面的行为，在这些方面司机和公司之间存在着利益冲突。 329

在安装行程记录仪之前，司机喜欢休息很长时间，然后开快车来弥补，开快车的速度快于使燃料成本和卡车磨损最小化的速度。由于卡车散布于全国，公司没有办法强制其司机放慢速度。与此相反，卡车自营者——拥有自己卡车的司机——得自己支付汽油费和维修费，所以他们开得较慢。结果，他们就能利用货运公司和司机间激烈的利益冲突成功地同货运公司展开竞争。

在引入行程记录仪之后，货运公司就能和司机这样来签订合同，即明确规定卡车行驶的速度，开得太快的司机将受到处罚。结果，超速驾驶者如今挣钱更少了。最终，行程记录仪具有两种效果。第一，仪器使得装有行程记录仪的卡车司机减慢了速度；第二，仪器减少了卡车自营者的市场份额，因为后者相对于货运公司的成本优势消失了。

野马已经过时了。

资料来源：George P. Baker and Thomas N. Hubbard，“Contractibility and Asset Ownership：On-Board Computers and Governance in U. S. Trucking，” forthcoming in *Quarterly Journal of Economics*，vol. 119，no. 4，November 2004.

当雇主寻求降低单位劳动成本的时候，他们自然会关注熟练工人。毕竟，后者是企业中工资最高、影响力最大的雇员。如果生产过程的变革能使其不再需要熟练工人，雇主就能雇佣非熟练工人，这些非熟练工人的成本更低，抵抗劳动加速的能力更弱。通过去技能化，雇主可以轻易地以较便宜的非熟练工人替代目前的熟练工人，因为在大多数劳动市场上，可用于替代的非熟练工人的现有供给大于熟练工人的供给。

330 技术变革可以增加生产中所需要的技能，但它常常是减少对技能的需要。当技术变革减少了对技能的需要的时候，它就为雇主提供了一种手段，借此可以使劳动过程去技能化。

雇主使劳动去技能化的一种途径，是将整个劳动过程分解为很多细小的任务，然后为每个雇员仅指派一种（也可能有几种）反复从事的任务。由于每个雇员现在只需知道如何从事为数不多的任务，为特定岗位培训新工人很快就能完成。

将工作细分及去技能化的一个最普遍的方法，被称为使劳动中的**概念与执行相分离**。**概念**意味着为工作制定计划，在头脑或书面计划中筹划怎样将产出生产出来。**执行**则是根据概念完成所计划的劳动。在较早的时候，高技能工人，像车床工，既有能力计划自己的劳动，也有能力执行其计划；来自于工作的一部分享受，就是计划其劳动，并目睹该计划在自己的手中实现。今天，小农、外科医生、父母、艺术家、自我雇佣的建筑者、电工以及其他行业的人仍继续做这两方面的工作，将概念与执行相结合。

与传统的生产过程相反，大多数现代劳动过程越来越使得概念和执行相分离。在规划、设计和工程部门的雇员决定了生产的组织，他们除了计划或设计以外几乎不生产任何东西。另一方面，执行发生在工厂里，在那里实际生产产品的雇员只从事体力劳动。他们不参与规划和改进他们所制造的产品。结果，计划（“白领劳动”）在办公室里进行，而执行（“蓝领劳动”）常常在位于完全不同的地方甚至不同的国家的工厂里进行。

近期的发展是，甚至白领的劳动也受到去技能化的影响。像书记员、制图员、档案管理员及销售人员这样的雇员也目睹了他们的工作的电脑化和去技能化。他们也基本上沦为电脑、带有视频播放器的设备或其他办公机器的操作员。他们更像工厂的工人了，在许多工作中运用头脑技能的需要——或机会——减少了。

总之，技术变革是一个多侧面的过程。一方面，它可以这样来引进，既有利于雇主但也不伤及雇员的利益；在此情况下，雇主和工人有可能共享技术进步的收益。另一方面，技术变革也能被雇主用来使劳动去技能化，或者引入对劳动的新控制（以增加劳动付出水平），在这两种情形下，其意图都是为了削弱工人的谈判力。当技术变革有可能违背工人的利益时，雇主会试图对现有雇员掩盖一项新技术的潜在效果，这是因为，如果工人了解到新技术使雇主有能力提高劳动速度、消除对其技能的需要或以其他方式损害其利益，便更可能抵抗引进任何新技术。

新技术的引进常常导致雇主与雇员间的争论、冲突和谈判，这一切并不足怪。当雇员力量弱小、尚未组成工会的时候，他们也许没有能力 331
去抵御有损其利益的变革。当雇员力量更为壮大时，比如，如果他们隶属于某个工会，他们也许就有能力进行谈判，阻止实施有损其利益的技术变革。这样一些冲突带来的结果是，那些对工人和雇主均能产生潜在收益的新技术的引进，往往被延迟，或者干脆被阻碍。对技术变革的控制从来就不是平等的。无论雇员的力量弱小还是强大，企业主保留着投资与否的权力，这使他们能够决定，是否、何时以及在何地投资于新技术。技术变革需要巨大的投资，无论对于研发阶段还是建设和安装新设备的阶段都是如此。只有资本家能够进行大规模的投资，所以他们握有发起（或阻止）技术变革的权力。工人，即便在最好的情况下，也只能寄望于影响或阻碍技术变革。仅在罕见的情况下，他们才处于发动技术变革促进其利益的地位。

工 会

工人组织并加入**工会**，以增强他们同雇主谈判的力量。工会的原理简单明了。如果每个工人作为个人同他或她的雇主谈判，每个工人就会与其他每个工人展开竞争。其结果必然会由下述那类工人来决定，这类工人（无论出于什么原因）愿意接受最低工资、最快的劳动节奏以及最差的劳动条件。雇主会直接与他们达成协议，然后替换或不雇佣所有那些坚持更好的就业条件的人。可是，如果所有或者大多数雇员决定通过一个工会来展开集体谈判，工会也许就能为一个既定企业或产业中的所有或多数工人取得比他们用其他方法所能得到的更好的结果。

因此，工会是减少工人之间的（水平的）竞争的手段。如果工会是成功的，它将在劳动市场上赋予其成员以一定程度的垄断势力。恰恰由于这个原因，很多雇主（譬如以德尔塔航空公司为例）成功地抵制了工会的形成。工会在今日的存在及其权力，是拥护工会的工人和反对工会的雇主之间长达一个多世纪的艰难斗争的结果。反对工会的雇主先是为了阻止工会的形成而斗争，此后是为了不让工会威胁到利润。

劳工想要什么

劳工想要什么？它想要土地以及土地上的丰裕……我们想要更多的校舍，更少的监狱；更多的书籍，更少的军火库；更多的知识，更少的恶行；更稳定的工作，更少的犯罪；更多的闲暇，更少的贪婪；更多的正义，更少的复仇；事实上，我们想要的是更多的机会以陶冶我们更美好的天性。

——美国劳工联盟首任主席萨缪尔·龚帕斯（Samuel Gompers）1893 年 8 月 28 日在芝加哥世界博览会上对国际劳工联盟的致辞

332 20 世纪 50 年代，工会代表了 35%的美国非农业部门的劳动力。但在 2002 年，仅有 12.2%的美国工人隶属于工会，私人经济部门的工会人数仅为该部门工人总数的 8.5%。自 20 世纪 50 年代中期以来，美国工会衰落的主要原因在于，工作岗位由经济中工会强大的制造业部门向工会弱小的服务业部门大规模地转移。1955 年，有将近一半的私人部门劳动力受雇于产品生产部门（采矿、建筑及制造业），另一半受雇于服务业（运输和公共事业；批发和零售贸易；金融、保险和房地产；以及在医药、法律和教育领域的“服务”）。但是到了 2002 年，超过 75%的美国劳动力受雇于服务业部门，仅有不到 22%的劳动力受雇于产品生产部门。

美国工会成员数的减少在 20 世纪 80 年代和 90 年代尤为迅速。在那一时期里，美国工会一方面奋力维持他们在制造业部门的地位，另一方面试图在快速扩张的服务业部门招募新成员，与此同时，来自国内外非工会工人的日益加剧的竞争使美国工会已面临的劣势雪上加霜。在 21 世纪最初的几年——特别是当“9・11 事件”使美国人不太想去旅游之后——工会的衰落由于在航空公司和宾馆业这样高度工会化的行业中发生大量解雇而加速了。随着使用钢材的国内制造商增加了对外国低成本钢材的进口，解雇在美国钢铁业中也变得普遍起来。唯一朝着另一个方向发展的趋势是，随着政府雇员数由 1955 年的 690 万增加到 2002 年的逾 2 100 万，像 AFSCME（美国州、县及市政员工联合会）这样的公共部门工会能够迅速扩充其成员数。联邦政府雇员、邮政工人、教师、警察、消防员以及其他市政雇员认为，他们需要由工会来代表。在 2002 年，37.5%的政府员工属于一个工会。

工会从事两种不同类型的活动。首先，在与雇主的谈判中，它们作为成员的代理人而行动。对于一个已经工会化的企业里的雇员来说，工会就合同展开谈判，该合同规定了工资率，在合同期内，工人得到实际的雇佣。基于行业以及工会的力量，合同会确定每种工作所需的一般劳动付出水平（标准或速度）、新技术被引进以及新的（不同的）工作产生的程序、把雇员分派到不同工作岗位上的方法。合同通常也会建立一个申诉程序，在雇员认为雇主违反了合同的时候，对案件加以裁决。在这些方面，工会缔结的合同能保护工人免于雇主不受约束的统制。当然，工会提供有效保护的能力取决于工会有多么强大，这在延续合同的时候以及合同的有效期内都是如此，就前者而言，是使雇主同意一份恰当的合同，就后者而言，是看雇主是否按照合同的条件行事。

工会从事的第二个活动，包括促进一般社会变革，这些变革将惠及所有工人，不仅包括工会自身的成员，也包括其他工人，无论他们是否隶属于工会。例如，工会常常对联邦政府施加压力，使其通过最低工资立法（提高最低工资）、车间安全和环境保护法、社会安全和失业救济、民权和反歧视法、所得税减免（针对低工资工人）、对无劳动能力者的收入资助以及其他各种社会服务计划。

“你可能被取代”

333 老板在围绕 e（劳动付出）和 w（工资率）的谈判中增强其力量的一个方法，是使每一个工人都能轻而易举地为其他人所取代。老板拥有的针对工人的终极权力就是解雇他们的权力。但是老板解雇工人的威胁可信吗？这取决于找到一个替代工人的难易程度。想象以下两种情况。

第一种情况涉及处于相对低失业时期的有技能的吊车操作工。老板在和这个工人谈判时，可能会威胁要找“真正想劳动的其他人来做这份工作”。然而，老板和吊车操作工大概都知道，几乎没有失业的吊车操作工；而且，工会可能就解雇进行抗议，甚至可能促使其他工人进行罢工；他们还知道，一个新的吊车操作工需要花费很长的时间来学习工作规程（这样一来，当新的操作工在学习的时候，会使得这一工作中的其他工人的效率下降）；吊车价格不菲，而且事故——当有新手在岗位上时更容易发生——的代价高昂；他们也知道，在任何情况下，吊车操作工都能轻而易举地找到另一份报酬相同或更高的工作。在这种情况下，工人处于谈判的强势地位。

相反，第二种情况涉及的是处于高失业时期的工厂的非熟练工人。在此情况下，当老板威胁工人，如果不同意为低工资而努力劳动就会把他或她解雇时，这种威胁就是完全可信的。有很多事实上能够胜任这份工作的人正在寻找工作。学会这项工作不需要花费很长时间，而且如果工人被解雇也没有工会来保护。在此，老板处于一个非常强势的地位。

老板和工人都意识到，他们的谈判力量取决于工人被取代的难易程度。老板越是容易替换掉工人，他就越强大。

歧　视

334 工会是克服工人之间的竞争的方法。相反，歧视，无论来自于企业、工会还是个人，趋向于产生并加剧工人之间的分裂。

歧视意味着仅仅因为某人属于一个特定的集团就有差别地对待那个人。今天，在美国实行的最普遍的歧视形式是对妇女和少数民族的歧视。残疾人、同性恋以及年老的工人通常也是歧视的对象。

歧视有各种来源——历史的、经济的、宗教的、政治的、社会的以及心理的——这里将不进行研究。与我们的讨论有关的是，资本家谋取利润的过程包含着各种涉及歧视的彼此相反的趋势：既有存续和强化它的趋势，也有侵蚀和消除它的趋势。

资本主义以两种方式影响着歧视。一种方式削弱它，而另一种方式强化它。当竞争性企业试图以可能有的最低工资率为其岗位雇佣最好的员工，并使其成本最小化时，歧视就受到削弱。种族和性别歧视通常意味着，工作机会，特别是涉及高薪职位的机会，对于妇女和少数民族当中那些称职并能完成该工作的人来说是有限的。但是，面对同样合格的工人，如果雇主雇佣那些成本最低的人，他们将会雇佣妇女和少数民族，以此增加对这些群体的劳动的需求。

非歧视性雇佣意味着妇女和少数民族有更多的工作机会，减少其失业率，并有可能提高他们的谈判力量和工资水平。它还意味着，采取非歧视性雇佣行为的企业与实行种族和/或性别歧视的企业相比，将拥有竞争优势，因为前者比后者的劳动成本更低，有能力在为其产品制定更低价格的同时，牟取相同或者更多的利润。寻求雇佣少数民族或女性工人并将他们提升到职权岗位的企业，会遭遇下述抵抗，这些抵抗来自现有的居于控制地位的男性白人劳动力以及代表他们的工会。但是，以无偏见的方式成功地雇佣和晋职的企业，按照这样的推理路线，会将有偏见的企业驱逐出局，而歧视，至少在劳动市场上，将逐渐被消除。

另一方面，在与雇员就工资及劳动速度发生冲突时，雇主若试图利用歧视态度，歧视就持久化了。正如工人设法通过工会增强他们的谈判力量一样，雇主也会想要通过在雇员间鼓励分化、加剧不团结来削弱其谈判力量。为了实现这一点，雇主会尝试助长和放大雇员间已经存在的分歧和冲突。既然在西方社会，各种残留的种族、性别及其他形式的歧视在历史上仍然持续存在，雇主就会利用这些来分裂工人。资本家并未发明种族主义、性别歧视或者其他形式的歧视，但他们有时确实是利用了工人间原先存在的成见或偏见来分裂和削弱他们。在这一点上，他们无异于那些白人男性工人，这些工人有时求助于相同的偏见以限制来自妇女、非洲裔美国人以及新移民的竞争。事实上，个别雇主也许本人已 335
完全摆脱了偏见，但是迫于竞争的压力，他也许会为了企业的生存而歧视。如果歧视是有利可图的，这就可能发生。由于获得更高利润的企业具有竞争优势，非歧视性企业就可能随着时间的推移而被迫退出经营。另一方面，如果歧视的成本超过了收益，雇主就可能停止歧视。

歧视怎样才能有利可图呢？为了回答这个问题，我们将比较两个虚构的企业。第一个企业同时雇佣黑人和白人工人，并平等地对待所有雇员——例如，在支付工资时不考虑种族。这一企业中的工人（黑人和白人一起）组成了工会，该工会施压争取更高的工资和更安全的劳动条件。

第二个企业也同时雇佣黑人和白人，但是存在着歧视：把黑人分派到比白人工资低的岗位上。第二个企业的雇员试图组成工会，但这要比第一个企业更为困难。在第二个企业中，并非所有雇员都有相同的利益。黑人工人认为，拟议中的工会应该尽力迫使雇主消除公司在岗位分配和工资率上的歧视。另一方面，白人工人则想获得更高的工资，但同时也担心他们的工资率可能被削减。围绕这一点，白人工人可能会成立他们自己的工会而排斥黑人，以便聚精会神以提高其自身的工资。（事实上，在纽约市的建筑业中这已发生了很多年，代表白人建筑工人的工会在工会成员和工作岗位上都把黑人排斥在外。）但是，当占优势的白人工会同雇主进行谈判的时候，雇主却威胁要雇佣更多的黑人工人来替代白人工人。由于白人工人和黑人工人不能进行集体行动，他们所接受的工资将低于在下述条件下协议所得的工资，即雇主不进行歧视从而也未加剧工人之间的分化。

比较这两个企业，我们可以看到，在第一个企业中，雇主面对的是在提高工资（w）和削减劳动强度（e）方面拥有共同利益的工人（黑人和白人）。根据这些工人取得成功的程度，第一个企业的利润将下降。相反，第二个企业面对的是因为种族冲突而分裂的工人。这些工人难以组成工会。因此，这些工人要在谈判中取得更高的工资和更低的劳动强度便较少取得成功。

第二个企业会因为歧视而比第一个企业拥有更高的利润率。的确，如果第一个企业想在同一市场上与第二个企业展开成功的竞争，它将被迫开始歧视。

新古典经济学家［例如，米尔顿·弗里德曼（Milton Friedman）在其《资本主义与自由》（*Capitalism and Freedom*）一书中］认为，歧视的成本是很高的，追逐利润的竞争将消除歧视。但这只是问题的一方面，当资本主义经济的水平维度即竞争是一个人关注的焦点时，这是唯一看得见的一面。在考虑到经济中垂直的或统制的关系时，不同的画面就出现了。当雇主在歧视时，也许因为歧视有利可图。若果真如此，竞争甚至会驱使那些本无偏见的雇主转而歧视。

如果非歧视政策比歧视政策更为有利可图，那么市场的运行将倾向于消除歧视。但是，如果歧视导致更高的利润，资本主义经济将倾向于维持甚至强化歧视。企业间追逐利润的竞争能够打破歧视的障碍这一事实，在下述事例中得到了辉煌的证实：杰基·罗宾逊（Jackie Robinson）在半个世纪前破除了肤色障碍并成为布鲁克林·道奇（Brooklyn Dodgers）棒球队的明星之后，大多数职业运动迅速地一体化了。

但事情并不总是这样。克服歧视的更为直接的方式也许更有效，正如以下事实所显示的：美国联邦政府和其他主要的私人公司相比，在各个层面都是更为种族一体化的雇主。在种族一体性方面，美国军队超过了《财富》500 强企业。 336

盈利能力和效率

盈利能力是指从一个劳动过程会得到多少利润。利润是销售收入超过所购买的投入成本的部分。

技术效率是指一个生产过程的产出与其投入之间的关系。（这一概念与其他效率概念在第 3 章有关这一话题的专栏中曾有评论。）给定现存的技术，如果不增加至少一种投入就不能使其产出增长，一个生产过程就被称为技术上有效率的。

技术变革可以通过减少每劳动小时所使用的材料和机器的数量（m）、增加在给定劳动付出量（e）时的产出量（f），或减少每单位小时所需的资本品（c）来提高技术效率。任何一种类似的变革都会减少为生产特定量的产出所需的投入量。

被提高的技术效率**可能**带来更高的盈利能力。在其他条件不变的情况下，效率的增加会减少一个企业生产其产出所需的投入量（按假设，也会减少成本），而不会影响企业得自该产出的收入。在这些情形下，效率上的提高会增加利润。许多观察这一联系的经济学家假设，盈利能力和效率是一样的。

然而，也有很多这样的情况：不那么有效率的技术是更加有利可图的。有利可图的东西不必总是有效率的，反之亦然。事实上，采纳一项新技术会提高盈利能力，与此同时又需要更多的某种投入——比如，劳动付出、中间产品或者资本品。这样一种技术变革因而也许是缺乏效率的变革。

一项缺乏效率的技术怎么会更有利可图呢？假设一种新的生产方法——如一条装配线——使雇主能够加速生产，并利用技术控制增加每小时的劳动付出（e），以此增加每小时劳动的产出（z）。再假设工资率（w）、劳动小时数以及劳动过程中的其他所有变量保持不变。这一新技术将更为有利可图，但它也将更有效率吗？假设每小时劳动付出随装配线的引进增加了 30%，每小时产出增加了 20%。在这种情况下，装配线技术将更加有利可图，因为凭着相同的劳动成本，企业获得了20%的产出增长。但它并非是更有效率的技术，因为每小时产出与一种投入要素（在此情况下是每劳动小时的劳动付出 e）的比率（z）将有所下降。

缺乏效率的技术也许更为有利可图

337 我们把现代技术看做解决问题的方法。的确，工程师们评估生产产品的各种方法的有效性，寻找那些在下述意义上最有效率的方法，即使用给定数量的投入能实现最大数量的有用产出。但是，某些技术似乎并非合理。原因在于，技术的开发常常是为了赚钱，而不是要有技术的合理性，这两者不是一回事。技术史给我们提供了许多例子。

在19世纪，加利福尼亚的罐头食品业主要是非熟练工人的工作，但是给罐头加盖的任务——被称之为压盖——则需要更多的技能。压盖工人是熟练工，且为数不多。在收获时节，他们可以以罢工相威胁，轻易地从雇主那里获得较高的工资，因为此时如果不迅速装罐，新鲜的食物就会腐烂。当詹姆斯·考克斯（James Cox）发明了被称为考克斯压盖机的著名机器的时候，雇主们欣喜若狂，因为这使得替换熟练工人成为可能。但是，机器运转得不是很好，购买它的企业没有立刻将其投入使用。企业拥有这种机器只是作为一种针对熟练工人的看得见的威胁：如果工人罢工，机器将取而代之。

考克斯自己也明白他的发明的吸引力：当它被发明出来的时候，还不是给罐头加盖的最佳方法，但它的确使熟练的加盖工难以离开其岗位。在此发明的26年后，他在写作中提到了熟练的压盖工所曾有的强势地位，以及罐头工厂业主相应较弱的谈判地位："罐头制造商的无助……使其成为每一项机械工具的欣然拥护者。而且，经过频繁的失败和巨大的损失，使得目前正在使用的经过改善的机械工具的出现成为可能。"

技术的合理性和盈利性之间相矛盾的一个现代例子，是用来储存音乐的光盘。这种光盘可能以如下方式来制造：它们能被轻易地复制，从而使大家能够享受储存在上面的音乐。但是，生产这些光盘的公司花费了成百上千万美元，来开发那些使光盘难以（假如并非不可能）被复制的技术。这些技术使音乐公司生产的光盘更有盈利性，但对听众来说却不那么有用。

资料来源：Martin Brown and Peter Philips, "The Historical Origin of Job Ladders in the U. S. Canning Industry," *Cambridge Journal of Economics*, vol. 10, 1986, pp. 129-145.

338 如果装配线增加了每小时的产出，而无需强度更高或更快的劳动，同时劳动过程中的其他一切都保持不变，技术变革无疑就是更有效率的。但在我们的例子里，装配线的引进使雇主可以提高劳动速度，而且新的生产过程需要按比例地增加至少一种投入，即劳动付出（e），以便实现产出（z）的增长。既然 e 增加的比 z 多，且没有其他条件的变化，装配线的引进就是一项**缺乏效率的技术变革**，尽管它增加了盈利能力。

在此，使盈利能力有可能偏离效率的，在于实际进入生产过程的劳动付出（或劳动）与所购买的劳动时间的量并不一致。在装配线这个例子中，如果雇主必须为装配线所需的额外劳动付出多支付 30%，以实现产出的仅为 20%的增长的话，装配线的引进就不是有利可图的。在这种情况下，缺乏效率的技术变革就不会发生。

对于资本主义企业来说，重要的是利润率，而不是效率。因此，企业会试图引进那些最为有利可图的生产方法，而罔顾这些方法是否是可取得的方法中最有效率的。在企业主投资时，包括在他们投资于研究和开发新技术时，他们会投资于最为有利可图的技术，无论这些技术是否同时更有效率。

因此，正统经济学提出来的下述观点就未必是正确的，即目前在使用的技术和正在开发的技术就是“现代科学所提供的最好的技术”。今天的技术——以及目前公司对新技术的研究——反映了这样一个事实：在很大程度上，科学受到了盈利能力的标准的束缚。如果采用不同的标准——例如，使生产必需的产品及服务所耗费的劳动付出最小化——可能出现的技术或许就会大不相同。

市场和等级制

市场和等级制有时被认为是组织社会的相互替代的方式。市场据说确立了（水平的）平等的条件：买者和卖者间的自愿交换意味着，如果任何一方选择，他或她可以退出交易，因此在他们之间存在着一种公平。另一方面，等级制依赖于（垂直的）不公平的存在：统制关系需要有上级和下级，老板对其下属享有权力。

因此，市场有时和等级制相对立，似乎一个经济体系必须由两者之一来组织。汽油零售被看做是市场型的交易，而美国军队和天主教会则被认为是以等级制组织起来的。正统经济学家将资本主义定义为一个市场体系，而采用中央计划的经济体系被认为是等级制的，或者“统制”

经济。然而，我们在本章已经看到，牟取利润的企业，在努力取得针对其市场对手的竞争性优势的时候，建立了庞大而复杂的等级制。

的确，当市场开始替代奴隶的和封建的等级制时，带来了从传统统制关系中的某种解脱。但更重要的事实是，和市场一起带来的是老板和工人、上级和下级的复杂体系。资本主义体系对等级制的需要唤起了崭新的整个研究领域（以及与之相关联的专家）：工业心理学、人事管理、职业测试以及工业工程。公司将剩余产品的很大一部分投资于开发和完善各种维持等级制的技术。资本主义的确废除了前资本主义等级制，使个人自由地缔结自愿性契约。但是我们现在发现，资本主义经济里的大多数人事实上在按照等级制组织起来的工作中度过了全部劳动生涯。找工作通常并不是以平等的地位缔结一份契约。相反，最经常的是选择在
339 哪个等级制中或者在哪个老板手下工作。找工作也演变为努力变成老板而非去当下属。

因此，在一个资本主义经济中，市场与等级制并不是相互替代和竞争的组织方法，更不必说是不同类型的经济制度了。其水平和垂直的维度，即竞争和统制，是整个体系的彼此强化、互为补充的因素。

民主企业

企业必须自上而下地经营吗？或者，企业可以按民主的方式经营吗？即由雇员共同拥有企业，选举管理层，参与涉及技术、劳动安全、产品设计、劳动时间、工资以及诸如此类的重要决策吗？几乎所有企业都有一个权威的结构，其中一些人下达命令而另一些人接受命令。使一个企业被认作民主企业的原因在于，雇员通过每个人都有平等投票权的选举，选择拥有权威的人物。（见第6章的专栏：“拥有你的工作，选择你的老板。”）

我们知道**民主企业**是可能的，因为存在着成千上万这样的企业，其中有很多还非常成功。这类企业不仅成功和民主，而且也可能有合理的大规模。

一个大规模的、成功的、相当民主的企业的例子，是位于加州的《财富》500强公司之一科学应用国际公司即SAIC。SAIC在世界上150个城市拥有41 000名雇员，年收入超过50亿美元。但使之与众不同的是，其现职和退休雇员拥有公司96%的股票。（它的股票不在任何股票

交易所里交易，但每股通过一个包含公司董事会和专家顾问的复杂过程被赋予“公平的市场价值”；任何离开公司的雇员必须将他或她的股份出售给公司，以现金的形式获得股票的公平市场价值。）SAIC 的创始人，一个致力于雇员所有权的人，仅仅持有公司 1.3%的股票，公司的 30 位最高级经理拥有不到 3%的股票。高层经理不是直接选举出来的（41 000 人如何能充分了解各位候选人，以决定谁应该占据企业的高级管理职位呢?），但是来自各个部门的雇员供职于一个解决内部问题和制定公司政策的委员会。（参见 http://www.saic.com/about/history.html。）

很多人出于道德和政治的原因支持民主企业，理由是企业和其他拥有权力的机构一样，应该民主地运行。支持民主企业也有经济方面的原因。

一个工人所有并以民主方式经营的企业，其经济优势是一目了然的。因为工人是其所有者，他们的收入直接取决于企业的生产率。由于这个原因，他们有兴趣采纳那些能促进公司资源（包括他们自己的时间和精力）的有效利用的技术、劳动方法和组织形式。工人对企业的所有权并没有改变下述事实，即努力工作是辛苦的，人们或许愿意让他人承担更繁重的生产任务。但它并没有从根本上改变对工人的激励：出色地 340
完成的工作使企业的所有者受益，所以当工人是所有者时，他们就有强烈的动机想看到劳动是以一种最有效的方式完成的。

劣势也同样一目了然。大多数工人没有充足的财富来购买“他们的”企业的股份，所以要实现完全的工人所有是困难的。银行通常不愿意借款给工人所有和工人经营的机构。也许最重要的是，工人要拥有他们自己的企业，就应将他们的大部分财富（如果不是全部的话）投资于他们自己的企业。因为他们将所有的鸡蛋放入一个篮子里面，在决策时他们就会非常谨慎：如果他们的企业失败了，他们不仅会失去工作，也会失去大部分财富。结果，拥有自己企业的工人在为产品设计和生产工艺的创新进行必要的冒险时就会小心翼翼。相反，一个资本主义企业的所有者（股票持有者）通常将他们的资产投资于许多企业。这样一来，他们的财富就不止依赖于任何一个企业的成功或失败。与民主企业的工人所有者不同的是，他们中的大多数都是富人。出于这些原因，资本主义所有者比工人所有者更能宽容他们所有的企业里经理们的冒险和创新。此外，资本主义企业比工人所有者更可能采用最新的技术（正如前面所讨论的），以便从其雇员那里榨取更多的劳动付出。因此，和个人所有的企业相比，资本主义企业倾向于拥有更低的单位成本，在产品市场上也更有竞争力。

尽管有很多研究指出，工人所有以及民主参与企业的决策既提高了生产率，又提高了工人的满意度，但工人所有和工人经营的企业在资本主义经济中却属例外。事实是，民主企业在获得资本方面缺乏渠道，对冒风险持有偏见，加之对体面的劳动条件的承诺，使其在与资本主义企业的竞争中处于不利地位。

推荐书目

Eileen Appelbaum, Annette Bernhardt, and Richard J. Murnane, eds., *Low-Wage America: How Employers Are Reshaping Opportunity in the Workplace* (New York: Russell Sage Foundation, 2003).

William J. Baumol, Alan S. Blinder, and Edward N. Wolff, *Downsizing in America: Reality, Causes, and Consequences* (New York: Russell Sage Foundation, 2003).

Joseph Blasi, Douglas Kruse, and Aaron Bernstein, *In the Company of Owners: The Truth about Stock Options (and Why Every Employee Should Have Them)* (New York: Perseus, 2003).

Alan Blinder, *Paying for Productivity* (Washington, D. C.: The Brookings Institution, 1990).

Harry Braverman, *Labor and Monopoly Capital: The Degradation of Work in the Twentieth Century* (New York: Monthly Review Press, 1998).（布雷弗曼. 劳动与垄断资本. 北京：商务印书馆，1975.）

Henry Hansmann, *The Ownership of Enterprise* (Cambridge, Mass.: Harvard University Press, 1996). Simon Head, *The New Ruthless Economy: Work and Power in the Digital Age* (New York: Century Foundation/Oxford University Press, 2003).

David Montgomery, *Workers' Control in America* (Cambridge: Cambridge University Press, 1980).

David Noble, *The Forces of Production* (New York: Knopf, 1984).（诺布尔. 生产力. 北京：中国人民大学出版社，2008.）

Michael Reich, *Racial Inequality* (Princeton, N. J.: Princeton University Press，1981）.

Barbara Reskin and Patricia Roos，*Job Queue*，*Gender Queue*：*Exploiting Women's Inroads into Male Occupations*（Philadelphia：Temple University Press，1990）.

William F. Whyte and Kathleen K. Whyte，*Making Mondragon*（Ithaca，N. Y.：ILR Press，1988）.

第三篇

宏观经济学

第14章　不平等面面观

1998年，盖洛普（Gallup）公共意见研究公司询问了5 001个美国人，问题是：“在人的一生中，为什么有的人能抢占先机并获得成功，有的人却不能?”咨询公司提供了12个可能的答案，要求被调查者对这些答案依据其重要性从“最重要”到“一点都不重要”排序。这12个可能的答案是“运气好”、“努力工作”、“继承的财产”、“社会关系”、“教育程度”、“不诚实”、“父母和家庭环境”、“与生俱来的才能”、“愿意承担风险”、“长得好看”、“一个人的种族”和“是男人或女人”。被调查者一致认为教育、努力、一个人的家庭环境、社会关系和运气是重要的，但还是存在一些重要的差别。收入较高的人认为努力工作更重要，而收入较低的人则认为运气、社会关系、遗产、不诚实和性别更重要。与白人男性大不 343

相同，女性和非洲裔美国人都认为一个人的性别和种族是抢占先机的重要因素。与妇女和非洲裔美国人一样，所有收入较低的被调查者都比境遇较好的白人和男性更看重教育的作用。显然，就为什么有的人能抢占先机而其他人却不能这个问题，存在着不同的观点。

因为成功人士总是比其他的人获利更多，因此，人们对是什么因素导致一些人成功这一问题的兴趣一直在增长。其实，人们一直存有这样的担心：虽然竞技场从来就不是完全水平的，但它却越来越向不利于穷人的方向倾斜。甚至纽约联邦储备银行行长威廉·麦克多诺（William McDonough）在约翰·霍普金斯大学高级国际课程（Johns Hopkins University School of Advanced International Studies）2003 届毕业典礼的演讲上也发出这样的警告：极度的不平等会瓦解社会的结构，它在“一个民主社会里是不可能持久的”。

长得好看使你有可能比在其他方面都和你类似的人有更高的收入，这公平吗？（顺便说一句，这对于男人和女人而言都是事实，甚至对那
344 些不需要在工作中展示其外表的人而言也是事实。）如果你认为这是可以接受的，那么对胖女人和矮男人挣钱少这个事实，你有何感受？（这也是事实。）大多数人会认为工作勤奋和受过教育的人挣钱多是一件好事。那么，种族、性别和一个人父母的财富又该作何论？这些因素确实能帮助一个人成功的事实（这确实是事实），作为一种不公平打击了许多人。而且，如果较高质量的教育是人们在经济阶梯上向上移动的一个途径（它确实是），那么，许多人会认为富裕家庭的孩子拥有更多的教育是不公平的。

一些人拥有闲暇和收入，可以允许他们对诸如住在哪里、追求什么样的兴趣这类事情做出真正的选择。另一些人要么没有收入、要么没有时间，或者两者都缺乏。一些人经历了种族的侮辱、性别的骚扰和伤人尊严的轻蔑，但另一些人则不必经历。一些律师可以凭借他所提供的服务每个小时挣 1 000 美元，而餐馆的厨工（在不那么令人愉悦的环境下同样努力地工作），却仅仅得到那个数量的 1%的一半。

我们为什么把一些差别称为不平等，感到不能接受，并倡导一些政策来消除它们？为什么我们同时又因为另外一些差别促进了“多样性”而觉得它们是无害的或者甚至是有益的？答案很简单：让人难以接受的不平等是那些不公平的差别。然而决定什么是不公平在有些时候却很难。

要决定什么是不公平通常需要先知道那些差别是如何产生的。如果

一个律师的高收入是他在学校努力学习的结果，而厨工的低收入是因为她懒惰，那么，这种收入差别似乎就比来自种族歧视或因为律师是男性、厨工是女性而造成的收入差别更容易被人接受。在这里，公平与否的关键是第 3 章里提到过的机会平等。

如果我们从“是什么不平等”追问到“是什么人之间的不平等”，更深层次的困难就出现了。美国厨工每小时的最低工资是其他一些国家农业工人工资的 5 倍，而正是这些工人生产出此刻供她在厨房烹饪的食品，这样的现象是否公平？为什么我们会为高收入的律师而不安，却不会为墨西哥或南非那些收入低得多的农民而不安呢？

在前面两章我们解释了资本家和工人这两个阶级如何在劳动市场上和公司里相互影响、相互作用。资本家阶级被定义为资产的所有者阶级，对生产中所使用的资本品拥有所有权和控制权，对生产出来的剩余产品拥有支配权。工人阶级则被定义为没有这种所有权和支配权的阶级。但若把经济作为一个整体来考虑，这幅画是不完整的。有大量的管理人员，他们没有大量的财富，但能够控制其他人的劳动。正如第 7 章所述，这些经理构成了新的中间阶级。同时，也有这样一些人，他们被认为是老的中间阶级，因为他们拥有资本品，需要亲自干活，既没有老板也不是老板。

然而，阶级结构不是一组文件夹，可以依据积累过程把人分成四类均一的人群：工人、资本家、新的和老的中间阶级，然后贴上标签放入这些文件夹当中。更恰当地说，存在着一个在许多方面都不平等的连续 345
的序列：所有权的、收入的、权力的，所有这些都带着男女之间、种族之间和民族之间的差异。此外，还有一个依赖性人群：靠政府的转移支付生存、住在一些机构里（比如医院和监狱）、以犯罪为生或者在上述的阶级系统之外以其他方式存在。

本书还考虑到了在四个阶级内部存在的一些主要的差别。在雇主当中，既有雇佣成百上千员工的最大的企业所有者，也有只雇了几个人的农场主、建筑商和店主。雇员之间的差别也同样巨大。美国劳动力中有十分之一的人收入低于或刚达到联邦最低工资水平，只能在贫困线下勉强度日。如果他们不能在一整年都拥有一份全职工作，他们的状况就会更糟。相比而言，工人阶级里某些人一个月挣的钱比那些拿最低工资的工人一年挣的还要多。

在这一章，我们讨论收入和财富的不平等，而不是健康、快乐或其他人皆渴求之物的不平等。我们这样做的原因在于有关收入和财富的信息特别详细和全面，同时，财富和收入的数据能帮助我们认识那些重大的不平等。人们拥有收入和财富的多少，规定了他们可获得的产品和服务的多少、个人独立性的多少以及得到诸如快乐、健康等其他人皆渴求之物的机会的多少。

这把我们带回到本章的标题。镶嵌工艺是一种古老的工艺。一幅画——通常是一幅人像，圣徒或者圣母——由不同颜色的瓷砖碎片拼合而成。在一定距离之外观察，面部和其他特征都能明显地辨别出来，但是凑近了，你看到的就只是碎片。类似的，不平等的很多方面——种族、财富、性别、教育等——也构成了一幅“镶嵌画”。在本章，我们不仅研究那些重要的碎片，也研究那整幅的大图。

本章的中心思想是：**(a) 在美国，就决定一个人经济是否成功的众多因素而言，一个人的种族、性别和父母的收入是非常重要的；(b) 从20世纪70年代初到21世纪初的这段时期中，几乎用任何方法度量的收入不平等的程度都引人注目地加深了。**

这些中心思想是通过以下五点来表达的。

---

1. 生活水平不单单是一个物质商品的问题。人们的福利取决于他们的健康、物质上的舒适度，以及能否享受到有助于个人全面发展的社会及自然环境。经济活动通过两条途径促进人们的福利：一是提供（或未能提供）满足以上目标所必需的产品和服务，二是塑造对人们的福利至关重要的社会和自然环境。
2. 收入和财富（一个人拥有的财产）的不平等在20世纪最后30年及21世纪初急剧地增长了。
3. 高收入家庭的子女长大后更有可能得到高收入，穷困家庭的孩子更有可能得到低收入。富裕父母的孩子所享受的更高的教育水平（以及更好的教育质量，年复一年地累积起来）可以解释这其中的部分差别，但并不是问题的全部答案。
346 4. 非洲裔美国人和女性一直比欧洲人的后裔和男性挣钱少。从1939年到1979年，非洲裔美国人的收入与欧洲裔美国人相比有更为明显的增加，但这种增加没能延续到今天。
5. 美国经济中的职业是高度分割的：“女性的工作”往往得到较低的报酬，即使做相同的工作，妇女的收入也低于男性。

福利和不平等的度量

我们经常这样说，“赫尔南德斯家比琼斯家富”、“瑞典人比墨西哥人过得好”，或者“我现在的生活水平比我大学刚毕业的时候要好得多”。当我们用富裕、过得好、生活水平这些词的时候，想表达的是什么呢？这些词语指的是影响一个人的福利的所有东西。

福利和经济

影响福利的一个重要的因素是人们是否享有衣、食、住、行、卫生保健和其他生活必需品。同样重要的还有是否可以享受到一些令人愉悦的事物和奢侈品，这些东西可能会使我们感觉活得挺好，或者至少不比周围的人差。还有，一个人对福利的感觉不仅有赖于得到别人的尊重，而且还关系到属于某个群体的归属感，无论它是家庭、邻里、工作团队、宗教还是国家。失去了这种归属感，生活就变得没有意义。

生活水平还取决于在完成了一天的工作之后，是否有足够的闲暇和精力来享受生活。一个每年挣 90 000 美元却没有自由时间的工作狂，可能不比一个一年挣 50 000 美元却享有充足的闲暇的人生活得好。同样重要的是做出一些重要抉择的能力，这些抉择关系到诸如教育和其他实现个人生活目标的手段。我们工作体验的好坏也是影响我们福利状况的重要因素：很少有什么能像每天早上憎恨上班那样让人沮丧了。另一个影响我们福利的因素是自然环境的质量，以及它在多大程度上使我们保持健康并享受许多有赖于自然环境的快乐。当然，我们中的每个人如何看待这些因素对福利的影响会因为我们价值观的不同而不同。但无论我们对它们如何排序，福利的最基本的组成必须不仅包括物质的东西，还要包括诸如健康、自由、尊重和归属感这类东西。因此，生活水平既有赖于有形的东西，也有赖于无形的东西，这两者共同决定了生活的质量。在图 14.1 中，我们概略地画出了一些能够影响个人福利的因素。

很明显，我们的福利严重地依赖于经济。正是通过劳动过程产生了经济，使我们有了食品、服装、住所、愉悦和奢侈品等令生活变得可能和愉快的东西。不太明显却同样重要的，是经济的组织方式会影响那些决定生活质量的福利要素：健康、自由、尊重和归属感。有充分的理由可以证明这是真的。

347 首先，经济的组织方式影响人们的健康状态。一些社会在不考虑人们的支付能力的情况下给所有的人提供足够的卫生保健；而在另一些社会，只有那些付得起钱的人才能得到适当的卫生保健。无论如何，在一些经济中工人必须以紧张的节奏工作因而压力成为一个重要的健康问题。而在另一些经济中，工作节奏对工人会友好一些。在自由放任的资本主义经济中（允许公司不受政府管制、可无限制地追求利润），环境污染可能会损害人的健康。

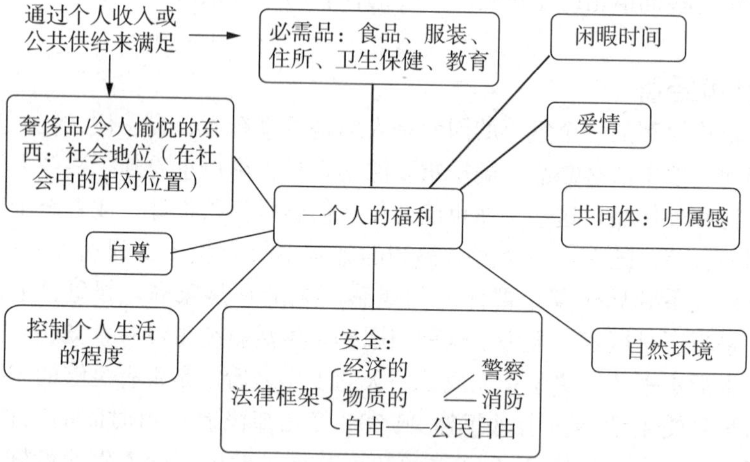

图 14.1　福利的决定因素

说明：该图用图解的方式展示了在所有的社会中构成福利的一些必备之物，但不打算概括出所有的方面，也没有指出每个决定因素之间的相对重要性。

资料来源：本书作者。

其次，经济的结构也会影响到在多大的程度上我们能自由地做出或影响那些跟我们的生活息息相关的重要决策。一个人的自由可能被一种经济制度所剥夺——如苏联的经济制度——这种制度会决定一个人的工作地或限制一个人就他或者她的财产能干些什么。一个人的自由也可能因为收入不足而受到限制，这便使之除了设法保持收支平衡而外不能再有任何真正的选择。

再次，虽然人与人之间彼此感受到的尊重可以归因于他们互不相同的成就和特点，但是如果一个人比别的人穷很多，即使他可以得到生活必需品也很难得到尊重。比如一个有两个孩子的妇女，一年挣 10 000 美元。在美国，她会被认为很穷，但同样这位妇女，若是在孟加拉国挣到这个数目，就会被认为相当成功（她的收入是该国家庭平均收入的

10 倍)。关键不在于她可以在孟加拉国买到更多的东西(实际上她会发现,她的钱在孟加拉国比在美国可以多买到某些东西,但对另一些东西而言买到的更少),而在于她会感觉自己过得不错,因为她可以拿自己和其他经济状况更差的人进行比较,其他的人也会做同样的比较。因此,一个人对福利水平的感觉至少部分地取决于一个人的收入同其他人的收入的比较。

最后,和被尊重的感觉紧密相连的是对某个群体的归属感。一些经济是围绕着持久的邻里关系和家庭而组织起来的。而在另一些经济中,人们为了找工作或者由于工作的缘故经常从一个地方搬迁到另一个地方,结果邻居们甚至常常互不相识。有时候,工作场所本身就像一个大社区,里面的人关爱他人,也得到别人的回报。在另一些工作场所,人们可能仅仅是点头之交或者甚至是带着敌意的竞争者。 348

生活水平和不平等的度量

在不同的人之间、不同国家的平均水平之间以及不同时期之间,对生活水平进行度量和比较都是非常困难的。即使我们能够就许多影响生活质量的因素的重要性达成共识,要对它们进行度量也是很困难的。一加仑牛奶与一磅虾相比,对福利所起的作用孰大孰小?标准的经济学家的回答是虾更值钱,因为人们愿意为一磅虾付出 10 美元,而花不到 5 美元就可以得到一加仑牛奶。

在经济学上,度量一个人生活水平最常用的方法是看他或她的收入是多少,然后用另外一些单独的指标说明健康状态、相对收入、自然环境及社会环境的质量等。类似的,一国的生活水平通常由该国的总收入除以总人口来度量,即人均收入。经济增长被定义为一国人均收入的增长。因为收入大体反映了可获得产品和服务的数量,所以用它作为度量的指标是有意义的。但是把收入作为度量福利的指标存在着许多问题。

第一,只度量收入而不考虑闲暇,使我们漏掉了福利的一个主要的决定因素——可以自由支配的时间。如果用收入作为标准,上文提到的工作狂比那些工作强度是他的一半却仅仅少挣一点钱的人生活得好。但以大多数人的标准来看,额外的睡眠、有自由支配的时间来享受朋友之谊和天伦之乐以及其他类似的快乐,会让收入低却有闲暇的人生活得更好。比如在瑞典 20 世纪最后 40 年中,雇员人均收入的增长速度和美国差不多(参见下一章的图 15.6),但是瑞典雇员平均的闲暇时间的增长却快得多,瑞典人的工作时间差不多缩短了两个月。而在美国,工作时间的缩短不到瑞典的一半（参见图 20.1）。这样，我们可以看到，仅以收入作为度量手段会低估这一时期瑞典人福利水平相对于美国人的改善。

第二，收入可以度量一个人获得商品的权利，但许多重要的产品和服务不是商品。比如在家里做的饭和所有其他的家务劳动（打扫卫生、照看孩子等）。另外一些不是商品的产品和服务的例子是公共教育、警察保护和其他政府服务。即使简单地用享有产品和服务的权利这种狭隘的方法来定义福利，迁往一个有更好的学校和更好的警察保护的城镇，无疑是生活水平的提高。然而这种迁移不必用可度量收入的任何变化来反映。

349 第三，产品和服务的价格常常不能衡量出它们对人的福利所做的贡献。比如说，四分之一磅虾和一加仑牛奶可能花同样多的钱，但是大多数人会同意，从某种意义上讲，牛奶比虾对人的福利更必要。原因在于牛奶是必需品而虾是奢侈品。对于一个花 10 美元买一磅虾的人来说，少了虾可能没有什么困难。但对于大多数人来说，少了牛奶情况就不会是如此了。可见，用收入度量福利水平是不够的，因为价格可能不能正确地估算出每种商品对人的福利所做的贡献。

为了认识这个问题的重要性，我们设想一个由两组人数相等而收入不等的人构成的社会。有钱人吃虾（当然也吃其他东西）；穷人由于收入低、膳食不足而导致缺钙。如果对每个富人征 2.50 美元的税而让其放弃吃四分之一磅虾，穷人每人补贴 2.50 美元用来购买牛奶。我们可能会得出这样的结论：人们的平均生活水平提高了。我们的结论建立在这样的事实之上：富人放弃的奢侈品不如穷人得到的必需品重要。然而社会的平均收入并没有发生变化。

因为生活处境较差的人会在必需品上花费更多的收入，而在奢侈品上花得较少，因此，就给定数量的收入而言，如果更多的收入流向处境较差的人，那么它对社会平均福利的贡献可能就会更大一些。由于这个原因，某个国家在某个时点的平均生活水平（或福利）就不仅仅依赖于它的平均收入。我们还需要知道收入的分配是公平的还是不平等的。另外，我们对收入分配感兴趣的原因是它反映了在何种程度上经济的结果是公平的。（参见第 3 章关于公平标准的讨论。）

度量收入分配的不平等与度量收入本身一样困难。想一想关于不平等的这样一种说法："布朗先生挣的钱是他的厨师的 50 倍。"这句话向我们传达了一些关于收入不平等的见解，但没有考虑到所有的人，例如像布朗先生的商业助理这样的中等收入者也许就没有包括在内。一个常用的方法是把所有的家庭或个人按照收入多少由最贫穷的到最富裕的排序，并分成五等份——每个等份占总人口的五分之一。然后我们求出总收入并计算每个等份的人口获得的收入占总收入的比重。根据美国人口普查局（U. S. Census Bureau）公布的最新数据，2001 年，最底层五分之一人口的收入是全国总收入的 3.5%，下一个五分之一是 8.7%。因此，最穷的 40%的人的收入占总收入的 12.2%，依此类推到最高的五分之一，他们的收入超过了总收入的一半。最富有的 5%的人的收入是总收入的 22.4%。（参见图 14.4 中的资料来源。）

扩大的不平等

与不平等日趋扩大的长期趋势相比较，日趋扩大的不平等的近期趋势格外明显。图 14.2 显示了一个多世纪以来美国最富有的 1%的人口

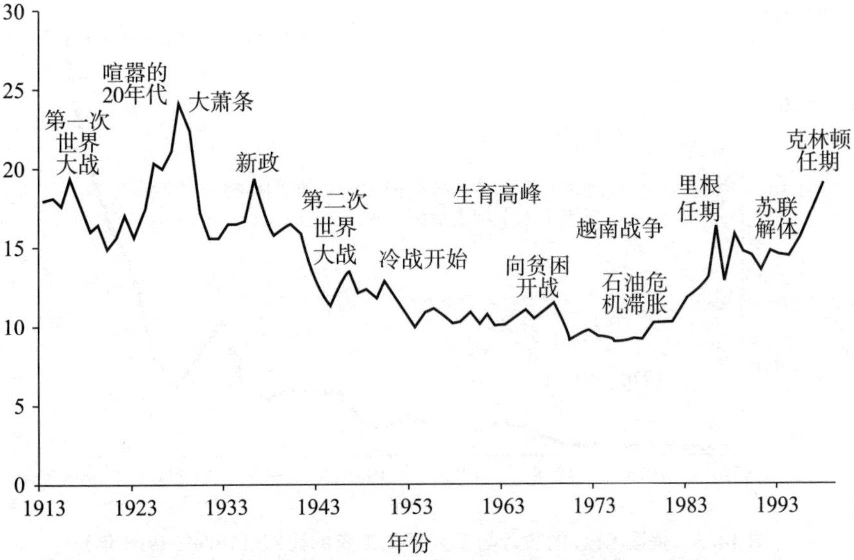

图 14.2　幸运的少数人：美国纳税人中最富有的 1%的收入份额（1913—1998 年）（%）

说明：该图展示了 1913—1998 年间，美国最富有的 1%的纳税人的收入占所有美国人总收入的份额（百分比）。这个份额从 20 世纪 20 年代末 25%的高点下降到 20 世纪 70 年代末 9%的低点。自 1980 年罗纳德·里根当选总统以来，这个比例一直在上升。

资料来源：Thomas Piketty and Emmanuel Saez，"Income Inequality in the United States，1913 - 1998，" *Quarterly Journal of Economics*，vol. 118，no. 1，2003，pp. 1 - 39.

350 的收入占总收入的比重。自第一次世界大战之前起到 20 世纪 70 年代，除了几次轻微的波动，富人的收入份额始终处于下降的趋势。如果你特别富有，20 世纪 20 年代会格外的兴旺发达，但在紧接着的几十年里——其间经历了大萧条和第二次世界大战、20 世纪 60 年代中期林登·约翰逊（Lyndon Johnson）总统的“向贫困开战”——最富有的人在收入蛋糕中的份额有了显著的下降。1970 年，人口中最富有的 1%获得总收入的 10%，这意味着这个群体中的典型个人拥有 10 倍于普通人的收入，因此，即使是富人的一小片蛋糕也会是不薄的一片。不过，最富有的 1%的人的收入份额比起 20 世纪 20 年代的最高值已经下降了一半多。

在那些“幸运的少数人”中间，当然有大公司的 CEO 们。图 14.3 展示了 1970—2000 年的 30 年里，美国 100 个最高收入的 CEO 的收入相对于普通工人工资的倍数。这幅图显示这个比率从 1970 年的 49∶1 增长到 1988 年的 373∶1，再到 1998 年的 2388∶1。

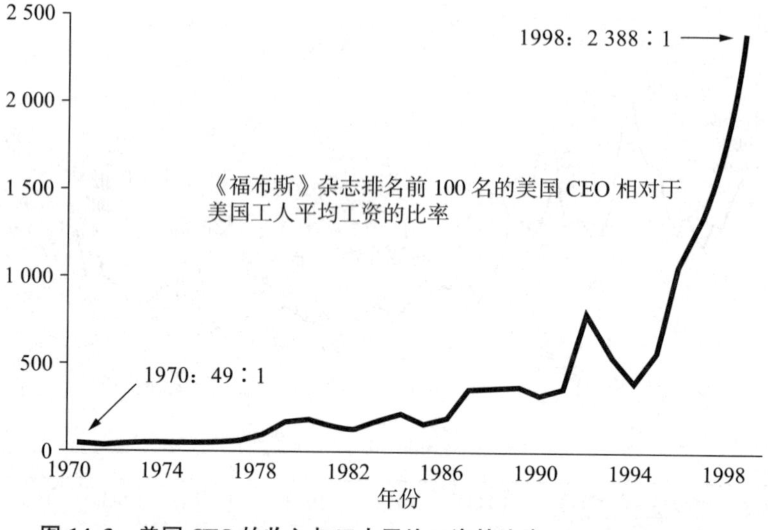

图 14.3　美国 CEO 的收入与工人平均工资的比率（1970—1998 年）

说明：该图描绘了 1970—1998 年间 100 名美国最富有 CEO 的平均收入，他们都是《福布斯》杂志评选的美国百名最富有 CEO 年度排行榜上的人物。（在任何给定年份的排行榜上的 CEO 们不必与其他年份上榜的人相同；该排行榜仅仅列出了在特定年份中薪酬最高的 CEO。）图中的曲线表示每年收入最高的 100 名 CEO 的平均薪酬与当年工人平均工资的比率。

资料来源：Thomas Piketty and Emmanuel Saez，“Income Inequality in the United States，1913 - 1998，” *Quarterly Journal of Economics*，vol. 118，no. 1，2003，pp. 1 - 39.

图 14.4 以另一种方式给出了反映近年来收入不平等上升的数据。351 通过这幅图我们可以看到，在 20 世纪最后一个三分之一的头一年，即 1967 年，顶部 20％（或顶部的五分之一）的美国家庭的收入占国民收入的 43.8％，而底部的五分之一只得到 4％。21 世纪初期，即 2001 年，顶部五分之一的份额增长到 50％，而底部五分之一的份额缩减到 3.5％。

352

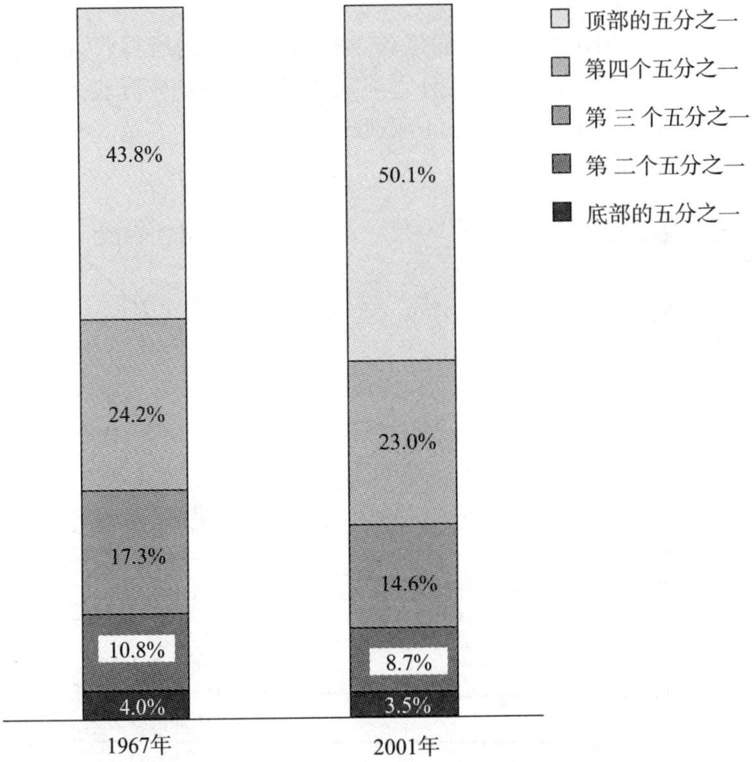

图 14.4　美国每五分之一家庭所占收入的份额（1967 年和 2001 年）

说明：该图展示了 1967 年和 2001 年美国的国民收入在美国家庭之间是如何分配的。这些百分比是这样计算出来的：根据家庭收入的多少把这两年美国家庭的总数——1967 年是 6 100 万户，2001 年是 1.09 亿户——平均分成五等份（“五分之一”）。收入最高的家庭是顶部的五分之一，收入次高的家庭是第四个五分之一，依此类推。每个柱形图中各个部分标写的数字表示该五分之一家庭的总收入占当年国民总收入的百分比。

资料来源：U. S. Census Bureau，*Historical Income Tables—Households.* Table H-2：Share of Aggregate Income Received by Each Fifth and Top 5 Percent of Households (All Races)：1967 to 2001 (Washington，D. C.：U. S. Census Bureau，September 2002)．Available at http://www. census. gov/hhes/income/histinc/h02. html.

同样明显的事实是，除了顶部的那个五分之一之外，其余所有的等份所占的份额都下降了。如果“中等收入”被定义为第二、第三和第四个五分之一，那么，中等收入家庭加总后占总收入的份额则从 1967 年的 52.3%下降到了 2001 年的 46.3%。恰处中位的那五分之一家庭，即第三个五分之一，眼看着他们的收入从占总收入的 17.3%缩减到仅占 14.6%。

图 14.4 所展示的不平等的增长不仅可以由人们所得收入占总收入的份额得到证明，也能由每五分之一家庭平均获得的实际收入的量得到证明。图 14.5 显示了在图 14.4 所适用的相同年份中，这 5 个等份中的

353

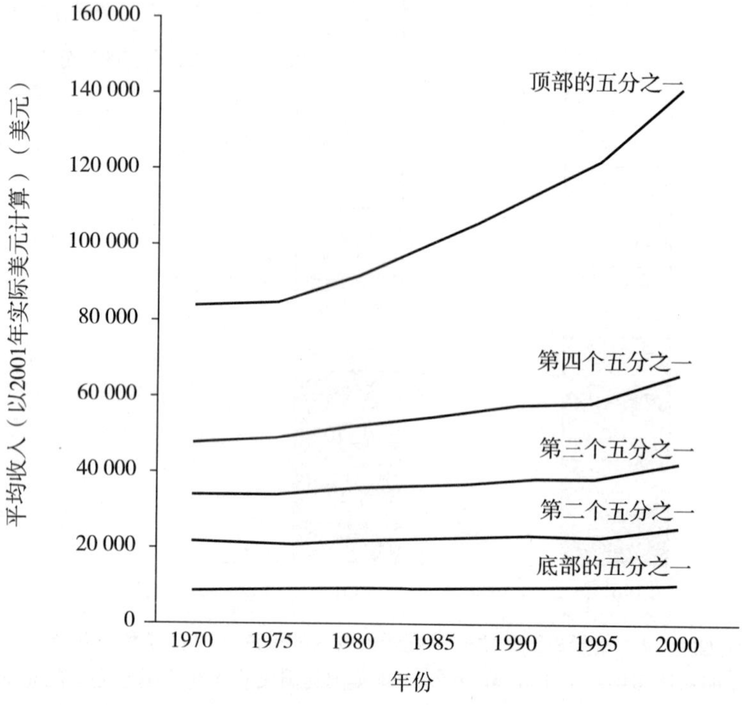

图 14.5　美国不平等的收入增长（1967—2001 年）

说明：该图展示了 1967—2001 年之间，每个等份中美国家庭的平均收入的增长情况。这里的收入水平是以“实际”美元表示的，“实际”这个词意味着得到的实际收入（以“当前”美元计的收入）已经根据通货膨胀做了调整；这样看来就好像在 2001 年前后没有发生过通货膨胀一样。为此，我们就可以说该图展示的收入量是用“2001 年实际美元”计算的。

资料来源：Carmen DeNavas-Walt and Robert Cleveland，*Money Income in the United States*：*2001*（U. S. Census Bureau，Current Population Reports，P60-218），Table A-3. Available at http://www.census.gov/prod/2002pubs/p60-218.pdf.

美国家庭平均获得的收入量。它表明底部 4 个等份中的家庭的平均收入只得到了不大的增长，而顶部五分之一家庭的收入却有显著的上升。这样，我们就得到了一个类似于——但也超出了——我们在图 14.4 的信息基础上得到的结论：收入分配已变得更加不平等，居于顶部五分之一的人拿走了其余五分之四的人的收入——不仅从蛋糕分配的份额来看是这样，而且从蛋糕分割后的大小来看也是这样。

财富的不平等

收入是一个个人、家庭或者家族在某个特定时期获得的金钱，而财富则关系到一个个人、家庭或者家族拥有的资产（比如土地、银行账户、可出租财产、股票债券和专利等）。收入被称为是流量而财富是存量。（如果某人想到了一条小溪和小溪汇入的池塘，那么，溪水是流量而池塘里的水是存量。）住房被算作是财富，即使它是供所有者自己居住的，据说这是因为它提供了一种“住宅服务”流（flow of “housing services”）。汽车也被认为是财富：它们提供了交通服务。一个人的技能和健康状况同样被认为是财富——它们被称为是“人力资本”——因为它们能促进一个人收入的增长。但我们在这里提到财富的时候，指的 354
是财富的传统形式（即非人力的财富）。

需要区分两类不同种类的财富：(1) 对住房、汽车以及其他个人物品的所有权；(2) 对其他形式的资产的所有权，包括公司股票、对公司的直接所有权等类似的产权。这两类财富都能增进其所有者的生活水平和经济上的安全感。拥有诸如房子和小汽车这样的财富为它的所有者提供的是住房和交通，这些是一旦缺乏就必须花钱去买的东西。而拥有另一类资产——例如土地、股票和可出租财产——是典型的能为所有者带来收入的资产。拥有这两类资产都能为人们提供经济上的安全感，因为大笔财富的所有者，能够在突发事件来临的时候变卖部分资产以帮助他或她渡过难关。

如图 14.6 所示，一个人的财富的组成——它在不同种类的资产之间的配置——根据其拥有财富的多少而有所不同。美国最富有的 1%的家庭把四分之三以上的财富投资在公司股票或非公司商业资产上，将不到 10%的财产投于房产。但在财富分配中位居中间五分之三的家庭（不含顶部和底部的五分之一），通常是以自用住房所有权的形式持有其大部分财产，公司股票和商业所有权占其总财富的比重平均说来仅为七分之一。

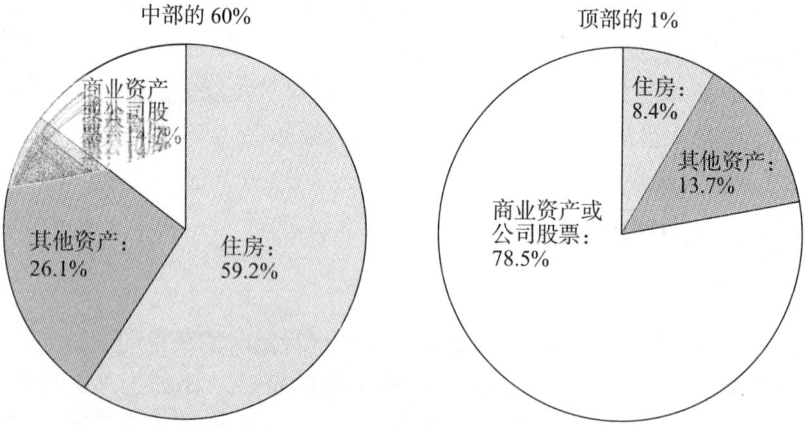

图 14.6　美国不同财富水平家庭的财富构成（2001 年）

说明：该图对比展示了 2001 年在财富分配中位居中间五分之三的家庭是如何持有他们的财富的（左边的饼图），以及在当年财富分配中位居顶部 1%的家庭是如何持有其财富的（右边的饼图）。该图用到的三类财富分别是：（1）房产所有权；（2）非公司商业资产和公司股票的所有权；（3）所有其他的资产，包括养老金和诸如储蓄、银行账户、汽车、家用设施和个人物品等流动性资产。

资料来源：Edward N. Wolff，"Changes in Household Wealth in the 1980s and 1990s in the U. S.，" in Edward N. Wolff，ed.，*International Perspectives on Household Wealth*（Northampton，Mass.：Edward Elgar，forthcoming），Table 5，Composition of Household Wealth by Wealth Class，2001.

355　富人和不那么富的人的财产构成有重大的经济和社会意义。这是基于这样一个明显的事实：拥有一所住房本身并不能使一个人成为可以让别人为他工作的雇主。要想成为一个雇主或者能够自己雇佣自己，一个人需要有除了住房以外的其他财产。一个拥有一间比如说雇佣 10 个人的小厂或小店的老板至少得有 25 万美元的资产，有了这么多的钱才够购买雇佣工人所需要的机器设备。并非不重要的还有，它能够增加雇主向银行或其他贷款者借贷额外资金的机会。

因此，虽然拥有住宅的所有权可以增进一个人的个人自主，但只有有了其他资产的所有权，尤其是生产中使用的资本品的所有权，才允许有真正的经济自主——自由地为自己工作、自由地雇佣别人或者自由地选择根本不工作。建立对资本品的所有权的一个方法是拥有公司发行的股票并在股票市场上进行交易。这些股票不仅能带来收益，而且如果你拥有足够多的股份，就可以控制一个公司。正如在第 6 章所解释的，因拥有股票而获得的收益叫股息或红利，公司可以决定是否分红。如果分红，公司决定每股支付多少红利。第 6 章的图 6.2 表明公司股票的所有权是这样分配的：美国最富有的 10%的家庭拥有股票总数的 75%以上，而最不富有的 90%的家庭的拥有量不到 25%。

度量财富的一个粗略的指标是**净值**，净值是一个人的总资产减去待清偿的负债。**净资产**这个词也被用来表达同样的含义。在不考虑住宅所有权的情况下，图 14.7 展示了 2000 年美国净资产的分配情况。从该图可以看出，在户主的受教育程度高、家庭收入高、是白人家庭以及户主是男性的情况下，一个美国家庭可能拥有的净资产（除去住宅所有权）可能会更多。

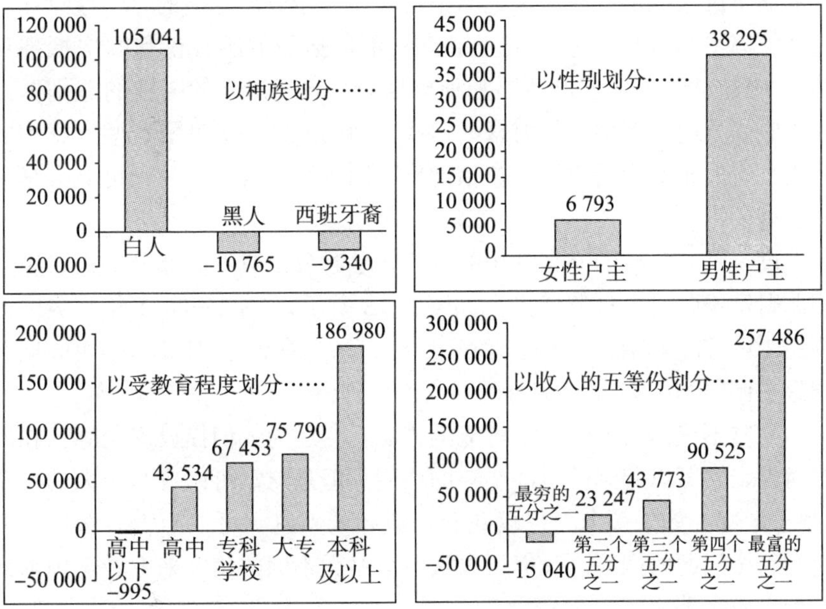

图 14.7　以种族、性别、受教育程度和收入划分的美国家庭的非住宅净财富（2000 年）（美元）

说明：该图展示了 2000 年在 1.047 亿户美国家庭中，除去住宅后的净资产的分配情况。"资产"之前的"净"字表示家庭负债已从总资产中减去，剩下的是一幅更真实的家庭财富图。

资料来源：U. S. Census Bureau, *Asset Ownership of Households*: *2000* (Washington, D. C.: U. S. Census Bureau, 2003), Table 5: Average (Mean) Value of Assets for Households, by Type of Asset Owned and Selected Characteristics: 2000 (last revised June 4, 2003), available at http://landview. census. gov/hhes/www/wealth/1998_2000/wlth00-5. html.

图 14.7 所展示的事实有一些恰好是人们能够预料到的。例如，如右下角的方格所示，拥有更多收入的美国家庭往往拥有更多的财富。人们可以预料到这种事情的发生，因为财富通常能带来收入，而收入如果存起来就可以增加财富。然而，这些数据中值得注意的是最富有的五分之一家庭和其他五分之四家庭之间资产所有权大小上的差别：最富的五分之一家庭平均的非住宅净值是最穷的五分之三家庭平均非住宅净值总和的 15 倍。当人群按受教育程度分组的时候，类似的差距也凸显出来：大学毕业生的非住宅净值是高中毕业生的 4 倍。同样惊人的是以性别和种族划分而显出的差距：户主是男性的家庭平均拥有的财富是户主是女性的家庭的 5 倍；而当白人家庭平均非住宅净值超过 100 000 美元时，非洲裔美国人或西班牙裔家庭的平均非住宅净值却是负的——这意味着这些家庭平均说来是负债大于资产（不包括住宅所有权和购房抵押负
356 债）。在这种情况下（以性别和种族划分）表现出来的财富的差别要远大于收入方面的差别，但财富的这些方面的差别用于度量这些家庭中的个人享有的相对生活质量（包括做出不同决策的自由）时，可能会是一个更好的指标。

度量财富分配的一个常用的方法，是看分割成不同部分的人口在一国总财富中各自占有的比例。如图 14.8 所示，1983—2001 年，美国最顶层 10%的家庭拥有的财富份额由 68.4%上升到了 71.5%。而同期美国最贫困的 60%的家庭拥有的财富份额则由 6.1%下降到 4.2%。

财富不仅是收入的一个可能的来源，它还为人们提供安全感。在困难时期，它可以起到“缓冲垫”的作用。但是财富可以成为多大的一个“垫子”呢？如果一个人仅仅花费他或她的财富，可以生存多久呢？通过对这个问题的回答，我们可以从一个略微不同的角度来看看美国财富分配的不平等。

357 我们把所有的家庭按他们的财富量分成五等份（五分之一）。图 14.9 展示了在家庭失去收入且家庭成员仅能按政府设定的处于贫困线上的家庭的收入状况消费其家庭财富的情况下，各等份中的典型家庭能维持的时间（以年计）。

让我们以一个家庭为例考虑这个问题，比方说这个家庭拥有美国最富有五分之一家庭的平均财富量。在 2001 年，处于这样位置的一个家庭（处于顶部的五分之一）若以贫困线水平的速度消费能够维持 100 多年；一个拥有第三等份平均财富的家庭能维持近 5 年；而一个拥有底部

五分之二平均财富的家庭仅能维持两个半月。这与亚当·斯密在他的时代所描绘的情形类似：一个地主、农场主、工厂主或商人，即使一个工人也不雇佣，一般说来，也能依靠占有的存货生活一至两年。而许多工人如果不被雇佣的话连一个星期都维持不下去……（参见第 12 章的专栏“所有者与工人的谈判权力”。）

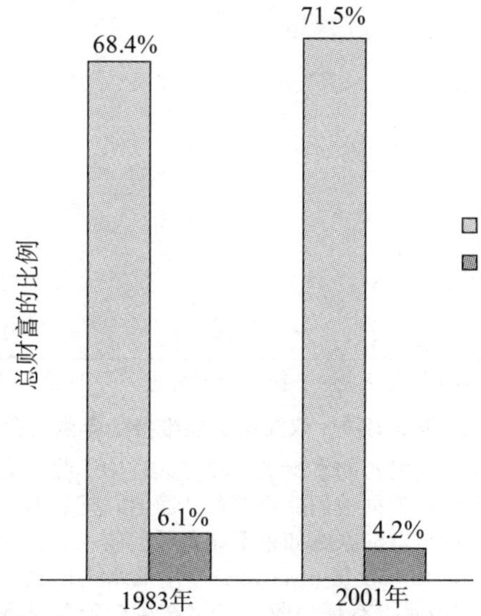

图 14.8　美国不断加剧的财富集中（1983 年和 2001 年）

说明：该图说明在 1983 年和 2001 年，美国家庭拥有的财富的所有权变得更加集中了。左边的一组柱形图表示 1983 年美国最富有的 10%的家庭拥有美国 68.4%的财富，而底部 60%的家庭拥有 6.1%的财富。右边的一组柱形图表示到了 2001 年，最富有的 10%的家庭的份额上升到了 71.5%，而底部 60%的家庭则降到了 4.2%。

资料来源：Edward N. Wolff，“Changes in Household Wealth in the 1980s and 1990s in the U. S.，” in Edward N. Wolff，ed.，*International Perspectives on Household Wealth*（Northampton，Mass.：Edward Elgar，forthcoming），Table 2：The Size Distribution of Wealth and Income，1983—2001.

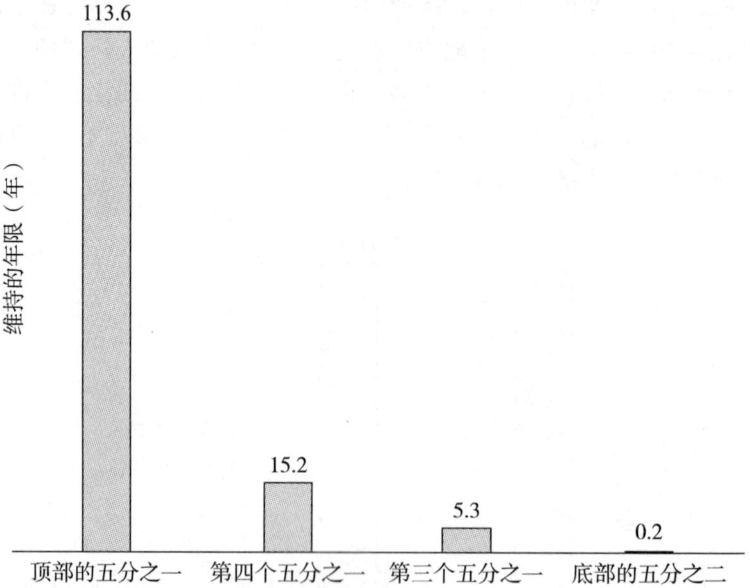

图 14.9　若以贫困线水平的速度消费，仅靠财富能维持的年限（美国，2001 年）

说明：在该图中，仅仅根据财富的多少来比较富人、中等收入者和穷人的生活
358 水平。这种比较是这样进行的：根据他们拥有的资产净值，把所有的家庭分成五等份，然后计算拥有各等份平均财富的家庭如果不花费任何收入，仅靠积累起来的财富，在维持"贫困门槛"（the threshold of poverty）生活水平的情况下，能维持多长时间。（实际上，我们的假设是没有任何收入。）"贫困门槛"是政府设定的用来计算不同规模家庭贫困线的收入值，它参照通货膨胀率而逐年提高。虽然这些贫困数据是用来说明家族情况的，但这里用于计算财富的数据也适用于家庭（household）。我们采用了三口之家的贫困门槛，因为 2001 年平均的家庭规模是 2.6 人，因此可对这两组数据做个粗略的比较。柱形图上方的数字表示拥有其等份中平均财富的家庭在维持贫困线生活水平的情况下，他们的财富能够支撑多久（以年计）。例如在 2001 年，处于财富分配顶部五分之一家庭的资产净值平均为 160 万美元，同年，三口之家的贫困门槛是 14 128 美元。所以，如果最富五分之一中的普通家庭以每年 14 128 美元的速度花费它的财富，其成员将能维持 113.6 年。其他柱形图的高度也是用同样的方法确定的，用各个五分之一不同的资产净值除以相同的贫困门槛。为了不使财富分配最底层的五分之一根本没有柱形图（这五分之一家庭只有微不足道——或者是负的——资产净值），我们把最底部的两个五分之一合在了一起。

资料来源：Calculated by the authors from data in Edward N. Wolff, "Changes in Household Wealth in the 1980s and 1990s in the U. S.," in Edward N. Wolff, ed., *International Perspectives on Household Wealth* (Northampton, Mass.: Edward Elgar, forthcoming), Table 3, Mean Wealth Holdings and Income by Wealth Average Poverty Thresholds for Families of Specified Sized, 1959 to 2002, available at http://www.census.gov/hhes/poverty/histpov/hstpov1.html.

不平等的机会

在盖洛普民意调查问及在美国是什么导致一个人抢占先机时，被调查者认为父母、良好的教育、社会关系和遗产都是寻求经济成功的好东西。他们的看法没错。 359

美国人有一种久远的文化观念，即美国是一个“充满机会的国度”，在这里，从一代人到另一代人，通过雄心、汗水和运气的某些组合，财富可以被赢得，也可以失去。这个观念起源于 19 世纪，当时的美国愉快地接纳了来自等级森严的欧洲社会的贫困移民。他们中的许多人找到机会获得了土地所有权、企业家身份和子女的学校教育等，其规模和程度在他们的祖国是不可想象的。美国梦意味着你在生活中走多远不取决于你的父母而取决于你自己的能力和你的努力程度。

但是，最近的一项关于父母与其成年子女后来的收入之间关系的研究表明，富裕的父母能够使子女的收入提高。图 14.10 展示了最近的一项研究数据，它表明：第一，美国富裕家庭的子女有多大的可能性使自己也最终富裕；第二，贫穷家庭的孩子有多大的可能性使自己也最终贫穷。该图下的说明文字展示了这项研究的详细资料，然而令人惊讶的是，在美国收入分布中最富有的 10%的人的子女有超过 40%的机会成为人群中最富有的 20%的人，而在美国收入分布里最贫困的 10%的人的子女有一半以上的机会成为最贫困的 40%的人。

图 14.10 显示，在收入分布中最贫穷的 10%的人的子女中，只有 1.3%的人在成年后能达到收入分配的前 10%。如果竞技场是公平的，子女的收入就不该受到父母收入的影响，他们中的 10%就应该成为最富有的 10%。最贫困的 10%的人的子女仅有 3.7%的机会进入收入分配的前 20%。与之形成对照，在最富有的 10%的人的子女中，有超过 20%（22.9%）会得到令其置身于前 10%的收入，富人子女中有 40%能够进入收入分配的前 20%。这幅图还显示，有钱人的子女不太可能以贫困告终，而穷人的子女，有一半以上会沦落到收入最低的 20%。

与在加拿大、瑞典以及其他许多国家所做的类似的研究相比，美国远非是许多人所期望的“机会的国度”。是什么导致了财富与困苦在代与代之间的这种延续呢？有两种解释得到了广泛的支持，但是没有一种是完全充分的。

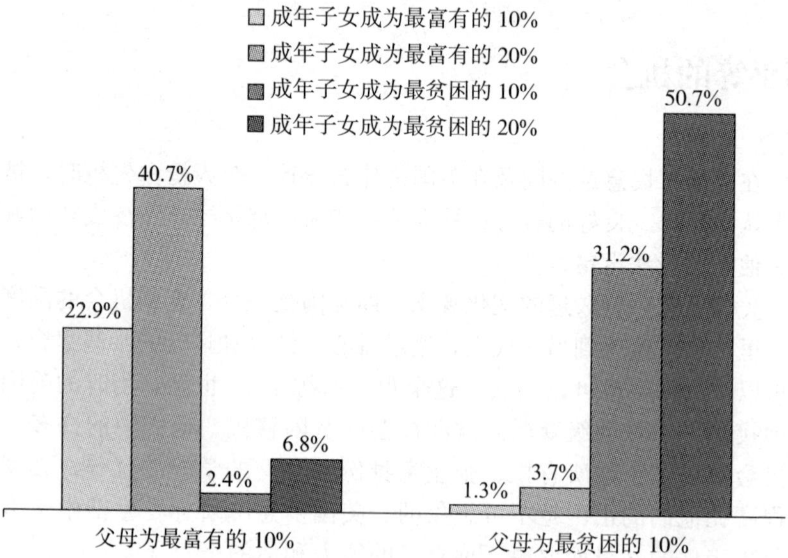

图 14.10　不平等的机会：家庭背景与经济成功——美国案例

说明：在该图中，左边一组的四个柱形图表明了美国人口中最富有的 10%的人的子女的情况会怎么样。对这些孩子而言，当他们成年以后，有 40.7%会成为人口中最富有的 20%，有 22.9%会成为最富有的 10%；有 6.8%会成为最贫困的 20%，仅有 2.4%会成为人口中最贫困的 10%。右边一组的四个柱形图表明了那些从人口中最贫困的 10%的家庭中起步的孩子的情况会怎么样。对这些孩子而言，他们中的 50.7%会成为人口中最贫困的 20%，有至少 31.2%会成为收入分配中最贫困的 10%；仅有 3.7%的贫困家庭的子女会成为人口中最富有的 20%，不足 1.3%能跻身于人口中最富有的 10%。

因此，从收入分配中顶部十分之一家庭出来的孩子长大后成为最富有的 10%的概率，是从最贫困的十分之一家庭出来的孩子的 20 倍，而最贫困的十分之一家庭的孩子，成为收入分配最底层的 10%的可能性，是最富有的十分之一家庭的孩子的 15 倍。当穷人的孩子在通往经济成功的道路上艰难跋涉并遭遇不利之境时，富人的孩子却难得经历向下的变迁。

这里的数据来自密歇根大学收入动态研究小组自 1968 年以来对一组有代表性的个人及家庭样本所做的定期调研。

资料来源：Samuel Bowles and Herbert Gintis，"Intergenerational Inequality，" *Journal of Economic Perspectives*，vol. 16，no. 3，summer 2002，pp. 3 - 30.

根据第一种解释，经济上的成功之所以能够在代际传递，是因为高收入的父母把他们的财富传给了他们的子女。（回想一下图 14.7，高收入的家庭确实有比别人多得多的财富。）因为低收入的父母缺少财富（还是图 14.7），所以他们的子女就不得不白手起家。这个看法是不错的，它解释了为什么富裕家庭的成年子女也往往比较富裕。但是它不能解释为什么那些比较富裕的家庭的子女至少也会比较富裕，至少会比贫困家庭的子女要富裕。他们中的大部分人继承了超过父母住宅的遗产。这一点也可以从图 14.7 中看出来。该图显示，人口中仅次于最富有五分之一的人拥有的财富（除了住房之外）仅为 90 000 美元。这个数量的财富仅用于老年父母的医疗保险和家庭看护就能被完全花光。

根据第二种解释，用盖洛普民意调查的话来说，起作用的是“一个 361
人与生俱来的才能”。这不是指高收入的父母传给子女的储蓄，而是指赚大钱的基因。（贫穷的父母被认为遗传了他们的“劣质”基因。）当然，并不存在高收入基因这样的东西，虽然在某种程度上像智力、精明、个人魅力、毅力这样的品质是可以遗传的，并且这些品质中的每一种都会对父母及其成年子女的收入产生影响。

得到最普遍认同的可通过基因遗传的赚钱品质是智商（IQ），即一个人在智力测验中的得分。当然，学校教育的质量和数量、家庭环境以及其他一系列因素都会影响智商，但是和后天因素一样，先天因素也会有影响。我们是从基因相同的双胞胎比普通的兄弟姐妹（或异卵双生的双胞胎）有更相似的智商得知这一点的。但是这种解释甚至不如遗产的解释更有根据。原因在于智商并不是决定一个人的收入的特别重要的因素：一个人所受教育的质量和数量及其财富这类因素才是更重要的。

那么，用什么解释代际的不平等呢？高收入家庭的子女受到更多和更高质量的教育这一事实是问题的一个重要部分。还有一种可能性，就是成功的家长会有意地或者通过言传身教的方式向他们的子女传授有助于成功的性格特点和行为模式。这些特点和模式包括节俭、更看重未来、社交技巧以及个人努力会改变命运的信念（与此相反的是宿命论）。健康是另一个原因：低收入家庭的孩子经常会出现健康问题，这些问题在成年后会恶化，而这些疾病会影响收入。其他重要的影响源于他们所属的人口统计学群体和社会群体。父母住在贫困街区或地区的人可能会继续住在那里，这造成了他们低收入的长久化。如果他们属于一个受歧视的群体，他们的子女很可能也属于同样的群体。当谈及通常所说的种族时，这一点尤其正确。

种族和不平等

许多美国人——尤其是白人男性——谈及种族歧视时以为那是过去才发生的事情。今天，在一些岗位招聘、入学资格申请以及其他宝贵资源的争夺中，确实也存在着对白人或男性不利的现象。但是对确实存在这种现象的事例的大力宣传，却是对普遍存在的事实的一种误导。

2001—2002 年期间，芝加哥大学和麻省理工学院的教师在芝加哥和波士顿做的一个实验表明：种族歧视依然存在于劳动市场。实验的过程如下：首先从网上下载一些简历。然后修改这些简历，使其中的一些
362 看上去比另一些质量高一些（例如，反映出更多的经验、有更多的证书等），然后去掉简历中任何可识别初始提供者身份的东西。接着，给这些简历随机分配一些“听起来像白人”和“听起来像黑人”的名字。这些名字是从出生历史记录中获得的，并根据他们在黑人和白人家庭出现的频率挑选出来。然后，把这些简历发送到波士顿和芝加哥地区的 1 300个潜在的雇主手中。每个雇主都收到四份简历：一份高质量的“听起来像白人”名字的简历、一份高质量的“听起来像黑人”名字的简历、一份低质量的“听起来像白人”名字的简历以及一份低质量的“听起来像黑人”名字的简历。结果证明，如图 14.11 所示，仅一个因素——是一个“听起来像白人”的名字还是一个“听起来像黑人”的名字——就解释了公司向那些投简历的人（想象中的）回电并请他们参加面试的频率的大部分差别。无论是男性还是女性，“听起来像白人”名字的简历都比“听起来像黑人”名字的简历更有可能被回电通知面试。“布拉德”（Brad）被回电通知面试的可能性是“莱士德”（Rasheed）的五倍，而“克立斯滕”（Kristen）被回电通知面试的可能性是“艾莎”（Aisha）的六倍。

“种族”：生物现象还是历史现象？

当大多数人使用“种族”这个词时，指的是由基因造成的永存特点而被区分开来的人群，但这种意义上的“种族”并不存在。当非洲人、东亚人或欧洲人的祖先被划分为“种族”时，区分他们的是物理标志，例如肤色和面部特征。这些标志在

这些人群中的确显著不同，而且这些特征是基因遗传的。

然而，在一个说“白人和黑人是不同的”的人的心目中，通常有些超过明显可见的特征的东西。他们的心目中有诸如文化、个性、平均收入和特殊才能之类的东西。但是从生物学观点来看，除了那些用来定义种族的表面的差别之外，不同祖先的群体之间的差别是非常少的。说到人类大部分基因的构成，“种族”内部成员之间的差异与不同“种族”成员之间的差异一样大。用一个普遍接受的标准来衡量，人之间超过 90%的基因差异存在于拥有相似祖先的族群之内，而不到 10%的基因差异存在于不同的族群之间。

有一些原以为是一个“种族”特有的基因特点，比如流行于非洲人后裔中的镰状细胞贫血症，实际上和特殊的气候有关。例如，来自撒丁岛的欧洲人的后裔和非洲人有同样高的镰状细胞贫血症患病率。这种现象与非洲血统没有关系。我们在那些祖先生活在过去疟疾流行地区的人中间发现了这种病。这些地区不仅包括撒丁岛和西非，还包括印度的部分地区。

造成种族间差异的原因除了这些身体的标志之外，还有历史：在一个很长的时期里，不同祖先的人一直生活在不同的环境中。就非洲裔美国人而言就包括这样的经历：其祖先中的许多人是戴着锁链被带到美国并且是作为奴隶受到剥削的。

我们从中得出的结论不是种族无关紧要，很不幸，它确实极其重要。我们的结论是：种族不是一个生物学的事实。更确切地说，它是不同祖先的人的生活方式以及彼此对待的方式的历史产物。这就是我们为什么不把高个子的人看成是一个种族的原因。身高与肤色一样既是一种重要的基因构成又非常显而易见。但高个儿“剥削”(exploit) 矮个儿的事虽然会在约会竞赛 (dating game) 和篮球场上发生，却不是历史故事中的主要情节。

资料来源：L. Cavalli-Sforza，*Genes*，*Peoples and Languages* (Berkeley：University of California Press，2000)：Noah Rosenberg，Jonathan Pritchard，James Weber，Howard Cann，Kenneth Kidd. Lev A. Zhivotovsky，and Marcus Feldman，“Genetic Structure of Human Populations，” *Science*，no. 298，2002，pp. 2381 - 2385；Marcus Feldman，R. C. Lewontin，and Mary-Claire King，“Race：A Genetic Melting Pot，” *Nature*，no. 424，July 24，2003，p. 374.

我们选择展示图 14.11 所描述的研究结果，是因为它是大量类似实验中最新的，也是设计得最好的。在其他的研究中，在购买汽车、租用公寓和申请贷款等方面，其他方面完全相同的白人和非洲裔美国人都受到了不同的待遇。在“听起来像某个种族的名字”的实验中，一个令人困惑的方面是：当涉及劳动市场上的机会时，虽然资历确实重要，但它的重要程度却深受种族的影响。图 14.12 显示，“听起来像白人”名字的高质量简历比“听起来像黑人”名字的好简历被回电的频率高出 *363*

30%。而且，“听起来像黑人”名字的高质量简历，被回电的比率并不比“听起来像黑人”名字的低质量简历高出很多。因简历的质量而引起的回电率的提高是如此微小，以至于其发生只能算是意外。

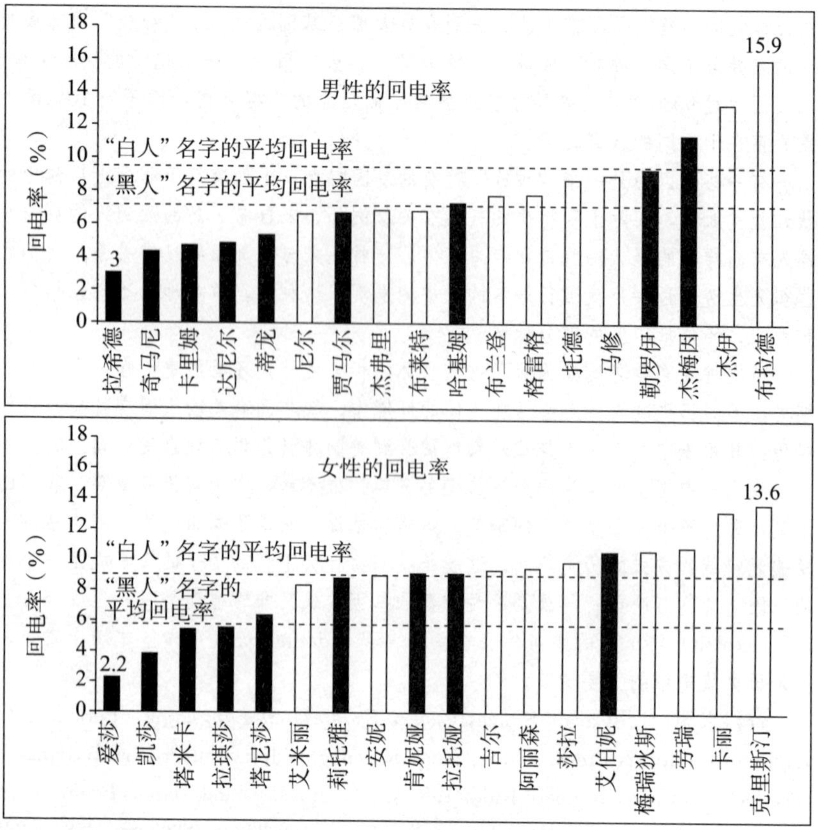

图 14.11　改头换面的种族主义：美国劳动市场上的歧视（2001—2002 年）

364 说明：该图展示的是 2001—2002 年在芝加哥和波士顿所做的实验的结果。这两幅图显示无论对于男性还是女性，一份“听起来像白人”名字的简历，与一份“听起来像黑人”名字的类似简历相比，得到积极答复的几率要大得多。（请参见正文对这个实验的更完整描述。）

资料来源：Marianne Bertrand and Sendhil Mullainathan, “Are Emily and Brendan More Employable than Lakisha and Jamal? A Field Experiment on Labor Market Discrimination,” *American Economic Review*, vol. 94, no. 4, pp. 991 - 1013.

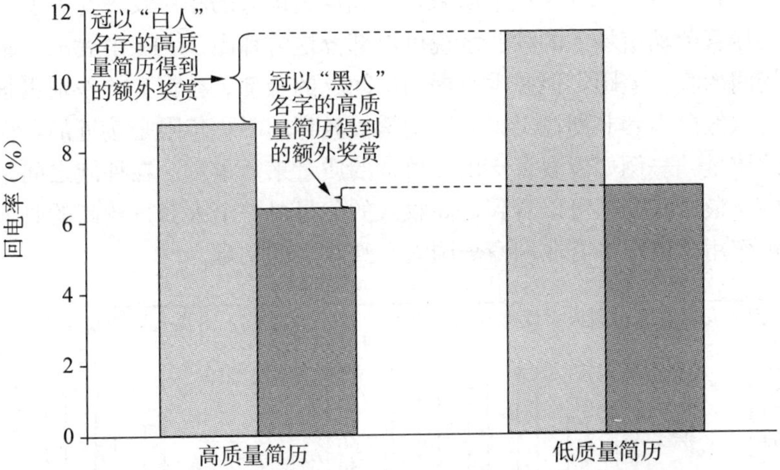

图 14.12　好简历会有好报酬，如果你的名字没有问题的话：美国劳动市场上的歧视（2001—2002 年）

说明：前述由芝加哥大学的玛丽安娜·伯特兰（Marianne Bertrand）和麻省理工学院的辛德黑尔·毛拉内森（Sendhil Mullainathan）所做的实验也表明，尽管人们在劳动市场上的机会受到资历的影响，但种族产生的影响也很严重。如果是高质量的简历，“听起来像白人”的名字的回电率会高出 30%。而对于“听起来像黑人”名字的简历，有一个好的而不是坏的简历并不能在回电率上带来统计学意义上的重要改进。

资料来源：Marianne Bertrand and Sendhil Mullainathan，“Are Emily and Brendan More Employable than Lakisha and Jamal? A Field Experiment on Labor Market Discrimination,” *American Economic Review*，vol. 94，no. 4，pp. 991 - 1013.

20 世纪 60 年代和 70 年代初的民权运动失败了吗？说它结束了可能更准确。图 14.13 展示了自第二次世界大战前以来非洲裔美国人、白人男性和女性收入的长期趋势。这些数字是终年全职雇员的中等年收入，所以它不能反映非洲裔美国人比白人更可能失业这一事实。（收入指来自工作的收入，即工资、薪水和其他工作报酬。）左边的两个方格清楚地显示出直到 1979 年，经济一直以一个相当快的速度向种族平等靠拢。注意从第二次世界大战爆发到 20 世纪 50 年代末取得的显著进步，以及在民权运动的十年和 20 世纪 70 年代的继续提高。在此期间，相关法律的通过（和积极执行）使雇佣中的种族歧视成为非法行为，支持性行为计划努力矫正了就业中的种族不平衡，这些都为这段时期收入差距的缩小做出了贡献。公共部门比私人部门以更平等的报酬提供了相对较多的好工作，与此相似，政府雇佣的劳动力份额的增长也起了一些作用。自 20 世纪 70 年代末以来，非洲裔美国人的相对收入变少了。

尽管劳动市场上的种族歧视可以部分地解释图 14.13 中展示出来的种族间的收入差距，但并没有揭示出问题的全部。教育上的差别也很重要。虽然白人和非洲裔美国人所受学校教育的平均年限是接近的，但教育的质量——例如以教育支出和教师的质量来衡量——在种族之间是不同的。最后我们还可以看到，高收入的父母对一个人获得较高的收入有促进作用，但很少有非洲裔美国人有高收入的父母。

366

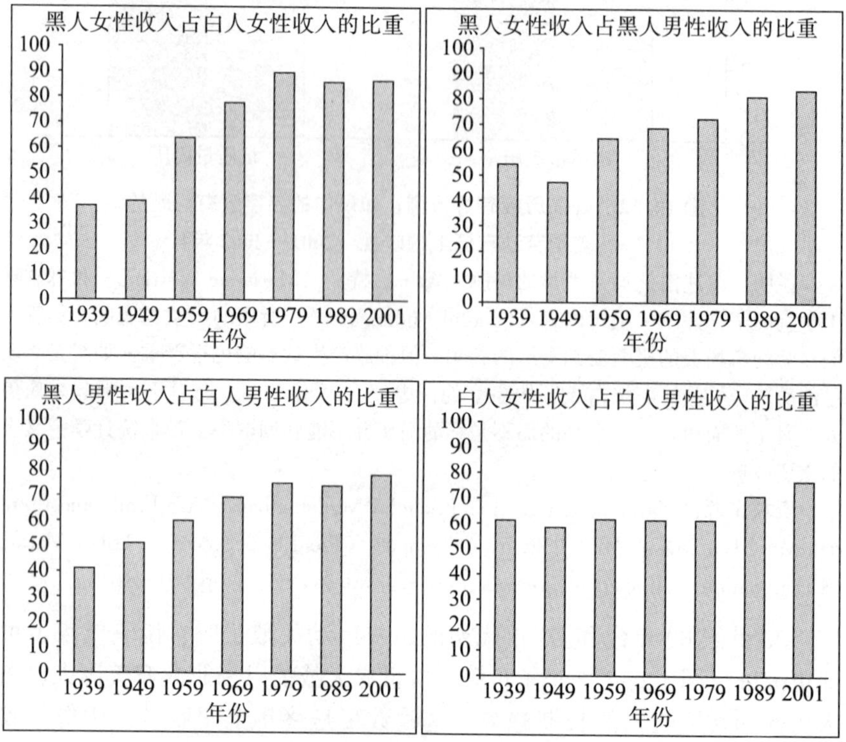

图 14.13　美国向“色盲”及“性别中性”的经济转变的进程停滞了（1939—2001 年）（%）

说明：该图展示了 20 世纪后 60 年各种群体的收入相对于其他群体的收入的变化情况。图中给出的收入是终年全职雇员的中等年收入。因此，不同群体就业模式的任何区别都被矫正了。

资料来源：U. S. President's Council of Economic Advisors，*Economic Reports of the President*：*1991 and 2003*（Washington，D. C.：U. S. Government Printing Office，1991 and 2003），available at http://gpoacess. gov/eop/download. html.

女性的工作，女性的工资

图 14.13 右边的两个方格比较了白人和非洲裔美国人的女性和男性的中等年收入。图中所有的数据都是就终年全职雇员而言的，所以男性和女性之间典型的工作周数量的差别不能解释我们从这些数据中看到的收入上的性别差别。虽然非洲裔美国女性的收入在与非洲裔美国男性的对比中有了很大的提高，但就欧洲血统的女性追赶白人男性的情况而言，却几乎没有什么进展，尽管在 20 世纪后 20 年有了一些改善。

女性比男性赚钱少的主要原因是“职业隔离”。女性往往和男性做不同种类的工作，平均说来，女性的工作报酬比男性的少。例如，秘书、小学教师和护士通常是女性，而木匠、机械工程师和飞机飞行员通常是男性。图 14.14 显示了职业的性别隔离如何造成了女性工人较低的报酬。

如果他掌权，她能否受到善待？

在世界范围内，女性在政治上是未被充分代表的。例如，在 2000 年，在全世界各国的国家级议会机构中（比如美国的参议院和众议院），只有不到七分之一的成员是女性。这是否影响了政策的采用？世界范围的立法机关里女性代表数量的不足是否导致了男性的利益被优先考虑？ *368*

可能不会有什么关系。如果当选的领导仅仅是选民意愿的实现，那么被选出的人的性别是没有关系的。当然，在选民赞成易受女性支持的政策的那些州里，女性可能更有希望当选。因此政治人物的性别和他们实行的政策是相关的。但是按照这种观点，领导人的性别不应该有任何因果关系上的重要性（causal importance）：由同样的选民选出来的男性或女性应该做同样的事情。

印度作为世界上人口最多的民主国家，为研究女性代表名额不足是否影响政策这一问题提供了一个实验室。1993 年，印度修正宪法，要求各个邦的地方政府参议会中的女性领导必须不少于三分之一。在许多邦里，一些被随机选出的村庄——从该州所有村庄的名单中每隔三个选出一个：第 1 个、第 4 个、第 7 个——要求必须选举一位女性担任普拉德罕（pradhan）（类似于参议会领导的一种称谓）。

一份关于西孟加拉邦（West Bengal）和拉贾斯坦邦（Rajasthan）261 个村庄的详细研究调查了新当选的女普拉德罕影响（或者没有影响）村务政策的方式。所有受调查的村庄都比较贫穷，并且缺乏公共服务。仅有十分之一的拉贾斯坦邦的村庄和二十分之一的孟加拉邦的村庄有自来水。不到十分之一的西孟加拉邦的村庄和不到一半的拉贾斯坦邦的村庄有公共卫生设施。

367

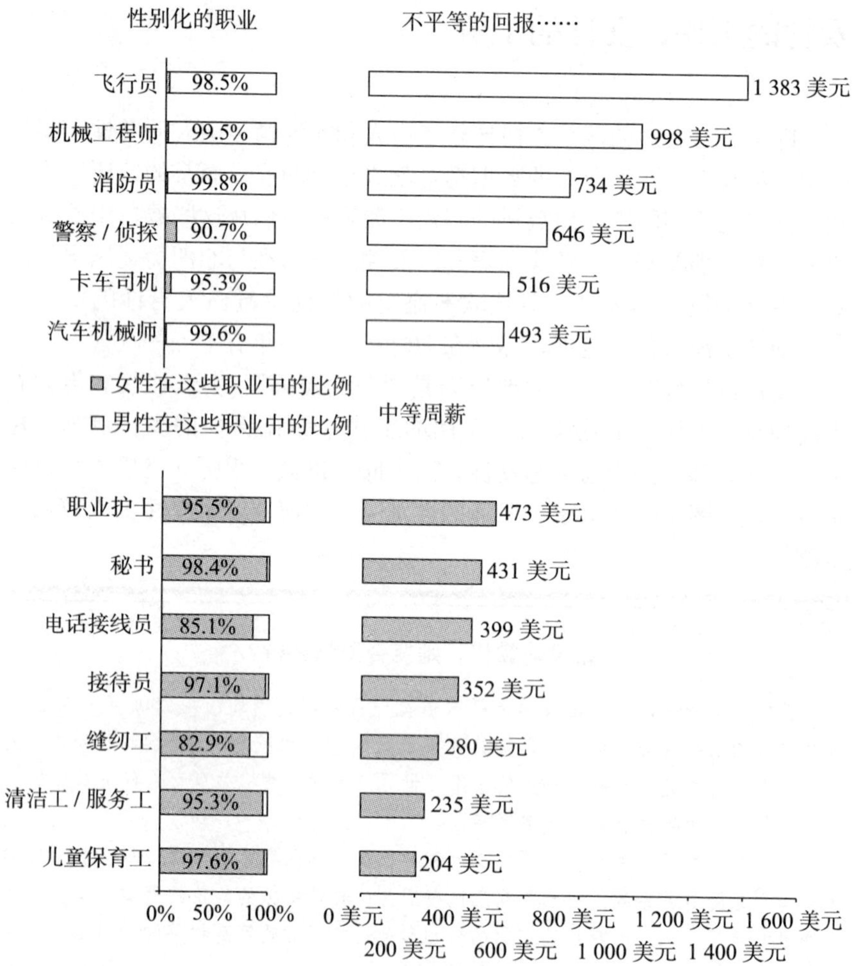

图 14.14　女性的职业和女性的工资：有性别区分的职业和不平等的收入（美国，1999 年）

说明：该图显示出，在一些职业中几乎所有的工人都是女性，而在其他一些职业中几乎所有的工人都是男性。这里展示的是一些最具有“性别色彩”的职业。该图也展示了每种职业的中等周薪，证明“男性职业”往往比“女性职业”收入更高。

资料来源：U. S. Department of Labor，Bureau of Labor Statistics，Report 943：*Highlights of Women's Earnings in 1999*（Washington D. C.：U. S. Department of Labor，2000），available at http://www. bls. gov/cps/cpswom99. pdf.

研究人员研究了男性和女性在参议会上提出问题的种类。这两个邦的女性都比男性在缺乏自来水的问题上更频繁地表示不满。这并不奇怪：不管是哪个邦缺少自来水，都必须是女性去挑水，她们经常要把水罐顶在头上走相当长的路。在西孟加拉邦，女性承担了大部分付薪的道路维护工作，因而女性对路况表示不满的比男性多。而在拉贾斯坦邦，道路维护工作是由男女分担的，而男人经常必须外出找工作。由于这个邦的男人可以指望至少道路维护工作中的一半为自己就业，所以他们不相称地赞同改进路况。

参议会中有新当选的女普拉德罕作为成员时，会采纳符合女性利益的政策。西孟加拉邦和拉贾斯坦邦在水供应方面，比起没有选举女普拉德罕的村庄，都有更大的投资。在西孟加拉邦，女普拉德罕领导的参议会在道路上的投资更多一些，而拉贾斯坦邦对改善道路的投资则相对较少。

因此，1993 年印度修宪的效果向我们提供的是有关民主的好消息：由谁当选确实有所不同。然而，由于在大部分国家（包括美国），女性在高层政坛中都鲜有职位，来自印度的消息恐怕就不那么好了。如果印度实验的教训适用于其他国家，那么在大多数国家，女性的利益是没有像男性的利益一样受到善待的。 *369*

资料来源：Raghabendra Chattopadhyay and Esther Duflo，"Women as Policy Makers：Evidence from a Randomized Experiment in India，" *Econometrica*，forthcoming.

职业隔离甚至发生在职业和行业的内部。比如，在一些行业中，有些公司雇佣的大部分是男性，而另一些公司，在那些相同的工作岗位上，雇佣的却大部分是女性。甚至在同一个公司，特别是如果它在一个国家的不同地区设立工厂，就可能在一个工厂里雇佣的大部分是男性，而在另一个工厂里雇佣的大部分是女性。男人比女人赚钱多的收入差别通常是伴随着这种隔离而产生的。这种差别的一部分在图 14.15 中得到了说明。

女性的报酬为什么较低是一个有争议的问题。平均而言，女性没有体验过非洲裔美国人所经历的许多经济上的劣势；男性和女性之间教育质量没有什么差别，女性的父母也不比男性的父母更贫困（基于明显的理由）。一方面的原因是较高的报酬是用来奖励工作经验的，而在许多工作中，女性的工作经验不如男性。这部分地归因于女性离开了付薪工作去养儿育女，或承担了其他较少由男人承担的家庭责任。

一些人将男女同工不同酬归因于女性体力较差或技不如人。但请注意，图 14.15 中那些需要体力的工作——例如，农业工人和树木搬运工——在男女之间几乎显不出什么工资差别，尤其是在与律师、内科医生和保险理算员这些不太注重体力的工作相对比的情况下。对许多工作来说，是歧视增加了性别隔离，从而增加了男女之间平均工资的差异和其他的不平等。

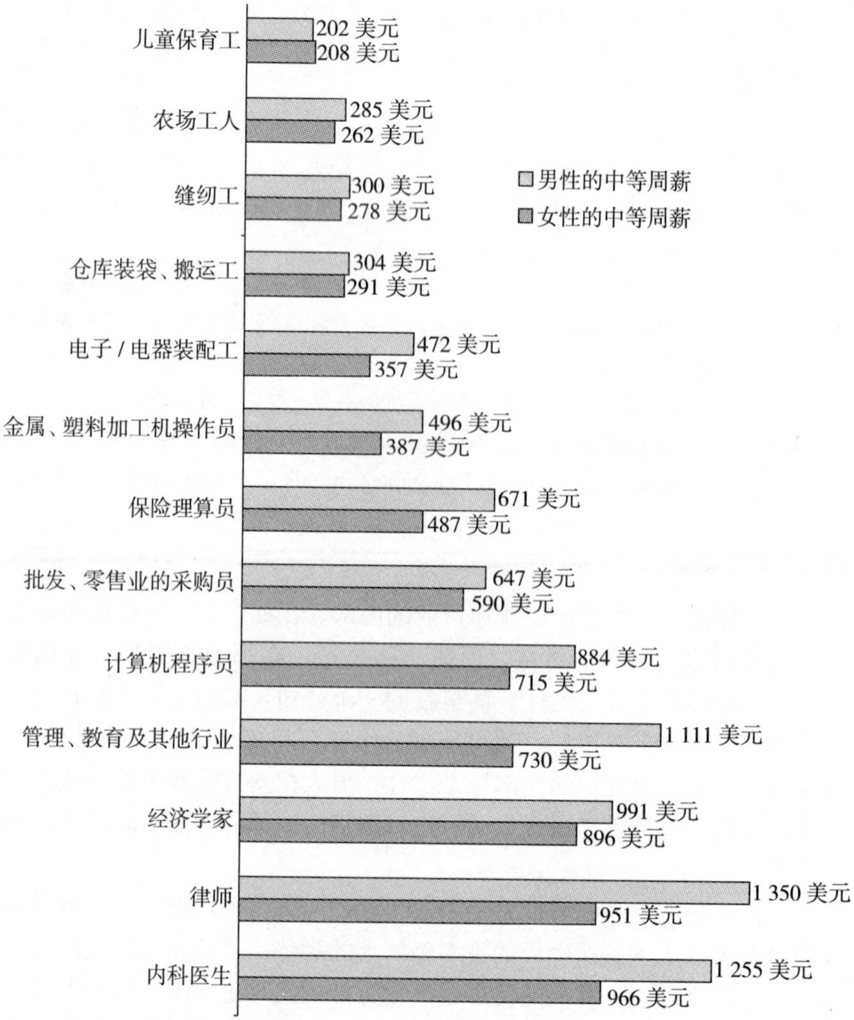

图 14.15 男性和女性在特定职业中的工资（美国，1999 年）

370 说明：该图显示，除了儿童保育工（见该图顶部的第一对条形图）之外，男性的中等周薪在所有列出的职业中均超过了女性。

资料来源：U. S. Department of Labor，Bureau of Labor Statistics，Report 943：*Highlights of Women's Earnings in 1999*（Washington D. C.：U. S. Department of Labor，2000），available at http://www. bls. gov/cps/cpswom99. pdf.

有关哪些工作“适合”女性的社会规范也在起作用。比如从事卡车司机或汽车维修工等“男性”职业的女人有时被视为对异性缺乏吸引力。马萨诸塞州大学的李·巴德盖特（Lee Badgett）和南希·福尔伯尔（Nancy Folbre）做的另一个“回电”实验证明了这一点。他们要求被调查者对一些虚构的男性和女性的征友广告依据它们可能收到的肯定性回电的数量排序。广告中所描绘的人，无论男女，只要从事的是与性别不相符合的职业，比如女电工或男护士，都比在其他方面有着相近的业余爱好、浪漫程度和身体素质，但从事与性别相符的职业的人排名更低。没受过多少教育又从事与性别不符的职业的女性在“交友市场”（dating market）上尤其要付出更高昂的代价。

结论：对各种不平等的解释

为什么在美国一些家庭的收入比其他家庭多很多？为什么家庭间的收入差别随着时间变化时，会在 20 世纪的后三十年中上升而在这之前的四十多年中下降？ 371

回答这个问题的一种方法是在一个家庭和一个农民之间做一个类比。农民的收入取决于他能在市场出售的各种农作物的数量以及每种农作物的价格。家庭的收入是由同样的方法决定的。像农民和他的农作物一样，家庭也有一系列潜在的可获得收入的资产：家庭成员的技能和可供支配的时间，也许还有一些直接拥有的或通过股票所有权拥有的土地或其他资本品。在特定的某年中，家庭会把这些资产中的一部分投放于市场：出租土地、以工资作为回报向某个雇主出售其部分技能和时间等。与农民一样，这个家庭的收入取决于他们必须向市场投放的东西、每一种能卖出多少以及以什么样的价格出售其可获得收入的资产。

假设有两对夫妇，布拉德（Brad）和卡丽（Carrie）、蒂龙（Tyrone）和拉托娅（Latoya）（是的，名字的选择是经过考虑的）。布拉德和卡丽都是大学毕业。布拉德是一个全职的电脑程序员，而卡丽是半日工作的代课教师。两人都是每小时 20 美元。蒂龙和拉托娅高中没有毕业，两人都全职工作，蒂龙在一个没有工会的企业当机械师，拉托娅是一个服务员。蒂龙每小时 15 美元，莱托娅每小时 9 美元。布拉德和卡丽在股市上有 200 000 美元的投资，蒂龙和拉托娅除了住房和汽车之外没有其他财产。你可以检查一下本章的图表看看对这两对夫妇经济状况的假设是否符合现实。

现在我们来做个算术。如果蒂龙和拉托娅在全年都做全职工作（1 750小时），他们的收入是 42 000 美元。布拉德和卡丽的工资是 52 500美元。而他们的财富——如果年回报率是 5%的话——可以再得到10 000美元，所以他们的总收入是 62 500 美元。

现在考虑这两对夫妇一年后的情况。布拉德和卡丽努力存钱。现在，他们的财富达到了 250 000 美元（其财富现在的回报率是 10%），卡丽现在是全职教师。假定他们的工资保持不变。拉托娅仍然是每小时 9 美元的服务员，但蒂龙工作的机械厂关门了（拥有那间店的公司在德国开了一个新厂）。找了一年工作之后，他在一个杂货店找到了一个每小时 10 美元的全职工作。在他失业之前，蒂龙和拉托娅存了一些钱供拉托娅上夜大，但在他失业期间，他们花完了积蓄并陷入负债。他们向多个债权人借债共计 10 000 美元。

现在的数字看起来大不相同了。拉托娅和蒂龙的工资是 33 250 美元，但需要为他们的债务付 20%的利息（总共 2 000 美元），于是他们的净收入是 31 250 美元。卡丽和布拉德现在的工资收入是 70 000 美元，而财富的回报增加到25 000 美元，这使他们有了 95 000 美元的收入。两对夫妻都努力工作，但以美国标准来衡量，没有一对是富裕的。但就在这两年之间，布拉德和卡丽比蒂龙和拉托娅多赚的钱由 50%增加到 3 倍。

372 这两对夫妇是虚构的。然而这是不是对美国过去几十年收入分配变化的一个真实的描述呢？是的。根据你所见到的美国经济的数据（以及你可以查得到的其他数据），这两对夫妇间的差别及其财富拉开差距的原因是符合实际的。造成财富拉开差距的关键因素在美国的经济中都起着作用。蒂龙和拉托娅比布拉德和卡丽面临更大程度的工作不稳定。他们还缺少股票所有权，在那段时间，股票的回报率大幅上涨。蒂龙失业的代价是巨大的（一年没有工作，然后是一份报酬更少的新工作）。如果布拉德和卡丽失业，他们再就业的前景会好得多，因为他们的技术是有需求的。当卡丽从事全职工作时，布拉德和卡丽大大地提高了他们的收入。

当然，我们省略了这个故事中许多的可能性。例如，加入这样一些情况也是符合实际的：蒂龙失去了他在机械店的工作，他和拉托娅没有医疗保险，因此，尽管他们都不吸烟、身体非常好，但现在每年要支付 5 000 美元的私人保险。布拉德和卡丽很可能都因工作加入了健康保险，特别是卡丽有了全职工作以后。请注意蒂龙的经历与第 7 章的专栏“全球化：美国的赢家和输家”中描述的那个工厂倒闭了的工人很相似。在后一年中，两对假想夫妇中的四位成员都进入经济的服务业中工作。在这里，他们面临的是这样的事实：与制造业的工作不同，服务业的工作趋向于两种类型：工作稳定、有健康保险和收入高的高端工作和不具备这些特点的低端工作。

美国趋于更大的不平等背后的原因是什么，是一个非常有争议的话题。以下一些促成因素得到了广泛的认可。

- 富有且收入高的人拥有的资产——教育和用作投资的财富——的回报比以前更高了。高报酬流向受到更好的教育的人的部分原因可能在于新的技术需要更高的技能（所谓的技能偏向的技术变革）。
- 财富的持有变得更加不公平。
- 高收入男性和高收入女性结婚的情况比过去更多。这是因为在今天，高收入的男性比过去更倾向于与那些受过更高教育的女性结婚，而这些女性在今天比在过去更可能为了薪酬而工作。（受教育程度较低的女性也倾向于为薪酬而工作，但比过去增加的幅度没有那么大。）
- 工会（参见图 7.1）力量的衰弱降低了工人讨价还价的能力。
- 曾经被普遍接受的报酬公平的准则似乎已销蚀：给 CEO 们支付特别高的工资为人们所允许（参见图 14.3），而在经济的许多部门，缺乏有效抗议的非常低的报酬被继续接受。
- 贫困家庭收入补助（“福利”）的减少迫使更多的人进入低工资劳动市场，而最低工资的实际价值一直在下降（参见图 7.1），因此低收入者的升迁发达变得更加困难。
- 经济中制造业部门的萎缩（参见图 7.7）导致了许多高薪的技术职位的丧失，而正是这些职业曾经支撑着中等收入的家庭。
- 经济中服务和销售部门的增长，造成了工作分配中的“双峰”图，即“好”工作和“坏”工作同时激增，而中等收入的工作则逐渐消失。
- 与过去相比，美国工人所受到的来自世界其他地区的工人的竞争更激烈了（参见图 7.4）。尽管我们的一些贸易对手支付的工资比美国的更高，但大多数并非如此。美国工人还发现他们在与人口数量不断增长的移民竞争，这些移民愿意为低薪而工作，并且在与他们的雇主讨价还价的时候不占优势，因为他们通常不具有合法身份或不是这个国家的公民。所有这些都对工资造成了向下的压力，尤其是低工资的服务部门。

看来所有这些影响可能都起了作用，但对每一个影响的重要性很少达成共识。

最低生活工资？

373 在经过数周的激烈争论之后，2003 年 2 月 27 日一大早，新墨西哥州圣菲（Santa Fe，New Mexico）市议会以 7 比 1 投票通过了一条法令，要求雇佣 25 名以上工人的雇主必须支付 8.50 美元的最低工资。当时，新墨西哥的最低工资是每小时 4.25 美元，低于联邦的最低工资，因而后者才是具有法律约束的有效工资率。（旧金山几乎在同一时间通过了一个类似的议案。）

这个议案的支持者声称，这种提高会显著提高数以千计的宾馆清洁工、饭店厨工和服务员的生活水平——他们中的许多人是来自墨西哥的新移民，也有许多人没有健康保险，但都在本市的旅游业中起着重要作用。他们还指出，在过去的 20 年里，校正了通货膨胀后的联邦最低工资已经下降了三分之一还要多。反对者们则认为，宾馆和餐厅将会解雇员工，游客会到别处度假，这是对宾馆和餐厅按它们自己选择的方式经营自己的生意的权利的无理干涉。（一个餐厅老板把它称为“社会主义的”。）

双方都列出了经济学的证据。支持者用从新泽西州最低工资早期增长的研究中获得的发现支持自己的观点，表明它对快餐业的就业没有不利影响。反对者用了一项由餐饮业资助的研究，试图反对这些结果。经过数周来自工会、企业、受到影响的工人以及其他公民（包括本书的一位作者）的公证，议会成员得出结论：最低工资为圣菲市最贫困工人增加的收入可能会超过它对就业产生的负面影响——如果这种影响确实存在的话。（他们还修改了这项法令，把一项关于其实施效果的研究纳入其中。）

圣菲市最低生活工资的反对者们不认输：他们在州议会引用一项法案，否认城市拥有调整最低工资的权利。他们还以违宪为由将这项法令告上了法庭。2004 年 6 月 24 日，丹尼尔·萨彻（Daniel Sanchez）法官就新墨西哥自由企业与圣菲市之间的讼案做出判决，批准了这项最低生活工资法令，并从当天起开始实施。

若想获取更多关于最低生活工资的信息，请访问 http://www.umass.edu/peri/。餐馆游说者及研究小组的信息见 http://www.epionline.org/。

资料来源：David Card and Alan B. Krueger，*Myth and Measurement*：*The New Economics of the Minimum Wage*（Princeton：Princeton University Press，1995）；David Neumark and William Wascher，“Minimum Wages and Employment：A Case Study of the Fast-Food Industry in New Jersey and Pennsylvania：Comment，” *American Economic Review*，vol. 90，no. 5，2000，pp. 1362 - 1396.

推荐书目

Lee Badgett and Nancy Folbre, "Job Gendering: Occupational Choice and the Labor Market," *Industrial Relations*, vol. 42, no. 2, 2003, pp. 270 – 298. 374

Samuel Bowles and Herbert Gintis, "The Inheritance of Inequality," *Journal of Economic Perspectives*, vol. 16, no. 3, 2002, pp. 3 – 30.

Samuel Bowles, Herbert Gintis, and Melissa Osborne, "The Determinants of Earnings: A Behavioral Approach," *Journal of Economic Literature*, vol. 39, December 2001, pp. 1137 – 1176.

Samuel Bowles, Herbert Gintis, and Melissa Osborne, eds., *Unequal Chances: Family Background and Economic Success* (Princeton: Princeton University Press, 2004).

Len Doyal and Ian Gough, *A Theory of Human Need* (New York: Guilford, 1991).

Barbara Ehrenreich, *Nickel and Dimed: On (Not) Getting By in America* (New York: Henry Holt, Metropolitan Books, 2001).

Robert Frank, *Luxury Fever: Why Money Fails to Satisfy in an Era of Excess* (Nes York: Free Press, 1999).

Arthur F. Jones, Jr., and Daniel H. Weinberg, "The Changing Shape of the Nation's Income Distribution, 1947 – 1998," U. S. Census Bureau, *Current Population Reports*, pp. 60 – 204 (Washington, D. C.: U. S. Department of Commerce, June 2000).

Katherine Newman, *No Shame in My Game: The Working Poor in the Inner City* (New York: Vintage, 2000).

Robert Pollin and Stephanie Luce, *The Living Wage: Building a Fair Economy* (New York: New Press, 2000).

Edward N. Wolff, *Top Heavy: The Increasing Inequality of Wealth in America and What Can Be Done About It*, updated ed. (New York: New Press, 2002).

Edward N. Wolff, "Changes in Wealth Inequality in the 1980s and 1990s in the U. S.," in Edward N. Wolff, ed., *International Perspectives on Household Wealth* (Northampton, Mass.: Edward Elgar, forthcoming).

第15章　世界范围内的发展和贫困

375 六个世纪以前，阿拉伯探险家、地理学家伊本·白图泰的足迹遍及亚洲、非洲、中东、俄罗斯与西班牙。他也考察了现在被称做孟加拉国的国家，这是今天世界上最贫穷的国家之一，有超过三分之一的人口营养不良。白图泰这样描述他在孟加拉水路上的旅行："在村庄与绿草如茵的田园间游弋"，"我们仿佛正在经过一个集市"，他观察说，"这是一个盛产稻米的国家"[①]。

和伊本·白图泰考察过的世界其他地区相比，14世纪的孟加拉国是相对富裕的。对比之下，欧洲的许多地区正在一场致命的腹股沟淋巴结瘟疫的冲击下发生着动荡，这场瘟疫夺走了占人口总数四分之一的人的生

① Quoted in Henry Yule, *Cathay and the Way Thither* (London: Haklyut Society, 1916), pp. 80, 91.

命。除了少数富有和幸运的人，饥饿与为了生存而绝望的挣扎是所有其他人终日乃至毕生的命运。而欧洲的这种窘境并非不寻常：贫穷是已经延续了数千年的生活模式。在 14 世纪，相对富裕的孟加拉国是一个例外，而不是常态。

与美国、日本和少数其他国家一道，现在的欧洲是一个例外。它是生活水平最高的地区之一，可获得的产品和服务的数量超过了几个世纪前任何人可能有的想象力。在一些国家，人们可以维持很高的生活水平，但比以前工作更少的时间。以瑞典为例，带薪工作周已缩减到不足 30 小时，一个正常人承担的所有工作——包括抚养孩子——所花的时间一般而言不超过其终生清醒时间的六分之一。换句话说，生活的主要目的已不是谋生。

然而，在今天的欧洲，一些人依然处于令人绝望的贫穷之中，在美 376
国甚至更严重。在 21 世纪初的美国，每六个孩子中就有一个是在贫困中长大的。同时，在饱受贫困折磨的孟加拉国，只有极少数人能过上可与欧洲、美国的富人相比的富裕生活。

今天，从世界范围来看，贫穷不是妨碍人们达到一个像样的生活水平的唯一障碍。甚至那些有着足够收入的国家现在也发现生活的质量甚至生命本身也正遭受着威胁，这些威胁来自艾滋病和其他传染病、经济的快速增长导致的有毒环境、在管理新技术方面的失败以及日益频繁的内战等。

这种生活水平上巨大的进步和明显的不平等是如何产生的呢？这些 377
对我们的福利构成的新的威胁是如何形成的呢？答案的一部分若用一个词来概括就是资本主义。我们在第 1 章已经看到，自从资本主义在欧洲和北美扎根以来，人均产出有了显著变化，实际工资也在增长。但正如我们在前一章所看到的，工资与人均产出的水平只是构成我们经济福利的一个部分。我们需要去了解一些国家和一些人变得富裕而其他一些人依旧贫困的整个过程，也需要去了解是哪些因素决定一个人和一个国家的生活水平。（参见专栏“廉价香蕉和外逃工厂：我们的富裕是因为他们的贫穷吗”。）

廉价香蕉和外逃工厂：我们的富裕是因为他们的贫穷吗

“我们的富裕是因为他们的贫穷吗？”这是一个生活在收入水平比穷国高出数倍的国家的人经常浮现于脑海的问题。

解决这个问题的方法是提出另一个问题。如果穷国的人能够成功地使其收入大幅度提高，是否会迫使典型的富国居民减少其收入？这个问题的答案至少包含两个方面。

一方面，穷国工资低这一事实（见图 15.8），意味着这些国家的生产成本低，这转化成了富国人购买商品的低廉价格。因此，生活在欧洲、美国和其他富裕国家的人得到的是廉价的鞋、服装和香蕉。在这个意义上讲，富国的居民从世界其他国家的贫穷中得到了好处。

另一方面，当这些廉价的商品被进口到富国时，美国和欧洲生产鞋、服装、电器设备、汽车和许多其他产品的工人常常会因为消费者购买其他地方生产的廉价商品而失业。当富国如美国的企业，在低工资国家扩大生产而关闭在本国的工厂（见第 7 章专栏“全球化：美国的赢家和输家”），或向低工资国家“外包”（outsource）软件业开发或病案处理等业务时（参见第 1 章专栏“‘放射科医师血汗工厂’?”、第 13 章专栏“棒球：全球经济中的所有者、工人和纳税人”），非洲、亚洲和拉丁美洲低水平的工资对富国的生活水平就是一个威胁。

在美国和其他富国，一些人受益于“廉价香蕉”，而另一些人的工资会被“外逃工厂”的威胁所侵蚀。许多汽车工人和软件工程师如果仔细察看自己身上穿着的衣服的标签，会发现他们既受益也受损。重大的问题鲜有简单的答案。

在这一章，我们将集中讨论世界经济，介绍经济生活的国际方面的知识。我们已经看到，资本主义是一个国际导向的经济体系：追逐利润的企业一旦发现哪里有利可图，是不会让国界阻挡其道路的（参见第 1 章、第 7 章）。我们在第 1 章中看到，从早期的资本主义直到最近，世界的不平等在扩大。我们也看到，剩余产品的水平——尤其是美国的利润率——一般说来取决于进口商品的实际价格，也就是说，它取决于与国产商品价格相比较的进口商品的价格（见第 5 章、第 7 章）。我们在第 7 章看到，美国的经济日益受到从世界其他地方进口的商品的影响，这个过程不断地加剧大公司之间的竞争并侵蚀着工会的势力。我们是通过观察其他国家的经验，以及通过研究把所有国家联系在一起的投资和交换过程，才在此提出这些观点的。

本章的中心思想是：**世界范围内引人注目的收入水平差异，既反映出资本主义经济制度有巨大的生产潜力，又反映出资本主义的经济增长过程会带来分配不均的后果。增长与分配反过来又取决于调节生产过程的制度和国际交换及投资的模式。**

这一中心思想可以表述为以下七个要点。

1. 世界范围内，人们的生活水平有很大的差异。
2. 虽然文化与自然资源的差异是造成生产率差异的重要原因，但国家间最重要的差异是由制度造成的，它调控经济的运行并管理竞争的方式。
3. 现代经济发展进程起步早的国家通常比新的加入者有优势。
4. 当剩余产品的一部分被用于生产资本品、新知识以及改进技术时，就有可能提高生活水平。在穷国，仅仅通过采纳新技术就能使生产率获得显著提高。
5. 资本主义是这样一种经济制度，它能够对提高产品和服务的产出提供强大的激励。然而，很多资本主义国家却非常贫穷，其中的一些国家近年来经受了人均收入的下降。
6. 总的说来，在过去的半个世纪中，就发达资本主义经济在提高劳动生产率方面获得的巨大成功而言，政府在经济中发挥了重要的作用。 *378*
7. 国际投资包含着一部分剩余产品从一个国家到另一个国家的转移。这种剩余的转移可以从富国流向穷国，反之亦可。

贫困和发展

当今世界经济最引人注目的问题之一是不平等的严重程度。在美国，最富有的五分之一家庭的收入是最底层的五分之一家庭的 14 倍还要多。更令人吃惊的是，在考虑了两国收入的购买力差异之后，美国最富有的 5%家庭的平均收入大约是孟加拉国平均收入的 80 倍。而尽管孟加拉国非常贫穷，但它还不是世界上最贫穷的国家。刚果不幸有此“殊荣”，其平均收入是孟加拉国平均收入的一半、美国平均收入的四十分之一。

让我们回顾一下第 1 章的图 1.5。它显示自 1820 年以来，最富有的 10%的人口（他们几乎全部生活在北美或欧洲）的收入份额上升了，而世界人口中最贫穷的 60%（他们几乎全都在亚洲、非洲和拉丁美洲）的收入份额则下降了。近些年来，富者和贫者之间收入差距逐渐拉开的这个进程已开始放缓，可能还有所逆转。原因在于中国这个世界上人口最多的国家，在过去十年中收入有极其快速的增长，其增速远远超过了英国在 19 世纪作为产业革命领头羊时曾经有过的增长速度。尽管中国内部的不平等也在快速增长，但其令人注目的追赶的总体效应是降低了世界的不平等程度。

收入差异，正如我们所看到的，仅仅是事情的一个方面。在图 15.1 中，我们展示了 7 个国家收入及生活水平其他方面的对比资料。

379

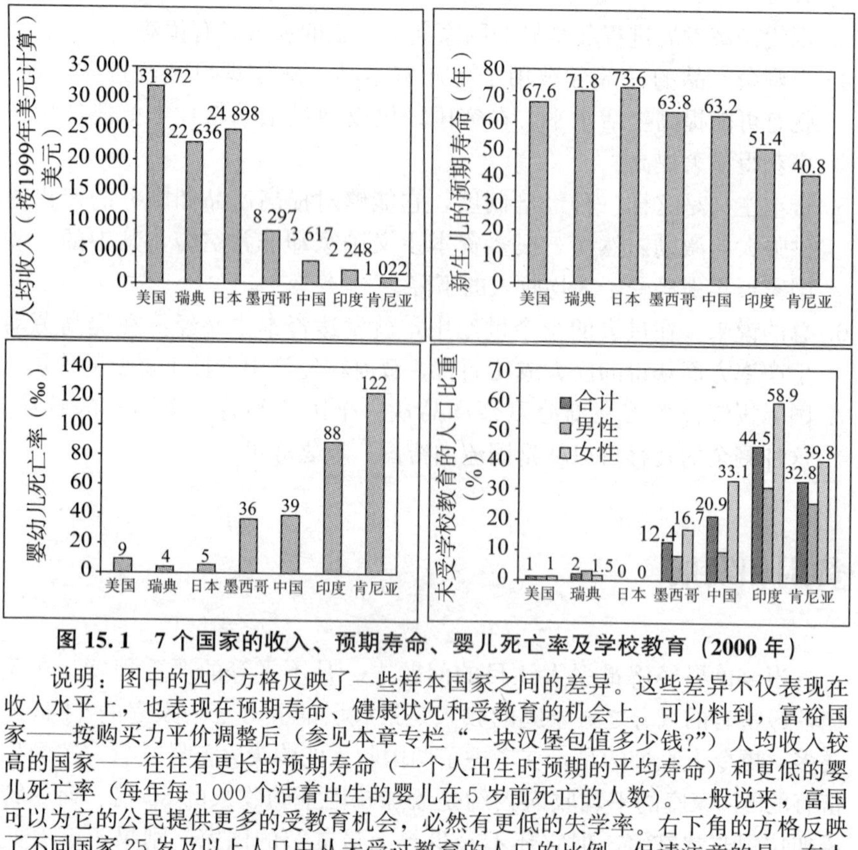

图 15.1　7 个国家的收入、预期寿命、婴儿死亡率及学校教育（2000 年）

说明：图中的四个方格反映了一些样本国家之间的差异。这些差异不仅表现在收入水平上，也表现在预期寿命、健康状况和受教育的机会上。可以料到，富裕国家——按购买力平价调整后（参见本章专栏“一块汉堡包值多少钱?”）人均收入较高的国家——往往有更长的预期寿命（一个人出生时预期的平均寿命）和更低的婴儿死亡率（每年每 1 000 个活着出生的婴儿在 5 岁前死亡的人数）。一般说来，富国可以为它的公民提供更多的受教育机会，必然有更低的失学率。右下角的方格反映了不同国家 25 岁及以上人口中从未受过教育的人口的比例。但请注意的是，在人均收入与社会指标之间并没有一个确切的对应关系。例如，瑞典和日本比美国有更低的人均收入，但是却有更长的预期寿命和更低的婴儿死亡率，而且，在日本几乎没有人没受过教育，而美国有 1%的人从未上过学。

资料来源：World Bank，“World Development Indicators：2000，”(Washington，D. C.：World Bank，2001，available on CD-ROM)；Alan Heston，Robert Summers，and Bettina Aten，Penn World Tables Version 6. 1，Center for International Comparisons at the University of Pennsylvania (CICUP)，October 2002，available at http://webhost. bridgew. edu/baten；Robert J. Barro and Jong-Wha Lee，“International Data on Educational Attainment：Updates and Implications，” Center for International Development Working paper no. 42 (Cambridge，Mass.：Harvard University，2000)，available at http://www. cid. harvard. edu/ciddata/ciddata. html；World Health Organization，*World Health Report 2001*：*Mental Health*，*New Understanding*，*New Hope* (Geneva，Switzerland：World Health Organization，2001)，Table 4，available at http://www. who. int/whr/en/.

先看左上角的方格。这个方格表明，美国平均收入的购买力远远高于中国、印度和肯尼亚，这个方格还表明，美国平均收入的购买力也高于瑞典和日本。（未在此图显示的孟加拉国，按比例大约处在肯尼亚和印度之间。）右上角的方格展示的是人口健康状况的一个标准指标——人均寿命的年数。在这幅图中注意两点：第一，日本和瑞典，虽然不如美国富裕，但在某种程度上有更好的健康状况。第二，就这些收入相对较高国家（作为一个群体）与其他国家之间的差异而言，健康状况的差距要远小于（原文为“大于”，应为笔误。——译者注）收入水平的差距。例如，肯尼亚的平均收入几乎不到美国的三十分之一，而它的预期寿命比美国预期寿命的一半还要高。左下角的方格展示的是健康状况的另一个指标——五岁前死亡的婴幼儿的比例。我们再次注意到，就这个指标而言，瑞典和日本的健康状况也好于美国。但也要看到，在肯尼亚每 380
10 个婴儿中就有多于 1 个婴儿在学龄前死亡。右下角的方格表示的是失学人口的比例。注意，尽管大部分印度女孩确实可以在小学里读几年书，但仍然有一半以上的印度女性根本就没有上过学。

在当今世界，比起美国、瑞典以及日本的生活条件，以印度、中国以及肯尼亚等国家为代表的生活条件更为普遍。（超过三分之一的世界人口居住在印度和中国；美国人口占世界人口的比重不到二十分之一。）图 15.2 反映了世界的收入在不同收入的家庭之间是如何分配的。横轴表示的是将可比购买力单位换算为美元后的家庭收入水平。纵轴表示的是达到了横轴上相应收入水平的世界人口的百分比。左边的条形柱所代表的人口大部分生活在中国、印度以及其他一些大国，如孟加拉国、印度尼西亚、尼日利亚和巴基斯坦。这些人口中的一部分也生活在像巴西和南非这样虽有较高的人均收入却贫富差距悬殊的国家中。

当今世界最大的收入不平等是国家之间的不平等而不是国家内部的不平等。为了理解这句话的含义，设想世界作这样一种改变：在每个国家内部每个人都有相同的收入，但每个国家的总收入保持不变。那么图 15.2 看上去会有什么变化？答案是没有大的变化。就大部分指标而言，大约有四分之三的世界收入不平等发生在国家之间，而不是国家的内部。因此，即使在每个国家内部都实行收入的平均分配，世界的收入分配依然是不平等的。

然而，国家内部的不平等在许多国家也是实质性的——例如美国和巴西。图 15.3 展示了印度、巴西和美国每五分之一人口的收入水平。如图所示，印度最富有的五分之一人口的平均收入比美国最贫穷的五分之

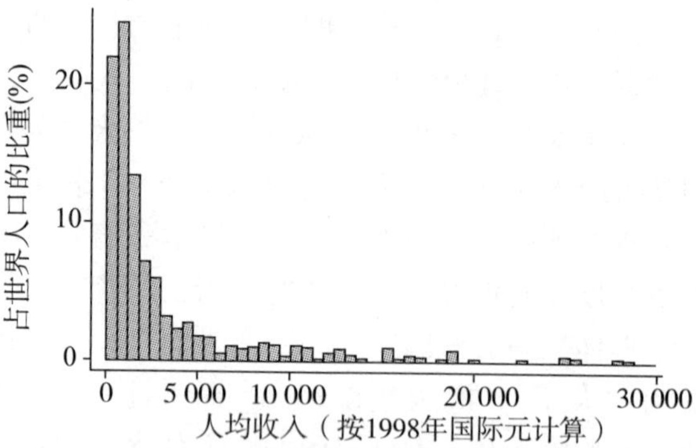

图 15.2　全世界的收入分配（1993 年）

说明：该图反映了 1993 年世界的收入是如何在世界人口之间分配的。这里展示的是用 1998 年国际购买力平价法修正之后的 1993 年的家庭调查数据（参见本章专栏"一个汉堡包值多少钱?"）。每个条形柱的高度表示拥有如横轴所示的年收入（按 1998 年国际元计）的人口占世界人口的比重。1993 年的世界人均收入为3 150 美元，这是通过加总世界所有人的收入再除以世界的总人口计算而得的。但 3 150 美元这个数字是误导性的，因为它没有考虑这样一个事实，即世界总收入的一个相对巨大的份额被世界人口中比例微小的人群拿走了。若把这一事实考虑进来，我们发现足足有 75%的世界人口靠着不足 3 150 美元的年收入生活。

资料来源：Branko Milanovic，*Worlds Apart*：*International and World Inequality*，*1950－2000*（Washington，D. C.：World Bank，2003）.

381

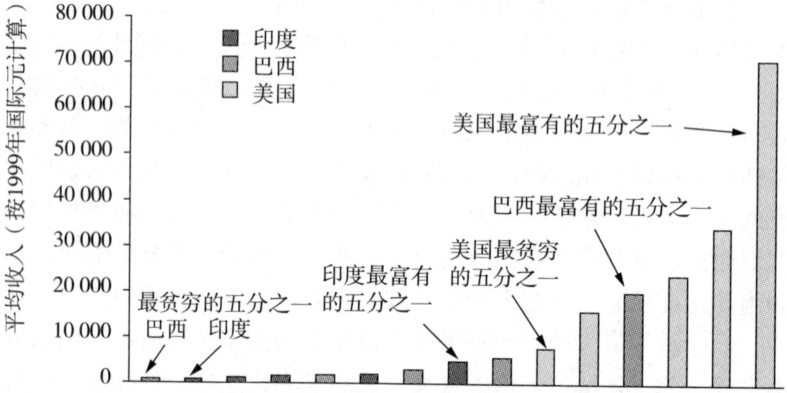

图 15.3　不平等的比较：印度、巴西和美国每五分之一人口的收入（1999 年）

说明：该图比较了三个国家的收入水平，展示了每个国家每五分之一人口的收入情况，并把各不相同的五分之一——不论来自哪个国家——根据其收入按照左边低、右边高的方式排在横轴上。每个条形柱的高度表示的是实际收入（校正了通货膨胀），又按照各国货币单位的相对购买力（购买力平价方法 PPP）进行了调整（参见本章专栏"一个汉堡包值多少钱?"）。如图所示，美国最贫穷的五分之一的人有着比印度最富有的五分之一的人更高的平均收入。但巴西收入的不平等使其最富有的五分之一的人有可能享受到与美国收入分配中中等收入的五分之一的人几近相当的平均收入，同时，最贫穷的五分之一的巴西人有着比最贫穷的五分之一的印度人更低的平均收入。

资料来源：World Bank，*World Development Report 2000/2001*：*Attacking Poverty*（New York：Oxford University Press，2001）.

一人口的平均收入还要低。但是，因为巴西的收入不均非常严重，所以最富有的五分之一的巴西人在美国也只算得上是“中等收入”，而最贫穷的五分之一的巴西人比最贫穷的五分之一的印度人还要贫穷。

全世界的生活水平都在改进吗？这取决于你看哪里以及你要看什么。几乎以任何指标来衡量，平均的生活水平都在提高。在大多数国家，人们享用医疗服务、基本营养以及教育的权利都有改进。图 15.4 总结了 1960 年以来取得的一些进步。图 15.4 用的是与图 15.1 相同的福利指标但反映的是世界平均水平。这幅图显示出人们的收入和寿命都在增长，而儿童死亡率和未受学校教育的人口比重都在下降。 382

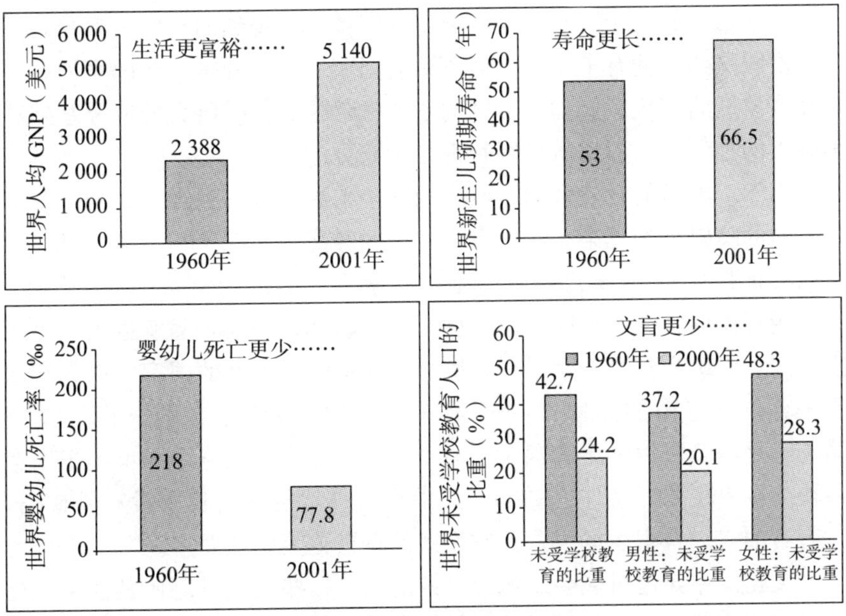

图 15.4　全球范围内的发展

说明：该图中的数字是所有报告了相关信息的国家的平均值。这些发表报告的国家包含了世界人口的绝大多数。如图所示，健康和教育在过去 40 年中取得了显著进步。人均 GNP 的水平按 1988 年美元对通货膨胀做了调整。

资料来源：World Bank，“World Development Indicators：2000，”（Washington D. C.：World Bank，2001，available on CD-ROM）；Alan Heston，Robert Summers，and Bettina Aten，Penn World Tables，Version 6. 1，Center for International Comparisons at the University of Pennsylvania（CICUP），October 2002，available at：http://webhost. bridgew. edu/baten；Robert J. Barro and Jong-Wha Lee，“International Data on Educational Attainment：Updates and Implications，”Center for International Development Working Paper no. 42（Cambridge，Mass.：Harvard University，2000）available at：http://www. cid. harvard. edu/ciddata/ciddata. html；World Health Organization，*World Health Report 2001*：*Mental Health*，*New Understanding*，*New Hope*（Geneva，Switzerland：World Health Organization，2001），Table 4，available at：http://www. who. int/whr/en/.

生产率和收入

383 经济发展的事实与国家间的不平等指出了一个重要的问题：为什么一些国家取得了如此显著的经济发展而有些国家却做得很糟？答案不得不与经济制度的差异有关，也与国际经济竞争以什么方式给已经成功的国家带来优势有关。

然而，在解释经济制度为什么重要这一问题之前，我们应该先考虑一下一些常见的关于国家富裕和贫穷的解释。能想到的有两种解释：一种是富国是那些拥有丰富的自然资源的国家；另一种是一些国家拥有利于经济发展的文化。例如，美国的富裕常常被归因于巨大的资源基础和美国人的独创性，但这两种解释都是不充分的。

当然，丰富的自然资源是收入的一个来源，得不到煤、铁和能源会是发展的障碍（参见第 1 章的专栏“英国经济为何起飞？竞争、煤炭还是殖民扩张?”）。但丰富的资源基础几乎不可能成为富裕的一个保证。一个叫阿拉伯联合酋长国的小国盛产石油，其人均收入确实进入世界最富行列；但矿产富足的刚果却是世界上人均收入最低的国家。以人均水平来算，最富裕的国家之一丹麦——它比阿拉伯联合酋长国还要富裕——是一个资源匮乏的国家。而日本——在过去的一个半世纪里增速最快的世界主要经济体之一——几乎没有自然资源。日本没有铁矿石，没有石油，只有很少的煤，而它生产的钢铁比美国还要多。

文化的差异也可能会影响经济的成功。一些文化可能比其他文化更有可能培养储蓄、创新、冒险和努力工作的习惯。但是文化差异自身无法解释国家经济成就的差异。文化在数百年中的变化非常缓慢，而一个国家的经济绩效却可以在数十年中发生引人注目的变化。就在中国经济起飞之前的 20 世纪 50 年代，还有许多学者著述：中国将依旧贫困，因为它的文化压抑个人的进取心。1990 年，中国和印度的人均收入相同，但十年后，中国已高出印度 60%还要多。文化差异和文化变迁不能解释经济绩效中的这些主要差异。

生产率、激励和剩余产品

提高人均收入的关键是提高生产率，也就是说，要提高每小时的劳动产出（即前面章节中提到的 z）。印度的平均收入只有美国的十五分之一的原因就在于，印度每小时劳动的产出远低于美国。正如前文所述，促成较高的劳动生产率的因素有：

- 工人与管理者的技能与激励；
- 生产中使用的技术；
- 商品的买者与卖者间可满足需求的通信和运输系统，以及足够的能源和水的供给； 384
- 生产的规模：大批量地生产某一物品通常比少量生产有效率。

我们把能源和水的供给系统、通讯和运输网络归为生产的**基础设施**。生产率上的规模效应通常被称为“大规模生产经济”，或简称为**规模经济**。

总结一下：能带来较高的劳动生产率的因素有：较高技能和较好激励的工人和管理者，使用最先进的技术，从事大规模生产以及使用现代的通信、运输系统。而技能、积极性、技术、生产规模和基础设施怎样能够发展起来以实现高水平的生产率呢？所有这些都依赖于一个社会的制度结构。制度结构会建立起激励机制，使人们不得不学习新技能，不得不储蓄和投资并不得不在经济上承担生产风险。因此，制度结构决定了剩余产品的规模以及它将如何被使用。

劳动力的技能——包括管理者和工人——取决于教育制度、在工作过程中学习的机会以及学习生产技能的激励。在学校教育质量差或者只有少数享有特权的人才可以接受教育的地方，以及在人们几乎没有任何激励去发展其技能的地方，劳动生产率水平往往较低。

努力并高质量地完成工作的动机部分地取决于工作付酬的方式。在工作报酬丰厚的地方，尤其是工人能够直接从出色地完成的工作中受益的地方，往往会有较高水平的劳动生产率。想想这样一位自己经营并占有其生产出来的产品的工人：做出一件漂亮的工作就意味着他会有更高的收入。正如我们在第 12 章和第 13 章中所看到的，在资本主义经济中，大多数工人面临的要么是“胡萝卜”（对漂亮工作的奖赏）要么是

“大棒”（失去工作的威胁）。

采用的技术取决于可获得的知识水平、工人的技能与激励、用于投资新生产能力的剩余产品的数量以及对创新的激励。如果工人缺乏技能、抵制新技术，如果剩余全部被用掉了而没有用于生产性投资（例如军费支出），或者如果没有人愿意承担引进新事物的风险，那么新技术就无法引进。与工人出色完成一项工作时至少有部分劳动成果归工人所有会提高其工作的积极性一样，良好的创新激励通常要求风险项目盈利时风险的承担者能从中受益。

生产的基础设施取决于在修建公路、铁路、机场、电讯设施、能源制造与分配网络等方面的投资水平——这通常由政府来进行。良好的基础设施使整个经济众多的参与者之间的沟通成为可能，而这可能会需要诸如电脑知识以及用共同的语言交流的能力。

最后，生产的规模取决于人口的规模以及必须用于消费的收入的数量。在收入高的大的经济体中，例如欧洲和美国，更容易实现大规模生产。因此，这样的国家有更高的生产率水平，反过来，这种高水平的生产率会带来高的收入。高水平生产率的另一个结果是它能使一个国家在世界市场上成功地卖出它的产品。

385 注意激励与剩余对生产率的重要性。剩余产品对提供受过良好教育的劳动力是必要的，对产生知识是必不可少的，而新技术正建立在这些知识的基础之上，它也使得对基础设施和体现着先进技术的新资本品的投资成为可能。对于促进新知识的获得、鼓励生产技能的学习、激发工人努力工作及管理者创新而言，激励都是必要的。

激励的结构和对剩余产品的控制是由经济体系决定的，也就是说，是由各种经济制度决定的，经济制度调节着我们在劳动过程中与环境相互作用的方式，以及在各种形式的经济的相互依赖中相互作用的方式。经济制度也对可获得知识的数量与类型、生产规模的大小、剩余的规模有重要的影响。基于上述原因，生产率水平取决于经济制度。图 15.5 概括地展示了此处讨论到的一些主要的影响因素之间的脉络。

迄今为止，世界上最重要的经济制度是资本主义。我们将集中讨论它如何促进了一些国家的高收入以及另一些国家的低收入。

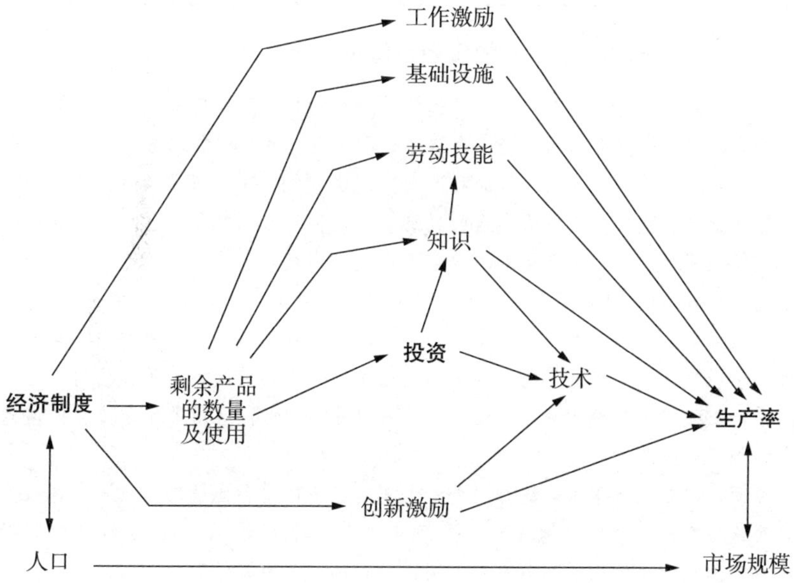

图 15.5　生产率的决定因素

说明：该图描绘了在任何经济中影响劳动生产率水平和发展速度的各种因果关系。这些箭头揭示了左边的经济制度对右边的生产率（每小时劳动的净产出）产生影响的主要路径。生产率和市场规模之间的联系（见图的右下方）如下所述：生产率水平的提高会提高收入，反过来，较高的收入往往会扩大市场的规模。它还会以另一种方式起作用：较大的市场允许企业实现规模经济——而这使生产率的提高成为可能。

资本主义和不平衡发展

世界上的大多数国家实行资本主义经济制度。因此我们无法用资本主义和其他经济制度的差异来解释世界上收入与经济增长的巨大差异。不平等产生的原因在于资本主义自身的运行方式。因此，需要解释的是资本主义是怎样在一些国家促成了高速的经济增长、高水平的生产率和高收入，而在其他国家却没能促成这些结果。这种在资本主义世界中某些地区经济增长迅速而其他地区增长缓慢或衰退的过程，就是不平衡发展。 386

一块汉堡包值多少钱？

如果我们想要比较两个经济体规模的大小，例如美国和日本的，应该怎样去做呢？首先，我们必然会面对这样一个事实，即特定国家是用它们自己的货币来衡量其产出（和收入）的。虽然大量的欧洲国家现在使用一种共同的货币（欧元），因而能够衡量并直接地比较它们各自的经济状况，但是为了对世界上的大多数经济体进行比较性评估，依然有必要解决多重货币这一问题。

例如，日本的GDP用日元表示，而美国的则用美元计算。为了解决这一问题，经济学家可在这样两件事中任选其一。第一，他们可以用外汇汇率——不同国家的货币单位在全球货币市场上兑换成美元的比率——将任何国家用其自己的货币表示的国民产出换算为等价的美元数值。用这种方法，他们能够用美元来比较任何两个国家的经济规模。

然而，许多经济学家对这种用外汇汇率对经济体进行比较的方法表示怀疑。他们怀疑这种方法不能准确地评估不同经济体的相对规模。他们的这种怀疑的根据是：一个国家货币的购买力与另一个国家货币的购买力是不同的，所以两国货币在全球货币市场上的兑换比率可能不能充分地反映出购买力的这种差异。

例如，在2004年中期，1美元大约能兑换到113日元。在美国可以用平均2.9美元的价格（含税）购买到一个巨无霸汉堡包。但若拿足够的美元换为日元在日本买一个巨无霸汉堡包（巨无霸汉堡包在120个国家生产）的话，以美元计价却只有
387 2.33美元。正如最近一期《经济学家》所指出的，这表明以美元计价的日元的兑换价值低于它应有的价值——巨无霸汉堡包的价钱在任何地方难道不应该是相同的吗？所以任何以美元和日元的国际汇率为基准而对日本和美国的经济规模所做的比较都是不准确的。

当然，仅仅用巨无霸汉堡包在不同国家的价格来说明国际比较中的困难，是不能得出逻辑正确的结论的。而且，严谨的经济学家实际上也不这样做。这只不过是《经济学家》独特的幽默感激发了它用“巨无霸指数”(Big Mac Index) 来估算货币的相对价值。

然而“巨无霸汉堡包”的例子所包含的却远非一点小小的事实。实际上，像世界银行和国际货币基金组织等重要的国际组织，许多年来一直在使用它们称之为“购买力平价”(PPP) 的方法来进行国际经济的比较。它们用的这种方法是构建一篮子特殊的商品——包括比如说一定数量单位的住房、食品、交通、学校教育以及其他基本的产品和服务——然后求出这同样一篮子商品在不同国家用该国自己的货币计价的总花费。当得到这个问题的答案之后，不同国家货币的PPP汇率就可以用来做更准确的国际经济比较了。这里唯一的差别是这个“篮子”里有比“巨无霸”更多的内容。

购买力平价法常常对结果产生很大的影响。例如，在2001年，当用日元和美

元的汇率进行比较时，日本的人均收入高于美国。而用购买力平价法时，美国的人均收入比日本高出 25%。既然第二种度量看起来更为准确，那么我们在本书将尽可能地使用购买力平价法。（例如，参见本章的图 15.1、图 15.2、图 15.3 和图 15.7。）

资料来源："The Big Mac Index: Food for Thought," *The Economist*, May 29 - June 4, 2004, pp. 71 - 72; *World Bank*, *World Development Report 2003: Sustainable Development in a Dynamic World* (Washington, D. C.: A copublication of the World Bank and Oxford University Press, 2003), Table 1.

让我们从两个重要的事实开始说起：第一，世界上最富裕的国家——美国、德国、日本、挪威、丹麦、瑞典等——都是资本主义国家，并且有至少 100 年的历史。第二，世界上最贫穷的国家——刚果、海地、孟加拉国等——也都是资本主义国家。

富国与富国之间在许多方面是不同的。例如，在美国，政府在经济中的作用十分有限，而在大多数其他的富国中，政府的作用要大得多。有关这一论断的证据是在图 19.4（见第 19 章）中给出的，该图展示了不同的富裕国家政府支出的相对数量。与所有的欧洲国家相比，美国政府的支出占 GDP 的比重是较低的，因此，政府在经济中的作用也相应较小。富国之间还存在着其他差异。一些国家——英国、法国、比利时、日本、西班牙和葡萄牙——曾经掌控过巨大的帝国。而另一些——如意大利、挪威——则没有。

命运的逆转：制度对于经济增长的重要性

在 1700 年，墨西哥的人均收入与最早成为美国 13 个州的英属殖民地的人均收入大致相同。古巴和巴巴多斯显然更富裕。到了 18 世纪末，古巴的人均收入略高于美国，而海地则可能是世界上最富裕的社会（以人均计算，包括奴隶）。然而，到了 21 世纪初，墨西哥的人均收入还不到美国的 1/3，海地的更低。是什么导致了这种命运的逆转呢？ *388*

经济史学家肯尼思·索科洛夫（Kenneth Sokoloff）和斯坦利·恩格尔曼（Stanley Engerman）给出了如下解释。在新大陆能够种植甘蔗和其他农作物（古巴、海地）的地区或者矿产资源及本地劳动力丰富（墨西哥）的地区，经济精英依靠的是奴隶或其他形式的强制劳动。通过把其他人排斥在他们所享有的机会之外而巩固自己的权力和物质特权。他们构建的制度限制了人们享用学校教育、公共用地、专利权、企业家机会和政治参与的权利。在接下来的几个世纪中，甚至在奴隶制和其他形式的强制劳动灭亡之后，储蓄、创新和投资的机会依然被富人垄断。识字水平仍然很低，而土地的所有权则高度集中。

随着财富的来源从对自然资源的提炼转向制造业和服务业，像古巴、海地和墨西哥这样高度不平等的国家的经济就陷入了停滞状态。而另一方面，在美国和加拿大，对土地、学校教育和企业家机会的更广泛的享有权刺激了经济的增长。因此，这些更有包容性的经济便迅速发展起来了。

似乎是地理而非文化导致了新大陆殖民地之间最初的制度差异。建立这些殖民地的欧洲国家的文化与政策的各不相同不能解释这种差异。英属伯利兹（British Belize）和英属圭亚那重蹈了西属洪都拉斯（Spanish Honduras）和西属哥伦比亚的覆辙；英属巴巴多斯和英属牙买加则重蹈了古巴和海地的覆辙。

与到达新英格兰的清教徒不同，在尼加拉瓜海岸普罗维登斯岛（Providence Island）定居的清教徒们摒弃了他们的自由主义政治理念，变成了奴隶主。据其重要的历史学家所述，“清教徒的定居地……其经济在掳获的商船和奴隶制的刺激下，与其他任何一个西印度的殖民地都非常相像。”在西班牙人 1641 年侵占该岛时，奴隶的人数多于清教徒的人数，而且这是一个如此富裕的殖民地，以至于它吸引了两条船的清教徒，使他们相信自己在那里可以比在马萨诸塞州过得更好。

资料来源：Adapted from Samuel Bowles，*Microeconomics*：*Behavior*，*Institutions and Evolution*（Princeton：Princeton University Press，2004）（鲍尔斯：《微观经济学：行为，制度和演化》，北京，中国人民大学出版社，2006）based on Kenneth Sokoloff and Stanley Engerman，“Institutions，Factor Endowments，and Paths of Development in the New World，” *Journal of Economic Perspectives*，vol. 14，no. 3，2000，pp. 217 - 232；and Karen Ordahl Kupperman，*Providence Island*，*1630 -1641*：*The Other Puritan Colony*（New York：Cambridge University Press，1993）.

389 类似的差异也出现在最贫穷的国家之间。一些国家，如刚果直到最近才从殖民统治中摆脱出来（1960 年之前它是比属刚果）。而另外一些国家，如海地 19 世纪就从殖民统治中获得了独立。

为什么资本主义在某些情况下促进生产率的迅速发展而在另一些情况下却不能呢？我们在第 1 章看到，大约从 1500 年开始，欧洲、美国和日本开始与迅速的技术进步以及前所未有的人均收入增长联系在一起（参见图 1.1 和图 1.3）。在第 11 章和第 13 章，我们解释了在商品市场和劳动市场上的竞争如何迫使企业在驱使工人更具生产率的同时进行再投资和创新。因此这里对资本主义为何能在特定条件下促进生产率增长的解释可以简要一些。资本主义之所以促进生产率的提高是因为它使剩余归企业主所有，反过来，企业主为了不丧失他们在社会中的地位，就必须进行生产性投资和创新。在历史上，资本主义是第一个这样的经济制度：它的精英是由竞争中的胜利者构成的，而竞争的内容是以较低的成本生产别人需要的产品。资本主义也为工人努力做好工作提供了强大的激励，因为否则就是失业。

就资本主义促进生产快速增长的能力而言，有两个特殊条件是至关紧要的，那就是私有财产的安全和经济地位的不稳定。

当资本主义财产权安全的时候，那些拥有供领取工资和薪水的工人使用的资本品的人，会同时拥有生产出来的产品。在这种情况下，拥有工厂的雇主将拥有企业盈利时带来的剩余。然而，雇主只有在竞争中保持领先地位才能持续地获得利润，这就要求他们将剩余中的一个相当大的部分用于再投资，并不断地使生产过程现代化。竞争过程使那些不进行再投资的资本家面临被淘汰的威胁。私有财产的安全意味着如果你胜了就将盈利。没有人能拿走对你的奖赏。但经济地位的不稳定则意味着如果你失败了，就得蒙受损失。如果你无法以低成本生产出好的产品，你就不只是一个拙劣贫穷的资本家，还是一个“前”资本家。因此，确保控制剩余的财产权以及与竞争性市场相联系的不稳定性，共同促进了创新与投资。

至少就不安全感而言，工人这边也存在着类似的情况。财产的匮乏迫使工人去工作，而失业的威胁和最终得到一份更差的工作的可能性，将始终提醒他们有必要努力地做好工作。作为一套激励制度，资本主义的缺点之一是工人不能拥有自己生产出来的产品。与资本家的报酬不同，资本家有望拥有其投资、精明管理和承担风险的结果，而工人的报酬常常不能反映出他或她工作努力的程度和质量。

甚至在发达资本主义国家之间，生产率增长的差异也是巨大的。从图 15.6 我们可以看到，自 1950 年以来，美国生产率（每个工人的产出）的增长落后于其他资本主义国家。而韩国与日本生产率的增长却异常迅速，因为它们能在发展的早期阶段引进领先国家的先进技术。大多数欧洲国家也享有比美国更高的生产率增长速度。

然而，正如我们先前所指出的，资本主义并非在所有的情况下都同样地促进生产率的增长。我们很困惑地发现：虽然某些资本主义经济体或地区经历了生产率的快速增长与收入的迅速提高——欧洲、北美、日本、韩国、中国香港、新加坡、中国台湾等——但这对整个世界而言却不是事实。整块的地区——例如拉美和撒哈拉以南非洲——在 20 世纪 390
80 年代至 90 年代期间实际上经历了人均收入的下降。（参见专栏“不平等加快了发展的进程吗”。）

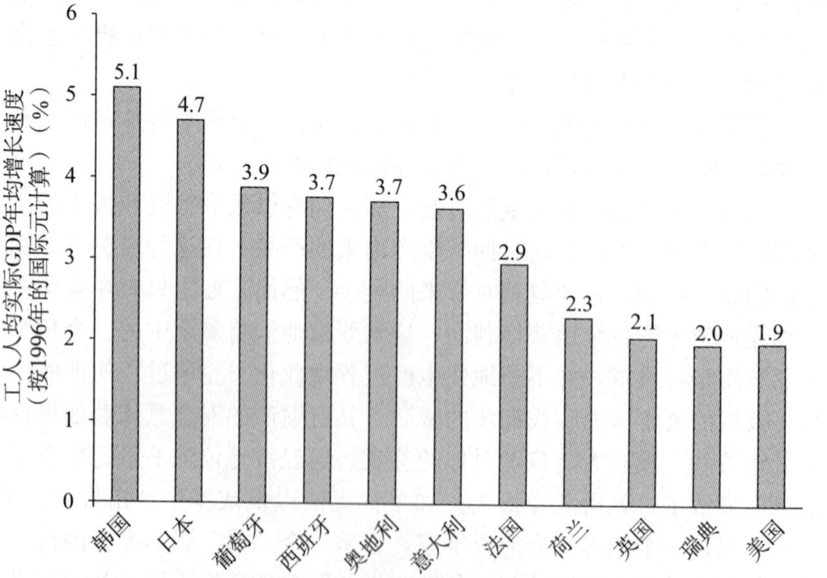

图 15.6　工人人均实际 GDP 的年均增长速度（1950—2000 年）

说明：该图展示的是 20 世纪下半叶在不同的资本主义经济中，若以实际水平衡量，生产率是如何快速提高的。“实际”意味着“名义”价值即以“当前”美元计算的价值已经校正了通货膨胀带来的影响，就这里的情况而言，是指计算每个国家的 GDP 时，就像是在每一年中都用“不变”的 1996 年国际元来标价一样。生产率常常被定义为每小时劳动生产的产出的数量，但并非在所有的国家都能得到劳动小时数的数据。一个替代的办法是用一个经济的总产出（GDP）除以给定年份受雇人口的数量。这里用的就是这种方法，因此该图展示的各国生产率的增长，是该变量 1950—2000 年间逐年变化的百分比的平均值。如图所示，韩国的生产率增长平均说来略高于 5%，而美国、瑞典和英国的增长却在 2%附近徘徊。瑞典相对较低的工人人均产出增长率（该图所使用的生产率指标）在很大程度上应归因于这样一个事实，即 1950—2000 年间，瑞典工人极大地缩减了他们每年工作的小时数，因此，是放弃了产出的更快增长而选择了闲暇（如假期的长度）的大幅度提高。

资料来源：Alan Heston，Robert Summers，and Bettina Aten，Penn World Tables，Version 6. 1，Center for International Comparisons at the University of Pennsylvania (CICUP)，October 2002，available at：http://webhost. bridgew. edu/baten/.

不平等加快了发展的进程吗

391　几十年来，经济学家们坚信（并向他们的学生们传授）：生产率的快速增长和其他实现良好经济效绩的政策手段都需要高度的收入不平等。他们把这种观点称为是一种“权衡”，即：如果你想要更大程度的平等，就必须以无效率和更慢的经济增长作为代价。他们的理由是，更高程度的不平等为努力工作、有效经营和承担创新所必需的风险提供更强烈的激励。这个观点甚至被布鲁金斯经济研究所（Brookings Institution）的经济学家阿瑟·奥肯（Arthur Okun）在其著名的《公平和效率：重大的权衡》（*Equality and Efficiency*：*The Big Trade-off*）一书中以标题的形式明文昭示。他写道："公平与效率的矛盾是不可避免的。"这种所谓的"权衡"成为不平等的一个有力的辩护：一个更公正的社会是很美好的，但是代价太高了。

然而，且不说这种平衡是否真的不可避免，它在实践中其实是难以找到的。人们对其存在性的怀疑是由这样一个事实引起的：近几十年来，日本、韩国和中国台湾是世界上收入分配最平等的地区，但是这些地区的生产率增长却远远超过了南非、巴西这些收入分配最不平等的国家或地区，更不要说美国、英国等其他相对平等的国家或地区了。

即使把我们的比较局限在相对富裕的国家（这些国家拥有更为精确的统计数据），这种权衡也尚未实现。在下图中，我们在考虑税收和政府支出的基础上，绘出了家庭收入不平等（即基尼系数）与生产率的增长速度之间的关系图（来自图15.6）。

是否存在公平和效率的权衡?
1950—2000年欧洲和北美的收入不平等与生产率增长

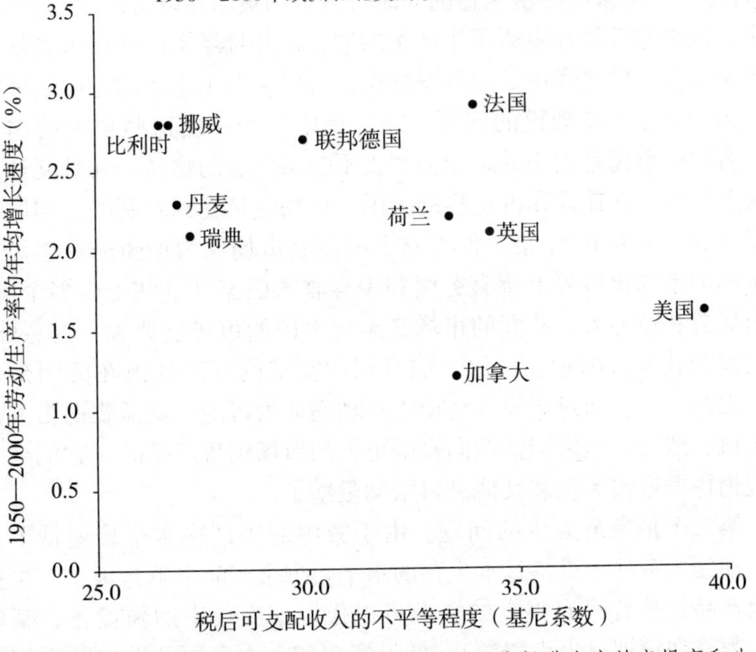

现在，许多经济学家认为，经济不平等是阻碍而非促进生产效率提高和生产率增长的。不平等经常会滋生一些像罢工这样的冲突，并且会造成雇主与工人关系的恶化，以非生产的方式浪费产出和精力。在某些情况下，人们会干脆放弃双赢的机会，因为一片儿蛋糕都得不到比得到不公平的一小片感觉起来要好一些（回想一下 *392*

第 2 章的“最后通牒游戏”）。种族和其他形式的歧视，以及其他方面的机会不平等，使许多人缺乏足够的教育，结果是对整个经济而言浪费了人才。当严重的财富不平等意味着大多数人缺乏独立创业所需的资金时，经济就丧失了管理和创新的能力，以及因劳有所获的激励而带来的好处。在这些情况下，不平等阻碍了进步。

资料来源：http://globetrotter.berkeley.edu/macarthur/inequality/；Luxembourg Income Study，available at：http://www.lisproject.org；Alan Heston，Robert Summers，and Bettina Aten，Penn World Table，Version 6.1，Center for International Comparisons at the University of Pennsylvania（CICUP），October 2002，available at：http://webhost.bridgew.edu/baten/；Samuel Bowles and Herbert Gintis，*Recasting Egalitarianism：New Rules for Markets，States，and Communities*（London：Verso，1999）.

在资本主义经济世界里，经济发展具有不平衡的性质。部分原因在于：这些经济主体处于市场和投资的竞争中。竞争的过程往往会奖励胜者、惩罚败者，所以世界经济充满了累积的优势和劣势。在富国享受“良性循环”带来的经济利益的同时，穷国则被困在贫穷的“恶性循环”之中。这种恶性循环阻碍了生产率的增长，并且经常诱使后来者加入到资本主义发展的进程中。这种恶性循环可以从七个主要的方面来理解。

第一个是市场规模的问题。除了像中国和印度这些很大的国家之外，穷国的市场是很小的，因为穷人不会买太多的物品，并且交通费用通常很昂贵。即使像印度这样的大国，市场也是受到限制的。印度的人口是加利福尼亚的 30 倍，但它整个的商品市场仅为加州的一半大。整
393 个美国的市场比世界上所有穷国和中等收入国家（总共 100 多个国家）的市场总和还要大。欧洲的市场甚至比美国的市场还要大。这意味着，与美国和其他富国相比，用于满足国内需求的生产规模在穷国是有限的，因此，要想通过规模经济使生产利润成为可能，就需要向更大的市场出口。然而，当穷国试图向富国更大的市场销售产品时，它们经常会发现销售渠道被关税和其他进口限制阻塞了。

第二个是剩余太少的问题。由于穷国的生产率水平普遍低下，所以，即使工资处于维持基本生存的水平，剩余产品也不会很多。少量的剩余产品意味着只有很少的资源可以投资于高效率的新设备、基础设施、教育和培训（人力资源）。低投资率和人力资源开发的匮乏使生产率持久地维持在较低的水平上。这种低下的生产率水平意味着即使工资水平很低，成本仍然很高。就像不赚钱的公司因为缺乏大量投资带来的动态成本优势而难以与盈利的公司竞争一样，只有很少剩余的国家被锁

定在所谓的“动态成本劣势”中。（参见图 11.2 对动态成本优势的解释。）

第三个是学习壁垒的问题。穷国的人缺乏现代技术和高效生产制度方面的经验，他们所需要的许多技能只能从工作实践中学会，但在先进的生产体系到位之前，他们很少有机会学习怎样使用现代技术。

第四个是风险规避的问题。穷国的人对冒险有一种理智的谨慎，因为即使是收入上很小的损失都会给他们和他们的家庭带来灾难性后果。正因为如此，人们往往不愿意引进新技术，不管是一种新型的种子还是一种新的生产方式。虽然这些新技术有望带来很大的收益，但没人能打保票；于是，很小的失败几率经常足以阻挡潜在的创新者。

第五个是自我延续式的停滞问题（self-perpetuating stagnation）。即使除去低收入水平和风险问题，一个还没有经历过生产率快速增长的国家将会有一个艰难的起飞阶段。这是因为发动经济增长需要将资源从不能促进经济增长的用途——例如，富人的奢侈性消费、庞大的宗教秩序的维持、一支庞大军队的配备和武装等，转移到确实可以促进发展的用途——例如，生产性投资、劳动力教育以及基础设施建设。在经济还没有增长的时候，把资源转移到促进经济增长的用途上需要从一些人手中夺走资源。而那些已经以无效率的方式使用资源的人们，往往是社会中最强势的群体。

另一方面，如果生产率已经在增长，那么无须减少任何人当前的收入水平就可以把增长的产出再投回到投资、教育等领域。因此，发展过程就好比是先有鸡还是先有蛋的关系：除非生产率已经开始增长，否则很难将资源转移到有利于经济发展的用途上去。

不平等发展的恶性循环的前五个方面涉及一个国家自身的状况，后两个方面涉及该国与其他国家的关系。

第六个是竞争过程的累积性（cumulative nature）问题。每轮竞争 *394*
的胜利者以强于对手的优势开始新一轮的竞争。资本主义经济的竞争游戏——正如我们在第 7 章所看到的——不像网球比赛那样，在新一局比赛开始的时候，每位选手都从零分开始。竞争更像拳击比赛，在拳击比赛中，在第一轮遭受重创的选手在第二轮比赛开始的时候，已经不太能打了，因而成为其对手容易打击的对象。

第七，富国的政府经常采用阻碍穷国发展的政策。这些政策中的主要措施是使世界上其余国家的生产者在富国的市场上难以销售其产品。另外一个是最近对知识产权的重新定义，扩大了其范围并且延长了有效期。因为专利权和版权几乎完全由富国的人和公司所掌控，扩大知识产权给富国带来的好处要大于穷国。当富国政府通过财政补助、军事援助、直接的军事干预和其他手段来保护穷国保守、传统的精英阶层的政治地位和经济特权时，穷国的发展也会受到阻碍。因为这些精英集团通常会抵制经济和社会变革，对他们进行的外部支持实际上阻碍了他们国家经济的发展。

总之，一个具有高收入水平、庞大的市场、几十年的现代生产技术经验并且有大量剩余可用于新设备、教育、研究和基础设施投资的国家，比一个条件较差的国家有着巨大的竞争优势。因为富国把新增获利用于生产率的继续增长，而穷国却无法启动其生产率的发展，因此，富国的优势会逐年增长。

当然，发展不平衡这一事实并不意味着后来者永远赶不上领先者。德国和美国都是后来者——在英国之后，它们在 19 世纪开始发展，但迅速克服了自身的缺点，现在，它们的人均收入比英国高得多。另外一个例子是：韩国是 20 世纪 60 年代至 70 年代才开始发展的后来者。领先的国家不会始终领先。美国超过了英国，中国现在的发展比日本要快得多。

图 15.7 展示了不平衡发展进程中成功和失败的强烈对比。在过去

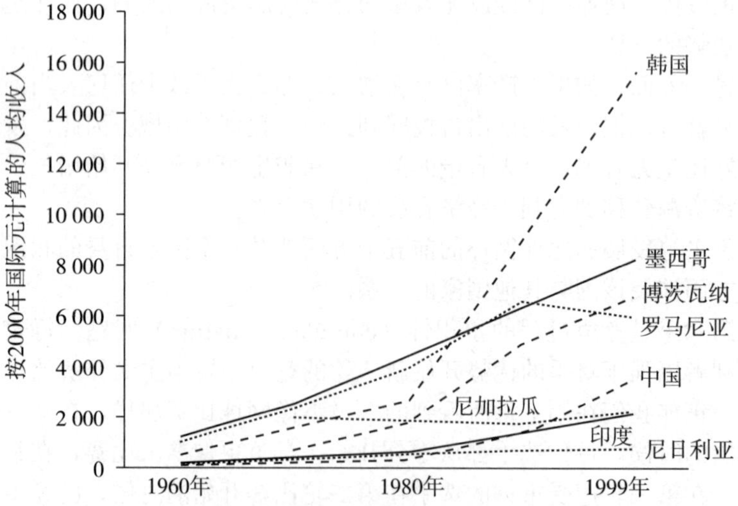

图 15.7 国家间的不平等发展

说明：该图所示的人均收入数据是用购买力平价美元表示的，即它们已经用每个国家的货币购买力做了校正。

资料来源：World Bank，"World Development Indicators：2000"（Washington，DC.：World Bank，2001），available on CD-ROM；Alan Heston，Robert Summers，and Bettina Aten，Penn World Tables，Version 6.1，Center for International Comparisons at the University of Pennsylvania（CICUP），October 2002，available at：http://webhost.bridgew.edu/baten.

的二十年里，韩国和南非的小国家博茨瓦纳的人均收入翻了四番。然而，在此期间，尼日利亚的人均收入几乎没有增长。还有一个明显的对比影响到更多的人，即后起之国中国，它在 1980—1999 年间将印度甩在了后面。

政府和发展的进程

在大多数初始贫穷劣势已被克服了的国家，政府在为生产率的快速增长提供条件方面起到了重要作用。政府参与发展过程最早的例子是独立战争刚刚结束后的美国。那时，许多开国元老，包括亚历山大·汉密尔顿（Alexander Hamilton）都认为，除非让美国的“幼稚产业”免遭竞争并给它一段创建时间，否则它们永远不可能和更强大、更有经验的对手英国竞争。汉密尔顿提倡重税——对从英国进口的制成品征收高关税，而且这项政策得以实施。对工业实施关税保护也是 19 世纪德国经济政策的一个突出特征，这一政策帮助它超过英国成为一个工业强国。 *395*

在其他国家，政府采取了不同的策略。例如，在 20 世纪 60 年代初，韩国政府动用警察和军队帮助与工人发生冲突的雇主。这使工资维持在较低的水平，保证了公司的高利润。政府还阻止大多数公司将利润投资到韩国以外的国家。把财富转移到国外——一种大多数穷国的富人惯有的做法——被旨在控制“资本外逃”（capital flight）的资本管制措施阻止了。在政府的压力下，韩国的主要银行将大量的资金引入幼稚产业。在那些这种战略不能带来足够的私人投资的部门，政府干脆自己投资，例如，通过政府所有制（government ownership）建造了世界上最有效率的钢铁厂之一。

政府规划也加快了先进技术的引用、促进了发展。生产上最大的获利有时来自于采用最先进的技术。事实上，这种技术转移的过程是穷国打破贫穷的恶性循环、追赶更先进的国家可以采用的少数方法之一。但是，适应和引进新的技术以及同时培养一批可以使用新技术的劳动力的过程，通常需要在一个较长的时期内投入大量的资金，这需要承担巨大的风险，却只有很少的立即盈利的机会。

因此，政府通常在技术转移中起一种重要的引领作用。17 世纪末， *396*
当海事建筑和造船业处于现代技术前沿的时候（近似于现在的电脑设

计)，俄罗斯的彼得大帝带领一批俄国的造船匠乔装打扮后到英国和荷兰去学习最先进的船舶设计和建造方法。19 世纪晚期，日本政府派遣无数的使团去欧洲获取新技术。最近，许多国家的政府成功地促成了农作物新品种的引进。另外，政府为发展和维持劳动力的生产能力而用于健康和教育的支出，在后起国追赶富国的策略中亦显得极为重要。

然而，正如前文所指出的，政府的追赶策略并非总是成功的。事实上，补贴和关税经常只是使少数有势力的家庭富裕起来，或者是保护那些永远不能独立竞争的产业中的工人和所有者的工作岗位和利润。而且，立足于政府的追赶策略通常是无效的，因为政府——经常是不民主的、不能对最大多数群众的需求做出反应的——并不能保证生产改进带来的好处能被社会广泛地分享。于是，提高生产的动机就被削弱了。

有时人们会说，穷国的贫穷本身是它在市场和投资竞争中所拥有的主要的可能也是唯一的优势。由于工资非常低，所以这些国家或许可以生产非常便宜的产品和劳务，并扫除一切障碍将它们销售到发达国家。低工资可能会引导发达国家的跨国公司在穷国设立新的工厂。由于不断发展的市场和来自富国的不断增加的投资，穷国——至少是一些穷国——或许可以打破贫穷的恶性循环。为了评判这种可能使穷国摆脱贫穷的方法，我们有必要理解跨国公司为什么会投资以及从这种投资中可以获得什么。

世界范围的投资和生产

跨国公司是从全球赚取利润的公司，它在综合了工资、原材料成本、市场、政府政策和将相关产品供应给当地市场等多种因素之后，将其机构和设备部署在总体上能使公司获利最高的地方。美国主要的典型跨国公司通常都在几十个国家经营，而有些公司，例如福特汽车公司，则是在 100 多个国家经营。正如我们在图 7.3 中所看到的，来自国际经营的利润与在美国创造的利润相比重要性提高了。

跨国投资

在考虑了成本和每个地方可以取得的市场规模之后，跨国公司将其投资部署在预期利润最高的地方。(参见专栏“T 恤衫”。)

T 恤衫

阿比盖尔·马丁内斯（Abigail Martinez）曾经在萨尔瓦多（El Salvador）一个叫做查特（Charter）的工厂里，为 GAP 公司、Target 公司和 J. C. Penny 公司缝制棉上衣和卡其布裤子，获得的收入相当于每小时 55 美分。查特是一个血汗工厂——一个工资水平低于美国或欧洲标准的公司，它拒绝给予工人组织工会的权利，并且经常让工人在不安全的条件下工作。几年以前，马丁内斯和她的一群工友在查特组织了一系列罢工来对工作条件提出抗议。Target 和 J. C. Penny 撤销了它们的订货，但在工人的强烈要求下，GAP 留了下来。工厂的所有者同意改善条件，马丁内斯和她的朋友们同意撤回抗议。现在，马丁内斯得到了更多的工资，有定时的咖啡休息时间，并且从一个无偏袒诉冤程序中受益，这一程序受理工人因受到持续性虐待而提出的报告。 397

拉希德·比加姆（Rashida Begum），另一个血汗工厂的工人，曾经在孟加拉国的克鲁海利（Chowdhury）毛织厂每天工作 18 个小时制造 Polo 衬衫。那里的女工工资相当于每小时 6～12 美分。为了防止工人离开或休息，工厂的所有者通常在工作时间把工厂的门锁上。2000 年 11 月 25 日，一场大火吞没了厂房，夺走了比加姆的 52 个工友的生命，其中 10 个是儿童。大多数遇难者是在楼梯底部试图打破紧锁的门时被挤死的。

1911 年在纽约市，一场与最近的孟加拉国火灾一样离奇的大火夺走了 Triangle 衬衫工厂 146 名妇女和姑娘的生命。在那里，同样是紧锁的出口阻止了她们的逃亡。这场火灾促成了国际妇女服装工会（International Ladies' Garment Workers Union，ILGWU）的成立和保护工人安全法律的最终通过。在孟加拉国，对事情的反映没有像这样以期望的方式发展，一个工厂的所有者伤心地说："殖民时代的遗产依然使我们受苦。我们把工人看做我们的奴隶，无限丰富的劳动力供给更容易产生这一信念。"

大多数美国人认为血汗工厂的工作条件是不道德的。玛丽蒙特大学（Marymount University）伦理关注中心（Center for Ethical Concerns）的调查显示，四分之三甚至更多的人表示："他们会远离那些出售血汗工厂制造的服装的零售店，不在那里购物。"五分之四以上的人说，如果他们能够确定一件 29 美元的衣服是在良好的工作条件下生产出来的，那么他们愿意为此多付 1 美元。美国国家经济研究局发布的一份类似的报告显示，三分之二的被调查者不会有意购买血汗工厂生产的衬衫，无论它的价格是多少。

如果人们情愿为一件在支付了更高工资的安全生产条件下生产出来的衬衫多支付 1 美元，有没有办法让这 1 美元转化成缝纫机旁贫穷工人口袋里的 1 美元呢？对比加姆制造的 polo 衬衫或马丁内斯缝制的上衣实施进口限制，可能不会帮助她们或她们的同事。这或许会以她们失去工作为代价，而且在萨尔瓦多和孟加拉国，在血汗工厂工作是比其他大多数工作要好的生计。这当然胜过毫无报酬的工作，而后 398

者恰恰就发生在许多人的身上。

UNITE（国际妇女服装工会的后继者）的积极分子所披露的大公司的供货商对劳动力的虐待，以及不要从血汗工厂的劳动者身上获取好处的欲求，在21世纪早期激起了美国学生辉煌而短暂的反血汗工厂运动。在多米尼亚共和国的阿尔塔格拉西亚镇（Villa Altagracia，Dominican Republic），有一个为耐克（Nike）和锐步（Reebok）供货的帽子制造商BJ&B，这里的工人在组建了工会的时候被解雇了。谣传这个工厂将会关闭。但是来自多米尼亚其他工会和美国大学校园的压力给这起事件带来了一个稍好一些的结局。BJ&B留了下来，工会也得到了承认。第一个工会合同不仅包括加薪，而且包括奖学金。帕特里夏（Patricia Graterox），BJ&B工厂的一位单身母亲，憧憬着一个更幸福的生活。她正在把提高了的工资攒起来好去护士学校学习："在此之前你不可能这样做。现在可以了。至少我认为我可以了。"

资料来源：*New York Times*，April 4，2003，April 15，2001；Kimberly Elliot and Richard Freeman，"White Hats or Don Quixotes? Human Rights Vigilantes in the Global Economy，" National Bureau of Economic Research，August，2000；James Heintz and Robert Pollin，*The Question of Sweatshops*：*Globalization and the Struggle for Decent Work*（New York：New Press，2004）；David Von Drehle，*Triangle*：*The Fire That Changed America*（New York：Atlantic Monthly Press，2003).

如果与低工资并存的是高技能的工人、完善的基础设施和低廉的原材料成本，那么它就会成为强烈的诱惑。图15.8显示出世界范围内的工资差距确实是很大的。

然而，总部建在美国的跨国公司在全球设厂的位置却令许多读者感到吃惊。第一，这些公司将它们的大部分投资，大约是四分之三，投放在美国本土，而不是国外。因此，投入到其他国家的资金是有限的。

第二，与一个广为接受的误解相反，美国跨国公司进行的大多数外国投资流向了富国，而不是穷国。富裕的荷兰，拥有1 600万人口，获得的美国直接投资是拥有8亿多人口的所有非洲国家的7倍。小小的瑞士得到的美国投资多于整个南美。加拿大得到的美国投资比拉美（包括墨西哥）得到的还要多。美国公司在德国和英国雇佣的员工比在墨西哥和巴西多，在比利时雇佣的员工比在整个非洲要多。1999年，美国公司在所有贫穷和中等收入国家雇佣了不到300万人，不到这些国家可用劳动力的0.5%。①

① U.S. Department of Commerce，Bureau of Economic Analysis，*U.S. Foreign Transactions Position in 2002*（Washington，D.C.：U.S. Department of Commerce，2003). Available at：http://www.bea.gov/bea/di/usdiacap.xls.

399

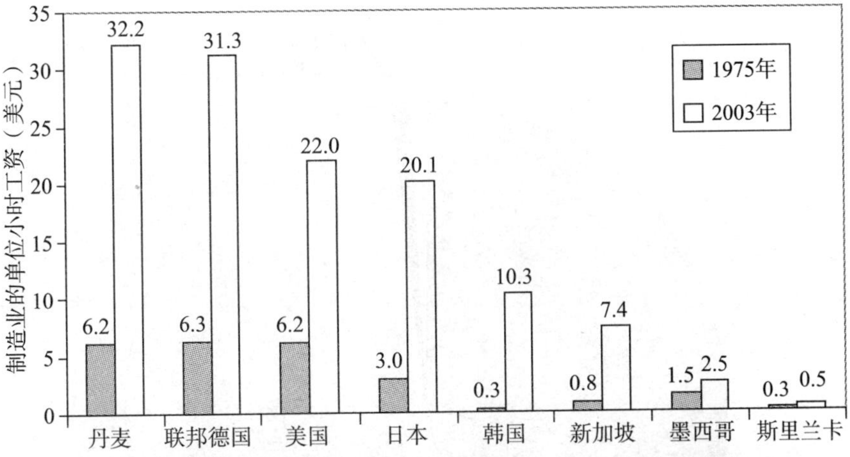

图 15.8　部分国家制造业的工资和津贴（1975 年和 2003 年）

说明：该图比较了 1975 年和 2003 年八个国家制造业工人的全部工资。每个国家的工资额首先以该国自己的货币单位衡量，然后依据每两年全球货币市场上每个国家的货币兑换成美元的平均价值转化成美元。这种方法对于衡量不同国家的劳动力成本水平是适用的，但因为转化成美元时使用的是市场汇率而不是购买力平价（参见专栏"一个汉堡包值多少钱?"），它们不能表明不同国家制造业工人收入的相对购买力（生活水平）。

资料来源：U. S. Bureau of Labor Statistics，*International Comparisons of Hourly Compensation Costs for Production Workers in Manufacturing*，2003 (Washington，D. C：U. S. Department of Labor，2004)，available at：http://www.bls.gov/news.release/ichcc.t02.htm.

美国公司在国外投资的分布见图 15.9。2002 年，三分之二以上的美国跨国公司的对外投资投在加拿大、欧洲、日本和其他富裕国家。谈到当前和过去二十年的情况时，美国商务部的一份出版物写道："跨国公司活动的地理分布变化相对很小。美国跨国公司的生产、销售、研究和开发一直集中在美国和其他的高收入国家。"（资料来源见图 15.9 的说明文字。）

如果回头看看图 15.8，图 15.9 显示的信息可能会令人格外吃惊，因为穷国制造业的工资比美国和欧洲的要低得多。第二点令人惊奇的是欧洲国家例如挪威和联邦德国，其工资与美国持平，甚至还高于美国。图 15.8 的数据显示的是在 1975 年和 2001 年，美国的公司在八个不同国家雇佣一个小时的劳动必须支付的工资额。由图 19.4，人们可能会觉得奇怪，许多吸引美国投资的国家也是与美国相比政府支出较大即税收较高的国家。 401

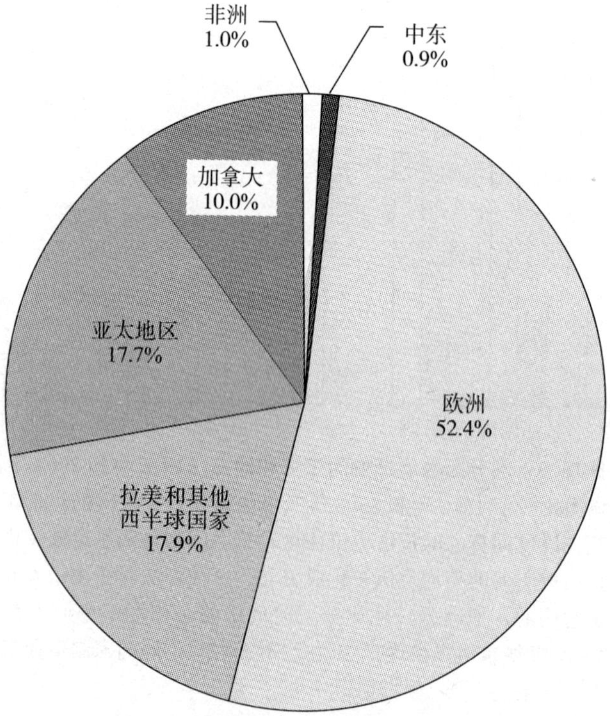

图 15.9 美国的对外直接投资（2002 年）

说明：该图显示的是 2002 年美国公司在世界不同地区直接投资的资本的比例。“直接投资”指诸如建造工厂、开办矿山和建造办公大楼等。购买外国公司的股票和美国公民“投资”于海外的其他金融资产不在此列。2002 年，美国对外直接投资（投资时的成本价值）的总量大于 1.5 万亿美元。如图所示，这些投资的 52.4%在欧洲，10%在加拿大。除此之外，美国的投资投向亚太地区的两个富裕国家：日本和澳大利亚（这两个国家共占美国对外投资的近 7%）。可以看到，三分之二以上的美国对外直接投资流向了其他发达资本主义国家。

资料来源：U.S. Department of Commerce，Bureau of Economic Analysis，“U.S. Direct Investment Abroad，Balance of Payments，and Direct Investment Position Data，” available at http://www.bea.doc.gov/bea/di/dilusdbal.htm.

关于美国的公司（还有其他富国的跨国公司）为什么倾向于在富国而不是穷国投资，主要有以下四个原因。

第一，通过在富国投资，跨国公司的生产设施可以靠近庞大的、不断发展的市场（正如前文所指出的，仅欧洲市场就比 100 多个贫穷及中等收入国家市场的总和还要大）。

第二，虽然就衬衫而言，考虑单位劳动成本时会偏爱低工资的国家，但对许多产品来说，富国受过高等教育的、积极主动的熟练劳动力却能够带来足够的生产率方面的优势，因而能够部分或全部抵消高工资的劣势。

第三，富国拥有可提高生产率的高度发达的交通、通信等基础设施。

第四，美国的商人知道他们有望从大多数富国的政府那里得到有利的待遇。在许多穷国，严重的冲突和政治的不稳定使得它们就赚取利润而言不是可靠的地点，因此，它们经常被描绘为投资环境恶劣。在这些国家，私有财产的不安全性阻碍了投资。

上述成因可概述如下：就对投资的吸引力而言，低工资、低税收和宽松的环境法规，都无法与有价值的劳动力、庞大的市场和产权的安全相匹敌。

跨国公司游历（globetrotting）世界的行为的重要性被它的拥护者和批评者都高估了。在大多数国家，美国跨国公司雇佣的工人只是当地劳动力的一小部分；在中国、印度和俄罗斯，这一比例不到 0.5%。在世界 200 多个国家中，这个比例仅在三个国家超过了 10%：爱尔兰、新加坡和加拿大，而这三个国家加起来的总人口，比印度许多单个邦的人口都少得多。中国和印度正在追赶发达国家这一事实与国际投资几乎没有关系，而是与治理这两个经济的非常独特的制度以及它们从产品、服务和信息的国际交换中获取益处的能力有关系。同样，大多数非洲国家的落后也与它们的制度有关，即与这些国家中影响生产活动的胡萝卜和大棒有关。

结　论

我们在本章提出了一些经济学中最难的问题，包括经济的增长和世界的不平等。经济长期发展的问题——即国民财富问题——是政治经济学创始人最关注的问题之一。今天，这仍然是一个重要的问题。我们强调作为发展过程的一个部分的制度的重要性。政府的所作所为——执行 402
法律和政策、遵守宪法以及保护产权——极大地影响了经济制度的绩效。我们将在第 19 章研究政府在经济中的作用。在接下来的三章里，我们将从宏观经济的角度观察经济是怎样运行的，以便为讨论政府的作用奠定基础。

推荐书目

James Boyce and Betsy Hartman, *A Quiet Violence* (London: Zed Press, 1986).

Christopher Chase-Dunn, *Global Formation. Structures of the World Economy* (Oxford: Basil Blackwell, 1989).

Herman Daly and John Cobb, *For the Common Good: Redirecting the Economy toward Community, the Environment, and a Sustainable Future* (Boston: Beacon Press, 1989).

Alexander Gerschenkron, *Economic Backwardness in Historical Perspective* (Cambridge, Mass.: Harvard University Press, 1962).

Fred Hirsch, *Social Limits to Growth* (Cambridge, Mass.: Harvard University Press, 1976).

Kenneth P. Jameson and Charles K. Wilber, eds., *The Political Economy of Development and Underdevelopment*, 6th ed. (New York: McGraw Hill, 1995).

Peter Lanjouw and Nicholas Stern, eds., *Economic Development in Palanpur over Five Decades* (Delhi: Oxford University Press, 1998).

Branko Milanovic, *Worlds Apart: The Twentieth Century Promise that Failed* (Washington, D. C.: World Bank, 2002). Available at http://www. worldbank/org/research/inequality.

The World Bank, *World Development Report* (Washington. D. C., and New York: A copublication of the World Bank and Oxford University Press, annual).

第 *16* 章　总需求、就业和失业

要理解我们的经济，最困难的事情之一是这样一个事实，即通常：(a) 有许多工厂处于闲置状态，同时，(b) 有相当数量的人正在找工作，(c) 许多人的需求没有得到满足。这些事实中的任意两个都可以得到解释，但为什么这三者都是资本主义经济的典型事实则是一个难解之谜。如果让失业的工人到闲置的工厂工作，那么，人们是需要他们生产出来的产品的。然而他们并没有被安排工作。 *403*

例如，在 2001 年，美国经济没有很大的发展，许多制造业的工作被转移给了其他国家的工人，这导致国家 25%的工业生产能力处于闲置状态（平均的生产能力利用率为 0.75)。尽管如此，那一年美国生产了价值约 3.6 万亿美元的商品。要是闲置的 25%的制造业（生产商品）的生产能力也被

利用的话，商品的总产出将达到 4.8 万亿美元，多生产 1.2 万亿美元的商品。如果把这些商品平均分配给当年美国的 2.85 亿男性、女性和孩子，每个人将多得 4 211 美元的商品。制造业的生产能力未被充分利用所导致的产量损失并不是缺乏工人的结果：2001 年平均每天有 674 万失业人口在寻找工作。

闲置的工具、失业的人口以及未满足的需求同时存在这一事实令人难以理解，因为这跟我们的个人经验并不一致。如果我们需要一个书架，而且我们有工具、木材和时间，我们就可以动手为自己做一个书
404 架。当我们组织自身的生产活动时——无论以家庭的形式、小集体的形式还是我们自己——我们不会在仍然有闲置工具、闲置人员和未满足的需求的时候就停止工作。原因在于，当我们为自己生产时，我们的目的是制作我们需要（或者至少想要）的东西。如果我们有未满足的需求、工具以及时间来生产我们所需要的物品，我们就会着手去做。

相比之下，资本主义经济的组织方式非常不同。正如我们在第 6 章所看到的，企业主生产产品的目的不是满足需求而是获取利润。特别是，如果指挥生产进程的雇主认为赚不到利润，他们就不会进行生产；他们会任其工具和工厂闲置，并停止雇佣工人。也许有人可能会需要这些可以被生产出来的产品和服务，但这样的事实是不起作用的。资本主义的竞争制度迫使企业的所有者在做决策时只考虑收益率。

这种利润驱动过程造成的一个后果是，在长期中，经济会在好时期和坏时期之间轮流交替。在第 7 章，通过对积累的社会结构进行连续的编年记录，我们解释了美国经济在长期中繁荣与危机的交替。在图 16.1 中，我们展示了各个具体时期的长期波动，以及在交替出现的巩固期（consolidation）和衰退期内总产出的增长率。当然，在每一个长期波动中都有与商业周期（参见第 7 章）相关联的不那么显著的上升和下降。如果说长期的繁荣和危机会持续数十年的时间，那么一般说来，一个特定的商业周期的扩张和衰退阶段会在不到十年的时间内完成。图 16.1 中插入的小图显示了一个典型的商业周期。

当经济在一个相当长的时期内处于扩张状态时，雇主就倾向于雇佣更多的工人，因而长期繁荣时期的失业水平往往会下降。相反，长期衰退通常以失业的增加为特征。图 16.2 给出了从 19 世纪末到 20 世纪末美国经济中就业的长期波动。正如人们可以预料到的，在每一个长期波动中，相对短的商业周期也是以就业的短期上升和下降为标志的。

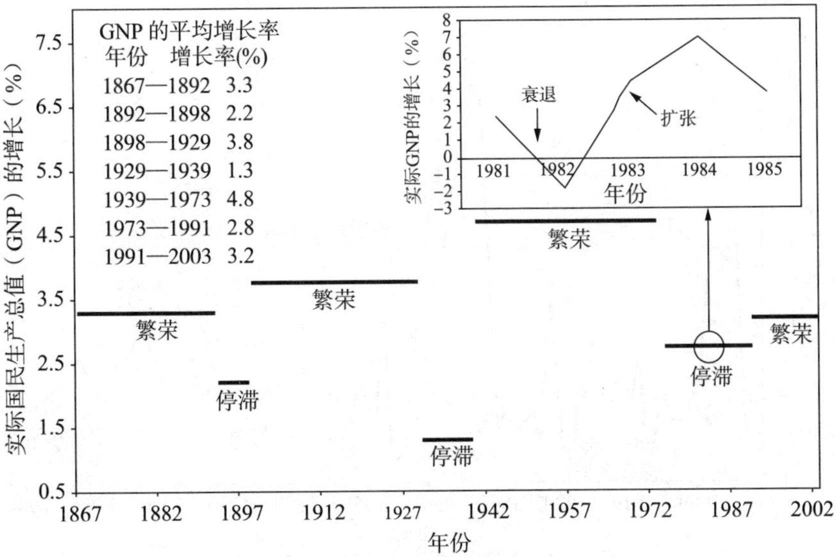

图 16.1　长期波动和商业周期

说明：长期波动是在较长的时期内繁荣期和艰难期的交替波动，它可以持续 30～50 年的时间；商业周期是在通常不到 10 年的时间内（从一个波峰到另一个波峰）经济所经历的短期的上升和下降。该图显示了美国经济在过去的一个半世纪中所经历的三次长期波动。第一次（对应于竞争资本主义阶段）从 19 世纪 60 年代持续到 1898 年，其中 1867—1892 年是繁荣时期，1892—1898 年是停滞时期。第二次（对应于公司资本主义阶段）从 1898 年持续到 1939 年，包括直到 1929 年的好时期和随之而来的 20 世纪 30 年代的大萧条。第三次长期波动（在管制资本主义下）从 1939 年前后开始持续到 1991 年。1991 年以来，我们似乎在进入第四个长期波动（对应于跨国资本主义阶段），不过从统计角度而言，现在过多地谈论这个周期还为时过早。每一次长期波动都展示出这样的特征：首先是一个长的繁荣期，在这段时期内积累的社会结构（在它的“联合巩固”阶段）使相对快的增速成为可能，紧随其后的是一个或长或短的停滞期（积累的社会结构的“衰退瓦解”阶段）。商业周期发生在长期波动的繁荣期和艰难期的内部，是在不改变长期波动的总趋势的情况下产出率的短期波动。该图中插入的小图描述了一个典型的商业周期。它的增长率在 1981 年达到顶峰，这是它的开端，随之而来的是增长速度下降并变为负数（每年的产出均少于前一年）直到 1982 年到达谷底，在此之后的 20 世纪 80 年代中期即商业周期的扩张阶段出现了一段加速增长期。

资料来源：U. S. President's Council of Economic Advisors，*Economic Report of the President*（Washington，D. C.：U. S. Government Printing Office，various years）available at http://www.whitehouse.gov/cea/pubs.html or http://gpoaccess.gov/eop/download.html；U. S. Bureau of the Census，*Historical Statistics of the United States：Colonial Times to 1970*（Washington，D. C.：U. S. Government Printing Office，1975）.

406

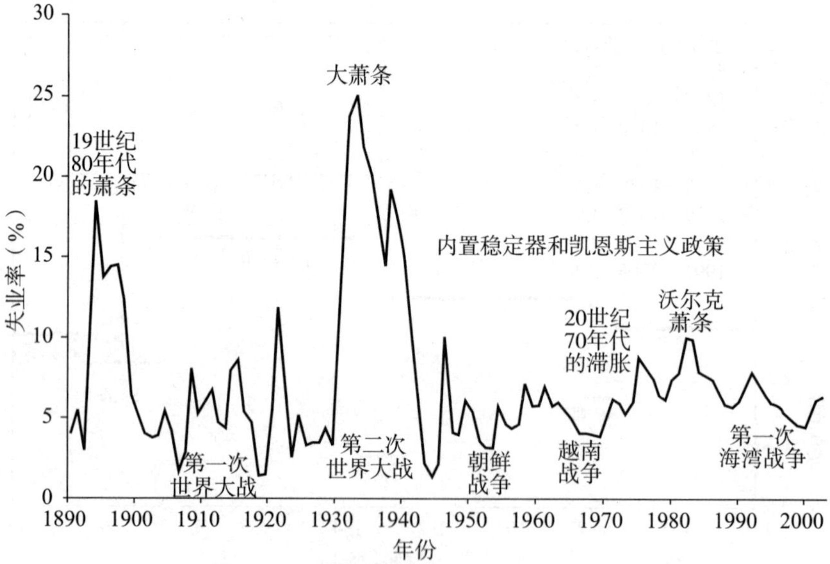

图 16.2　美国的失业率（1890—2003 年）

说明：该图展示了 19 世纪末到 21 世纪初美国经济中失业率上升和下降的轨迹。图中呈现的失业率是官方测定的失业人数与官方测定的平民劳动力（civilian labor force）人数（参见本章专栏"失业的计算"）的比率（以百分比计）。19 世纪 90 年代的失业率上升到 18%左右，到 20 世纪 30 年代大萧条期间达到了顶峰 25%。尽管和平时期的失业率会在经济停滞或衰退时期趋于上升，但一般说来它会随着战争的来临而下降，因为工人会被雇佣于生产军事产品，其他的平民劳动力则会被征去服兵役。例如，20 世纪 40 年代初就发生了这种事情，在整个 20 世纪 30 年代困扰着美国的罕见的高失业率因为第二次世界大战的爆发而显著下降。该图中尤为有趣的是，通过凯恩斯主义的政策手段以及诸如失业保险和其他社会保险等"内置稳定器"（它们是 20 世纪 30 年代"新政"的组成部分），在第二次世界大战之后的半个世纪里，失业率被控制在 10%以下。

资料来源：Council of Economic Advisors，*Economic Report of the President*：*2004*（Washington，D. C.：U. S. Government Printing Office，2004）available at http://www.whitehouse.gov/cea/pubs.html；previous issues of the *Economic Report of the President*（Washington，D. C.：U. S. Government Printing Office，annual）available at http://gpoaccess.gov/eop/download.html；U. S. Bureau of the Census，*Historical Statistics of the United States*：*Colonial Times to 1970*（Washington，D. C.：U. S. Government Printing Office，1975）.

理解失业以及长期和短期的经济周期——还有与之对应的产出与就业的上升和下降——的关键是经济中对产品和服务的总需求。为了理解整个经济绩效的变化，我们需要关注总需求并考察其波动的原因。

这种循环过程的一个重要方面是存在着这样一个事实：企业主花在投资品上的货币量在各年是不同的，而这些变化反过来驱动着积累以或快或慢的速度进行。正如第 7 章所解释的，我们之所以用积累的社会结构这一术语，恰恰是因为我们有兴趣了解一套特定的社会制度是不是——或者在什么程度上——为积累过程提供了有利的（或不利的）环境。我们定义美国资本主义依次变迁的不同阶段及与之相应的经济绩效的长期波动时，依据的就是各具特征的积累的社会结构及其对投资产生的支持性或抑制性作用。

本章有两个中心思想。**一是就业和失业水平取决于对产品和服务的总需求，二是政府的政策可以降低失业水平并熨平总需求的波动。**这些思想可以表述为如下七个要点。 407

---

1. 对产品和服务的总需求不一定等于总产量：总需求可能超过或者达不到供给。
2. 当对产品和服务的需求超过供给时，企业会雇佣更多的工人；当需求达不到供给时，企业会解雇工人；当供给等于需求时，企业不会改变其劳动力规模。
3. 当对产品和服务的需求等于供给时（企业既不扩大就业也不裁员），通常会存在失业。
4. 影响对产品和服务的需求水平的一个重要因素是收入在利润和工资之间的分配。这是因为工资的比率会影响对消费品的需求，而利润的比率会影响对投资品的需求。
5. 政府对产品和服务的需求以及政府调控利息率的政策会影响就业水平：政府赤字和低利息率通常会导致对产品和服务的较高需求，因而会带来较低的失业水平。
6. 提高工资可能导致工作岗位的增加、减少或不变，因为工资增加可能会提高、降低或者不改变对产品和服务的总需求。
7. 经济在就业和产出上表现出波动的特点，称之为商业周期。在商业周期的扩张阶段，产出和就业迅速增长，失业下降；在衰退阶段，产出下降，失业上升。政府政策可以抑制经济波动，从而把收入和就业维持在更加稳定的水平。

为简化本章的分析，我们将忽略以下事实：一部分总产出必须被用于补偿生产中消耗的原材料以及修复被磨损的资本品。这里，我们把重

点放在净产出上，并假设单位小时劳动的净产出（y）是不变的。在这一假设下，净产出将完全取决于被雇佣的劳动的小时数。我们还假设（仅在本章，不包括后面的章节）：找工作的总人数是给定的，价格不变，工资不随就业水平而变化。

总供给和总需求

408 宏观经济学的两个基本问题是：第一，经济中对产品和服务的总需求是否趋向于与总供给相等？或者说，在产品市场上是否会出现过度供给或过度需求？产品市场上不存在过度需求或过度供给的情形称之为**宏观经济均衡**。

第二，如果对产品和服务的需求与供给相等，那么供给的水平是否足够高，以使每一个愿意在当前工资下就业的人都能找到工作？我们可以换一个方式问这个问题：如果宏观经济均衡存在，那么它是否以充分就业为特征？**充分就业**是指几乎每个正在找工作的人都能找到工作的情形。

第一个问题——关于宏观经济均衡——涉及产品市场，而第二个问题——关于充分就业——重点在于劳动市场。第一个问题的答案很可能是肯定的（经济中对产品和服务的总需求趋向于等于总供给），但第二个问题的答案通常是否定的（不是每个愿意在当前工资下工作的人都能找到工作）。结果就是，产品市场趋于出清（回想一下第 8 章的解释，这意味着没有过度供给和过度需求），而劳动市场不会趋于出清。确切地说，通常会有劳动的过度供给——也即众所周知的失业。（参见专栏“失业的计算”。）

例如，第 8 章研究的艾奥瓦市啤酒市场的均衡就是啤酒的供应量等于啤酒的需求量。处于均衡状态时，啤酒市场是出清的，大多数产品市场也是如此。相比之下，在第 12 章我们发现，即使劳动市场处于均衡状态，一般也不会出清。通常会有工人失业，他们没有办法改变自己的境遇，也不能指望雇主做任何事情以增加就业。

本章将研究是什么因素决定生产多少、有多少工作岗位以及多少人不能找到工作。我们研究产出、就业和失业的均衡水平，请记住，均衡时产品市场可以出清而劳动市场不能。与宏观经济均衡状态相联系的就业数量称为**均衡就业水平**。

请考虑下面这个假想的例子。一个工人每小时生产价值 25 美元的商品。如果有 25 美元的产出被生产出来，那也就是为某人生产了 25 美元的收入。如果忽略产出的一部分将被政府用作公共产品和服务这一事实，我们就可以说，这个例子中价值 25 美元的商品最终会被摆在零售商店的货架上。现在假设每生产价值 25 美元的商品，工人得到 15 美元的工资而其雇主得到 10 美元的利润。是否有足够的需求来购买货架上的这些供给，取决于工人和雇主是否花费他们得到的收入。如果工人全部花掉其 15 美元，而雇主仅花掉其 10 美元的一半（把剩下的储蓄起来），那么货架上将会有价值 25 美元的供给，却只有价值 20 美元的需求。结果将是，商品市场上出现过度供给。

也可能出现相反的情况。雇主可能想花掉 15 美元，用其 10 美元利润和从别人那儿借来的另外 5 美元；而工人仍花掉其 15 美元工资。因此，存在价值 30 美元的需求却仅有价值 25 美元的商品。结果将是，产品市场上出现过度需求。

失业的计算

1979 年 5 月，美国能源部（U. S. Department of Energy）在它为 20 世纪 80 年代所做的“国家能源计划”中这样描述失业：“在长期中，一个人必须通过工作或不工作这两种途径中的任何一种来调整自己以适应这种（失业的）境遇：就工作而言，可以通过拥有适当的工作技能而获得，也可以接受差一点儿的职位；就不工作而言，可以退休或依靠福利维持生存。就上述任何一种情况而言，工人都不再失业。失业，简而言之，是一种非均衡现象，在这种情况下，工人处于两种可能的均衡——工作和不工作——之间。” 409

当然，每个人都“处于两种可能的均衡之间”——还没出生或者已经死亡——而且，正如约翰·梅纳德·凯恩斯（参见第 4 章）所言，“在长期中我们都会死去”。然而，人们生活在短期之中，若是失业了，则非同小可（参见本章稍后的专栏“失业的打击”）。但失业是很难测度的。

在每个月的第一个星期五，美国劳工统计局（U. S. Bureau of Labor Statistics，BLS）都会公布美国经济中关于就业和失业的最新调查结果。最引人关注的数字是失业率。为了测度失业率，劳工统计局必须首先计算出总的劳动力是多少，这意味着要确定谁是劳动力而谁不是。是不是所有希望有一份工作的人都是劳动力，而不论他们当前是否在找工作？那些希望有一份全职工作却因为找不到而兼职的人又该怎么办？他们应该被认为失业了吗？为了公布每个月关于失业和就业的统计数字，政府不得不在这些有争议的问题上做出相当多的判断。

每个月中旬，美国劳工部（U. S. Department of Labor，内含 BLS 的政府部门）

都会雇佣专业的民意调查者走访精心设计出来的 60 000 个美国样本家庭。在每个家庭中，民意调查者会询问有几个家庭成员有工作，有几个没有工作。对那些说他们有工作的，调查者会问这个工作是全职的还是兼职的，如果是兼职的，会问从事兼职工作这个决定是自愿做出的还是兼职工人更倾向于做全职工作。调查者还会问那些没有工作的人是否在过去的四周中主动找过工作。如果他们说没有，就不会被计入劳动力之中——但如果他们说自己实际上是愿意被雇佣的，他们就会被归入灰心丧气的工人（discouraged worker）的范畴（也就是说，找工作的前景太令人灰心，所以不去找工作）。最后，在计算劳动力的总人数时，劳工统计局排除了正在服兵役或被送入“专门机构”（如监狱或者精神病院）的人。当然，只有“成年人”即大于等于 16 岁的人才被计入。

410 在对所有问题做出判断之后，劳工部会得出一个“平民中未被送进专门机构的成年就业人口或失业人口”的数值，简称为“平民劳动力”。在此基础上计算出失业率的数值，即官方统计的失业人数与官方计算的平民劳动力人数的比值。用这种方法，劳工统计局在 2004 年 6 月搜集并出版了前一个月美国就业和失业的估计值，如下所示：

平民劳动力：	14 700 万
就业工人：	13 880 万
失业工人：	820 万
失业率：	5.6%

即使是政府也意识到上述数字并没有道出全部真相。例如，劳工统计局在其 2004 年 6 月的报告中透露，大约有 160 万的人口“近乎属于”劳动力。这个数字中接近三分之一的人是“灰心丧气的工人”（见上文），其他的三分之二是想找工作并且可以找到工作的工人，他们曾经在过去的 12 个月中找过工作，但在调查前的四周中没有找。于是，从政府的观点来看，最后这组人像灰心丧气的工人一样既不是失业者又不是劳动力。

如果我们把这 160 万“近乎属于”劳动力的工人加到失业者和平民劳动力中，失业率就变成了 6.6%，比官方失业率高 1 个百分点。

平民劳动力（包括“近乎属于”的工人）：	14 860 万
就业工人：	13 880 万
失业工人（包括“近乎属于”的工人）：	980 万
失业率：	6.6%

如果我们继续认为总的劳动力包括“近乎属于”劳动力的工人，承认官方定义的就业水平是 1 亿 3 880 万，但在失业劳动力的人数上再增加 470 万——这是被官方统计为就业、但依照政府的说法在 2004 年 5 月因为“经济原因”从事兼职工作的人，那么情况将会如何呢？当我们添加了这些非自愿的兼职工人时，失业率跃升至 9.7%，比官方失业率上升了 4 个百分点。

平民劳动力（包括“近乎属于”的工人）：	14 860 万

就业工人：　13 880 万
失业工人（包括"近乎属于"的工人和非自愿兼职者）：1 450 万
失业率：　9.7%

概括起来就是说，在 2004 年 5 月美国大约有 1 450 万人口处于失业状态，几乎占到美国劳动力的 10%。想象一下这些人可以从事多少提高美国人生活水平的生产性活动。 411

资料来源：U. S. Department of Energy，" National Energy Plan，" May 1979；U. S. Department of Labor，Bureau of Labor Statistics，" Employment Situation Summary，" June 4，2004，available at http://www. bls. gov/news. release/empsit. nr0. htm.

接下来请考虑，如果产品市场上出现了过度供给将会如何。过度供给意味着一些产品卖不出去。此时卖者会用两种方式应对这种情形。第一种，卖者会压低价格，试图吸引额外的消费者；第二种，如果较低的价格不能吸引很多新的消费者，卖者将不再订购同样多的商品（也许根本不再订购），以防止商品堆积在货架上。随着订单的减少，生产该商品的企业的管理人员将不得不解雇工人，因此失业将会上升。

过度需求会造成恰好相反的后果：订购的商品到货之前货架就空了。于是，卖者会下更大的订单。因此，雇主将雇佣更多的工人生产更多有需求的商品。

由此我们得到一个重要的结论：当产品市场存在过度供给时，企业将雇佣较少的工人，当存在过度需求时，企业将雇佣较多的工人。

当存在过度供给时，雇佣较少的工人会产生两种影响。第一，生产下降，因而供给水平下降。第二，只有较少的工人得到工资，由于被解雇的工人用来购买消费品的钱减少了，因此需求水平下降。在上面的例子中，如果每个工人被少雇佣 1 小时，产出将降低 25 美元，于是需求也会降低。如果我们继续假设工人得到其生产的净产出中的 15 美元，并且把所有的收入都花掉，工人的花费将会降低 15 美元。

这些影响提出了一个棘手的问题：由产品市场上的过度供给所引发的就业下降，是消除过度供给（通过减少供给），还是就业的减少使过度供给问题更加恶化（通过它对需求的影响）？

当存在过度需求时会出现类似的问题：企业将雇佣更多的工人，增加供给，而这将倾向于减少过度需求。然而增加雇佣将给工人带来更多的收入，因而会增加需求。这些相反的后果是会减少过度需求，还是会使过度需求问题更加恶化？这些问题将在下文讨论。为了回答这些问题，我们必须更详尽地考察总供给和总需求。中心问题是：总需求和总供给的变化将会对经济产出（参见专栏“总产出的度量”）带来什么影响？

总产出的度量

412 设想一下，如果有人问你的手提箱里有多少东西，并假设你手提箱里的东西比他的多，你该如何确定你的答案？你可能会列出所有的东西——一本书、两件衬衫、一双鞋、一个吹风机等。但是这并没有真正地回答这个问题，因为这并没有描述出某个明确的量，以同他手提箱内容纳物的某个明确的量相比较。如果你只是想要一个总的数字，你可以称一称这些容纳物的重量，或者你可以说出每件物品的美元价值及其总价值。

如果量化一个人手提箱里的东西都如此困难，想象一下计算一个国家的总产出是多么不容易。一个国家任一特定年份的总产出通常被认为是这个国家生产的所有产品和服务的市场价值。产品和服务不必出售也能被记入产出：家庭种植和消费的农产品是典型的需被计入产出的例子，即使其价值只是估算出来的。

因此，在度量产出时，产品和服务是以其市场价格来计值的（或者，如果它们未被出售，就粗略的以它们可能的出售价格来计值）。这样，一磅虾被计为一加仑牛奶的两倍多的价值，这是因为购买前者要花两倍多的钱（参见第 14 章）。

不用做销售的服务——比如家庭烹饪或者家庭成员照顾父母或孩子——完全没有被计入。由于一直以来这些工作大部分是由女性做的，所以，由妇女承担的大量工作没有被计入官方度量的国民产出之中。（参见第 5 章有关生产和再生产对经济的重要性的讨论。）

经济学家用下面的一个或多个术语描述一个经济的总产出的值：

- 一国的国内生产总值（GDP）是在该国国界内生产的总产出（包括非本国公民的产出）。
- 国民生产总值（GNP）是度量总产出的另一个指标，指一国公民的总产出。它与 GDP 类似，但包括一国“侨民”（其公民）的收入——即使他们的生产在其他国家进行并从国外为他们带来诸如利润等收入。所有这样的收入都被计入 GNP（它用以度量一国公民的总产出）；但是，GNP 不包括国界内非本国公民的产出。
- 国内生产净值（NDP）和国民生产净值（NNP）是用上面的值减去折旧（由生产造成的机器和其他资本品的磨损和破坏，相应的时间周期通常为一年）。
413 但是，自然资源和环境的贬损如土地的侵蚀、清洁空气和水的耗竭，在通常的国民产出指标中一般不予考虑。这意味着净产出的增加——无论是在 NDP 还是在 NNP 中——可能都无法准确地衡量我们在福利方面的变化。

当比较一个特定国家不同时点的总产出时，我们通常在国民产出的度量值上做两个限定，一个用来校正通货膨胀，另一个用以关注人口增长。首先，设想一个经济发生了通货膨胀（价格上涨），但实际生产的产品和服务的数量并没有变。在这种情况下，尽管没有发生实际变化，但总产出的市场价值将会上升。由于一个经济中几乎总有通货膨胀发生，所以以当前价格为基础来衡量的总产出的变化往往会高估产出的增长量。

如果对不同年份总产出的比较是在不变价格的基础上进行的，那么这种比较将更有意义。这意味着对一般价格水平的变化做了一个校正，通常的做法为：指定某个“基年”的价格水平，用这个相同的基准在一些年份之间做比较。当总产出的度量值用这种方式校正了通货膨胀之后，总产出就被称为实际的，或校正了通货膨胀之后的。（参见第 18 章的专栏“货币工资和实际工资”，它解释了如何对工资进行这种通货膨胀的校正。）

其次，我们有时会以单个人为基础表示总产出的度量值。这样做是为了概略地说明在一个特定国家中典型个人的福利状况，同时也考虑到了人口的增长（或减少）。为了计算这个数字，我们简单地用一个国家任意给定时间的总产出除以总人口，结果称之为人均产出（或收入）。

通过校正通货膨胀以及用人口去除国内生产总值，我们调整了一个国家的国内生产总值，得到了被许多经济学家认可的度量一个国家经济健康水平的最好尺度：实际人均 GDP。

总供给（AS）是在某一时期如一年中生产的产品和服务的总的供给。如果我们仍旧只考虑净产出，那么总供给等于一年内雇佣的劳动小时数（N）乘以每小时的净产出（y）。从而：

$$AS = \text{每小时的净产出} \times \text{工作总时数} = yN \tag{16.1}$$

例如，如果 $y=25$ 美元而 $N=200$ 万小时，那么 $AS=5\ 000$ 万美元。由于我们已经假定 y 不变，所以我们可以绘出 AS 关于 N 的图形——一条斜率为 y 的直线（参见图 16.3）。

每生产价值 1 美元的 AS，就会有某个人得到 1 美元的收入——对于工人是工资，对于资本家是利润，也可能是二者的结合。这样，总收入（所有人收入的总和）的税前部分总是等于并且严格等于 AS。

总需求（AD）是在一年中对产品和服务的总的需求。总需求的第一个组成部分是 C，即家庭用于购买食品、服装、电和其他消费品（参见专栏“为购物而生?”）的货币总量。在通常情况下，消费支出（C）总计可达到总需求的三分之二左右。

414

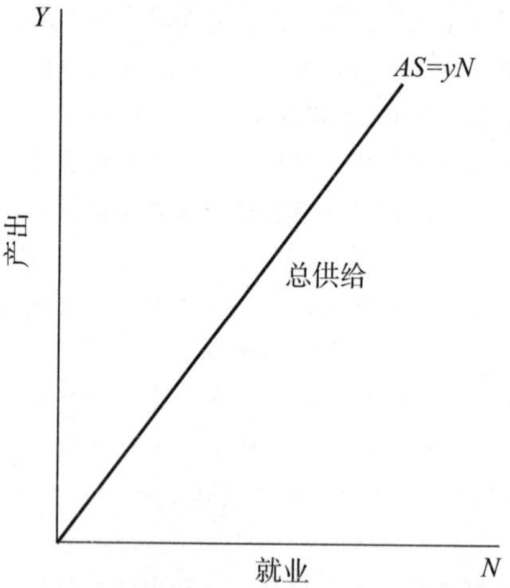

图 16.3　总供给

说明：总供给曲线（*AS*）表示，假定每小时劳动的净产出（*y*）不变，在任意给定的劳动小时数（*N*）中可以生产的产品和服务的总量（以当前市场价值计）。*AS* 的值等于 *yN*，即投入的劳动小时总数乘以每投入一个劳动小时得到的产品和服务的净产出。如果将与 *y* 相关的两个重要因素考虑进来，会使之更符合实际：(1) 直到某个特定的点之前，规模经济可以允许在更高的就业水平下（通过扩张生产设备）实现更高的每小时净产出率（*y*）；(2) 超过另外的某个点之后，由于边际收益递减，增加工作小时数将导致每小时产出的增加值下降（较低的 *y*）。但在这里引入这些现实因素只会使图形复杂化，而不会为本章的分析增添任何重要的内容。因此，为简化起见，我们假设 *N* 变而 *y* 不变，这样就可以将 *AS* 表示为一条直线。注意，在本章接下来的图形包括在该图中，变量的增长率都被表示成一条直线。但是，在经济学的语言中，只要这些直线有可能在概念上表示非线性的信息，即需要用曲线来表示的信息，那么即使是直线也被称为“曲线”。根据这个经验，我们通常把图 16.3 到图 16.10 的直线称为曲线。

为购物而生？

415 对人类历史的大部分时间而言——在大约 1 万年前人们开始驯化动植物之前的 10 万年中，人们拥有的仅仅是他们可以携带的东西。我们的一些以采集、狩猎为生的祖先曾佩戴珠子和其他饰品用作炫耀，但采集、狩猎的生活方式不允许这类物品大量积累。如果当代的采集狩猎者能揭示些什么的话，那么我们的祖先可以说是闲暇的时间长、衣柜的长度短。

圣雄甘地（Mahatma Gandhi）——结束英国在印度的殖民统治的非暴力运动的领袖——是生活简单化的现代倡导者：他的典型服装是家织的缠腰布（dhoti，loincloth）、便鞋，有时再加一块披巾。1931 年他在白金汉宫与国王乔治五世喝茶时就是这身装束。面对记者们对他在这种庄重场合下身着的服装的关注，他回答说：

"国王的穿着足够我们两个人的了。"

21 世纪的美国人不太可能像甘地那样因为穿着太过简朴而受到批评。如下图所示，美国人平均每年买 50 多件新衣服，其中，男性和女性年均购买的外套（不包括内衣、婴儿服装及类似服装）都超过 30 件。

美国的服饰消费（1991—2002年）

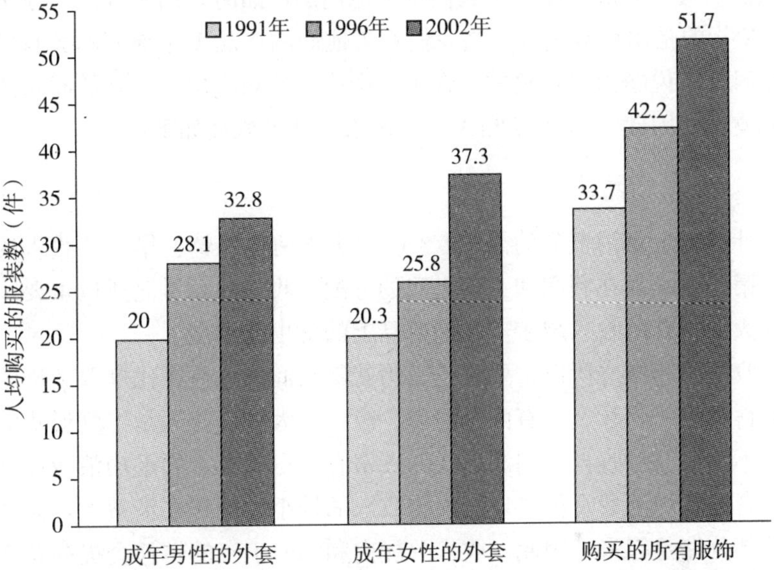

这就难怪美国人抱怨衣橱里没有空间了。令人不解的是，正是这些人常常哀叹他们缺乏闲暇。人们为什么不削减自己的工作时间而每年只买比如 20 件新衣服呢？问题可能在于，当不断上涨的"适当"消费的标准是由财富设定的时候，你就不能炫耀你的闲暇了。 416

1986 年，当民主活动的激进分子推翻菲律宾独裁者弗迪南德·马科斯（Ferdinand Marcos）时，他们冲进他的宫殿，惊愕地发现他的妻子伊梅尔达（Imelda）有 1 220 双鞋子（现在多数收藏在一个博物馆里）。看来，与赶上伊梅尔达相比，要赶上与自己社会地位相当的人要容易得多。

资料来源：Unpublished estimates by Juliet Schor from U. S. Census Bureau, Census Industrial Reports MQ-315A-Apparel, various years; Juliet Schor, "Cleaning the Closet: Toward a New Ethic of Fashion," in Juliet Schor and Betsy Taylor, eds., *Sustainable Planet: Solutions for the 21st Century* (Boston: Beacon Press, 2002); Juliet Schor, *The Overspent American: Upscaling, Downshifting, and the New Consumer* (New York: Basic Books, 1998); Anthony Read and David Fisher, *The Proudest Day: India's Long Road to Independence* (London: Jonathan Cape, 1997), p. 242.

总需求的第二个部分由资本品 I 构成，它等于企业为维持或扩大生产过程而花在购买原材料和资本品上的货币量。政府也会在许多事情上花钱——从学校到炸弹的每件事情。总的政府需求记为 G。最后一部分，外国人向我们购买产品（出口）以及我们向他们购买产品（进口）。当他们购买我们的产品多于我们购买他们的产品时，结果称之为**净出口** X，X 指的是出口减进口。当我们购买他们的产品多于他们购买我们的产品时，就说净出口是负的。在本章中我们忽略净出口，开始时也忽略政府支出。因此，抛开 G 和 X，总需求 AD 可概括如下：

$$AD=C+I \tag{16.2}$$

什么决定对消费品的需求 C？C 取决于两件事情：第一，收入的总量；第二，收入在利润和工资之间的分配。收入的总量之所以重要，是因为人们拥有的收入越多，在消费品上的支出就越多。

收入的分配之所以重要，是因为获得利润的人往往比赚取工资的人储蓄得更多。为什么？有两个原因。第一，大部分收入是工资形式的人往往不如大部分收入是利润形式的人富有。尽管富人的平均消费远高于不富者的平均消费，但是，富人将收入的较小比例花在消费上，而把剩下的部分储蓄起来。因此，收入分配由利润向工资的转移会提高花在消
417 费品（C）上的国民总收入的总的比例。

储蓄被定义为收入减去消费。从宏观经济学的角度讲，一个国家的总储蓄有三个组成部分。第一个部分是家庭的储蓄。第二个部分是企业的储蓄，是企业没有将全部收入花掉或没有向股东分红时留下来的，在这种情形下留下来的货币被称为“利润留存”（retained earnings）。当政府的税收所得超过其在公共产品和服务上的支出时，就产生了第三种形式的储蓄，这被称为政府“盈余”（与“赤字”相反）。

对家庭而言，储蓄是家庭购买了所有的消费品之后剩下来的收入。消费后可能是一无所剩，也可能连一无所剩都不如，在这种情况下，家庭会获得一笔债务（或者，如果已经有了负债，就增加其负债）。如果家庭的消费超过其收入，就入不敷出了。

典型家庭靠工资或薪水收入来支撑，没有太多来自于财产的收入（参见第 6 章的表 6.2“2001 年美国纳税人的收入来源”）。这种家庭中的相当大的一个部分在其一生中几乎没有什么储蓄，因为他们在某些年份甚至可能破产，在某些年份（典型的是在中年）储蓄，在其他的年份

（典型的是在 20 多岁或老年）借钱（入不敷出）。富人不是这样的，他们在一生中通常把收入的大部分用于储蓄，因为他们拥有的收入一般会超过消费的需要。

出于解释基本的宏观经济概念的目的，我们现在运用一个有许多简化假设的模型。设想在我们假设的经济中，每个人要么工作要么失业，甚至企业的所有者（雇主）也得到工资（来自于他们作为管理者的工作）。为了保持简化，我们假设所有的被雇佣者得到相同的工资（w），而不论他们是否还分得一份利润。这样，经济中总的工资收入是每小时工资（工资率为 w）乘以工作小时数（N），即 wN。收入的另一种形式是利润收入，即简单地用净产出（yN）减总工资（wN），可以表示成 $N(y-w)$。

为了反映富人比典型家庭储蓄得更多这个事实，我们再增加两个假设。第一，所有的利润都被储蓄起来（富人将全部工资用于消费）。第二，工资的大部分——既包括雇主也包括工人得到的——被消费了。

如果人们将工资收入的很大比例（c）例如 95%用于购买消费品，而将剩余部分储蓄起来（包括他们得到的所有利润），那么对消费品的需求是以比例 c 乘以总的工资收入（wN）。因此：

$$C=cwN \tag{16.3}$$

例如，如果在我们的模型中，$c=0.95$，$w=15$ 美元，$N=200$ 万小时，那么 $N=2\ 850$ 万美元。显然，在该论述中，我们用字母 c 表示花在消费品上的工资收入的比例，剩余部分被储蓄起来了。

对于什么决定投资我们稍后会考虑，但现在，我们假定它只是一个给定的数目，用 $\underline{I}$ 表示。这样，总需求为

$$AD=C+\underline{I}=cwN+\underline{I} \tag{16.4}$$

收入、消费和储蓄

总收入是所有赚取收入者得到的收入（工资和利润）之和。由于我们假设所有 418
的产出都被销售出去，因而 1 美元的总供给产生 1 美元的收入，我们可以将总收入记为投入的劳动小时（N）乘以每小时净产出（y）：Ny。在我们简化的分析中，所有的消费都是由工资收入（Nw）提供的，而 c 是工资收入花在消费品上的比例。因而，

总收入＝总供给＝Ny，而总消费＝Nwc

总储蓄是总收入减总消费：$Ny-Nwc$。通过让总储蓄等于全部利润收入$N(y-w)$加上工资收入中未消费的部分$Nw(1-c)$，可以从代数学上得到相同的结果。从而，

$$
\begin{aligned}
\text{总储蓄} &= \text{储蓄的工资}+\text{全部利润收入}\\
&= Nw(1-c)+N(y-w)\\
&= Nw-Nwc+Ny-Nw\\
&= Ny-Nwc
\end{aligned}
$$

例如，如果就业水平（N）是90小时，而每小时劳动的净产出y是25美元，那么净产出（Ny）是90小时乘以每小时25美元，即2 250美元。如果每小时工资（w）是15美元，而花在消费品上的收入的比例（c）是0.95，那么总消费（C）等于90小时乘以每小时15美元再乘以0.95，即1 282.50美元。因而总储蓄可计算为净产出（2 250美元）减总消费（1 282.50美元），即产生了数额为967.50美元的总储蓄。

以财产收入为主要收入形式的人将其收入用作消费的比例比工人用作消费的比例小。例如，如果$c=0.95$，完全靠工资生存的人将消费其收入的95%而储蓄5%。相反，如果一个人收入中的五分之四来自利润，五分之一来自工资，那么他或她将仅消费其收入的19%。虽然这个人也消费其工资收入的95%，但他的工资收入只是其总收入的五分之一。因此，在这种情况下，消费占总收入的比重是0.95/5，即19%，剩下的81%用作储蓄。

总需求（AD）在图16.4中被表示为横轴上的就业（cwN项中的N）与纵轴上的总需求（$C+\underline{I}$）或（$cwN+\underline{I}$）之间的关系。

总需求随就业水平而上升，因为，随着更多的人有了工作，就会有更多的工资收入来购买消费品（因此cwN或C上升了）。从等式（16.4）中我们可以看到，每增加一小时的雇佣劳动（N增加一个小时），对消费品的需求（C）——由此总需求——就上升cw倍（花在消费品上的工资比例乘以工资率）。用数学术语表达即为，曲线C和AD的斜率等于cw。

为使产品市场出清（即既没有过度供给也没有过度需求），总供给必须等于总需求。我们以联立等式（16.1）和等式（16.4）来说明“总供给等于总需求”：

$$AS=yN=cwN+\underline{I}=AD \tag{16.5}$$

419

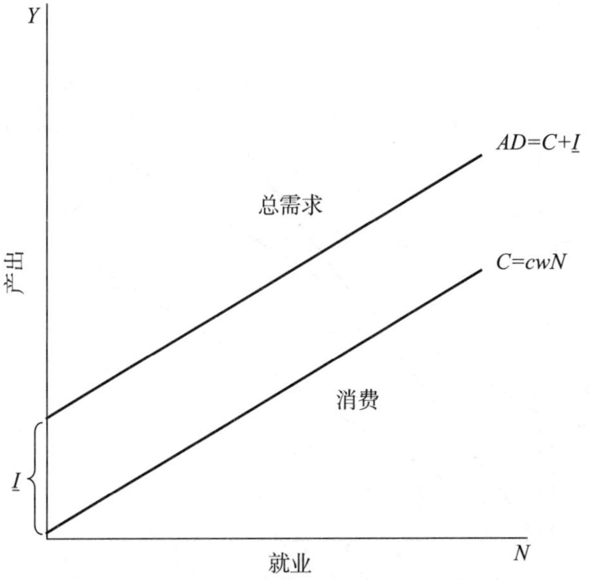

图 16.4　投资固定时的总需求

说明：正如本章此处的正文所解释的，对产品和服务的总的需求（总需求 AD）是对消费品的需求（C）加上对投资品的需求（I）。为了简化，我们假设对消费品的需求占工资和薪水收入的比例是一个固定值 c。如果工资率（w）不变，总的工资收入是 wN，在任意就业水平（N）下对消费品的总需求等于 cwN——工资和薪水收入花在消费品上的比例乘以小时工资率，再乘以总的工作小时数。因此，在 N 的任意水平下对消费品的总需求可以表示为直线 C，斜率是 cw。最后，由于该图中我们假设投资是一个固定值（$\underline{I}$），总需求（$AD=C+\underline{I}$）可以表示为一条平行于 C 并且在所有的就业水平（N）下比 C 高出相同数量（数量为 $\underline{I}$）的直线。AD 线的斜率也是 cw。

回忆一下，当总供给与总需求相等时，我们有一个宏观经济均衡。通过在相同的坐标系中作出总供给和总需求等式的图形，我们可以找到使二者相等的就业水平 N。图 16.5 中总供给线与总需求线的相交处就是二者相等的点。在此就业水平下（用 N^* 表示）会有恰好足够的需求来购买 N 小时工作的产出量。AS 和 AD 的交点是使 yN 等于 $cwN+\underline{I}$ 的就业和产出水平。在图中的这一点，等式（16.5）表示的均衡条件得到了满足。 420

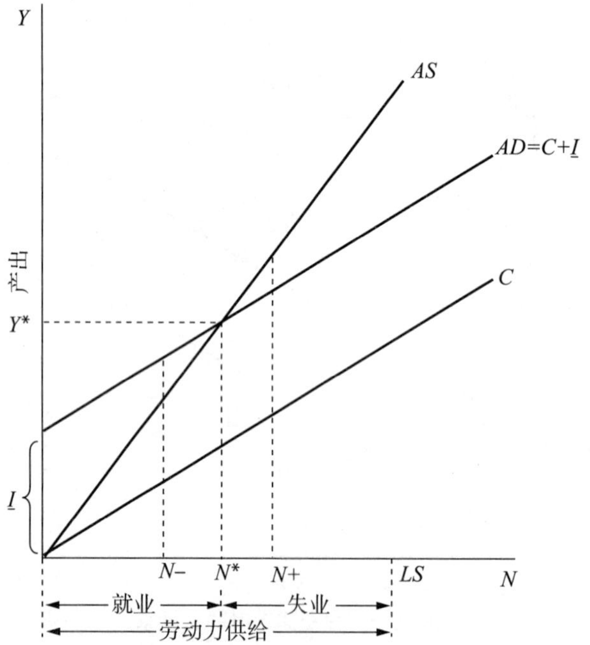

图 16.5　宏观经济均衡

说明：该图将前两幅图所表示的思想放在了一起。它由完全相同的 AS、AD 和 C 曲线（它们在该图中的斜率与前两幅图中的相同）构成，并仍然基于所有就业水平（N）下给定 I 量（与前两幅图的值相同）的假定。我们发现，在就业水平 N^* 和相应的产出数量 Y^* 下——曲线 AS 与 AD 相交——总供给等于总需求。从代数学上讲，当 $AS=yN=cwN+\underline{I}=AD$［见正文等式（16.5）］时，$AS$ 与 AD 相交。因此，N^* 和 Y^* 是就业和产出的均衡水平。在 $N+$ 下产品市场会有过度供给（因为在该就业水平下 AS 大于 AD），而在 $N-$ 下产品市场上会有过度需求（因为在该就业水平下 AD 大于 AS）。正如正文所解释的，这两种情况都不稳定：在 $N+$ 和 $N-$ 下经济都倾向于向 N^* 的方向移动。另外，如果总的劳动供给是 LS，N^* 和 LS 间的差额就是失业。经济可以在处于 N^* 和 Y^* 所表示的宏观经济均衡（在产品市场上总的供给等于总的需求）的同时，在劳动市场有一个劳动的过度供给（失业）。注意，图中 N^* 和 LS 在横轴上距离的大小仅是为了阐明这里提出的思想，而不反映真实经济中的普遍情形（近乎一半的劳动力失业）。

421 但其他的就业水平会怎样呢？首先考虑 $N+$——超过 N^* 的就业水平。从图 16.5 中我们可以看到，在这个就业水平下，AS 线在 AD 线以上。因此，过度供给的存在是因为当 $N+$ 小时的劳动被雇佣时，总供给超过总需求。如果 $N+$ 小时的劳动被雇佣，会发生什么？工人将生产出超过销售量的产品。当供给者意识到过度供给存在时，会减少就业、解雇工人。只要就业超过 N^*，过度供给就会继续，因此下岗和解雇也会继续，直至就业水平减少到 N^*。

类似的，如果企业雇佣了 $N-$小时的劳动，由于（如图 16.5 所示）AS 线在 AD 线以下，过度需求将会存在。工人没有生产出足够的商品以满足收入对订货的要求。在这种情况下，更多的工人会被雇佣，直到就业水平升至 N^*。

我们现在可以回答本章前面提出的那个"棘手的"问题了：由产品市场上的过度供给促成的就业减少倾向于消除过度供给（通过减少供给），还是使过度供给的情况更加恶化（通过减少需求）？答案是：雇主雇佣更少工人（或在过度需求下雇佣更多工人）的决定，不会使初始的过度供给（或过度需求）更加严重，而是促使经济趋向于不再有过度供给（或过度需求）的点。然后，经济将在 N^* 的就业水平下运行。

就业水平 N^* 是均衡就业水平，相应的产出水平 AS^*（等于 yN）称为均衡产出水平。AS^* 是均衡产出水平这一事实并不意味着 AS^* 是生产出来的实际产出量，或者 N^* 小时的劳动实际上被雇佣。产出和就业的实际水平可能会高于或低于这个均衡水平。然而，正如我们刚才所看到的，经济会倾向于向产出和就业的均衡水平移动。

均衡这个词意味着一个向它回归的环形运动。当事情处于"均衡"时，人们往往想到协调和平静。但是当均衡是宏观经济均衡时，这个表达会造成误解。其原因正如我们将要解释的，一般说来，即使存在宏观经济均衡，也会有人失业。对失业者而言，他们的生活——尤其是其家庭财务——将不会处于均衡之中。

在这里，注意到均衡就业水平 N^* 通常不是充分就业的水平是重要的。我们如果比较均衡就业水平 N^* 和图 16.5 中的横轴表示的劳动的总供给水平 LS，就可以看到在宏观经济均衡中存在着失业。当劳动的总供给水平 LS 与就业的均衡水平 N^* 之间存在差异时，失业就会存在。在这个模型中，失业水平——如果存在的话——被表示为工人在劳动市场上提供的没有需求的劳动小时数。

从我们的简化模型中退出来，回想一下失业在资本主义经济中的重要性——它是雇主对工人行使权力的基础。正如在第 12 章所论述的，均衡的就业水平通常伴随着一定量的失业。尽管失业工人愿意工作，甚至愿意为低于当前工资的工资而工作，但他们仍然得不到工作。这是因为，在任意给定的失业水平下，雇主都会支付一个特定的工资，但他们 422
不会仅仅因为失业工人出现在职业介绍所并愿意接受更低的工资就选择

降低工资。（记住——来自第12章——即使从雇主的角度来讲，工资水平也可能显得过低了。他并不想让工资降低到这样一个点：工作成果的质量和数量即 e 大幅降低以至于使单位劳动成本升高。）因此，在现实世界中，即使失业工人愿意在当前工资或低于当前工资下工作，失业仍然可能会继续存在（参见专栏“失业的打击”）。

失业的打击

失业者必须应对的问题不仅仅是薪水的丧失。对许多人来说，拥有一份工作对于自尊、别人的尊重甚至社会认同感都是至关重要的。

要知道失业可以造成怎样的破坏，只需要看看失业者在民意调查中对其生活质量的判断就行了。一项针对美国人的研究发现，寡居、离婚和独居的人比没有遭遇过分离的人不快乐得多。但是，失业造成的不快乐与丧偶同样大。

不快乐的人更容易失业，还是相反？这是调查要获取的信息吗？无需依据那种将相同的人在就业和失业时的状态进行比较的研究。人们提出，与有工作时接受面试相比，在失业的情况下接受面试要不快乐得多。正如上面所提到的，在这个研究中，失业的心理成本要超过丧失收入对快乐的影响。

资料来源：David G. Blanchflower and Andrew J. Oswald, “Well-Being over Time in Britain and the USA,” *Journal of Public Economics*, 2004, no. 887 - 888, pp. 1359 - 1386. Liliana Winkelmann and Rainier Winkelmann, “Why Are the Unemployed So Unhappy? Evidence From Panel Data.” *Economica*, vol. 65, no. 257, 1998, pp. 1 - 15.

失业和政府的财政政策

有什么办法可以减少失业吗？有的。令人寄予厚望的这条消息是约翰·梅纳德·凯恩斯的经济理论贡献出的主要智慧。他是20世纪早期
423 英国的经济学家，其思想我们在第4章已有所介绍。

凯恩斯宏观经济政策的基本思想是，失业是消费者和企业支出不足的结果。在这种情形下，政府可以增加总需求（AD）以减少失业，手段是不仅支出税收收入，而且支出通过向公众借债即出售政府债券筹来的资金。当政府支出高于其税收收入时，称为政府正在进行**赤字支出**。通过或大或小的赤字支出，政府可以控制总产出和就业水平。当政府有

意识地控制税率及支出水平时，我们称之为正在实施**财政政策**（fiscus 即拉丁文的“财政部”）。

政府支出可用于修建学校或制造武器。就政府支出对就业水平的影响而言（至少在短期中），为支出筹资的方式比支出本身的性质更重要。为了创造更多的工作岗位，政府需要更多的支出而不是更多的征税。如果政府增加支出却同时增加税收以偿付支出，那么纳税的消费者和企业可支配的钱就会减少，由此导致的支出减少至少会部分地抵消政府支出的增加。

另一方面，如果政府决定支出更多而不提高税收，就会使总需求（AD）上升并增加就业。正如在上文所提到的，政府可以通过向公众借钱来增加支出而不必增税。为了做到这一点，政府通常会在债券市场发售新的国债。如果利率高到足以吸引购买者，人们就会用其储蓄来购买国债。（国债是政府的一个承诺：政府承诺在未来某个时间偿还购买债券的货币，并同时支付这些货币的利息。）由消费者或企业储蓄起来用以购买政府债券的资金增强了政府增加支出总量的能力。这种支出直接推动了总需求。

政府还可以简单地通过印发钞票来增加支出，而无需增加税收。当这种做法在美国发生时，用理论术语讲，就是政府——通过财政部（印钞部门）——向（美国）联邦储备银行即国家的中央银行借钱。

为了解赤字支出怎样增加就业水平，我们回到总需求等式（16.4）。政府对商品的需求一般用字母 G 表示，税收的数量表示为 T，因此政府借债的水平——我们称之为 B——简单地表示为 $G-T$。因为我们在这里关注的是政府的税收和支出对就业水平的净影响，所以我们简单地假设没有税收，而所有的政府支出都是通过借债筹措的。因此 G 和 B 相同。我们用字母 B（而不是 G）来提醒自己，我们考虑的是政府的赤字支出，而不是通过税收筹措的支出。

为了解赤字支出的影响，假设 B 是一个给定的量，记为$\underline{B}$。然后，把$\underline{B}$ 添加到等式（16.4）中，总需求变为：

$$AD=C+\underline{I}+\underline{B}=cwN+\underline{I}+\underline{B} \tag{16.6}$$

正如在图 16.6 中所看到的，结果是总需求线向上移动了数量$\underline{B}$。添加$\underline{B}$后产生了更高水平的均衡就业 N^*。结论是赤字支出可以产生更高水平的就业，因而降低了失业。

424

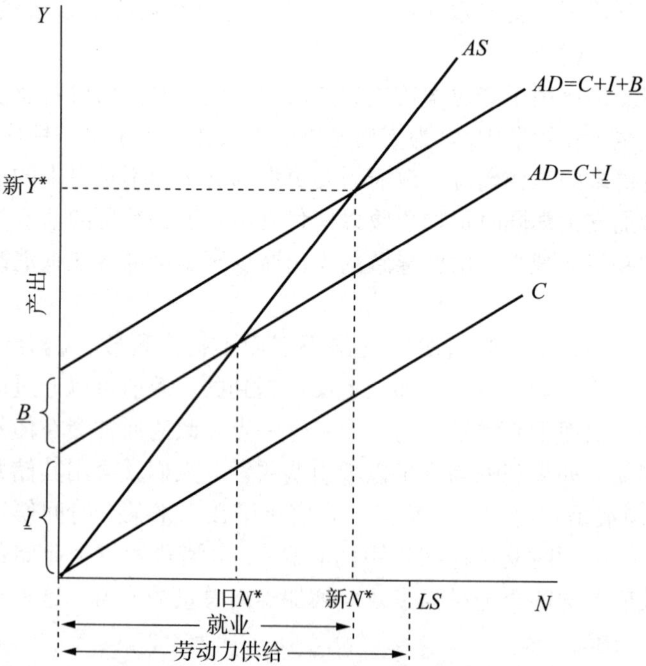

图 16.6　有赤字支出时的宏观经济均衡

说明：该图与图 16.5 唯一的不同是，由 B 表示的政府赤字支出被添加到总需求（AD）中。添加之后，$AD=C+I+B$。如果政府的赤字支出水平是 B，那么新的 AD 曲线将在每一就业水平上比原曲线高出这个数量，其影响是不仅将 AD 曲线向上移动了数量 $\underline{B}$，而且使就业的均衡水平从“旧 N^*”增加到“新 N^*”。本图显示，当就业低于期望水平（即“旧 N^*”）时，包括赤字支出在内的政府有意识的财政政策能够提升就业水平（即“新 N^*”），从而减少失业量。

赤字支出和就业之间的关系可以通过重写等式（16.5）（定义宏观经济均衡的等式）得以阐明，其中增加了政府借款（B）。

$$AS=yN=cwN+I+B=AD \qquad (16.7)$$

如前面的等式（16.5）所述，这个宏观经济均衡的新等式仅仅表明了产品市场上总供给（AS）与总需求（AD）相等时的情形。

为得到与刚刚定义的宏观经济均衡相对应的就业的均衡水平（N^*），我们重新整理等式（16.7），把 cwN 移到左边并改变其符号：

$$yN-cwN=I+B$$

425 随后这个等式可被改写如下：

$$N(y-cw)=I+B$$

然后，两边同时除以（$y-cw$），得到关于 N^* 的等式：

$$N^*=\frac{I+B}{(y-cw)} \tag{16.8}$$

这里我们给 N 加了星号，表示等式（16.8）是关于就业的均衡水平（N^*）的等式，此时产品市场上的总供给与总需求相等，因此，与这个宏观经济均衡相对应的就业水平也处于均衡状态。等式右边表达式的分母（$y-cw$）是每小时劳动的净产出（y）减去 cw，即花在消费品上的工资比例（c）乘以工资（w）。由于工资一定小于每小时的净产出(否则将没有利润!)，而且花在消费品上的工资比例（c）在正常情况下小于 1，所以 cw 一定小于 y。因此（$y-cw$）是一个正数。

由等式（16.8）和图 16.6 可知，投资或赤字支出的增长都会增加就业。政府赤字支出每增加 1 000 000 美元会产生多少新的工作小时数?政府增加1 000 000美元的赤字支出会使总需求（AD）也增加这个数量，这使宏观经济进入一种非均衡状态。正如在本章前面所解释的，经济随后将倾向于移向新的均衡。为使经济达到新的均衡，总供给（AS）必须扩张 1 000 000 美元。(这会在接下来的段落中详细阐述。)但是供给只能以 1 美元每 y 劳动小时的速度扩张，因为 y 是 1 劳动小时生产的净产出的美元价值。因此，为了确定赤字支出每增加1 000 000美元会产生多少新的工作小时数，我们必须用 y 去除 1 000 000 美元。这样，增加的工作小时数将是 1 000 000 美元/y。如果 y 与前例中相同，是 25 美元，那么政府赤字支出每增加 1 000 000 美元将直接创造 40 000 个新的工作小时数。(这是使总供给增加 1 000 000 美元所需要的劳动小时数。)如果一份全职工作是每年2 000 个劳动小时，那么，增加 1 000 000 美元的支出将产生 20 份全职工作。

但产生的影响不会到此为止。新雇佣的工人将得到工资并用来购买消费品，这就创造了更多的工作，然后这些新就业的工人也会花钱，创造出更多的工作，等等。假想这 1 000 000 美元是地方政府为当地中学建设新体育馆而进行的支出。这些钱会用来雇佣建筑师和工程师绘制设计图以及雇佣工人着手建设。这些钱也可以用来购买建设体育馆所需的建筑材料。总而言之，这个地区将花费1 000 000 美元购买投入品——劳动、工程师的设计图、水泥、设备等。提供混凝土、建筑材料和工程师的设计图的公司会发现，对他们的产出的需求增加了。他们将雇佣更多的人来满足需求，或者令现有的工人加班加点。被创造出来的工作岗位不仅用于建设体育馆，而且用于建设或生产完成这项工程所需要的东西。

426 此外，为了建设体育馆而新雇佣的工人以及加班的工人现在都有了更多的钱花。他们会光顾服装店或汽车经销商进行购买。无论他们买什么都将意味着某个公司会发现对其产品——服装、汽车或任何物品——的需求上升了。然后，那个公司为了加速生产、满足需求，就会雇佣更多的人。反过来，这些新雇佣的人又会出去花更多的钱。

就业和支出如此多的增长会带来什么效应——首先，是由最初的政府赤字支出的增长所带来的直接效应，然后是后续的就业和支出的增长效应？就像一个石子被扔进池塘之后在池塘表面扩散开来并越来越宽的涟漪一样，这种新增支出的效应将在整个经济中蔓延。这些效应会停止吗？

这些效应最终会减弱并停止，因为在这个过程的每个后续一轮中，都会有一些新得到的钱不被花掉，而是被人们储蓄起来。尽管新增 1 个小时的工作会增加 25 美元的支出，但是因此而受到雇佣的工人得到的工资却低于 25 美元，而且它不会被全部花掉。因此每一轮的支出会越来越小，因而新一轮总就业的增加量也会越来越小。

等式（16.8）告诉我们所有这些效应的总和是多少。在我们的例子中，如果政府的赤字支出增加 1 000 000 美元，我们就在等式（16.8）的分子上加1 000 000美元。N^* 将增加多少呢？答案是 1 000 000 美元/$(y-cw)$，因为 N^* 的变化等于支出的变化量（1 000 000 美元）乘以 $1/(y-cw)$。如果与前面相同，y 是 25 美元，c 是 0.95 而 w 是 15 美元，那么 $(y-cw)$ 为 10.75 美元，1 000 000 美元的赤字支出将创造（1 000 000 美元）/10.75 美元即近 93 000 个新的工作小时数（见图 16.7）。这大约相当于 47 个一整年的全职工作。

注意，在这个例子中新增政府支出的总的**就业效应**（93 000 小时）是直接就业效应（40 000 小时）的两倍多。原因是新增支出和就业是由这个过程的第二轮、第三轮、第四轮等引起的。此外，增加 1 000 000 美元的投资支出（I）可以产生与此例中增加 1 000 000 美元政府赤字支出（B）完全相同的效应［参见等式 16.8)］。

我们怎样才能确定就业效应有多大？为了回答这个问题，我们必须引入就业乘数的概念，它有助于我们了解 I 或 B 的变化对 N^* 产生多大的总效应。**就业乘数**被定义为，增加 1 美元赤字支出或企业投资而直接和间接地创造的新的工作岗位的数量。为了弄清其工作原理，看一下等式（16.8）并令其分子为 10 美元。接着，如果我们将这个分子从 10 美元增加到 11 美元，将可以看出 N^* 会为此增加多少。从等式（16.8）我们可以看到，N^* 增加的美元数恰好是$\frac{1}{(y-cw)}$，因为我们使分子增加了 11 美元与 10 美元的差值，即 1 美元。由于就业乘数被定义为增加 1 美元 B 或 I 所导致的 N^* 的变化，所以我们可以知道，就业乘数就是 427
$\frac{1}{(y-cw)}$。因此，在我们的例子中，就业乘数是 1/10.75，即 0.093。

图 16.7 生动细致地表现了就业乘数是如何发挥作用的：N^* 从 200 000到 293 000 的变化是总需求从 2 000 000 美元（初始 AD）增长到 3 00 0000 美元（新 AD）所产生的效应——无论总需求 1 000 000 美元的增长是由 B 还是由 I 的增长所导致的，抑或是由二者结合共同造成的都不重要。如果我们提前知道了就业乘数的值（经济学家常试图估计其数值），我们可以预知，总需求增加 1 000 000 美元的就业效应将是 1 000 000乘以 0.093，即增加了 93 000 个工作小时。

最后一个问题：是什么决定了就业乘数的大小？简短的回答是，它取决于 AD 线的斜率与 AS 线的斜率之间的关系。回想一下，AS 线的斜率是 y（每小时净产出）而 AD 线的斜率是 cw（花在消费品上的工资比例乘以工资率）。但 y 和 cw 是$\frac{1}{(y-cw)}$的分母中的两项。如果分母小，就业乘数的值就大（反之亦然），因此，若 cw 的值接近 y，乘数会相应较大；而 y 和 cw 之差变大时，乘数会变小。

如果我们假设 w 小于 y（工人每小时得到的报酬小于净产出）而 c 小于 1（平均而言，工人不会将所有的工资都花在消费品上），那么 cw 会小于 y。问题是：比 y 小多少？如果 cw 显著地小于 y，AD 线的斜率会显著地小于 AS 线的斜率。这是本章的图 16.5、图 16.6、图 16.7 和图 16.9 所表现的情形，也是我们在前面的例子中提到的情形。

如果 y 是 25 美元，c 是 0.95 而 w 是 15 美元（与我们前面的例子相同），那么（$y-cw$）是 10.75 美元，而就业乘数的值为 1/10.75，即 0.093。在这种情况下，我们看到，总需求增加 1 000 000 美元会多创造出 93 000 个小时的就业。相反，设想下面的情形，y 等于 25 美元（与前面相同），但 w 是 23 美元（工人的工资报酬几乎是其所有的净产出），而 c 是 1（工人把所有的工资花在消费品上）。在这种情况下，AD 线的斜率将非常接近 AS 线的斜率，而就业乘数的值可计算为 1/(25－23)，变大了许多（0.5）。在这些条件下，总需求增加 1 000 000 美元会多创造出 500 000 个小时的就业（1 000 000×0.5），是前例中 93 000 小时的 5 倍还多。就业乘数的大小的确重要！

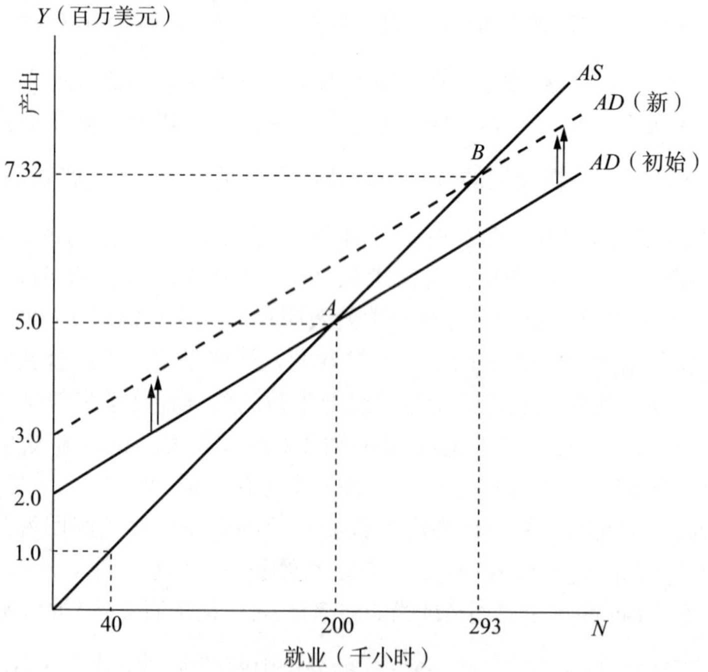

图 16.7　就业乘数

说明：设计该图是为了概略地回答这样一个问题：一个给定的总需求的增长将会增加多少就业量？在图的左下角，我们可以从总供给曲线 AS 上看到，生产 1 000 000美元的产出需要 40 000 个劳动小时。（劳动小时对产出的这个比率与本章前面的例子相同，那里我们假设 1 个小时的劳动生产价值 25 美元的产出。）在该图中，当总需求水平处于“AD（初始）”曲线时，200 000 个劳动小时生产出 5 000 000美元的产出经济就达到了宏观经济均衡，在图中表示为曲线 AS 和 AD（初始）交于 A 点。政府赤字支出或企业投资的增长会使总需求曲线按照支出增长的幅度向上移动；图中的纵向箭头表示了这种效应。例如，若企业对资本品的支出增加 1 000 000 美元，会使总需求曲线在纵轴上从 2 000 000 美元的起点上升到 3 000 000美元的新起点。从纵轴上 3 000 000 美元的点开始的斜率向上的虚线表示 AD（新）。在总需求 AD（新）水平下，新的宏观经济均衡将产生于 B 点——293 000个劳动小时生产出 7 320 000 美元的产出。即使增加 1 000 000 美元对资本品的需求只要求增加 40 000 个劳动小时来满足这种直接增长的需求，这增加的 1 000 000 美元支出的连锁效应最终也会产生这样的结果：宏观经济均衡移至 B 点，对劳动的需求从200 000个小时增加到 293 000 个小时——增加了 93 000 个小时。正如在正文中所解释的，40 000 个小时和 93 000 个小时之差反映了这样一个
428 事实：在这种情形下，即就业乘数是 0.093 时，政府或企业增加 1 000 000 美元的支出将创造出 0.093×1 000 000 或93 000个新的工作。

尽管我们在这里关注的是总需求的增加（或减少）对经济中雇佣的劳动小时数的影响（就业乘数），但我们也可以计算出总需求的增长（或减少）对经济产出的影响。这被称为产出乘数（参见专栏“产出乘数”）。

我们已经得出了三个重要的结论。第一，任其自行其是，私人经济一般不会为所有的人提供工作，因为没有理由预期，当总需求等于总供给（宏观经济均衡）时，就业的均衡水平使每一个愿意工作——或找工作——的人在当前的工资率下都能找到工作。

产出乘数

就业乘数告诉我们就业如何随总需求的变化而改变，而产出乘数告诉我们产出如何随总需求的变化而改变。产出乘数的定义是，由 1 美元总需求的变化所导致的产出增加（或减少）的量。它等于就业乘数乘以每小时净产出（y），因为净产出随就业量而改变，而就业乘数告诉我们支出（总需求）增加（或减少）1 美元会导致工作小时数增加（或减少）多少。因此， 429

$$\text{产出乘数}=\text{就业乘数}\times\text{每小时的产出}$$
$$=\frac{1}{(y-cw)}\times y=\frac{y}{(y-cw)}$$

使用与正文例子中相同的数字，产出乘数计算如下：0.093×25=2.32。这样，在我们的例子中，1 000 000 美元的新增支出导致了比 2 300 000 美元多一点的新增净产出：每美元的新增支出产生 0.093 个新的工作小时，而每个新的工作小时产生价值 25 美元的新增净产出。

第二，政府支出可以产生更高的就业水平。有时人们会把这第二个结论理解为政府的财政政策可以实现充分就业。理由是如果赤字支出可以增加就业量，而且如果我们知道每百万美元的赤字支出会产生多少就业岗位，那么政府可以简单地增加其支出（而不用提高税收），直至创造出足够的工作，使每个找工作的人都能找到工作。下一章我们将解释充分就业的结果为什么在一般情况下是不可能的。

第三，政府支出或企业投资的增加所产生的总的就业效应比直接效应大得多。这是因为，（政府或企业做出的）任何特定的支出决策都会产生连锁反应，这些效应可用就业乘数概念来表达。

下一节我们会解释，为什么经济中存在连锁反应是一件好坏参半的事情。经济与生活一样：一件事不会总是好事。当就业乘数很大时，经济往往会像过山车一样波动不已。

商业周期和内置稳定器

430 在前资本主义时代的初级农业经济中，人们的收入是逐年波动的，有时是令人惊喜的丰年，有时则是艰难的荒年。这种不稳定主要是由天气造成的。适时适量的降雨意味着好收成和丰收年。在生长的季节中有太多或太少的降雨、冷冻、冰雹或蝗灾则意味着紧缩开支和难熬的冬季。

在资本主义经济中，由于商业周期的影响，人们在财富上经历着相似的波动。**商业周期**这个术语指的是通常每几年就会发生的产出和就业的周期性扩张和收缩。在本章开篇处的图 16.1 中，插入的小图展示了一个典型的商业周期。**商业周期的扩张**以就业和收入的迅速增长为特征。**商业周期的收缩或衰退**是失业增加、总收入增长放缓、有时甚至是总产出下降的时期。在一般情况下，商业周期有它自己的规律，它会在某个 3～10 年的周期中经历从扩张到衰退再回到扩张的过程。扩张的最高点称为商业周期的波峰，最低点称为波谷。从失业率的上升和下降也能观察到商业周期（参见图 16.2）。

商业周期的好时期受人欢迎，而坏时期则是艰难的。但二者无法达到平衡；大多数人宁愿没有商业周期。它的循环往复是不可预测的。对于企业和家庭来说，商业周期中未预料到的低迷时期可能意味着财务上的灾难。对于家庭而言，它意味着被解雇或减少工作时间，以及预料之外的不得不在降低了的收入水平上量入为出的可能性。对于按消费者通常的需求量来制定计划的企业，它可能意味着生产出来的商品堆在货架上，成月甚至成年销售不出去。

像冲上岸的海浪一样，每个商业周期都与上一次有所不同：有些温和，有些剧烈，有些较早到达顶峰，有些则晚一些。衰退和繁荣可能只持续半年，也可能持续两年或更长的时间。因此，没有人能预料到会发生什么：商业周期让每一个人都失去了平衡（keep everyone off balance）。

在前面论述的农业经济中，天气因素造成了经济的不确定。在资本主义经济中，不确定性的增加是因为共同决定总产出和就业的数以百万计的决策都是独立做出的，没有任何协调生产以及支出决策的工具，我们所在的经济往往会生产出对其需求而言过多或过少的产出。当总需求和总供给出现持久的不平衡时，经济进入衰退（若需求过少）或扩张（若需求过大）。

为了理解商业周期是如何运行的，回忆前面关于就业乘数的大小的论述。使用与前例相同的数字（就业乘数是 0.093），如果由于某种原因（例如迫在眉睫的战争的可能性），企业的所有者决定将年投资（*I*）减少 1 000 000 美元，想象一下会发生什么。在这种情况下，减少投资的直接效应是 40 000 个工作小时的损失。直接和间接效应共同作用将会导致约 93 000 个工作小时的损失。失去如此多的就业岗位可能会导致商业环境的恶化，而这反过来又可能导致投资的进一步减少，从而可能引发螺旋式下降，使经济进入衰退（见本章随后的专栏“什么决定投资”）。 431

但是，如果就业乘数是 0.5，将会发生什么？在这种情况下（与前面的解释相同），投资支出（*I*）减少 1 000 000 美元的直接和间接效应将是 500 000 个工作小时的损失，大大增加了衰退的可能性。因此，正如我们说过的，大的就业乘数是一件好坏参半的事情。它一方面意味着，任意给定数量的企业或政府新增支出都会有一个相对较大的就业效应，创造出更多的新工作。但是另一方面，大的就业乘数会放大商业周期的过山车性质。

宏观经济政策的目标之一是消除商业周期波动。以抑制商业周期波动为目标的政策称为**反周期政策**。它们有两种类型。

第一，政府可以通过改变支出、税收或利率决策（如我们在下一节将会看到的）以试图抵消消费者或企业支出的变化。例如，如果投资者决定将用于资本品的支出减少 1 000 000 美元，那么政府可以多购买 1 000 000美元（记住那个1 000 000 美元的体育馆）。如果其他条件不变，结果将是总需求维持在相同水平，不会出现产出或就业的收缩。如果政府可以正确地预测支出的每一次改变，而且，如果政府可以自由地通过改变支出水平立即做出反应，那么它就可以用这种方式消除（或抑制）商业周期。但是这些“如果”是很难实现的。

要计算企业和消费者的支出数量以及他们的决定会如何影响经济，一般需要花费数月、有时是一年甚至更长的时间。如果甚至经济学家在经济是否走向衰退（或商业周期的扩张是否快要达到顶点）这个问题上也不能达成一致（在这些问题上经常存在争论），那么政府就更不知道怎样才能足够准确地干预经济以抵消商业周期的波动了。在大多数情况下，即使政府有准确的信息，也不能采取足够迅速的行动。它必须要起草新的税收和支出计划，经国会批准后执行——这个过程可能会持续几年的时间。

第二，除了用有意识的政策变化来抵消私人支出的变化之外，人们还采取第二种反周期政策。政府的支出和税收可以被精心设计，以使得政府在经济收缩（失业上升）时自动多支出而少收税。这种想法是赋予经济一种类似于自动调温器的东西，使之自动进行自我调节以避免剧烈的商业周期。

自动的经济调温器的最好实例是失业保险，它要求政府付钱给失业工人以至少弥补他们失去的一部分工资。随着失业的上升，需要支付的失业救济的总量也在上升，这样失业者即使在没有工资收入的时候也能
432 消费。因此，对消费品的需求虽然会下降，但下降的程度会低于没有失业保险时的下降程度。例如，如果商界对投资品的需求下降，这类商品的生产者就不得不解雇工人，但比起没有失业保险的情况，这时的产出和就业的减少就会小一些。因此，失业保险具有降低商业周期波动的作用。

类似的，如果政府支出主要是通过所得税筹措的，在商业周期上会有类似的效应。原因是，当收入在衰退期下降时，税收也会下降。于是，如果政府支出保持在同一水平而税收收入下降，结果将是政府赤字，这趋向于维持总需求。

失业保险和所得税这类政府财政政策有助于稳定经济。它们减小了由消费者和企业支出变动所导致的剧烈的经济波动。这些政策被称为**内置稳定器**，因为它们的稳定效应不要求特定的政府反周期政策。相反，这些效应是自动的，因为它们植根于政府的支出和税收结构中。

内置稳定器以及政府支出和税收的有意识的适应性变化——这两种反周期的财政政策——在美国都得到了有效的应用。如图 16.2 所示，在第二次世界大战后采取这些政策的时期，美国的商业周期波动得到了很大缓解，现在的失业水平至少更可预见了。然而，在下一章我们将了解到，反周期性政策不能完全消除失业。

构成商业周期的许多波动来自于企业投资支出的变动。为了了解不稳定的来源，我们需要更近距离地观察投资过程。

投资、总需求和货币政策

在本章的开篇，我们假设投资水平是给定的，不随工资或就业水平而变化。我们做这个假定是为了简化，但它并不符合现实。投资不仅会变化，而且还会受到政府利率调控政策的影响。为控制投资、产出和就业水平以及其他宏观经济变量而对利率施加影响的政府政策称为**货币政策**。

对投资品的需求包括购买机器和软件这类物品，也包括修建工厂和办公楼等类似的活动。对经济学家而言，投资这个词不是指买卖股票或债券。它意味着重置和增加生产能力（参见第 5 章）。企业购买资本品既是因为它们希望修补已有资本品的磨损和破坏（这称为折旧），也是 433
因为它们想购买新机器以扩大生产（这称为净投资）。因此：

对投资品的总需求＝折旧＋净投资

正如我们已经看到的，投资是对产品和服务的总需求的一个重要的组成部分，因而是工作岗位的重要来源。它对经济的重要性还在于其他方面的原因。最重要的是，在一般情况下，投资会提高生产率，从而为提高生活水平提供可能性。它之所以可以实现这一点，是因为它要求在生产中应用更多更好的设备，从而使提高产出或增加闲暇抑或同时实现这两者成为可能。净投资对每劳动小时净产出（y）的长期效应在后面会予以考虑。这里我们只关注投资水平（I）的变动对总需求（AD）及就业（N）的短期效应。于是，我们在本章中把对建筑、电脑和软件这类物品的投资视为对产品和服务的总需求的一部分；我们不研究一旦将其投入使用，这些资本品的新增数量对净产出的影响。

投资可以由政府或家庭来实施，但在美国，绝大多数投资是由企业做出的。企业投资为了一个理由：赚钱。正如在第 11 章中所解释的，投资对于企业不在竞争中掉队是非常有必要的，因为企业只有通过更新和扩张用于生产的资本品，才能保护和扩大其市场份额。

但是，企业主并不是非得投资。他们可以用他们的钱做很多事情。建新工厂和购买设备仅仅是其中的两种可能性。如果不投资，他们可以选择将钱花在诸如奢侈品消费、游说政府给其公司更好的待遇或者做广告等事情上。专栏“投资和公司利润的其他用途”列出了一些花费公司利润的可选方式（否则可用于投资）。

一些本可用于投资但被用作他用如奢侈品消费的资金，会有助于增加总需求，但放贷和还债起不到这种作用。如果企业主把钱用于投资，一定是因为他们预期与其他可能的资金用途相比，他们可以从这项活动中受益更多。

企业主通常以预期利润率和利率为基础来决定他们投资的多少。正如第 11 章所解释的，1 美元投资的预期利润（预期的 r）是决定投资量的主要因素。当然，没有人可以提前知道任一特定投资项目的利润率是多少。更没有人知道在已购买的设备、建筑和软件等资本品的使用期限中利润率将是多少（它们的寿命可能非常短，也可能持续数十年）。这样，企业主不得不在估计、推测和预感的基础上做出投资决策。为了强调未来的不可预测性以及投资过程中这种不可预测的重要性，我们说，在某种程度上，投资是由扣除了利息成本的投入资金的预期净利润率决定的。

投资与公司利润的其他用途

当一个公司获得利润时，在美国投资只是它用其剩余资金可做的许多事情中的一件。公司可以用各种各样的方式使用这些资金，如下表所示。

美国公司利润的用途	事　例
1. 在美国投资	美国国际商用机器公司（IBM）在肯塔基州建造新工厂
2. 在别处投资	通用电气公司（GE）在亚洲建立装配厂
3. 贷出资金（有利息）	埃克森美孚公司（ExxonMobil）在欧洲美元市场放债
4. 偿还已有债务	纳贝斯克控股公司（RJR Nabisco）偿还其高风险债券
5. 向股东支付红利	通用汽车（GM）宣布每季度每股红利 1.25 美元
6. 保留资金用作未来投资	福特（Ford）增加其“未分配利润”账户的资金
7. 企业所有者的消费	唐纳德·特朗普（Donald Trump）在棕榈海岸（Palm Beach）购买有 128 个房间的别墅
8. 政治性支出	游说以影响政治领导人；做电视广告

政治性支出可采取的形式有：捐助选举活动、向公共部门行贿或做广告以影响舆论等；这些都以获得政府更有利的待遇为目标（如从控制污染的法律中得到低税或免税）。不论是捐助选举活动还是做广告以影响舆论（抑或任何其他类型的以达到政治性目标为目的的支出）都不构成投资，因为它们没有增加或保持经济的生产能力。

为了确定预期利润率，潜在的投资者必须估算两个主要变量的值：对产品的需求以及生产的成本。投资者必须推测是否有足够的需求来吸收他 434 或她准备生产的产品数量，以及规划中的新生产能力可否被全部利用。

还有，在给定了产品的预期卖价（P_z）的情况下，投资者将不得不计算工资（w）、原材料成本（m）、工作强度（e）和工作效率（f）等能否使单位生产成本（uc）足够的低，以使该项目有利可图。投资者可能会查看当前和近期的利润率，然后估算未来的利润率。于是，当前利润率将成为预期利润率，进而投资者决定投资量（I）的主要影响因素。

除了预期利润率之外，投资水平的另一个主要的决定因素是利率（i）。我们在第 11 章看到，利率之所以重要有两个原因：第一，大多数投资的做出至少需要一些贷款，高利率会增加投资成本、减少投资者可能得到的利润。第二，任何考虑投资的企业必须确定把其可用资金借给 435 其他企业（可能通过银行等金融中介）是否比建设新的生产能力要好。如果利率高，投资的成本就高，借出资金的回报率也高。在这种情形下，高利率与贷出资金的激励结合在一起，往往会阻碍投资。

鉴于预期利润率和利率作为投资水平决定因素的重要性，我们现在可以用发展了的对投资问题的理解来重新考虑总需求和就业问题。对于任意给定的利率，对资本品的需求水平取决于预期利润率，而预期利润率反过来（如上面所解释的）取决于当前的和近期的利润率。利润率对投资的影响——即，利润增长 1 美元可以使投资增长多少——称为**利润的投资效应**。我们用字母 j 来表示这个效应。例如，如果利润增长了 1 美元，结果投资增长了 50 美分，那么利润的投资效应是 0.5，因此 $j=0.5$。利润的投资效应也可能大于 1：利润增长 1 美元可能刺激投资者增加 1.50 美元的投资（投资者可以通过借债筹资以购买资本品）；在这种情况下，利润的投资效应（j）是 1.5。

因此，我们可以说总投资（I）由两部分组成。第一部分受利率和其他非利润因素影响，在等式（16.9）中用 $\underline{I}$ 表示。第二部分受利润影响。可以表示成 j 与总利润（R）的乘积。

于是，由于 $R=N(y-w)$，所以，我们可以说总投资是由下式决定的：

$$I=\underline{I}+jR=\underline{I}+jN(y-w) \tag{16.9}$$

利率的增加会降低 I（通过降低 $\underline{I}$），而利率的减少会产生相反的影响。由于更高的就业水平会导致更高的生产能力利用率（u），因此，它们将增加利润率（参见第 10 章），反过来，这又可能刺激更多的投资。这些关系在图 16.8 中得到了展示。投资在图中表现为随就业水平而增长（因为刚刚陈述的理由），由利率变化而产生的投资变化在图中则由虚线表示，在每一个就业水平上，高投资都与低利率连在一起，反之亦然。

还有一个因素会影响预期利润率。如果商界人士对未来变得更加乐观——可能因为一个支持企业的国会被选举出来，并很可能颁布有利于企业的法律——预期利润率将会上升（即使当前利润率没有变化）。上升的乐观情绪与利率下降有相同的效应，但它是通过等式（16.9）右边的第二项发挥作用的（表明利润预期对投资的影响）。当增长的乐观情绪使预期利润率上升时，它会使投资曲线向上移动。当这种情况发生时，我们可以说投资曲线的上移是商业环境改善的结果。随后所附的专栏描述了预期利润率、利率和商业环境对投资的影响（参见专栏“什么决定投资”）。

436

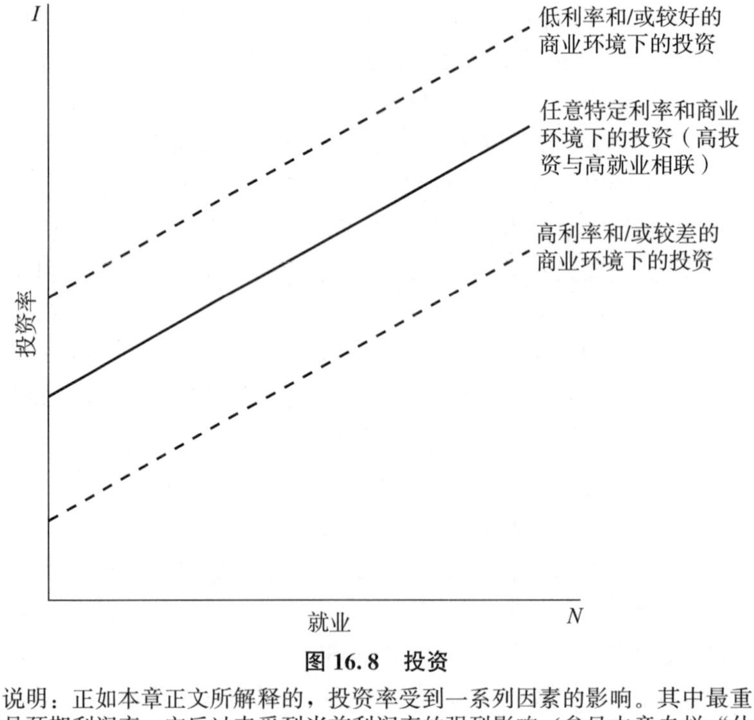

图 16.8　投资

说明：正如本章正文所解释的，投资率受到一系列因素的影响。其中最重要的可能是预期利润率，它反过来受到当前利润率的强烈影响（参见本章专栏“什么决定投资?”）。由于当前利润率往往随就业和生产能力利用率的上升而上升（参见第10章），投资率（纵轴）在图中表现为随雇佣的劳动小时数（横轴）的增长而上升（参见本章正文）。利率的下降和/或商业环境的改善倾向于使投资曲线向上移动（提升了任意给定的就业水平下的投资水平），而利率的增长和/或商业环境的恶化往往有相反的效应。这两个效应由实线上方和下方的虚线来表示，它表明在给定的当前利率和商业环境下，投资率如何随就业水平而变化。

为了集中讨论这里提出的观点，我们假设政府没有进行赤字融资，因此我们分析财政政策时出现的 B（指借债）没有包括在这里的分析中。在图 16.9 中我们展示了宏观经济均衡的新表现，表明了**商业环境**或利率的变化怎样改变就业的均衡水平（N^*）。与前面一样，宏观经济均衡——产品市场上总供给等于总需求将决定劳动市场上的均衡就业水平。

如前所述，就业的均衡水平达不到总的劳动供给（LS），因此失业会继续存在。在上一节中我们说明了政府可以怎样运用财政政策以创造新的工作岗位。现在我们看看政府可以怎样运用货币政策（在本章本节的前面部分曾经提到过）来提高就业的均衡水平。 437

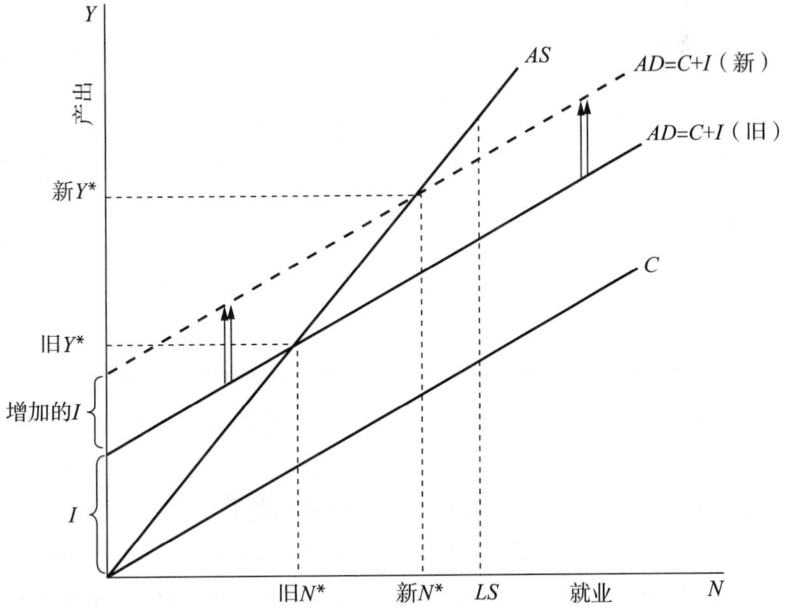

图 16.9　利率下降或商业环境改善带来的影响

说明：该图显示了由利率下降或商业环境的改善（或二者同时）所导致的投资/就业曲线的上移（参见图 16.8），如何刺激投资率（I）的增长、扩张总需求（AD）并导致雇佣的劳动小时数（N）上升。由于 $AD=C+I$（为了简化，此处我们忽略赤字支出），I 的增长使 AD 曲线上移，并导致就业的均衡水平（N^*）上升。图中新的 AD 曲线用虚线表示，而就业的均衡水平从“旧 N^*”移至“新 N^*”。因此，利率下降或商业环境的改善有降低失业率的作用。

什么决定投资

经济学中最热门的争论之一是什么决定投资率，这个争论影响着促进投资的政策选择。大多数经济学家认同预期利润率是一个重要的因素，而利润的预期在一定程度上基于当前（或近期）的利润率。下图的箭头阐明了因果关系。例如，最上面的箭头表明当前和近期的利润率影响或决定预期利润率。

什么决定投资？

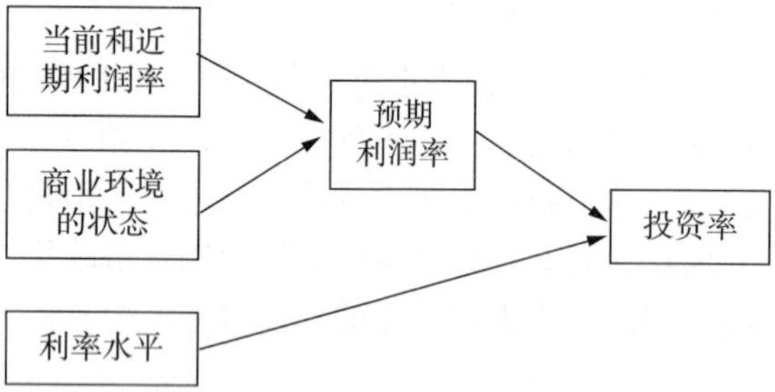

大多数经济学家认为商业环境是重要的，但对于什么构成一个好的商业环境却很少达成一致。某些经济学家强调支持商业的政策，如对利润征收低税或较少强调环境管制；另一些则强调稳定的市场环境的重要性，由此企业可以对其产品未来的需求有一个适当的预期。

利率的重要性也是激烈辩论的主题。保守主义经济学家比自由主义经济学家更倾向于让利率发挥更大的作用，因为通过改变利率来影响投资率可以不必扩大政府规模或进行政府赤字支出。关于利率重要性的事实依据是相互矛盾的，但很高的利率阻碍投资肯定是正确的。

438 所有的政府都对其经济的货币体系实施着某种程度的控制。在美国，联邦储备系统以多种形式管理私人银行，建立了一系列规则和规章（用以补充法律制度明确规定之外的事项）。联邦储备系统（即美联储）还借钱给私人银行。美联储可以通过其活动影响利率，使得私人银行向其客户的放贷变得更容易或更难。美联储不能明确指定银行利率或其他各种利率的值，但它可以影响这些利率，推动它们上升或下降。例如，美联储可以购买银行或私人持有的部分国债。其影响是把更多的货币注入经济中（增加货币供给），这反过来会推动利率下降。相反，如果美联储出售国债，将推动利率上升。原因在于利率简单地说就是贷款的价格。因此，货币供给的增加与产品市场上供给曲线的外移有着相同的效应，都降低了产品的价格（或者在左移的情况下提高了产品的价格）（参见下一章的图 17.5）。

439 因而，当失业率高时，美联储可以促使利率下降，提高投资水平，增加总需求（参见图 16.9），并由此提高就业水平。较低的利率还会引导消费者增加支出。分析货币政策怎样影响就业这一问题时，重要之处在于政府——或者更准确地说，美联储，独立于总统和国会的机构——是可以影响利率的。

工资、总需求和失业

有些经济学家认为，如果失业是问题所在，那么低工资就是解决方案。持这种观点的经济学家还将失业作为部分的解决方案，因为他们认为失业的存在将趋于迫使工资下降直至市场出清。但是这种降低失业的方法有两个错误：第一，失业的存在并不意味着工资会下降；第二，即使工资的确下降了，结果可能是更多的而不是更少的失业。

失业的存在（劳动市场上的过度供给）并不意味着工资会下降。即使存在失业工资也可能保持不变。当牛奶市场上供给过度时，典型地说牛奶的价格就会下降，供给减少，需求增加，市场最终会出清。但是正如我们在第 12 章所了解到的，劳动市场是不同的。对牛奶的买者来说，没有价格过低的牛奶：价格为零也不错，谢谢。但对雇主来说，可能会存在价格过低的劳动力。正如我们在第 12 章分析劳动榨取曲线时所看到的，工资必须高到不仅足以吸引工人，而且足以激励他们努力地做好工作。如果一个企业付给工人的工资太低以至于他们并不介意失去这份工作，那么这个企业不可能是一个盈利的公司。正如第 12 章所解释的，保持利润最大化的工资往往高于失业者愿意为之工作的工资，因为这个较高的工资会使单位劳动力成本最小化，从而可以使利润率最大化。但是，就一些特定的失业量而言，工资将由雇主决定——或者由雇主和雇员共同决定，而且存在失业这一事实将不会引起工资的变化。因此失业本身不会引起工资下降。

传统方法存在的第二个问题是，即使工资的确下降了，结果可能是更多而不是更少的失业。这个观点比较难以理解，因为它与我们的个人经验不相一致。如果一个正在找工作的人要求每小时 20 美元，那么他或她可能必须要花相当长的时间才（或永远不）能找到工作。但是如果这个人每小时只要求 5 美元，那么他或她可能很快就会找到工作。对个人来说，要求较低工资通常会增加他找到工作的机会。人们可能会从这里得出结论：如果每个人都愿意削减报酬，就会有较少的人失业。但是，如果把这个结论一般化却是错误的。

如果每个人都削减工资，结果可能是：(a) 较低的失业，(b) 较高的失业，或（c）失业不变。结果不确定的原因可以用本章所表述的宏观经济分析来理解。

440 雇主对劳动力的需求是一种派生需求，即它来自于对特定企业生产的商品（由它带来）的需求，但是对任一企业的产出的需求取决于经济整体的需求水平，即总需求。高工资会增加雇佣工人的收入，而这往往导致对消费品需求（C）的增加。结果可能是总需求（$C+I$）从而是就业的增加。但是如果高工资减少了利润，那么投资（I）可能会下降。如果投资的下降高于消费的上升，结果将是总需求的下降以及就业的减少（更多的失业）。

现在的问题是：工资（w）的增加将如何影响总就业（N^*）？工资的上涨会导致总就业增加还是减少取决于企业如何应对 w 的上涨。在雇员坚持较高工资的情况下，企业可能会预期利润较低，从而削减其投资率。如果这种情形在经济中普遍发生，就会导致投资（I）总量的减少，并可能降低总需求（$C+I$）的水平。但是若企业预期工资上升会带来更多的总需求以及销售上涨（通过 w 对消费的影响），那么它们可能决定将 I 保持在现有水平——甚至提高它——结果将是就业的增加。

图 16.10 显示了工资（w）的增长能如何导致就业的增长。它展示了即使 w 上升企业也不改变其投资水平的时候会发生什么。w 的增长将增加每一就业水平下对消费品的需求（C）。这在图中表现为消费曲线从“C（旧）”向上旋转移至“C（新）”。C 线的斜率之所以上升，是因为它的斜率是 cw，而假定 c（花费在消费品上的工资的比例）没有显著改变，w 的增长会使 cw 增加。同时，若投资水平（I）保持不变，AD 线也将向上旋转——从“AD（旧）”到“AD（新）”，而其斜率与消费线的斜率保持相同。随着总需求曲线向上旋转，就业的均衡水平增加，从“旧 N^*”到达“新 N^*”。因此，在这些情况下，工资的增长（w）会导致雇佣劳动量的上升。

但是，从前面的论述我们知道，我们不能过早地得出结论说工资（w）的增长总是会导致就业的增加。为了确定什么时候 w 的上升对就业有正面影响，而什么时候 w 的上升对就业有负面影响，我们必须考虑 w 的变化对投资（I）及消费（C）产生的影响。（正如我们已经知道的，总需求是消费和投资的和。）

由 $C=cwN$ 我们可以推出，w 增加 1 美元将使消费量（C）上升 cN 美元。类似的，如果 w 减少 1 美元，消费将降低 cN 美元。为了确定 w 每 1 美元的变化将如何影响投资（I），我们需要求助于等式（16.9），该式为：

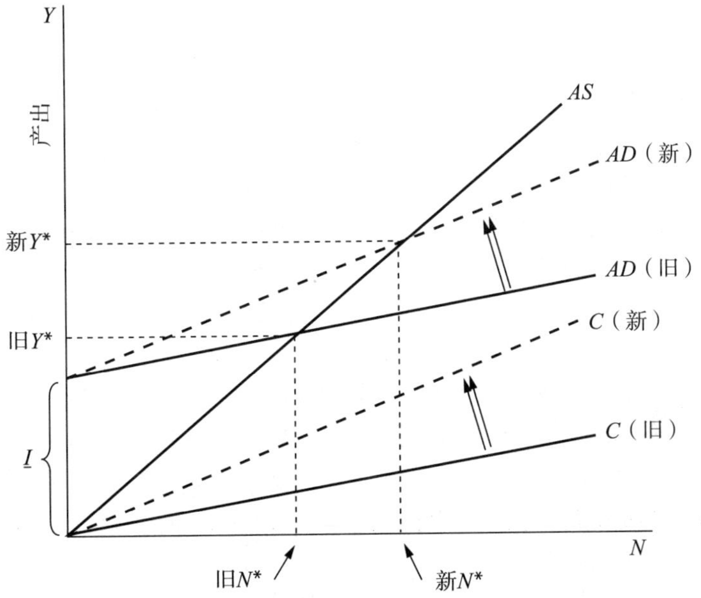

图 16.10　投资固定时工资引导的就业形势

说明：该图是为了阐明下述观点：在“工资引导”的形势下，工资率的增长（与人们可能认为的相反）可以导致总就业的增长。为了使这种情况发生，工资增长对总需求产生的正面影响必须大于负面影响，其中正面影响是通过它对消费品的需求的影响产生的，负面影响则来自于工资对利润并由此对作为总需求的组成部分的投资所产生的影响。为了使该观点更加明确，在该图中我们假设投资完全不会因为工资的增长而改变，但这个假设对于以下观点而言并不是必要的：即使允许投资变动，工资引导的形势仍可能存在（见本章正文的相关解释）。

此图中的 C（旧）表示“旧”的关系，即对消费品的需求（C）与基于“旧”工资率的就业数量（N）之间的特定关系。这样，C（旧）$=cw$（旧）N，其中 w（旧）表示“旧”的小时工资率。与 C（旧）相联系的是“旧”的总需求曲线 AD（旧），即 AD（旧）$=C$（旧）$+\underline{I}$，其中 $\underline{I}$ 表示固定的对投资品的需求。另一种情况是，C（新）表示 C 和 N 之间的“新”关系——C（新）$=cw$（新）N，其中 w（新）代表新的小时工资率。与 C（新）相关联的是“新”的总需求曲线 AD（新），即 AD（新）$=C$（新）$+\underline{I}$。

正如本章前面所解释的，任意 C 曲线（以及相应的 AD 曲线）的斜率是 cw，因此，如果 w（新）比 w（旧）高，那么 cw（新）比 cw（旧）大，C（新）曲线将比 C（旧）曲线更陡峭，而 AD（新）曲线也将比 AD（旧）曲线更陡峭。由于两条 C 曲线都是从原点（此处的就业和消费都是零）出发的，还由于两条 AD 曲线都是从纵轴上的同一点（原点以上、与原点距离 $\underline{I}$ 的点）出发的，所以工资率增长的效应是，它导致 C 曲线和 AD 曲线逆时针旋转，直至它们最终的斜率都是 cw（新）而非 cw（旧）。（注意曲线的旋转不同于曲线的移动：在旋转的情况下，曲线的斜率变了；但是在移动的情况下，斜率保持不变。）

新的、更陡峭的 C 和 AD 曲线反映了更高的工资率，在图中表示为虚线。可以看到，图中新的 AD 曲线使就业的均衡水平从旧 N^* 移至新 N^*，也使产出的均衡水平从旧 Y^* 增加到新 Y^*。在简化的假定下，该图展示了在“工资引导的就业形势”下，w 的增长如何导致更高的就业率和产出率。但正如已经指出的，只要满足“工资引导的就业形势”的条件存在，相同的结果在投资率变化的情况下也可以达到（参见本章正文对这些条件的解释）。

$$I=\underline{I}+jN(y-w)$$

或 $$I=\underline{I}+yjN-wjN$$

442 鉴于这样的事实，即这个等式右边 wjN 项中的 w 前有一个负号（并且使其他所有变量保持恒定），我们可以看到，w 增长 1 美元将使投资降低 jN 美元。类似的，w 减少 1 美元将导致投资增加 jN 美元。

现在，我们能够明白工资（w）的变化是如何影响总需求的。因为 w 上升 1 美元会导致消费（C）增加 cN 美元，而 w 上升 1 美元会同时导致投资（I）减少 jN 美元，所以工资增加 1 美元对总需求的净影响是 $(c-j)N$ 美元。工资增加最终会使总需求扩张还是降低将取决于 1 美元工资中用于消费的比例（c）与利润的投资效应（j）哪一个更大。例如，若 $c=0.95$ 而 $j=0.5$，则工资增加 1 美元将使总需求扩张 $(c-j)N$ 即 $(0.95-0.5)N$ 美元。因此，当 c 大于 j 时，工资的增加会扩张总需求、导致失业下降。换一种情况，若 $c=0.95$ 而 $j=1.5$，则工资增加 1 美元会使总需求降低 $(c-j)N$ 即 $(0.95-1.5)N$ 美元。在这种情况下，工资的增加会导致总需求减少（因为 j 大于 c）以及失业上升。

工资增加对就业产生正面影响的情况——c 大于 j——称之为**工资引导的就业形势**。工资增加对就业产生负面影响的情况——j 大于 c——称之为**利润引导的就业形势**。

在什么情况下工资的增长会对就业产生正面影响或是负面影响呢？答案可能是我们能够料到的，即“视条件而定”。在某些国家的某些时期存在工资引导的就业形势；在其他国家的其他时期则存在利润引导的就业形势。在工资和薪水收入者大部分都很穷的地方，工资收入的消费比例（c）可能会比较高，因而很可能是工资引导的就业形势。在企业高度流动并能根据不同的利润率在世界任何地方重新部署的地方，利润的投资效应（j）有可能会较大，因此很有可能会是利润引导的就业形势。

一个国家处于商业周期的哪个阶段可能也很重要。在就业和工资的低水平下——例如衰退期的波谷——工资的增长很可能会产生工作岗位（工资引导的形势）。在工资和就业的高水平下——例如商业周期接近扩张的尾声——工资增长很可能降低总需求并减少就业（利润引导的形势）。

为什么这样一些条件很重要？在低就业水平和低工资下，用于消费的工资比例有可能高：对大多数人而言，当其家庭成员或他们自己失业时，是不可能进行储蓄的，因此，所有可用的收入都被花费在必需品上。在这种情况下，c 会很高，可能高达 1，甚至大于 1（当家庭成员借钱以维持其生活质量时）。

同样，在低就业水平和低工资的情况下，利润的投资效应（j）很可能相应较低。原因是，在低就业水平下，企业可能有未使用的生产能力：由于缺乏需求，它们会使机器、也许整个工厂都闲置起来。在这些情况下，即使利润正在上升，它们也不太可能投资，因此利润的投资效应（j）会较低。这样，萧条的经济条件可能就是 c 超过 j、存在工资引导的形势以及工资的增长倾向于创造就业的情形。

与之相反，在高就业和高工资的情况下——例如在繁荣时期——人 443
们的福利会变好，赚的钱比过去几年多，甚至可能多于他们的预期收入。在这种情况下，他们会发现储蓄更加容易了，因此 c 会相应较低。同时，企业将发现，它们的大部分或全部已有的生产能力都被投入使用，因此，如果预期的利润率是正确的，它们就会准备投资。这样，利润的投资效应（j）会较高。c 低 j 高是利润引导的形势，工资增长可能导致更多的失业。

对工资引导和利润引导的形势的分析对于经济政策有重要的含义。例如，当工资引导的形势占上风时，要求增加最低工资以促进就业的政策就有了更大的合理性。提高最低工资往往使各个水平的工资都得以提升。随着平均工资（w）的上升，总就业也会增加，并由此减少失业。于是，在这种情形下，提高最低工资者的生活质量实际上对劳动市场上的每一个人都有好处。另一方面，当出现利润引导的就业形势时，以增加就业为理由削减公司所得税就有了依据。在这种条件下，就像在工资引导的就业形势下会增加总就业并减少失业一样，税收削减将增加税后利润，提升预期利润率、刺激投资、增加总需求，从而增加总就业并减少失业。

结　论

增加工资的确能够增加工作岗位的数量。有了创造工作岗位的两个选择——货币和财政政策——以及在一定的条件下工资的增长可能有益无害这样一个事实作为根据，人们也许可以认为政府可以如凯恩斯所期望的那样使失业成为往事。

对凯恩斯而言，如果充分就业的经济学看上去是有希望的，那么充分就业的政治学看上去必然更有希望。增加工作岗位的数量的政策在政治上必然更受欢迎。还能有更让政治家们梦寐以求的施政纲领吗：通过提高工资和利润来促进就业，允许政府花钱而无需增税（赤字支出）？

毫无疑问，凯恩斯提出的政策已经使经济避免了一些过山车式的颠簸（参见图16.2）。但事实证明，在通往充分就业的道路上撒满的是荆棘而不是玫瑰。我们所考察的主要政策——赤字支出、降低利率和提高最低工资——通常是相互冲突的。还有，正如我们已经看到的，并不是每个人都会仅仅因为（几乎）其他人都有工作而受益。正如在下一章将解释的，政府调控就业水平的能力实际上被用到了创造失业上。

而且，正如下一章同样会解释清楚的，凯恩斯的乐观主义忽略了对资本主义许多现实的考虑，特别是它忽视了这样一个事实，持续的充分就业无论在其本土英国还是在美国都从未实现过。实际上，几乎没有什么国家实现了充分就业，那些做到这一点的国家仅仅是在战时采纳了权宜之计，或者是通过改变资本主义经济的一些基本的游戏规则使之更长久些罢了。

推荐书目

444 Jared Bernstein and Dean Baker, *The Benefits of Full Employment: When Markets Work for People* (Washington, D. C.: Economic Policy Institute, 2003).

Robert L. Heilbroner, *Beyond Boom and Crash* (New York: Norton, 1978).

John Maynard Keynes, *The General Theory of Employment, Interest, and Money* (New York: Harcourt Brace Jovanovich, 1972[1936]).（凯恩斯. 就业、利息和货币通论. 北京：商务印书馆，1983.）

Paul Krugman, *The Return of Depression Economics* (New York: Norton, 2000).（保罗·克鲁格曼. 萧条经济学的回归. 北京：中国人民大学出版社，2005.）

John Miller, Amy Offner, and the Dollars & Sense collective, eds., *Real World Macro*, 20th ed. (Cambridge, Mass.: Dollars & Sense, 2003).

Thomas I. Palley, *Plenty of Nothing: The Downsizing of the American Dream and the Case for Structural Keynesianism* (Princeton: Princeton University Press, 1998).

Studs Terkel, *Hard Times, an Oral History of the Great Depression* (New York: Pantheon, 1970).

第 *17* 章　宏观经济政策的两难选择

“上个月（美国工人）小时工资的大幅上涨，预示着一直困扰着很多美国人的工资 445 停滞不前的阴霾可能即将消散。”一家报纸于 1996 年 7 月报道。然而，就在同一天，这家报社又以“意外的增长信号导致市场不稳”为题作了第二篇报道。这篇文章指出，在华尔街买卖股票和债券的人“对所披露的比预期水平高的就业率表现出警觉”。有关就业的新闻刚一出来，券商们就开始抛售客户的债券，同样，在股票市场，一开盘（就业新闻出来不久），股价就开始下跌。到当日收盘时，股市下挫两个百分点。[1]

然而，在 1995 年 2 月，却发生了一连串恰恰相反的事件。当时，报纸报道 1 月份

① *New York Times*, July 6, 1996.

的就业增长出现了未曾料到的疲软，结果，失业率升到了5.7%（两年半内的最高涨幅）。大多数人认为失业率升高是坏消息，但华尔街例外。一天，当各种报纸纷纷报道失业率上升时，却出现了这样一则标题“股票、债券市场大幅反弹”。以此为题的文章是这样开头的：“昨天，华尔街喜气洋洋，因为梅因街显出了经济放缓、失业上升的迹象。”[①] 人们经常对这样的报道感到费解。

在本章中，我们解释为什么资本主义经济不能承受过高的就业率（过低的失业率）。在第18章，我们将继续探讨实现充分就业的另一个
446 障碍，即许多经济学家和政策制定者所相信的高就业会导致通货膨胀（在刚才提到的两个历史事例中，都包括了对通货膨胀的预期这一因素）。这里，我们从失业谈起。

失业施加于社会的是两种类型的代价。第一种是它带来的浪费——人们需要而且能够生产出来的产品或服务没有被生产出来；第二种是失业带来的个人的不安全感和生活困难。工人从来都不知道失业将在何时何地降临；人们也不可能对它的发生做出预测并加以防范。

这种痛苦不仅是那些事实上正处在失业状态的人所承受的。即使是从未失业过的工人，也不得不担心也许将来的某天他也会失业。最脆弱的自然是那些刚刚受雇的、没有什么技能的，以及那些年轻的、年老的或少数民族成员。但很多其他的人——资深汽车工人、飞速发展的公司里的电脑程序员、各种销售人员、看起来工作安稳的秘书、长期雇员、专业人员、技术人员以及经理们——一定也在为被解雇而担心。

为什么失业是一个如此严重的问题？正如我们在第16章所看到的，毕竟财政和货币政策可以创造新的工作岗位并减少失业。所以，如果每10个工人中有9个被雇佣，为什么不制定一种政策使10个人都有工作呢？为什么不减少工作周的长度，使公司如果想保持它以前同样的产量，就不得不雇佣10个人？法国政府已经颁布了一项法律，把工作周的长度限制在35小时以内。在这项法律下，如果小时工资率保持不变，自然，先前受雇的那些工人们的收入将有所削减，但先前由失业带来的不安全感和生活困难就可能减轻。

另外一个可供选择的方案是，建立一种失业保险制度，就像人们为了应对其他灾难，例如火灾、暴风雨、爆炸、交通事故等而建立的保

---

① *New York Times*, Feb 4, 1995.

险。当你的房子被大火夷为平地时，保险公司可以付钱再建一个。为什么不为每个工人都提供一份计划，使得当一个人失业时，保险可以弥补他/她工资上的损失？事实上，许多国家的政府确实提供这种形式的保险制度。

在美国，政府根据各个公司的职工人数按比例收取一定的小额费用，供日后作为**失业补助**（或失业保险）付给失业的工人。然而，平均说来，付给美国工人的补助只是他们因失业而损失的工资的一半，而且只有不到一半的失业者能得到补助。这是因为为了得到这笔补助，工人必须具备相应的资格。例如，在美国的很多州，只有在同一个雇主那里工作至少一年后，被解雇的工人才有资格获得失业补助。而且，即使一个人具备资格，也只有六个月的补助。所以，如果一个工人失业超过六个月，就不能再获得失业补助。正如第 16 章的专栏“失业的计算”所指出的，2003 年底，美国有超过 800 万的失业者，然而其中仅有 300 万人真正得到了失业补助。

只要有失业补助，就能使工人避免严重的生存困境，但却几乎不能
减少人们对失业的恐惧。一个人对火灾的恐惧是不容易靠难以得到又只 447
能弥补一半损失的火险来减轻的。

如果有办法消除失业带来的不安全感，为什么不去实施呢？答案很简单。资本主义经济需要一定水平的失业和由此带来的不安全感。在这一章我们将说明，如果因为某些原因（如战争）使低失业持续一段时间，而且由此工人们失去了对失业的恐惧感，那么，这个经济的运作是会恢复原来的失业状态并重新造就人们对失业的恐惧感的。

在前一章我们看到，由于一个社会全部的需求都被满足了，所以不会有失业。如果所有的需求确实都被满足了，也可能没有足够多的工作岗位让每一个人都就业。但正如我们所看到的，失业和未利用的生产能力会与未满足的人类需求同时存在。在这一章，我们将展示，之所以存在失业及与之相伴的不安全感，不是因为我们想不出方法来雇佣每一个人，而是因为美国式的资本主义需要不安全感来保证其运行，而失业，就是不安全感的重要的组成部分之一。

失业是否就像死亡和税收一样，是不可避免的呢？并非如此。图 17.1 说明了失业率在各发达资本主义国家相差甚远。在过去的 40 年中，有些国家失业率高，有些相对较低。一些国家是如何达到较低的失业率的呢？图 17.1 中的 6 个国家在许多方面类似：它们同样面临来自

技术飞速变革和激烈的国际竞争的挑战，这些通常被视为是达到充分就业的障碍。然而，一些国家确实为大部分工人在大多数年份中提供了就业机会，而其他国家却没有这样做。

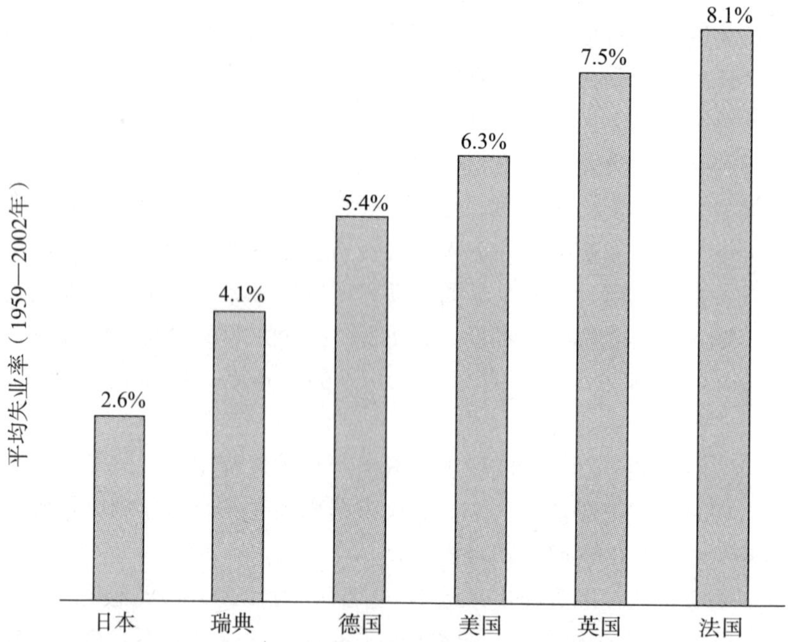

图 17.1　6 个国家的平均失业率（1959—2002 年）

说明：该图说明了在各主要发达资本主义国家中，失业率大不相同。每个国家都有自己定义劳动力、就业和失业统计数据的方法。美国劳工统计局按照美国的分类定义法，对一些国家的失业率进行了重新计算，包括在这幅图上展示的一些国家。

资料来源：U. S. Department of Labor，Bureau of Labor Statistics，"Comparative Civilian Labor Force Statistics 1959 - 2002，" available at ftp://ftp. bls. gov/pub/special. requests/foreignLabor/flslforc. txt.

448　达到低失业率的关键在于用其他的管理工作和报酬的方法，来代替用工作的不安全感来鞭策劳动的方法。那些拥有较低失业率的资本主义国家，往往是通过企业、工人和政府的代表相互配合，以互相受益、相互谅解的方式达到的。

在这一章，我们要解释为什么通过前几章概述的理论框架，我们已经知道了用宏观经济政策来实现充分就业在很大程度上是可行的，而在当今的大部分资本主义国家中，失业仍然是一个主要问题。

本章的中心思想是，**在没有对协调劳动过程和管理劳动市场的制度进行根本变革的情况下，仅靠宏观经济政策不可能实现持久的充分就业。**这个中心思想可以表述为以下四个要点。

1. 持续若干年的高就业（低失业）趋向于降低利润，即一种被称为高就业下的利润挤压的现象。因为低失业使力量的平衡从有利于雇主一方转向有利于工人一方，使得工资和单位劳动成本上升，所以利润下降。
2. 进口商品的可获得性和一国商品国外市场的存在，对以高就业为目的的宏观经济政策的有效性设置了一些附加的限制。在消费者和企业决定把他们增加的收入用于消费外国产品（增加外国就业）时，用于刺激对本国产品的需求的政策就会失效。类似的，如果要想让外国人购买本国产品（创造本国收入和就业），就不得不实施高失业和企业低成本的政策，使一国企业的产品在国际市场上有价格竞争力。
3. 货币政策和财政政策工具对创造就业而言有两种效应，但它们是以相互冲突的方式运作的。由于政府因赤字支出而借款的财政政策，经常与降低利率以实现充分就业的货币政策产生相反的作用，所以其效果是有限的。
4. 持续的高就业水平和进一步抑制商业周期的循环是有可能的，但是如果没有新的政策和制度上的根本变革是无法做到的。

在前一章，我们已经假设，出于简便的缘故，就业水平的改变不会带来每个工作小时的净产量 y 或工资水平 w 的变化。然而 y 和 w 确实随着就业水平不断变化，为了确认政策的制定者在寻求进一步提高就业水平的过程中面临的困难，我们必须了解它们是如何变化的。但正如在第 16 章中一样，我们仍然继续假设对投资品的当前支出——总需求的一个组成部分——不会促进生产力（z）的提高。虽然在第 16 章结束时，我们列出了一些可能会使美国这样的国家降低失业率的制度性变革，但在这里我们继续假设整个经济的制度性框架——这被我们称为积累的社会结构——仍然是跨国资本主义（对积累的社会结构这一概念的阐述见第 7 章）。 449

高就业下的利润挤压

当宏观经济政策和其他影响因素确实降低了失业时，问题就产生了。困难的根源就在于此。正如工资和利润之间收入分配的变化会影响总需求水平和就业一样（参见第 16 章），这个过程同样能以相反的方式起作用：总需求水平和就业的改变也会影响工资和利润之间的收入分配。工资随着就业水平的提高（低失业）而上升，降低了利润率，反过来，工资往往会随着高失业而下降。其中的一个原因在于：当只有一小群失业者的时候，受雇佣的工人会有更强的讨价还价的力量，因此能够站在一个有利的位置上促成更高的工资。如果工资提高了，单位劳动成本（*ulc*）——单位产品的工资成本——也将提高，这将使利润率下降（参见第 12 章）。利润率的下降将阻碍投资，这个过程将会形成一个完整的回路：如果投资者退缩不前，总需求将减少，总产出将会下降，于是失业上升。

还有另一个原因也使得利润在高就业（低失业）的情况下减少：高就业发生在总需求旺盛的时候。但是如果总需求很大，经济的总产出将很可能快速增长，而且对生产中使用的原料的需求——原材料、能源，诸如此类——也将增加。对原料投入品需求的增加（假定供给是有限的）将会抬高其价格，所以高就业的另外一个结果是单位原材料成本上升。

当劳动和原材料成本上升时，利润将下降——除非企业能把价格抬得足够高以弥补成本的增加。但是通常企业不可能把所有增加的成本都通过提高价格的方式转嫁给消费者，因为来自世界各地其他企业的竞争将阻止它们这样做。任何单独过分抬高其价格的企业，将会发现它的市场份额、销售额以及很有可能它的利润都下降了。如果所有企业同时提高价格，结果将是通货膨胀，这是我们在下一章将要讨论的情况。在接下来的两个部分里，我们讨论两类降低利润率的成本增长方式。

高就业下的工资推动

当就业率低失业率高的时候，工人们会为拥有工作而感到幸运。也许他们并不热爱他们的工作，但除此之外的选择将是根本没有工作——或者至少会持续一段时间的失业。在这种情况下，工人们将会愿意努力工作并接受相对较低的工资。他们将不会倾向于要求改善工作环境，当然他们的雇主也不太可能答应那样的要求。此外，在失业率高的时候，工会也不太可能诉诸罢工以提高工资：因为在失业率高的时候，将有很多失业者渴望取代那些罢工的工人。

然而，当失业率下降时，就是另一幅图景了。工人们开始对找到新的工作充满自信。雇主们知道要找人取代那些辞职或罢工的工人将会更困难。现在的情况与刚才调了个个儿：工人们可以要求更高的工资，要求更安全的工作条件，坚持不那么令人疲惫不堪的工作节奏。为了留住现有雇员——尤其是那些被认为对公司的盈利能力起关键作用的——雇主必然会同意接受来自工人的至少某些要求，就算这样做可能会使利润下降。

为什么工人在就业率上升的时候有更强的讨价还价能力呢？当失业水平下降时，工人可供选择的获得收入的机会增加了，这提高了第12章所定义的“保底工资”。回顾一下：“保底工资”是以一个工人在其他工作中可以获得的工资为基础的，同时受到这个工人在失业情况下预期获得的收入的影响。如果一个雇主只愿意支付“保底工资”，工人将不在乎他或她是否保有这份工作；在这种情况下，工人对雇主提出的努力工作的要求也不太可能做出反应。

如果我们假设存在一个法定的失业补偿金率（ui），同时一个工人可以期望在另一份工作中得到一份特定的工资，那么，这个工人的保底工资将依赖于他或她预期的失业时间的长短（参见第12章）。这里的重点是预期的失业时间将会随着失业率而波动。失业率越高，工人预期的失业时间越长，因此，保底工资也会越低。相反，当失业率下降时，预期的失业时间会变短，因此保底工资将上升。

当保底工资上升时，一个叫做“高就业下的工资推动”的过程开始发挥作用。图17.2展示了这样一个过程在美国20世纪90年代的长期经济高涨中是怎样发生的。曲线左边第一个点代表1992年第2季度（4～6月）。这个点表示该季度的就业率是92.4%，失业率是7.6%，实际工资是7.79美元。“实际”这个词表示所获工资按1982年的价格水平能够买到价值7.79美元的产品和服务（1982年是用以衡量近年通货膨胀的基年）。当然，现时的（或“名义的”）工资会高于这个水平——比1小时10美元多一些——但1982年以后价格也上涨了，所以10美元的“实际”购买力比10美元小得多（参见第18章的专栏“货币工资和实际工资”）。

451

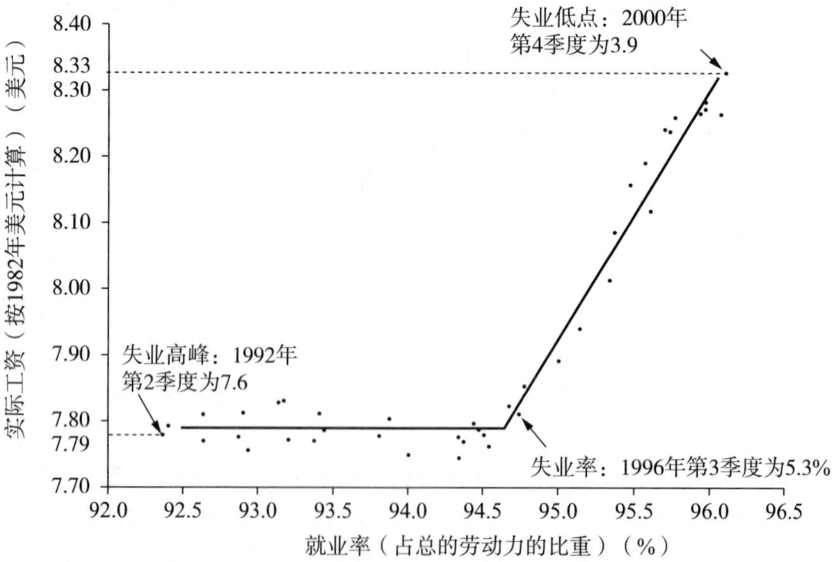

图 17.2 美国 20 世纪 90 年代经济高涨期的就业和实际工资

说明：该图表明“高就业下的工资推动”依旧存在；这里的数据证明它在美国经济 20 世纪 90 年代的商业周期中发挥了作用（见正文）。图中的点表示的是美国生产工人的平均实际工资（以 1982 年美元计算）与美国就业率的关系，始于 1992 年第 2 季度——其时失业率为周期峰值 7.6%，平均实际工资为 7.79 美元，而终于 2000 年第 4 季度——其时失业率为周期低点 3.9%，而实际工资为 8.33 美元。图中展示的失业率的百分比是 100%与横轴上就业率的百分比之间的差额。实际工资的计算先是从私人公司薪水簿得到付给生产工人（非管理人员）的名义小时工资（以当期美元计），不包括农场工人（他们不到劳动力总数的 1%）。然后，用名义工资除以城市工薪族和文职人员消费者价格指数（CPI-W）使名义工资被“通货紧缩”为实际工资数据。CPI 用以度量在某一特定时期价格升高了多少，它以 1982 年为基准（或“基”）年，所以 1982=1（或 100，因为 CPI 被规定为三位数，所以 1982=100）。不用做任何概念上的转变，我们可以用一个个位数加小数点后 3 位表示校准过的 CPI。当 1992 年生产工人的平均名义工资大于每小时 11 美元，而 CPI-W 是 142.5 或 1.425 时，意味着从 1982 年起价格已经增长了 42.5%。因此 1992 年生产工人的平均实际工资（用价格的上涨来进行“通货紧缩”）是每小时 7.79 美元（见图中最左边的点）。类似的，我们可以把 2000 年生产工人赚到的 14.50 美元缩减为实际工资每小时 8.33 美元（见图中右边最高的数据点）。把名义工资数据转换为实际工资数据的原因可从图中看出：从 1992 年到 2000 年，美国生产工人的名义工资增加幅度大于 23%，如果计算中考虑到物价上涨，那么在这段时期内，他们的平均实际工资仅增长了 4%。

资料来源：U. S. Department of Labor，Bureau of Labor Statistics，detailed by statistics on “Employment & Unemployment”，“CPI-Urban Wage Earners and Clerical Workers (CPI-W)”，and “Compensation & Working Conditions，” available at http://www.bls.gov/data/home.htm. Calculations by Arjun Jayadev，University of Massachusetts at Amherst.

从 1991 年初到 2000 年底，美国经济平稳增长，因此就业率从 92.4%上升到 96.1%，使得失业率从 7.6%下降到 3.9%。图 17.2 表示没过多久，失业率就下降得足够多从而使得工人们有了抬高工资的力量。因此，到 2000 年第 4 季度，实际工资已经从 7.79 美元上升到 8.33 美元。这是用曲线上最高、最靠右的那个点表示的。 452

但请注意，在图 17.2 中，直到 1996 年下半年，实际工资实际上没有什么变化，一直徘徊在 7.80 美元。只是在那一年的第 3 季度（7～9 月），实际工资才“松绑”并开始上涨。事实是美国工人发现在从 1991 年开始高涨的经济的前五年，平均说来，他们的生活水平没有得到改善。而且，如果经济扩张和相应的失业率下降在 1996 年停止了，他们的生活水平可能就不会有任何改善。只是在 1996 年第 3 季度当失业率降低到 5.5%以下时，工人的工资才开始上涨（见图 17.2 中急剧向上的斜线）。在这一点，实际工资开始上涨——在 1996 年第 3 季度达到 7.81 美元——并且持续平稳上涨，直到 2000 年第 4 季度达到（这个经济周期中的）峰值 8.33 美元。从 1996 年第 3 季度到 2000 年第 4 季度，实际工资的稳步上涨可归因于在这段时间失业率从 5.5%下降到了 3.9%。

工资上涨会抬高单位劳动成本，除非劳动生产率（单位产出）的上涨和工资的上涨一样快（或更快）。但这种情况基本不会发生，因为在高就业率（低失业率）时，工人们将不那么担心失去工作。因而，他们基本上不可能倾向于提高他们努力工作的程度来抵消工资的升高（通过提高生产率）。

原材料的成本推动

正如高就业率会带来较高的劳动成本一样，原材料的成本也会随着就业的提高而上升。同时单位原材料成本（*umc*）的上升对利润率也会产生如同“高就业下的利润挤压”一样的影响。

当产出和就业增长时，生产过程中要投入更多的原材料来保证产出的增长。当公司需要更多的原材料时，原材料的供应商很可能会提高价格。这种价格的上升将会进而压低利润率，即高就业下的原材料成本推动。

为了理解原材料的成本推动是如何运作的，请假定一种特定的投入品，例如，在大量的生产和消费过程中会用到的石油。经济产出的增长不仅会产生更多的就业，也会对其他投入品的使用量产生额外的需求，例如石油，因此这些投入品的需求曲线会向右移动。正如第 8 章所解释的，这种移动会在投入品市场上创造过度需求，而这往往会抬高原材料投入品的价格。就像由总需求的增长带来的就业增长往往会提高工资以及带来挤压利润一样，对原材料的需求的增长也往往会有与提高单位原材料成本相同的效果。

高就业下的利润挤压

那么，雇主们是否希望就业率尽可能的低（失业率尽可能的高）
453 呢？当然不是。确实，普遍的失业加强了雇主相对于工人和原材料供应商的讨价还价力量。然而，若想要盈利，一个公司要做的不仅仅是以低廉的成本生产出产品，它还必须大批量地生产和销售其产品。

如果不雇佣一定数量的工人，大批量的生产是不可能实现的。而且，当人们有了大量的货币来购买其产品时，大量地销售其产品才更容易做到。而只有人们有了工作，聚在一起产生大量的收入，才会拥有大量的货币。失业率高时，很多工人的收入将会下降，因为工人同样是消费者，所以，对经济产出的总需求也会相应下降。显然，失业对于失业工人的收入有直接的影响，然而除此之外，高失业也削弱了在职工人讨价还价的能力，并限制其工资的增长。因此，高失业率将抑制全体工人的收入。

因此，我们可以得出结论，雇主们将会认识到，某些太低的就业水平将不能使其利润最大化；在这种情况下，消费者将没有足够的货币来购买他们的产品。类似的，雇主也将认识到，某些太高的就业水平也不能使其利润最大化；在这种情况下，工资和其他成本会过高。

当就业低于一定的水平，增加就业（减少失业）将会提高利润。然而，随着就业的增长，会达到一个利润率最大的点，过了这个点继续提高就业就只会使利润率下降。这是因为超过使得利润最大化的就业率时，工资和原材料成本的上升将会挤压利润。当就业的增长对利润率产生一种负面影响时，我们就说存在着**高就业下的利润挤压**。

这就是高就业下的利润挤压的运作方式。直观上，一个人可能会认为雇佣更多的劳动小时数会生产出更多的产品，而且如果这些额外的产出能被卖掉的话，总利润（R）将会增长。然而，即使这些额外的产出能被卖掉，按照这个思路推理，仍然存在一个问题：这个问题是建立在如下假设之上的，当就业和产出增加时，生产额外单位产品的成本不会增加。

在某些情况下，成本是固定的这一假设可能是合理的，而且，在这种情况下，随着就业和产出的增加，总利润一定会增加。这可能发生在这种情况下，即在就业率低（失业率高）时，对于劳动力和原材料的需求的增长不会带来工资或原材料成本的显著增长。这就是那种就业增长（N）很可能对利润率（r）产生正面影响的情况。

然而，在其他情况下，假设劳动力和原材料成本是固定的是站不住脚的，实际上，当劳动力和原材料用于生产更多的产出时，这些成本就会增加。最终，投入品成本的增加将超过就业和产出增加对利润率带来的正面效应。在这种情况下，就业增加（N）对于利润率（r）产生的净效应是负的，因此存在着高就业下的利润挤压。

图 17.3 展示了单位成本（uc）和产出这两个重要变量的变化，将在不同的就业水平上对利润率（r）产生不同的影响。图中顶部的子图显示，随着就业的扩张（沿着横轴从左向右移动），单位成本（uc）一开始上升得很慢，然后随着就业水平变得更高，上升的速度越来越快。因此，单位成本曲线在就业水平低的时候几乎是平的，然后随着就业水平的上升而变得越来越陡峭。在这里，单位原材料成本（umc）上升是抬高单位成本的一个因素，但促成单位成本急剧上升的主要原因，是先前讨论过并在图 17.2 中做了展示的高就业下的工资挤压（上升了的单位劳动成本 ulc）。

图 17.3 中间的子图说明，随着就业的增长，产出（正如人们所料 455
想的）也会增长。开始的时候，产出曲线上升得有些急剧，表明每多雇佣一个劳动力小时就会带来产出的一个显著的增长。然而，当就业达到较高的水平时，增加的就业带来的产出的增加变得越来越少，而当公司接近其最大的产出率（最大生产能力）时，产出曲线就变成水平的了。

最后，图 17.3 底部的子图说明，两个相反的因素——一个方面是产出增加的积极影响，另一个方面是单位成本增加的消极影响——是如何决定不同就业水平的利润率的。在低就业水平（高失业），就业的每一点增加都会带来产出的急剧增长（见中间的子图），但单位成本的增加却很有限（见顶部的子图）。因此，随着就业的上升，利润率会上升。在此就业区间（底部子图中的曲线是上升的），每增加一单位的产出对利润增加产生的正面影响，超过了因雇佣的工人人数的增加导致的成本上升带来的负面影响。

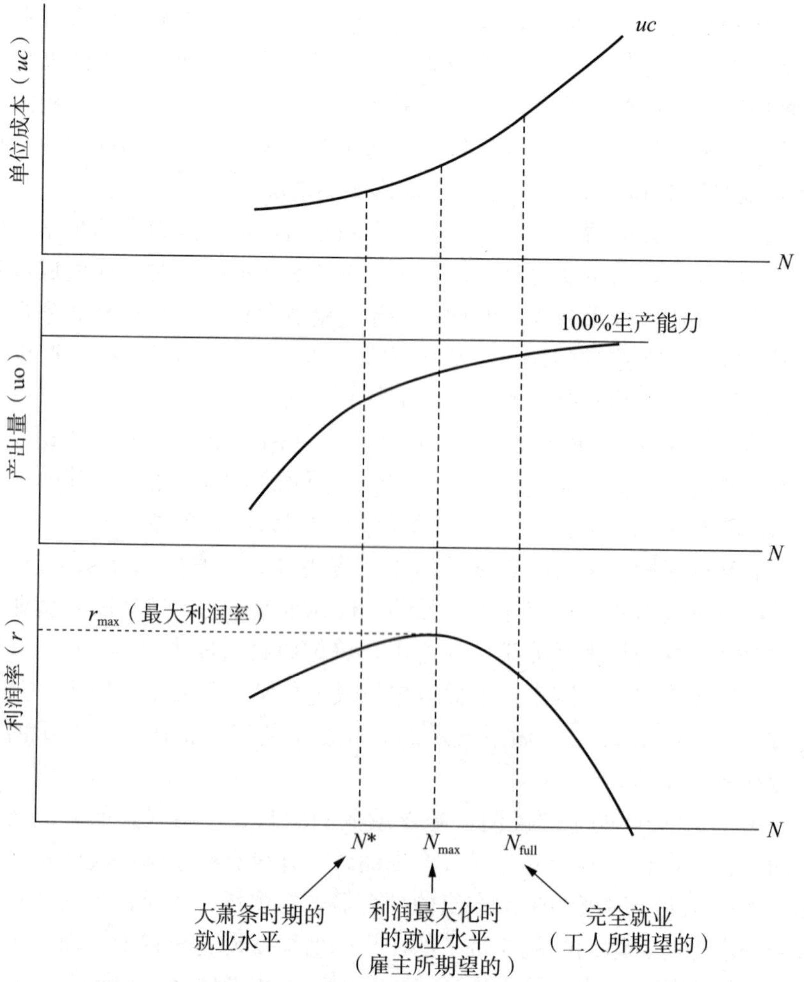

图 17.3　单位成本、产出和利润率

说明：该图展示了在正文详细描述过的在雇佣的劳动小时数（N）、产出的数量、单位成本和企业利润率之间存在的一系列复杂而相互作用的关系。在该图中，随着从左向右的移动，底部的子图说明，只要生产和销售更多产品对利润产生的积极影响（中间子图）超过了单位生产成本上升对利润率的消极影响（顶部子图），利润率就会上升。在这些积极影响和消极影响正好平衡的那一点，就业水平将处于（N_{max}）一点，这时，利润率将达到最大值——当然，从雇主的立场来看，这就是最优的就业水平。但这个利润最大化的就业水平很可能低于充分就业水平（N_{full}），因为在充分就业时，工人讨价还价的能力可能会足够强大从而使之有能力把工资抬高到某一点，在这一点，单位劳动成本——以及总的单位成本——将足够高，因此能把利润率从其最大值上拉下来。这样一来，工人希望的就业水平（N_{full}）通常会高于雇主希望的就业水平（N_{max}）。这幅图还展示了均衡就业水平 N^*，它处于总需求和总供给曲线相交的地方（参见第 16 章）。N^* 可以是 N 轴上任意的一点，包括 N_{full}、N_{max}或者像该图中具有极高的失业率的 N^* 点。决定 N^* 的位置的总需求水平本身受到消费需求（C）、政府赤字开支（B）、净出口（X）以及企业对投资品的需求（I）的影响，而这些因素反过来又受到商业环境、利率、预期利润率和其他因素的影响。

然而，随着就业继续上升，增加的劳动小时数带来的产出的增加会越来越小，所以产出曲线变平，而随着更多的劳动力被雇佣，产出对利润的影响也会下降。随着雇佣的劳动小时数的增加，单位成本开始以上升的速度增加（见顶部子图中向上的曲线）。在某一点，成本上升带来的负面影响（单位劳动成本和单位原材料成本同时上升），超过了更多的产出对利润带来的（逐渐下降的）正面影响——而且，正是在这一点，利润率本身（见底部的子图）开始下降。在底部的子图中，利润率达到其最大值时的就业水平标为 N_{max}。在此就业水平，作用于利润率的这两种影响力正好平衡，超过了这一点，就业的任何增加只会使利润率下降。

图 17.4 展示的是美国 20 世纪 90 年代经济繁荣时期实际发生的高就业下的利润挤压。与图 17.2 类似，此图展示了就业率上升的影响——只不过这次关注的焦点是利润率而不是工资。从这幅图左边较低的区域开始，1992 年第 3 季度（6～9 月）的数据点显示那个季度的失业率为 7.6%（就业率 92.4%），利润率为 5.7%。正如图 17.3 底部的子图所暗示的，在接下来的 5 年中，随着就业的增长，利润率随之上升。利润率在 1997 年第 3 季度达到峰值 9.5%，然后随着就业率的继续上升和失业率降低到 3.9%，利润率降回到 5.8%，又一次遵循了图 17.3 所展示的模式。

因此，那些寻求实现充分就业的政策制定者们不能逃脱资本主义经济的逻辑。那些成功地增加了就业并超过了某一点的政策，最终将压低利润率。这将减少投资，作为其结果也会减少就业。

除了资本主义经济的逻辑之外，实现充分就业还有一个政治上的障碍。那些从利润中获取自己大部分的收入的人，通常都具有相当可观的政治影响力（有钱能使鬼推磨），而他们中的很多人会拒绝采纳或执行任何可能具有削减利润效果的政策（在第 19 章中，我们将仔细思考在资本主义经济中政府是如何运作的，包括金钱与政策的关系）。如果在政府报道就业较高时股票市场会下跌，那么，一些企业的所有者公开宣称至少在某种情况下失业的增加——即使它是由经济衰退带来的——也许会是一件好事（参见专栏：“一种观点：‘有益的衰退’”）就将不足为奇。

456

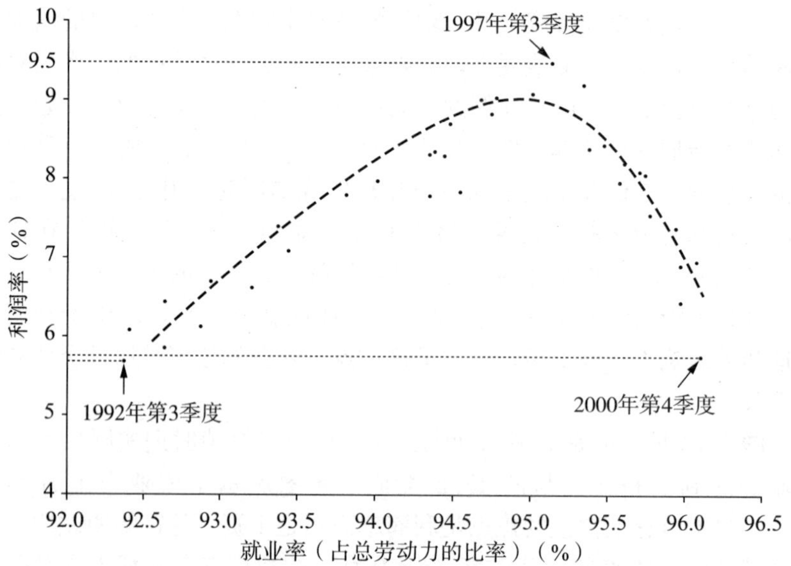

图 17.4　20 世纪 90 年代美国经济高涨时期的就业和利润率

说明：该图绘制了 20 世纪 90 年代美国经济高涨时期利润率的上升和下降。它与图 17.2 所覆盖的时期大致相同，也互为补充。尽管该图描绘的是实际工资和就业率之间的关系，但它关注的焦点在于就业率和利润率之间的关系。这两幅图都用经验数据展示了 20 世纪 90 年代在美国经济中发生的高就业下的利润挤压。而且，该图展示的数据依从了图 17.3 中所展示和说明的类型。从 1992 年第 3 季度开始，与就业扩张相伴而来的销售收入的上升以及生产能力利用率的增长，导致利润率从 5.7%（此时失业率仍处于 7.6%的峰值）开始增加。这个过程在经济高涨期的最初五年一直持续，但在 1997 年第 3 季度利润率达到 9.5%的峰值，然后因劳动力和原材料成本的增加最终超过了就业带来的正面效应而下降。注意，利润率的峰值是在图 17.2 中所展示的实际工资上升了整整一年之后（1997 年第 3 季度，与 1996 年第 3 季度相对比）才达到的；这与图 17.3 所展示的分析相一致，并解释了为什么利润率在工人们要求并能够得到更高的实际工资的时候还可能继续上升。只有在成本的增加（包括劳动力和原材料成本）压倒了经济扩张带来的正面效应时，利润率才开始下降。在 20 世纪 90 年代美国的经济扩张中，到 2000 年第 4 季度为止，成本的增长把利润率压低到 5.8%，几乎达到了 1992 年第 3 季度经济扩张初期的水平（5.7%）。因此，毫不奇怪，到 2001 年第 1 季度末，美国经济减速并进入衰退期（经济实际上是收缩了）。该图展示的利润数据来自于美国经济中的非金融企业部门，它将银行排除在外，但包括了美国 85%以上的法人企业部门。

资料来源：U. S. Department of Commerce，Bureau of Economic Analysis，National Income and Product Accounts（NIPA），Table 1. 14，available at http://www. bea. doc. gov/bea/dn/nipaweb/. Calculations by Arjun Jayadev，University of Massachusetts at Amherst.

一种观点：有益的衰退

有一种我称之为有益的衰退的东西……（因为）每一次灾难都伴随着有益的开端。 457

很多人缺乏一样东西，那就是激励的艺术……很多人没有意识到你必须为了你的钱去工作。现在，他们稍微现实了一点……

就雇员们而言，心怀失去工作的恐惧会使他们把心真正投入到工作中。而从前，“有什么区别呢？”他们可以辞职，可以去别的岗位。如果一切都来得太过于容易，他们就会染上比花钱及生活的坏习惯。

任何想工作的人都能找到一份工作。这是毫无疑问的。虽然那可能不是他真正想要的，但他也许必须接受一份诚实而体面的工作。

——W·克莱门特·斯通（W. Clement Stone），美国联合人寿保险公司主席；亿万富翁；共和党的重要捐助人

资料来源：Interview with Studs Terkel. *New York Times Magazine*, Dec. 20, 1970, p. 50.

出口、进口和总需求

高就业下的利润挤压不是实现充分就业的唯一障碍。高就业政策在国际经济舞台上也会遇到困难。主要的问题在于，减少国内失业可能会与在世界市场上保持竞争力的需要相冲突。当国内失业率较低时，价格会上升，因为雇主会努力保持其边际利润。结果，消费者可能会发现国外生产的产品比国内生产的便宜。 458

除非所有的国家都采取充分就业政策，否则一个国家推行高就业政策带来的较高的成本和价格，可能意味着这个国家的产品和服务在国际市场上没有竞争力。结果就是出口下降、进口泛滥，因为消费者和企业避开了高价的国内产品转而购买便宜的进口商品。

于是出现了两个问题。第一，正如我们很快会看到的，出口下降和进口上升意味着对国内产品的总需求下降。第二，是长期中的现实性问题，即从世界上其他国家多买少卖这种情况是不能无限期地持续下去的。在短期内，进口超过出口的部分可以靠借债来支付，正如美国在 20 世纪 90 年代末和 21 世纪初曾大规模采用的。但那些借款迟早是必

须要还的。这里，我们把重点放在第一个问题上，即贸易赤字对总需求的短期影响。

我们感兴趣的问题是对国内产品的需求，而不管这种需求是来自国内还是国外。只有国内产品的生产才雇佣一个特定国家的工人，而这就是我们所关心的国内就业。所以，比方说，一家德国公司购买美国生产的钻床或者向孟买的一个家庭卖出了一磅在美国生长的小麦，都对美国的总需求和就业做出贡献。相反，亚特兰大的一家企业购买日本生产的计算机，或者是芝加哥的一个居民购买一瓶意大利基安蒂（Chianti）红葡萄酒，都不会为美国创造就业岗位。这样的购买将会创造总需求，因此会增加其他国家的就业。

一旦考虑了进口与出口，我们就会发现，不是所有的对消费品的需求都构成本国总需求的一个部分——就我们的例子而言，本国指的是美国。如前所述，一个美国人购买的意大利酒就不是美国的总需求。也不是所有的对投资品的需求都是总需求的一部分。一个美国企业购买的日本生产的计算机也是如此。所以，当考虑了国际贸易的因素时，对进口商品的需求——也就是说，对不是直接指向国产商品的需求——必须从总需求中扣除出去。另一方面，对出口商品的需求——外国人对国产商品的需求——要加入到总需求中。

做这种必需的调整的一个简单方法，是用净出口这一术语来表示出口的产品和服务的总价值与进口的产品和服务的总价值之间的差额。净出口是正的——它将增加总需求——如果一个国家的出口大于进口的话；相反，净进口是负的——它将降低总需求——如果进口大于出口的话。我们用字母 X 代表净出口，则：

$$X=\text{净出口}=\text{总出口}-\text{总进口}$$

459 通过这种简化，我们可以仅仅通过在前一章推导出来的总需求等式（16.6）中加入 X，而同时把进口与出口考虑进来。

$$\text{总需求}=AD=C+I+B+X \tag{17.1}$$

和前面一样，C=对消费品的总需求，I=对投资品的总需求，B=政府赤字支出。从等式（17.1）我们可以看出：正如 B、C 或者 I 的增加一样，X 的增加会提高总需求并且将就业提升到更高的水平（假设其他条件不变），而净出口的下降会产生相反的效果。

对出口和进口的需求

与投资和消费一样，我们需要知道净出口的水平是由什么决定的。简短的回答是净出口水平决定于：（a）国内和国外的收入水平，以及（b）与国内生产的商品相比的外国商品的价格。要对净出口是如何决定的有更充分的理解，我们需要把它们之间的每个关系了解得更清楚。

第一，考虑一个特定国家收入的增长对该国净出口的影响。随着美国家庭和企业收入的增加，更多的东西将会被购买，因为有更多的钱可以支配。在这些要被购买的东西中，有一些是进口商品，包括汽车、机械以及其他东西。由于这个原因，当收入增长的时候，进口往往也会增长。然而，出口却不会因为收入的增长而增加。如果上升的收入导致进口的增加，同时出口维持现有水平的话，那么净出口会下降。

因为收入会随着就业上升或下降，仅仅考虑就业率的变化，我们也能得出同样的结论。在低就业水平上收入也低，因此消费者和企业的开销——包括对进口商品的开销——会受到限制。但是就业的增长会创造更多的收入，并且如前所述，有些增加的收入将被用于进口商品的消费。因此，进口会随着就业的增加而上升，同时会随着就业的紧缩（失业增加）而下降。除非出口水平改变，否则就业的上升会减少净出口，而较低的就业会带来相反的效果。

在前面我们一直假设一个国家的出口是不变的。但这肯定是不现实的。事实上，出口和进口——因此，也就是净出口——将不仅随着这个国家自身的就业和收入水平而改变，也随着其他国家的就业和收入水平而改变。例如考虑美国的情况。如果世界其他地方的失业率很高而且人们很穷，那么对美国进口商品的需求就会很低。如果与此同时，美国人很富裕并且购买大量进口商品，那么美国的净出口也会很低，甚至有可能是负的。但是如果至少某些国家的收入很高，那么对美国的产品和服务的需求会较高，美国的净出口也会高一些。

另一个影响净出口水平的主要因素，是与本国生产的商品的价格相比的外国商品价格的高低。如果本国生产的商品比其他地区生产的商品便宜，那么进口水平低而出口水平高（外国人将发现低成本的商品比他 460
们自己的商品更具吸引力）。在这种情况下，净出口很有可能是正的。但如果其他地区生产的商品价格相对较低，或国内生产的商品价格相对较高的话，进口就会高于出口。这是真的，因为本国的买者（个人或企业）会更喜欢把他们的钱花在外国生产的商品上（尤其是在它们的质量较好的情况下），所以进口旺盛、净出口甚至为负。这就是最近几年在美国发生的情况：美国与世界其他地区几十年来一直保持着贸易赤字，并且在 2003 年度贸易赤字仅稍小于 5 000 亿美元（原文为 500 美元，应为笔误。——译者注）。

为了弄清楚相对价格对净出口的影响，我们可以用（像我们在前几章所做的）P_z 表示国内生产的商品的价格。然后，我们用 P_{im}（进口商品的价格）表示在其他地区生产的商品的价格。在其他地区生产的商品的价格与国内生产的商品的价格之间的比率，就是进口商品的实际价格：

$$进口商品的实际价格=P_{im}/P_z \tag{17.2}$$

回到第 5 章用过的例子：格林兰（Grainland）出口粮食进口耕犁，而普利兰（Plowland）出口耕犁进口粮食。二者在国际市场上的交换比率为 1 张耕犁换 10 蒲式耳粮食。所以格林兰从普利兰进口 1 张耕犁的实际价格是 10 蒲式耳粮食。用货币表示这种关系，我们可以说当 1 张耕犁的价格为 200 美元时，1 蒲式耳粮食的价格是 20 美元。因此P_{im}/P_z（又一次从格林兰的角度来看）将是 200 美元比 20 美元，于是，进口 1 张耕犁的实际价格是 10 蒲式耳粮食，这就是格林兰为了赚回购买耕犁的 200 美元而必须出口的粮食数量。

在第 5 章，我们还解释了一种进口投入品实际价格的改变如何影响进口国剩余产品的规模。随着进口商品实际价格的上涨，进口国必须出口越来越多的总产品才能买到等量的进口商品。如果其他条件不变，这将允许越来越少的总产品被那些控制生产过程的人留存下来作为剩余产品。因此，进口商品实际价格上升的结果将会是减少进口国的剩余。

这是它在我们假想的格林兰发生作用的机制。在一个真实的现代经济中，情况又会如何呢？

汇率。设想有一位美国的农民，想从比如说德国进口一张前面的例子中提到的耕犁。要购买进口的耕犁（一笔很有可能是由一个美国的农业设备经销商完成的交易），必须经过两个步骤。假定生产耕犁的德国制造商希望用欧元支付其货款，因为购买在德国（或欧洲大陆任何地区）生产的产品要用这种货币付款，第一个步骤就是用美元换取欧元——德国当前正在使用的货币。第二个步骤是耕犁的实际购买行为，但是，这要求（最终）以德国的货币欧元而不是美元来付款。（在美国购买耕犁的人不太可能真的去买欧元，但是卖给他耕犁的那个农业设备经销商必须向德国的耕犁制造商支付欧元，所以这个经销商或经销商的银行必须购买欧元，以得到耕犁并把它摆进商品的陈列室）。这一交易的第二个步骤的成本取决于 1 美元能够买回多少欧元。 461

因此，进口商品的价格（以美元表示）取决于两个因素。它首先取决于这个进口商品用其生产国的货币表示的价格。其次，它取决于**汇率**，它的定义是一定量的本国货币能兑换的外国货币的数量。美元的汇率称为美元的价值。当然，鉴于货币之间的交换价值在全球货币市场上是波动的这一事实，美元所兑换到的特定国家的货币量是不同的，而且这个量每天都在变化。因此，在 2004 年 2 月 10 日，1 美元可兑换 0.79 欧元、105.6 日元和 0.54 英镑。

以美元表示的进口商品的价格（P_{im}），等于以本国货币表示的进口商品的价格（P_{imf}）除以汇率（v）。“P_{imf}”中的“f”表示以“外国货币”本身表示的进口商品的价格，这里的“v”表示“美元的价值”，因此：

$$P_{im}=P_{imf}/v \tag{17.3}$$

如果这个例子中的耕犁是从德国进口的，知道了进口当天美元和欧元之间的汇率，我们就能算出它以欧元表示的初始成本。如果耕犁是在 2004 年 2 月 10 日进口的，当时美元的价值（v）是 0.79 欧元，因此耕犁（在美国的售价是 200 美元）在德国的价格应该是 158 欧元。（为了简便起见，我们在这里做出如下不现实的假设：不存在交易成本，也没有农业设备进口商的加价行为。）如果耕犁的价格在德国保持不变，那么美元的升值会降低作为美国进口商品的耕犁的价格。用等式（17.3）可以得到这个结果，也可以通过直觉感知到：较高的美元价值意味着 1 美元在其他国家能买到更多的商品，所以购买耕犁将需要更少的美元。当美元价格上升时，美国人往往会购买更多的外国产品（更大的进口）；当美元价值下降时，情况正好相反。

一般说来，一个国家的货币与其他国家的货币间的汇率变化会产生怎样的效果呢？如果我们用任意一个国家的货币的交换价值代替等式（17.3）中的 v（v 一直表示美元的价值），可以看到一个国家货币交换价值的上升会鼓励这个国家的个人或企业进口。这是因为一单位的该国货币能够买到更多其他国家的货币，因此使他们能够用同样数量的本国货币买到更多的进口商品（换句话说就是使进口商品更便宜了）。这也将阻碍对其他国家的出口。这是因为随着该国货币交换价值的上升，在其他国家的买者看来，在该国生产的商品价格上升了。其他国家的买者需要支付更多的本国货币，才能换到购买在该国生产的商品所需要的该国的货币。

462 我们在下一小节解释一个国家的货币的价值是由什么决定的。若要总结迄今为止我们已经确定的因素时可以这样说，对出口商品和进口商品的需求——也就是说净出口的水平——是由以下因素决定的：

- 国内、国外家庭和企业的收入；
- 商品在国内和国外的价格；
- 汇率。

根据这些情况，我们现在可以考虑出口与进口对就业和高就业政策的影响。

国际贸易和宏观经济政策

当在一个严重地暴露于全球经济的经济中追求高就业的宏观经济政策时，该经济会如何运行呢？能够得到进口商品以及国产商品在国外有市场，是否会对以高就业为目标的宏观经济政策的有效性造成限制呢？在考虑国际贸易和宏观经济政策的关系时，人们会遇到两个基本问题：第一，以提高净出口为目标而蓄意采取的政策，能否成功地实现高水平的国内就业？第二，是否有必要为了在全球经济中保持竞争力而实行高失业的宏观经济政策，从而把生产成本保持在一个较低的水平上以使企业在产品定价上具有竞争力？

促进净出口

鼓励出口和阻碍进口（即促进净出口）像是促进国内就业的一个有希望的办法。如果能在不改变任何其他重要经济变量的前提下提高净出口，结果当然是能增加就业岗位。但是在现实的世界中，使这些变量保持不变常常是困难的。

为了阻碍进口，可以对进口商品征税（关税），或者对可能从他国进口的商品实施数量限制（配额）。美国曾经用这种方法成功地限制了来自日本的汽车进口。在美国，有一些诸如“购买美国货”（Buy American）的运动的努力也可能降低对进口商品的需求。通过补偿部分生产成本（如美国对其农产品的做法）或者劝说其他国家给予其优惠待遇（如各种帝国主义国家对它们的殖民地所做的），某个特定国家的政府也可以促进它的出口。

以限制进口为目标的政策在过去时时发挥作用。19 世纪，美国和德国都曾用关税保护其国内工业，以对抗来自英国的低成本的工业制成品。通过这种做法，它们使发展本国的制造业成为可能，同时也促进了本国的就业和发展。在最近几十年里，韩国和日本政府通过对出口商品实施价格补贴，有效地促进了本国产品的出口。作为这种政策实施的部分后果，这两个国家都实现了高水平的就业率和快速的经济增长。 463

然而，旨在促进出口和限制进口的战略并非对每个国家都适用，更不用说同时对每一个国家都适用了。毕竟不止一个国家能参与这个游戏，所以任何一个国家的成效都会受到其他国家可能采取的措施的限制。

第一，其他国家可能会采取报复行动。如果美国使巴西对美国的出口，例如鞋子的出口变得困难，巴西可能就会对美国向巴西出口的农业设备设置障碍。任何一个试图通过将他国商品拒之门外以创造本国就业的国家，都会发现它自己的商品也会被其他国家的市场拒之门外。结果将会是工作岗位的丧失而非增加。

第二，所有的国家同时扩大它们的净出口是不可能的。这是对的，因为世界净出口的总量始终是零。设想一个由两个国家构成的世界，而其中一个国家享有正的净出口。在这种情况下，第二个国家就不得不承受负的净出口。第一个国家的出口大于其进口，第二个国家的进口就只能大于其出口，而且，第二个国家负的净出口要恰好与第一个国家正的净出口相平衡。此逻辑同样适用于有 200 多个国家的世界，而且这里所谈的与报复无关，这只是一个简单的算术问题。

第三，即使这两个国家都设法增加了对彼此的出口，但没有任何一个国家的净出口会增长，在这种情况下，任何一个国家的总需求和就业都不会增长。再说一次，这里所谈的与报复无关，但在任何一个国家中，一个成功的促进出口的战略都不会带来就业的增长。

设想美国成功地促进了其化学药品对欧洲的出口，而欧洲成功地促进了其汽车对美国的出口。两国的出口工业都会繁荣起来并雇佣更多的工人。美国化工工人找工作将不再困难。欧洲的汽车工人也将不用担心失业。但是是否其中某个国家能有就业的净增长呢？恐怕不会。欧洲的汽车出口将是美国的汽车进口，那么美国的汽车工人可能会被解雇。而在欧洲承受失业的将是化工工人。来自欧洲的美国进口的增加将被计作美国净出口的减少，而来自美国的欧洲进口的增加也是对欧洲净出口的阻碍。如果两个国家都使其出口增加一倍，则欧洲和美国的净出口都将保持不变。（注意，如果欧洲更善于生产汽车而美国更善于生产化学药品，那么欧洲和美国的汽车和化学药品的消费者将会受益。在这种情况下，欧洲汽车生产和美国化学药品生产专业化程度的提高将会带来两种产品总产出的增加。因此，汽车和化学药品的总消费量都会增加。）

然而增加净出口的战略并非对每个国家都有效，在某些情况下，它们可能会起作用。就一个特定国家而言，如果具备以下两个难得优势中的一个或两个，采用鼓励出口和阻碍进口的政策就能带来工作岗位总量的增加。第一，如果这个国家非常强大，并且能够防止他国的报复，那么这种政策可能会起作用。第二，如果一个国家能够在普遍的工资水平和现行汇率下生产出大量比其他国家便宜许多的商品，促进净出口的政

464 策就可能成功。拥有这两个优势中任何一个的国家，将最有可能成功地运用促进净出口的策略来提高它在全球经济中的竞争性地位。

在全球市场上竞争

一个国家是否有可能不通过保持一个较高的失业率而在全球市场上竞争呢？为了在全球市场上竞争，一个国家必须要能够以比其他国家的产品价格有竞争力的价格出售自己的产品。但为了保持较低的价格，成本必须要相对低廉，包括单位劳动成本。然而，正如我们在本章前面讨论过的高就业的工资推动中所知道的，当失业下降时单位劳动成本上升。所以一个国家怎样能够在追求高就业的宏观经济政策的同时实现较高的净出口呢？

这就是问题所在。失业较高时产品价格低廉，因而一个国家的商品在世界市场上具有竞争力。出口将会繁荣，对进口商品几乎没有需求，因为它们无法与国内生产的商品竞争。在这种情况下，净出口将处于高位。但是较高的净出口会增加总需求，因此会带来更高的就业水平。

正如我们已经看到的，就业增加会导致失业减少和成本上升。当这种情况发生时，面对上升的成本，企业将尽可能提高价格以维持它们的利润率。但随着价格的上升，出口会减少，进口会增加，最终进口会超过出口，于是净出口变为负值。就这一点而言，国际贸易将会产生降低总需求的效果，并对就业的继续增加设置了一个障碍。

上升了的成本和价格对一个国家净出口地位的影响可以通过等式（17.2）解释得更清楚。随着价格的上升，进口商品的实际价格将会下降（当 P_z 上升，P_{im}/P_z 下降）。对其他地方生产的商品的更优惠的价格做出回应，消费者将会少购买本国生产的商品而多购买进口商品。结

果将是净出口的下降，甚至可能造成总需求的锐减，从而使就业不再增长。因此，随着进口上升、出口下降，结果将不是为本国而是为他国创造了就业岗位。

不同国家独立的宏观经济政策有一种明显的“不争先（after you）”的性质。每个国家都希望其他国家采用扩张性的宏观经济政策——例如赤字支出和低利率。这样一来，该国的出口会增加，为它自己的国民创造出更多的就业和收入。其他国家较高的就业率和收入将会增加对本国出口商品的需求，从而在本国创造工作岗位。如果所有的国家都同时采用赤字支出政策，其效果将会是相互支持的。但是任何一个国家若想单独扩张就业，就很可能面临通货膨胀、进口猛增，而且几乎见不到新的就业的产生。

我们刚才所确认的困难起因于两个根源：高就业下的利润挤压以及在独自采取宏观经济政策的国家之间缺乏协调。因此，高就业政策的成 465
功需要两个条件。第一，必须找到一种方法来减少高就业带来的成本压力。第二，世界上主要国家的政府必须采用互补的而非竞争性的和弄巧成拙的宏观经济政策。这包括相互协调地做出决策以扩大总需求，而不是阻碍进口或等待其他国家扩张它们的总需求。我们将在结论部分考虑一些用以实现这些目标的政策。但在思考这些可选项之前，我们先分析宏观经济政策中最后一个重要的两难选择。

货币和财政政策间的冲突

货币政策——政府对利率的影响，以及财政政策——政府支出和税收的变化，都可以成为增加总产出和就业的有效工具。但它们通常朝着相反的目标运作，其中一个的影响会抵消另一个的影响，以致二者潜在的有利效果都会大大降低。

主要的问题在于为了实现收支相抵，政府旨在增加总需求和创造更多工作岗位的赤字开支需要借钱——通常是大量的钱。当政府借贷大量资金时，其他人（例如，打算贷款购买小汽车的消费者，或者是想以抵押贷款购买新机器的企业）就会比以前更难获得信贷。因为政府、企业和家庭借款的来源是相同的（都在同一个市场上），所以会出现信贷挤压；所有潜在的借款者之间彼此都存在着竞争。

这种竞争的结果是有些想要借钱的企业和家庭得不到贷款，而那些确实得到贷款的企业和家庭将以付出更高的利率而告终。如果想要解决的是有效需求不足的问题的话，这恰恰是我们不想要的，因为正如我们已经看到的，较高的利率会阻碍投资和消费者的购买，因此会减少总需求。这种类型的负效应至少会部分地抵消支出增长的正效应。

因此，政府的支出和借款可能会有降低家庭和企业的支出和借款的效果。这种现象被称为“挤出”：政府的借款把它在借款市场上的竞争者——家庭和企业从这个市场上“挤出”去了，并且产生了降低家庭和企业支出的效果。因此，在衡量赤字支出对总需求的正效应时，必须把它的“挤出”效应也考虑进去。

经济学家们关于挤出效应的程度有着激烈的争论。显然，这个效应取决于政府借款在怎样严重的程度上降低了消费者和企业的贷款的可获得性，进而取决于贷款的可获得性的下降在多大的程度上影响了消费支出和投资支出。很不幸，在这些问题上人们没有多少一致的观点。

如果政府靠简单地印刷更多的钞票而不是借款来为其开销筹资，就不会在借贷市场上与家庭和企业竞争。尽管如此，挤出效应仍然可能发生，因为政府会花费它们印出的钞票，而这些钱会与家庭和企业在可供
466 给产品和服务上展开竞争。正如我们在下一章所解释的，当政府、家庭和企业或者通过借款，或者就政府而言通过印刷额外的钞票，使其支出超过了自己的财力时，后果就很可能是通货膨胀。这就是政府为什么一般不通过印刷钞票为其支出筹资的原因。

利率是由什么决定的

简单地说，利率是租用货币的价格。如果年利率是10%，那么，借入100美元的借款者就必须在年底还110美元。这10美元就是100美元的年租金。

不是只有一种利率。利率随着贷款时间的长短、贷款的目的、借款人偿还的可能性以及其他因素而变化。但是因为所有的利率往往会同时上升或下降，所以，我们讨论“利率”时就好像存在一个所有利率的平均数。

简言之，与其他价格一样，利率是由供给和需求决定的。在这里适用的供给是指可用于借贷的货币的供给，被称为可贷资金的供给。这里所探讨的需求指可贷资金的需求。因此，利率是由个人、企业和政府想要贷款的数量以及个人、企业（尤其是银行）和政府想要借出的货币量决定的。

图17.5展示了对可贷资金的需求和供给是如何相互作用以决定利

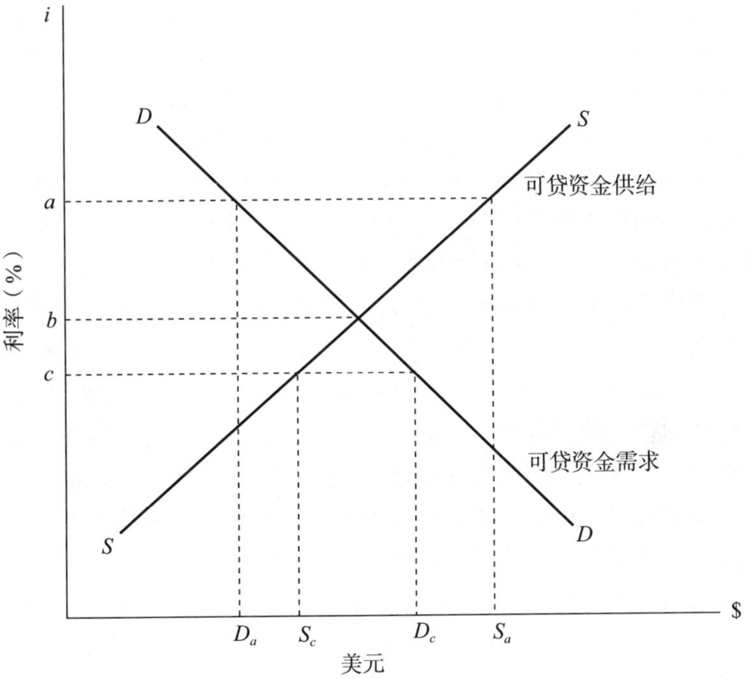

图 17.5　利率的决定

说明：该图展示了利率（i）是如何在市场上由可贷资金的供给和需求的相互作用来决定的。与大多数产品和服务的供给曲线一样，可贷资金供给曲线向右上方倾斜，表明利率的增加会带来可贷资金更大的供给，而利率的下降会带来可贷资金供给的紧缩。可贷资金的供给取决于政府调控银行贷款业务的政策，也取决于本国居民在不同利率水平下愿意储蓄的量，以及外国居民和政府，比如说，通过购买美国政府或公司的债券，愿意在美国市场上贷放的货币量。这三个影响因素中任何一个的改变都会带来可贷资金供给曲线的移动。可贷资金需求曲线是向下倾斜的，说明当利率下降时，对可贷资金的需求会增长，反过来，当利率上升时，对可贷资金的需求会下降。对可贷资金的需求取决于政府需要借多少钱来弥补赤字或为现存的债务筹资、消费者想借多少钱购买赊销商品（尤其是车和房）以及企业想借多少钱进行投资或为企业的运营而筹款。与供给曲线一样，这三个影响因素中任何一个的改变都会带来可贷资金需求曲线向外或向内移动。在任何给定一天，无论这两条曲线处于什么位置，利率都会趋向于市场出清的水平，即这两条曲线在该水平上相交，可贷资金的供给与需求彼此相等。简而言之，利率是借款的价格，而且这个特殊的价格的决定方式与其他大多数市场上的价格决定方式是相同的。任何决定供给或需求曲线位置的因素的改变——例如，不论利率是多少，人们消费和储蓄习惯的改变或企业增加或减少投资的决定——都将导致市场出清利率的上升或下降。

率的。可贷资金需求曲线表示在每一个利率水平上所有潜在的借款者想要借的货币量。例如，在这幅图中，如果利率处于水平“a”，借款者想要借入的货币量是“D_a”。对可贷资金的需求产生于许多不同的来源。这些来源包括：想借钱购买小汽车或是通过抵押借款买房的消费者；想要借钱投资（比如修建一座新的厂房）的企业；以及想要超出所征税收进行“赤字”支出的政府（地方的、州的以及联邦的政府）。企业需要手头有足够的钱来维持经营，消费者必须有足够的钱来保持收入和购买之间的货币流。（这后面两种需求称为对货币的“交易”需求。）企业也可能想要借钱收购另外一家公司或出于投机目的而购买土地（个人也可能这么做）。这样的例子还有很多。如果利率下降了，对可贷资金的需求会上升，如图 17.5 中向右下方倾斜的需求曲线所展示的情况。

这幅图也说明了可贷资金的供给曲线。它可以用与可贷资金需求曲线一样的方式来解读。如果利率是百分之“a”，个人、企业（包括银行）以及政府想要借出的货币总量为“S_a”美元。如果利率上升，他们想要借出的会更多，因此供给曲线向右上方倾斜。

468 货币的借者和贷者不必是同一个国家的公民、企业或政府；他们可以来自世界的任何地方。例如，美国可贷资金的供给（以及需求）不仅仅由在美国发生的事情决定。如果美国的利率低，许多外国的借款者可能会选择从美国而不是从他们自己的国家借款。这会提高对美国可贷资金的需求。另一方面，当美国利率较高时，外国银行和国外其他的贷款者将愿意把钱借给美国的借款人，于是增加了美国的可贷资金供给。

决定可贷资金供给的一个重要的因素是一国的中央银行，例如，英国的英格兰银行和美国的联邦储备系统所执行的货币政策。（加入欧盟的成员国家的货币政策由欧洲中央银行管理。）和其他国家的中央银行一样，美国的中央银行是一个完全独立和自主的机构，其董事会有权决定并且完全由他们自己决定美国的货币政策。美联储的董事会不是选举产生的。这一机构唯一民主的方面（间接的），是它的主席每四年一次由美国总统任命（在总统选举年之前的那一年）。董事会的所有其他成员要么是联储地方分支机构的代表（他们也不是公开选举的），要么是董事会现有成员选出来的个人（通常是银行家）。

一国的中央银行调控其国内银行，同时拥有影响经济中可用于借贷和支出的货币总量（货币供给）的权力。特别是，中央银行可以使银行或其他借贷机构的借贷行为更容易或更困难，而这将直接影响可贷资金的供给。因此，任何特定一天的可贷资金供给曲线的位置都受到货币政策的强烈影响。

正如在下一章所解释的，在诸多的威胁中，一国中央银行的管理者最关心的通常是可能的通货膨胀。他们可能开始认为当选的国家领导人——比如美国国会的成员——正在进行太多的赤字支出（B）以至于总需求各组成部分的总和（$C+I+B+X$）超过了当前经济的产品和服务的供给能力。在这种情况下，中央银行的银行家可能会通过削减国家的货币供给增长速度以努力阻止通货膨胀的发生。这会阻止可贷资金曲线向右移动，或者甚至可能向左移动。在任何情况下，随着可贷资金需求曲线向右移动，正如在一个增长中的经济体里所发生的，结果将会是利率的上升。同时，也正如先前所解释的，利率上升往往会抑制消费者和企业的借款和支出决定，因此会削弱总需求，减缓或逆转就业的增长。在这种情况下，美联储可能会强化（已有的）对扩张性财政政策的反向操作，以对可贷资金市场产生影响。

可贷资金的供给与需求是通过下面的方式决定利率的。回到图 17.5，设想当利率是"c"时，对可贷资金的需求是"D_c"，而供给是"S_c"。因为"D_c"大于"S_c"，所以，有的借款者将得不到在此利率水平下他们希望借到的数量。银行或其他贷款机构注意到这种未被满足的需求，将有理由认为它们可以收取一个更高的利率。随着银行提高其利率，可贷资金的供给将会增加，而需求则会下降。与第 8 章中阐述的均衡过程相似，利率会趋向于上升到百分之"b"，这是使货币的需求量和供给量相等的利率水平。在这一点，可贷资金市场将会出清：既不会有过剩的供给，也不会有过剩的需求。

除了利率之外，还有很多其他因素影响着可贷资金的供给和需求。
供给者和需求者对就业、增长、通货膨胀和许多其他变量（包括政治稳 469
定和未来的战争或和平）的预期，都会影响他们借出钱的意愿或者是借入钱的渴望。当供给者对这些因素的预期改变时，结果将会是可贷资金供给曲线的移动；当需求者的预期改变时，结果将会是可贷资金需求曲线的移动。

借款和汇率

政府借款即使没有抑制对消费品和投资品的需求，也可能会对支出产生逆向影响。政府借款会减少净出口，因为它会抬高一个国家的汇率（以美国为例即美元的价值），从而阻碍出口、鼓励进口。正如我们所看到的，汇率上升时净出口会下降，因为汇率上升使一个国家的出口商品对世界其他地区的消费者来说更贵了，同时使来自世界其他地区的进口商品更便宜了。

某个特定国家的政府借款是怎么抬高这个国家的汇率的呢？我们已经知道，政府借款——至少在其数额很大的时候——往往会抬高该国的利率。当它的利率上升时，世界其他地区的个人和企业为了能在优惠的利率上赚钱，就会愿意在这个国家投资。但在他们能够在高利率国家投资之前，他们必须在全球货币市场上购买一定数量的该国货币。这种做法将会使这种货币的需求曲线向右移动。除非这种货币的供给曲线同时向外移动，否则对这种货币的需求的增加会提高这种货币相对于其他国家货币的价值，因而会提升正在谈到的这个国家的汇率。比如，如果美国的利率上升了（比方说，是由政府借款的增加引起的），外国投资者可能想要购买美国的长期国库券，因为此时债券的利率相对较高。为了这样做，他们会用他们的英镑、日元、欧元或其他货币兑换美元，于是增加了对美元的需求，在这个过程中，他们会抬高美元的价值（美元兑换外币的汇率）。

对借款和汇率的关系的简单了解把我们引向另一个重要的结论。因为一国政府的借款会提高该国的利率，所以，它往往也会抬高这个国家的汇率。那么，接下来往往会增加进口，使出口更加困难，压制净出口，因而降低总需求（净出口是它的一个组成部分）。结果便是为赤字支出而借钱筹款往往是对其创造就业的效果产生了反作用。

货币政策和财政政策的冲突

宏观经济政策的这两件武器之间的冲突可以概括如下：当政府进行赤字支出（财政政策）时，它必须在可贷资金市场上借入足够的货币来弥补赤字（假设政府不会仅仅依靠印刷货币以获得所需资金）。这种借款是在同一个市场上与消费者和企业的借款相竞争，提高了利率并且
470 “挤出”了至少一部分非政府借款者。随之而来的利率提高不仅会通过压制个人和企业对消费品和投资品的支出而减少总需求，而且往往还会提高这个国家的汇率，鼓励进口，阻碍出口——而且随之而来的净出口的减少也会降低总需求。对总需求的这两个负面影响往往会抵消最初的赤字开支所带来的创造就业的效果。而且，当中央银行（在美国是美联储）认定赤字支出的量正在造成通货膨胀的威胁的时候，这些反向的影响将会被扩大。在这种情况下（事实经常是如此），中央银行会以采取一种货币政策作为回应，即通过限制货币供给的增长来限制可贷资金的供给。这里的教训很清楚：政府的借款能对总需求和就业水平产生积极

的影响，但是这种财政政策的有效性会受到它其他影响的限制（反作用）。如果美联储追求这样一种货币政策，使利率提高的程度甚至超过了政府从可贷资金市场上的借贷可能引起的利率升高，那么，扩张性财政政策对就业率的积极影响就可能会被完全抵消。

实现充分就业的制度

通过推行宏观经济政策——特别是财政政策——而获得的潜在的好处是上一章关注的焦点。在本章，我们分析了这些政策在实践中遇到的困难。现在我们来权衡一下好处和困难。在这个领域有很多有争议的问题，但有一些要点是清晰的。

第一，如果没有政府促进高就业的政策，资本主义经济中的失业可能会不时地达到令人无法接受的高水平。而且，失业对人所带来的消极后果将被与商业周期相关联的不确定性所放大。

第二，政府的政策能够影响总需求的水平，因此能降低失业。政府的政策也能熨平商业周期的至少某些循环。

已达成共识的第三点是，单纯靠财政或货币政策不能带来就业的持续增长（降低失业）。没有制度性的变革，充分就业政策还会继续遇到本章阐述的如下障碍：

- 高就业下的利润挤压；
- 高就业水平下的通货膨胀压力；
- 高就业对净出口的负面影响；
- 货币与财政政策间的紧张关系。

此处回顾的所有障碍都可能在资本主义经济中出现，但与近几年的美国相比，仍然有一些国家已经实现了更低的失业率。图 17.1 显示，在 1959—2002 年间，平均说来，瑞典和日本的失业率都明显低于美国、英国以及法国。与其他国家的比较提醒我们，失业并不像天气一样，是一种我们只能简单接受并忍耐的东西。在我们所考察的时间段内，有些国家具有较高的失业率，那是因为它们的制度和政策使然。要达到高水平的就业，需要做哪些改变呢？ 471

充分就业的制度障碍

要解决制度变革的问题，我们必须确切地理解在美国式的资本主义经济中哪种制度结构该为持续的高失业负责。主要有两个方面。

第一个是制定经济决策的私人性和不协调性。每个人购买多少的决定、每个雇主生产多少以及雇佣多少工人的决定都是独立做出的。没有理由期望所有这些独立做出的决定，能产生适量的总需求，正好使需要的总的工作小时数等于工人愿意工作的总的小时数。

然而，经济决策的不协调性本身并不意味着失业的必然存在，而只是说明了对劳动的需求通常不等于劳动的供给。过度供给（失业）是一种可能性；而过度需求则是另一种可能性，尽管我们没有专业的术语来描述它。

劳动市场的独特本质在这里十分显著。其他市场能够通过供给者和需求者之间的竞争消除过度供给或过度需求（回顾第 8 章对啤酒市场的分析）。劳动市场与其他市场的不同，有助于解释为什么经济参与者们互不配合的决策不太可能使该市场出清。（参见第 12 章对劳动市场的分析，特别是关于企业为什么通常选择支付高于市场出清时的工资的讨论。）

另外一个与资本主义经济实现充分就业背道而驰的重要的制度性结构与以下事实有关，即生产中使用的资本品是私人所有的（参见第 6 章）。由于资本品的所有权高度不平等（参见图 6.2），因此，资本主义经济中的工人一般说来是为别人而不是为自己而工作。同样，生产出来的产品或服务也是为资本品的所有者（企业的所有者）而不是为雇员所拥有。当工人们不拥有他们生产出来的产品时，除了为保住饭碗所必需的工作以外，他们没有理由做得更多。只有失业的威胁会让他们警觉。

如果工人拥有自己的生意和工具，就能为自己工作，每个工人将能以更高收入的形式充分地享有他或她辛勤劳动带来的好处。出于同样的原因，每个工人也会因为工作偷懒而付出低收入的代价。我们可以把这些观点概括为：失业存在的原因在于生产过程的阶级性，也就是说，失业对于激励和控制这些不拥有自己劳动产品的工人而言是必要的。

一言以蔽之，在资本主义经济中，失业的持续存在有两个主要的原
472 因。第一，经济决策的私人性和不协调性使劳动市场上的供给和需求不匹配。第二，生产过程的阶级性要求把失业作为调节资本和劳动之间的冲突的手段，使二者和谐相处以有利于整个商业。

劳动市场上的供求不匹配起初似乎只是个意外（由失调导致的）。在某些情况下，从所有当事人的角度出发，就业的增长都是悦人心意的事情。雇主会希望看到就业率的增长，因为这样的增长意味着更高的生

产能力利用率，进而是更高的利润率（在所有其他因素相同的情况下）。从工人和消费者的角度出发，就业率的增长意味着更多的就业岗位和更多可享用的消费品。

然而，正如我们已经看到的，就业率的增长并非在所有的情况下对所有的当事人都有利。这是因为就业率的减少——失业的增加——有时是企业的所有者希望的，因为失业的增加可以使劳动和资本之间力量的平衡偏向资本一方。在这种情况下，失业已不仅仅是一个错误：它满足了抑制工资增长的要求，并且迫使雇员为他们得到的每一美元付出最大的努力。因此，它会在同时损害工人和消费者的利益的情况下使企业受益。

达成充分就业的制度

造成失业的两个原因要求截然不同的解决方案。第一个原因的解决方案是协调经济决策以消除失调。因此，当失调发生时，政府可以采用一些干预手段来消除它。这个由约翰·梅纳德·凯恩斯提出并且自他的年代以来被很多政府所采纳的解决方案，保留了经济决策的私人性，但允许政府通过财政政策（赤字支出）对总需求水平进行全面调节，因而可以校正过于严重的失调。

对于失业的第二个原因——生产的阶级性——的解决方案更为困难。只要宏观经济政策可以保证对其产品有一个稳定的需求水平，企业的所有者乐于看到政府在经济中发挥作用。但是，企业家们往往会反对失业的持续下降，特别是当失业率已经非常低时。当然，他们还反对改变生产的阶级性，因为正是这一点赋予了他们雇佣和解雇被雇佣者以及拥有他们生产出来的产品的权力。

在美国，宏观经济政策对处理劳动市场上由供给和需求的不匹配带来的失业很有效。但是对于消除失业，它就无效了——也不打算有效，因为如果它成功地消除了失业，就会打破力量的平衡而有利于劳动者一方。宏观经济政策已经成功地缓和了商业周期，但它没能成功地消除失业。

总之，失业是一个经济问题，但它的解决却部分地是政治问题。如果像亚当·斯密的自由放任政策的追随者们所期望的那样什么也不做，失业就会是资本主义经济中一种持久而令人痛苦的资源浪费。

在失业于很大程度上被消除的地方——不论是在纳粹德国，还是在现代的瑞典——都不是依靠亚当·斯密的看不见的手。更确切地说，充 473

分就业是由拳头（如在纳粹德国）或看得见的握手（如在瑞典）带来的。拳头指用国家强权而不是失业威胁使企业有权让工人在可接受的条件下工作。握手指在企业和工人之间达成的协议，以既公平又考虑到足够高的利润率以刺激投资的方式，分享由更高的就业带来的产出的增加。

如果看不见的手的方法不能解决问题，而拳头既不公平也不民主，那么握手将是实现充分就业的唯一可行的方法。但握手的方法的主要构成要素是什么呢？

第一，为了实现高就业，必须排除高就业下的利润挤压以及与之相连的通货膨胀的后果。但这两个威胁只有在失业不再被运用于调节工人与其雇主之间的阶级冲突时才可能被消除。

调节阶级冲突的一个方法，是为雇主和雇员找到一个方法来共同决定报酬和工作的努力程度，而不是依赖于工人对失业的恐惧。例如在瑞典，工资和工作规则是由主要工会的领导人和雇主代表协商决定的。就业率高的时候，工会有能力得到更高的工资，但它们通常不会这么做。其理由在于，他们这样做可能使瑞典商品的价格过高而被逐出世界市场，最终造成它们自己的收入损失。瑞典工会在经济繁荣时自愿进行自我约束，是因为在经济不景气的时候，它们有能力要求雇主也不使用他们解雇工人和降低工资的权力。因此，瑞典达到了非常低的失业水平。

调节阶级冲突的另一个方法是改变生产过程的阶级性质。这将意味着不使用握手方法，但它可以通过使经济决策分散化以及保持市场竞争来配置资源。区别在于生产是在第 13 章最后一部分所描述的那种工人所有、民主运营的公司中组织进行的。因为工人将是他们及其工友所生产出来的产品的所有者，所以他们没有理由不努力工作或者在失业下降时要求更高的工资。如果他们推卸太多的责任或要求过多，就是在用自己讨价还价的权力跟自己作对；如果他们挤压了利润，就会降低自己的收入。如果在一种经济中大多数工人都是在自己的公司为自己工作，那么高就业下的利润挤压将会被大大削弱。

然而即使是在民主经济中，宏观经济政策也必须被明智运用。如果赤字开支使总需求扩张到所有的工人都被雇佣、所有的生产能力都被发挥出来的程度，那么就很可能产生通货膨胀的后果。在这种情况下，对许多产品的需求会大于它们可获得的供给，于是，工人所有的企业会像资本主义企业一样，很可能提高其产品的价格，而这很可能导致更普遍的通货膨胀。所以，工作场所的民主并不是包治百病的灵丹妙药。

用握手的方法实现充分就业的第二个要素，是必须为劳动市场上雇主和工人的利益冲突找到一个公平的解决方案。如果工人决定放弃使用 474 高就业带给他们的讨价还价的能力，那么，雇主也必须放弃高失业给予他们的讨价还价的能力。工人在“握手”中所同意做的，在企业一方必须有相应的承诺来匹配——否则交易将无法达成。雇主必须承诺提供就业保障，既是企业层面的（承诺避免辞退工人），同时也是一项宏观经济策略（支持政府政策以实现高就业）。

握手方法的第三个要素是扩大内在稳定器，例如失业保险。这不仅能强化那些收入支持项目[1]（income-support programs），而且具有自动抑制商业周期波动的效应，因为这些项目在就业收入萎缩时会向消费者的手中注入更多的钱，在情况相反的时候它们会起相反的作用。更多有意的反周期的（宏观经济）政策，例如通过立法改变税收和开支的项目，也可以被用于维持一个稳定的总需求水平。在有一揽子“握手”妥协的情况下，这些政策的实施几乎会使所有的人受益，所以企业和工人都应该会赞同它们。

握手方法的第四个要素来源于这样一个事实：资本家和工人在谈判桌上的握手是不够的：跨国界的握手也是有必要的。追求高就业政策的国家间的协调必须通过主要国家间的国际协商来保证。

为有效起见，国际宏观经济政策协议应该阻止这样的战略，即一个国家设法通过采取鼓励出口或限制进口的方式把自己的失业问题转移到其他国家，以保证本国经济的更高就业。这些协议必须能够协调各国扩张总需求的政策，以使每个国家的扩张性政策都有益于其他国家类似政策的成功。

握手方法的第五个也是最后一个要素包含了促进经济调整的政策，但又不能把这种调整的代价加在特定工人或失业人群的身上。一些行业或部门会不断扩大，而另一些则会萎缩。为了应对经济环境的变化，经济必须有灵活性，但这种灵活性的代价必须被公平地分配。

为了提高灵活性，充分就业经济的一个基本原理是，每一个找工作的人都有权利得到雇佣，但并不是永久地停留在他或她现有的工作岗位上。经济必须适应新技术、消费者品味的变化以及第 15 章中描述过的国际性的及其他的竞争形式。这意味着许多工人将不得不从一个工作岗位换到另一个工作岗位，从一个行业换到另一个行业。但是政府可以保

① 向低收入者提供收入支持的项目。——译者注。

证任何失业工人在工作转换的过渡期得到收入支持，能够就新的工作得到适当的培训，以及如果有必要的话，在从本国一个地区向另一个地区迁移时得到资助。这些项目——在瑞典被称为“积极的劳动市场政策”（active labor market policies）——的花费，应该从广泛的税收收入中筹措。当只有特定的工人感受到现代化的负面效果时，实际上一个国家所有的个人和企业都从持续的经济现代化中受益了。所以，只有让那些
475 灵活经济的受益者出钱资助那些为灵活经济付出了诸如失业、收入损失、可能的自尊心受伤以及断绝了与工友、邻居的友谊等的代价的人，才是公平的。（当然，为了防止滥用，要采取小心谨慎的态度以确保这种资助项目是有限度的和受到监督的。）

当然，握手并不意味着国家之间或阶级之间冲突的结束。但与拳头或看不见的手相比，这种调节冲突的方式没有那么浪费和残忍。

结　论

除了握手方法的第四大要素——在宏观经济政策的制定中进行国际合作——之外，实现充分就业所必需的这五个制度的及政治的先决条件在一些国家已几近实现了。挪威、奥地利以及瑞典就是例子。因此，这些国家拥有非常低的失业率。不幸的是，其他国家却没做到。

美国在自 1994 年以来的十年间不是通过握手而是通过变了形的看不见的手实现了相对较高的就业（低失业）。图 17.2 和图 17.4 显示，在 20 世纪 90 年代商业周期的扩张期，高就业下的工资推动和高就业下的利润挤压在扩张达到可观的程度之前，一直没有出现，其时失业率已降到了 5%以下。因此，如果没有这些常见的障碍妨碍高就业的话，经济扩张是能够持续下去的。

美国经济制度中的两种情况使工人在失业率低的时候更难抬高工资。第一个是工会会员人数的下降（参见第 7 章）。这削弱了工人通常可以运用的与低失业相伴而来的讨价还价的能力。

第二个是持续的劳动市场的分割以及日益扩大的工人之间的收入的不平等。一级劳动市场上的工人——比如那些制造业中收入相对较高的人——一旦被辞退或解雇，会很现实地不指望能得到类似工资和福利的工作。这些工人很可能会经历一段时间的失业，再就业时得到的就很可能只是次级劳动市场上收入低得多的岗位。

一个重要的后果是，现在失去一个一级劳动市场的工作的代价是非常高的，即使在失业率很低的时候也是如此。就算是在商业周期的顶峰，在核心的商业部门，用解雇威胁员工仍然是雇主手中强有力的武器。丢掉一个机械师的工作很可能会是一场经济灾难——即使这个机械师知道自己可能在超级市场里找到一份收银员的工作。

很少有政府能对充分就业目标做出长久的承诺。正如我们所看到的，失业并非一个简单的能被政府行为所纠正的错误：它同样是工人与雇主发生冲突时的一件武器。企业的所有者不希望低失业被用作对抗他们的武器，而且他们偶尔会要求政府采用增加失业的政策。

要理解这是如何发生的，我们必须研究政府和经济之间的关系。这是第 19 章的话题。然而，在我们到达那里之前，我们需要考察通货膨胀的原因和影响。

推荐书目

Roger Alcaly, *The New Economy* (New York: Farrar, Straus & Giroux, 2003). 476

Duncan Foley, *The Unholy Trinity: Labor, Capital and Land in the New Economy* (London: Routledge, 2003).

Doug Henwood, *After the New Economy* (New York: New Press, 2003).

Paul Krugman, *The Great Unraveling: Losing Our Way in the New Century* (New York: Norton, 2003).

Robert Pollin, *Contours of Decent: U. S. Economic Fractures and the Landscape of Global Austerity* (New York: Verso, 2003).

Joseph E. Stiglitz, *The Roaring Nineties: A New History of the World's Most Prosperous Decade* (New York: Norton, 2003).

第 18 章　通货膨胀

477 美国独立战争期间，传统的贸易方式被打断，费城的居民面临着商品价格的飞速上涨：咖啡、茶、糖、面粉、威士忌酒。在一次抗议涨价的会议上，丹尼尔·罗伯杜（Daniel Roberdeau）——费城民兵的一位领导人——做了如下的演讲：

“我确信，抬高商品及粮副食品价格的联盟（垄断组织）已经形成。因此，出于自卫，居民们有着天赋的权利去抵制这种联盟并对伤及自身的罪恶加以限制。”①

保护自我！他们确实这样做了。一个旨在控制商品价格的平民委员会得以成立，其成员包括《人权论》（*The Rights of Man*）的作者同时也是美国革命精神领袖之一的托

① Quoted in Eric Foner, Thomas Paine and Revolutionary America (Oxford: Oxford University Press, 1976).

马斯·潘恩（Thomas Paine）。甚至在罗伯杜发表演讲的这次会议之前，人们已经带着棍子去过了各个店铺并且迫使商人们取消价格的暴涨。

差不多与此同时，在大西洋彼岸的巴黎，面包师们也利用面包的紧缺提高面包价格。而市民们也利用法国大革命的混乱局面冲进面包店抢面包。在许多情况下，他们会留下一些钱，刚好相当于面包较低的正常价格（顺便说一句，没人去碰那些高级点心）。

价格上升的时候，人们的火气也会上升。为了同一件商品要花费比上一年多的钱令人烦恼。这同样是很常见的。很少有商品今天的价格比10 年或者 20 年前低。极少数的例外通常是一些新产品，比如 DVD 播放机，因为批量生产、竞争和技术革新降低了这些产品的生产成本，因 *478*
此它们的价格会趋于下降。大部分其他商品的价格一般而言会不断上涨。

情况也不总是这样。一块面包的价格（以美元/磅或美分/磅计），在托马斯·潘恩时的费城，就比 20 世纪早期要高。1800 年，费城小麦面粉的批发价是 100 磅 10 美元。而一个世纪之后，价格降到了 100 磅不足 2 美元。平纹棉布的批发价在 1800 年的费城是每码 17 美分，而到1900 年降到了每码 6 美分。在这两个时期之间，因为美国内战的爆发，棉布价格一度上涨到每码 50 美分。这是因为制作军服和帐篷对棉布的巨额需求和棉花供给的中断抬高了棉布的价格。

棉布和面粉的价格在 19 世纪的大部分年份里都是下降的，但是从20 世纪初开始，这两种物品的价格却至少上升了 10 倍。还有这样一个事实：自从价格上涨被系统跟踪以来，一般而言，自 20 世纪 60 年代末以来，其上涨速度远快于任何其他的可比较时期。

当大部分价格上涨的时候，**通货膨胀**就发生了。能否说现在正发生通货膨胀呢？要判断通货膨胀是否发生，需要计算大量价格的平均水平。在美国，通常是通过计算消费价格指数（Consumer Price Index，CPI）来作出判断。**消费价格指数**（CPI）是对一个典型家庭购买商品所支付的价格的度量。如果 CPI 每年都在上升，就可以说发生了通货膨胀。

CPI 中的“指数”指的是：把某一特定时期的平均价格设定为 100，然后用之前或之后任何一个时期的价格水平与之相比较。目前，CPI 的价格基准是 1982—1984 年的平均价格。1983 年 6 月 CPI 基准被定为 100，而 2004 年 1 月的 CPI 为 185，这意味着在此期间，美国的年均通货膨胀率是 2.9%。

当 CPI 逐年下降的时候，被称为**通货紧缩**。和通货膨胀一样，通货紧缩也具有危害性。因为如果价格下降了，而生产成本没有下降或下降得不够快，很多企业就会破产，人们会失去工作，收入减少，总需求缩减，整个经济就可能陷入衰退。

通货膨胀意味着一个家庭的货币购买力的下降。每一美元在杂货店、加油站或任何地方买到的东西都少了。其他的价格指数度量一些子门类商品的价格水平，如医疗保健价格指数、高等教育价格指数、二手车价格指数、原材料价格指数、食品价格指数等。除了消费价格指数之外，还有批发（或“生产”）价格指数，它度量厂商向零售商或其他中间商出售产品时得到的价格。不管用哪种价格指数，通货膨胀都由平均价格的上升速度来衡量。

本章**把通货膨胀问题视为在雇主、工人、原料供应商、政府和其他**
479 **经济主体之间进行收入分配时出现了无法解决的冲突并由此导致的后果。**如果任何一个参与者处于无可争辩的支配地位，通货膨胀一般是可控的。但如果对于谁是支配者存有疑问的话，随之而来的冲突就很可能导致通货膨胀。这一中心思想可以被表述为以下六个要点。

---

1. 通货膨胀的程度在商业周期之内以及在商业周期之间不断地发生变化。
2. 通常发生在一个商业周期扩张阶段接近尾声时的更剧烈的通货膨胀称为周期性通货膨胀。它发生的原因在于失业率很低的时候单位劳动成本和单位原材料成本有上升的压力。
3. 当价格水平在整个商业周期的全过程都快速上升时，就发生了结构性通货膨胀。这是因为政府、企业和家庭都力图维持一个高于实际财富的生活水平，而且他们能够通过借贷使开支大于收入。结构性通货膨胀是一种相对较新的现象，其出现仅在一个世纪之前。
4. 通货膨胀—失业替代（inflation-unemployment trade-off）描述的是在一个商业周期中的这样一种趋势，即当失业率下降时，通货膨胀率上升；而当失业率上升时，通货膨胀率下降。滞胀则是指经济增长缓慢（停滞）和物价上涨（通货膨胀）并存的一种现象。这一术语是对 20 世纪 70 年代艰难时期经济特征的标准表达。
5. 通货膨胀代价巨大，因为它使经济产出变得不可预测。它带来了无法预测的成本，同时带给人们不期而至的利润。控制通货膨胀同样需要付出代价。因为这通常意味着高水平的失业率以及未充分利用的生产能力，或者意味着政府控制价格的随意性和不可预见的后果及无效率。

6. 一国失业和通货膨胀的某种特殊组合会影响其收入分配，即较高的失业率意味着更大的不平等。正因为如此，就通货膨胀和失业而言，不同的收入集团和阶级有不同的利益所在。有钱人通常从低通货膨胀和高失业中获利，而较贫穷的人则从更高的通货膨胀和低失业中获利。

对通货膨胀的度量被称作通货膨胀率。它表示价格变动的百分比。假设在两年前，一个典型家庭平均每月花费 1 000 美元购买日常用品和服务，但在一年之前，这个家庭却需要每月花费 1 060 美元去购买同样的产品和服务。这种花费上的上升表示为消费价格指数上升了 6%，因为 1 060 比 1 000 大 6%。因此在这两年之间的通货膨胀率就是 6%。

正如我们所看到的，在美国，通货膨胀并不总是生活的一部分。在过去，通货紧缩也同样寻常。从现有的棉花、面粉和许多其他商品的价格数据来看，在早些年并不存在消费价格指数，但在几乎整个美国史中，都有批发价格指数。

我们在图 18.1 中引入了价格综合指数，来展示我们在上文提及棉花和面粉价格时所期待的东西。第一次世界大战之前，除了战争期间及战争刚结束，价格上升得不太多。在某些较长的时段中，价格是下降的。例如，从 1665 年至 1739 年，价格下降了 4%。从 1814 年（1812 年战争之后）到 1845 年，价格下降了一半多。在美国内战之后价格又一次下降了一半，从而导致 1900 年时的价格实际上比 235 年前还要低。然而在 20 世纪，尤其是自从 30 年代大萧条之后，价格开始平稳上涨。到 20 世纪后期，商品价格要比 20 世纪之初高 20 倍！

过多的货币追逐过少的商品

在当前或普遍的价格水平下，当需求者想要购买的商品超过了供应者在这个价格水平下能够提供或愿意出售的商品时，通货膨胀就发生了。这是一种流行的解释通货膨胀的观点，即“过多的货币追逐过少的商品”背后的实质。 480

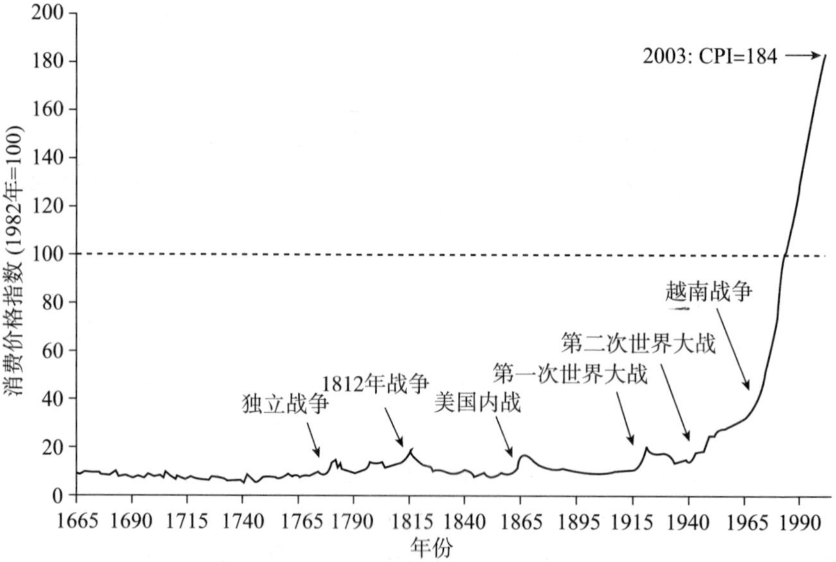

图 18.1　美国的通货膨胀（1665—2003 年）

说明：该图展示了美国经济从 17 世纪中期到 20 世纪前期平均价格的变动情况：在其中的大部分时间价格是上升的。该图显示：不管是在 18 世纪还是在 20 世纪，战争的爆发通常会导致价格的显著上升。虽然价格受到了行政性冻结以及一个控制价格的政府机构——“价格管理办公室”——被建立起来，但恰好就在第二次世界大战爆发时导致了一次价格的上涨。

资料来源：John J. McCusker，“How Much Is That in Real Money?” *Proceedings of the America. Antiquarian Society*，2001. Table A-1，Column 6，for all data prior to 1912；Council of Economic Advisors，*Economic Report of the President 2003*，Tables B-60 to B-62：data-conversion calculations by Professor Robert Sahr，Political Science Department. Oregon State University，available at http://oregonstate. edu/dept/pol_sci/fac/sahr/sahr，htm＃_Price_Levels.

481　潜在的消费者手中的现金（或是信用卡）代表了对某些产品或服务的需求。至于拥有美元的是一个计划购买日杂品的家庭，还是正在考虑兴建一个新工厂的实业家，或是准备购买补充教材的公立学校的负责人，都没有什么区别。就我们讨论的问题而言，在以上的各种情况中，拥有货币的人就是有权索取（通过购买行为）商品的人。

商品需求者想要购买的商品是多于还是少于供给方在目前价格下所能提供的商品取决于以下因素：首先是需求者的购买意愿，其次是实现这种购买意愿的现金或贷款的可获得性。需求者关于消费多少的决定会受到（至少在某种程度上）他们的当前收入、存款、财富以及其他条件的限制。当然，需求者——消费者、企业、各级政府和国外的购买者——的花费可以少于、等于或是多于他们的当前收入。如果要花费超过当前收入的钱，他们将不得不去借款或者是刷卡消费，这在本质上是一样的。在 1993—2003 年这段时期内，美国消费者的债务翻了一番，在 2003 年底首次超过了 2 万亿美元。美国五分之三家庭有信用卡负债，平均每一个持卡人的信用卡负债大约为 9 000 美元。

第二个问题是需求者能否获得足够的货币或者是贷款以实现其消费计划。即使是那些消费额等于当前收入的购买者，也必须有足够的货币用于流通以支持其交易（这被称为货币的交易需求）。我们不是生活在一个物物交换的经济中！而且正如我们已经提到过的，如果需求者希望消费的比当前收入更多，他们将不得不去借钱，但是他们可能无法从银行或者其他借款人那里获得足够的贷款去实现他们想要的消费。如果获得贷款的代价沉重得无法负担，这样的情况就会发生。

即使人们有足够的资源去实现他们的消费计划，随着所有的需求被提出，也无法保证会有足够的商品供应。当不能供应足够的商品时，通货膨胀可能就是最终的结果了。

当需求者的总需求超出了可获得商品的市场总值时，不可能所有的需求都得到满足。除非价格上涨，不然在人们购买到他们想要的而且负担得起的一切商品之前，货架就会变得空空如也。在这种情况之下，有些需求者手中就会留有没能花出去的现金而且没有任何东西可买。但是如果价格上涨，正如在需求大于供给时往往会发生的那样（参见第 8 章），可获得商品的市场价值就会上升，直到与总需求的价值相等。

想象一个假想的由 10 个农民组成的经济（以美元当作其通货），每一个农民分别种植一种不同的蔬菜。某天每个农民都把他或她的农产品以 1 000 美元的价格卖给农产品货摊，这样每个农民就从出售蔬菜上获得了 1 000 美元的收入。然后，第二天所有的农民都会回到农产品货摊去购买其他农民的蔬菜（他们不特别偏好自己种植的蔬菜）。

但是假设农民们在去货摊的路上回忆起去年（由于风调雨顺）他们每个人都收获了价值 1 200 美元的蔬菜，卖了这些蔬菜之后他们买了 1 200美元其他人的蔬菜。寄希望于今年令人失望的收成在明年不会重复，他们决定保持先前的价值 1 200 美元的蔬菜消费水平，他们到银行里贷了 200 美元加到 1 000 美元的收入中，这样就能购买 1 200 美元的蔬菜。所有的农民都有相同的想法，而亲切的银行家也乐于帮忙。这样 482
10 个农民现在将要花费共计 12 000 美元（每个人都有1 000美元的收入加上 200 美元的贷款）。但今年收获的蔬菜在当前价格水平下仅值

10 000美元。因为农民们的需求比他们的总收入大 20%，他们的总需求（12 000美元）超过了总供给（当前价格水平下 10 000 美元）20%。

如果农产品货摊的所有者不提高他们的价格，最终的结果就是空空如也的货架、装在兜里的 10 000 美元，以及排着长队希望能买到额外的 2 000 美元蔬菜的不满的顾客。注意，直到现在，我们一直出于方便而假定农产品摊位的所有者是按照他们从农民那里收购蔬菜的价格将蔬菜再卖出去的。但现在，摊主们发现他们可以提高价格并因此往兜里多装 2 000 美元（把钱放在他们自己的口袋里，比作为不花的钱留在需求未被满足的消费者手中要好）。消费者，也就是那些农民，将会购买所有货架上的蔬菜。唯一的问题是：向农民索取的价格有多高？为了满足农民的要求，货摊的所有者们上调了价格，同样数量的蔬菜，在原先的价格下是 10 000 美元，但在现在新的价格水平下将会升至 12 000 美元，因此价格上涨了 20%。当没有足够的商品去满足消费者的需求时，在买方之间必然会存在竞争，从而允许商品的所有者上调价格。

通货膨胀的两种类型

经济学家们经常谈到两种类型的通货膨胀：周期性通货膨胀和结构性通货膨胀。

周期性通货膨胀

前一章论述了周期性通货膨胀的发生是由于高就业水平下的原材料成本推动和劳动成本推动。就劳动成本而言，当就业率上升而失业率下降时，工人在竞价中的处境相对于雇主会得到改善。由于就业岗位充足而劳动相对不足，失业变得不那么具有威胁性。于是，工人为更高的工资讨价还价。

类似的，当经济对于原材料的需求（包括原材料投入品和资本品）扩大时，这些产品在市场上就会供不应求。卖者就能提高其商品的价格，而买者面对的则是导致他们抬高其产品价格的原材料成本推动以及劳动成本推动。

正如我们在第 17 章所看到的，当原材料成本和劳动成本同时上升时，上升的成本往往会使利润下降（高就业下的利润挤压）。而在这里我们看到这种成本的增加也会带来通货膨胀。

回顾第 12 章讲到的产品的价格 P_Z 等于单位劳动成本（ulc）加上单位原材料成本（umc）加上单位利润（up），于是，

$$P_Z = ulc + umc + up \tag{18.1}$$

单位成本（$uc = ulc + umc$）在一个商业周期的扩张阶段会上升，从而会发生两件事情：企业或者是承受单位利润的下降，或者是提高产品的价格。在大多数情况下，这两件事都会发生。 483

当然，任何价格的上升都会受到企业的竞争者数量的限制。如果企业有很多竞争对手，提高价格就很有可能导致销售量的显著下降。在这种情况下，企业简单地接受单位利润的下降会好于大幅度提高价格。

然而，当企业面临很少的竞争者或是大多数竞争者面临同样的成本压力从而都选择提高价格时，企业就有可能提高价格而市场份额不会减少。在这种情况下，企业会尽力通过提高价格而保持单位利润。

在上面任何一种情况下，某种程度的通货膨胀都会在一个商业周期的扩张阶段发生。与之相反的情况发生在经济衰退期。随着失业率的上升和原材料需求的下降，单位成本开始下降或者上升减慢。这导致通货膨胀减缓，（有时）甚至是通货紧缩。

结果就是通货膨胀率与商业周期的阶段连到了一起。经济的涨落导致了通货膨胀率的涨落。而且，在通货膨胀和失业之间有一种相互替代的倾向：当失业率下降时（在商业周期的扩张阶段），通货膨胀率会趋于上升，当失业率上升时（衰退期），通货膨胀率会趋于下降。

图 18.2 展示了所谓的**通货膨胀—失业替代**。表中向下倾斜的直线展示了失业和通货膨胀间的负相关性：一方的增加伴随着另一方的减少。

但是在 20 世纪 70 年代和 80 年代早期，包括美国在内的很多国家经历了失业和通货膨胀的同时增加。这在很大程度上是由于石油输出国组织的成立以及这一卡特尔成功地限制了石油供给从而提高了油价。由于汽油价格相应上涨以及所有以石油为投入品的企业生产成本上升，通货膨胀产生了。因为无论失业率有多高，经济中都在发生着越来越严重的通货膨胀，因此替代线向右上方移动了：所有的通货膨胀和失业的组合点都比以前恶化了。在那个时期，通货膨胀不再是“周期性”的：高通货膨胀率不能再归因于商业周期扩张阶段的成本增加。

如图 18.2 的虚线所示，通货膨胀—失业替代线同样会向下（或向左）移动。这种移动可能是上一章讨论的“握手”的结果。如果企业和工人能达成一项协议，使企业保证工作岗位的稳定（或者是支持充分就

业的宏观经济政策），作为回报，工人即使在低失业率时也愿意接受适度的工资增加，那么低通货膨胀就会实现而同时不会有高失业率。在这种情况下，经济就会处于图 18.2 中所示的 C 点这个位置。C 点的通货
484 膨胀小于 A 点（失业率很低），同时 C 点的失业率也小于 B 点（通货膨胀率小于 A 点）。因此，图 18.2 中虚的通货膨胀—失业替代曲线所代表的是一组大大优于实的替代曲线所代表的供选项。

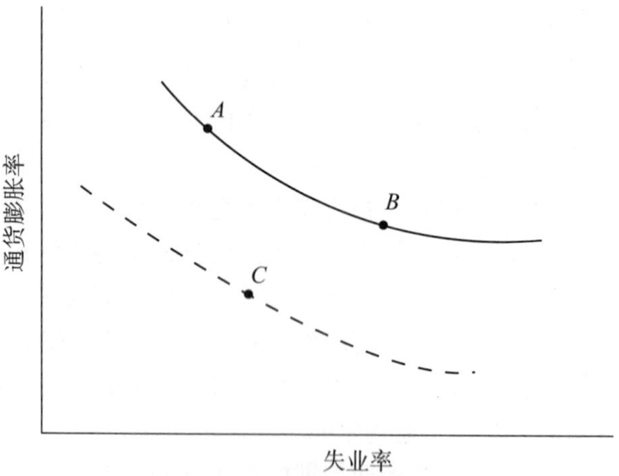

图 18.2　通货膨胀—失业替代

说明：该图的曲线展示的是周期性通货膨胀的过程。较高的失业伴随着较低的通货膨胀，反之亦然。因此，在通货膨胀和失业之间有一个替代：要使一方处于较低水平就必须使另一方处于较高水平。大部分人喜欢让两者都处于较低的水平，但我们只能使一方的水平较高时才能使另一方的水平较低。如果图中所示的实线表示的是当前的通货膨胀—失业替代，我们就被限制在这条线上的不同点之间上下运动，比如 A 点和 B 点。虚线表示的是通货膨胀—失业替代曲线自身的移动。这样的移动会由于石油价格的下降而产生，也会由于制度的变化而产生，比如第 17 章"实现充分就业的制度"所描述的那些制度变化。在虚线上至少有一些点，例如 C 点，显然优于实线上的 A 点和 B 点，因为它们代表通货膨胀和失业都处于更低的水平。沿着原有的替代曲线运动可能会让人满意或不满意，这取决于一个人厌恶通货膨胀或者是害怕失业的程度。但是向较低的替代曲线上的一个点的移动通常会是一种改进。

图 18.3 展示了 1959—2002 年美国通货膨胀—失业替代曲线的形状。图中的每一个点代表特定的通货膨胀率和失业率的组合。左上方第 1 个子图展示的是 1959—1969 年（20 世纪 60 年代）各年通货膨胀率和失业率的组合。在这些年中，通货膨胀明显是"周期性的"：经济沿着一条非常清晰明确的通货膨胀—失业替代曲线自上而下移动：通货膨胀率高的时候失业率低，反之亦然。

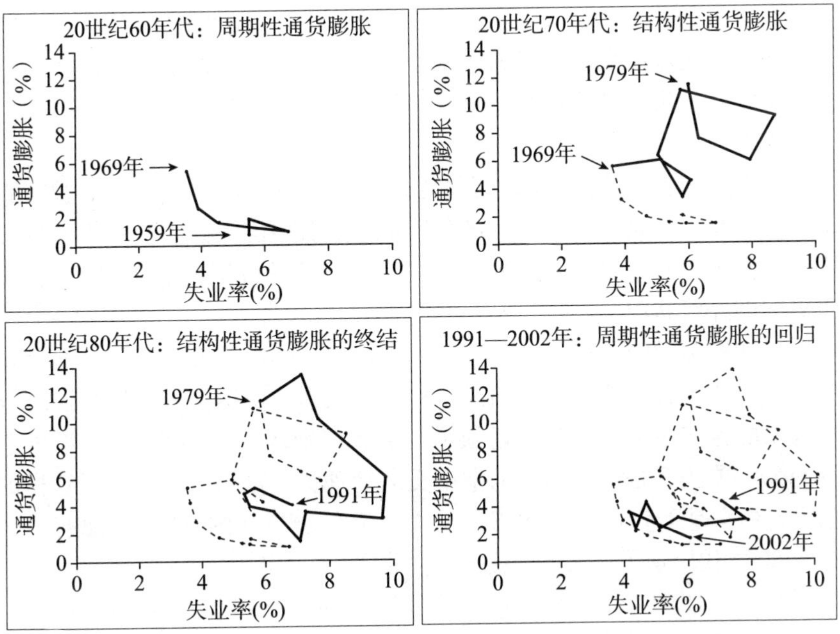

图 18.3　美国的周期性通货膨胀与结构性通货膨胀（1959—2002 年）

说明：与在图 18.2 中一样，在该图的每一个子图中，纵轴表示通货膨胀率，横轴表示失业率。不同的是这幅图中的子图反映的是 20 世纪最后 40 年和 21 世纪前两年美国经济的真实数据。每一个子图中的曲线都是由一系列点连接起来的，其中的每一个点都代表特定年份的通货膨胀率和失业率。尽管很难看清所有的点，但左上角子图里的点是从 1959 年到 1969 年的，把每一年的点与下一年的点连起来就形成了一条曲线。紧接着的子图里的曲线连接的是从 1969 年到 1979 年的点，依此类推。每个子图中的曲线展示的是这个子图中十年间的通货膨胀和失业的主要模式。注意左上角子图中曲线的形状与图 18.2 中曲线的形状是多么的相近。基于这种相似性，我们可以说在 20 世纪 60 年代存在着一种特殊的通货膨胀—失业替代。在这十年间，经济似乎就是沿着这条替代曲线自上而下移动的。因此，60 年代的这十年可归为周期性通货膨胀的十年，因为在这个商业周期的整个过程中，通货膨胀率和失业率都以一种可预见的方式变动，即失业低时通货膨胀高，反之亦然。而 20 世纪 70 年代这十年的情况恰恰相反，这是一个结构性通货膨胀（见本章正文）的年代。在这十年间，通货膨胀和失业完全不是沿着一条可识别的替代曲线上下移动，而像是经常在同一个方向移动，即伴随高失业的是高通货膨胀。实际上，在这个子图中，这十年中后 5 年的点一般说来都分布在前 5 年的点的右方和上部。第三幅子图——20 世纪 80 年代的那幅子图——展示了那个时期记录的通货膨胀和失业的组合，尽管没有始终如一地沿着特定的替代曲线移动，但确实移向了 20 世纪 60 年代周期性替代曲线的附近，其中后五年的点似乎形成了一条新的替代曲线。这意味着我们在 80 年代看到了“结构性通货膨胀的终结”。最后，1991—2002 年的最后一幅子图，为如下的猜想提供了证据：即美国经济正在向某种类似于 20 世纪 60 年代的周期性的通货膨胀—失业替代模式回归。

资料来源：Council of Economic Advisors, *Economic Report of the President* (Washington, D. C.: U. S. Government Printing Office, various years) available at http://www.whitehouse.gov/cea/pubs.html or at http://gpoacess.gov/eop/download.html.

右上方的第 2 个子图展示了 1969—1979 年（20 世纪 70 年代）美国的情况。在这段时期，通货膨胀率呈螺旋式上升，依照前文的解释，这是通货膨胀—失业替代曲线本身向上发生了位移。更高的通货膨胀和更高的失业同时发生。

20 世纪 70 年代的美国，经济停滞，失业率居高不下，但通货膨胀却始终存在。于是一个新词 **"滞胀"** 走进了我们的词汇表，它指通货膨胀率和经济停滞结合在一起的情况。这个术语一般用来描述 20 世纪 70 年美国的经济状况。

正如图 18.3 左下角第 3 个子图所示，20 世纪 80 年代见证了通货膨胀——失业率替代曲线的回归。一种解释认为，罗纳德·里根当选总统后采取的保守主义经济政策增强了工商界但削弱了工会运动。（里根总统的第一项法案是解雇罢工的空中交通管理员，这给工会送去了这样的信号：白宫是不会同情你们的。）总之，无论 1979 年的替代状况如何，20 世纪 80 年代出现了一条更低位的替代曲线。

最后，如图 18.3 的最后一个子图所示，1991—2002 年，通货膨胀—失业替代曲线似乎转为水平，可能是回到周期性通货膨胀的一个信号。

结构性通货膨胀

很明显，图 18.3 展示的商业周期与通货膨胀—失业替代曲线不能很好地解释 1970 年以来发生的通货通胀。通货膨胀率在商业周期的每个阶段都很高。事实上，20 世纪 70 年代通货膨胀率的最高点恰好出现在深度衰退的最低点，即 1974 年和 1975 年。而结构性通货膨胀似乎可以解释这一现象。

同周期性通货膨胀一样，结构性通货膨胀也是收入分配矛盾没有得到妥善解决的后果。它同样也源于商品的需求量超过当前价格下商品的供应量。周期性通货膨胀和结构性通货膨胀的根本区别在于，导致后者的矛盾冲突不是来自商业周期，而是来自于社会深层次的结构性问题。这也是我们将之命名为结构性通货膨胀的原因，同时，它也解释了通货膨胀发生于商业周期的全过程而不仅仅发生于商业周期后期的扩张阶段的原因。

结构性通货膨胀典型地发生于政治冲突剧烈、彼此势均力敌的时候。它曾经爆发在一些大规模革命的前夜，如 18 世纪的法国大革命和 20 世纪早期的俄国大革命。在这样的时期，新的集团谋求权力，传统的政治结构分崩离析。

结构性通货膨胀也会发生于更平常的情况下。无论在通常情况下还是在特殊时期，政治僵局对发生结构性通货膨胀都起到至关重要的作用。**政治僵局**指的是这样一种情况：没有哪一方主要的经济力量——银行、大公司、工会、主要的政党或政府——有能力将自己的意志强加给他方。

如果在一个相当长的时期内，伴随政治僵局的是产出增长的下降或逆转，结构性通货膨胀就很可能接踵而至。产生结构性通货膨胀的条件可概括如下：

经济停滞＋政治僵局＝结构性通货膨胀

经济停滞和政治僵局创造了通货膨胀得以发生的条件。如上所述 487
就是企业、家庭和政府以货币形式表现出来的对产品和服务的总需求量，超过了以当前市场价格衡量的可获得商品的供给量。政治僵局解释了需求超过供给的原因，经济停滞解释了商品供应量有限的原因。

假定在当前价格下需求超过供给，会出现三种可能的后果。商品价格上涨直到现有商品的供给价值等于对商品的总需求。这是我们描绘过的 10 个农民的例子中探讨的通货膨胀现象。另外的两种可能性是：一是人们对商品的需求量下降；二是商品供应量（而非价格）增加。这后两种可能性正是避免、至少是减缓通货膨胀的方法。

然而，要想降低已被政府、企业和家庭掌控在手的需求是不容易的。没有哪个集团会乐意放弃对产品的需求。通常情况是每个集团都足够强大，所以既能阻碍收入的下降也能防止可获得信用的减少。

当然，如果社会上某个集团足够强大，它就可以保持自己的需求，同时迫使其他集团放弃他们的需求。这是可以做得到的。例如非常高的利率阻止了家庭和企业借贷而政府却保持着固定的（赤字）支出。20 世纪 40 年代以前，周期性的高失业率导致工人收入的大幅缩减，导致对产品和服务的总需求下降。但很明显，这样的极端结果并不常见。在政治僵局的情况下，不太可能出现需求的下降。

20 世纪 80 年代，随着商界政治影响的增强以及包括工人在内的其他集团影响力的削弱（见第 7 章），70 年代的僵局被打破。1980 年以来通货膨胀率的降低正是工人和工会相对实力减弱所导致的工资停滞的结果。

增加商品的供应量也可以减缓通货膨胀。如果许多商品的需求超过了供应，那么我们不仅可以预料到价格的上升，而且可以预料到供应量的增加。一般情况下会是这样的，但可能会很缓慢而不足以满足对商品的需求。如果企业对未来盈利预期低迷，又恰逢政治僵局和经济停滞，那么，即使存在着供不应求他们也不愿意雇用更多的工人扩大生产。如果产出不能扩大以满足对商品的需求，那么价格就会上升。这就解释了为什么经济停滞是造成结构性通货膨胀的一个原因。

为什么要为通货膨胀担忧

488 人们为什么常为通货膨胀担忧的一个原因来自于价格水平持续走高对工薪阶层的购买力造成的损害。正基于此，我们需要有一种方法来思考给定工资情形下的购买力。

经济学家用实际这一术语来表达对通货膨胀的矫正。当说到**实际工资**有了增长时，指的是实际（货币）工资的增速大于通货膨胀的步伐。

要搞清通货膨胀有什么害处，我们必须提出两个问题：一是通货膨胀对于收入分配的影响如何？二是通货膨胀影响实际收入吗？

关于第一个问题，通货膨胀对于收入分配的影响是不均匀和不可预料的。它造成的代价（有时也有好处）分配得非常不均匀并且很随意。一对靠固定的养老金生活的老夫妇会发现他们的收入由于通货膨胀而降低了；而曾经借了他们一大笔钱的邻居却可以轻而易举地获利，因为他们可以用价值远不及当时的货币偿还债务。因为通货膨胀的分配效果是不均匀的，因此常常显得不公平。

关于第二个问题，通货膨胀对实际收入显然有负面影响。因为通货膨胀是不可预料的，因而计划未来变得非常困难。它使家庭难以为诸如退休金和教育支出这类事项作出规划。对企业而言，他们如果不知道自己的钱在将来价值几何，就很难拨付资金购买价值数百万美元的设备。因此，通货膨胀导致劣质计划、错误计划，甚至有时候没有计划。劣质计划和不充分计划的结果就是浪费。

但是通货膨胀也有一些积极的影响。如果我们考虑一下抵制通货膨胀的措施所造成的消极后果，就会发现它的积极意义。我们从通货膨胀—失业替代曲线可以获知，提高失业率的宏观经济政策可以遏制通货膨胀。提高失业率削弱了工人讨价还价的能力，降低了工资增长速度，从而控制了企业成本。如果成本不上升——由于高失业率总需求不会增加——价格也就不可能上升。

相反的事件序列发生于经济的扩张时期。这种扩张可能是由于商业周期的一个转折，也可能是人为的扩张性货币政策的结果。无论是什么原因，扩张时期人们收入的增长明显地比价格的增长要快。（通常要经过一段时间，企业才能断定提高价格不只是意味着它们将失去市场份额。）因此在失业率下降、通货膨胀率上升的时候，实际收入往往会上升。

然而，如果抑制通货膨胀的药方是更多的失业（20 世纪 80 年代早期的美国似乎就是这种情形），那么向通货膨胀宣战至少在短期内会让大多数人的实际收入减少。因此，以更多的失业为代价抑制通货膨胀对整个社会而言，总的代价会很高。正如通货膨胀—失业替代曲线的下降趋势所表示的，更多的失业率会导致更少的产出，而更少的产出会导致更少的实际收入。

货币工资和实际工资

加薪在任何情况下都能提高你的生活水平吗？除了其他因素之外，关键在于经 *489*
济学家们所区分的货币工资和实际工资的差别。一个工人工资真实的美元数量，比如说每小时 8.50 美元，是货币工资。实际工资是工人某一年的小时工资的购买力与另外一年的小时工资的购买力的比较。正如在第 16 章的专栏“总产出的度量”中所解释的那样，术语“实际”意味着对通货膨胀进行了矫正。

区分了货币工资和实际工资，我们就可以了解一个工人货币工资的增加是等于、超过还是低于通货膨胀率。这样我们就能知道货币工资的增加是否代表着工人实际生活水平的提高。

例如，一个工人的工资从某年的每小时 8.00 美元提高到第二年的每小时 8.50 美元，我们可以说在第二年这个工人享有更高的生活水平吗？不考虑税收因素的影响，上面问题的答案取决于价格从第一年到第二年上涨了多少。如果价格上涨不到 6.25%（货币工资的上涨幅度），那么每小时 8.50 美元就能够使这个工人在第二年比第一年多买一些商品。然而，如果价格上涨超过了 6.25%，这个工人在第二年的购买力就低于在第一年的购买力：用 8.50 美元购买的东西少于用 8.00 美元购买的东西。

为了计算实际工资，经济学家通过观察某一特定年份——基期——的价格总水平，然后根据物价水平的变化用消费价格指数（参考本章其他部分对消费价格指数的定义和探讨）校正货币工资。为了确定某一特定年份的实际工资，1982 年的指数被设定为 100。在下面的表格中，我们提供了美国私人生产部门的生产工人（包括管理和监督人员）在某些年份的平均货币工资（每小时）、消费价格指数和平均实际工资（每小时）。

	平均货币工资（美元）	CPI（1982年=100）	实际工资（1982年价格）
1972	3.9	43.4	8.99
1982	7.86	100	7.86
1992	10.76	142.5	7.55
2002	14.95	181.4	8.24

第一排的数据显示，以1982年价格计算，1972年美国私人部门生产工人的平
490 均工资接近9美元每小时，虽然平均货币工资仅为每小时3.90美元。（这是20世纪60年代中期到21世纪期间实际工资的最高点。）

1972—1982年间，实际工资下降了，因为在这10年里物价上涨了130%，而货币工资仅仅上涨了102%。因此，相对而言，工薪阶层在1972年用3.40美元可以买到的东西多于他们在1982年用7.86美元买到的东西。

1993年之前，平均实际工资持续走低直到降至其最低点7.52美元。尽管从20世纪90年代中期以来，实际工资一直在上升，但按购买力计算，它们还没有收复1972年以来所有的失地。2002年平均货币工资是每小时14.95美元，但是那一年的平均实际工资是8.24美元，比1972年的8.99美元少75美分（两个数据都是按照1982年价格计算的）。

实际工资这一概念的重要性在于它可以体现货币工资的变化和一般价格水平的变化的综合效应。上升的货币工资实际上仅相当于它的增长率与消费价格指数的增长率之间的差额。如果前者不大于后者，那么你看上去是前进了实际上却是后退了。

资料来源：Council of Economic Advisors, *Economic Report of the President 2004* (Washington, D.C.: U.S. Government Printing Office, 2004), Table B-47.

是否有其他成本相对较低的治理通货膨胀的方法呢？例如，如果我们可以把通货膨胀—失业曲线向里移一移，那么较低的通货膨胀和失业就可能同时实现。如果可以这样移动这条曲线，那么无须降低实际工资就可以抑制通货膨胀。通货膨胀—失业曲线能否如此移动还在争议之中，实际的情况也未能明确支持任何一方的观点。

20世纪80年代早期，通货膨胀急速下降——从1980年每年13.5%下降到1983年的每年3.2%。紧缩的货币政策将经济送进衰退期，因此降低了通货膨胀率。但结果却是一段时间严酷的失业率：在1982年和1983年，美国经历了自20世纪30年代大萧条以来最高的失业率。在那些年里，降低通货膨胀率的代价是巨大的：经济学家们估算，原本是可以多生产出约1.4万亿美元的产品和服务的（按2003年

价格），但实际上却没有。这比美国加入第二次世界大战对整个经济造成的损失（按 2003 年价格）还要大，每个家庭所分担的损失高达大约 14 000 美元（按 2003 年价格）。因此，每个美国家庭实际上为阻止 20 世纪 80 年代早期的通货膨胀捐赠了 14 000 美元。然而，从 20 世纪 80 年代中期到 21 世纪初，尽管失业率低于 20 世纪 70 年代晚期的普遍水平，但通货膨胀率仍旧相当低。

考虑到抑制价格上涨的困难，显然应该把通货膨胀列为第 17 章所谈到的充分就业政策的障碍。当就业已经很高而失业率相当低时，任何额外的商品需求——比如说政府赤字支出的后果——都可能抬高价格。因此，如果高就业的确已经实现了，人们肯定会面临先前确认的周期性 491
通货膨胀的压力（成本上升）所导致的价格上升。比起 20 世纪 70 年代后期，这种压力在 21 世纪初尽管已经低得多了，但周期性通货膨胀的压力依旧存在。

通货膨胀对充分就业政策提出了一个政治挑战，因为就像失业一样，通货膨胀是不受欢迎的。当然，通货膨胀和失业所造成的损失取决于你是什么人。工人会因失业遭受巨大的损失，失去工作也就失去了收入，而那些在业的人也面临着不安全感，因而不得不缓和对工资的要求。相反，有钱人往往因通货膨胀而受损：通货膨胀侵蚀了他们财产的价值。例如，当价格飞速上涨时，银行和其他贷款者通常会沮丧地发现，即使加上贷款的利息收入，偿还的贷款的实际价值也小于被借出时的价值。换言之，收入流失了。

由于这个原因，沿着通货膨胀—失业替代曲线发生的移动很可能是收入在富人和不那么富有的人之间的重新分配。在美国过去的 30 年中，失业的增加典型地导致了收入分配更加的不平等。即使高失业率带来了人们希望的低通货膨胀率，但收入分配的不平等依然是事实。

有关通货膨胀的讨论通常集中在政府赤字的后果、利率的变化和汇率的升降等议题上。但深层次的问题还在于人们熟悉的话题——收入如何分配。那些把反对通货膨胀放在第一位的人通常会拥护增加失业的政策，使收入向高收入人群倾斜。另一些人——未必是富人——也经常支持反通货膨胀政策，即使代价是更高的失业率。工作稳定的工人和固定收入（例如养老金）者则通常会赞成向通货膨胀开战。因此，每个国家实际的通货膨胀和失业的组合，取决于为了使分配有利于自己或其盟友而相互冲突的不同集团间力量的对比。

作为这种力量对比的结果而发生的通货膨胀和失业的程度，取决于调控经济的制度和政府遵循的经济政策。这实际上是两个问题。第一个是通货膨胀—失业替代曲线的位置：它是否允许低失业率和低通货膨胀率同时实现（如图 18.2 中的虚线）？或者说它只允许高失业率和高通货膨胀率同时存在（如图 18.2 中的实线）？第二个是经济处于通货膨胀—失业替代曲线上的哪个位置？我们是处在相对较高的失业和相对较低的通货膨胀吗？还是反过来才是正确的？

当然，某个特定国家的失业和通货膨胀的实际水平既取决于给定时间内通货膨胀—失业替代曲线的位置，又取决于经济此时在曲线上的位置。例如，在 20 世纪 60 年代和 90 年代后期，美国的失业和通货膨胀都比较低，而 70 年代两者都高。在 20 世纪 80 年代通货膨胀低而失业高。看一下国家间的差异：奥地利、德国和日本有着较低的通货膨胀率和失业率，而西班牙这两者都很高。瑞典则是相对较低的失业率伴随着比美国稍高的通货膨胀率。

结　论

492 经济学家们不能就评判为什么有些国家比另一些国家更有能力将失业和通货膨胀都控制在较低的水平上达成一致意见。然而，仍然存在一些共识：当拥护企业利益的呼声高出时，政府很可能选择较高的失业和较低的通货膨胀。20 世纪 80 年代的美国和英国是很好的例子。而当维护工人利益的呼声更强时，即使面临着高通货膨胀的代价，政府的政策也很有可能向低失业倾斜。

政府及其政策在决定宏观经济的结果方面显然起着重要的作用，它不仅关系到失业和通货膨胀，还影响经济增长速度和收入分配。政府影响微观经济结果的作用也不容小觑，比如商品的价格和市场运作方式。我们将在下一章解释政府和经济之间的关系。

推荐书目

Peter Bernholz, *Monetary Regimes and Inflation: History, Economic and Political Relationships* (Northampton, Mass.: Edward Elgar, 2002).

Richard D. Duncan, *The Dollar Crisis: Causes, Consequences, Cures*

（Hoboken，N. J.：Wiley，2003）.

Ellen Frank，*The Raw Deal*：*How Myths and Misinformation about the Deficit*，*Inflation*，*and Wealth Impoverish America*（Boston：Beacon Press，2004）.

Robert M. Solow and John B. Taylor，*Inflation*，*Unemployment*，*and Monetary Policy*（Cambridge，Mass.：MIT Press，1999）.

Joseph E. Stiglitz，*Globalization and Its Discontents*（New York：Norton，2002），Chapter 4，"The East Asia Crisis：How IMF Policies Brought the World to the Verge of a Global Meltdown."（斯蒂格利茨. 全球化及其不满. 北京：机械工业出版社，2004.）

第 19 章　政府和经济

493 1963 年 8 月，20 多万人云集华盛顿，倾听了马丁·路德·金（Martin Luther King）博士的演讲，这标志了民权运动的最高峰。今天，这个演讲像林肯（Lincoln）在葛底斯堡的演讲一样令人难忘。马丁·路德·金对人们说："我有一个梦想，我的四个孩子有一天会生活在这样一个国家：不是以他们的肤色而是根据他们的品德与性格来评判他们。"

通过动员大规模游行、挑战法庭的种族歧视、非暴力违犯歧视性法律和法规而引发大规模拘留，以及游说国会制定政策矫正种族不平等和贫困，民权运动改变了美国。20 世纪 60 年代，新的法律使否认平等选举权、阻碍平等使用公共交通和平等就业成为非法。蓄意制造学校种族隔离的政策受到美国司法部的抨击。1965 年，部分地为了回应民权运动，林登·约翰逊（Lyndon Johnson）总统揭开了“向贫困开战”的序幕。

新政策真的改变了什么吗？20 世纪 60 年代，非洲裔美国人与其他人的收入差距缩小了（见图 14.13）。但是在民权运动前的 50 年代，收入差距同样在缩小。很难说 60 年代的改善到底有多少应归功于新的政策，又有多少是那 10 年间劳动力需求迅速增加的结果（部分因为政府在越南战争上的支出）。一般说来，在失业率很低的时候，不甚富裕的人的境遇的改善会更大一些。

然而，至少在一个领域，民权运动与美国黑人生活条件的改善间的关系是非常明显的。1964 年，非洲裔美国儿童在婴幼儿时期的死亡率是欧洲裔美国儿童的两倍。在接下来的 7 年中，非洲裔美国婴幼儿的死亡率下降了 25%强（新生儿的死亡率从 41‰降至 29‰）。同期，美国非 494
洲裔与欧洲裔新生儿的死亡比率下降了 1/3，而在此之前的 15 年里，这个比率一直在上升。

在南部最贫困的地区，美国黑人儿童健康状况的改善尤为明显。在民权运动之前，这些地区的医疗服务是种族隔离的，对黑人开放的设备都是较差的。1964 年《民权法案》（Civil Rights Act）通过之后，医疗设施的去种族化为黑人居民的医疗质量带来了重大的改善，尤其是大大减少了美国黑人婴幼儿因痢疾和肺炎这类很容易治疗的疾病而引起的死亡。

民权运动和婴幼儿死亡率之间的关系使政府政策的重要性显而易见。政府可以影响经济运行的方式，而经济对政府运作的方式也有重大的影响。本章将探究政府与经济的关系。

正如我们在前几章所论证的，资本主义经济的运作建立在一套法则或者说“游戏规则”之上，即通过雇佣劳动和私人拥有资本品来组织商品生产以赚取利润。而政府，则是从另一个角度出发，根据不同的法则——一套不同的规则——组织起来的。这些规则使得集体行动成为可能，其中还伴随着公民与政府间的强制关系。政府——或政府的领导者——是代表一个国家的全体公民而行事的，并且他们的行为可以被强加于全体公民。

企业和政府

企业围绕着一个支配性的组织原则——利润率——而运作……另一方面，政府处理的是大量同样合理却又经常相互竞争的目标——例如，能源生产与环境保护，或者安全管制与劳动生产率……因此，政府与企业行使职能的方式必然而且应该有重大的差别。

——Robert E. Rubin, former U. S. Treasury Secretary in a speech to the Economic Club of Chicago, February 22, 2001

一个民主的资本主义社会将会把寻找更好的方法来划分权利领域与金钱领域间的界限作为一项持续进行下去的工作。并且它会不断进步。当然，这个问题永远不可能得到彻底的解决，因为公平与经济效率之间的矛盾是不可避免的。在这个意义上，资本主义与民主是最不可能混到一起的。也许这就是为什么它们彼此需要的原因——在公平中加入一些理性，在效率中加入一些人道。

——Arthur Okun, *Equality and Efficiency* (1975)

495 本章的中心思想是：**政府，尤其民主政府，是依据一组不同于资本主义经济的规则而运作的，它们彼此塑造着对方的运作方式。**这个中心思想可以被表述为以下五个要点。

1. 决定政府如何运作的规则与决定经济如何运行的规则是不同的。
2. 政府因其权力和规模的特殊性，在许多重要的方面影响着经济的运作方式。政府改变买者与卖者之间横向的或市场的关系，影响雇主和工人之间的纵向关系，也影响经济的周期、变革和规模。
3. 政府已经成长为经济中一个更加重要的角色。资本主义经济自身产生的很多紧张和压力导致政府在经济中的重要性日趋增长。
4. 很多关于政府经济政策的激烈争论都起因于这些政策对利润率的影响。我们通过分析所谓政治的商业周期来说明这些冲突。
5. 资本主义经济对于政府能够做什么施加了一些无可避免的限制。大企业的所有者拥有的政治权力部分地来源于他们对竞选的大量捐助以及影响政治议程的能力。企业领导人同样具有巨大的间接的政治权力，因为他们控制着投资过程，这反过来决定着哪些州甚至哪些国家拥有工作岗位以及经济增长，而哪一些会面临失业上升和经济停滞。

政府机构的规则

通过政府来组织的活动或关系往往是强制性的和集体性的，在美国和其他很多国家，又是以民主的方式决定的。使用强制方式使得政府十分不同于其他的经济主体，如企业、工人、家庭和工会等。当然，在这些经济主体中，也有一些拥有安排和限制他人一个或多个选择权的权力。正如我们已经看到的，雇主可以限制其雇员的选择权，因为他们拥有影响雇员生计的权力。一个 20 世纪初期服装业老板给雇员的警告就简洁地表述了这项权力："如果你周日不来，那么下周一就不要来了。"

不管选择面是多么的狭窄，工人与雇主之间的关系最终还是自愿的，因为还有其他雇主存在。事实上，即使其他工作非常难找，工人还是有可能更换雇主。这同样也适用于消费者与特定的销售者之间的关系；在产品市场，这种更换权给了消费者一定程度的消费者主权。在劳动市场和产品市场——也包括其他市场——买者和卖者的关系都涉及交换，并且都基于书面的或者口头的合同。交换总是意味着选择，即使其他选项不那么吸引人，例如一个人现有工作的替代物是失业、经济困难、家庭破裂，以及艰难地寻找另一个工作。

相比之下，公民和政府之间的关系就不是自愿的而是**强制的**。即使是在民主政体中——在这里，法律是由公民代表制定的——公民也被强制遵守法律。一个人只有通过改变国籍的方式，才可以逃避这种强制。 *496*

考虑一下税收。税不是为了交换某物而缴付的，就后者而言，如一个人可用 20 美元换一件衬衫。有时候，人们会自愿纳税，因为他们可能会意识到教育服务、治安保护以及其他由政府的税收收入支持的行为的重要性。但是税金不是自愿缴付的，而是必须缴付的。如果不纳税，"欠税"人的财产将被政府没收。只有政府才能在不征得你个人同意的情况下合法地拿走你的钱或者财产。也只有政府才能合法地逮捕你、征你入伍或剥夺你的生命。

除了强制性以外，政府的行为通常还是**集体性的**，意思是说，政府一般而言是代表全体公民行动的。所有公民都应该交纳税金。政府供应或分配的产品和服务可以为所有的公民或所有符合条件的公民使用。在经济领域，每一笔特定的交易都要付钱，而个体的买者以获得一项产品或服务作为回报。相反，政府的钱通常是从每个人那里（通过税收）收来的，而且，政府活动的益处（至少潜在地）是可以被所有人享用的。

政府天然的强制性与集体性的必然结果是，一个公民，至少在理论上，可以通过**公民权利**获得好处。一个公民不用购买治安保护或投票权，也不必为他们的孩子在公立学校买一个座位。当好处只有部分公民可以享用时（例如向穷人提供的食品券），任何符合标准的公民（在这种情况下就是贫穷）都有权获得这项好处。另一方面，在经济领域中，好处采取了必须购买的商品的形式。没有任何商品可以作为权利来索取。

最后，在大多数情况下，政府组织的规则不包括权力的滥用。在包括美国在内的至少 100 多个国家中，都以**民主政府**的原则为基础来建立政治制度。这些原则包括通过广泛而平等的选举实现政府官员广泛的问责制。民主政府还需要以公民自由作为基础——比如，言论、思想、信仰、行为、集会和出版自由——它们由法律确立并被广泛遵守。

当然，即使是民主政府也经常违背民主的规则。例如，在美国历史上，一些公民的投票权被合法地拒绝，因为他们没有足够的财产、不是白人或不是男性。直到 20 世纪 70 年代，"一人一票"的原则在那些将黑人有效地排除在选举之外的州，还被广泛地（如果不是合法地）漠视。不受政府、商业或其他强大的公共机构所欢迎的团体，经常遭到美国联邦调查局的骚扰，或被剥夺了公民自由。

民主政府：公平的游戏还是预设好的牌局？

497 民主政府的规则是一套程序，它管理着如何以及由谁对公共事务作出决策。民主程序就像棒球或网球的规则——它们只是决定民主政府这个游戏怎么玩，而不是谁会赢。

民主政府的规则并不保证每个公民对政府运作的结果有或多或少平等的发言权。不管民主政府做出的实际决定是平等地有利于所有公民，还是偏向于一些特殊群体——无论它们是公平的还是有偏向的——都不仅仅依赖这些规则本身。它还取决于每个群体的政治影响力有多大。即使是在民主规则被切实遵守的情况下，拥有很多金钱或其他资源去游说、做广告、资助候选人等的人，也很可能拥有更大的政治影响力。

民主同样存在问题还基于这样一个事实，尤其是在美国，即很多拥有选举权的公民不行使这项权利。图 19.1 显示了美国处于选举年龄的人群在总统选举中实际的投票比率，从 19 世纪后半叶的 75％左右，下降到 20 世纪大部分时期中的仅仅 50％。

然而，其他国家的情况却并非如此。如图 19.2 所示，第二次世界大战结束后，在印度、阿根廷、日本和瑞典等这些各不相同的国家中，平均投票率都高于美国。

498

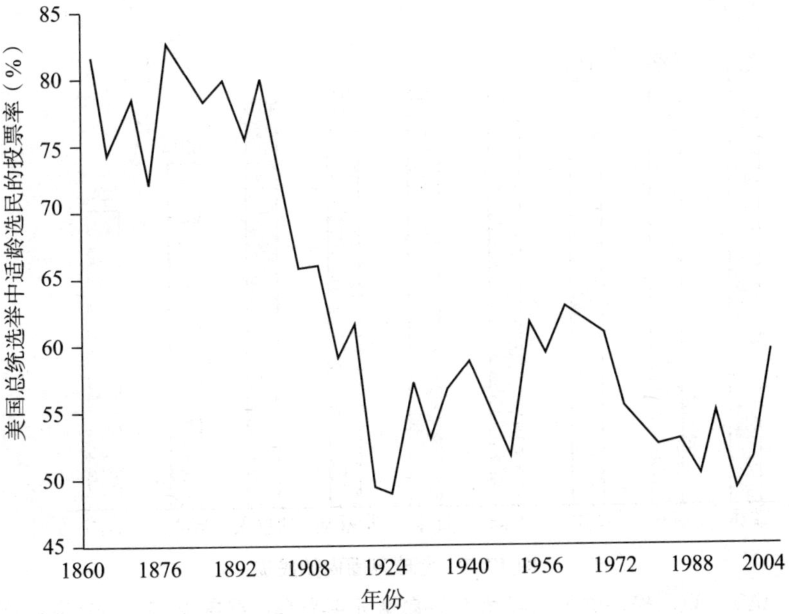

图 19.1　美国的选民：即将绝种的一族吗？

说明：1860 年美国内战前夕，81%符合条件的选民参加了投票。在 1896 年的选举中，当威廉·詹宁斯·布赖恩（William Jennings Bryan）向东部的当权派发出挑战时，79%的人参与投票（布赖恩落选）。然而，20 世纪的选民参与率急剧下降：1936 年的总统大选中只有 57%的选民投票。这次选举被认为是对新政和富兰克林·德拉诺·罗斯福（Franklin Delano Roosevelt）总统的复决（罗斯福以压倒性优势获胜）。1980 年的选举被看作是保守派向自新政以来所施行的政策进行反攻的顶峰；只有 53%的人认为花费力气投票支持或反对罗纳德·里根（Ronald Reagan）是值得的。总统选举的投票率在 1996 年下滑到历史的最低点 49.1%，（这是第一次下降到 50%以下），2000 年仅轻微上涨到 51.3%。在这次选举中，不到 26%的适龄选民（18 岁及 18 岁以上）选了乔治·W·布什（George W. Bush）。尽管适龄选民的参与率在 2004 年竞争激烈的选举中跃升到近 60%，但这是否标志了一个长期趋势的开始仍需拭目以待。该图中给出的投票率是（总统）选举中投给最高职务的总票数与适龄选民总数（18 岁及 18 岁以上）的比率。这些数据与其他的报道结果可能不一致，如图 19.3 中的小图所示，这是因为一些选民没有为最高职位投票，因此，将全部选票加总得出的投票比率，可能会稍高于该图显示的数字。

资料来源：U. S. Bureau of the Census，*Statistical Abstract of the United States*：*2003*（Washington，D. C.：U. S. Government Printing Office，2003），Table 421，available at http://www. census. gov/prod/www/statistical-abstract-03. html；U. S. Bureau of the Census，*Historical Statistics of the United States*：*Colonial Times to 1970*（Washington，D. C.：U. S. Government Printing Office，1975）；U. S. Federal Election Commission，available at http://www. fec. gov；Committee for the Study of the American Electorate，available at http://www. fairvote. org/reports/CSAE2004electionreport. pdf.

499

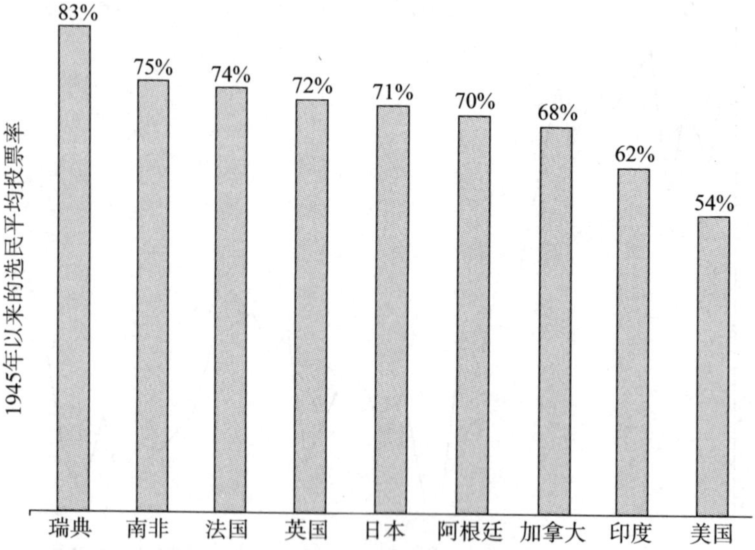

图 19.2　全球范围内的民主

说明：该图提供的平均投票率的数据分别来自：瑞典 1945—2001 年，南非 1994—2000 年，法国 1965—2001 年，英国 1945—2000 年，日本 1945—2000 年，阿根廷 1951—1999 年，加拿大 1945—2000 年，印度 1952—1999 年，美国 1948—2000 年。

资料来源：International Institute for Democracy and Electoral Assistance，available at http://www.idea.int/.

当然，美国投票率不足的情况分布得并不均匀。如图 19.3 所示，家庭收入越低，家庭中的适龄选民实际参与投票的可能性就越小，反之亦然。在收入高于 75 000 美元的家庭中，有 71.5%的家庭成员参加了 2000 年的美国总统选举，但在最贫困的人群中（家庭收入低于 5 000 美元），参与率只有 28.2%。图 19.3 中的小图显示出 2000 年美国总统选举中，在职白人的参与率高于失业者、黑人或者西班牙人。

500 不管怎样，民主政府的基本思想是用一个选举程序来确定谁是政府的领导。不过，只有具备了以下的条件，选举才会是民主的：至少有两个持有不同观点的候选人，依据“一人一票”的原则，进行公开的竞争。

民主原则与管理资本主义经济的原则是非常不同的。一般说来，一个公司的雇员不选举自己的领导和管理人员，公司所在的社区也不会这么做。事实上，就通常意义的选举这个词的含义来说，公司的领导不是被选举出来的，而是由公司的所有者选择出的，每一个所有者都拥有与他或她所持股票相同比重的票数。同样，在政治领域里受到保证的言论自由和其他公民自由在工作场所通常是受到限制的。很多公司有强制性的着装规则，以及雇员一般不能自由发布诸如工会诉求这类消息。

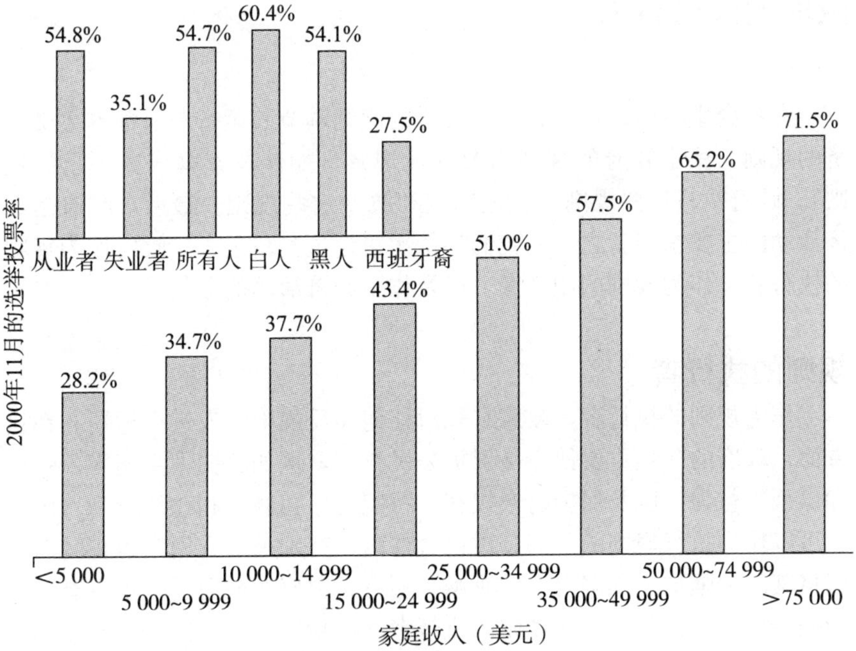

图 19.3　哪些人在投票？

说明：2000 年美国总统选举的投票模式。该图显示依据家庭收入、就业状况、民族和人种等把人口划分为不同类型后，参加 2000 年 11 月选举的人占各类人群的比例。

资料来源：U. S. Bureau of the Census，*Current Population Reports*，P20-542，"Voting and Registration in the Election of November 2000"（Washington. D. C.：U. S. Government Printing Office，2002），Table 8，available at http://www. census. gov/population/www/socdemo/voting/p20542. html.

这两套规则——民主政府的规则和资本主义经济的规则——在我们的社会中并存。这两者都影响经济。它们代表了协调劳动过程和分配产品的两种不同的方式。例如，一个人可以买票参加由私人公司举办的摇滚音乐会，同一个人也可以参加由当地政府用税收赞助的免费的音乐会。在前一种情况下，举办音乐会是因为某个人——其组织者——希望盈利；在后一种情况下，则是因为市长、市议会，或其他政府官员认为这是一件对主办者而言有趣的——或者是能获得选票——的事情。

政府的经济行为

在社会生活中，存在着各种各样的规则调节其运行——资本主义经济的规则、民主政府的规则以及其他规则（如涉及家庭成员关系的规则）。政府执行这些规则，它也制定和改变这些规则。最后，政府是经济活动的主要参与者之一。我们将依次讨论这些角色——政府作为规则的执行者、作为规则的制定者，以及作为经济活动的参与者。

规则的执行者

501 作为规则的执行者，政府有权对任何违反规则的人进行惩罚。在这方面，政府的一项重要使命是保护公民权利，例如惩罚人身伤害、强奸和谋杀等行为，以及保护财产权利，特别是惩罚偷窃和违约行为。国防也可以作为执行规则的一部分被包含在内，特别是当它用来防止一个政府将其统治强加于别国之上的时候。还有，政府有权通过征税占有适当的剩余产品支持了它行使规则的执行者这一功能。

在政府执行规则时，其行为看来通常是有益的。我们所有的人肯定都会从预防或惩罚偷窃（这是对我们的财产犯罪）和袭击（对我们的人身犯罪）中受益。然而，表面的现象可能会具有欺骗性。有时，公平地执行规则只对一部分人有好处。例如，夜晚在公共场所睡觉对富人和穷人而言通常都是不合法的。但富人通常拥有（或租有）自己的住所，而一些境况不佳的人就得不到住处。因此，如果这个法律被执行的话，被阻止的就只是穷人不能在公共场所睡觉。即使规则是被无偏见地执行的，通常也是既有赢家又有输家。

从现存规章中受益的阶级或其他团体会寻求政府保护并加强这些规则，这同样是正确的。正如亚当·斯密所注意到的，政府的一个重要功能就是保护富人的财产。“国民政府，”他说道，“实际上是为保护富人对抗穷人，或者是保护有产者对抗无产者而设立的公共机构。”[①] 在很多国家（包括美国），资产阶级从政府强制执行的一系列“游戏规则”中得到了实质性的好处，使他们能够用有利于自己的方式组织生产和

---

① Adam Smith，*The Wealth of Nations*（New York：Random House，Modern Library，1937[1776]），Book 5，Chapter 1，Part 2.

分配。

当劳动力不从事生产资本品、原料或者消费品的活动，而是用于维护现存的权力和所有制结构时，被称作**保卫人员**（guard labor）。保卫人员的例子包括士兵、警察和警卫人员（无论在公共部门还是私人部门），还有在商业公司建立并维护等级关系的人（至少是兼职）。

正如我们在第 6 章所看到的，资本主义为企业的所有者提供了强有力的激励，使之把剩余产品的很大一部分用于投资，正是这一点使该制度具有内在的活力。然而，当部分剩余被用来雇用保卫人员时，它就是被用来维持现状而不是改变它。

保卫人员：守卫美国

在美国，私人手中拥有的枪多得足以武装每一个人（包括婴儿）。美国每年生产和进口的枪支超过 100 万。四分之一的成年人拥有至少一支枪，其中绝大多数不止一支。大约一半的人说他们持枪是为了自卫。为什么会是这样的呢？ 502

"人们的精力被用于两类不同的事情，"一个世纪之前，意大利著名经济学家维尔弗里多·帕累托（Vilfredo Pareto）这样写道，"被引向经济物品（economic goods）的生产或改造（transformation），否则就被用于将他人生产的物品据为己有。"亚当·斯密和其他古典经济学家把前一类称为"生产性劳动"，把第二类称为"非生产性劳动"。被我们称为保卫人员的，所从事的就是一种非生产性劳动：它的目的不在于生产产品和服务，而主要是以维护法律和经济制度的方式影响产品和服务的分配。

保卫人员不直接参与产品和服务的生产这一事实并不意味着他们是不必要的。保卫人员因为一个简单的理由而存在于所有社会，即财产权和其他制度不能自我实施，而必须由人来执行并维持。

当然，保卫人员有多种类型：私人警卫人员、监狱官员及监狱中的其他工作人员。还包括警察、法官和其他在司法系统工作的人，因为他们的主要责任之一就是防止产品从一个人到另一个人的非法转移。较少被人注意到但并非不重要的是监督人员的工作，他们负责监督雇员工作不要懈怠。如果雇员懈怠，就说明这些监督人员拿着工资却没履行雇用合同中规定（暗含）的职责：为其雇主勤奋工作。此外，军队也是保卫人员，其工作是保卫国家边境、公司的国际利益及其他全球利益。

最后，我们还要把两类根本不工作的人算做保卫人员：犯人和失业者。犯人（绝大部分）不参加生产劳动；他们的"工作"是提醒监狱外的人，犯罪是不值得的。最后，失业者也有类似的"工作"：他们不断地提醒在职工人，如果他们不努力或干得不好，或者不能忍受足够低的以允许（资本家）得到他们可接受的利润率的工资，他们就会被别人取代。

美国经济中有多少保卫人员呢？利用从美国劳工统计局及其他渠道获得的有关职业的详细信息，我们汇总出上文所定义的各类人员的数量。我们没把所有的监管人员都算在内，而只计算了那些直接维护劳动纪律的人。这意味着排除了大约一半
503 的监管人员——这些人的主要工作是协调生产或训练雇员。我们也没包括被经济学家称作摩擦性失业的估算的人数，这些人失业是由于他们正在调换工作或刚进入劳动市场。我们包括了为国防部生产军用设备的工人，但不包括那些生产私人手枪、狙击步枪以及其他武器的工人。其他武器是指那些声称拥有枪支是为了自卫的人所购买的武器。我们没把律师算入，除非他们拥有公职（法官一类的）。该计算的精确过程见下面引用的 Jayadev 的论文。

在下图的数据中，我们将保卫人员描述成劳动力的一部分。2002 年，从事保卫工作的那部分劳动力要多于在商品生产行业就业的劳动力；当然，一些保卫人员也受雇于商品生产行业，因此这两类人有轻微的重叠——但这二者间的对比仍然是显著的。注意军队雇员在越南战争后的急剧下降和 1989 年前后共产主义失败后的持续下降。还请注意作为总劳动力的一部分的犯人和监管人员数量的显著上升。

美国的保卫人员（1890—2002 年）

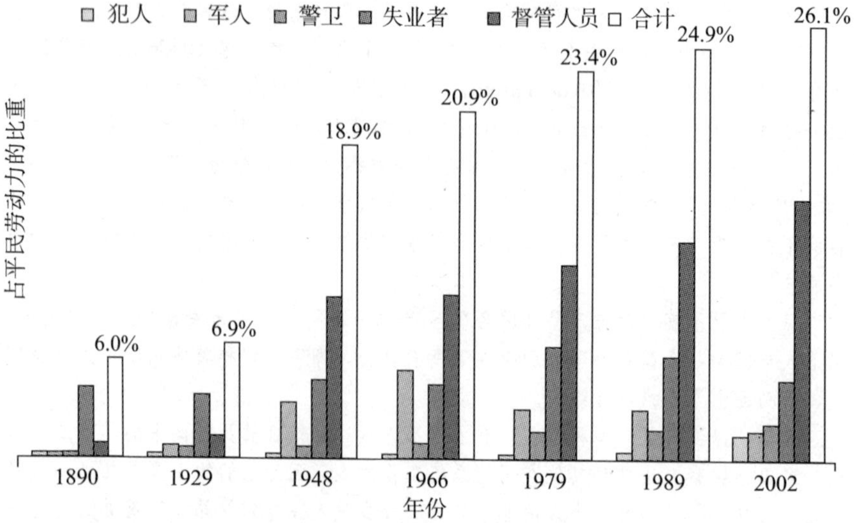

资料来源：Philip Cook and Jens Ludwig，"Guns in America：National Survey on Private Ownership and Use of Firearms"（Washington D. C.：U. S. Department of Justice，National Institute of Justice，1997）；Arjun Jayadev，"Guard Labor in the United States：1890—2002"（Amherst，Mass：University of Massachusetts at Amherst，Political Economy Research Institute，Working Paper，2004）；Vilfredo Pareto，*Manual of Political Economy*（New York：Augustus Kelley，1971[first Italian edition，1905]），p. 341.

因为保卫人员的支出既不能用于投资，也不能用于资本家的消费，所以在保卫人员身上消耗的这部分剩余不能直接有利于那些支配剩余的人。尽管它能使确保其权力和特权的制度长久存在，但仍是对剩余的一种扣除。因此，那些支配剩余的人会关心如何把这些不得不花在保卫人员身上的开支缩减到最小。 504

统治阶级缩减保卫人员支出的兴趣可能会产生一种激励，使之避免过分压榨生产者的消费，同时避免让工人的劳动强度大到难以忍受的程度。贫困、过劳的生产者不仅有可能是非生产性的，而且有可能变得愤怒，并渴望改变与其贫困和过劳相关联的制度。在这种情况下，为维持生产者的秩序所需要的保卫人员的数量，就可能吸走大部分剩余，从而不会留下多少用来投资或进行奢侈性消费。

规则的制定者

在制定规则的过程中（这是一个由立法、司法和行政部门共同承担的任务），政府可以改变规则、制定新规则或调整旧规则。自由市场和私人财产的规则并不是永恒的，总是有些人试图改变这些规则，使它们变得对自己更有利。例如，在 18 世纪晚期的美国，一些人——亚历山大·汉密尔顿是其中最著名的一位——希望政府阻止某些市场的运作。汉密尔顿和其他一些人主张对工业制成品的进口征收重税（或关税），因为他们相信这些商品的自由贸易会阻碍美国发展自身的制造业。汉密尔顿相信（事后证明这是正确的），阻碍工业品的进口——从而干预自由市场——会使在前英国殖民地发展制造业成为可能。

后来，新兴的纺织业工厂主希望改变财产权，这样他们就可以改变河道，以便利用水能（或“水轮机”）来带动工厂里的机器。农场主和沿岸其他居民原有的产权被牺牲了，于是纺织厂能更加有利可图。又过了一段时间，就在美国内战之前，另一些人极力主张另一项产权变革——废除奴隶制，这使拥有或买卖人口成为非法。

1935 年，《国家劳工关系法案》(National Labor Relations Act) 明确规定了工人享有的新权利。为了向它的发起人参议员罗伯特·瓦格纳 (Robert Wagner) 表示敬意，这项立法通常被称为《瓦格纳法案》(Wagner Act)。该法案第一次在法律上确立了工人组织工会以及与雇主展开集体谈判的权利。在这之前，绝大多数工人只能在劳动市场上作为个体与雇主打交道。

立法变革的进程重新界定了产权，也改变了资本主义的游戏规则。

这一过程贯穿了 20 世纪，在今天仍然继续存在。1964 年，《民权法案》的“公共设施条款”限制了饭店和旅馆的所有者使用其财产的方式，使
505 一种特定形式的种族歧视成为非法。最近一些生产和运营核电站的公司获得了特殊法律的保护，该法律限制了在发生核事故的情况下这些公司被迫支付的赔偿金的数额。与早些时候管理用水权法律的变化类似，这个法律也有效地限制了那些其财产可能会受到核电站损害的人的产权。所有这些游戏规则的变化都已经改变了经济运作的方式。

经济的参与者

政府也可以扮演产品或服务的生产者、微观经济的调控者和宏观经济的调控者的角色，以及收入和资源的分配者的角色。作为生产者，政府雇人生产使整个社会受益的产品或服务。在这些行为中，最重要的是学校教育、卫生保健、邮政服务、国防以及警察和消防。除了军事和邮政之外，美国大多数的政府生产都是在州或地方进行的。

作为微观经济的调控者，政府利用其对私人经济的影响力影响什么产品或服务会被生产以及怎样生产和在哪里生产。为了完成作为微观经济调控者的任务，政府可以采取许多办法。政府可以对产品征税，就像对香烟征税那样抑制烟草的生产和消费。它也可以补贴一些产品以鼓励它们的生产。20 世纪 40 年代以来，政府为核武器技术的研究提供的资金起到了补贴核工业的作用。和没有政府资助的研究相比，它能够以快得多的速度发展。政府也可以直接调控工业，如对汽车制造商强制实施燃油经济标准，以及对矿山经营者提出安全要求。通过实施区域管理条例，地方政府可以影响生产在何处进行。作为微观经济的调控者，政府也可以在其他方面施加影响。它可以限制价格，如建立最低工资制和为公共事业的产品定价。通过全盘买进或释放其存货，政府可以影响农产品和石油这类商品的价格（出于其他原因政府也可能采取这种行动）。通过实施反托拉斯政策，政府可以鼓励竞争，就像它最近试图将微软告上法庭一样。它也可能会抑制竞争，例如只从大公司采购军事设备，或禁止医生或出租车司机无照经营。政府也管理银行、保险公司及其他金融机构。

作为宏观经济的调控者，政府用货币和财政政策抵消商业周期，降低因繁荣和衰退所导致的价格、利润以及就业的不稳定（见第 16 章）。政府可以采用赤字支出——支出多于其税收收入——通过增加对产品和服务的总需求来创造工作岗位。反过来，政府也可以通过提

高家庭和企业的税负来“冷却”一个“过热”的经济，因而抑制在消费品和资本品上的支出，使生产缩减、失业上升。政府也可以扩大它自身的就业，比方说，改善道路或随着使用者越来越多而雇人清理国家公园里的垃圾，这当然会减少失业。它可以（通过联邦储备系统） 506
改变利率以降低或提高使企业借款建立新工厂的难度，鼓励或抑制投资，从而增加或减少就业机会。通过其作为宏观经济的调控者的行为，政府可以对收入分配产生重大影响——提高失业率迫使工资下降，或者缩减货币供给以挤压利润。

作为一个分配者，政府影响着收入和资源在富人和穷人之间、不同地区之间以及不同年龄、性别、种族的人群之间的分配。政府能够做到这一点，部分地是通过它维持了一套偏向于某个群体的游戏规则，部分地是通过它作为生产者的行为，就像当它为一群人提供比另一群人更充足的学校教育那样。2000—2001 年，新泽西州公立小学和中学在每个学生身上的平均支出是 11 248 美元，而密西西比州则是 5 175 美元。这项支出的最高纪录来自位于纽约长岛的一个非常富有的小镇——南安普敦，它在每个学生身上的支出是 15 000 美元。[①]

联邦政府以税收的形式从每个州的居民手上获取一定数量的收入，同时它也为每个州数不清的政府项目提供资金。对有些州而言，通过税收形式上缴给联邦政府的费用大于联邦政府在该州的支出。而在另一些州，情况刚好相反。结果是，联邦政府不断地把资源从一些州重新分配到另外一些州。

此外，政府还通过其作为微观经济的调控者的行为影响收入和资源的分配。例如，当政府全部买进那些一旦投放市场就将压低市场价格的农产品时，它是从消费者手中，尤其是那些必须将其大部分收入花在食品上以维持生计的人的手中，拿走了收入并交给了农产品的生产者、加工者和销售者。

政府也会更直接地作为一个分配者行事。它对一些人以高于他人的税率征税，并以转移支付的形式交给那些由于生理障碍、年老、失业或无力工作而无法从其他渠道获得收入的人。

---

① U. S. Department of Education, National Center for Education Statistics, *Revenues and Expenditures for Public Elementary and Secondary Education*: *School Year 2000-01* (NCES 2003-362) May 2003, Table 5, available at http: //nces. ed. gov; Josh Barbanel, "Charter Schools Grow in Suburbs, Uneasily," *New York Times*, May 3, 2003.

政府经济行为的扩张

在过去的一个世纪中，政府在经济中的重要性显著增长。由于政府职能的扩张既体现在质上，又体现在量上，而且因为并非所有的政府行为都与经济有同等重要的关系，所以没有一个单一的标准可用来充分地
507 度量政府职能的扩张。但若以美元衡量的话，美国联邦政府、州以及地方政府的支出占经济总产出的比重从 1902 年的 7.7%，上升到了 2002 年的 31%。

在 20 世纪的美国，军事、社会保障和健康项目的增长导致了联邦政府支出水平的大幅上升。诸如公立学校、市立医院以及警察和消防等直接服务的扩张导致了州和地方政府更加迅速的就业增长。尽管在过去的一个世纪中，美国政府的支出在各个层面都有大幅上升，但这些支出的总额占国家产品和劳务总产出的比例，还是小于其他发达资本主义国家的可比较的政府支出占国民产出的比例（见图 19.4）。

有关政府在经济中的重要性日益增长的原因存在着激烈的争论。一些人将政府的增长视为普通市民对商业私利的胜利。另一些人将此视为官僚主义理念的胜利，即认为如果出了什么问题，就一定得通过政府项目的方式来解决。

然而，政府职能在经济生活中的扩张有一个更具有说服力的解释：作为一种经济制度，资本主义的生存和运作需要政府的扩张。在前面的章节中概述过的对超额利润的无止境追求，以及随之而来的社会、技术及其他变迁，已经创造出了一系列条件，导致了对一个更积极的政府的需求。

这些需求既常常来自企业家也常常来自工人；既常常来自商会也常常来自美国劳工联合会和美国产业工会联合会；既常常来自共和党人也常常来自民主党人。此外，消费者和工人支持政府经济职能的扩张部分地是为了保护自己以免受制于大公司的权力。《谢尔曼反托拉斯法案》(Sherman Antitrust Act，1890)、《清洁空气法案》(Clean Air Act，1970) 以及《消费品安全法案》(Consumer Product Safety Act，1973) 的通过就是例子。美国政府职能的扩张并不是对资本主义的反对。更确切地说，这是对资本主义发展的某种回应。这种扩张是通过哪些特定的途径发生的呢？

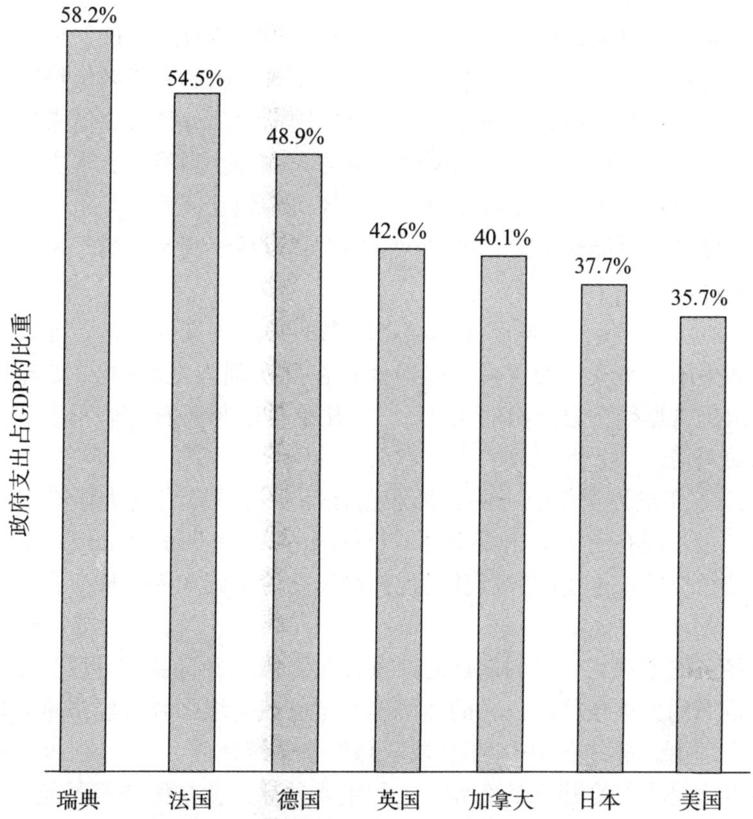

图 19.4　政府支出占总产出的比重（2003 年）

说明：该图展示了 2003 年经济合作与发展组织（OECD）7 个成员国各层次政府支出总量占总产出（GDP）的比重。OECD 28 个成员国该年的平均值是 40.7%。

资料来源：Organization for Economic Co-operation and Development，*OECD Economic Outlook No*. 75（Paris：OECD，2004），Annex Table 25，"General Government Total Outlays as Percent of Nominal GDP，" available at www. oecd. org.

经济的集中　政府经济活动的某些增长可以通过大公司的发展和小生产者的衰落得到说明。现代美国公司的强大势力允许它们的所有者有能力去游说政府以获得好处并影响舆论。因此，大企业能够促使政府去做增加利润的事情。这方面的例子包括对核工业的补贴，以及对军事装备的过度采购。在很多需要免除竞争压力、防止利润下降的情况下，美国公司的领导者也会支持政府管制的扩张。这类例子包括肉类及其他食品的质量管制，以免公司间的竞争降低了此类产品的质量。 *508*

国际扩张　美国大公司在全球的不断扩张促进了全球"美国利益"

这一概念的发展。随着公司从国内企业发展成为跨国企业，它们从希望政府征收关税以阻止外国产品的进入，转变为坚持政府应该保护美国在全球的投资。它们助长了一个日益昂贵的军事集团的发展来保护这些利益。战争准备和国债利息的支付——这些国债大部分是过去借来用以支付战争费用的，构成了联邦支出增加值的大部分。当然，资本主义不制造战争，但资本主义扩张所导致的国际经济的相互依赖和竞争的确使世界大战爆发的可能性更大。第二次世界大战以后，高水平的军事支出成为美国经济长期中的一个特征。

20世纪90年代苏联解体和随之而来的共产主义的衰落，导致冷战结束和美国军事支出的锐减。但即使是在此次削减之后的2002年，军事支出仍占据经济总产出的4.2%——几乎是联邦所有“非军事”支出总和的两倍。

2001年世界贸易中心的恐怖袭击之后，美国政府的力量有了更广泛的扩张。现在有了国土安全部（Department of Homeland Security），政府被授权监控电子邮件以及无视某些长期为美国人视作理所当然的隐私权。

509 **经济的不稳定** 以周期性的严重失业为标志并且被20世纪30年代世界范围的大萧条凸显出来的经济不稳定已成为增强政府经济重要性的另一个理由。那些在1913年促成联邦储备系统建立，以及在1935年促成证券交易委员会建立的商界人士的主要目标，就是保持美国经济的稳定性。政府干预更重要的一个推动力是大萧条的持续。直到第二次世界大战初期，军事支出才带来了充分就业。在萧条的20世纪30年代，当人们以各种方式回应资本主义经济在提供生计方面的失败时，左翼和右翼的激进政治运动均风靡世界，导致了政治的不稳定。

在许多国家，雇主和工人之间广泛的联合推动了政府作为宏观经济调控者对维持经济增长、利润和就业承担起更大的责任。第二次世界大战刚一结束，美国的经济发展委员会（Committee for Economic Development）就在1946年成功促使国会通过了《就业法案》（Employment Act）。这项立法使美国联邦政府至少在原则上有义务为每一个劳动力提供足够的工作机会。

第二次世界大战后，政府总支出的增长增强了政府稳定经济的能力。正如在第16章所说的，有些政府项目（例如失业保险）运行起来就像一个内在的稳定器，当经济慢下来的时候自动增加政府支出，从而有助于保持足够的总需求以避免严重的衰退。其他更刻意的宏观经济调控措施，例如新的税收政策和利率的变化，也可以对经济趋势起到反作用，以避免过少的工作岗位。然而，除了在朝鲜战争、越南战争和 20 世纪 90 年代之外，这些政策还没有成功地给美国带来过充分就业。这部分地由于尽管有 1946 年的《就业法案》，但消除失业实际上从来都不是政府宏观经济调控的目标。阿尔本·巴克利（Alben Barkley）——一位美国参议员——在《就业法案》通过时所说的新的法律“保证了任何需要工作的人出门寻找工作的权利”，引发了人们对《就业法案》不完备之处的关注。

收入资助　大萧条期间，许多美国人开始确信那些没有能力谋生的人至少在某个最低水平上应该得到政府的资助。资助穷人的政府项目代替了非正式的资助制度和私人慈善，这既是因为陷入困难的人不再能依靠他们的家庭或邻居渡过难关，也因为私人慈善机构没有足够的资金资助他们。在 20 世纪 30 年代，失业补偿、一般救济（general relief）和社会保障体系被建立起来。20 世纪 60 年代至 70 年代早期，由于老年人和单亲家庭数量的增长和政治动员，福利水平和受益人群都扩大了。

然而，在 20 世纪最后的两个十年，政府资助困难群体的理念受到 *510*
了猛烈的攻击。从 20 世纪 70 年代早期到 20 世纪 90 年代，收入资助项目的扩张被中断并在某些情况下被逆转了。例如，1998 年平均周失业保险支付额（200.29 美元）实际上（校正通货膨胀后）比 20 年前低了 4%以上。联邦最低工资的实际价值也下降了（见图 7.1）。

变化中的家庭生活模式　20 世纪 70 年代早期，男性实际工资增长的放缓和女性对平等要求的高涨结合起来改变了家庭中以及总的经济过程中女性和男性间的关系。这二者的发展使男人作为唯一的“养家糊口者”而妻子在家照顾孩子、准备饭菜和打扫屋子不再适宜。1900 年，只有 20%的美国妇女外出工作；到了 2000 年，25～64 岁间的妇女在支薪劳动市场上的比重已经提高到 73.5%。[①]

面对从 20 世纪 70 年代早期到 20 世纪 90 年代中期的工资停滞，越来越多的家庭发现，丈夫和妻子都需要参加工作以维持他们的生活水平。同时，妇女运动改变了人们的意识，使至少一部分男人负担了更多的家务，从而允许更多的妇女从事全职工作并拥有自己的事业。当然，

① U. S. Bureau of the Census, *Historical Statistics of the United States: Colonial Times to 1970* (Washington, D. C.: U. S. Government Printing Office, 1975); U. S. Bureau of the Census, *Statistical Abstract of the United States: 2001* (Washington, D. C., *2001*), Table 571.

这些变化也伴随着这样的事实：即更多的家务劳动是付钱请人做的，更多的小孩是在日托中心被人照顾的，更多的饭是在外面吃的或是订的，更多的房屋清扫工作是由付费的“帮手”完成的。

劳动市场中女性参与的增多和社会性别角色的泛化已成为另外一系列促使政府在经济中扩张职能的因素。为了扫除工作场所中妇女平等的障碍，新的法律和新的强制措施是必需的。在美国，1964 年的《民权法案》建立了平等就业机会委员会（Equal Employment Opportunity Commission，EEOC）以确保妇女和少数民族在工作场所的平等机会。既是为了女性，也是为了男性把付薪工作和家庭责任结合起来，1993 年，国会通过并经克林顿总统签署了《家庭和医疗休假法案》（Family and Medical Leave Act）。虽然这些法律的遵守不那么完美，但它们在使美国的政策变得更接近其他发达工业国家这一点上意义重大。

日本和许多西方国家的公民很久以前就享有政府资助的儿童保育、孩子及成人的卫生保健、带薪的父母休假和大量必不可少的假期等权利。相反，美国政府却不愿制定全面的家庭资助政策，唯一的例外是那些贫困线或以下的家庭。

511 1993 年《家庭和医疗休假法案》的通过至少在政府资助工作家庭（working families）的方向上迈出了一小步。这项法案要求在雇员多于 50 人的公司中，所有的工人在生育或领养了一个孩子或者家属生病需要照顾的时候，可以享有最多 12 周的无薪休假。这一法案对女性和男性都适用。虽然假期是无薪的，但休假对雇员的健康有好处，在他们回来的时候，可以保证在公司里获得大体相当的工作职位。因此，平等就业机会委员会和《家庭和医疗休假法案》使美国政府在管理雇主和雇员间关系上担负了更大的责任。

环境、消费者和工人的保护 许多团体已经要求政府调解利润率和人与环境保护间的冲突。在过去的半个世纪里，这些冲突造成了对政府行为的新需求。消费者已经组织起团体来为产品安全立法游说。采矿业、纺织业、化学工业以及其他行业的工人已经为了职业健康和安全管理而组织起来。在过去的半个世纪里，许多保护性的法律被颁布，其中最重要的是《矿山安全法案》（Mine Safety Act）（1969）、《职业安全与健康法案》（Occupational Safety and Health Act）（1970）和《消费品安全法案》（Consumer Products Safety Act）（1973）。

另一个唤起公众对政府干预的需求的问题，是不断增长的保护自然环境使其免受工业生产的影响。我们的自然环境——土地、湖水、空气和海洋——不只是被使用着，而且正在被过度使用或被污染着，因为企业间竞相生产更廉价的产品。历史上不曾对这些空气和水的使用——或者说滥用——征收过任何费用，而结果就是对这些维持生命的要素的污染。在许多情况下，最有利可图的处理废物、即使是非常危险的废物的方法，是简单地把它们扔掉，把自然环境当作一个免费的垃圾场。诸如 1969 年俄亥俄州凯霍加河燃烧事件、20 世纪 70 年代布法罗城外拉夫运河居民区污染事件和 1989 年阿拉斯加海岸埃克森·瓦尔迪兹号（Exxon Valdez）原油泄漏事件，已经戏剧性地表现出对更充分的控制的需要。20 世纪 70 年代早期环境保护局（Environmental Protection Agency）的建立和《清洁空气法案》的通过，都是在这个方向上迈出的重要步骤。

歧视　在过去的三十年里，人们已经认识到不受限制地行使个人权利会导致对消费者和工人的种族及性别歧视。20 世纪 60 年代早期引发公民权利运动的便餐馆静坐（sit-ins）使这个问题格外地凸显出来：那些餐厅和便餐馆的业主们是否有权用他们的财产做任何他们想做的事情，甚至包括将黑人顾客拒之门外？是不是所有人都有在公共场合被平等对待的权利？1964 年以来，美国公民权利委员会（U. S. Civil Rights Commission）已经起诉了一系列公司、协会和其他机构，迫使它们放弃歧视性行为。

上述政府经济行为扩张原因中的许多方面，可以理解为是对资本主义积累过程的特殊性反应。因而，政府管制的增长已经和投资增长以及技术进步一道，成为资本主义经济发展的一个组成部分。

“一个……对所有人……都公正的国家吗”

美国人的“效忠宣誓”表达了现代民主的一个最高理想：一个所有的公民都享有自由和公正的国家。但在美国大部分的历史中，其法律支持着各种各样的歧视。19 世纪许多州的选举权被限制在拥有大量财产的公民中。1920 年《美国宪法第 19 条修正案》（the 19th Amendment to the U. S. Constitution）通过以前，妇女是没有选举权的。在 1954 年最高法院做出的一项裁决以前，南方各州的非洲裔美国人的孩子被指派到依法隔离的劣等学校。只是随着 1965 年《选举权法案》（Voting Right Act）的通过，非洲裔美国人的选举权才得到保证。 *512*

由于妇女参政主义者、工会和民权激进主义者取得的胜利，对穷人、妇女和非洲裔美国人的歧视不再写进法律。但歧视——尤其是种族歧视——在法律实践中继续存在。例如，谋杀或者强奸一个非洲裔美国人比谋杀或强奸一个欧洲血统的妇女惩罚要轻。

2002年，一项对1988年被定罪的杀人犯的最终判决的研究发现：杀死了一个黑人的"非黑人"杀人犯比杀死了一个"非黑人"的黑人杀人犯要少服7年的徒刑。（非黑人是研究者们使用的一个术语，指非洲裔美国人之外的所有其他人。）如果受害者是黑人，而杀人犯是白人，判刑比被害者是白人的情况少3.7年。如果受害者是黑人，而谋杀者也是黑人，判刑比受害者是白人的情况少5年。更引人注意的是这样的事实：在车祸案件中（在这种情况下受害者一般不是由肇事者选择的），即使这些（实际上是所有的）案件中受害人的种族是随机决定的，导致非洲裔美国人死亡的人的刑期比导致白人死亡的人的刑期要短得多。另外一项研究发现，强奸黑人妇女的人比强奸白人妇女的人被判处的刑期短。

死刑判决的模式与此类似。根据最近一项对马里兰州杀人案裁决的研究，一个杀了白人的非洲裔美国人被判死刑的可能性，是一个杀了非洲裔美国人的白人的3倍。但是被告的种族差别不像受害者的那么重要。在分析案件是否构成死罪时，如果把犯罪的性质和案发地点考虑进来，这项研究发现任何种族的人如果杀死的是白人，都更有可能被判死刑。但黑人被告被判死刑的可能性不比白人被告大。对这种
513 情况的部分解释是大多数白人受害者是被白人杀死的。一项对芝加哥市1870—1930年所有杀人犯的研究发现了类似的死刑判决上的种族模式。

很难避免得出这样的结论：在美国的法律制度的实际执行中，非洲裔美国人的生命不如欧洲裔美国人的那么值钱。

资料来源：Randall Kennedy，Race，*Crime and the Law*（New York：Pantheon Books，1997）；Edward Gaeser and Bruce Sacerdote，"Sentencing in Homicide Cases and the Role of Vengeance，" *Journal of Legal Studies*，vol. 32，no. 2，June 2003，pp. 363-382. Raymond Paternoster，Robert Brame，Sarah Bacon，and Andrew Ditchfield，"Justice by Geography and Race：The Administration of the Death Penalty in Maryland，1978—1999，" *Margins：Maryland's Law Journal on Race，Religion，Gender and Class*. vol. 4，no. 1，2004，pp. 1-97. Steven Raphael，"Anatomy of Racial Inequality，" *Journal of Economic Literature*，vol. 60，December 2002，pp. 1202-1214.

但是，即使政府已经不得不扩张以解决经济发展中的问题和困难，却并不意味着这种扩张总能成功地满足人们的需求。下面的问题都是存在争议的：人们在今天是否比在100年前在经济上更安全？是否得到了更好的保护以免受大公司的专断权力？是否更少受到环境和自然灾难的影响？工作场所或食物威胁其健康的可能性是否有所降低？20世纪许多政治斗争都与这样一个问题相关，即在何种程度上，政府可以或者应该被调动起来去解决不受个人控制的经济力量所造成的社会问题。

正如我们不应该高估政府经济行为的影响一样，我们也不应该夸大它的影响力。政府就业包括军队仅占全部劳动力的 15%，而且更为重要的是：决定经济未来发展进程的最重要的因素——投资——还几乎全部掌握在私人的手里。

政府和利润率

从前面的讨论可以很明显地看出，存在着许多关于政府参与经济的适当规模的争论。为了更充分地理解这个争论，人们必须了解政府的经济行为对利润率的影响以及这些影响如何反过来引起不同社会群体如企业、工人、政府和公民间的冲突及联合的复杂模式。我们需要带着这个问题开始我们的讨论：政府税收是如何影响公司利润的？

税后利润

这个问题非常复杂。我们在第 10 章对利润率决定因素的分析仅仅是简单地讨论了税收对利润的影响。但企业最感兴趣的是缴税之后利润还剩下多少：**税后利润率**（*atr*）才是一个公司关心的主要事情。为了简化讨论，我们假定企业按照一个统一的税率——税前总利润的一个确定的部分——交税。这样税后利润率就是税前利润率的一个固定比例。 514

假设公司的利润税率是 25%；这样的话，政府的税收就等于公司利润的 1/4。从公司的角度来看，25%的税率意味着缴税后税前利润还剩下 3/4。税后利润率（*atr*）就是税前利润率（*r*）的 3/4。举个例子来说，如果税前利润率是 16%，那么税后利润率就是 12%。一般而言，如果 *r* 代表税前利润率，*tax* 代表公司利润税率，税后利润率（*atr*）和税前利润率（*r*）的关系可以用下面的公式表示：

$$atr = (1 - tax)\ r \qquad (19.1)$$

其中，*atr*=税后利润率；

tax=利润税率；

r=税前利润率。

在这个公式里，（1−*tax*）项只是表达纳税后剩下税前利润的便捷方法。因为一个百分点代表 1%，或 0.01，那么 25 个百分点的税率就是 25%，或 0.25。因此我们可以将先前的例子重述如下：如果企业的利润税率是 0.25（tax），那么税后利润率将是税前利润率（r）的（1－0.25），或者 0.75。因此，（1－tax）能告诉我们 atr 与 r 的关系。

税收对企业利润的影响很容易理解：税收越高，税后利润率越低，反之亦然。但当一个人将政府政策影响公司利润的所有其他途径都考虑进来的话，事情会变得复杂得多。

这里，我们继续讨论第 10 章放下的话题。现在，考虑政府政策如何影响我们在那里讨论过的利润率的每一个决定因素。[读者可能会发现在这里回顾一下第 10 章的分析，特别是公式（10.8）和表 10.1 是很有帮助的。]

政府政策可以影响到一个公司、一个产业甚至是整个经济的税后利润。为了达到这一目的，它们可以影响税后利润率诸多决定因素中的一个或多个。当然，政府可用来提高或降低利润率的方法是无数的。但为了阐明政府政策可能有的影响，我们在表 19.1 中提供了一些例子。从这个表中，我们可以得出一些重要的结论。

首先，在政府的许多经济行为中存在着雇主和工人之间的冲突。有
515 些政府行为，如推进研究可能会促进大多数人的经济福利，但许多其他的行为会在使某些群体受益的同时损害另一些群体。看看表中第 2 行和第 6 行的政府政策。这些政策通过降低安全保护和带来职位的不安全感，使雇主有能力降低工资、加快工作节奏以及得到工人其他方面的让步，从而有可能获得更高的利润率。正如我们已经看到的，这些政策有悖于工人们的普遍愿望：更高的工资，更安全、更少紧迫感的工作环境以及更多的工作机会。

其次，从这个表可以看出政府提高利润率的某些努力将会和其他努
516 力相冲突。例如，（第 6 行的）增加失业率，也可能导致企业更多的资本品闲置，因而降低了生产能力利用率（u），就同第 9 行所建议的政策发生了冲突。（第 7 行和第 10 行的）降低税率可能会使（第 1 行和第 5 行的）军费开支、（第 3 行和第 4 行的）研究和培训以及其他有利于企业的政府行为的经费变得更加困难。（第 1 行和第 5 行的）使用军事力量可能会降低失业率（与第 6 行相冲突）。因此，即使没有和工人之间的冲突，企业塑造政府政策以提高利润率的尝试也有可能是矛盾的和无效的。

表 19.1　政府政策和税后利润率

利润率的决定因素	政府政策怎样提高利润率
1. 产出价格（P_z）	用军事和政治力量为产品拓展海外市场
2. 每劳动小时的劳动付出（e）	减少负责执行工作场所安全标准的政府机构的预算
3. 每单位劳动的产出（f）	对职业培训和新资本品的投资进行补贴
4. 每劳动小时用掉的原材料和资本品的磨损和损毁（m）	支持改进技术的研究
5. 原材料和资本品价格（P_m）	用军事或政治力量使公司得到更便宜的原材料；允许企业勾销更多购置新设备的成本从而使资本品更加便宜（折旧津贴）
6. 小时工资（w）	增加足够的失业以压低工资
7. 资本品价格（P_c）	对投资提供税收减免
8. 每劳动小时占用的资本品数量（g）	废除有关必须配备废物处理设施的规章制度
9. 生产能力利用率（u）	通过宏观经济调控维持增长及可预期的商品需求水平
10. 利润税率（tax）	降低企业所得税税率

再次，企业间对政府也持有矛盾的目标。每个公司都关心自己的利润率甚于整个经济的利润率。因此，企业可能随时准备推动政府采纳会提高它们自己的利润率的政策，即使这些政策可能会降低其他企业的利润率。单个公司游说政府降低其税收负担、得到补助和允许其产品制定高价。大型石油公司因向他国支付特许开采费而得到税收抵免，从中大为渔利。波音公司以外国客户得到政府补贴的低息贷款的方式经常得到支持。当政府取消了对石油价格的控制，允许石油（对许多其他公司来说是一种原材料输入）价格上升而不是下降的时候，石油行业的公司就非常高兴。而石油公司对解除管制的支持似乎不受这样的事实的影响，即这项政策造成了汽车工业的巨大损失：汽车行业高利润的“油老虎”车型由于汽油价格的上涨而失去了消费者的青睐。大多数公司会乐意促成这样一些政策：允许它们向自己的工人支付更低工资，却迫使其他公司提高工资。在所有的这些方法中，企业为了特殊的利益而游说，而这些利益经常同旨在提高整体利润率的政策相冲突。

工人也一样在政府应该做什么的问题上有相互冲突的利益，虽然经常是为了很不相同的理由。例如汽车工业的工人可能希望政府政策限制国外生产的汽车的进口；而其他工人可能想购买一辆在日本制造的更便宜的汽车以节省开支。再举一个例子。与那些主要由少数民族和女性组成的工会相比，由白人男性组成的工会可能对保护妇女和少数民族工人平等就业机会的政府项目不那么热心。

我们对政府政策的理解由于这样的事实而变得更加复杂，即雇主和工人不是这个游戏中仅有的玩家。政府的领导者有他们自己的目标并面临他们自己的约束。首先，他们必须找到重新当选或重新被任命的方法。这个考虑可能使迎合大多数选民的喜好成为必要。这个目标自身要求两种策略的结合：在采纳符合大多数选民利益的政策的同时，制定政策迎合可以为竞选提供大量捐赠的人。只有把二者结合起来才能增加一个人再次当选的可能性。全心全意为大多数选民谋福利但无法负担竞选费用的政治家，同那些露骨地以公众利益为代价而为少数人牟利的人一样是必然的输家。

政府领导就像商人一样可能因此发现他们不同目标间的冲突。为了取得企业的好感，政府领导可能想对利润和高收入减税。但提高其他税收以保持足够的政府收入可能会招致更广大的选民的愤怒。而普遍的低税收又使政府不可能提供大部分选民认为是必要的公共服务。

这个在政府领导、公民（包括工人）和企业经理之间进行的三方博弈，在接下来集中论述对失业率进行宏观调控的部分将得到形象的说明。

钱包选举和政治两极化

517 美国的两个政党民主党和共和党，代表了不同的经济利益吗？那些富人们一直都担心如果经济上的冲突——雇主和雇员之间、银行家和借款者之间、地主和农民之间——被带到政治里，他们将在人数上不敌对手。在经济中，更少经常意味着更好。作为一个小团体的成员——例如小镇上唯一的餐馆或汽车修理厂——是有利的，因为可以限制竞争。但在政治中，数量具有重大价值。

共和国的缔造者们担心在一个民主政体里，富人可能会在投票中被穷人击败。然而，詹姆斯·麦迪逊（James Madison）——《美国宪法》的作者之一——提出（在一本写来劝说富人支持批准《美国宪法》的著名的小册子里）：经济利益不可能决定政治中的主要阵线。他认为，宗教、地域和民族血统很有可能是更重要的。

通过把种族和家庭问题包括进去而对麦迪逊的断言进行适当的修正，结果证明他的话大部分都是正确的。曾经有过按收入和阶级将选民区分开来的选举和议题，但都只是特殊情况。

在过去半个世纪中的大多数时间里，收入高的倾向于成为共和党人，而收入低的倾向于成为民主党人。但依然有大量贫穷的共和党人和富裕的民主党人。例如在1960 年，美国最富有的五分之一比起最贫穷的五分之一成为共和党人的可能性只高出 13%。南方各州的收入比全国平均水平低，但南方人中，富人和穷人一样倾向于投民主党的票。相反，在南方以外，农村地区的许多低收入者投共和党的票。

但这一切正在改变。取 1992 年到 2000 年选举结果的平均数，在收入分布中处于顶端五分之一的选民投共和党票的可能性是底端五分之一的两倍以上（也就是说多出 100%的可能性）。在这些年份中，富人和穷人选举模式的差异程度是 1960 年13%的差异程度的七倍。政治科学家们称这种现象为政治两极化。这是怎么发生的呢？

下面的事实可以部分地解释扩大中的两极化过程。在过去的半个世纪中，两个低收入群体，妇女和非洲裔美国人，变得更有可能支持民主党，而一个高收入群体，白人男性，变得更有可能支持共和党。另外一个原因是南方变得更加富裕，从而更加共和党化。

选举模式的某些变化与收入没有联系。妇女变得更加民主党化，是因为她们支持民主党在堕胎权和支持性行动（affirmative action）上的立场。许多南方人成为共和党人不是因为他们的收入增长了，而是因为他们更喜欢共和党有关种族和家庭的立场。但政治两极化依然在发展，因为人们更多地为了他们的钱包投票：在性别、种族和地区相同的人群中，收入是政党关系的一个越来越好的预测因子。 *518*

资料来源：Nolan McCarty, Keith Poole, and Howard Rosenthal, "Political Polarization and Economic Inequality," *Quarterly Journal of Economics*, forthcoming.

政治的商业周期

想象一下如果经济处于一次强劲的扩张中：产出迅速增加，新的订单蜂拥而至，企业雇员增加。结果就是失业率下降。

当扩张继续时，工人们认识到如果丢了工作其实也没什么可怕的。在低失业的状况下，他们知道可以找到其他工作。用第 12 章的语言来表述就是：工人的保底工资增加了。因此，他们可能开始要求升迁或工作条件的改善。他们还可能更加抵制劳动"加速"或雇主的其他旨在迫使其超负荷劳动的努力。

雇主们开始着急。从他们的角度来看，当增加的需求提高生产能力利用率（u）从而有可能增加利润率（r）的时候，一次长期的扩张却有可能是一件过于美好的事情了。为什么呢？原因就是长时间的扩张带来的失业率的下降会使工人可能要求更高的工资（w），或允许他们减少每小时的劳动付出（e），结果利润率（r）被挤压。

于是，企业领导呼吁政府领导出台政策——如削减政府支出或增加利率——以引起一场衰退并提高失业率。在公共场合，这个议题被表述成通货膨胀的威胁或经济过热的危险。然后会有人努力以使公众确信是时候沿着通货膨胀—失业替代曲线向高失业率一端移动了。但私下里，企业的领导考虑的最重要的却是调教其雇员，消除工人任何增加工资或减少劳动付出的企图。（参见第 17 章专栏“一种观点：有益的衰退”。）

资本家单靠自己制造不出一次衰退，但政府政策却可以。因此，企业的游说团体、迎合企业利益的媒体和其他与高利润利益攸关的组织就会利用它们的影响力让经济降温。当然，没有人可以公开地提倡更多的失业，但可以把制造高失业的政策说成是“反通货膨胀”、倡导“财政责任”或“控制货币供给”。

政府领导可能会回应企业的需求。如果他们愿意的话，他们可以选择多种政策，其中任何一个都倾向于减少总需求。他们也许会使用财政政策，削减政府支出从而减少政府的需求。或者他们也可以提高个人或企业税收，减少个人消费支出或留给企业更少的资金以减少对资本品和消费品的需求。

519 政府也可以使用货币政策工具来限制信用及增加资本的成本。这些政策会使企业贷款投资更困难或付出更大的代价，从而减少对新资本品的需求。它们同样也会使家庭以贷款方式买车、买房或买其他商品变得更困难，从而减少对耐用消费品和住房的需求。

随着总需求下降，产品和服务的新订单开始枯竭，生产减少，随之工人被解雇。工人们开始听说朋友被解雇或工厂倒闭，然后他们开始为保住自己的工作而担心。工人的保底工资下降。工作场所的纪律开始变得严格。如果萧条是短期的，并且有效地降低了劳动成本，企业可能认为暂时的低生产能力利用率（u）和短暂的利润率下降（r）对于重新取得对劳工的优势是值得的。而且当经济开始再次扩张时，生产能力利用率将会上升，于是利润率将得到恢复。

因此，从雇主的立场来看，这种萧条可能是一件好事情。但是政治家知道不久就会有一场选举。失业的工人和他们的家庭经常（正确地）抱怨政治领导至少应部分地对他们的不幸负责，他们可能会在第一时间投反对党的票。

这些复杂的相互作用和反作用的结果被称为**政治的商业周期**。政治这个词被加到商业周期之前，用以反映除了通常会影响价格、产出和就业涨落的那些决定因素之外的因素的作用。若把这些额外的因素考虑进来，我们就不再能假设商业周期仅决定于无数相对独立的投资者和消费者的支出决定。根据这种宏观经济调控的新见解，商业周期似乎至少部分地决定于政治过程。在这之中，政府领导勉力平衡着工人、雇主和他们自己的有时会相互冲突的利益。

资本主义经济民主控制的局限性

如果萧条可以被公共政策发动起来，那么，政府的经济能力可以转而用来实现有利于每一个人的经济增长吗？民主社会的公民可以控制经济以增进他们的福利吗？

在上一节我们看到由于政府的经济行为对利润率的相互冲突的影响，矛盾和不协调内在于政府经济政策的选择中。在这一节里，我们会看到，只要经济继续是资本主义的，即使是大多数选民都支持，他们改变经济事件过程的能力也是非常有限的。

为了理解政府受到的限制，回想一下，我们的经济可以被想象成一个游戏。在这个游戏中有两组不同的规则。一组规则——资本主义经济的规则——将权力和特权给了那些拥有和控制生产中所使用的资本品的人，尤其是那些最大的公司的所有者和管理者。另一组规则——民主政 520
府的规则——将重要的权力给了选民，也就是大多数成年公民。因此，我们的社会制度产生了两种权力：**资本的权力**和**公民的权力**。

这些权力经常发生冲突，例如当公民想限制资本家的权力不准出售危险的或者危害环境的产品的时候。在大多数此类冲突中，资本家有着巨大的常常是压倒性的优势，尽管在政治领域中存在着企业所有者的人数（尤其是大企业的所有者）微不足道这样的事实。对他们的政治权力有三种解释——一个比较明显，另外两个则不是那么明显。

资本家拥有巨大的政治权力的第一个原因，是经济资源可以而且经常被直接地转化为政治力量。企业或富有的个人可以资助竞选；他们可以购买广告以改变公众意见；他们可以聘请律师、专家证人和其他人影响具体法律的起草和实施；他们还可以通过其他方式利用他们的经济资源——例如从事直接的贿赂——影响政治体系。在所有这些方式中，经济资源由公司控制使商人影响政府官员和经济政策成为可能。

商业领导不成比例的政治力量的第二个原因更间接一些。今天，媒体巨头的所有者控制了可以塑造公共舆论的电视台、报纸、出版社和媒体用到的其他资本品。即使“公共”广播和电视现在也严重依赖企业的捐赠。宪法赋予的言论自由和出版自由（包括电视和广播）保证人们可以说任何想说的话，记者可以写任何想写的东西。但电视行业资本品的私人所有权则保证了播放什么最终由公司领导说了算，这些人要么是电视台的所有者，要么是那些购买了广告时间的大公司的领导。一般而言，这是一些对增进公民权力没有兴趣的人，因为公民权力的增加可能会危害他们的利润。

金钱带来权力的第三种方式和这样一个事实有关：资本家控制投资，从而可以影响任何特定地区的经济状况。如果企业家发现一个地区的投资环境糟糕，则意味着他们可能不容易在那里获得利润，他们就不会在那个地区投资，而是选择其他地方代替（如果一定要投资的话）。如果他们不投资的话，结果将会是失业和经济停滞，可能还伴随着生活水平的下降。这解释了为什么一个特定地区的政治领导易受到商业领导的需求的影响。如果前者不迎合后者的期望，该地区的人将遭受经济困难并把他们对困难的抱怨至少是部分地发泄到政治领导的身上，然后在下一次选举中把他推下台。

521 一些遵循类似过程的东西在政治的商业周期中起作用。当出现一次长期扩张时，政府领导经常自愿顺从商业领导的需要制造一次衰退以提高失业率。为什么会这样呢？因为在这种情形下，政府官员可以预期到商业领导将会因为工人力量增强而导致可能的利润率下降而责备他们。如果事实上利润率已经受到了威胁，商业领导将不仅会抑制其投资、引起经济困难，导致人们在下一次选举中宣泄他们的愤怒，他们还会拒绝对现任政治领导进行财政支持，而后者需要这种支持来负担下次竞选的开支。

当商业领导拒绝在一个特定地区投资，不管它是一个小地方，还是大一些的如美国的一个州，抑或是整个国家，这个地区将会经历一场**资本罢工**。当工人罢工时，他们拒绝承担他们在经济中的角色：他们不工作了。当资本家罢工时，他们也拒绝承担他们在经济中的角色：他们不投资了。但工人罢工和资本家罢工的相似之处就到此为止了。当工人罢工时，他们必须把自己组织起来一起罢工。单个的工人没法儿罢工（那叫辞职）。相比而言，资本罢工不需要协调一致。正如我们在第 11 章所看到的，每一个公司例行地研究经济和与投资决策相关的其他条件。如果公司经理不满意所看到的状况，他们将不投资。没有人组织资本罢工。这样的罢工通过公司领导的独立决策就发生了。如果大量的公司都认为情况看起来很糟糕，他们联合起来抑制投资的后果就会大到足以改变整个地区的经济状况。

在公民权力同资本权力发生冲突的时候，资本罢工的可能性严重限制了公民的权力。一个假设的情景将会使这个问题变得简洁明了。在美国按照通行的政策，工人在失去工作后有权得到 26 个星期的失业保险支票。但如果一个特别的州——我们就叫它“美国艾妮州”（Anysstate）——决定提供更长时间的失业救济金，这样一来，只要还在失业，工人们就可以继续领到失业保险支票，想象一下可能会发生什么？假设这些支出通过对环境污染的企业征收重税来支付。如果艾妮州大多数公民支持这些政策，州政府将会采纳它们，付给失业工人额外的救济金，同时征收“污染税”以支付这些救济金。

现在想象一下你是一个大型跨国公司——让我们叫它“MNC 实业”——的首席执行官。该公司在艾妮州雇用了大量的工人。假设你正考虑在艾妮州投资，比如建一座新工厂。你不仅要担心潜在的税收（适用于任何产生环境污染的生产过程），在工人们知道了一旦被雇佣就有权得到长时间的失业保险支票的情况下，你还需要掂量：（1）你对你的雇员有多大的权力以及（2）他们工作的努力程度会如何。

你甚至可能会问自己，公民下次会投票支持什么样的政策。然后你肯定会重新考虑在艾妮州的投资。不是你个人不喜欢新政策，而是因为你的利润率，税前的和税后的，在艾妮州将很有可能低于在其他的任何地方。低利润率将会使 MNC 公司很难保持它相对于其他公司的竞争地位，并且还会带来额外的后果：人们一旦知道了该公司利润率下降的事 522
实，公司在股票市场的价格就会下跌。这反过来又可能促使股东出售其股份，给股票价格下跌带来更大的压力。而公司的董事会，由于公司糟糕的“表现”，可能开始考虑用一个新的首席执行官来代替你。预期到这些结果，你将会把新工厂建在别的地方，而且很可能是一个积极宣传其优良的投资环境的州。

毫无疑问，其他的企业家会独立地得出同样的结论。有些人甚至会关闭在艾妮州的工厂和办事处，将它们迁到别处。这些独立做出的决定的累加效果将会是艾妮州失业的增加和人们收入的下降。

在接下来的困难时期中，可能会引起一场州财政危机。随着失业的增加，州财政的失业保险支出将会上升，同时增加的还有其他收入支持项目的开支。当人们收入下降时，州税收也会减少，州财政预算将会出现赤字。（大多数州的宪法要求保持预算平衡。）

但这仅是问题的刚刚开始。为了能花费比当前税收更多的钱，州政府将被迫进一步提高税收或向愿意给州政府借钱或购买其州债券的银行或个人借钱来花。由于艾妮州经济衰退，银行无法保证其贷款会迅速归还，甚至无法确定它们能否归还。如果银行同意向该州贷款，将只会因为利率较高（以补偿向该州贷款的风险）而做这件事。类似的，投资者愿意购买该州新发行的债券，也只是因为他们被保证将有较高的利率。如果贷款被给予或债券被卖出，该州将会为其当前支出筹集到更多的资金，但本质的问题只是被拖延了。当高额利息需要支付的时候，再加上对州财政收入的其他需求，这些问题将会更加严重地再现出来。由此带来的恶性循环，目前在美国的许多州都很明显，被称为州财政危机。

可能的结局会有两个。首先，随着偿还的不确定性的增加，银行可能拒绝新的贷款，直到州政府改变其政策。如果州政府处在破产的边缘——这将意味着撕毁与政府雇员订立的合同以及无法支付工资或账单——银行推荐的这种政策可能会很有说服力。其次，拥有**自主权**的艾妮州的公民为了改变现状可能会决定选举一个新政府。无论出现哪种情况，新的政策都会与以前的相反。

我们的例子只是针对单个州的，但实际上，我们描绘的这个过程有可能会在任何一个州甚至任何一个国家发生。毕竟，MNC 公司并非必须将它的工厂建在美国。

让我们回到艾妮州的例子。公民的选举权或者公民自由被侵犯了吗？没有。资本家勾结起来故意破坏公民权利了吗？没有。他们独立行动并相互竞争。他们利用竞选捐赠或者游说集团影响政府官员或选举了吗？可能会，但他们没有必要这样做。

523 公民对经济施加控制了吗？这是一个更难回答的问题。资本主义经济对他们能做的事情肯定施加了限制。公民可以投票赞成任何他们希望的政策，但他们不能强迫企业在艾妮州投资。这个事实严重限制了政治上的选择。

是哪里出了问题？这个例子本来可以是很不相同的。

艾妮州公民应该遵循的一条路线是：限制他们自己的预期。他们应该指挥政府把精力集中在既会使公民受益又同时提高——或至少不降低——公司利润率的项目上。换句话说，他们应该从一开始就接受这样的事实，即他们在经济事务上是没有“自主权”的。这会使他们在次优情况下作出最好的选择。例如，公民可以只把精力集中在消除某些特定类型的污染上，如可能会降低娱乐业利润从而压低财产价值的空气污染。他们可以设计项目向老年人而不是当前已就业的工人提供经济安全。他们可以给所有的孩子提供更多适应商业活动的学校教育，以增加就业和机会平等。同样，他们可以投票赞成不影响利润率的税收来支付这些项目。如果他们采纳了这些政策中的任一个或全部，艾妮州的许多公民将会因此受益，而那些受到不利影响的公民可能没有能力妨碍这些政策的采纳。特别是资本家可能会看好这些政策，或至少无差别地看待这些政策，从而可能不会停止或撤回他们的投资而给该州带来经济衰退。

重申一遍，艾妮州的例子是虚构的。但事实上，它类似于 20 世纪早期在威斯康星州实际发生的一个过程。威斯康星州曾经是在资本主义经济下试验公民权力最大化项目的领导者。此外，联邦政府和一些州政府以及地方政府正在从事的许多福利性经济行为，也与这里的描述相吻合。在资本主义经济的一般框架内满足社会需求是欧洲国家诸如瑞典和奥地利的目标，在这些国家，社会民主党在 20 世纪的大多数时间里执政。然而，这些项目虽然有福利性质，但却受到这样一个事实的严重制约：许多提高生活水平和生活质量的方法迟早会威胁到利润率。

艾妮州还有另一条可遵循的路线，虽不太可能但至少是可以想象到的。当 MNC 公司（或其他公司）决定终止它们在艾妮州的业务时，这些工厂可以由当地的社区、它的工人或州政府自己买下来。当一个企业离开一个社区时，它带走的通常只是资金，而工厂、设备还有机器——更不用说工人——都会留下来。如果可以找到一种方法来购买这个企业然后出售它的产品，原来在 MNC 公司里就业的工人就没有理由不能继续在那里工作。他们可以通过建立一个社区所有的企业、工人所有的企业或其他形式的民主组织做到这一点。

我们也许能从艾妮州的例子中得出结论，即公民权力受到了他们改变基本经济政策的能力的严重限制。这些限制只有当公民投身于改变资本主义经济的规则时才能加以克服。正如本章所论述的，资本主义经济的规则是不同于民主政府的规则的。

推荐书目

Daniel Altman, *Neoconomy* (New York: Perseus Books, 2004). *524*

Samuel Bowles and Herbert Gintis, *Democracy and Capitalism: Property, Community, and the Contradictions of Modern Social Thought* (New York: Basic Books, 1987).（鲍尔斯和金蒂斯. 民主和资本主义. 北京：商务印书馆，2003.）

Godfrey Hodgson, *More Equal Than Others: America from Nixon to the New Century* (Princeton: Princeton University Press, 2004).

Peter Lindert, *Growing Public: Social Spending and Economic Growth Since the 18th Century* (Cambridge: Cambridge University Press, 2004).

John Pencavel, *Worker Participation: Lessons from the Worker Co-ops of the Pacific Northwest* (New York: Russell Sage Foundation, 2002).

Adam Przeworski, *The State and the Economy under Capitalism* (New York: Harwood, 1990).

Adam Przeworski, Michael E. Alvarez, Jose Antonio Cheibub, and Fernando Limongi, *Democracy and Development: Political Institutions and Well-being in the World, 1950—1990* (Cambridge: Cambridge University Press, 2000).

第四篇

结　论

第 20 章　资本主义的未来

我们是以共产主义的崩溃和把共产主义 527
东德与西德隔开的柏林墙的倒塌这一很少有人预见到的历史性转变开始本书的第 1 章的。而早已预料到共产主义政体崩溃的少数学者之一是哈佛大学的社会学家塔尔科特·帕森斯（Talcott Parsons）。早在 30 年前，当苏联及其盟国的共产主义统治看上去如同历史上那些永恒的事物一样永恒的时候，帕森斯就提出了一种观点，即：人类构建的某些制度是会持续下去的，而另一些很可能是短命的。毫不奇怪，以帕森斯保守主义的政治观点来看，他会把资本主义归为第一类，而把共产主义归为第二类。

帕森斯把“会持续存在下去”的这类制度称为进化通则（evolutionary universals）。他用它来表示在许多不同环境下独立涌现出来的组织社会的方式，它们一旦诞生，就会在较长时间内持续存在并扩散到其他地区（参见专栏“进化通则还是社会革命?”）。在帕森斯看来，这种进化通则对社会而言是件好事，就像有机界产生了像眼睛这样的事物一样。它们在很多时期独立出现，使该物种比其他物种占据优势。帕森斯将宗教、血亲、货币、市场和民主都纳入进化通则之中。他注意到了共产主义政体国家在经济和军事上所取得的成功似乎对他的理论构成了一个例外（苏联在第二次世界大战击败德国所起到的重要作用仍令人记忆犹新），但说到作为一种政治制度的共产主义，帕森斯预言了它最终的灭亡：“我确信地预言，共产主义将会证明它是不稳定的，它要么向通行的民主方向做出调整，要么‘倒退’。”

作为一种经济制度，资本主义也会发生变化吗？资本主义是建立在
528 进化通则之上的吗？因而可以不同于共产主义而持续存在下去？我们在第1章“资本主义震动了世界”中看到，在过去500年的历史中，资本主义本身就是伟大的变革工具。我们用“竞争、统制与变革”作为本书的副标题就是为了强调这样的事实：至少从资本主义初期开始，变革一直是通则而缺乏变革是例外。那么，资本主义本身是这个通则的一个例外吗？抑或它的变革如此的具有根本性以至于它需要一个新的名字？它会被目前尚不知晓的某种其他的经济制度取代吗？它会是历史的终结或资本主义的终结吗？帕森斯对资本主义的寿命问题有一个明确的答案。他的观点是：资本主义——至少在与民主相伴的时候——将会持续下去。资本主义的基本制度都属于他所称的进化通则。在20世纪60年代早期，当帕森斯提出这些观点的时候，他的理论是批评者们毫不费力的靶子。进化通则疑似帕森斯所赞美的他周围哈佛广场上的那些东西。爱打趣的人戏称其为“历史的有轨电车理论”，因为它似乎是在说：“你确切地知道它要去哪里；唯一的问题是它什么时候将到达那里。”在他看来，一旦世界变得像美国一样，历史就走到了它的尽头。

但帕森斯是有他的道理的。令人惊异的是许多社会发展出了诸如货币、市场、私人产权这样的制度，而且它们一旦流行起来，就几乎没有被放弃的。类似的还有几乎是普遍存在的与家人以外的人分享食物的惯例，不管它是采取捕猎后分割猎物的形式（见第2章），还是由部落首领或地位较高的“大人物”提供奢华的庆典和宴会，抑或如在今天的美国，由政府向那些有需求的人提供食品券。而民主——普选权、竞争性选举以及个人自由（见第3章）——已经从一个世纪以前在几个国家存在的萌芽形式，扩展到今天在世界200个国家中可能五分之二的国家中

都存在的充分发展的政府形式。(我们说“可能”是因为这种情况下的计数在很大程度上取决于一个人如何判断哪些国家是民主国家而哪些不是。)

帕森斯认为历史将终结于资本主义和民主。相反，马克思认为，因为资本主义天生就是一个导致变革的制度，所以历史不会终结于资本主义。用他的话说，资本主义实际上是一种会驶向“历史的垃圾箱”的制度。马克思信心十足地预言：就像其他的社会、经济制度被资本主义取代一样，资本主义也将被取代。

根据马克思的历史唯物主义（见第 4 章），知识、科学和技术进步（他称之为经济的“生产力”因素）会推动社会经历由低到高的不同的制度结构，他将它们称为亚细亚的、古代的（奴隶制）、封建的和资本主义的“生产方式”，每一种都有其独特的阶级关系。

例如，从 16 世纪到 18 世纪，当欧洲人和非洲人第一次到达新大陆时，棉花和食糖是在种植园由奴隶而不是由资本主义农场中的雇佣工人种植的。按照马克思的观点，奴隶制生产方式之所以盛行不是因为种植园主还不懂得怎样成为资本家（他们是懂得的），而是因为在当时的技术条件下，奴隶制是组织农业生产的一种有利可图的方式，因此可以维持一种奴隶主居支配地位的阶级制度。但对纺织品和其他工业制成品的生产来说，基于雇佣劳动的制度就更有利可图。

随着 19 世纪机器制造技术的发展，美国北部各州的工厂生产比南部奴隶制下棉、糖等原材料的生产扩张得更为迅速。于是，与资本主义生产方式比起来，奴隶制便黯然失色。在美国，随着北部各州经济的日益繁荣，这首先表现在经济上，随着南部在美国内战中失败，又表现在军事上。

西班牙征服者发现了进化通则

荷南·科尔蒂斯（Hernán Cortés）在写给卡斯提尔（Castile）国王查尔斯的长信中，描述了他和自己的武装人员在 1519 年向泰诺克提特兰（Temixtitan）进发时遇到的异国不寻常的风俗。考虑到在过去的 13 000 年里，在新、旧大陆之间没有任何持续性的接触，那么他对墨西哥的描述的令人惊异之处就在于这种描述是那样的令人熟悉。一踏上泰诺克提特兰他就写道： 529

“城市里有许多可以用于交易的广场，市场是连续不断地开放的。有一个广场有萨拉曼卡（Salamanca）广场的两倍大，周围都是有拱廊的街道，每天有 6 万多人到这里买卖东西，几乎每一种商品……都可以找得到。除了交易的数量大得多而外，它似乎很像格拉纳达（Granada）的丝绸市场。每种商品都按数量和型号销售……（并且）在这个巨大的广场上，有一栋很大的建筑，可能是法院，里面坐着10～12个像是法官的人……广场上还有其他一些人在人丛中巡视，看他们卖的是什么以及使用什么样的量具；有人看见他们砸碎了一些假冒商品。”

同样，阿兹特克人（Aztec）的阶级结构也没让科尔特斯感到吃惊：

“有很多首领，他们都住在城市里。而从这些领主手中获得土地并彼此独立耕作的农奴则住在农村。他们中的一些人比其他人拥有更多的土地……街上也有许多穷人像在西班牙和其他文明地方一样向富人乞讨。”

这位探险家继续写道——在对其他事物的描绘之中——“有许多供放神像的庙宇或房屋”，并做出了这样的评论：“直到现在，这些用以有序统治民众的方式与在威尼斯、热那亚或比萨所使用的方式几乎一样。”

资料来源：Hernán Cortés，*Letters from Mexico*（New Haven，Conn.：Yale University Press，1986），as presented in Samuel Bowles，*Microeconomics：Behavior，Institutions and Evolution*（Princeton：Princeton University Press，2004）.

进化通则还是社会革命？

进化通则是指所有对未来演进有足够重要性的有组织的发展状态（organizational development），而不是指那种只出现一次、很可能是在个别情况下由个别制度运行“碰上”而出现的新鲜事。

—Talcott Parsons，“Evolutionary Universals”（1964）

社会的物质生产力（及其科学技术）发展到一定阶段，便同在这之前一直发挥作用的财产关系……发生矛盾。于是这些关系便由生产力的发展形式变成生产力的桎梏。于是，一个社会革命的时代就开始了。

—Karl Marx，“Preface” to *Critique of Political Economy*（1859）

因此，马克思的观点与帕森斯的观点是很不同的。按照马克思的观点，只要与当时的技术水平和阶级关系相适应，制度就会产生并持续下去。因此，在人类历史的早期阶段，资本主义不只是等着被发明出来的更好的捕鼠器，相反，只有等到技术的发展使早期的社会形态过时的时候它才会出现。这种情况只有伴随着现代科学和工厂生产的发展才会出
530 现。马克思注意到，在他所处的时代和地点，资本主义已经成为占据支配地位的生产方式，但他相信，随着科学和技术的进一步发展，资本主义最终会被其他的经济制度取代，就像美国的奴隶制和欧洲的封建制被新兴的工厂生产摧毁一样。

尽管马克思与帕森斯的观点有很大的差别，但在马克思的理论中也有“有轨电车”的一面。对马克思而言（不像帕森斯），终点站不是资本主义。更确切地说，这是一个小写“c”的共产主义（communism）——一个无阶级的、人人参与的制度，与 20 世纪大部分时间在俄罗斯（苏联）曾经存在过的制度有很大的不同的共产主义。作为一个民主主义者，马克思一定会厌恶苏联式的共产主义。

马克思关于资本主义的许多预言被证明是非常正确的，但他关于共产主义取代资本主义的预言却未能言中。他大大低估了资本主义在新环境下适应和变化的能力，尤其是应对那些对其继续存在产生最严重威胁的能力。这其中就包括民主化的资本主义国家用失业保险、社会保障、公共教育和其他类似政策校正资本家和工人之间的某些不平等的强大的能力。资本主义展示其适应能力的另一条途径是它应对金融和其他经济危机的能力，而马克思认为这些危机最有可能导致资本主义的灭亡。

现在，我们到了本书的最后一章，没有比再一次思考第 1 章讨论过的经济的长期趋势更好的方式来作为结束了。它们在资本主义制度下消失了吗？抑或这些趋势——以及一些新的力量——将会在这种制度的内部带来根本性的修正，或者甚至有可能导向一系列新的制度？如果某些新事物正在形成，那么，这种新的制度会包含帕森斯的进化通则吗？抑 531
或帕森斯和马克思的观点都会被证明是错的？对这样一些问题的任何回答都必定是推测性的，但如果我们的三维经济学是有价值的，它就应该能解释未来出现的重要的可能性中的某些方面。

本章的中心思想是，**科学和技术的变革可能会在资本主义制度内部带来根本性的变革——延长其寿命——或者导致一种性质上不同的经济制度的出现。**这个中心思想是通过以下三点来表达的。

1. 在即将到来的几十年中，技术的变革，尤其是信息革命，以及人类对自然环境不断加速的影响，特别是全球变暖问题，将使我们面临人类历史上完全未曾有过的挑战。
2. 在应对这些挑战的过程中，用新的方式组织经济的新制度可能会出现，它使我们能够利用现代技术并改善人类福利。
3. 任何新制度都可能包含帕森斯进化通则中的一些变量，但同时它们确实会展现出一些实实在在的新特征。

我们在本章关注的现存经济制度的两个挑战是：第一，资本主义持续扩张所面临的限制，诸如全球变暖和经济快速增长给环境带来的其他影响；第二，信息革命。在我们看来，这两个挑战本身就是资本主义发展的产物，目前又构成资本主义运行方式的威胁，它们是人类社会今天所面临的诸多问题的缩影。其他可能的重大的事件或变化——例如，已经对现代医药产生抗体的致命病毒的出现以及核武器的扩散——都有可能构成不亚于此的严峻挑战。

增长的极限

19 世纪早期的政治经济学家大卫·李嘉图——与亚当·斯密同为古典政治经济学奠基人——认为英国的发展会因为土地的缺乏而受到限制。他相信：由于这个国家正在用光它的土地，所以它的经济增长会陷入停滞。李嘉图的理论是：随着人口的增长，优等土地将会变得越来越稀缺，因此，食品价格的上升会快于制造品价格的上升。为了维持工人特定的营养水平，工资就必须上升，这将挤压企业的利润，进而带来投资的下降，从而会抑制增长的进程。李嘉图是在 1817 年发表他的观点的。两代人之后的威廉·杰文斯（William Jevons）——新古典经济学的奠基人——认为英国又在用光它的煤炭，于是也做出了灾难预警。

李嘉图和杰文斯都被证明错了。尽管自李嘉图时代以来，世界人口已经增长了六倍，但农业技术变革的步伐（见图 1.6）是如此之快，以
532 至于食品价格并不比工业制造品价格上涨得更快。煤没有变得更稀缺，而是人们用新能源——石油和核能——取代了它。能源价格的暂时增长偶尔抑制了投资和发展，像 20 世纪 70 年代石油生产国卡特尔（欧佩克）大幅提高油价那样。然而，就在李嘉图和杰文斯发出灾难预警之后的时期，资本主义世界各国的经济增长也没有减速。相反，经济增长加速了。主要资本主义国家在 20 世纪后半叶的经济增长速度同样是非常强劲的（见图 1.3）。

今天，环境污染会成为增长的新的限制吗？那些对全球变暖的严峻后果、生物多样性减少以及对人们施加于自然环境之上的其他不利影响发出预警的人，仅仅是一个长长的末日审判狂热分子的名单中最新的成员吗？他们也会被技术变革的前进步伐证明是错误的吗？在我们看来，除非技术能够在正确的方向上获得巨大的推动力，否则，这种事情不会发生。

再看图 1.8，该图显示了我们对化石燃料如煤和石油产品不断增长

的耗费如何导致了气候的巨大变化，并且警告我们两件事。

第一，最近几十年记录的气温，比过去 1 000 年，在某些人看来，甚至比自从人类定居地球以来所经历的温度都要高出许多。即使气温上升的趋势确实有待证实，但它可能带来的严重后果仍应引发人们的关注。这些潜在的严重后果包括：随着对气候类型的频繁扰乱而出现的不断增加的天气变异；肥沃的农业种植区的毁坏；不断上升的海平面造成的沿海人口中心的消失。没有人知道全球变暖的这些后果将会有多严重。我们所能知道的是：在至少 1 000 年中，也可能是自从人类在地球上开始其社会生活以来，人类还没有经历过像这样重大的事件。

第二，同样，图 1.8 下半部分的插图显示出绝大部分二氧化碳排放量的增加，发生在过去的大约 50 年中，而二氧化碳的排放被认为是全球变暖的主要原因。图 1.9 则表明了另一个事实，二氧化碳排放增加最快的地区是世界上最富的地区，尤其是北美，而在那里大部分二氧化碳的排放来自美国。但是，因为中国和印度这两个世界上人口最多的国家正在经历高速经济增长，所以，二氧化碳和其他“温室气体”全球排放的速度一定会增长得更快，除非富国减少排放，并劝说（和援助）比它们贫穷的国家采用“更清洁”的生产和运输方式。

生态保护会提出哪些要求呢？不降低富国当代人的福利能够减少对环境的影响吗？有三条途径也许能减少对环境的影响。

第一，把我们的消费从其生产对环境造成不利影响的商品，例如，许多工农业商品、第二套住房、空调和私家车，转向对环境危害较小的产品和服务，例如，文化商品、教育、公共交通和其他许多服务。从这个角度看，当前正在所有富国发生着的从农业和制造业向服务业的长期转型是积极而正确的。

第二，在生产用作消费的产品和服务时，可以使用更加环境友好型的技术。提高小汽车、运动型多功能车以及货车一加仑汽油所行驶的里
程数，以及采用效率更高的能源设备等肯定会起一定的作用，例如从需 533
要排放二氧化碳的能源如煤炭、石油、天然气等的技术，转向利用风能、太阳能和水力发电的技术。

第三，我们可以反思一个美好的生活意味着什么，也许是减少我们的工作时间、增加闲暇，以及降低——如果不再增加的话——在我们的生活模式中一直在增长的消费的作用。这些情况在一些国家已经发生了。

1960 年，德国制造工人平均每年的工作时间多于 2 100 个小时，但

40 年后，他们的工作时间比这个时间的三分之二还要少。挪威和荷兰工人的工作时间更短，平均每周不到 27 个小时。若按每天 8 小时算相当于每周工作 3 天半。这些国家的人在大部分工作周中的实际工作时间是 35 个小时或更多，但接下来可以休长假。在这个方面，美国人是个例外，他们比任何其他富国工人工作的时间都长。而且，美国工人在 2000 年比他们 20 年前的工作时间还要长。

我们可以很容易地设计出相关的政策，把我们的消费转向更加“环境友好型”的产品和服务，鼓励更加“环境友好型”的技术发展，以及激励并引导人们消费更少的商品、享受更多的闲暇。使破坏环境的活动代价更高或不像“环境友好型”的那样吸引人，都可以使此类政策取得成效。拟设计的用以实现这一目标的政策可以包括：政府禁止或直接管制环境污染物的使用，如含铅汽油。这类政策在许多国家已经实施了。

另一种选择是，政府可以出售排放许可证，进而允许它在现有的和未来的排放者（比如说电力部门）之间买卖，许可证的价格由供给和需求来决定。使滥用环境的行为非法或代价高昂的政策有助于实现上述 3 个目标。在长期中，这些政策会促进新的节约资源的技术及环境友好型生活方式的发展。对环境利用标价收费应该能起到有力的推动作用，就像工资增长在资本主义发展早期为劳动节约型技术的发展起到的作用那样。

直接管制和运用以市场为基础的激励机制这两类政策在恰当的环境下都会发挥作用。直接管制执行起来更简单，并且更有可能使人们民主地参与到影响他们生活环境的政策的制定中来。另一方面，以市场为基础的方法，为生产者和消费者（如果他们有必要的信息）寻找成本最低、效率最高的方法以减少排放提供了可能性。

实施有可能阻止环境恶化的政策时存在的障碍，主要不是经济上的或技术上的，而是政治上的。至少在美国，消费者和商人都不愿意支付因自然环境稀缺和遭受威胁带来的额外成本，消费者甚至更是如此。当环保主义者和（下属某部门的）美国环境保护局提出改进汽车燃料的效率时，遭到美国汽车公司的强烈抗议就是一个证据。由于政治价值观的不同，欧洲的一些国家在这方面取得了比美国更大的进步。（回顾一下
534 图 1.9 中的插图，它表明欧洲的二氧化碳排放量在过去的二十年中已趋于平稳。）

我们已经注意到美国在环境保护方面之所以落后于欧洲的一个原因是：欧洲人正在选择比美国人消费更少的产品而享受更多的闲暇。但欧

洲人为什么比美国人工作时间更短、消费更少呢？一个解释就是："赶上琼斯家"——模仿更富有的人的消费水准——在美国比在大多数欧洲国家都困难。之所以如此是因为与普通家庭相比，高收入美国人比高收入欧洲人的收入更高。如图 20.1 所示，收入分配最不平等的国家也正是工作时间最长的国家。

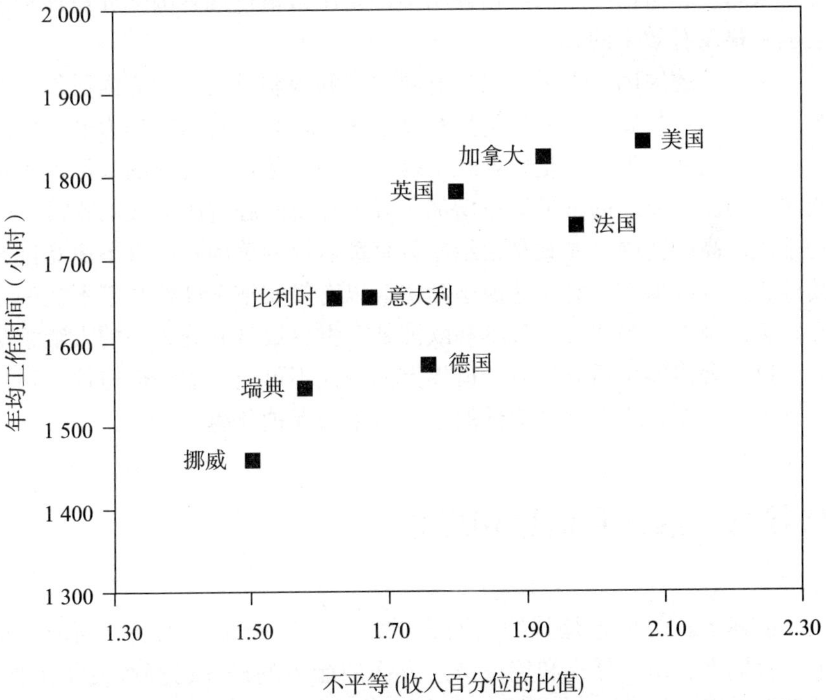

图 20.1　不平等和工作时间（1963—1998 年）

说明：该图显示在一些欧洲和北美国家中，在不平等程度和年工作小时数之间存在着正向关系。每一个方点代表了一国年均工作小时数（纵轴）与其收入不平等程度（横轴）之间的关系。不平等的度量用的是收入分配中第 90 百分位的人（只有 9%的人比他更富有）与第 50 百分位的人的收入比值。

资料来源：Organization for Economic Co-operation and Development（OECD）labor market statistics presented in Samuel Bowles and Yong-Jin Park，"Emulation，Inequality，and Work Hours：Was Veblen Right?"(Santa Fe Institute Working Paper 2001，♯01-10-061)，available at www. Santafe. edu/～ bowles.

全球变暖和其他形式的环境恶化正是第 9 章所描述的"囚徒困境"和"公地悲剧"的案例。在这些情形下，如果他们互相合作，所有各方均会受益，可是单独各方的利益却要求他们不要合作。许多环境问题如全球变暖，因为是全球性的所以特别难以解决。当单独一国的成员面临 535

囚徒困境时，他们常常会一致通过一项法律（并且遵守它）以实现强制性协调。税法就是一个例子，法律保护产权是另一个例子。但是，当囚徒困境中互相作用的人是不同国家的公民时——比如说 200 个不同的国家——问题就难解决得多。没有一个世界政府能对全世界排放温室气体的工业企业实施强制性的环境管制。唯一的替代性方案——在目标一致的国家间签署协议——已经被证明即使是用来执行现有国际环境保护法案也是很没有效率的。

由于上述原因，人类在提高燃料效率和限制过度消费方面所作努力的历史表明：只要收入分配仍然高度不平等，只要政治影响力的分配继续向商界倾斜，那么，足以处理全球变暖和其他环境挑战的政策就不可能被采用。国家间的不平等也增加了寻求环境问题解决方案的难度。一些排放量高的富国（尤其是拒绝签订京都协议的美国）一直不愿意削减其排放速度的事实，对于达成国际协议以有效实施全球性政策不是一个好兆头。今天，当北美、日本和欧洲处于世界最富五分之一的人继续享受其过度奢侈的生活方式时，世界上的穷人不可能达成任何协议，通过限制工业发展、压低已经很低的生活水平来保护环境。

从谷物、钢铁到信息和思想

前述增长的极限是就约束而言的。接下来的全是机会方面的。最近，我们在创造、储存和传送信息方面的能力的进展已经改变了工作、消费和闲暇的性质。如图 20.2 所示，技术变革已经大大降低了电子化信息存储和传送的成本。现在，保存和传送信息比人类历史上任何时代都要简单和便宜得多。如图 20.2 的插图所示，由于互联网上往来传送的信息量呈指数级增加，20 世纪的最后十年成了网络使企业和个人突然能更加迅速地在彼此间交流信息的时期。

当然，技术变革不是刚刚才发生的，当企业将利润的一部分投资于新型资本品时，包括计算机硬件和软件，它就发生了。最近几十年，“信息革命”改变了商业运营以及企业和消费者相互作用的方式。成本下降的有利时机和随后的利润竞争引发了信息技术（IT）投资的增长。
536 如图 20.3 所示，私人企业在信息处理设备和软件方面的投资比例在 20 世纪下半叶稳定增长，并在 20 世纪 80 年代早期超过了对商品生产设备的投资。

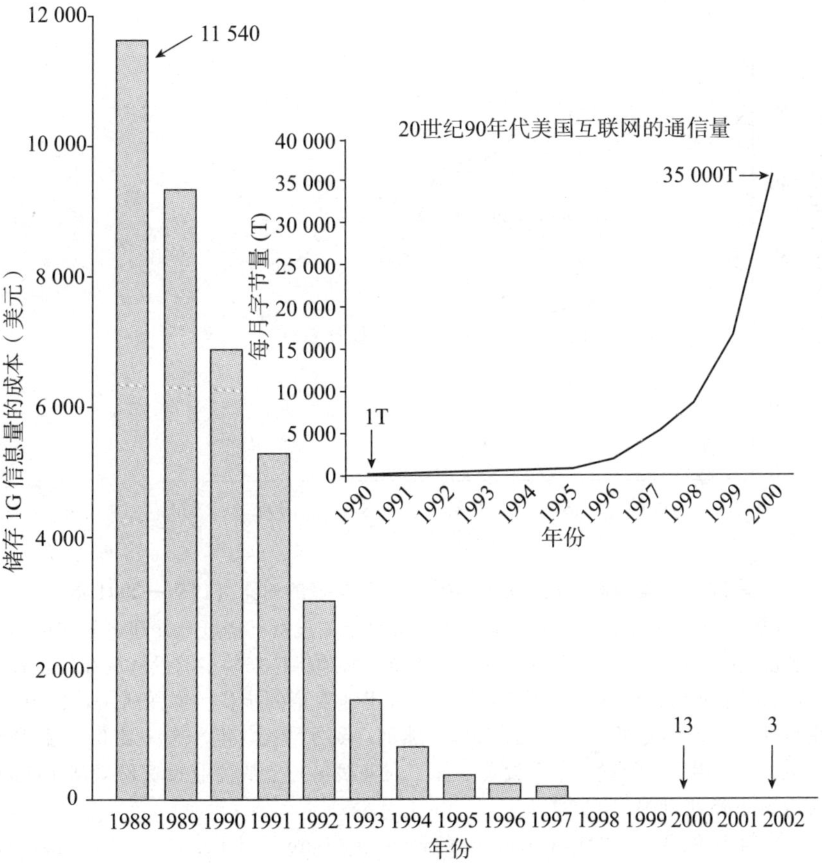

图 20.2　信息存储更廉价，获得更容易

说明：随着近来与信息技术相关的技术和基础设施的改善，现在，个人和企业之间信息的存储和传递比此前人类历史上任何时期都大为容易。例如，存储 1G 数字化数据（相当于 30 英尺的架上图书）的费用从 1988 年的高于 11 000 美元下降到 2002 年的大约 3 美元。同样，互联网的发展使在任何给定时间可传输数据量的显著上升成为可能。如嵌入的小图所示，1992 年美国互联网平均每月传输的数据大约是 1T（或者说 1012 G）。这相当于一个中等规模的学术研究性图书馆一半的出版物。截至 2000 年，美国互联网每月传输的数据量大约是 35 000T，大约是美国国会图书馆全部出版物信息量的 3 500 倍。

资料来源：P. Lyman，H. R. Varian，J. Dunn，A. Strygin，and K. Swearingen，"How Much Information?"(School of Information Management and Systems，University of California，Berkeley，2000)，available at：http://www. sims. berkeley. edu/how-much-info/summary. html；K. G. Coffman and A. M. Odlyzko. "Internet Growth：Is There a Moore's Law for Data Traffic?"(AT&T Labs，Research Paper，2001)，available at：www. research. att. com/areas/transport _ evolution/internet. moore. pdf.

537

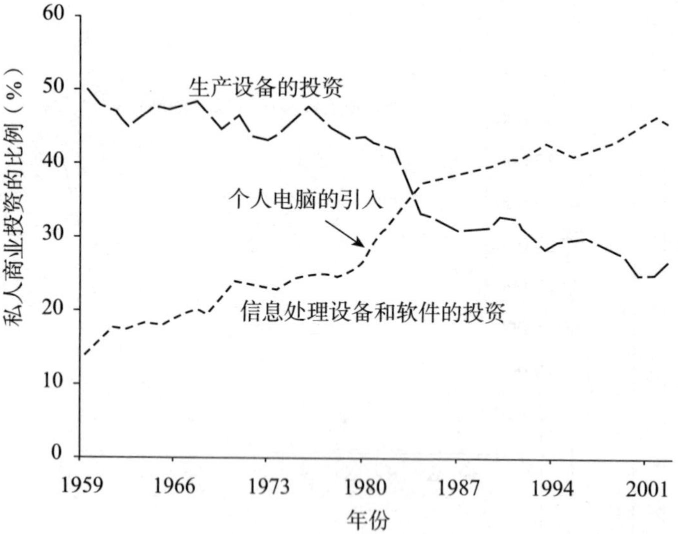

图 20.3　美国信息技术投资与商品生产投资的对比（1959—2001 年）

说明：该图显示，在信息处理设备和软件上的投资已经赶上并超过了在商品生产设备上的投资。商业运营方式的变革使企业必须将越来越多的投资放在信息技术上，以跟上通信、计算机、会计软件和硬件迅速变革的步伐。如图所示，1959 年，此类投资只占商业投资支出的 13%；然而，到了 2001 年，这一比例已上升到 45%。与此相反，配置在生产设备（如工农业机械）上的商业投资份额从 1959 年的 50%下降到 2001 年的 27%。

资料来源：U. S. Department of Commerce，Bureau of Economic Analysis，National Economic Accounts，Fixed Assets，Survey Tables，Table 3；"Current-Cost Net Stock of Private Fixed Assets，Equipment and Software，and Structures by Type"（Washington，D. C.：U. S. Department of Commerce，2004），available at：http://www. bea. doc. gov/bea/dn1. htm.

因为节约成本的有利时机会刺激企业将更多的利润投资于 IT，所以，可预见的结果就是 IT 业本身规模的巨大增长，尤其是在美国。IT 制造业包括计算机、通信硬件以及软件的生产和为电子商务提供服务，后者指在网上进行的商业交易。如图 20.4 所示，美国经济中 IT 业的增长在 20 世纪最后几年加速，超过了经济整体的增长速度。

538

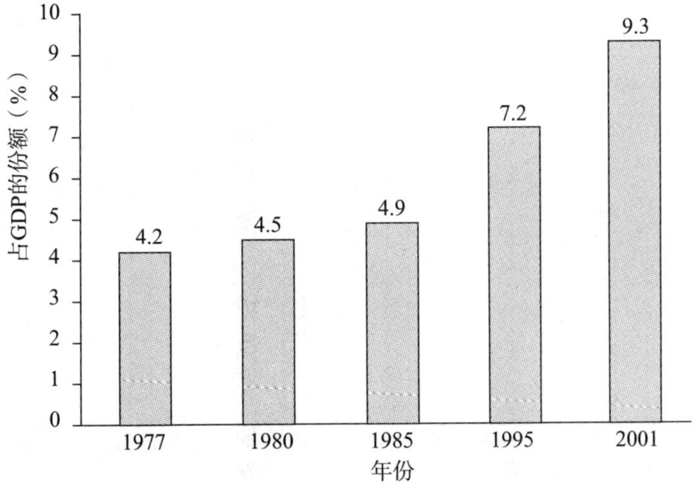

图 20.4　美国经济中信息业的成长（1977—2001 年）

说明：该图显示了美国信息技术行业的产出在总产出（GDP）中的份额是如何增长的。正如正文所指出的，信息技术行业（IT 业）包括生产计算机、通信硬件、软件及为网上交易（电子商务）提供服务的公司。如图所示，该行业占经济的百分比由 1977 年的 4.2%上升到 2001 年的 9.3%，并且在 20 世纪 90 年代加快了增速。因为这些百分比指的是占经济总量的份额，所以，它们显示出 IT 业的增长速度大大高于经济整体的增长速度。

资料来源：U. S. Department of Commerce，*The Emerging Digital Economy*，Appendix 1，"Information Technology Industries—Of Growing Importance to the Economy and Jobs"（Washington，D. C.：U. S. Department of Commerce，1998）available at http://www.technology.gov/digeconomy/emerging.htm；U. S. Bureau of the Census，*Statistical Abstract of the United States 2002*（Washington，D. C.：U. S. Government Printing Office，2003），available at http://www.census.gov/prod/www/statistical-abstract-02.html.

若从国际化的视角观察美国信息业的增长，我们可以把对 IT 业的投资与获取新知识联系到一起。如果没有新知识的获取，就不会有信息革命。因此，我们可以把更廉价的信息储存和传送方式的发现（见图 20.2）看成是更为普遍的研发实践的结果。图 20.5 展示了经济合作与发展组织（OECD）国家用于研发的费用占总产出（GDP）的比重。 539

甚至在信息革命之前，（获取新知识的）强有力的趋势就一直改变着经济的结构，后来又因计算机技术的发展而加速。在富裕国家中，这些趋势的最重要方面是经济从主要生产产品——能够称量、测量或能抓在手里的东西——转向了为生产提供服务，即在该经济体中，三分之二的劳动（通常意义上的劳动，即排除了家务劳动）从事教育、餐厅服务、照看老人、营销、照顾病人和孩子、提供安全保障服务、看押囚犯、设计电脑、编写软件、处理福利事务、军队服役等工作。

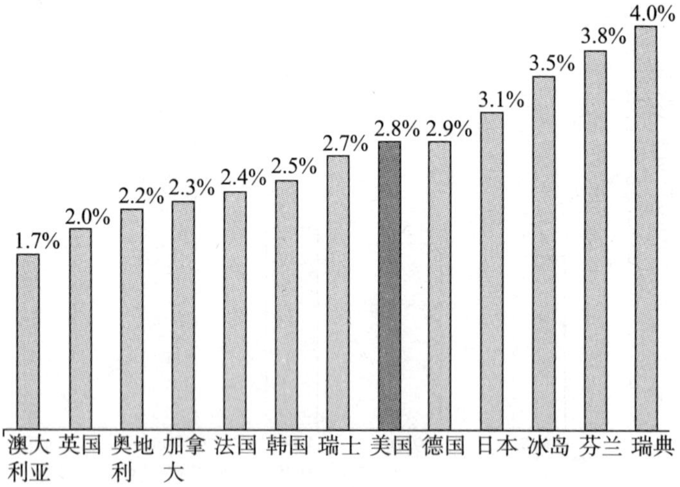

图 20.5　部分 OECD 国家研发投资占 GDP 的比重（2001 年）

说明：研发是生产过程的一个重要组成部分，特别是在高技术经济体中，因为它提供可以引领生产力进步的知识和技术，因此，在将来会创造利润。美国在研发上的花费比世界上任何其他国家都要多。但正如该图所示，当用于研发的支出以占 GDP 的百分比来计算时，美国在所列国家中的位置大约处于中等水平。2001 年，美国 GDP 的约 2.8%用于研发，与它过去 40 年来的平均水平大体相当。相比之下，日本在研发上的投资高于 GDP 的 3%，而瑞典则是 4%。

资料来源：Organization for Economic Co-operation and Development，Main Science and Technology Indicators，November 2002，OECD 9400003P，ISSN 1011-792X（Paris：Organization for Economic Co-operation and Development，2002）.

540　因为世界人口的五分之一居住在富裕国家，所以，21 世纪的经济与甚至一个世纪之前的经济都几乎没有什么相似之处。今天的经济不再是谷物和钢铁、烟囱和收割机，而是键盘和教室、养老院和结账终端机。在美国，教师和其他教育工作者超过了所有在制造业就业的人。在农业、采矿和制造业中工作的美国人合起来不到其人口的五分之一。今天，销售汽车的美国人比生产汽车的人多。事实上，在美国任何一种东西的销售人员都多于生产人员。我们交流信息的频率远比我们交换可称量常规物品的频率多得多。在这方面美国和其他富国类似。在一个贴切的描述中，马来西亚经济学家丹尼·科尔（Danny Quah）把今天典型的发达国家称为“失重的经济”①。

① Danny Quah，“The Weightless Economy in Economic Development”（Discussion paper no. 0417，Centre for Economic Performance，London School of Economics，March 1999）. Available at http://cep. lse. ac. uk/pubs/ or at http://ideas. repec. org/p/cep/cepdps/0417. html.

富国的经济因为三个原因正在变得“失重”。一是世界上越来越多的物质产品，如钢铁、汽车和服装等，现在是在穷国生产出来然后再运到富国的。二是资本主义带来了物质产品产量最令人称奇的增长，但我们从消费越来越多的物质产品——更多的服装、汽车以及食品——中获得愉悦的能力却是有限的。于是，随着人们变得越来越富有，他们从服务中获取的愉悦就会比从产品中获得的更多。

发达资本主义经济日趋失重的第三个原因完全在于经济活动的统计方式，即它们是用政府的统计数据来衡量和表示的。过去，造成经济失重的许多活动——照顾老人和病人、准备及提供食物、教育年青人以及为遇到麻烦的人提供建议——是在家庭内部（市场之外）进行的，因此它们不在统计上算做经济的组成部分。正如第 5 章讨论再生产部门时所指出的，这些活动对于经济运行是必不可少的。但它们很难衡量，因此被排除在国民收入账户之外。但现在越来越多的这类工作是在家庭之外以付酬方式进行的。这不仅使它们更容易衡量，也使它们以服务业的形式构成经济的组成部分，因此在国民收入账户中被衡量的服务相对于产品的比率不断上升。

不仅新经济的产出变得越来越失重，投入也日益失重。回顾一下我们在第 5 章用来解释技术概念的谷物模型：投入品有劳动、原材料、资本品和一些自然力。尽管在农作物的生长过程中，劳动付出（e）和自 *541*
然力的贡献能够被直接观察出来，但却很难衡量。但是其他投入品即原材料和资本品却能轻易衡量出来，因此，在其买卖时不难签订契约。现在来思考一个典型的现代经济的技术问题：软件设计者所付出的努力与由她的努力所产生的新软件之间的关系。在她努力生产的过程中，她用到了大量从其他工程师那里收集到的软件和信息、她作为计算机科学专业的学生所受的培训，以及她在上个周末工作时得到的一个想法。她所使用的物质投入品的成本——8 平方英尺书桌的空间、10×15 英尺的格子办公间、电和一台电脑——是她将为她的公司创造的收入的一个微不足道的部分（如果她成功了的话）。在这样的生产过程中，大部分的投入品是信息和思想。

对亚当·斯密、大卫·李嘉图和 18 世纪及 19 世纪早期其他古典政治经济学家而言，“经济的三位一体”是土地、劳动和资本，对今天而言说成是大脑、信息和声誉也许更为恰当。

新经济

有两点新颖之处使失重的经济区别于谷物和钢铁的旧经济。在旧经济中（在许多产业中仍继续存在），由于谷物、钢铁、衬衫和类似的东西能够被称重和衡量，所以为交易提供法律基础的契约容易被书面表达出来。如果你是一名面包师，购买了 100 蒲式耳冬红 2 号小麦，你会知道你预期的结果是什么，如果卖方没有送货，你可以毫无困难地向法院提出索赔。谷物天生并不以这种方式存在，而是被人类有意识地变成了标准化的商品（参见专栏“冬红 2 号是大自然的馈赠吗?”）。

上文提到的软件工程师处于不同的情境中。如果她从其他工程师那里获得的信息或者她的计算机科学训练达不到期望值，她没有人可以投诉。而且，当她（或她所在的公司）试图销售她生产的新软件时，它在市场上能否成功将主要取决于公司的声誉和广告的多少。它的成功将不取决于顾客对产品的经验，因为这个软件是全新的，因此潜在的使用者在用什么作为基础来推测它的好坏方面没有经验。

新经济的第二个新颖特征是：至少从可能性来说它不如旧经济竞争性强。竞争在旧经济的大多数行业中普遍存在。直到 20 世纪的最后三十多年，即使在钢铁业这仍然是事实。在这个行业中，数目不多的美国钢铁公司不得不和其他国家的大量生产者竞争。竞争从来不是经济学教科书所描述的“完全”竞争。企业的确对价格有一定的控制权并将它作为优势加以运用。钢铁业和其他产业的领导者寻求关税保护，并通过各种方式勾结起来，尽量限制减价（见 11 章）。但没有哪个企业敢于忽视实际的或潜在的竞争者。

企业间的竞争之所以存在，是因为在大多数产业，在与小企业相比的情况下，因适度的大规模生产而实现的成本优势是有限的或者是不存在的。也就是说，在大多数行业中都存在规模经济，即便对于相对于市场规模来说非常小的公司也是如此，而且当企业发展超过一定规模时，这种规模经济通常不会提高。因此，许多销售相同或几乎相同产品的公
542 司都能存活。结果就是至少从平均水平和长期来看，许多、也许是大部分商品的价格都接近于生产的边际成本。回顾第 9 章讨论过的关于看不见的手的争论，当竞争能够有效配置资源时情况确实是这样的，因为价格等于边际成本。

冬红 2 号是大自然的馈赠吗?

从很多方面来说，一种商品的品质能否被轻易确定并在契约中详细说明，是一种选择，而不是给定的：它的可衡量性取决于特定的人类活动。例如，在一根香蕉上贴上“奇奎塔”(Chiquita，香蕉公司名。——译者注）的商标，就有了向买者或卖者担保该香蕉可能具有某种特定品质的效果。类似的，贴上诸如 11 号糖、黄色 2 号玉米或淡 LA 甜（油）的标签，并不意味着它们是大自然原生态的馈赠之品，而是意味着它们是在一个旨在避免难以监控的质量变化的标准程序的帮助下被创造出来的。

纵观历史，由人所确立的（商品）的品质可以从 19 世纪中期美国中西部的谷物改革看出来。谷物从数不清的各种型号、品种和品质混杂在一起袋袋不同的状态，转变成少量同类的商品。新制定的冬白、冬红和春小麦的标准，使谷物的品质被统一化，以至于拥有谷物不再指拥有任何一袋谷物或一些谷物；取而代之的是，拥有谷物仅仅指拥有特定数量的特种谷物。谷物已经变成了一种抽象的商品，就像千瓦小时的电，而这种商品的特定数量，比起某个农场的产品更容易以易于执行的契约的方式书面表达出来。引人注目的是，是一个完全私人的机构芝加哥贸易协会(Chicago Board of Trade）完成了谷物标准化的工作，而这一机构的会员资格本身在 19 世纪末也变成了可交易的商品。

资料来源：Adapted from Samuel Bowles, *Microeconomics*: *Behavior*, *Institutions and Evolution* (Princeton: Princeton University Press, 2004)（鲍尔斯:《微观经济学：行为，制度和演化》，北京，中国人民大学出版社，2006）and William Cronon, *Nature's Metropolis*: *Chicago and the Great West* (New York: Norton, 1991).

在旧经济中，大部分商品能够在契约中详细界定，以及大部分产业能够保持合理的竞争性，并不意味着第 9 章确立的市场失灵从不发生。但是与即将出现的情况相比，旧经济的市场失灵是微不足道的。今天，在新经济中，市场失灵因为以下四种现象而产生。

第一个现象是广泛的规模报酬递增。当存在这种报酬递增时，价格一般会高于边际生产成本。因此，经济有效率的条件 $P=MC$ 不会普遍存在，结果就是经济运行令人不满。 543

对新经济中的许多产品而言，“第一版”(first copy）的成本是巨大的，而追加生产的产品则成本很低甚或为零 。生产这种产品的公司如果要盈利，就必须把价格定在边际成本之上。回顾一下“报酬递增”：当一个企业扩大产出时，其平均成本会下降。因此，按照定义，边际成本将低于平均成本（见第 9 章最后一部分关于该问题的讨论）。在这种情况下，如果企业的要价仅是边际成本，即 P 等于 MC（这会与在竞争性市场中的情况一样。理论上的“最优资源配置”就是以一个竞争性市场为依据的），企业就不能盈利，因为即使是为了得到平均利润率（已被记入平均成本），它也必须至少按平均成本定价。换句话说，如果一个在“第一版”上花费了巨资的公司把价格定在只能补偿追加产出的边际成本的水平，它就不能补偿“第一版”的成本。

“第一版”的成本包括：设想、设计和获取必要的知识产权（版权、专利之类的）的成本。例如，你正在读的这本书的第一版差不多需要作者花费成千上万个小时，以及研究助理、编辑和在此过程中做出贡献的其他人更多的劳动时间。而一旦有了第一版，制作此书额外拷贝的成本就低得多了。任何一个影印该书的人都可能会低估这些成本，然而它们确实低于该书的“定价”。这意味着边际成本低于价格。这方面还有一些其他的例子。

● 生产一张标准音乐 CD 的成本不到 1 美元（它实际的边际成本不到 1 美元），但它按 14 美元或更高的价格出售（见第 9 章）。这个差异是在支付“第一版”的成本，以使 CD 的生产者获利。

● 据说 Windows97 的第一版花费了微软公司 5 000 万美元的开发费。而第二版（包括精致的包装）只花费了 3 美元，而这个程序本身若是在一台计算机上复制则只需要几美分。

● 英克托米（Inktomi）软件公司花了 2 000 万美元生产其某一产品的第一版。但它的首席执行官（谈到生产附加拷贝的成本时）说：“生产产品没有任何成本，我们甚至不再需要运送一张磁盘。仅次于联邦政府，这是唯一被许可的印钞生意。”

● 美国普通药的售价是相应品牌药价的一半，但即使是典型的普通药的价格也超过其边际成本。对一些药品而言，品牌药和普通药价格的比例是 10∶1，一个因素就是广告成本抬高了品牌药的价格。

总之，如果因为规模报酬递增使 P 与 MC 不等，就会存在“市场失灵”，而经济就不能有效地配置资源。

新经济导致市场失灵的第二个特征在于所谓网络外部性的重要性，
544 即计算机程序、操作系统、在线服务和许多产品的价值取决于有多少其他消费者在使用它们。就像你发现学西班牙语比学瓜拉尼语（在巴拉圭被大多数人讲，在其他地方却不是）更有价值。当购买一个文字处理程序时，你想知道的首要问题之一是其他大多数人是否也用这个程序。有时，产品和服务从技术上可行发展到商业上可行要花费几十年的时间。

传真机的技术基础是 1853 年发明的，传真照片的服务是 1925 年（由美国电话电报公司）提出来的，但直到 20 世纪 80 年代，传真机还一直是供在壁龛中的物件，在那之后则迅速成为标准办公设备。有时，网络外部性指的是**需求方面的报酬递增**，在这种情况下，规模优势不是来自于平均生产成本的下降，而是来自于产品一旦流行就会产生大量需求这一事实。

新经济的第三个方面即持续垄断来自前面两点。由于在市场的供、求两方面均存在报酬递增，所以，大公司比小公司有决定性优势。其结果就是领先公司的地位一旦确立，竞争者就难以把它赶走，甚至难以在竞争中生存下来。由于这个原因，一些公司即使比行业中领先的公司有更好的产品，也可能会失败。其中一个例子就是苹果电脑总是在一个从一开始就被 IBM 及其复制品控制的市场中步履维艰。

新经济导致市场失灵的第四个方面与不完全契约有关。当某一给定产品的第二个及随后的复制品成本很低时，就会出现这种情况。窃取原创产品的拷贝很容易，然而执行相关的契约却很困难，而且即使能够成功执行，仍然会导致无效率。当然，专利、版权和其他知识产权的设计，是为了防止不向所有者付费就使用计算机程序、创意、音乐唱片和其他信息。如果知识产权的目的是阻止一个**企业**生产或使用其他人发明的、未经许可的生产程序，那么它的执行就相对简单。而当这种执行是为了阻止个人在硬盘驱动器上分享音乐或复制软件，就会困难得多。即使有可能执行，也常会极不受欢迎，就像美国和其他政府试图阻止廉价的普通药的生产者制造让世界上穷国贫困的艾滋病患者买得起的药那样。

知识产权的执行面临着两难困境：如果它们得到执行，相关商品的售价将远远高于它们的生产边际成本。当这种情况发生时，会有一些人愿意支付产品的边际成本却付不起被抬高了的价格，因此就得不到使用产品的好处。想想那些在平均收入不到一天 2 美元（这在世界上的很多地方都是事实）的国家中的艾滋病患者（这是世界上大多数国家的情况）。

然而，如果知识产权得不到执行，承担了第一版成本（包括使第一版问世的研发费用）的那些公司就会败给那些使用了研究成果却无须付费的公司。这将大大制约利润动机，而正是赚取利润才刺激了公司投资于产品研发。 545

因此，综上所述，思想和信息的新经济与谷物和钢铁的旧经济很不相同。一个结果就是亚当·斯密的看不见的手——仅受产权和竞争约束的个人追求财富会把经济引向资源有效利用——现在对经济政策的引导比在旧经济中更为糟糕。这反过来可能会引导人们质疑现存的经济制度，从而为使资源得到更有效利用的制度创新提供可能性。

失重的经济和看不见的手

我们用这样一个思想来为增长的极限这个部分作一个总结：从科学角度而言，我们可以知道（或者能轻易发现）怎么停止或至少减少经济活动对环境的有害影响。但从目前来看，实施这些解决方案的政治障碍是实质性的和决定性的。我们对失重经济的判断与众不同。当报酬递增和网络外部性给大企业带来如此巨大的好处时，很难看到竞争如何使企业对消费者负责，也不容易想出解决方案来应对知识产权执行中的两难困境。于是，即使竞争普遍存在，也不会带来看不见的手所期望的效率。而且，它会导致资源使用的巨大扭曲，例如，限制了穷人得到那些他们愿意支付生产的边际成本的商品。

在新经济中发现商品的合理定价这一挑战似乎是难以克服的。然而，令人惊奇的是，人类在相应的挑战面前总是成功的。在人类存在的大约第一个 10 万年左右，也就是在农业获得发展的 11 000 年以前，我们的大部分祖先靠狩猎和采摘水果、坚果、树根和其他食物活了下来，而且一些采猎社会一直存活到今天。事实上，第 2 章所描述的行为实验就是在这种类型的社会中进行的。

但是捕猎羚羊与生产和销售像 Windows XP 这样的产品有什么关系吗？一眼望去，不止一个人可能会这么想：在前农业时期，捕猎供人食用的大型猎物有三个因素，那是在失重的经济中的产品也具有的特征。第一，羚羊和其他大型猎物，就像软件工程师的一个突破性想法一样，是不容易遇到的。哈扎人（曾在第 2 章论及）的命中率（一个猎人狩猎成功的天数与总天数的比例）平均约为 3%。第二，被捕获的猎物很难被人拥有。例如，当一小群哈扎猎人在追踪一只长颈鹿时，没人能够“拥有”它。采摘也一样，如果是一群人在搜寻水果富集的树林，他们也无法判定发现果林后该由哪一个成员拥有它。第三，对任何一个猎人
546 而言，阻止他人分享猎物既浪费又代价高昂。说它浪费是因为当这个猎人吃饱了之后，让猎人群体中的另一个成员多吃一片羚羊肉，比他自己吃更有价值。说它代价高昂是因为阻止他人分享猎物需要持续的警惕，

这就把猎人的注意力从其他的生产性工作中转移了。

显然，采猎社会没有一套我们的社会所拥有的产权制度。他们也不主张“发现者就是所有者”。当早期的采猎者成功地捕获一个大型动物时，他们用大家同意的方法分割猎物并分给大量的人，就像今天印度尼西亚的拉玛勒拉人（见第 2 章的描述）处理他们捕到的鲸一样（参见专栏“拉玛勒拉的收入分配”）。其他的群体有其他的规则。例如，在一些群体中，肉被分配给亲属，但许多“亲属”仅仅是一种称呼，他们和猎人并没有实际的血亲或姻亲关系。更有另一些群体，用谁的箭射死了动物，谁就分配动物的肉，但用自己的箭捕猎是很无礼的。用到的常常是年长者或其他不能打猎的人的箭，因此这种制度是采猎社会的一种社会保障。

采猎社会中的共享实践是依靠复杂、精致的社会制度维持的。人类学家克里斯托夫·博姆（Christopher Boehm），研究采猎者社会最重要的学者之一，观察到：“在这些［道德］共同体中，群体制裁成了调节个人武断行为的最有力手段，尤其是对那些明显的破坏协作或破坏为群体的稳定所必需的社会均衡的行为。”①

采猎者彼此认真地监督每位成员的贡献，对优秀和慷慨大方的猎人给予毫不吝啬的表扬和荣誉，而使吝啬和自负者遭受非议与奚落。在许多这样的群体中，当众吃饭是一种习俗，这使监督工作更容易进行。不仅食物是共享的，而且关于哪里的猎物丰富、哪里能找到水源这类有价值的信息也是共享的。

当然，我们并不主张采猎者的方法会适用于软件分配。但采猎经济学中一些基本的思想可能会提供有益的经验和教训。第一条经验和教训就是为追逐个人利益而展开竞争不是组织经济的唯一方法。第二条是人之间极端的不平等可能会使合作变得困难。

如果自愿合作对于一个群体的成功来说是必不可少的，那么，这个群体就应该将不平等控制在最低水平。采猎群体对于把自己凌驾于他人之上或拒绝共享的人来说，在过去（和现在）都是严厉的。因为为了生存他们需要合作，所以不能忍受家庭成员间过分的不平等。我们可能会从采猎祖先那里得到的第三条经验和教训是：契约是一种但不是唯一的促进互惠交易的方法。其他的方法，正如诺贝尔经济学奖得主肯尼思·

---

① Christopher Boehm, “The Evolutionary Development of Morality as an Effect of Dominance Behavior and Conflict Interference,” *Journal of Social and Biological Structures*, Vol. 5, 1982, pp. 413-421.

阿罗所指出的，包括信任和道德规范。“没有信任”，他写道，“互惠合作的机会就不得不被放弃……社会的行为规范，包括伦理和道德标准（也许是）抵消市场失灵的社会阻力。”①

拉玛勒拉的收入分配

547 这条抹香鲸图示了印度尼西亚拉玛勒拉捕鲸队传统的分配猎物的方案。每个部位通常分给特定的个人或团体——比如水手、造帆人、铁匠和造船者。团体包括被使用的船的船主协会的成员（不论他们是否参与捕鲸），而“地主”按照习俗指这样一些家庭，他们因其祖先是该地区最早的居民而分得一份猎物。②

拉玛勒拉的收入分配：传统方案

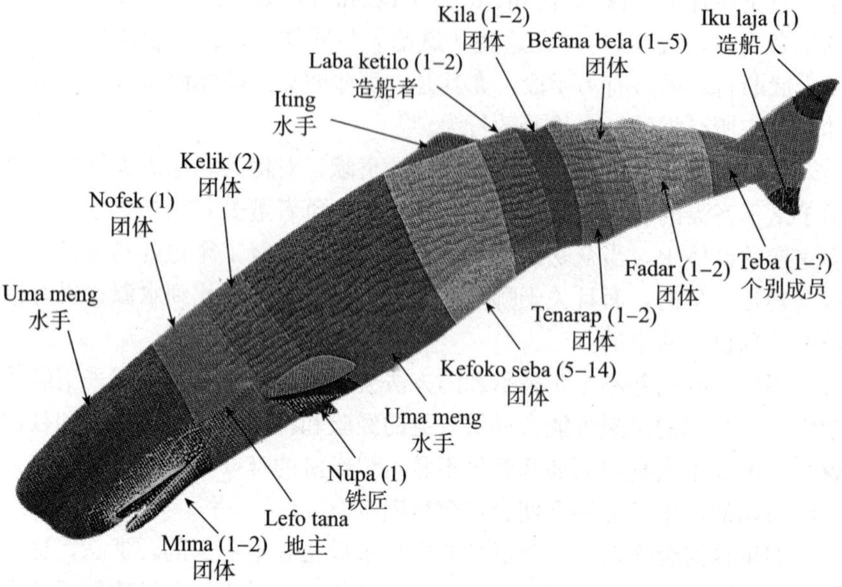

资料来源：Michael Halbert.

---

① Kenneth J. Arrow, “Political and Economic Evaluation of Social Effects and Externalities,” in M. D, Intriligator, ed., *Frontiers of Quantitative Economics* (Amsterdam: North Holland. 1971), p. 22.

② 原图为抹香鲸的每个部位标出了它们在当地语言中的名称，例如 Kelik——抹香鲸胸部一圈部位，因为原名难以直译，且该图已直观表达了它们的位置，所以本图保留了鲸体各部位名称的原文，而只翻译了得到该部位猎物的个人或团体的名称。——译者注

采猎经济学可能对信息经济还没有完全过时。高度成功的、被称为开放源码计算机软件的 Linux 系统几乎完全是由志愿者开发并免费发布的。(开放源码意味着任何人都可以得到这个软件的基础代码，因此任何人都可以修补漏洞或改进应用程序。) 差不多成千上万的参与者之间几乎无成本的交流，为轻松地监督每个人的贡献提供了可能性。它也促进了声誉的确立，并使奚落他人变得容易。下面是埃里克・雷蒙 (Eric Raymond) 对开放源码软件的参与者的社会生活的描述： 548

为了保住他们的地位，这一文化中的"要人"(big men) 和部族长老需要轻声说话，并时时处处在幽默中自我嘲讽…… [在这个文化中，一个人] 会有意识地不信任和鄙视自我中心者和基于自我的动机；自我推销往往会遭到无情的批判。①

雷蒙对"开放源码"文化的描述与博姆对采猎社会行为规范 (引文见前) 的描述之间的相似性是一目了然的。但我们并不想让自己对采猎社会和新经济间的推测性类比做得太过分。采猎者们面对 (而且在一些情况下仍然面对) 的问题与我们今天必须解决的问题是完全不同的。我们在新经济中面临的任务不仅包括协调亲密的小团体中的经济活动，更为艰巨的是要调节全球几十亿参与者间的经济关系，他们彼此间几乎全是陌生人。在人类历史的大部分时间里，占据统治地位的经济生活的方式是填饱肚子，那时全世界的总人口还不如今天墨西哥城一市的人口多。那时，像现在一样，人类对环境产生了影响 (例如，灭绝了许多大型哺乳动物)，但与我们相比，他们面临的环境问题是微不足道的。

许多经济学家只看到了两种基本的协调经济活动的方法——市场竞争这只看不见的手，或政府或某些其他中央集权机关的直接调控。这两种方法都是重要且必需的：市场和政府可以完成一些采猎社会不能完成的协调大量人群的任务。但看不见的手与中央命令并非只可二选一，它们能够被同时使用，正如在所有现代经济中所存在的那样。

我们从采猎者那里 (他们既没有市场也没有政府) 或许能够学到的是：有些问题最好的解决办法是面对面的合作性互动，我们可以在许多理想的居民社区、幸福的家庭和在成功的公司里发现这一点。托马斯・霍布斯 (Thomas Hobbs)，欧洲政治哲学最伟大的贡献者之一，在 1651 年写道："没有信任的地方就没有契约。"正如我们已经看到的，这正是肯尼思・阿罗在最近还在指出的要点。在现代社会中，信任、关

① Eric Raymond, *The Cathedral and the Bazaar* (Sebastopol, Calif.: O'Reilly, 2001). p. 88.

心他人和尊重伙伴，也许和个人利益的诱惑以及对政府制裁的恐惧一样重要。在经济中，日益增长的信息的重要性和比商品生产有更快增速的服务的增长，可能会使第一套激励机制变得甚至更重要。

我们无法预言哪些制度将足以应对失重的经济所面临的挑战。这样
549 的制度也许还不存在。但认为现存的制度可以做到这一点却是令人怀疑的。在阿罗的观察中，对以信息为基础的经济的“经济基础”与私人产权的“法律关系”之间的“紧张”（tension）有着最深的理解。（参见专栏“转瞬即逝的资源”。）在这里，他用最新的、现代经济学的语言，以不含革命预言的方式表达了马克思在19世纪中期所指出的要点（见本章开头不久的专栏“进化通则还是社会革命?”中马克思的引言）。

转瞬即逝的资源

诺贝尔经济学奖得主肯尼思·阿罗指出，针对信息设立传统的产权制度也许要么不可能要么不需要。

信息是一种转瞬即逝的资源……我们才刚刚开始面对私有产权制度与信息的获得和传播制度之间的矛盾……我们或许会看到在法律关系与作为基础的经济决定因素之间产生着日益增长的紧张。

——Kenneth Arrow, “Technical Information and Industrial Structure” in Carroll Glenn and David Teece, eds., *Firms, Markets, and Hierarchies* (Oxford: Oxford University Press, 1999), pp. 156-163.

结　论

在本章的开头，我们曾经提出，为了应对技术和环境挑战，可能会出现用新方式组织我们的经济的新制度，使我们能够利用现代技术改善人类福利。但我们分析的尝试性和推测性也表明，这种情况也有可能不会出现。

众所周知，今天全世界有很多人在资本主义制度下生活得很好。他们似乎不情愿冒着失去特权地位的风险去实验新的制度结构，这些新制度可能更适于应对信息经济的挑战，控制人类对自然环境的侵犯，以及缩小一国内部以及国家之间的贫富差距。如果既有的精英集团抵制这样的制度变革，那么，我们历史旅程的下一站或许就是一个被经济的非理性折磨的、被环境危机打击的，以及分裂成日益敌对的“所有者”和

“一无所有者”的阵营的世界。

到底会出现什么结果可能取决于我们如何去做。波士顿的一位晚间新闻广播员曾经用这样的话作为他的节目的结束语：“观众朋友们，新闻到此结束。如果你不喜欢，走出去制作你自己的新闻吧。”对今天而言，这是一个不赖的建议。我们的三维经济学肯定不是你需要的全部，但它或许会有帮助。

驯化转瞬即逝的资源

音乐公司一直在徒劳地想发现一种阻止人们不付费就复制音乐的方法。出版商 550
和软件公司在执行版权、防止出版物复印和剽窃程序上稍有成效。但就在将近一个世纪之前，面临类似问题的农业种子销售公司却发现了一个天才的解决方案：在设计产品的时候加进一个反复制的设备。

一点背景资料。种子公司比唱片制作公司所处的境遇甚至更糟，因为种子自己会复制自己：这就是种子该做的事情。因此，从种子公司买了一些新研发的高产种子的农民，可能永远也不必再来买种子了：他可以用当年的种子种下一年的粮食。对种子公司来说这是个坏消息，因为当农民能够从无论哪种研发更好的种子品系的研究中获利的时候，种子公司都不能分享所得并盈利。

引入解决方法：杂交。杂交是两种不同品种或品系的交合。例如，骡子是马与驴的杂交后代。接下来的关键因素是，骡子不能自己繁育后代，必须得由马和驴来完成。约翰·巴顿（John Barton）在《科学》中解释道：

> （因为）杂交谷物的种子不能产出纯种，所以农民们不能有效地再利用这些种子……从种子生产者的角度来看，这种年年产生的对新种子的需求，提供了一种比专利制度更有效的经济保护。

唐纳德·琼斯（Donald Jones）的研究在杂交研发方面起到关键性作用，他完全清楚自己在做什么。1919 年，他与一名合作者对比了种子公司（所谓的种子人）与其他发明家的困境：

> 那些最早发明了擦鞋设备或自动取景相机的人，能够给他们的产品申请专利，使其发明才智得到完全的回报。对于一个发明了一种新植株、为整个国家带来无法计算的好处的人，他的努力却得不到任何补偿，而这种植物却能被任何人繁殖。

科学拯救了他们：杂交，他们写道：

> 有一些事情可能是种子人容易做到的。事实上，这是“种子人”在农业史上第一次（从他的研究中）得到全部收益，因为他可以只拿出杂交的种子，而它们对继续繁殖没有什么价值。

种子公司把它们的销售精力集中在杂交种子上，并游说公共基金也资助同样的研究，不是由于它们产量更高（它们的产量从一开始就不高），而是由于对种子公 551

司来说，它们更有利可图。杂交玉米和其他杂交品种随后的迅速扩大不是科学服务于进步的例子，而是科学克服了公司遇到的盈利障碍。

资料来源：John Barton，“The International Breeder's Rights System and Crop Plant Innovation,” *Science*，no. 216，June 4，1982，pp. 1071-1075；Jean-Pierre Berlan and R. C. Lewontin，“The Political Economy of Hybrid Corn,” *Monthly Review*，vol. 38，no. 3，1986，pp. 35-47；Samuel Bowles，“Social Institutions and Technical Change,” *in Technological and Social Factors in Long Term Fluctuations*，edited by M. Di Matteo，R. M. Goodwin and A. Vercelli（New York：Springer-Verlag，1989），pp. 67-87.

推荐书目

W. Brian Arthur，*Increasing Returns and Path Dependence in the Economy*（Ann Arbor，Mich.：University of Michigan Press，1994）.

Yochai Benkler，“Coase's Penguin，or Linux and the Nature of the Firm,” *Yale Law Journal*，vol. 112，no. 3，2002.

James Boyce，*The Political Economy of the Environment*（Cheltenham，U. K.：Edward Elgar，2002）

Erik Brynjolfsson and Brian Kahin，*Understanding the Digital Economy*（Cambridge，Mass.：Massachusetts Institute of Technology Press，2000）.

William W. Fisher，*Promises to Keep：Technology，Law，and the Future of Entertainment*（Stanford：Stanford University Press，2004）.

Duncan Foley，*Unholy Trinity：Capital，Labor and Land in the New Economy*，（London：Routledge，2003）.

Bill Gates，*The Road Ahead*（New York：Viking Penguin，1995）（比尔·盖茨. 未来之路. 北京：北京大学出版社，1996.）

Eric Raymond，*The Cathedral and the Bazaar*（Sebastopol. Calif.：O'Reilly，1999）.

Carl Shapiro and Hal Varian，*Information Rules*（Boston：Harvard Business School Press，1999）.

Debora L. Spar，*Ruling the Waves：Cycles of Discovery，Chaos and Wealth from the Compass to the Internet*（New York：Harcourt，2001）.

索 引

* 沈佳、马航、王俊昌、崔晋义、祝东宇、关伟雄、周宏伟、李民、张文伟、龚义、郑德平、胡平、鲁小湖、张建民、王小芽、孙晖、罗建平、张和宇、马晓禹、孙涛、李敏、崔静、李军、顾长兵、洪云、杜伟民、王一凡、陶泽、崔剑、毛彪伟、卫民、杜兵、张小强、洪勇、冯子威、孔岗、林晓泉、何洪虎、李俊等校对了书稿。

① Love Canal（拉夫运河），大约 1 000 米长，位于美国加利福尼亚州，是一个世纪前为修建水电站挖成的。1942 年开始用来倾倒废物，1953 年填埋建房。25 年后，从地下渗出含有多种有害物质的污水，其中 11 种被认为有致癌危险，同时发现该地孕妇流产率高、婴儿先天缺陷多于正常地区，居民体细胞染色体受损明显，神经反应速度也有所降低。当时的美国总统不得不宣布拉夫运河处于“卫生紧急状态”，并采取一系列措施将居民迁走。

① 美国影片，导演马丁·瑞特（Martin Ritt），上映日期：1970 年 2 月 8 日大英百科全书线上繁体中文版，莫利社，Molly Maguires。美国矿工秘密组织，据说 1862—1876 年宾夕法尼亚州和西弗吉尼亚州无烟煤矿上的恐怖主义活动应由这个组织负责。

图书在版编目（CIP）数据

理解资本主义：竞争、统制与变革：第 3 版/（美）鲍尔斯，（美）爱德华兹，（美）罗斯福著；孟捷，赵准，徐华译. —北京：中国人民大学出版社，2013.4
（当代资本主义研究丛书）
ISBN 978-7-300-17273-6

Ⅰ.①理… Ⅱ.①鲍… ②爱… ③罗… ④孟… ⑤赵… ⑥徐… Ⅲ.①资本主义经济—研究 Ⅳ.①F03

中国版本图书馆 CIP 数据核字（2013）第 060821 号

当代资本主义研究丛书
理解资本主义：竞争、统制与变革（第三版）
塞缪尔·鲍尔斯
理查德·爱德华兹 著
弗兰克·罗斯福
孟 捷 赵 准 徐 华 主译
Lijie Zibenzhuyi：Jingzheng Tongzhi yu Biange

出版发行	中国人民大学出版社		
社　　址	北京中关村大街 31 号	**邮政编码**	100080
电　　话	010－62511242（总编室）		010－62511770（质管部）
	010－82501766（邮购部）		010－62514148（门市部）
	010－62515195（发行公司）		010－62515275（盗版举报）
网　　址	http://www.crup.com.cn		
	http://www.ttrnet.com（人大教研网）		
经　　销	新华书店		
印　　刷	北京宏伟双华印刷有限公司		
规　　格	160 mm×235 mm　16 开本	**版　　次**	2013 年 4 月第 1 版
印　　张	43.75　插页 1	**印　　次**	2018 年 4 月第 2 次印刷
字　　数	732 000	**定　　价**	78.00 元